GUÍA DE PROTOCOLOS ESTÁNDAR DE EMDR

Para terapeutas, supervisores y consultores

ANDREW M. LEEDS, Ph.D

GUÍA DE PROTOCOLOS ESTÁNDAR DE EMDR

Para terapeutas, supervisores y consultores

2ª edición

BIBLIOTECA DE PSICOLOGÍA
DESCLÉE DE BROUWER

Título de la edición original:
A GUIDE TO THE STANDARD EMDR PROTOCOLS FOR CLINICIANS, SUPERVISORS AND CONSULTANTS

Traducción: Mònica Castell
Revisión técnica: Olaf Holm

1ª edición: noviembre 2012
2ª edición: abril 2018

Henao, 6 – 48009 Bilbao
www.edesclee.com
info@edesclee.com

Impreso en España
ISBN: 978-84-330-2604-0
Depósito Legal: BI-1781-2012

Índice

PARTE II
Conceptualización de casos, planificación del tratamiento y preparación de los pacientes para el reprocesamiento con EMDR

PARTE III
Fases tres a ocho del protocolo estándar para TEPT con las fases del procedimiento estándares para reprocesamiento con EMDR

PARTE IV
EMDR estándar avalado por la investigación

PARTE V
Desarrollo profesional

PARTE VI
Listas de comprobación de fidelidad, formularios y recursos

Acerca del autor

Andrew M. Leeds, PhD, de California, es psicólogo, terapeuta familiar y de pareja con 34 años de experiencia en la práctica privada de psicoterapia. Su consulta se encuentra en Santa Rosa, California, Estados Unidos.

El Dr. Leeds obtuvo la Licenciatura en Psicología con honores en 1972 por la Universidad de California, en Santa Cruz, Estados Unidos, y una Licenciatura en Psicología Clínica en 1974 por el Goddard College, además de un Doctorado en Psicología Clínica en 1983 por el International College.

Tras empezar formándose en psicoterapias Gestalt y Somática, el Dr. Leeds realizó prácticas de 2 años como coordinador de un programa de tratamiento para casos de abuso de consumo de alcohol en Santa Cruz y obtuvo su Licencia como terapeuta familiar y de pareja antes de obtener su Doctorado. Durante su programa de Doctorado estudió terapia cognitivo-conductual, hipnosis ericksoniana y psicología del self.

El Dr. Leeds participó en el primer curso de EMDR en 1991, y ese mismo año se convirtió en supervisor de formación de EMDR. Desde 1993 es formador de EMDR y ha dirigido cursos de EMDR para 15.000 terapeutas en 140 programas educativos en Estados Unidos, Canadá, Francia, Inglaterra y Japón.

También ha presentado ponencias sobre EMDR en conferencias regionales, nacionales e internacionales. Es autor de un libro, y ha escrito capítulos para libros y varios artículos sobre EMDR. Participó durante 2 años en el Comité de formación y estándares de la Asociación EMDR Internacional (EMDRIA) y durante 3 años como miembro electo de la Junta Directiva de EMDRIA. En la actualidad es miembro del Consejo Asesor Editorial del *Journal of EMDR Practice and Research* y Consultor reconocido por EMDRIA para la supervisión de terapeutas de EMDR de todo el mundo.

El Dr. Leeds ha contribuido a la evolución del método EMDR al articular, publicar y enseñar la técnica EMDR que él mismo ha denominado *Desarrollo e Instalación de Recursos* (DIR). En 1999 recibía un premio de EMDRIA por la innovación creativa en el desarrollo de EMDR y el Premio Ronald A. Martínez, PhD Memorial Award.

Prefacio
Mi desarrollo personal con EMDR

Cada libro tiene su principio y éste empezó cuando finalicé las dos primeras partes del curso de formación básica de EMDR en 1991. Fueron varias las experiencias positivas tempranas al aplicar EMDR en mi práctica privada las que me dieron una mayor confianza en este método. A finales de 1991 empecé a trabajar como supervisor de formación para la parte práctica de los cursos de EMDR. Esa oportunidad de supervisar la práctica clínica de EMDR en los cursos hizo que mi comprensión del método fuera más profunda, tanto desde un punto de vista conceptual como de procedimiento. De hecho, observé una cantidad increíble de desviaciones tanto comunes como raras de los procedimientos EMDR estándar. La necesidad de tener que encontrar las palabras justas para aclarar no solo las técnicas EMDR estándar sino también para poder ofrecer un fundamento a partir de un modelo teórico reforzó mis capacidades educativas y mi comprensión conceptual del método EMDR.

En 1993 empecé a dirigir cursos de EMDR en Estados Unidos y en Canadá, para más tarde hacerlo en Europa y Japón. Más tarde, en 2008 dirigí cursos básicos de EMDR para más de 15.000 terapeutas y debo decir que ha sido una experiencia extraordinariamente positiva. Con la ayuda de A. J. Popky, entre 1996 y 2000, fui moderador fundador de un foro de debate sobre EMDR por correo electrónico. Leí más de 15.000 correos de terapeutas con formación en EMDR de todo el mundo y envié más de 2.500 respuestas sobre temas como técnicas de EMDR estándar, planificación del tratamiento y la cantidad cada vez mayor de literatura sobre EMDR. De 2001 a 2003, trabajé para el Comité de formación y estándares de EMDRIA y de 2003 a 2005 fui miembro electo de la Junta Directiva de EMDRIA. Desde 2003 compilo un resumen de estudios de EMDR recientemente publicados que aparece en el número trimestral del *EMDRIA Newsletter*. Todos estos años al servicio de la comunidad EMDR y con EMDRIA han sido fundamentales para reforzar mi comprensión del método EMDR.

A pesar de sentirme profundamente en deuda con todos los colegas que me han ayudado a evolucionar en mis conocimientos en materia de EMDR, me responsabilizo por cualquier fallo, omisión o demás deficiencias que esta obra pudiera tener.

Agradecimientos

Mi más profunda gratitud a todos los colegas que han contribuido a mi conocimiento de EMDR aunque por limitaciones evidentes de espacio no puedo nombrarlos a todos. En primer lugar, quiero agradecer a Francine Shapiro habernos regalado el método EMDR que ha transformado mi trabajo clínico y ha abierto nuevas puertas para el desarrollo profesional que jamás hubiera podido imaginar. También quiero dar las gracias a la comunidad de formadores de EMDR, a los supervisores de los cursos y a los terapeutas formados en EMDR. Mis queridos amigos y colegas Carol York, Sandra Foster y Curt Rouanzoin han sido camaradas leales a través de muchas aventuras. Carol York ha sido una fuente constante de apoyo y de estímulo intelectual en mi evolución en la compresión de EMDR. Con Deborah Korn hemos asistido a nuestras mutuas conferencias durante años, hasta terminar impartiendo cursos juntos en 1998 y elaborando artículos conjuntamente en 2002. Sus enseñanzas y sus supervisiones durante todos estos años me han servido para madurar. Otros colegas cuyo apoyo directo o indirecto queda reflejado en este libro son Robbie Adler-Tapia, Nancy Errebo, Ulrich Lanius, Jennifer Lendl, Marilyn Luber, Philip Manfield y Carolyn Settle.

Masaya Ichii y sus colegas Masako Kitamura y Masamichi Honda de Japón me brindaron la oportunidad de enseñar cada año en ese país durante 10 años. La oportunidad de enseñar en el país nipón con los excepcionales traductores/terapeutas –Tomoko Osawa y Akiko Kikuchi– supuso un enorme desafío porque tuve que encontrar la esencia de EMDR que encajara en la mitad de palabras y desarrollar ilustraciones de sus conceptos clave. Por su parte, Mark Russell ha sido una figura clave y un apoyo importantísimo para llevar a cabo este proyecto. Louise Maxfield también ha sido fundamental por su sabiduría y todo el tiempo que me ha dedicado, por haberme invitado a participar en el Consejo Asesor Editorial del *Journal of EMDR Practice and Research*, por animarme constantemente a escribir y por haberme presentado a los principales miembros de la plantilla de la editorial Springer. Gracias a Rosalie Thomas, a Wendy Freitag, a Mark Dworkin y a muchos otros colegas con los que he trabajado en la Junta Directiva de EMDRIA y su Comité de formación y estándares por haberme ayudado a ampliar mi perspectiva en cuanto a las necesidades de la mayor comunidad EMDR y el futuro del método. Mi conocimiento de EMDR y su evolución mundial están profundamente influidos por el apoyo, la formación y las publicaciones de mis colegas europeos Ad de Jongh y Arne Hoffman.

Mi más profundo agradecimiento también para Ted Nardin, Presidente de Springer Publishing Company, que fue el primero en animarme a presentar este manuscrito a Springer cuando nos conocimos en 2006; a Sheri Sussman –extraordinaria editora, anecdotista y bailarina– por su apoyo en los momentos cruciales y por ayudarme a materializar mi visión de este libro; y a Deborah Gissinger por haberme guiado a lo largo de los retos que supone el proceso de publicación de mi primer libro.

Por supuesto gracias a mi esposa Deborah Taylor-French y a mi hija Alexandra Leeds, por la paciencia demostrada durante el largo encierro en mi despacho para la preparación de este libro. Mi esposa también ha participado con comentarios muy útiles en momentos críticos del proceso y mi hija contribuyó con la ilustración de la Figura 7.1.

Introducción

El objetivo de este libro es ofrecer una guía fácil de los protocolos estándar de EMDR avalados por la investigación para estudiantes universitarios, terapeutas, consultores, supervisores, instructores e investigadores. De hecho, pretende complementar los siguientes requisitos para todos los terapeutas EMDR: una lectura exhaustiva de la obra de Francine Shapiro (2004) –*EMDR, Desensibilización y reprocesamiento por medio de movimiento ocular;* un curso básico de EMDR aprobado por EMDRIA y una supervisión sobre la utilización de EMDR de la mano de un consultor aprobado por EMDRIA.

Desde la publicación de la primera edición del texto original de Francine Shapiro en 1995 y la fundación de la Asociación Internacional de EMDR (EMDRIA), el rol de supervisión de la utilización de EMDR ha aumentado, llegando a convertirse en algo necesario tanto en la formación básica de EMDR como en el programa de certificación de la EMDRIA, aunque se haya publicado poco para ofrecer una pauta sobre el proceso supervisor para terapeutas formados en EMDR y consultores. El papel del EMDR es cada vez mayor en programas de tratamiento organizados de escuelas y universidades, agencias sin ánimo de lucro y centros públicos de salud mental en los que los supervisores clínicos necesitan maneras de documentar la planificación, el proceso y los resultados del tratamiento con EMDR. Este libro aporta una orientación para todas esas cuestiones, además de formularios que ofrecen un punto de partida para la documentación del proceso clínico con EMDR.

Planificación de este libro

En la planificación de esta guía de los protocolos estándar de EMDR hubo que tomar decisiones a la hora de seleccionar qué áreas de aplicación incluir y cuáles excluir. Se tomaron en consideración varios factores, como el grado y la naturaleza de las pruebas de validación empírica, la congruencia con principios de tratamiento bien aceptados en la literatura comportamental, el contenido necesario para un curso básico de EMDR aprobado por EMDRIA y la necesidad de mantener una extensión factible para el manual. Asimismo se omitieron una cantidad significativa de técnicas de EMDR y de protocolos para aplicaciones clínicas adicionales que parecían prometedores pero que no cumplían con algunos de esos criterios.

En la Sección I se aborda el marco de trabajo conceptual para entender el EMDR, incluida su historia y su evolución en el capítulo 1, el modelo de procesamiento adaptativo de la información en el capítulo 2, y un resumen del modelo de ocho fases estándar de EMDR y del protocolo de las tres vertientes en el capítulo 3. Los tres capítulos de la sección II se dedican a la conceptualización de casos, a la planificación del tratamiento y a la preparación de los pacientes para el reprocesamiento con EMDR.

La Sección III, con seis capítulos en total, cubre de la fase tres a la fase ocho del protocolo estándar para el trastorno por estrés postraumático (TEPT). El protocolo EMDR estándar para el TEPT puede aplicarse con la misma eficacia a pacientes que cumplen criterios parciales para TEPT y cuyos síntomas se desarrollan tras una serie de acontecimientos vitales adversos que no se corresponden con el criterio A (American Psychiatric Association [APA], 1995; Mol et al., 2005; Wilson, Becker y Tinker, 1997). Estas fases del procedimiento y el protocolo estándar para el TEPT corresponden a pacientes con disociación estructural primaria (van der Hart, 2007), que siempre está presente en algún grado en dicho trastorno. Los pacientes con disociación estructural secundaria –incluidos aquéllos como TEPT complejo, trastorno límite de la personalidad o trastorno disociativo no especificado– o con disociación estructural terciaria –trastorno de identidad disociativa– necesitarán intervenciones adicionales y un plan de tratamiento más complejo que no queda cubierto en este volumen.

La sección IV aborda la aplicación del EMDR a enfermedades distintas del TEPT, con capítulos dedicados a fobias específicas y al trastorno de pánico. Cabe destacar que el protocolo estándar de EMDR para TEPT puede aplicarse a pacientes que sufren de abuso de sustancias comórbido tras lograr una estabilización suficiente –como se describe en el capítulo 6– y cuando la conceptualización del caso sea que el abuso de sustancias es secundario al TEPT. En casos en los que el abuso de sustancias parece ser el trastorno primario –es decir, cuando empezó primero– y el TEPT parece secundario, alternar enfoques de EMDR puede resultar más adecuado ya que el foco de atención inicial tiene que ser el tratamiento del abuso de sustancias en sí. El protocolo DeTUR (siglas en inglés de desensibilización de detonantes y reprocesamiento de impulsos) (Popky, 2005; Vogelmann-Sine, Sine, Smyth y Popky, 1998) sigue siendo el enfoque de EMDR más prometedor para el tratamiento de casos de abuso primario de sustancias, pero la investigación sobre DeTUR y otros enfoques para la aplicación de EMDR al abuso de sustancias (Brown y Gilman, 2007; Brown, Gilman y Kelso, 2008; Hase, Schallmayer y Sack, 2008) todavía se encuentra en un estadio demasiado prematuro para incluirlo en esta guía.

La sección V aborda cuestiones de desarrollo profesional en EMDR a medida que los terapeutas avanzan en la formación básica de EMDR y son supervisados en su aplicación clínica del mismo. Los tres anexos presentan secciones con listas de verificación de fidelidad, formularios y recursos a los que se hace referencia a lo largo del libro.

El camino hacia la excelencia

Tras muchos años de organizar cursos de EMDR a veces me sorprende que algunos terapeutas regresen para cursar la siguiente fase de su formación meses o incluso años más tarde y que confiesen haber utilizado el EMDR muy poco o en absoluto. Mientras fui miembro de la Junta Directiva de EMDRIA avalé políticas –que posteriormente se implementaron– para exigir la inclusión de supervisión de la utilización clínica real del EMDR por parte de los estudiantes en prácticas dentro de su formación básica en EMDR. Como formador, también he buscado formas de motivar y animar a los participantes a los cursos para que empiecen pronto y que persistan en su práctica del EMDR. Durante mi experiencia como profesor en Japón desarrollé la siguiente metáfora para el proceso de aprendizaje del método EMDR. Si alguna vez ha visto a un aprendiz de alfarero y a uno experimentado, cada uno de ellos trabajando con arcilla y un torno y tirando la pieza de barro, quizás haya visto lo que intento transmitir con esta guía: *el EMDR, cuando se hace bien, parece sencilla pero no es fácil.*

El estudiante aprieta la arcilla pero introduce burbujas de aire. Cuando se introduce en el horno, la pieza hecha con esa arcilla explota. El estudiante lucha por centrar el barro. Sin embargo, éste resbala y cae del torno. Entonces el estudiante se frustra y pierde la capacidad de concentración. Cuando aprende a centrar, no puede controlar el grosor de la pieza, que se rompe por uno de los lados y debe desecharse, o es demasiado gruesa y no queda bien.

El alfarero experimentado aprieta la arcilla al tiempo que evita que se formen burbujas de aire; centra el barro con firmeza sobre el torno y a continuación eleva los laterales, afinándolos uniformemente al tiempo que mantiene la estabilidad y la estética de las formas. En un momento, haciendo solamente movimientos sencillos, la pieza está hecha.

Parece sencillo pero no es fácil. ¿Cómo acaba el estudiante por dominar la técnica?

Con práctica y más práctica. Lo más importante del aprendizaje es la voluntad de permitir a los que tienen más experiencia observar y comentar el trabajo de uno mismo. Sólo si estamos dispuestos a revelar nuestros propios errores, si aceptamos comentarios y trabajamos juntos podremos dar con la simplicidad que lleva a unos resultados bonitos y duraderos. El progreso científico, las personas a las que consultamos, nuestros alumnos y, más importante todavía, nuestros pacientes se lo merecen.

I Marco de trabajo conceptual para entender el EMDR

Las leyes y hechos fundamentales más importantes de la física ya se han descubierto y están tan establecidos que la posibilidad de que sean complementados como consecuencia de nuevos descubrimientos es sumamente remota.

Abraham Albert Michelson, 1903

Cuanto más original es un descubrimiento, más obvio parece después.

Arthur Koestler

La capacidad de observar una cosa depende de la teoría que se utilice. La teoría es la que decide lo que puede observarse.

Albert Einstein, 1926

1 Historia y evolución del EMDR

Teoría y tratamiento contemporáneos de los síndromes de estrés postraumático

A diferencia de otras psicoterapias del siglo XX, la desensibilización y reprocesamiento mediante el movimiento ocular (EMDR) no se originó a partir de una perspectiva teórica particular sino desde observaciones empíricas directas (Shapiro, 2004). Sin embargo, otros enfoques y sus teorías influyeron claramente en la evolución del EMDR y su marco de trabajo teórico a lo largo de cuatro periodos principales desde (a) una simple técnica (movimientos de los ojos), a (b) un procedimiento inicial (EMD), a (c) un protocolo (EMDR) para el tratamiento de una enfermedad (trastorno por estrés postraumático [TEPT]), a (d) una aproximación general de tratamiento. Aunque el EMDR tuviera un origen más empírico que teórico, entender su marco de trabajo teórico, conocido como modelo de procesamiento adaptativo de la información (Shapiro, 2004), es fundamental para la correcta aplicación clínica del EMDR. Ese modelo guía la conceptualización de los casos, informa de la planificación del tratamiento, avala la resolución de puntos muertos en clínica y predice los resultados clínicos y las posibles nuevas aplicaciones.

En la Sección I se presenta el marco de trabajo conceptual para entender qué es el EMDR. El Capítulo 1 empieza con una revisión de aspectos seleccionados de los cuatro modelos que históricamente han avalado más directamente la comprensión de la evolución del EMDR. Se trata de hipnosis, psicodinámico, conductual y cognitivo-conductual. Puede consultarse un resumen de esos modelos y de su base científica como tratamiento para el TEPT en *Tratamiento del estrés postraumático* (Foa, Keane y Friedman, 2004; Foa, Keane, Friedman y Cohen, 2009). Tras revisar los cuatro modelos se resume la historia de la evolución del EMDR y a continuación, en el capítulo 2, se presenta el modelo de procesamiento adaptativo de la información seguido de un resumen de las principales propuestas para explicar los efectos del tratamiento con EMDR.

Hipnosis

La historia de la psicoterapia de los últimos 125 años empieza con el uso de la hipnosis (Whalen y Nash, 1996) por parte de Charcot, Janet, Breuer, Freud y Prince (entre otros). Por sus tempranas raíces en la psicoterapia, la hipnosis fue estrechamente asociada con la búsqueda de entender y tratar la relación entre los traumas y la disociación (van der Kolk y van der Hart, 1989; Cardeña, Maldonado, van der Hart y Spiegel, 2003). A su vez, los comienzos y la evolución del EMDR se han implicado mucho en la búsqueda por entender y tratar la relación entre los traumas y la disociación (Fine et al., 2004; Lazrove y Fine, 1996; Nicosia, 1994; Paulsen, 1995).

Los modelos de hipnosis del siglo XX estuvieron muy influenciados por Milton Erickson (Lankton, 1987; Rossi, 1980a, 1980b). La hipnosis ha aportado conceptos clave relevantes para la teoría y la práctica del EMDR. *Relación (rapport en inglés)* se refiere a las cualidades de confianza, conexión y contingencia (Siegel, 2007) necesarias en la relación entre la persona que está siendo hipnotizada y el hipnotizador (Frederick y McNeal, 1999). *Marco de referencia (frame of reference)* y *limitación de la atención (narrowing of attention)* hacen referencia a fenómenos centrales de las respuestas hipnóticas que llevan a alternancias en la percepción del entorno y del cuerpo. *La sugestionabilidad hipnótica (hypnotic suggestibility)* varía mucho de un individuo a otro. La existencia o no de un estado de conciencia alterado y consistente (cuantificable) producido por la hipnosis sigue siendo tema de debate (Kirsch y Lynn, 1995). De hecho, las pruebas preliminares (Nicosia, 1995) sugerían que el uso de técnicas de EMDR estándar –descritas por Shapiro (2004) y en esta obra– no inducen un estado alterado del cerebro similar a las ondas cerebrales identificadas en la hipnosis. Desde un punto de vista de procedimiento, los fenómenos y sugerencias hipnóticos no son elementos centrales de los principales efectos del tratamiento con EMDR (Barrowcliff, Gray y MacCulloch, 2002; MacCulloch y Feldman, 1996). Se ha averiguado también que no existe correlación entre la sugestión y las respuestas al tratamiento con EMDR (Hekmat, Groth y Rogers, 1994). Si bien el trance formal y la sugestión no son elementos centrales del tratamiento con EMDR, principios ericksonianos como *utilización*, *métodos naturalistas* y *metáfora* desempeñan un papel importante en la "fase de preparación" y en algunas de las estrategias para trabajar mediante *reprocesamiento no efectivo*. A diferencia de modelos anteriores de hipnosis basados en la sugestión impuesta, Milton Erickson era *interactivo* y *receptivo*, obtenía información y *utilizaba* la experiencia y los síntomas únicos de cada paciente como origen para soluciones. En esos mismos principios se basa la utilización de estrategias naturalistas en *interconexiones* (Shapiro, 2004) para ayudar a los pacientes a reprocesar un malestar emocional intenso y para potenciar la síntesis entre las redes de recuerdos adaptativos y no adaptativos.

Aproximaciones psicodinámicas

Los enfoques psicodinámicos del tratamiento del TEPT tienen un largo historial, con variedad de aproximaciones y un abanico de construcciones que se han ido desarrollando. De los varios conceptos y principios que encontramos en los enfoques psicodinámicos, varios resultan relevantes para entender las similitudes y las diferencias entre enfoques psicodinámicos y EMDR. Freud (2001) describía los acontecimientos traumáticos como elementos que infringen una *barrera de estímulos* y que llevan a una *compulsión de repetición* en la que los periodos de reexperimentación intrusiva se alternan con los de evitación. Inicialmente Freud exploró el uso estructurado de la hipnosis promovido por Charcot y Janet (van der Hart y Friedman, 1989) y defendido por su mentor Breuer (Breuer y Freud, 2001). El enfoque de éstos se centraba en utilizar la hipnosis para ayudar a reforzar las capacidades del paciente para funcionar y, a continuación, desarrollar una comprensión narrativa de los acontecimientos traumáticos. Por motivos que se escapan al alcance de este resumen, Freud se alejaba literalmente de sus pacientes y pasaba a la técnica de *asociación libre*, en la que les pedía que hablaran de sus preocupaciones sin pauta directiva mientras él adoptaba una posición de *neutralidad*. Este cambio de técnica tenía lugar en paralelo con un cambio de enfoque, que pasó de centrarse en desarrollar una comprensión narrativa de los hechos traumáticos a una exploración del significado intrapsíquico (con fines defensivos) de los síntomas del paciente. Las sesiones frecuentes y una participación mínima por parte del terapeuta servían para aumentar la intensidad de la relación terapéutica. (Sobre los efectos de la ausencia de respuesta contingente en la ansiedad, véase Siegel [2007]). Eso también potenció la *proyección de material de transferencia*, considerado como representativo de los *conflictos intrapsíquicos* no resueltos del paciente. La interpretación del significado defensivo de síntomas, lapsus verbales y de memoria, y del material de transferencia proyectado se convirtió en la principal intervención activa.

Durante la evolución del EMD a EMDR (Shapiro, 1991a), Shapiro incorporó el principio de *asociación libre* y se alejó todavía más del *modelo de exposición prolongada*. Sin embargo, por lo general la *interpretación* se evita explícitamente en el modelo EMDR estándar. Más que la mera neutralidad, en EMDR se enfatiza la respuesta al proceso del paciente. Si bien se reconocen la transferencia y la contratransferencia, cuando la primera surge durante el reprocesamiento, se suele tratar convirtiéndola en el centro de los próximos reprocesamientos, sin interpretaciones ni comentarios explícitos. A menudo surgen espontáneamente recuerdos personales origen de material de transferencia proyectado durante el reprocesamiento en las sesiones de tratamiento con EMDR. De no ser así, los terapeutas EMDR pueden animar activamente al paciente a que explore asociaciones con sus recuerdos personales durante momentos adicionales de *estimulación bilateral* mediante vínculos afectivos, somáticos y cognitivos.

Terapia conductual

La terapia conductual clásica analiza el TEPT desde una óptica de condicionamiento en el que se forma una potente *asociación condicionada* entre las *señales específicas* (estímulos externos e internos) presentes cuando se produjo el acontecimiento traumático y el intenso estado de alarma (miedo) evocado por la experiencia traumática. La desensibilización sistemática y la inundación (implosión) eran los dos modos de tratamiento predominantes propuestos por los conductistas (Wolpe, 1954, 1978; Keane, Fairbank, Caddell y Zimering, 1989; Stampfl y Levis, 1967). En la desensibilización sistemática el paciente identifica una jerarquía de situaciones que van de ligeramente a muy angustiosas. Después se le enseña a alcanzar un estado de relajación profunda a través de técnicas de autocontrol estructurado como la *relajación progresiva* o la *práctica de relajación asistida con biorretroalimentación*. A continuación se guía al paciente para que se centre en la situación menos angustiosa y que practique la relajación hasta que vuelva a estar tranquilo. Este ejercicio se repite todas las veces que sea necesario, subiendo gradualmente por la jerarquía hasta que sea posible centrarse en la situación más angustiosa y que el paciente permanezca tranquilo. Sólo existen seis estudios que hayan examinado la desensibilización sistemática como tratamiento para casos de TEPT. En parte ello se debe a que es una técnica muy laboriosa y a que existen otros métodos que han demostrado ser más efectivos y eficaces para la mayoría de pacientes (Foa et al., 2004; Solomon, Gerrity y Muff, 1992; van Etten y Taylor, 1998).

La inundación o *terapia de implosión* (Stampfl y Levis, 1967) es una forma de *exposición de imágenes*. La inundación se basa en el principio de *extinción*, que postula que el sistema nervioso sólo puede seguir produciendo una respuesta intensa durante un periodo de tiempo limitado. Transcurrido ese tiempo, la nueva exposición a las situaciones temidas deja de producir una respuesta de miedo. La inundación y demás formas relacionadas de *exposición de imágenes prolongada* se han estudiado ampliamente como tratamientos para el TEPT. Véanse resúmenes en Foa et al. (2004) y Follette y Ruzek (2006). Los primeros estudios al respecto indicaban que la exposición prolongada (EP) tenía una tasa de abandono del 50% en el tratamiento de veteranos de guerra (Cooper y Clum, 1989) y poco efecto en el embotamiento emocional y la evitación social (Keane et al., 1989). Informes posteriores apuntan hacia unos niveles de abandono similares para la terapia de exposición, la terapia cognitiva, la inoculación de estrés y el EMDR (Hembree et al., 2003). Sin embargo, análisis recientes sugieren que las tasas de abandono y de falta de respuesta varían mucho –hasta el 50% en algunos estudios de conducta–, quizás dependiendo de la población analizada, y reclaman mejores datos en los informes a fin de aclarar esos porcentajes en los tratamientos para el TEPT (Schottenbauer, Glass, Arnkoff, Tendick y Gray, 2008).

Aunque la EP ha resultado efectiva para la reducción de los síntomas relacionados con el miedo, siguen existiendo dudas sobre su efectividad para resolver sentimientos de vergüenza y de culpa (Adshead, 2000; Pitman et al., 1991; Stapleton, Taylor y Asmundson, 2006). De ahí que hayan surgido enfoques como la terapia de procesamiento cognitivo (Resick y Schnicke, 1993) y la práctica de la inoculación de estrés (Meichenbaum, 1987), que combinan la EP con la terapia cognitiva. Es posible que los efectos de la inundación se deban en parte a la formación no intencionada de los pacientes para que disocien (embotamiento emocional) y dejen así de sentir la angustia en lugar de formar nuevas asociaciones con las situaciones angustiosas (Rogers y Lanius, 2001).

Teoría cognitivo-conductual

La teoría cognitivo-conductual acepta el paradigma de condicionamiento clásico como base para entender los síndromes postraumáticos (y otros trastornos de ansiedad), pero recurre a los *modelos de procesamiento de la información* y al concepto de *procesamiento emocional* en cuanto a modelos de reestructuración del condicionamiento desde esas situaciones adversas. Los modelos cognitivo-conductuales que se centran en las variables intermedias de creencias irracionales o esquemas negativos pueden ser más conocidos para los terapeutas a partir de la terapia racional emotiva conductual (TREC) de Ellis (2003) y la terapia cognitiva de Beck (Beck, Emery y Greenberg, 2005). Sin embargo, los modelos cognitivo-conductuales menos conocidos de *procesamiento de la información emocional* son fundamentales para entender los principios subyacentes del modelo de EMDR estándar. Los conceptos clave que avalan el modelo cognitivo de procesamiento de la información emocional se basan en la obra de Lang (1977, 1979), Rachman (1980), Bower (1981), Foa y Kozak (1985, 1986), y Foa y Riggs (1995).

Modelos cognitivo-conductuales de procesamiento de información emocional

Lang (1968) hizo operativo el concepto de ansiedad como algo que implica respuestas conductuales en estos tres sistemas: actividad fisiológica, conducta manifiesta e informe subjetivo. Lang proponía un modelo general (1977, 1979) para tratar trastornos de ansiedad cuando se utilizan imágenes (a diferencia del tratamiento en vivo). En primer lugar deben activarse algunos de los componentes de respuesta que

Figura 1.1. Recuerdo estado dependiente Bower

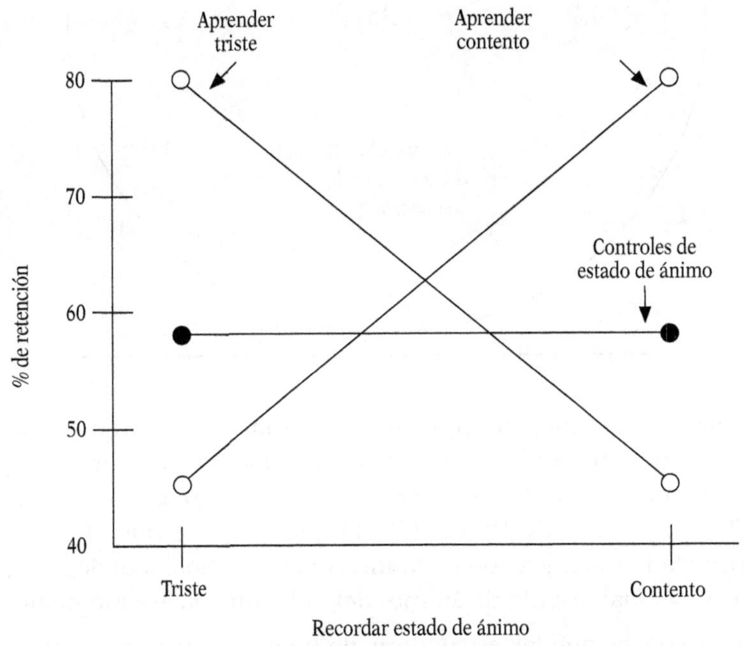

Porcentajes de retención para tres grupos de sujetos hipnotizables al recordar listas de palabras alegres y tristes.
Estado de ánimo durante el aprendizaje y el recuerdo inducido por imágenes dirigidas por hipnosis. El estado de ánimo durante la prueba aparece en el eje horizontal. Controles de estado de ánimo en ánimo neutro durante las pruebas de aprendizaje y de recordatorio. Las líneas que se cruzan con estado de ánimo invertido al probar en aprendizaje muestran un efecto de aprendizaje dependiente del afecto-estado. Se muestran efectos similares para los recuerdos autobiográficos.

Nota. De "Mood and Memory", de G. H. Bower, 1981, American Psychologist, 36(2), págs. 129-148. Copyright 2000.Reimpreso con permiso.

Figura 1.2. Estructura del miedo de Lang

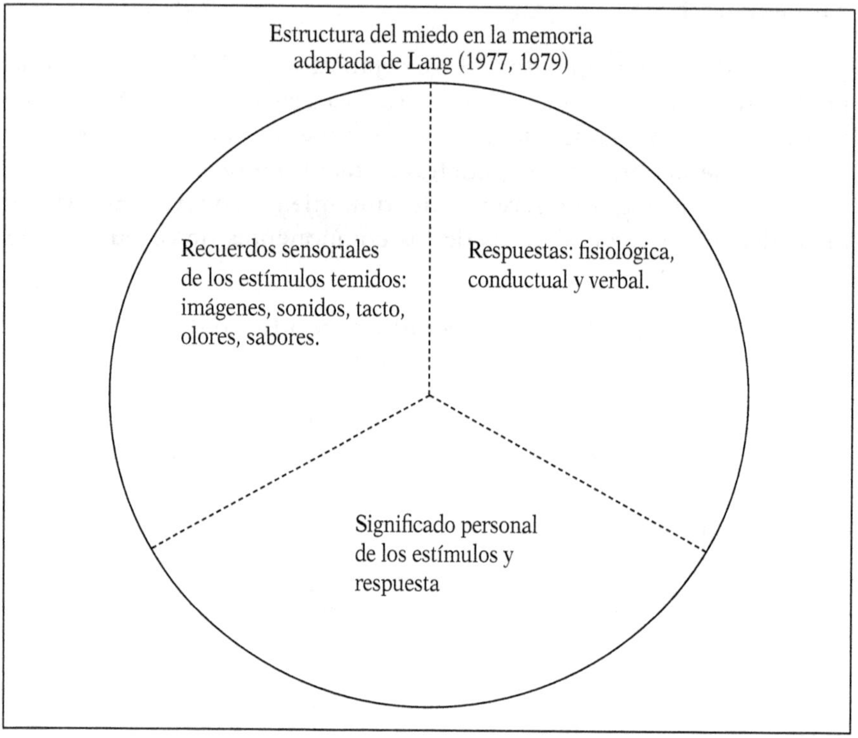

mantienen esos recuerdos emocionales en las estructuras de miedo. La idea de que el tratamiento con imágenes debe activar primero estructuras de recuerdos con valencia emocional va en paralelo con el modelo específico de estado de Bower (1981) que propone que el acceso al recuerdo y a la modificación de la información emocional depende del estado emocional (estado de ánimo) del individuo en ese momento.

Lang describe que las estructuras de miedo contienen información acerca de: (a) el estímulo temido; (b) respuestas verbales, fisiológicas y de conducta; y (c) significado del estímulo y respuesta. Partiendo de la hipótesis de Mathews (1971, pág. 88) de que uno de los efectos de la relajación puede ser aumentar la intensidad de la imagen experimentada durante la desensibilización, Rachman (1980) propone que esa mayor intensidad de la imagen resultante de la relajación lleva a reducir miedos *producíendo primero respuestas fisiológicas más fuertes a la ima-*

Figura 1.3. Procesamiento emocional del miedo con exposición gráfica basada en Foa y Kozak (1985, 1986) y Foa y Rothbaum (1998)

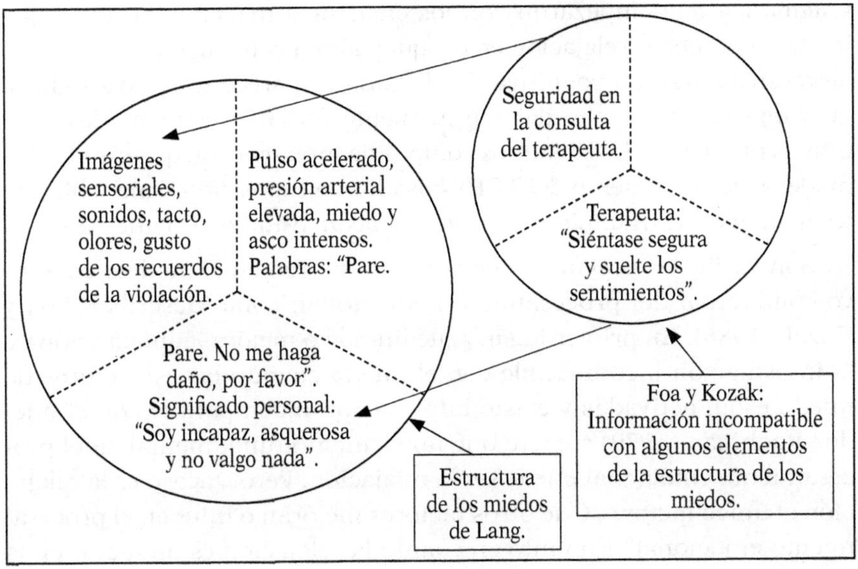

gen fóbica. Además, denominó a esta secuencia de efectos *procesamiento emocional*. Rachman también propone que las *pruebas* repetidas de imágenes fóbicas son necesarias para determinar el grado en el que el procesamiento emocional había tenido lugar. De hecho, esas pruebas repetidas son antecedentes directos del proceso de EMDR de regresar al objetivo para volver a acceder a la *red de recuerdos* y reevaluar el grado de reprocesamiento. Más tarde, Foa y Kozak (1985, 1986) propusieron que para llevar a cabo el procesamiento emocional del miedo debe disponerse de información –cognitiva y afectiva– incompatible con el miedo, que se integra para modificar la estructura de miedo y formar un nuevo recuerdo. En EMDR, ese concepto se describe como la necesidad de redes de recuerdos adaptativos relevantes que estén presentes y sean accesibles para que pueda tener lugar la síntesis entre la red de recuerdos inadaptativos seleccionada y las redes de recuerdos adaptativos.

El modelo cognitivo-conductual de ansiedad clínica tiene un efecto potente en el tratamiento y la investigación. El enfoque cognitivo-conductual para el tratamiento de síndromes postraumáticos, que sigue evolucionando, incluye: (a) el principio de exposición prolongada derivado de modelos conductuales tempranos de inundación –que empezó con el recuerdo más traumático, (b) algunos elementos de desensibilización sistemática que empezaron con los elementos menos molestos y que implican practicar relajación en el aquí y ahora, y (c) algunos elementos de reestructuración cognitiva. De hecho, no parece que haya todavía quórum sobre cómo abordar el tratamiento del TEPT en un modelo cognitivo-conductual. Los distintos equipos de investigación que estudian lo modelos de tratamiento del TEPT basados en exposición tienen diferentes manuales de tratamiento que varían de un estudio al siguiente.

Son varias las preguntas teóricas que surgen en el modelo cognitivo-conductual del procesamiento emocional, como describen Foa y Kozak (1986). En primer lugar, ¿qué impide o mejora la integración de la información incompatible con el miedo cuando las estructuras de miedo están activadas y existe información incompatible con el miedo? Rachman (1979) sugiere que un elemento fundamental en el procesamiento emocional puede ser la relajación. Pero, ¿acaso es la relajación el único factor? ¿Qué otros factores mejoran o inhiben el procesamiento emocional? En tanto en cuanto la relajación es un factor en la organización del procesamiento emocional, ¿cuál es la mejor manera de evocarla al pedir a una persona que se centre en un recuerdo aterrador que implica una percepción de muerte inminente o de daños para uno mismo o para los demás?

La práctica de la desensibilización sistemática y de la inoculación de estrés aporta a los pacientes la práctica de técnicas de regulación de la ansiedad estructuradas que se alternan con la exposición prolongada a imágenes provocadoras de ansiedad. Son enfoques que contrastan con el método EMDR, en el que los pacientes al principio tienen que hacer frente simultáneamente a sus imágenes provocadoras de ansiedad y a la estimulación sensorial bilateral y neutra que resulta tener una "respuesta de relajación obligada" (Barrowcliff, Gray, MacCulloch, Freeman y MacCulloch, 2003; Wilson, Silver, Covi y Foster, 1996, pág. 227). Sin embargo, durante el reprocesamiento EMDR, ni se pide ni se exige a los pacientes que continúen manteniendo la atención en sus imágenes provocadoras de ansiedad. De hecho, la mayoría de pacientes indican ser incapaces de mantener una atención persistente en sus imágenes provocadoras de ansiedad originales durante la estimulación sensorial bilateral. En lugar de eso, la mayoría de pacientes empiezan a indicar varias asociaciones a partir de elementos de sus imágenes originales provocadoras de ansiedad que pueden dar lugar a otras imágenes, sensaciones, emociones y pensamientos perturbadores, neutros o incluso positivos. Así pues, la activación psicofisiológica tiende a desplazarse de una zona de hiperactivación a una de activación óptima que facilita el procesamiento de la información emocional originalmente descrito por Rachman (1979). Véase la Figura 1.5, Yerkes-Dodson más adelante en este mismo capítulo.

En los enfoques cognitivos del procesamiento emocional, las dos estrategias centrales para integrar información incompatible con una respuesta al miedo son las siguientes: (a) que el paciente lleve a cabo en casa tareas diarias de exposición a imágenes autodirigidas repetidamente hasta que se formen nuevas imágenes menos aterradoras y (b) que el terapeuta realice afirmaciones o plantee preguntas mientras el paciente es sometido a la exposición a imágenes. Son estrategias que contrastan con el tratamiento con EMDR estándar, que no requiere tarea alguna por parte del paciente y que le anima a reprocesar con un mínimo de verbalización por parte del terapeuta durante y entre las sesiones de estimulación sensorial bilateral. Las estrategias de conceptualización de casos –descritas en los capítulos 4, 5 y 6– apelan a los terapeutas a evaluar antes de empezar el reprocesamiento con EMDR el grado en el que los pacientes poseen y pueden acceder a repuestas adaptativas y a información *incompatible con una respuesta ante el miedo*. En caso de no existir o de ser de difícil acceso, los terapeutas EMDR deben llevar a cabo acciones tanto en la fase de preparación del tratamiento como durante el reprocesamiento activo para garantizar que se produce dicha integración.

El modelo consensuado orientado por fases

Casi todos los enfoques contemporáneos del tratamiento de los traumas derivan de elementos significativos del trabajo pionero de Pierre Janet (1889, 1977). Entre las muchas contribuciones de Janet destaca el principio básico de un enfoque orientado por fases: (a) estabilización y reducción de los síntomas, (b) destapar y modificar los recuerdos traumáticos y (c) reintegración de la personalidad. Judith Herman

(1992) describe esas tres fases como (a) seguridad, (b) recuerdo y duelo, y (c) reconexión. Además se han descrito modelos paralelos: Briere (1996), Brown y Fromm (1986), Chu (1998), Courtois (1988, 1999), Gil (1988), Horowitz (1979, 1986), Kluft (1993, 1999), McCann y Perlman (1980), Putnam (1989), Scurfield (1985), van der Hart y Friedman (1989), y van der Kolk, McFarlane, y Weisaeth (1996). Christine Courtois, en *Recollections of Sexual Abuse: Treatment Principles and Guidelines* (1999, pág. 176), describe varias facetas de este *modelo de consenso* en la evolución del tratamiento postraumático y lo caracteriza como secuenciado, valorado y centrado en el alivio de los síntomas y el funcionamiento.

Los principios del método EMDR (Shapiro, 2004) lo sitúan en ese modelo de consenso. En EMDR pueden utilizarse varias estrategias que avalen los objetivos de estabilización y de reducción de síntomas. Algunas estrategias de estabilización que se utilizan habitualmente en EMDR fueron desarrolladas en otras tradiciones como la *relajación progresiva* (Jacobson, 1938), la autohipnosis (Eisen y Fromm, 1983; Sanders, 1991), la biorretroalimentación (Brown, McGoldrick y Buchanan, 1997) y la meditación (Benson, 1977; Goldstein, 1998). Otras estrategias de estabilización como el ejercicio del lugar tranquilo o seguro (Shapiro, 2004, págs. 124-126) y el desarrollo e instalación de recursos (Leeds, 1998; Leeds y Shapiro, 2000) integran una serie específica de técnicas de estabilización procedente de la hipnosis y las imágenes dirigidas de maneras que son exclusivas para el EMDR. Independientemente de las estrategias de estabilización que se utilicen en el tratamiento del TEPT, el modelo de consenso reconoce que es fundamental proporcionar una estabilización adecuada antes y durante el desencubrimiento y la solución de los recuerdos traumáticos a fin de evitar lo que John Briere explica como (1996, pág. 11) "salirse de la ventana de tolerancia". Esa expresión hace referencia al hecho de desvelar detalles de recuerdos perturbadores o de exponer al paciente a emociones negativas intensas a un ritmo que exceda las capacidades cognitivas, emocionales o de conducta que éste tiene para hacerles frente. El problema de *exceder las capacidades de los pacientes* puede producirse tanto en las fases de *registro del historial* para el tratamiento como en las de *trabajo*. En psicoterapia para traumas, el objetivo es hacer coincidir el ritmo de trabajo con "la ventana de tolerancia".

Moverse dentro de dicha "ventana" ofrece acceso suficiente a las redes de recuerdos inadaptativos que originan los síntomas del paciente y su funcionamiento actual, al tiempo que no se exceden sus capacidades cognitivas, emocionales ni de conducta.

Un poco de historia: de EMD a EMDR

La historia del desarrollo de la técnica EMDR puede resumirse en estas cuatro etapas:

1. Descubrimiento e investigación de una técnica sencilla (movimientos oculares).
2. Definición y comprobación de la técnica EMD.
3. Evolución, aclaración y validación del protocolo EMDR estándar como tratamiento para TEPT y síndromes relacionados.
4. Ampliación de la teoría y aplicación de EMDR a otros síndromes clínicos como modelo general de psicoterapia. El estado actual de la técnica EMDR está en proceso de evolución de la fase 3 a la fase 4.

Descubrimiento e investigación

Durante un paseo por un parque en el año 1987, Francine Shapiro (2004, págs. 1-28) percibió un efecto específico de los movimientos oculares sacádicos en determinados pensamientos perturbadores. El componente emocional de esos pensamientos disminuía rápidamente y de forma espontánea.

Shapiro decidió investigar ese efecto en otras personas y lo primero que descubrió fue que la mayoría tenían dificultad a la hora de generar movimientos oculares sacádicos suficientes para lograr ese efecto. Así, pidió a esas personas que siguieran con sus movimientos oculares los movimientos de su mano, ida y vuelta, a unos 30-35 cm de distancia de sus rostros.

A lo largo de investigaciones informales con cerca de 70 individuos, Shapiro descubrió que varios factores ayudaban a distintas personas a lograr disminuciones similares del componente emocional de los pensamientos perturbadores. En algunos de ellos, el ritmo de los movimientos oculares tenía que ser más rápido o más lento, e incluso los movimientos oculares en diagonal resultaban más efectivos. En otros, los movimientos horizontales más amplios o más limitados eran más efectivos. Algunas personas necesitaban centrarse en una imagen, otras, en una sensación física, un pensamiento o una emoción. Había incluso quien necesitaba una combinación de esos elementos. De hecho, al combinar varios de esos factores en una serie de pasos deliberados, descubrió que era capaz de lograr de manera fidedigna disminuir la perturbación emocional en una amplia gama de individuos que no sufrían de ningún trastorno identificado.

Así, propuso esta técnica a un superviviente de traumas de guerra que sufría síntomas relacionados con el trauma y a su vez con un incidente concreto. Una única sesión breve de esta técnica supuso la solución de los problemas emocionales y acabó con las intrusiones que se habían asociado con ese recuerdo. La aparente eficacia de esta técnica tenía que ver no sólo con pensamientos ligeramente perturbadores en pacientes sin trastorno específico, sino también con recuerdos mucho más perturbadores en personas que han sobrevivido al trauma de una guerra y todo ello animó a Shapiro a llevar a cabo un estudio controlado con una población definida de pacientes con TEPT.

Definiendo y comprobando al EMD

Analizando la literatura existente sobre el tratamiento del trauma y de la ansiedad, Shapiro examinó la desensibilización sistemática y la inundación de Wolpe (1954) (Stampfl y Levis, 1967; Fairbank y Keane, 1982), que considera que la *inhibición recíproca* entre relajación y ansiedad es la principal base de la desensibilización sistemática –y de todos los tratamientos psicoterapéuticos efectivos para la neurosis. Sin embargo, Wolpe reconoce que sólo los niveles bajos de ansiedad son susceptibles de ser tratados con este enfoque. Como en el caso de la inundación, Shapiro centra su técnica de movimiento ocular en el aspecto más perturbador del trauma original. A diferencia de la inundación, esta nueva técnica no requiere ni exposición prolongada ni abreacción intensa. En cambio, Shapiro observó lo que parecía ser cierta inhibición recíproca entre el malestar emocional condicionado en el recuerdo del trauma y los efectos específicos de los movimientos oculares. Años después, en el primer estudio fisiológico del EMDR, David Wilson (1996, pág. 227) se referiría a ello como una "respuesta de relajación obligada". Dado que la inhibición recíproca más que la extinción parecía ser el mecanismo, en honor al modelo de Wolpe de desensibilización sistemática, decidió bautizar esta técnica como "Desensibilización mediante el movimiento de los ojos" o EMD por las siglas en inglés de *Eye Movement Desensitization* (1989a, 1989b).

Diseño y técnicas del estudio piloto de EMD

En 1980 se incluyó por primera vez el trastorno por estrés postraumático (TEPT) en la tercera edición del *Manual diagnóstico y estadístico* (DSM III; American Psychiatric Association, 1995; Parrish, 1999). En 1988 se generalizó el reconocimiento cada vez mayor de este trastorno y de las graves limitaciones de los métodos existentes para su tratamiento. Es entonces cuando Shapiro decide centrar sus esfuerzos en una prueba de campo de este nuevo método EMD con personas que ya estaban sometidas a tratamiento para TEPT. En lugar de abordar la pregunta más amplia acerca de si el EMD podía resolver todos los síntomas relacionados con el TEPT, se marcó un objetivo más modesto: este estudio piloto determinaría si el malestar intrusivo asociado con un único recuerdo traumático podía tratarse para solucionarse en una única sesión. Así, se puso en contacto con 22 personas de edades comprendidas entre los 11 y los 53 años y procedentes todas ellas de terapeutas que les estaban tratando por síntomas de TEPT relacionados con violaciones, abuso sexual, o traumas de la guerra de Vietnam.

A la mitad de esos pacientes se les asignó aleatoriamente la técnica de EMD y a la otra mitad, un grupo de control –descrito por Shapiro (1989a, pág. 202) como "condición de placebo"– en el que recibieron una técnica de exposición alternativa sin movimiento ocular. Todos los participantes describieron y cuantificaron sus dolencias como pensamientos intrusivos y alteraciones del sueño. Cada sujeto seleccionó un único recuerdo y una imagen que representara la peor parte del incidente o todo el incidente. Además, todos identificaron una creencia negativa, del tipo "estoy desamparado" o "no tengo ningún control", como respuesta a la pregunta (Shapiro, 1989a, pág. 204), "¿Qué palabras sobre su persona o sobre el incidente describen mejor la imagen?".

Después se les pidió que se centraran en la imagen traumática y en sus palabras negativas y que asignaran un nivel de unidades subjetivas de perturbación de 0 a 10 (escala SUD; Wolpe, 1954). Entonces se le pidió a cada sujeto que dijeran que palabras les gustaría tener con la imagen seleccionada y se le pidió que explicaran de qué hablarían con la imagen que habían seleccionado y que validaran esas autoafirmaciones positivas al tiempo que se centraban en la imagen que habían seleccionado utilizando una escala de validez de la cognición (escala VoC) (Shapiro, 1989a) del 1 a 7. Además se les advirtió de que se les pediría su nivel de malestar (escala SUD) periódicamente durante el resto de la sesión de tratamiento y se les instó a "... dejar que ocurra lo que tenga que ocurrir".

Los pacientes del grupo EMD tuvieron que imaginar sus escenas traumáticas y ensayar su afirmación negativa mientras Shapiro inducía una serie inicial de entre 10 y 20 movimientos oculares rítmicos y bilaterales. Después de cada serie, se les pedía que eliminaran la imagen de sus mentes "blank it" y que respiraran profundamente. A continuación se les pedía que se centraran en la imagen y en las palabras negativas y que valoraran su malestar de 0 a 10. Además, entre las series de movimientos oculares a veces se les pedía que indicaran qué sentían con la pregunta "¿Qué obtiene ahora?", se aplicaban más series de movimientos oculares hasta que desaparecían los recuerdos traumáticos y los pensamientos perturbadores y los niveles de la escala SUD indicados eran de 0 o 1; algo que se lograba en 3 a 12 series de movimiento. A continuación los sujetos debían puntuar su afirmación preferida de la escala VoC de 1 a 7 y a los que indicaban un valor inferior a 6 se les pedía que se centraran en el recuerdo seleccionado y en la autoafirmación positiva y se les aplicaban entre 2 y 3 series más de movimientos oculares hasta que le lograran un VoC de 6 o 7.

A los sujetos del grupo de control se les pedía que describieran con detalle a los participantes, el entorno y los acontecimientos de su recuerdo traumático. A fin de establecer la analogía entre el número de valoraciones SUD y la técnica EMD, las descripciones del grupo de control se interrumpían siete veces a intervalos de entre 1 minuto y 1 minuto y medio para obtener la puntuación SUD. También se les preguntaba si la imagen había cambiado o si había surgido algo más, y se les indicaba que siguieran con la descripción detallada de su recuerdo.

Después de la séptima valoración SUD se comprobaban las autoafirmaciones positivas de los sujetos frente a la valoración VoC y una vez finalizado este grupo de control placebo, Shapiro suministró a todas las personas del grupo el tratamiento EMD, y se bautizó como grupo de tratamiento diferido.

Resultados, limitaciones y contribuciones del estudio piloto de EMD

Se entrevistó a los sujetos de ambos grupos durante 30 minutos al mes y a los tres meses de su sesión de tratamiento. Se comprobaron las valoraciones SUD y VoC, junto con las dolencias de cada uno de ellos. En la mayoría de casos (18 sujetos de los 22), la autovaloración de los cambios en las dolencias fueron confirmadas por el terapeuta del propio paciente o por un miembro de su familia.

Son varios los aspectos que pueden revelar fallos en el diseño de este estudio piloto (1989a, 1989b), como la ausencia de datos psicométricos estandarizados o diagnóstico, el exceso de confianza en las mediciones de autoaplicación, medidas fisiológicas incompletas (el pulso sólo se tomó en algunos casos), y un grupo de control no estándar y de tratamiento combinado. De hecho, el estudio piloto no produjo efectos significativos en el grupo experimental (y tratamiento retrasado). A falta de exposición o abreacción prolongadas, el malestar referido (SUD) en el recuerdo traumático seleccionado disminuía significativamente ($p < 0,001$) y la creencia en la autoafirmación preferida (VoC) aumentaba significativamente ($p < 0,001$). Casi todas las dolencias iniciales se eliminaron y el resto mejoró. Los resultados se mantuvieron o mejoraron en el seguimiento.

Dada la penuria de estudios de resultados de tratamiento en ese momento y la velocidad y el tamaño de los efectos del tratamiento referidos, se podría haber esperado una serie de estudios de seguimiento. De hecho, transcurrieron 5 años hasta la aparición de un estudio de seguimiento bien diseñado (Wilson, Becker y Tinker, 1995), aunque el estudio piloto atrajo una atención considerable. Shapiro por su parte siguió reevaluando sus conceptos iniciales y técnicas entre 1989 y 1991 y esa reevaluación dio lugar a una serie de cambios tanto en el marco conceptual como en las fases del procedimiento estándar. Además, también supuso el cambio del nombre de la técnica de EMD a EMDR.

Evolución, aclaración y validación del protocolo EMDR estándar

Entre 1989 y 1991 varios factores supusieron la evolución del modelo conceptual del EMDR y de las fases del procedimiento estándar. Un factor de la evolución del modelo de Shapiro fue la demanda continua de una explicación de los principios subyacentes que estaban dando lugar a esos resultados. Ni la exposición-extinción ni la simple desensibilización podían explicar adecuadamente los resultados referidos de la técnica EMD (Rogers y Silver, 2002). Motivada por su asistente de investigación, Mark Russell (Russell, 1992; Shapiro, 1995, pág. iv), Shapiro desvió su atención hacia la literatura sobre procesamiento emocional y modelos de procesamiento de la información descritos por Lang (1977, 1979), Rachman (1980), Bower (1981) y Foa y Kozak (1985, 1986). Todo ello culminó con la publicación de un artículo en el que se describía el paso del paradigma de desensibilización a un modelo de procesamiento de la información (Shapiro, 1991a) y el cambio de nombre de EMD a EMDR.

Otro factor importante fue la mayor reflexión resultante sobre los efectos observados de la técnica. Shapiro observó cambios consistentes, simultáneos y paralelos en elementos como excitación, emoción, sensaciones y estructuras cognitivas. De hecho, le impresionaron los cambios destacables relacionados con material que solía ser periférico a las circunstancias inmediatas del recuerdo traumático seleccionado; asociaciones que desplazaban la atención del recuerdo traumático seleccionado. De todos modos, Shapiro observó que cuando permitía esa asociación libre rápida, ésta daba lugar a efectos importantes y generalizados del tratamiento tanto en el recuerdo traumático seleccionado como en los recuerdos y las situaciones relacionados. Esta observación la llevó al principio del paradigma de "autosanación" (Shapiro, 2004 pág. 31). Su idea era que existe una capacidad innata de procesamiento de la información que tiende a desplazar las experiencias molestas hacia un estado de resolución adaptativa mediante el establecimiento de nuevas conexiones entre el recuerdo traumático y las redes de memoria adaptativa existentes. A fin de acomodar las maneras en las que esta técnica y su modelo teórico evolutivo divergían significativamente tanto de la exposición-extinción como de la desensibilización sistemática, rebautizó la técnica como Desensibilización y Reprocesamiento mediante movimiento ocular. Además, durante ese mismo periodo llevó a cabo una serie de cambios de procedimiento y de aclaraciones significativas.

Al configurar cada sesión de tratamiento Shapiro ampliaba lo que decidió denominar "fase de evaluación", pidiendo al paciente que identificara por lo menos una emoción concreta –justo antes de obtener la valoración SUD inicial– emparejando el recuerdo y la autoafirmación negativa denominada ahora "cognición negativa". También llevaba a cabo la fase de evaluación pidiendo al paciente que identificara una localización física para el malestar somático o emocional percibido. Durante el reprocesamiento, y a fin de permitir el encadenamiento asociativo, no devolvía la atención del paciente a la imagen que representaba la peor parte del recuerdo después de cada serie de movimientos oculares. En lugar de eso enseñaba a los pacientes –y a los terapeutas a los que formaba– a regresar al recuerdo seleccionado sólo cuando las asociaciones fueran neutras o positivas, o cuando el contenido referido del reprocesamiento no hubiera cambiado o fuera confuso.

De hecho, decidió dar el paso, centrándose en la autoafirmación positiva más consistente, y la denominó "fase de instalación". Tras lograr una puntuación de 0 o 1 de la escala SUD en el recuerdo diana u objetivo, se dirigía a cada paciente para emparejar una autoafirmación preferida con las representaciones restantes del recuerdo diana u objetivo hasta que el VoC se puntuaba con un 6 o un 7 y dejaba de cambiar. A continuación añadió una "fase de exploración corporal": con los ojos cerrados cada paciente tenía que centrarse en las representaciones restantes del recuerdo diana u objetivo, pensar en la autoafirmación preferida y escanear las sensaciones de la cabeza a los pies e indicar cualquier "tensión, rigidez o sensaciones no habituales" (Shapiro, 2004, pág 162). La fase de exploración corporal surgió de sus observaciones de que el último elemento por resolver en algunos pacientes implicaba sensaciones físicas que representaban resonancias emocionales o somáticas con el recuerdo diana u objetivo. A veces esas sensaciones representaban respuestas somáticas defensivas ante el recuerdo diana u objetivo. En ocasiones, eran vínculos a otros recuerdos sin resolver. Otras veces eran sentimientos de alivio, alegría u otras experiencias positivas que surgían con la resolución del recuerdo diana u objetivo.

Cursos de EMDR para investigadores y terapeutas

Durante este periodo de evolución de las técnicas de EMDR, Shapiro empezó a proponer cursos de formación a terapeutas e investigadores cualificados que estaban interesados en aprender su nueva técnica. Motivada por el deseo de reducir el sufrimiento y avanzar en la comprensión científica, ofreció una serie de pequeñas sesiones a unos 250 terapeutas e investigadores en 1990. Además, en aras a avanzar en la investigación del método EMDR, todo investigador cualificado que indicara no disponer de medios para pagar el curso obtenía una beca completa. Así las cosas, el ritmo del interés suscitado por los cursos de EMDR creció más rápidamente de lo que nadie podría haber predicho.

A finales de 1990 Shapiro empezó a recibir informes preocupantes acerca de pacientes que habían sido dañados por el método EMDR (Shapiro, 1991b). Esos informes indicaban que algunos terapeutas que acababan de cursar la formación en EMDR habían empezado inmediatamente a ofrecer sus propios cursos de EMDR y los pacientes tratados por los alumnos de esos profesores de EMDR sin experiencia indicaban sufrir efectos adversos significativos con motivo del tratamiento. La investigación desveló desviaciones importantísimas de la técnica y de los principios que enseñaba Shapiro. Habiendo asumido en un principio que la ética profesional protegería a los pacientes de ese tipo de prácticas, Shapiro concluyó que a fin de proteger correctamente a los pacientes de ese peligro (Principio 1.16 de la *American Psychological Association*, 1992) tendría que establecer un contrato por escrito que se solicitaría a todos los que participaran en sus cursos y según los términos del cual no formarían a terceros sin su permiso también por escrito. Aunque viniera impuesto por estándares éticos publicados y su objetivo fuera proteger a los pacientes, este requisito suscitó alegaciones que apuntaban a que Shapiro estaba intentando controlar el mercado comercial de los cursos de EMDR. Esta restricción permaneció hasta 1995, cuando Shapiro publicó la primera edición de su texto (Shapiro, 2004) en un libro que supuso una referencia muy completa de consulta para terapeutas, pacientes, colegios y asociaciones profesionales para evaluar los programas educativos y las prácticas de tratamiento que sostienen ser EMDR. Más tarde eximió a todos los que habían llevado a cabo su curso de EMDR de esta restricción y revisó el contrato de formación para pedir a los participantes que no formaran a terceros hasta haber sido cualificados para ello. Por otra parte, animó a los terapeutas que se habían formado con ella a fundar una asociación profesional a fin de establecer estándares de investigación, formación y aplicación clínica del método EMDR. Todo ello desencadenó en la fundación del EMDR International Association (EMDRIA, 2008b).

Modos alternativos de estimulación bilateral

Durante esos primeros años (1989-1991) de evolución, se desarrollaron variaciones en la técnica para abordar situaciones de pacientes con un historial médico de problemas oculares, ceguera en uno o ambos ojos, o de respuestas adversas a la mecánica de generar movimientos oculares (como vista cansada) y se propusieron tonos auditivos y palmadas de manos como formas alternativas de estimulación. Al principio los chasquidos de dedos alternos hacia cada uno de los lados de la cabeza del paciente, o la utilización de un *clicker*, generaba tonos alternos izquierda-derecha. Más tarde se empezaron a utilizar generadores de tonos electrónicos con auriculares y una caja de control, que permitían modificar la velocidad fácilmente. Los golpecitos en la mano (o en el hombro) se propusieron como otra variante de los movimientos oculares, y al principio el terapeuta tocaba ligeramente el reverso de las manos del paciente con un dedo o con una maza con punta de corcho. Más adelante se empezaron a comercializar unas paletas que iban conectadas a una caja de control y que podían generar vibraciones alternas mientras el paciente las sostenía en sus manos. Además se empezaron a fabricar una serie de dispositivos electrónicos para generar movimientos oculares y evitar lesiones mecánicas y fatiga en los terapeutas. Si bien existen informes anecdóticos que indican que los tonos y los golpecitos (o vibraciones) suelen ser igual de efectivos que los movimientos oculares (y quizás sean las únicas alternativas prácticas para pacientes con problemas de visión), no existen estudios controlados suficientes para que esas afirmaciones resulten definitivas (Servan-Schreiber, Schooler, Dew, Carter y Bartone, 2006).

Ya en 1991, casi todos los elementos teóricos y de procedimiento de EMDR habían evolucionado hacia el formato en el que aparecían en el texto de 2004 de la Dra. Shapiro. A los investigadores formados después de 1991 se les animaba a utilizar las técnicas que se habían presentado en los cursos del EMDR Institute, que había pasado de ser un taller de un día de duración a principios de los 90, a 2 fines de semana, un total de 34 horas de curso con 13 horas de ejercicios prácticos supervisados a mediados de 1991. Además, la segunda parte del curso se centraba en aclarar las técnicas básicas, con la introducción del *entretejido cognitivo* y principios para la aplicación de EMDR al tratamiento de varios síndromes de estrés agudo y postraumático, como fobias de origen traumático.

Aumento de la literatura sobre EMDR revisada por colegas

La literatura profesional revisada por colegas sobre EMDR pasó de 2 informes en 1989 a un total acumulado de 79 en 1995 y 257 a finales de 2001 (Baldwin, 2002). No resulta ni posible ni adecuado intentar revisar toda esa base de información creciente en estas páginas. En 2002, se habían llevado a cabo cerca de 16 estudios de resultados de tratamiento de TEPT controlados de EMDR. La cantidad de datos de resultados de tratamiento de TEPT con EMDR ha seguido creciendo rápidamente y ahora representa el mayor grupo de individuos estudiados en estudios de resultados de tratamiento de TEPT y la mayor cantidad de literatura existente sobre un método específico para el tratamiento de ese trastorno. A pesar de una literatura importante y de unos efectos de los tratamientos por lo general importantes también (Maxfield y Hyer, 2002), el estatus de EMDR permanece mezclado entre algunos científicos y aseguradoras sobre todo en Estados Unidos. En Europa, y en otros países del mundo, los sistemas sanitarios estatales, hospitales y expertos aceptan el EMDR como un tratamiento con aval empírico y bien tolerado para el TEPT. Puede consultarse un excelente resumen de las controversias y los malos entendidos en torno a esas cuestiones en Estados Unidos en el artículo de Perkins y Rouanzoin (2002). Además, varios metaanálisis publicados (Maxfield y Hyer, 2002; Sack, Lempa y Lamprecht, 2001; Spector y Read, 1999; van Etten y Taylor, 1998) indican que el EMDR es un tratamiento eficaz y efectivo para el TEPT.

La Sociedad Internacional de Estudios de Estrés Traumático, en su primera revisión de todos los tratamientos para TEPT (Foa et al., 2003, pág. 333) valoró el método EMDR como A/B, lo que significa que "el método EMDR resultó más eficaz para el TEPT que los controles de tratamiento activo y de rutina con lista de espera". En la segunda edición de la revisión (Foa, Keane, Friedman, Cohen y la International Society for Traumatic Stress Studies, 2009, pág. 575), afirmaban que el EMDR se valora como tratamiento de Nivel A para su uso con adultos, además de que existen ensayos clínicos de calidad que avalan su utilización para pacientes con TEPT. Para niños y adolescentes, lo valoran como tratamiento de Nivel B y apuntan la necesidad de más estudios en ese sentido (pág. 576). Por otra parte, en un metanálisis de todos los ensayos de resultados psicológicos y de tratamiento farmacológico publicados (59) para TEPT (van Etten y Taylor, 1998, pág. 140), se concluye que los resultados del estudio sugieren que el EMDR es efectivo para el TEPT y que es más eficaz que otros tratamientos.

En 2004 la *American Psychiatric Association* publicó *Practice Guidelines for the Treatment of Patients with Acute Stress Disorder and Posttraumatic Stress Disorder*, donde se recoge que:

> "El EMDR parece ser efectivo en la mejora de los síntomas de TEPT agudo y crónico (pág. 35 del original en inglés).
>
> El EMDR forma parte de un continuo de tratamientos cognitivo-conductuales y relacionados con la exposición. Además emplea técnicas que pueden dar al paciente un mayor control de la experiencia de exposición (dado que el EMDR depende menos de una explicación verbal) y proporciona técnicas de regulación de la ansiedad en la circunstancia aprehensiva del tratamiento con exposición. Por consiguiente, puede resultar ventajosa para pacientes que no toleren exposiciones prolongadas, además también para pacientes que tengan dificultad para verbalizar sus experiencias traumáticas (pág. 36 del original en inglés).

También en 2004, el Departamento de Asuntos de Veteranos de Guerra norteamericano y el Departamento de Defensa publicaron la *Clinical Practice Guideline for the Management of Post-Traumatic Stress*, en la que se otorga al EMDR, junto a tres métodos más, la mayor puntuación dado el nivel de pruebas de eficacia a la vez que se recomienda para el tratamiento del TEPT. Son varias las organizaciones nacionales e internacionales que han llegado a conclusiones similares, como el Centro Australiano de Salud Mental Postraumática (2007), la Base de datos Cochrane de Revisiones Sistemáticas (Bisson y Andrew, 2007), las Directrices del Comité Directivo Holandés para Salud Mental (2003) y el Instituto Nacional de Excelencia Clínica (2005).

El interés clínico a nivel básico, el reconocimiento académico y la aceptación institucional del EMDR han crecido de manera constante en los países europeos. En cambio, en Estados Unidos, el interés clínico a nivel básico en el EMDR continúa creciendo a un ritmo constante, mientras que persisten las controversias académicas y una aceptación institucional inconsistente del método. Por otra parte, siguen apareciendo en la literatura descripciones engañosas e imprecisas del estatus del EMDR. Las más recientes proceden del *Institute of Medicine* (IOM, 2007) y se han rebatido con intensidad (Lee y Schubert, 2009). De todos modos, el análisis pormenorizado de la disparidad entre las controversias que rodean al EMDR en Estados Unidos y la aceptación general del EMDR en Europa y en otras regiones del mundo –como Japón, Corea del sur y Sudamérica– van más allá del alcance de este capítulo. En parte, esa disparidad en cuanto a la aceptación puede estar relacionada con cuestiones que suelen rodear a las revoluciones científicas (Kuhn, 1971). Una revisión exhaustiva de esas cuestiones y publicada recientemente por Mark Russell (2008c) explora los análisis de Kuhn (1971) y de Barber (1961) de la resistencia por parte de los científicos a los descubrimientos científicos. Y para complicar la situación todavía más encontramos el énfasis del desarrollador por el uso de nomenclaturas idiosincrásicas y no estándares. De hecho, este cambio de nomenclatura ha servido para hacer más hincapié en la idea de que el modelo AIP (procesamiento adaptativo de la información) es un punto de partida fundamental de los primeros modelos de procesamiento de información más que una fase evolutiva, que se basa en el trabajo de expertos en modelos anteriores procesamiento emocional.

Además, las oportunidades tempranas para el reconocimiento federal norteamericano del EMDR por parte de la SAMHSA (Administración de Servicios de Salud Mental y Abuso de Sustancias) no se siguieron de forma adecuada. Varios programas clínicos con financiación estatal y federal, además de organismos que promueven la investigación, tienen en cuenta los listados de la SAMSHA de métodos empíricamente avalados a la hora de decidir qué métodos permitir y financiar. Un descuido, ese, que quedó finalmente corregido en 2008 con una solicitud por parte de EMDRIA que sigue pendiente en el momento en el que este libro se manda a imprimir. Sin embargo, si bien hay facultativos que trabajan en Estados Unidos que se ven confrontados al rechazo por parte de algunos directores clínicos de permitir la utilización del EMDR en algunos programas de salud mental de la comunidad y en centros de tratamiento de Veteranos de Guerra, otros directores clínicos de esos mismos centros animan encarecidamente al uso de EMDR. También existen barreras estructurales profundas que han limitado la capacidad tanto de veteranos en activo como de ex-combatientes de obtener tratamiento con EMDR (Russell, 2008a), mientras que varios programas regionales están proporcionando tratamiento con EMDR a personal militar en activo y retirado. El FBI y algunos otros cuerpos y fuerzas de seguridad federales y locales (McNally y Solomon, 1999; Wilson, Tinker, Becker y Logan, 2001) han adoptado al EMDR como parte de sus programas de gestión del estrés en incidentes críticos, aunque no por ello se ha convertido en una práctica universal, ni extendida.

Ampliar EMDR a un modelo general de psicoterapia

Desde 2001, EMDR ha avanzado por un periodo de transición de la fase 3 a la fase 4 de su desarrollo. En dicho periodo de transición, la investigación continúa ampliando la prueba de la eficacia del EMDR para trastornos de estrés agudo tanto en casos de traumas civiles como relacionados con guerras (Fernández, 2008; Krause y Kirsch, 2006; Kutz, Resnik y Dekel, 2008; Ladd, 2007; Russell, 2006; Todder y Kaplan, 2007; Zaghrout-Hodali, Alissa y Dodgson, 2008) y TEPT (Ahmad, Larsson y Sundelin-Wahlsten, 2007; Brown y Gilman, 2007; Chemali y Meadows, 2004; Chemtob, Nakashima y Carlson, 2002; Edmond y Rubin, 2004; Elofsson, von Scheele, Theorell y Sondergaard, 2007; Heber, Kellner y Yehuda, 2002; Hogberg et al., 2007; Hogberg et al., 2008; Ironson, Freund, Strauss y Williams, 2002; Jaberghaderi, Greenwald, Rubin y Zand, 2004; Kelley y Selim, 2007; Kim y Kim, 2004; Konuk et al., 2006; Lamprecht et al., 2004; Lansing, Amen, Hanks y Rudy, 2005; Lee, Gavriel, Drummond, Richards y Greenwald, 2002; Lee, Taylor y Drummond, 2006; Oh y Choi, 2004; Oras, Ezpeleta y Ahmad, 2004; Pagani et al., 2007; Power, McGoldrick y Brown, 2002; Propper, Pierce, Geisler, Christman y Bellorado, 2007; Ricci, Clayton y Shapiro, 2006; Rothbaum, Astin y Marsteller, 2005; Sack, Lempa, Steinmetz, Lamprecht y Hofmann, 2008; Schneider, Nabavi y Heuft, 2005; Sprang, 2001; Tufnell, 2005; van der Kolk et al., 2007).

Además, el trabajo prosigue en dos frentes adicionales. El primero es la investigación para aclarar los mecanismos subyacentes a la efectividad del EMDR, con estudios empíricos sobre los efectos de las intervenciones de estimulación bilateral en EMDR. El segundo es investigación para ampliar la aplicación del EMDR a más síndromes clínicos, como modelo general de psicoterapia. En estas páginas tampoco se va a llevar a realizar una revisión exhaustiva de la investigación que ya se ha llevado a cabo en esas áreas. Sí ofrecemos un breve resumen para las personas interesadas en la materia.

En cuanto a la elucidación de los mecanismos que contribuyen a los efectos de la estimulación bilateral utilizada en EMDR, en los últimos años han proliferado los informes que proponen explicaciones psicológicas, psicofisiológicas y neurológicas para los efectos establecidos del tratamiento con EMDR en casos de TEPT (Barrowcliff, Gray, Freeman y MacCulloch, 2004; Barrowcliff et al., 2003; Bergmann, 2001; Christman, Garvey, Propper y Phaneuf, 2003; Gunter y Bodner, 2008; Kavanagh, Freese, Andrade y May, 2001; Kuiken, Bears, Miall y Smith, 2001-2002; Lansing et al., 2005; Lee, Taylor y Drummond, 2006; Oh y Choi, 2004; Sack et al., 2008; Stickgold, 2002; van den Hout, Muris, Salemink y Kindt, 2001). Todos esos artículos se basan en estudios anteriores y en estudios teóricos del siglo XX (Andrade, Kavanagh y Baddeley, 1997; Armstrong y Vaughan, 1996; Dyck, 1993; MacCulloch y Feldman, 1996; Merckelbach, Hogervorst, Kampman y de Jongh, 1994; Nicosia, 1994). Junta, toda esa investigación deja claro que los movimientos oculares bilaterales que se utilizan en las técnicas de EMDR estándar han demostrado tener efectos tales como: (a) mejora de la recuperación y reducción de la intensidad de los recuerdos autobiográficos, (b) aumento de la flexibilidad de la atención, con la consecuente promoción de nuevas asociaciones a viejos recuerdos y, (c) disminución de la excitación psicofisiológica asociada a los recuerdos autobiográficos negativos. Los resultados positivos obtenidos de mediciones de resultados autoaplicados estandarizados han sido confirmados con resultados característicos de SPECT, además de mediciones psicofisiológicas en varios informes de caso, series de casos y en un estudio controlado citado antes.

Cada vez son más los informes de caso y las series de casos que avalan la perspectiva de que el EMDR puede verse como un modelo general de psicoterapia para cualquier enfermedad en la que los factores medioambientales desempeñen un papel, es decir, aprendizaje, condicionamiento o estrés. Destacan entre las enfermedades en las que EMDR se está erigiendo como un tratamiento potencialmente útil: el consumo de sustancias (Amundsen y Kårstad, 2006; Besson et al., 2006; Brown y Gilman, 2007; Brown, Gilman y Kelso, 2008; Popky, 2005; Vogelmann-Sine, Sine, Smyth y Popky, 1998) y una serie de trastornos somatoformes como el dolor crónico (Grant, 1999; Grant y Threlfo, 2002), el síndrome del miembro fantasma, (Russell, 2008b; Schneider, Hofmann, Rost y Shapiro, 2008; Tinker y Wilson, 2005; Wilson, Tinker, Becker, Hofmann y Cole, 2000), la epilepsia (Chemali y Meadows, 2004; Schneider et al., 2005), el eczema crónico (Gupta y Gupta, 2002), problemas gastrointestinales (Kneff y Krebs, 2004) y el trastorno dismórfico corporal (Brown et al., 1997; Dziegielewski y Wolfe, 2000). Además, han aparecido informes y estrategias de casos tempranos que describen la aplicación del EMDR para el tratamiento de trastornos de personalidad (Bergmann, 2008; Brown y Shapiro, 2006; Grand, 2003; Korn y Leeds, 2002; Knipe, 2003). Por otra parte, los libros publicados recientemente sobre EMDR describen aplicaciones adicionales del método para sistemas familiares y de pareja (Shapiro, Kaslow y Maxfield, 2007), la integración del EMDR con varias psicoterapias bien aceptadas (Shapiro, 2002b) y su rol en el tratamiento de estados de Ego y de trastornos disociativos (Forgash y Copeley, 2008; International Society for the Study of Dissociation, 2005).

Resumen

En menos de 20 años, el EMDR ha evolucionado rápidamente de ser un efecto observado de movimientos oculares bilaterales a una técnica estandarizada, y a un método reconocido internacionalmente para el tratamiento del estrés agudo y del TEPT. Aunque persisten algunas controversias y mitos engañosos acerca del estatus empírico del EMDR, principalmente en Estados Unidos, es un método que ha logrado una aceptación global destacada como tratamiento con aval empírico que ofrece un nuevo paradigma para aliviar el sufrimiento humano. Más de 150.000 terapeutas han seguido formación en EMDR en todo el mundo. Así, con la ayuda del tratamiento con EMDR, millones de personas se han recuperado de los efectos de desastres naturales y otros generados por el hombre, accidentes de carretera, tren y avión, guerras, traumas de guerra, terrorismo, agresiones sexuales, abuso infantil, el trauma de haber sido diagnosticado con una enfermedad terminal, síndrome del miembro fantasma, abuso crónico de sustancias y una serie de trastornos somatoformes. Existen asociaciones profesionales de EMDR en los cinco continentes y cada año se celebran conferencias de EMDR en seis países como mínimo.

Todos esos logros reflejan la visión y la persistencia de Francine Shapiro, que imparte personalmente clases de EMDR en todo el mundo y que también ha animado y convencido a estudiantes universitarios, terapeutas e investigadores a elaborar y publicar informes de casos, series de casos y estudios de resultados de tratamiento. Además de ser una editora incansable, otra de sus labores ha sido la promoción del desarrollo de programas de asistencia humanitaria en Estados Unidos y en Europa para acercar los cursos de EMDR y el tratamiento a personas y a lugares que no disponen de infraestructuras de salud mental, o de financiación para la formación profesional. De hecho, ha formado a un gran número de terapeutas tanto en Estados Unidos como en otros países para convertirles en formadores y consultores de EMDR. Cómo ha logrado todo eso en menos de 20 años es una historia destacable que merece ser contada a título propio.

Sin embargo, la historia de la importante evolución y el crecimiento del EMDR es más que la historia de los logros personales de Francine Shapiro. Es la historia de los investigadores, terapeutas y estudiantes universitarios que se han formado en EMDR y que se han transformado por la experiencia humana de un cambio en la consciencia. Cambio que no le ocurre a todos durante la parte práctica del curso de EMDR, sino que ocurre en un porcentaje significativo de los que experimentan el reprocesamiento con EMDR durante el proceso de formación. Para los que experimentan dicha transformación, el reprocesamiento con EMDR nos revela algo sobre nuestro potencial humano para evolucionar y crecer como individuos y como especie. La experiencia de los efectos del tratamiento con EMDR despierta algo en nosotros que dice, "¿A dónde ha ido el dolor? ¿A dónde han ido el miedo, la culpa y la ira? Creía que formaban parte de mí. Sin todo eso, hay muchas más posibilidades. Ahora soy libre". Para muchos es una experiencia que fuerza, que crea una energía infinita y la excitación de averiguar qué más podría ser posible.

2 El modelo del procesamiento adaptativo de la información

En este capítulo revisaremos el modelo del procesamiento adaptativo de la información (modelo AIP), que constituye el núcleo del enfoque EMDR a la psicoterapia. Veremos la evolución del concepto de *redes de recuerdos* desde sus raíces descritas en el capítulo 1, hasta la manera como se utiliza en EMDR. Revisaremos los estudios realizados sobre los efectos específicos del trauma y de los déficits de desarrollo temprano en el procesamiento de la información. También revisaremos algunos de los estudios de cada una de las principales hipótesis explicativas para los efectos del tratamiento con EMDR. Para terminar, tendremos en cuenta lo que sugieren la teoría y los datos de resultados para ayudarnos a predecir los efectos de los distintos modos de estimulación bilateral durante el reprocesamiento con EMDR.

El modelo de procesamiento adaptativo de la información

Shapiro (2004) propuso tres principios que conformaban el núcleo de su procesamiento adaptativo de la información. En primer lugar –Principio 1– existe un sistema de procesamiento de la información intrínseco que ha evolucionado para permitir a los humanos reorganizar sus respuestas ante acontecimientos perturbadores de la vida partiendo de un estado disfuncional inicial de desequilibrio y llegando a

Tabla 2.1. Tres principios del modelo de procesamiento adaptativo de la información

Existe un sistema intrínseco para la adaptación a los agentes del estrés.	El trauma o el estrés persistente durante una fase de desarrollo producen un bloqueo.	El EMDR restaura el equilibrio, que desemboca de una rápida autocuración.
Un sistema intrínseco permite a los humanos reorganizar las respuestas a acontecimientos perturbadores de la vida desde un estado disfuncional inicial de desequilibrio hasta un estado de resolución adaptativa.	Un acontecimiento traumático o un estrés permanente durante una fase de desarrollo vital pueden interrumpir ese sistema de procesamiento de la información dejando la experiencia sin resolver en una forma estado específica. Las fases del procedimiento	del EMDR y los movimientos oculares bilaterales restauran el equilibrio. El reprocesamiento continúa hasta una resolución adaptativa. La recuperación puede ser tan rápida y estable como en el caso de heridas físicas...

un estado de resolución adaptativa. Cuando adultos sanos son expuestos a acontecimientos perturbadores –como que sin esperarlo un amigo o un supervisor del trabajo les grite– solemos experimentar una respuesta de estrés inicial con agitación, miedo, culpa o ira; aumentos en los marcadores fisiológicos de estrés como el ritmo cardíaco, la presión arterial y las hormonas de estrés; y pensamientos e impulsos irracionales como un exceso de autocrítica, impulsos de huir, de herir a alguien o de rendirse. Tras reflexionar sobre el elemento de estrés y nuestras respuestas, soñar con ello, darnos cuenta de nuestros sentimientos, escribir al respecto y hablarlo con amigos o seres queridos, resolvemos el malestar y aprendemos de la experiencia. De hecho, nuestros sistemas fisiológicos regresan a un estado inicial estable y sano. Nuestro estado emocional regresa al equilibrio. Nuestra perspectiva cognitiva se hace adaptativa. En lugar de pensar "He hecho algo mal", o "No debería haber dicho eso", nos damos cuenta de las cosas, "Claro, está atravesando un divorcio difícil, ha estado levantando la voz y utilizando ese tono airado con todos los del departamento. Yo estoy bien". Y no sólo las emociones, la fisiología y los pensamientos regresan a la situación de equilibrio, sino que también hemos formado una plantilla adaptativa para reconocer la situación si se vuelve a producir un incidente similar, a la que abordaremos de otra manera. Por ejemplo, afirmando con tono cálido aunque firme: "Siento mucho que lo estés pasando mal. Sé lo que es sentirse molesto por cosas que no puedes controlar, pero no soy el origen de tu problema. Te agradecería que cuando me hables con hicieras con un tono de voz tranquilo".

Figura 2.1. Procesamiento emocional normal

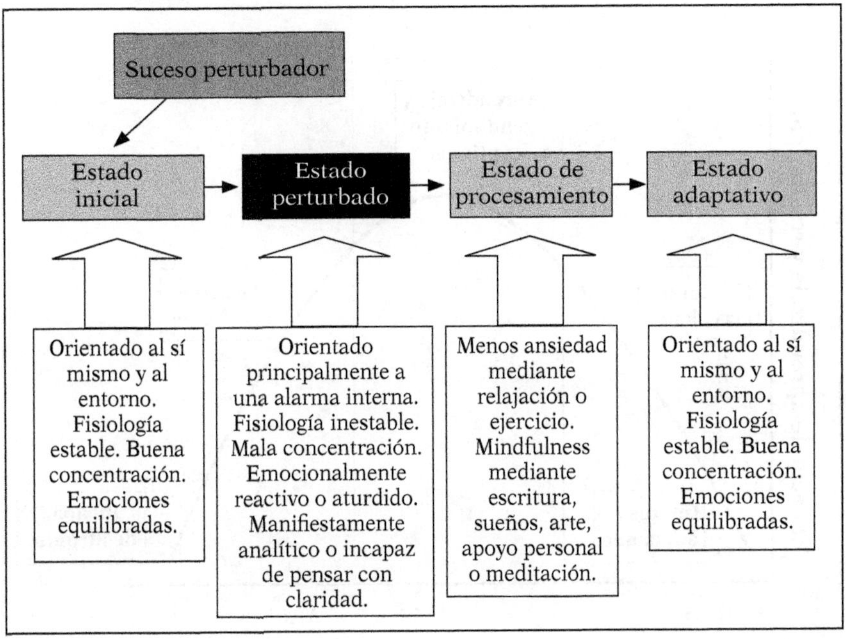

En segundo lugar, Shapiro (2004) propone que un acontecimiento traumático o un estrés persistente durante una fase de desarrollo vital pueden interrumpir ese sistema de procesamiento de la información –Principio 2. Este segundo principio está en la línea de las tempranas hipótesis de Pierre Janet (van der Hart y Horst, 1989) de la emoción vehemente como causa de la disociación y de la ley de Yerkes-Dodson que relaciona el rendimiento con el nivel de ansiedad (Yerkes y Dodson, 1908). Véase la Figura 2.2. La ley de Yerkes-Dodson fue replanteada por Ogden y Minton (2000) para reflejar conceptos de activación alta y baja, y una *zona de activación óptima* similar a la ventana terapéutica descrita por Briere (1996).

Como resultado de la interrupción del procesamiento de información emocional –debido a una activación excesiva a partir del trauma o del estrés persistente– la información relacionada con el hecho traumático o con el factor de estrés persistente se almacena en una forma *estado específica* (Bower, 1981) y no logra alcanzar una resolución adaptativa. Existen muchos estudios que avalan esta hipótesis en la

Figura 2.2. Yerkes-Dodson

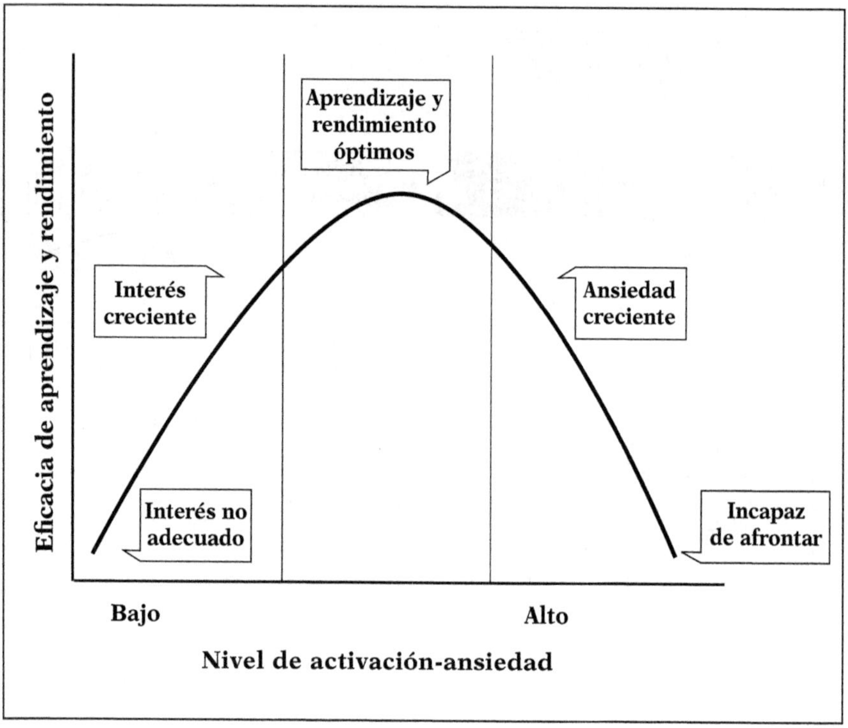

Nota. De "The Relation of Strength of Stimulus to Rapidity of Habit-Formation" de R. M. Yerkes y J. D. Dodson, 1908. *Journal of Comparative Neurology and Psychology*, 18, págs. 459-482. Copyright 1908 de John Wiley and Sons, Inc. Reimpreso con permiso.

literatura sobre las respuestas cerebrales al trauma y a factores de estrés persistentes (Joseph, 1998; Osuch et al., 2001; Stickgold, 2002; van der Kolk, McFarlane y Weisaeth, 1996). La investigación indica que los recuerdos traumáticos se mantienen en un sistema de memoria implícito y a corto plazo que mantiene las impresiones sensoriales y las respuestas emocionales y fisiológicas globales al estrés. Los recuerdos no traumáticos aunque sí significativos desde un punto de vista autobiográfico y de información se desplazan gradualmente de la memoria implícita a corto plazo del hemisferio derecho al sistema explícito o narrativo y a largo plazo del hemisferio izquierdo (van der Kolk et al., 1996).

En tercer lugar, Shapiro (2004) propone que la combinación de las fases del procedimiento estándar de EMDR y los movimientos oculares bilaterales *restaura el equilibrio* del sistema de procesamiento adaptativo de la información, generando la reanudación del procesamiento de la información, que entonces es capaz de proceder hasta que alcanza una resolución adaptativa para ese individuo –Principio 3. Cuando las experiencias almacenadas disfuncionalmente se han mantenido en un formato estado específico durante años o décadas, el proceso de reorganización resultante en ocasiones puede ser extremadamente rápido y completo. Sin embargo, si la persona carece de *recursos* suficientes para resolver la experiencia, el resultado puede ser un empeoramiento del estado emocional, fisiológico y psicológico.

Fundamental en este tercer principio es el concepto de autocuración, análogo a lo que ocurre con las heridas físicas. Los cirujanos pueden eliminar elementos que bloquean la sanación como cuerpos extraños o tumores, y crear condiciones favorables para la sanación, pero después tienen que "dejar que la naturaleza siga su curso". Ningún cirujano puede hacer que una herida cure. Sólo el propio cuerpo puede hacerlo. Es una capacidad que se encuentra codificada en nuestro ADN y que se expresa a través de los sistemas reparadores innatos del cuerpo.

Cuando las heridas psicológicas dejan a la persona con experiencias traumáticas en una forma estado específico no resuelto, el médico que la trata no puede hacer que sane y no puede dirigir los detalles del proceso de esa sanación. Lo mejor que el terapeuta puede hacer es garantizar que hay suficientes recursos y observar con atención para determinar si existe algún bloqueo que deba eliminarse. Cuando se está aprendiendo a utilizar EMDR, puede resultar útil para los terapeutas considerar la actitud de la comadrona, que da ánimo al tiempo que evita intervenciones externas en los procesos naturales del nacimiento, a menos que la intervención resulte necesaria cuando algo interrumpe dicho proceso natural. Esta analogía encaja mejor con el rol del terapeuta de EMDR que imitar el rol de un agente de tráfico en medio de un cruce en el que los semáforos no funcionan y que intenta dirigir a los coches bloqueados en el atasco.

Para terapeutas y pacientes con mucha formación y experiencia en modelos de psicoterapia verbal, las experiencias iniciales de respuestas óptimas al EMDR pueden parecer extremadamente rápidas y completas. Un entusiasmo excesivo acerca de esos efectos debería considerarse como un impedimento potencial para hacer frente a otras situaciones clínicas en las que no se producen tales respuestas óptimas, además de para ampliar la aceptación del EMDR en el campo de la psicoterapia. Los pacientes que influenciados por artículos de medios de masas, publicaciones no especializadas o rumores que esperan también lograr resultados espectaculares, inmediatos y completos es posible que no sean capaces de implicarse en las fases más complejas y amplias de recuperación que puedan resultar necesarias cuando ha habido un trauma crónico, una negligencia temprana o complicaciones médicas crónicas.

Los terapeutas e investigadores que han consagrado años o décadas de desarrollo profesional basado en un paradigma diferente para abordar el tratamiento suelen considerar las afirmaciones salvajes, demasiado entusiastas o demasiado amplias motivo suficiente para darse la vuelta y simplemente no examinar los datos empíricos. Por otro lado, a pesar de las conclusiones erróneas y desdeñosas de algunos artículos de revisión –debatidos en profundidad por Perkins y Rouanzoin (2002) y Shapiro (1996, 2002a)–, la literatura empírica sobre los resultados del tratamiento con EMDR avala la conclusión de que EMDR representa un avance significativo en cuanto a rapidez de los efectos del tratamiento y confort del paciente con el proceso de sanación en comparación con modelos previos de tratamiento del estrés postraumático y otros trastornos relacionados (Altmaier, 2002; American Psychiatric Association [APA], 2004; van Etten y Taylor, 1998).

Redes de recuerdos

Shapiro (2004) describe un modelo de redes de recuerdos que sirve para ayudar a organizar las observaciones de lo que ocurre durante el reprocesamiento con EMDR y también para reconocer el *reprocesamiento no efectivo*. Hay cinco elementos en el modelo de red de recuerdos de Shapiro: imagen, pensamientos y sonidos, sensación física, emoción y creencia. Los cuatro primeros hacen referencia a aspectos sensoriales del recuerdo. La palabra *imagen* hace referencia al elemento visual de recuerdo sensorial relacionado con el evento. Los *pensamientos y sonidos* representan percepciones auditivas recordadas. Cabe destacar que la subcategoría de *pensamientos* hace referencia a recuerdos de autoafirmaciones internas percibidas como "¡Dios mío!" o "Me va a matar", que se consideran distintas de las autoafirmaciones mantenidas en el presente categorizadas como "una creencia" como "Estoy desamparado". Las *sensaciones físicas* pueden representar recuerdos de percepciones quinestéticas o las correlaciones físicas de afectos primarios y por lo general se identifican solamente por su localización percibida en lugar de por una descripción experiencial. La *emoción* representa las emociones que surgen en el presente en relación con el recuerdo diana. El quinto elemento es una autoevaluación –a la que se hace referencia como *cognición negativa* en las fases del procedimiento– que la persona forma en relación con el recuerdo diana u objetivo. Shapiro (2004) se refería a los primeros cuatro elementos como "percepciones" porque implican recuerdo sensorial. Además, se refería a la autoevaluación como la "metapercepción" (2004) porque es una interpretación de las percepciones almacenadas de la experiencia.

Durante el reprocesamiento, los cinco elementos de esa red de recuerdos se reorganizan simultáneamente y en paralelo. A diferencia de la mayoría de modelos de terapia cognitivo-conductual (Beck,

Figura 2.3. Redes de recuerdos en el EMDR de Shapiro

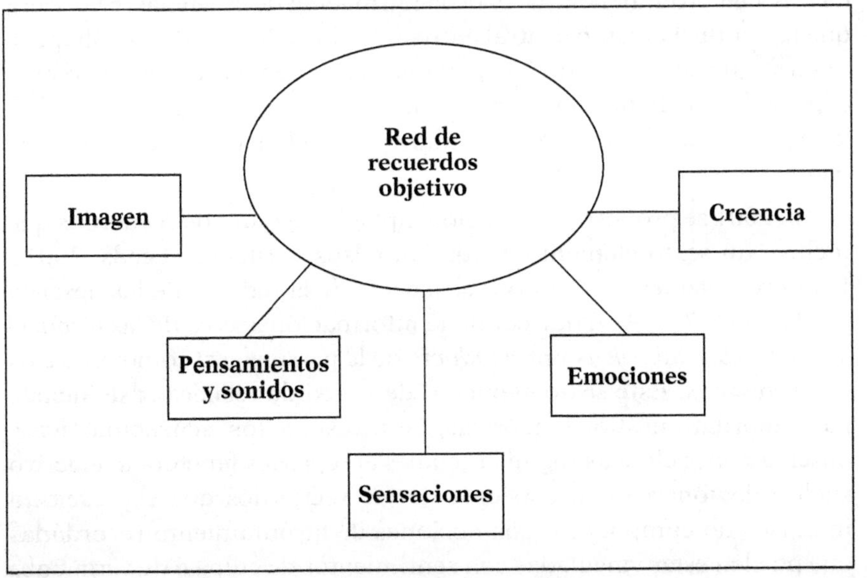

Figura 2.4. Esquema de redes de recuerdos de Leeds

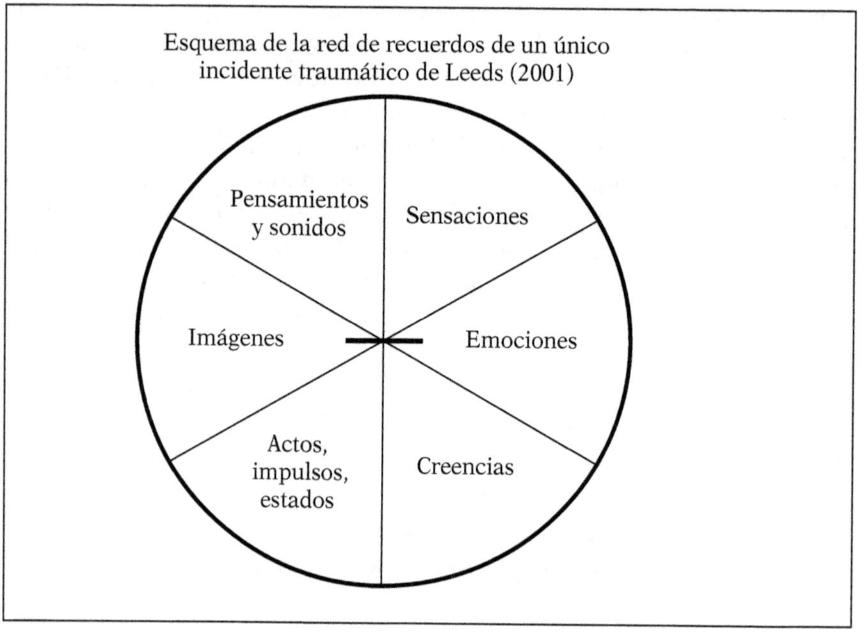

Emery y Greenberg, 2005; Ellis, 1994), en el modelo de Shapiro no se da especial prominencia al rol de la afirmación de creencias. Si tuviera que haber un elemento central entre esos cinco del modelo de Shapiro, tendría que ser el afecto. "Así, cuando las creencias de una persona, expresadas mediante el lenguaje, son destilados clínicamente útiles de la experiencia, el afecto que las alimenta es el elemento central de la patología" (Shapiro, 2004).

En 2001 se propuso un modelo ampliado de redes de recuerdos que incluye un sexto elemento: actos, impulsos y estados (Leeds, 2001). Este sexto elemento incorpora el aspecto de la red de miedos descrita por Lang (1977, 1979) que contiene información acerca de las *respuestas verbales, fisiológicas y de conducta* de la persona, así como *impulsos no expresados*. Este sexto elemento de la red de recuerdos se incluye para abordar cuestiones teóricas, de investigación neurobiológica y observaciones clínicas según las cuales el reprocesamiento no efectivo suele relacionarse con aspectos de los recuerdos que representan impulsos no cumplidos o con acciones de afrontamiento recordadas que pueden estar vinculadas con sentimientos de culpa o de vergüenza y que pueden parecer mal considerados o inapropiados vistos con perspectiva. Lee, Gavriel y Richards (1996, págs. 169-170) citan varios estudios que avalan el énfasis de Lang por incluir descripciones de "información de respuesta" fisiológica para obtener mayor activación psicofisiológica de la red de recuerdos. Por ejemplo, cuando se produce un asalto, es posible que la víctima primero se quede paralizada y después se rinda, al tiempo que consciente o inconscientemente cohíba los impulsos de huir o de contratacar. Más tarde, durante el reprocesamiento, esos impulsos eliminados pueden dar lugar a un reprocesamiento inefectivo hasta que son identificados y se les permite expresión en la imaginación. Además, las personas que han sufrido una violación es posible que consideren la rendición como mejor forma de proceder para evitar amenazas de muerte o heridas graves. Los recuerdos fisiológicos de esas respuestas suelen asociarse con la culpa y la vergüenza; sentimientos que deben tratarse con intervenciones primero no sólo para normalizar esas elecciones y vincularlas a la decisión de sobrevivir sino también para liberar afectos de ira suprimidos y los impulsos de huir o de contratacar al agresor.

La identificación de las representaciones de actos, impulsos y estados debe incorporarse en el momento en el que se elabora el historial y también en la planificación del tratamiento para cada recuerdo y sensación. Antes de iniciar la fase de evaluación y las fases de reprocesamiento, los terapeutas deberían haber desarrollado una comprensión de las respuestas conductuales de los pacientes durante el recuerdo que se va a reprocesar, así como de cualquier impulso de llevar a cabo una acción cohibida o repudiada y sus estados fisiológicos. A diferencia de otros elementos de la red de recuerdos, no es necesaria ninguna fase de procedimiento específica para acceder ni evaluar los actos, los impulsos y los estados durante la fase de evaluación del protocolo estándar. En general, ya se accede lo suficiente a los elementos de la red de recuerdos que contienen representaciones de actos, impulsos y estados a lo largo de la identificación de la imagen –y otro recuerdo sensorial– creencia, emociones y sensaciones para reprocesarlos espontáneamente. Las intervenciones que implican actos, impulsos y estados se analizarán en el capítulo 9, cuando se aborden las respuestas que indican un reprocesamiento no efectivo durante las fases 4, 5 y 6 del protocolo EMDR estándar.

Efectos del trauma en el procesamiento de la información

Un acontecimiento traumático, como se define en el *Manual diagnóstico y estadístico de los trastornos mentales* (*DSM-IV*) (APA, 1996, 2002), implica la experiencia de "miedo intenso, sentido de incapacidad de ejercer control u horror" en una situación que implica "amenaza real o potencial de muerte o grave daño, o amenaza a la integridad física de uno mismo o de otras personas". Las respuestas a un único suceso traumático son capaces de producir cambios muy importantes en el funcionamiento neurológico, autónomo, inmune, cognitivo, emocional, somático y social (van der Kolk et al., 1996). Sin embargo, el mismo suceso producirá interrupciones perdurables del funcionamiento de algunos individuos expuestos, mientras que otros se recuperarán gradual y "espontáneamente" de dichas interrupciones (Kessler, Sonnega, Bromet, Hughes y Nelson, 1995). La compleja serie de facto-

Tabla 2.2. Efectos del trauma en el procesamiento de la información

Hiperactivación	Activación fisiológica crónica, relacionada con un exceso de norepinefrina, niveles no adecuados de serotonina y glucocorticoides; desajuste autonómico, trastorno del sueño y de la respuesta inmunitaria; discapacidades mediadas por hipocampo en memoria a corto plazo y concentración.
Estrechamiento de la memoria	Las alteraciones en la corteza orbito pre frontal y en el cingulado anterior producen la pérdida de la flexibilidad de la atención, incapacidad para ordenar estímulos irrelevantes o para mantener secuencias de conducta complejas basadas en juicios.
Reducción de la capacidad para discriminar estímulos	Falta de habituación a la respuesta de sobresalto ante estímulos acústicos. Reducción del umbral de respuesta ante la intensidad del sonido. Reactividad a estímulos neutrales parcialmente similares al trauma.
Reexperimentación de los recuerdos estado dependientes	El exceso de norepinefrina y vasopresina incapacitan la función del Hipocampo y producen sobreconsolidación de los recuerdos traumáticos en el hemisferio derecho lo que da lugar a la reexperimentación en lugar del recordar.
Evitación, embotamiento, afrontamiento disociativo, abuso de sustancias	Continúa la sobreproducción de opioides endógenos y oxitocina en respuesta a estímulos neutrales –sólo parcialmente similares al trauma– y da lugar a embotamiento y amnesias persistentes.
Pérdida del significado o razón de ser	Pérdida de la razón de ser de los fundamentos del mundo como significativo y benévolo y de uno mismo como valioso, capacidad alterada: (a) para tolerar emociones intensas y percepciones del trauma o (b) para generar una narrativa coherente (área de Broca inhibida). La falta de respuesta social deja un sentido de la identidad alterado y dominado por un la vergüenza.

res de protección implicados en la vulnerabilidad a reacciones postraumáticas perecederas puede agruparse en dos categorías: (a) La capacidad de hacer uso de recursos externos y de conductas adaptativas durante y después de la experiencia, y (b) la capacidad de hacer uso de autocapacidades para recuperar la estabilidad y autorregular el funcionamiento interno –fisiológico, cognitivo y emocional– después de la amenaza (van der Kolk et al., 1996).

Dependiendo de la naturaleza del evento, los factores de uno u otro de esos dos grupos serán más o menos útiles. El paramédico que llega a la escena de un accidente de tráfico, que ha recibido formación específica de primeros auxilios y que tiene experiencia previa para utilizar categorías cognitivas y sensoriales desarrolladas previamente para evaluar la escena del accidente, además de que dispone de respuestas adaptativas bien ensayadas, demostrará una respuesta adaptativa externa mucho mejor organizada que el conductor bienintencionado de un vehículo que pasaba por allí y que fue el primero en llegar al lugar, que se detuvo para prestar ayuda pero que carece de formación o de experiencia específicas. El conductor buen samaritano pronto se ve superado por las percepciones sensoriales de heridas físicas graves en los demás y por sus cambios psicológicos internos. Pronto empieza a entrar en situación de shock. Por otro lado, la persona que ha sufrido una violación o tortura política puede considerar que todos los intentos por utilizar estrategias adaptativas externas –huida o lucha– no sólo no tienen esperanza y son ineficaces sino que además activan respuestas mucho más peligrosas por parte del perpetrador. En esos casos, sólo las estrategias adaptativas más pasivas que aprovechen las capacidades internas de la persona en cuestión pueden llevar a la supervivencia (Janoff-Bulman, 1992; van der Kolk et al., 1996).

Efectos de los déficits de desarrollo temprano en el procesamiento de la información

El trastorno de estrés postraumático (TEPT) tiene varios efectos en el procesamiento de la información de las personas adultas como por ejemplo problemas de atención, concentración, memoria y el fracaso de la discriminación de estímulos (APA, 1996, 2002; van der Kolk et al., 1996). Además, la negligencia y el abuso tempranos en la infancia ejercen un impacto más profundo todavía en el procesamiento de la información y en la autorregulación emocional. Una lista parcial incluye desinhibición conductual e hiperrespuesta frente a estímulos, una mala vinculación de recuerdos y mapa espacio-temporal, una mala categorización de los recuerdos en relación con otros recuerdos y supresión hemisférica, en la que el hemisferio derecho inhibe al izquierdo cuando se evocan recuerdos traumáticos y el izquierdo inhibe al derecho al recordar recuerdos positivos (Bremner, Elzinga, Schmahl y Vermetten, 2008; Bremmer et al., 1995; Rauch et al., 1996; Teicher et al., 1997; van der Kolk et al., 1996). La supresión en la corteza prefrontal izquierda de supervivientes de exposición traumática temprana se ha descrito como "la pérdida del yo testigo" (van der Kolk et al., 1996). Por su parte, Schore (1996) describe como un afecto positivo compartido inadecuado en el primer año de vida da lugar a un apego inseguro y a déficits en el hemisferio derecho y en las capacidades prefrontales medidas derechas para la modulación de la activación positiva y negativa de la amígdala. Puede consultarse un resumen más completo de ese impacto en Schore (1994, 2003a); Teicher (2000, 2002) y Fonagy, Gergely, Jurist y Target (2002).

Si bien la investigación de los resultados del tratamiento muestra claramente que el impacto específico del inicio del trauma tanto en la infancia como en la edad adulta en el procesamiento de la información puede resolverse con el protocolo y los procedimientos estándar de EMDR para el TEPT (van der Kolk et al., 2007), el impacto más constante de negligencia temprana y abuso crónico profundos requieren intervenciones especializadas adicionales para abordar problemas de desregulación afectiva severa (Korn y Leeds, 1998, 2002; Leeds, 2001, 2006; Leeds y Shapiro, 2000; Linehan, 1993) y disociación estructural (Forgash y Copeley, 2008; Putnam, 1989; van der Hart et al., 2008). El debate de estas técnicas especializadas adicionales escapa al alcance de esta obra.

Hipótesis explicativas

Al considerar las explicaciones de lo que convierte al EMDR en un tratamiento eficaz y bien tolerado para casos de estrés postraumático y trastornos relacionados, debemos considerar tanto la estructura de los elementos de procedimiento como los efectos concretos de los movimientos oculares bilaterales, los golpecitos o los tonos.

Atención dual

Un elemento básico del enfoque del EMDR a la psicoterapia y al tratamiento de los síndromes de estrés postraumático es el principio del enfoque dual de la atención hacia el *recuerdo diana u objetivo seleccionado* que se va a reprocesar y a la *estimulación sensorial* proporcionada por los movimientos oculares bilaterales, los golpecitos o los tonos. (Corrigan, 2004; Shapiro, 2001, págs. 31, 32, 55, 69, 92, 141-142, 173,177-178, 199, 306, 324). El concepto de atención dual puede verse como un estado en el cual la conciencia está en equilibrio, donde la atención puede desplazarse fácilmente entre las percepciones del momento y las redes de recuerdos relevantes. Suelo comparar este estado saludable de conciencia en equilibrio con el "modelo de balancín de la conciencia" de la Figura 2.5. Cuando nos encontramos en ese estado de equilibrio, desplazamos fácilmente la atención entre percepciones sensoriales cambiantes y la información, las capacidades y el sentido de sí mismo almacenado en la memoria necesaria para responder con eficacia.

Figura 2.5.

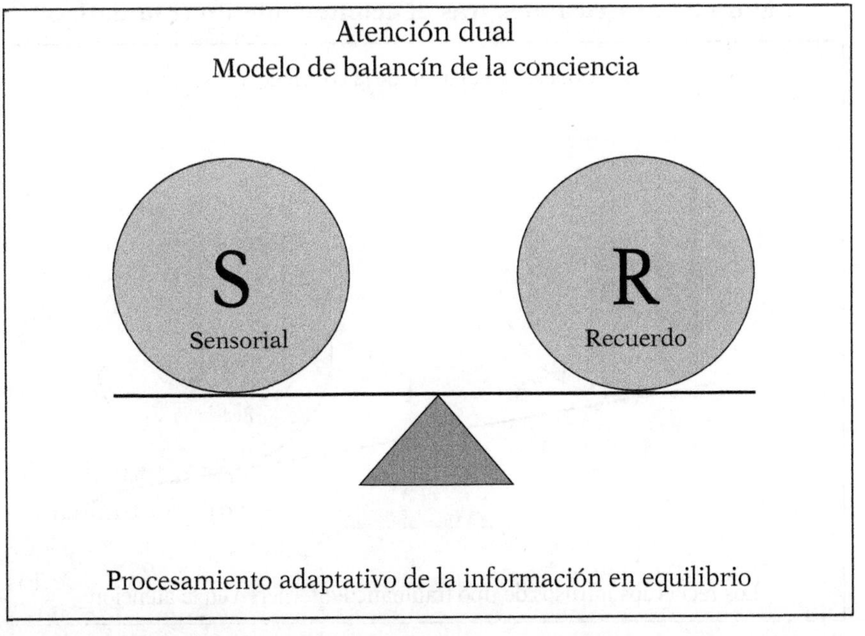

Figura 2.6. Procesamiento adaptativo de la información durante el acontecimiento traumático

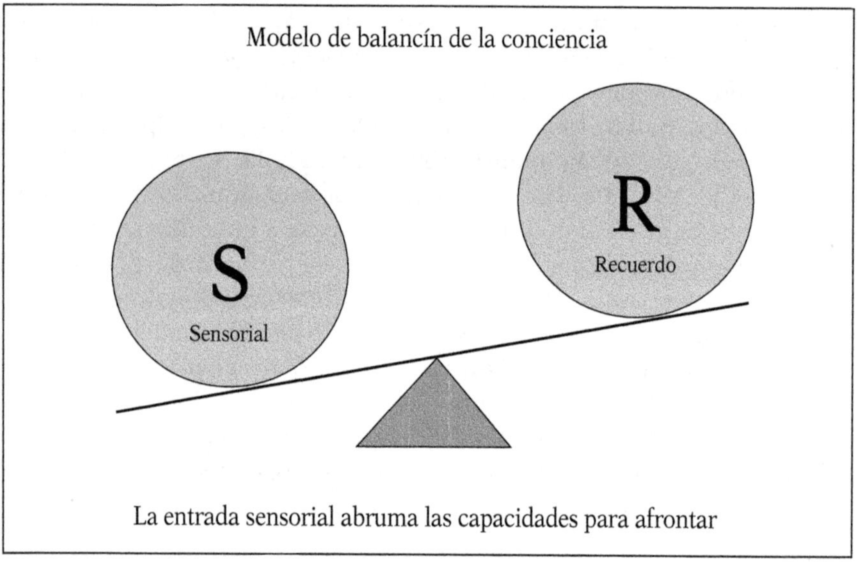

Figura 2.7. Intrusiones tras el acontecimiento traumático

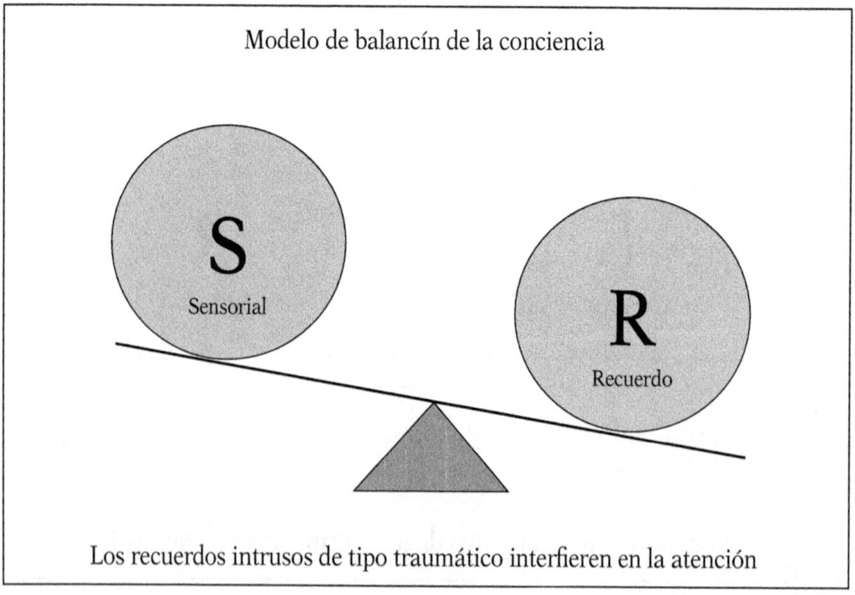

Figura 2.8. Conductas de evitación tras el acontecimiento traumático

Modelo de balancín de la conciencia

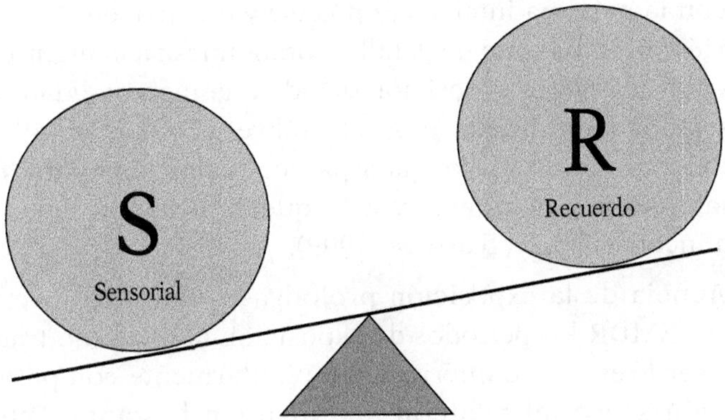

Trabajo compulsivo, consumo de sustancias, conductas para la reducción de tensiones

Durante una experiencia traumática las percepciones de las personas, de la experiencia misma, abruman sus capacidades conductuales, emocionales o cognitivas a fin de adaptarse al acontecimiento, desequilibrando aspectos de su sistema de atención como se muestra en la Figura 2.6. En cuanto finaliza el acontecimiento, esas percepciones pueden regresar como re-experiencias intrusivas del hecho traumático. Tras una experiencia traumática, las personas aprenden gradualmente qué situaciones externas e internas pueden estimular la reexperiencia intrusiva, como ilustra la Figura 2.7. Eso da lugar al desarrollo de conductas evitadoras, en un intento por evitar situaciones conocidas que vuelven a estimular esos recuerdos dolorosos (véase la Figura 2.8).

La atención dual parece potenciar un estado de mindfulness que ha demostrado mejorar el procesamiento de la información emocional (Rachman, 1980; Teasdale, 1999). El enfoque dual de la atención, esencial para permitir el procesamiento de información emocional en EMDR, debe contrastarse con un enfoque exclusivo en los elementos del recuerdo traumático en la terapia conductual basada en exposición prolongada del TEPT. Durante la terapia con exposición prolongada, se pide a los pacientes que "revisiten" sus recuerdos traumáticos.

Se les pide que cierren los ojos, que recuperen sus recuerdos traumáticos con la máxima intensidad posible y que narren en voz alta lo que ocurrió con el máximo de detalle, como muestra la Figura 2.9. Los impulsos por detener la exposición debido a la incomodidad son muy desaconsejados (Rothbaum, Foa y Hembree, 2007, pág. 49). Así, la terapia con exposición prolongada parece potenciar lo que Linehan denomina "mente emocional" y a lo que Teasdale se refiere como "emoción inconsciente" (Teasdale, 1999).

A diferencia de la exposición prolongada, durante el reprocesamiento con EMDR los periodos de exposición al recuerdo traumático tienden a ser breves y se interrumpen regularmente con periodos de estimulación sensorial bilateral que distraen bastante. Durante el reprocesamiento con EMDR, los pacientes con frecuencia asocian a otros recuerdos positivos o negativos. De hecho, suelen indicar no ser conscientes de sus recuerdos traumáticos durante los periodos de estimulación bilateral. Los pacientes pueden detener el reprocesamiento en cualquier momento si se sienten excesivamente atemorizados, vulnerables o abrumados. Se les indica una señal de "stop" y se les recuerda que la pueden utilizar en cualquier momento. No se les pide que reproduzcan una narración detallada y, de hecho, los terapeutas pueden ayudar a reprocesar los recuerdos traumáticos sin tener que conocer todos los detalles de las experiencias traumáticas de los pacientes.

Como indica la *Practice Guideline for the Treatment of Patients With Acute Stress Disorder and Posttraumatic Stress Disorder* de la APA, "EMDR emplea técnicas que pueden dotar al paciente de un mayor control de la experiencia de exposición (dado que el EMDR se basa menos en el componente verbal) y proporciona técnicas para regular la ansiedad en la circunstancia aprehensiva de tratamiento con exposición. Como consecuencia, puede resultar provechosa para aquellos pacientes que no toleran la exposición prolongada, además de para los que tienen dificultad a la hora de verbalizar sus experiencias traumáticas" (APA, 2004, pág. 36). Si bien la guía práctica de la APA y varios expertos muy respetados se refieren al EMDR como una variante de "terapia de exposición"; existen potentes razones teóricas, de observa-

Figura 2.9. Durante la exposición prolongada, el recuerdo abruma la atención sensorial

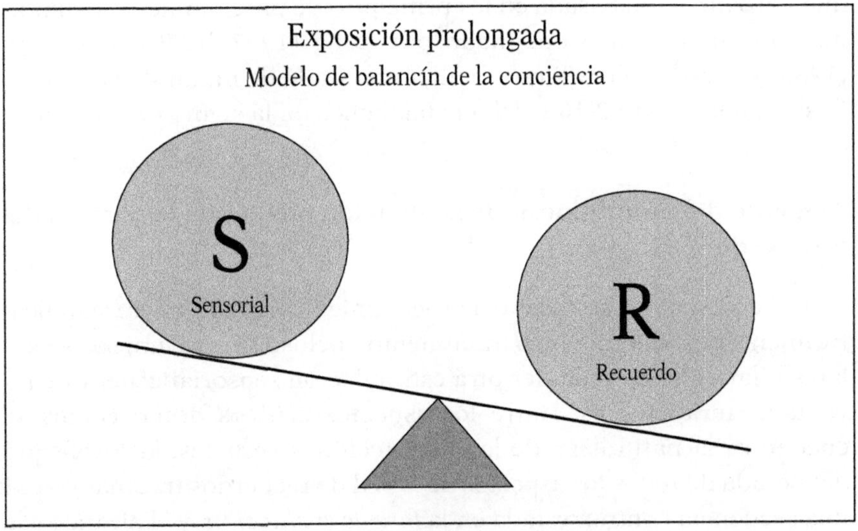

Figura 2.10. El EMDR restaura el equilibrio del procesamiento adaptativo de la información

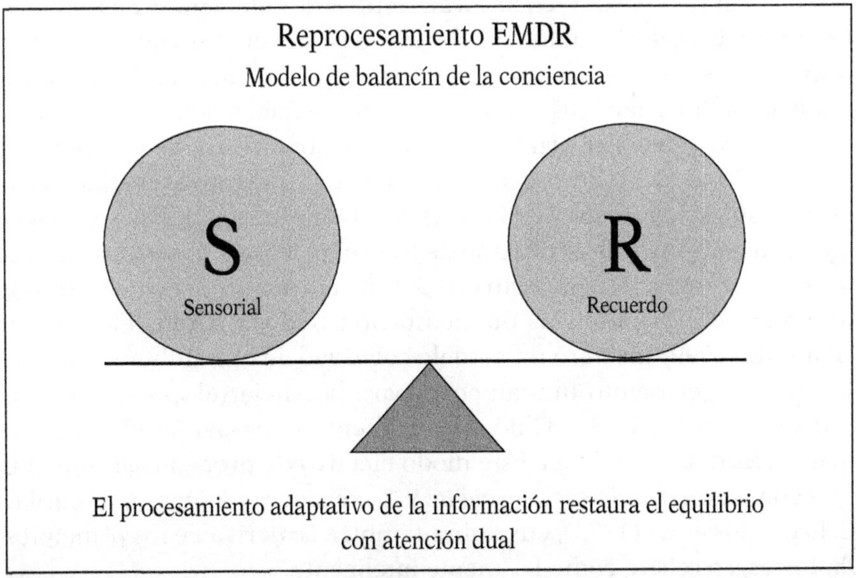

ción y experimentales para no considerar el EMDR como terapia de exposición (Rogers y Lanius, 2001; Rogers y Silver, 2002), sino como una aproximación basada en los principios de procesamiento de información emocional propugnado por Lang (1977, 1979), Rachman (1980) y Teasdale (1999) que facilita un estado de mindfulness, que se ilustra en la Figura 2.10 y del que hablamos en la siguiente sección.

Aumento del mindfulness, de la atención plena y de la postura del observador

La secuencia de las fases del procedimiento EMDR difiere significativamente de cualquier otro tratamiento; incluso sin movimientos oculares bilaterales o cualquier otra estimulación sensorial genera varias ventajas terapéuticas. Entre los aspectos críticos de la técnica se encuentra la naturaleza de las instrucciones verbales, la activación deliberada de todos los aspectos de la red de recuerdos traumáticos en una secuencia contrarrestada en la *fase de evaluación,* y el alcance y la naturaleza limitados de la interacción verbal durante el reprocesamiento (fases 4, 5 y 6). Debido en parte a la *disociación peritraumática* (Shalev, 1996) y a los procesos de evitación (Wegner, 1994) de los supervivientes de experiencias traumáticas, los elementos de las redes de recuerdos relacionadas con el trauma se suelen disociar significativamente los unos de los otros. Las etapas de la secuencia de la fase de evaluación alternan en gran medida entre la conciencia evocadora de las percepciones sensoriales, afectivas y somáticas mediadas en el hemisferio derecho los procesos evaluativos y narrativos mediados en el hemisferio izquierdo y en la corteza orbito prefrontal. Esa secuencia ayuda a garantizar la activación de todo el cerebro y a preparar la etapa de conciencia. El concepto de "conciencia plena" tiene una extensa tradición en las prácticas de meditación budista (Goldstein, 1994). Teasdale (1999) instauró un modelo cognitivo de mindfulness y lo propuso como elemento fundamental para potenciar el *procesamiento emocional* como lo describió originalmente Rachman (1980). Por su parte Teasdale se refiere a este modo efectivo de procesar las emociones como *experiencia/ser consciente* y lo considera básicamente similar a lo que Linehan (1993), cuya obra también se deriva de los principios budistas, se refiere como la "mente inteligente".

Tabla 2.3. Tres modos de procesar las emociones (de Teasdale, 1999)

EMOCIÓN INCONSCIENTE	CONCEPTUALIZAR/ HACER	EXPERIMENTAR/SER CONSCIENTEMENTE
"Perdidos" o "inmersos" en la experiencia emocional	"Pensar en" experiencias/ sí mismo como objetos; centrarse en discrepancias relacionadas con el objetivo	Experimentar directa e íntimamente los sentimientos, las sensaciones y los pensamientos con conciencia en cada momento
Linehan: mente emocional	Linehan: mente racional	Linehan: mente inteligente

Nota. De "Emotional Processing, Three Modes of Mind and the Prevention of Relapse in Depression", de J. D. Teasdale, 1999, Behavior Research and Therapy, 37(Suppl 1), págs. S53-S77. Copyright 1999 de Elsevier. Reimpreso con permiso.

La conciencia plena y la libre asociación se ven potenciadas todavía más por las instrucciones específicas que se dan antes de cada sesión de EMDR y entre series de movimientos oculares. Antes de iniciar el reprocesamiento, se dice a los pacientes: "A veces las cosas cambian y a veces no. Explique con la máxima precisión que pueda y sin juzgar si debe o no ocurrir. Deje que lo que tenga que ocurrir ocurra". Entre las series de movimientos oculares, se les dice: "Simplemente nótelo y continúe". Esas instrucciones parecen avalar el estado de "experiencia/ser consciente" descrito por Teasdale y se asemejan a las que se dan en la meditación tradicional budista para potenciar el estado de conciencia plena conocido como "atención desnuda" (Goldstein, 1994).

Alteración de las redes neuronales

Aunque está claro que la secuencia de las fases de la técnica y las instrucciones, así como los principios de procesamiento de la información utilizados en EMDR son distintos de los utilizados en otros enfoques psicoterapéuticos para el tratamiento del TEPT, mucha de la especulación acerca de los mecanismos centrales y de los análisis de componentes del tratamiento con EMDR se centra en los posibles efectos específicos de los movimientos oculares bilaterales y alternos, los tonos sonoros y la estimulación táctil.

Los modelos de recuerdos contemporáneos hacen hincapié en los procesos constructivos y de reorganización que se ven afectados por el estado en el que se encuentra la persona y la información disponible en el momento en el que se recuperan dichos recuerdos (Freyd y DePrince, 2001). Obviamente, con los conocimientos y la tecnología científicos adecuados, los cambios observados en el funcionamiento psicológicos deberán correlacionarse con cambios en el funcionamiento y/o la estructura del cerebro. Los intentos por explicar los efectos del tratamiento con EMDR en términos de cambios celulares o regionales en la estructura o la función cerebral deben considerarse especulativos dadas las limitaciones de los datos y los modelos explícitos. Dado que muchas de esas especulaciones no tienen implicación inmediata alguna para la práctica clínica, sólo las abordaremos brevemente, e instamos al lector a consultar otras fuentes para un estudio más profundo de esos modelos. Por su parte, el modelo basado en la respuesta de investigación recibirá más atención debido a los datos preliminares que lo avalan.

Spect de recuerdos traumáticos y EMDR

No es de extrañar que los informes preliminares de tomografía computarizada por emisión de fotones individuales, o SPECT, antes y después de tratamientos efectivos de EMDR para casos de TEPT identifiquen cambios observables en el flujo sanguíneo regional cuando se pide a los sujetos que presten atención a su guión traumático estandarizado (Lansing, Amen y Klindt, 2000; Levin, Lazrove y van der Kolk, 1999; Oh y Choi, 2004; Pagani et al., 2007). Por su parte, los datos psicológicos y neurocognitivos muestran una consolidación excesiva de recuerdos traumáticos (van der Kolk et al., 1996) de modo que cuando un tratamiento para el TEPT resulta efectivo, tiene que haber procesos neuronales y cambios correspondientes que se puedan correlacionar con (a) disminuciones en las potentes asociaciones que han estado manteniendo la hiperactivación y la reexperiencia intrusiva del recuerdo traumático y (b) aumentos de la potencia de las asociaciones anteriormente débiles con las respuestas adaptativas. Shapiro (1995, págs. 315-319; 2001, págs. 327-332) especula sobre varios procesos cerebrales celulares y regionales que podrían correlacionarse con los efectos del tratamiento con EMDR, como cambios en el potencial sináptico, inhibición de la síntesis de proteínas en la amígdala y una preferencia del hemisferio derecho por las asociaciones débiles en detrimento de las fuertes. Del mismo modo, Rossi (1999, 2000) propone un rol para la activación de los genes tempranos-inmediatos.

REM y mejora de la comunicación y la integración hemisférica dual

Existe una serie de modelos relacionados para explicar los efectos del tratamiento con EMDR en los síntomas de traumas que se basan en cambios neurológicos funcionales cuyo resultado es una mejora de la comunicación entre los hemisferios derecho e izquierdo del cerebro. Russell (1992) propone un modelo temprano de mecanismos bilaterales al que siguió un informe de tratamiento con EMDR de caso único con datos electroencefalográficos cuantitativos elaborado por Nicosia (1994). Éste observa una rápida eliminación en amnesia psicogénica con un aumento en la coherencia de banda delta y theta en áreas homólogas del hemisferio izquierdo y derecho de desviaciones estándar de 4,99 a 0,1 fuera de fase. También especula que este aumento de la comunicación sincrónica entre ambos hemisferios se debe en parte al efecto de los movimientos oculares al generar señales de estimulación sincronizantes (theta, señales marcadores) que surgen y ascienden de la región lateral pontina de la formación reticular. Nicosia destaca que la potenciación a largo plazo, ampliamente considerada como moduladora de la función sináptica subyacente al recuerdo, se induce preferentemente cuando los estímulos están separados por 200 milisegundos (5 hertz), una frecuencia theta. También hace referencia al modelo de Winson (1990, 1993) sobre el papel del sueño REM y del ritmo theta en la activación de los receptores NMDA (*N*-metil-*D* -Aspartato) del hipocampo. Básicamente lanza la hipótesis de que el EMDR activa un sistema similar al REM para la reorganización de los recuerdos. Bergmann (1998, 2001) también propone que la redirección repetitiva (bilateral) de la atención del EMDR activa el sistema de sueño REM del cerebro, que a su vez da lugar a la integración del recuerdo traumático en las redes semánticas generales activando (a) una función de filtrado en el giro cingulado, (b) funciones cognitivas y del lenguaje apoyadas por el cerebelo lateral y (c) funciones integrativas en la región dorsolateral izquierda de la corteza pre-frontal.

Recientemente, Stickgold (2002, 2008), uno de los principales investigadores sobre el papel que desempeña el sueño en la consolidación de los recuerdos, proponía un modelo similar para los efectos del tratamiento con EMDR. El mismo Stickgold concluye que si bien los movimientos oculares sacádicos repetitivos pueden arrancar mecanismos de inducción REM en el tronco encefálico, (pág. 70), los tipos de movimientos oculares, tonos bilaterales, y estimulación táctil utilizados en el EMDR requieren un mecanismo distinto para explicar cómo inducirían un estado cerebral de tipo REM que facilitara la reorganización de los recuerdos traumáticos. Así, propone que el principal candidato para tal mecanismo sea la respuesta de orientación (Pavlov, 1927; Sokolov, 1990) y describe modelos de investigación para probar su hipótesis (2002, pág. 72).

Respuesta de orientación (investigación)

La respuesta de orientación (investigación) fue descrita por primera vez por Pavlov (1927) y más tarde fue elaborada por el trabajo experimental y teórico de Sokolov (1990). La respuesta de orientación o "lo que es", reflejo (Pavlov, 1927, pág. 12) puede ocurrir con cualquier estímulo ambiental nuevo. Produce una serie concreta de cambios que aumentan la disponibilidad para responder ante un peligro. Esos cambios incluyen movimientos corporales para orientar la cabeza, los ojos, las orejas y la nariz hacia el estímulo, así como cambios en las respuestas autónomas con un aumento de la presión sanguínea, de la frecuencia cardiaca y de la conductancia de la piel. Con la respuesta de orientación también se produce una amplia desincronización de la actividad eléctrica en el cerebro. Cuando el estímulo es *más leve*, hay una respuesta de investigación que implica una respuesta de desincronización similar aunque menos intensa y más localizada corticalmente, que se produce en una *región de procesamiento sensorial específica* del cerebro. En situaciones no amenazadoras, la respuesta de orientación produce una respuesta bifásica en la que primero hay un aumento de la activación durante la orientación inicial al nuevo estímulo, seguida de una evaluación subcortical en el sistema (Siegel, 2007). Cuando la evaluación subcortical indica la ausencia de peligro, la disposición inicial para responder va seguida de una respuesta de desactivación del sistema autónomo. Con estímulos no amenazadores persistentes, el sistema límbico se habitúa rápidamente a la estimulación, lo que lleva a sincronizar las ondas lentas del cerebro y a liberar betaendorfinas, que disminuyen el dolor y aumentan la sensación de seguridad y de bienestar.

Lipke (1992, 1999) fue el primero en proponer el rol de la respuesta de orientación en la mejora del procesamiento de la enfermedad en los efectos del tratamiento con EMDR. Armstrong y Vaughan (1994, 1996) también recurren a la respuesta de orientación para explicar la velocidad y el alcance de los efectos observados con EMDR. De hecho, proponen que la respuesta de orientación que se activa con los movimientos oculares del EMDR (a) previene la evitación, (b) facilita la atención continuada en el recuerdo traumático, (c) activa el procesamiento emocional (analizadores centrales), (d) facilita la incorporación de información nueva relevante para el trauma, y (e) reduce el dolor mediante la liberación de betaendorfinas. Armstrong y Vaughn (1994) establecen una clara distinción entre esos efectos del procesamiento de la información de la respuesta de orientación, que requiere suficiente estimulación para atraer la atención, y los efectos de distracción (más allá de la estructura de miedo) de una respuesta defensiva cuando el nivel de estimulación excede el nivel óptimo. Más tarde, estudios empíricos organizados por Becker, Todd-Overmann, Stoothoff y Lawson (1998) confirmarán los efectos diferenciales de la velocidad óptima de la estimulación bilateral frente a una velocidad insuficiente o excesiva. A pesar de que la hipótesis de Becker et al. era un modelo de carga cognitiva (distracción), sus datos también parecen avalar el modelo de respuesta de orientación de EMDR.

Un análisis teórico inicial de MacCulloch y Feldman (1996) propone independientemente la respuesta de investigación como principal base de los efectos del tratamiento relacionados con la estimulación sensorial bilateral del EMDR. Estudios psicofisiológicos posteriores no sólo muestran que la respuesta investigadora es fundamental en los efectos del tratamiento con EMDR, sino que también indican que la carga cognitiva (i.e., distracción) no es el mecanismo que se encuentra detrás de esos efectos (MacCulloch y Barrowcliff, 2001; Barrowcliff, MacCulloch, Gray, MacCulloch y Freeman, 2001; Barrowcliff, MacCulloch y Gray, 2001). Igual que el modelo de Wolpe (1954) de desensibilización sistemática, y que el modelo de Rachman de procesamiento emocional (1980), el modelo propuesto por MacCulloch hace hincapié en el papel de la relajación para producir efectos de desensibilización. MacCulloch no examina las implicaciones de sus hallazgos en términos de modelos de procesamiento de la información como los propuestos por Rachman (1980) y Foa y Kozak (1986). Por lo tanto, el modelo de desensibilización propuesto por MacCulloch explica convincentemente los efectos específicos del EMDR en los síntomas intrusivos y de hiperactivación del TEPT, pero no aborda explícitamente ni la reestructuración cognitiva espontánea observada en el reprocesamiento del recuerdo traumático ni cómo la respuesta de orientación facilita un mayor acceso y la incorporación de respuestas adaptativas siguiendo procedimientos de desarrollo e instalación de recursos (Korn y Leeds, 2002; Leeds, 1998a, 2001). Cuando recordamos que Rachman (1980) propone que la relajación (desactivación) es fundamental para el procesamiento emocional, la capacidad de desencadenar una "respuesta de relajación obligada" (Wilson, Silver, Covi y Foster, 1996) activando la respuesta de orientación mediante movimientos oculares bilaterales, tonos, o estimulación kinestética, la respuesta de investigación surge como un candidato obligado para explicar la eficacia observada del EMDR y del desarrollo e instalación de recursos. También ayuda a explicar otras observaciones clínicas como el efecto de variar las características de la estimulación en el reprocesamiento y por qué son mejores las series más breves de estimulación cuando se utilizan técnicas de desarrollo e instalación de recursos o de lugar tranquilo con pacientes inestables.

Atención dual: superar la vergüenza (inhibición del procesamiento de la información) a través de la desinhición por efecto del interés

En 1998 Nathanson presenta un modelo afectivo para explicar los efectos del tratamiento con EMDR que es paralelo al modelo de respuesta de investigación. Foa y Kozak (1986) proponen que el propio exceso de miedo impide el procesamiento de la información. Basándose en un trabajo anterior de Tomkins (1962a, 1991) sobre los afectos innatos, Nathanson (1998) propone que la incapacidad de modular o de llevar a cabo una respuesta suficientemente adaptativa ante estímu-

Figura 2.11. La vergüenza atenúa el interés

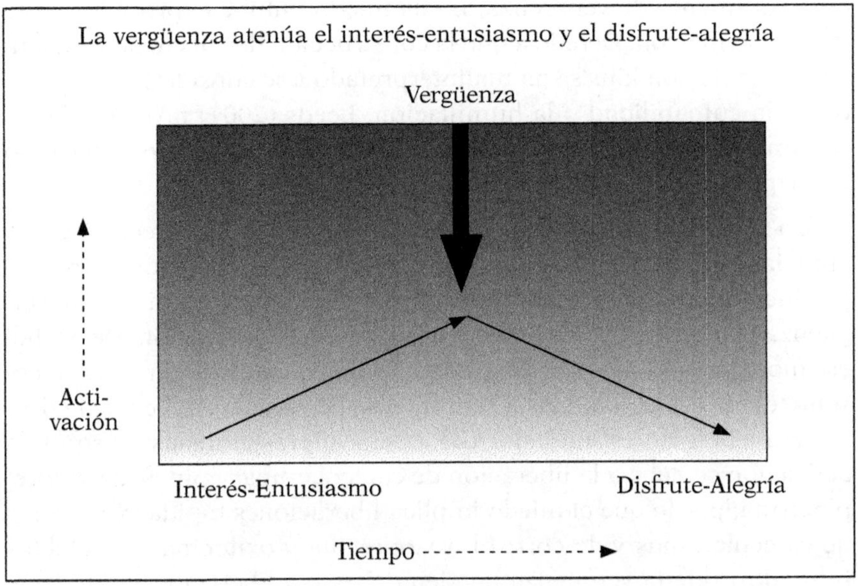

Figura 2.12. La vergüenza atenúa el miedo

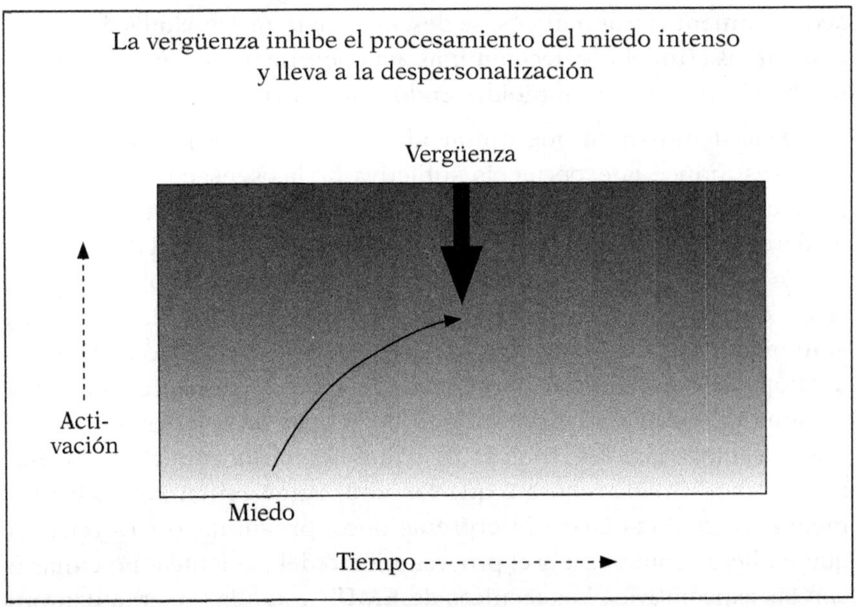

los que producen miedo induce un sentimiento de vergüenza, y que ese sentimiento de vergüenza, no de miedo, inhibe el procesamiento de la información. Debido a que la construcción del afecto de vergüenza innato de Tomkins se ha malinterpretado y se considera que procede de la culpabilidad o la humillación, Leeds (2001) propone que el sentimiento de vergüenza debe considerarse equivalente al término descriptivo más neutral "inhibición central".

En el modelo de Tomkins (1962a, 1962b, 1991), el afecto interés-entusiasmo produce un aumento gradual de la activación; el miedo produce un aumento rápido de la activación y el sentimiento de vergüenza produce un rápido efecto inhibidor de la activación. De hecho, ese modelo puede ayudar a explicar por qué la inundación tiene efecto sobre el miedo, pero no en el sentimiento de vergüenza. Se puede pensar que el efecto estimulador del afecto interés-entusiasmo sobre la activación se debe a la liberación de catecolaminas-epinefrina y norepinefrina; por lo que el miedo implica liberaciones rápidas y mayores de catecolaminas y de cortisol, vasopresina y oxitocina. Los efectos inhibidores de la vergüenza pueden deberse a liberaciones rápidas y grandes de opioides endógenos (van der Kolk, 1996). Así pues, en estados anímicos intensos de miedo, desamparo y horror inducidos por acontecimientos traumáticos, se desencadenan mecanismos de activación intensa (miedo –catecolaminas, glucocorticoides y oxitocina) y de inhibición (vergüenza –opioides endógenos) a gran nivel.

Se ha demostrado que imitar afectos con expresiones faciales y posturas induce la experiencia subjetiva de las sensaciones imitadas (Nathanson, 1992). Así pues, Nathanson propone que los movimientos oculares del EMDR reflejan una imitación de la actividad de la exploración ambiental que induce el afecto interés-entusiasmo –activación leve–, con lo que desaparece la inhibición causada por la vergüenza –inhibición central– que había impedido el procesamiento de la información. La sensación de vergüenza también se induce cuando una persona percibe una respuesta que no se adecua a las expectativas. Cabe destacar que las técnicas de tratamiento durante el reprocesamiento con EMDR requiere que los terapeutas eviten por todos los medios respuestas como interpretaciones, preguntas o sugerencias, que pudieran interrumpir el procesamiento del paciente o no cumplir con las expectativas. Las técnicas de EMDR estándar se organizan en la medida de lo posible para evitar cualquier situación que pudiera desencadenar sentimiento de vergüenza que, a su vez, pudiera interrumpir el procesamiento de la información.

Memoria de trabajo

Los modelos de "memoria de trabajo" (Baddeley y Hitch, 1974) describen un sistema ejecutivo central y dos subsistemas de memoria intermedia en los que ese sistema ejecutivo central puede almacenar información para utilizarla más tarde. Una de esas "memorias intermedias" es el "bucle fonológico", que almacena información verbal y auditiva. El otro es la "pizarra visuoespacial" (VSSP), que almacena información visuoespacial. Andrade, Kavanagh y Baddeley (1997) sugieren que durante las sesiones de reprocesamiento con EMDR, los recuerdos se mantienen en la "pizarra visuoespacial" (VSSP) y que las imágenes perturbadoras se hacen menos vívidas cuando los movimientos oculares hacen uso de los recursos de procesamiento limitados de esa "pizarra" VSSP. Un estudio reciente elaborado por Gunter y Bodner (2008) aporta una excelente revisión de los estudios sobre EMDR relacionados con la hipótesis de la memoria de trabajo e informa de otros experimentos para comprobar la hipótesis de la memoria de trabajo frente a otras hipótesis, incluido el reflejo de orientación, investigación y el aumento de la comunicación hemisférica (IHC). En ese trabajo concluyen que sus experimentos avalan más la hipótesis de una memoria de trabajo que las hipótesis de reflejo de investigación o de IHC. Sin embargo, debemos ser prudentes al aceptar la interpretación que ambos investigadores hacen de sus hallazgos.

El diseño de su investigación, como otros estudios de la hipótesis de memoria de trabajo, utiliza sujetos no clínicos. Además, algunas partes de sus experimentos no replican las técnicas de EMDR estándar. Por ejemplo, prueban la respuesta de investigación haciendo que algunos sujetos practiquen movimientos oculares mientras no mantienen en mente sus recuerdos perturbadores durante los movimientos oculares bilaterales. Es evidente que las técnicas de EMDR estándar requieren *acceder* a la red de recuerdos diana *al tiempo que* se inicia la estimulación bilateral. Así pues, un experimento que pide a los sujetos acceder al recuerdo diana *después de* iniciar movimientos oculares bilaterales no proporciona una situación equivalente a las sesiones de EMDR.

Parece claro, por los estudios de Andrade, Kavanagh y Baddeley (1997) y Gunter y Bodner (2008), que algunos elementos de la hipótesis de memoria de trabajo contribuyen a los efectos del tratamiento con EMDR. Desde un punto de vista fenomenológico, los pacientes tratados con EMDR suelen manifestar dificultad a la hora de mantener en mente todos los elementos del recuerdo diana u objetivo seleccionado durante los movimientos oculares bilaterales y que los aspectos sensoriales de sus recuerdos se hacen menos vívidos. Estudios llevados a cabo por Maxfield (2004) y Becker et al. (1998) muestran que los movimientos oculares tienen que distraer lo suficiente, siendo lo suficientemente rápidos, para interrumpir la "pizarra visuoespacial" (VSSP), aunque no deben ser demasiado rápidos. Sin embargo, y dado que el estudio sobre las hipótesis de memoria de trabajo utiliza (a) sujetos que no cumplen los requisitos para TEPT y (b) situaciones que no se adecuan exactamente a las utilizadas en el protocolo EMDR estándar, no resuelve el grado en el que esos mecanismos alternativos contribuyen a los efectos del tratamiento con EMDR. Es posible que todas esas hipótesis sean correctas y que, para pacientes diferentes, distintos elementos puedan contribuir a efectos de tratamiento de distinto nivel en función de los modos de estimulación bilateral y de las características de los pacientes.

Impacto diferencial de los antagonistas de los opioides (naloxona o naltrexona) en la mejora del reprocesamiento de información emocional en EMDR *versus* inhibición de la exposición-extinción

Rogers y Lanius (2001) han estudiado los efectos de tratamiento diferenciales producidos por antagonistas de los opioides (naloxona y naltrexona) que parecen facilitar el reprocesamiento con EMDR (Ferrie y Lanius, 2001; Lanius, 2004, 2005) aunque bloquean los efectos de exposición-extinción en sujetos fóbicos (Egan, Carr, Hunt y Adamson, 1988; Merluzzi, Taylor, Boltwood y Gotestam, 1991). Rogers y Lanius (2001) sugieren que los próximos estudios controlados deberían analizar el impacto de los antagonistas de opioides de pretratamiento en los efectos de tratamiento de terapia de exposición y EMDR en pacientes con TEPT. Rogers y Lanius (2001) y Lanius (2005) destacan el rol de la disociación en el TEPT al explicar los efectos observados del pretratamiento con antagonistas de opioides en el reprocesamiento con EMDR.

Como exponíamos antes, en la sección sobre la respuesta de orientación, los movimientos oculares utilizados en EMDR parecen activar olas lentas sincronizadoras y una liberación de betaendorfinas. De hecho, la liberación condicionada excesiva de betaendorfinas parece ser un factor de disociación estructural (van der Hart, Nijenhuis y Steele, 2006) que Lanius (2005) sugiere como mediada por lo menos en parte a través de mecanismos de desamparo aprendido que desencadenan la liberación excesiva de opioides endógenos (Hemingway y Reigle, 1987). Es posible que los efectos terapéuticos de sincronizar las ondas cerebrales lentas producidas por la respuesta de orientación en EMDR en la reorganización de las redes de recuerdos se bloqueen en sujetos con liberaciones condicionadas excesivas de opioides endógenos en disociación estructural terciaria (Lanius, 2005). No cabe duda de que los pacientes con TEPT –con disociación primaria– pueden beneficiarse del método EMDR sin necesidad de bloqueo de opioides. Parece que los sujetos con disociación estructural secundaria y terciaria pueden aprender estrategias de contra-condicionamiento para disminuir la gravedad de la disociación estructural y posiblemente permitir la síntesis de redes de recuerdos traumáticos incluso sin utilizar medicación para bloquear liberaciones de opioides excesivas (Fine et al., 2001; International Society for the Study of Dissociation [ISSD], 2005; Paulsen, 1995). Lanius (2004) también destaca el rol vinculante de las ondas talámicas tónicas de 40 Hz durante reprocesamientos EMDR correctos que pueden verse implicadas al facilitar la reorganización neuronal superando los efectos inhibidores de la actividad de estallido talámico.

Reducir el exceso de coherencia con una mayor complejidad

La conciencia –conciencia autoreflexiva, consciente y asociativa– parece depender de la activación de la fase de “in”, o fase de actividad eléctrica en zonas ampliamente distribuidas en el cerebro en las que se procesan diferentes aspectos de percepción, recuerdo y establecimiento de respuestas. Sin embargo, cuando hay una coherencia excesiva de actividad eléctrica de fase “in”, el resultado puede ser reacciones similares a ataques o ataques complejos parciales. Se sabe que el abuso infantil, en particular, produce un exceso de coherencia de actividad eléctrica de fase “in”, que da lugar a un mayor riesgo de síntomas que pueden provocar epilepsia del lóbulo temporal (Teicher, 2000), y ataques pseudoepilépticos, que tienen lugar como síntoma de conversión en aquellas personas con historiales de traumas graves tempranos (Bowman, 2006; Bowman y Coons, 2000). También se ha observado que el ritmo de la estimulación sensorial bilateral rítmica del EMDR es una variable esencial en los efectos del tratamiento (Becker et al., 1998). De hecho Shapiro (2004) propone que cuando se produce un reprocesamiento ineficaz de los recuerdos traumáticos, el primer ajuste de la técnica debería ser cambiar la velocidad, la dirección, el intervalo y la altura de los movimientos oculares. Aunque esos cambios de la velocidad y de otras características pueden conceptualizarse como inductoras de una nueva respuesta de orientación –investigación–, también puede interpretarse como que interactúan con el ritmo y la fase de la actividad eléctrica en regiones activadas del cerebro, que mantienen elementos adaptativos y traumáticos inadaptados de la memoria y respuestas de afrontamiento. Los cambios de la frecuencia y demás características de la estimulación sensorial pueden inducir oscilaciones de ritmo y otras interacciones en el ritmo y la fase de actividad eléctrica en regiones del cerebro en las que se codifican las redes de recuerdos inadaptativos, disminuyendo el exceso de coherencia y aumentando la complejidad de la actividad de las ondas cerebrales. Esos aumentos de la complejidad de la actividad de las ondas cerebrales puede servir para aumentar el potencial de nuevas pautas de asociación y para que surjan nuevas respuestas de afrontamiento.

Contingencia: el papel del otro

Las capacidades y los patrones de autoregulación emocional están muy influenciados por el grado de contingencia entre los cuidadores y el niño (Siegel, 2007). En las primeras fases de desarrollo, los bebés se basan en situaciones sensoriales simples para tener pruebas de la disponibilidad de regulación externa basándose en el ritmo y en los cambios de la prosodia y la entonación de la voz del cuidador y los cambios en la expresión facial (Schore, 1996, 2001a). En estados post-traumáticos, cuando la autoregulación interna ha fallado, el superviviente se vuelve dependiente de pruebas de la disponibilidad de recursos externos para mejorar la autorregulación. El papel de los movimientos oculares bilaterales –igual que la estimulación auditiva y kinestésica– no es sólo mecánico y rítmico. Un factor paralelo importante en el reprocesamiento efectivo de los recuerdos traumáticos en EMDR es el papel de las *respuestas contingentes* por parte del terapeuta. El terapeuta debe realizar cambios contingentes en la duración y el ritmo de los movimientos oculares a fin de potenciar su mantenimiento o reanudación cuando los ojos del paciente dejan de moverse en medio de una serie de movimientos oculares. El terapeuta EMDR está preparado para realizar comentarios de apoyo no específicos durante las series de movimientos oculares como "Eso es", "Bien", "Simplemente observe", o para decir "siga con eso, siga con eso, siga con eso" al ritmo de los movimientos oculares. El ritmo de la animación prosódica y vocal es más importante todavía cuando aumenta la intensidad de las reexperiencias emocionales y somáticas.

Esas palabras en respuesta contingente a cambios sutiles –u obvios– en la expresión facial del paciente, en el ritmo de la respiración o en la coloración son, según indican los pacientes, de gran utilidad para sentir que el terapeuta está atento, que se interesa, que apoya y que entiende los cambios del estado interior del paciente. Cuando el grado de activación del paciente aumenta mucho durante el procesamiento de recuerdos más intensos desde un punto de vista emocional o fisiológico, los elementos del recuerdo pueden amenazar con abrumar la orientación del paciente y el acceso a respuestas de afrontamiento. En esos casos, las respuestas contingentes por parte del terapeuta proporcionan algo más que simple asistencia para mantener una conciencia dual del recuerdo traumático y del entorno sensorial del momento. Aportan la experiencia de alguien que apoya, de un testigo cuya atención y respuestas están en sintonía y responden. Esas respuestas contingentes recrean los aspectos más fundamentales de la regulación diádica de la emoción que subyace en el surgimiento de la experiencia del sí mismo.

Predecir los efectos de los modos de estimulación a partir de la teoría y los datos resultantes

Los datos controlados que existen son extremadamente limitados sobre los efectos diferenciales de alternar movimientos oculares bilaterales, estimulación auditiva y kinestésica en el tratamiento con

EMDR. Además, esos datos existentes sufren de varios problemas que limitan establecer conclusiones firmes. Entre ellos, la utilización de sujetos análogos en lugar de clínicos, el tamaño pequeño de la muestra y del grupo, y la utilización de estimulación sensorial bilateral sin técnicas de tratamiento con EMDR completas (Maxfield, 2003; Maxfield y Hyer, 2002). De hecho, parece que en las distintas materias, esos tres modos de estimulación diferentes pueden ser igual de efectivos (Servan-Schreiber, Schooler, Dew, Carter y Bartone, 2006), aunque para cualquier sujeto dado, un modo de estimulación concreto puede ser menos o más efectivo.

Parece que los movimientos oculares ejercen efectos concretos en la "pizarra visuoespacial" de la memoria de trabajo y, de ahí, que interrumpan la intensidad y el detalle de los componentes visuales del recuerdo (Andrade, Kavanagh y Baddeley, 1997). Para los pacientes que no hayan logrado escapar de los aspectos visuales intrusivos de los recuerdos traumáticos, este efecto puede resultar especialmente útil. Sin embargo, en pacientes que puedan distraerse con mayor facilidad por situaciones visuales externas y cuyas capacidades para lograr y mantener un acceso suficiente a representaciones de recuerdos perturbadores sean más limitadas, mantener los ojos cerrados durante la estimulación bilateral auditiva o kinestésica puede permitir más fácilmente lograr y mantener un acceso suficiente a aspectos destacados del recuerdo. Para esos pacientes, alternar la estimulación bilateral auditiva y kinestésica no sólo permite tener los ojos cerrados durante las series de estimulación bilateral sino que también puede aumentar la sensación de autocontrol. Sensación que se puede mejorar disminuyendo la ansiedad en relación con el terapeuta –respuesta contingente– y el temor al juicio del clínico. Una mayor sensación de autocontrol y una menor ansiedad con los ojos cerrados durante la estimulación bilateral auditiva o kinestésica puede facilitar la recuperación de elementos adicionales del recuerdo diana u objetivo seleccionado necesarios para el procesamiento emocional al mismo tiempo que ejerce menos efectos en los elementos visuales del recuerdo. Los movimientos oculares también han demostrado mejorar la recuperación adicional de recuerdos episódicos y autobiográficos y aumentar la tendencia para nuevas vinculaciones asociativas (Christman, Garvey, Propper y Phaneuf, 2003).

En pacientes que tienden a verse inundados por un exceso de activación con niveles elevados de miedo y despersonalización de leve a moderada, puede resultar útil aumentar la densidad de la estimulación sensorial con estimulación kinestésica o estimulación simultánea visual y kinestética, o con estimulación simultánea auditiva y kinestética. Esta densidad adicional de estimulación sensorial multimodo puede ayudar a los pacientes a retener una mayor conciencia dual de su entorno sensorial real sin perderse en reexperimentaciones de sensaciones de miedo, desamparo y respuestas inmovilizadoras.

Modelo de psicoterapia de 4 actividades de Lipke

Al considerar las tareas que deben llevarse a cabo durante el tratamiento y los problemas que pueden surgir durante varias técnicas de EMDR, los terapeutas pueden sentir que el modelo de psicoterapia de 4 actividades propuesto por Lipke (1996, 1999) es útil como amplia guía conceptual. Lipke identifica cuatro tipos de actividad en psicoterapia: categoría 1 o acceso a información ya adquirida; categoría 2 o introducción de información nueva; categoría 3 u organización del procesamiento de la información; y categoría 4 o inhibición del acceso. Aunque muchas formas de psicoterapia proponen maneras diferentes de proporcionar actividad en las categorías 1, 2 y 4, el EMDR es único en tener un método específico para mejorar la actividad de la categoría 3. Entender hasta qué punto distintos mecanismos propuestos contribuyen a los efectos del tratamiento con EMDR puede llevar otros 10 años de investigación.

3 Resumen del modelo estándar de ocho fases de EMDR y del protocolo de las tres vertientes

La desensibilización y reprocesamiento mediante movimientos oculares (EMDR) es un enfoque integrador de psicoterapia que reúne principios, técnicas y protocolos (Shapiro, 2004). En el Capítulo 2 se han presentado las bases del modelo de procesamiento adaptativo de la información y los principios para aplicar el EMDR en psicoterapia. El enfoque del EMDR en psicoterapia se describe (Shapiro, 2004; EMDRIA, 2007) como compuesto por ocho fases distintas. En este capítulo se ofrece un resumen del modelo estándar de ocho fases de EMDR y del protocolo de las tres vertientes general que proporciona el marco de trabajo para los protocolos de tratamiento específicos para los grupos de diagnóstico cubiertos en este manual de tratamiento. Sin embargo algunas tareas, que el modelo estándar de 8 fases describe como que tienen lugar en la fase de preparación (fase 2) por lo general se solapan con las que tienen lugar en la planificación del tratamiento (fase 1) y en algunos casos se amplían a las fases posteriores. Eso se debe básicamente a la amplia gama de necesidades de los pacientes para intervenciones de estabilización o de creación de recursos. En el modelo estándar de ocho fases del EMDR (Shapiro, 2004), se describe que estas intervenciones de creación de habilidades o capacidades tienen lugar durante la fase de preparación –fase 2. En la práctica clínica, son muchos los pacientes que necesitan preparación antes y durante el

Tabla 3.1. Las ocho fases del tratamiento con EMDR

FASE	OBJETIVOS	TAREAS
Fase 1 Registro del historial	• Establecer alianza terapéutica • Recopilar historial médico y psicosocial • Desarrollar plan de tratamiento y formulación de caso • Descartar criterios de exclusión	• Obtener narrativa o historial estructurado • Evaluación objetiva de síntomas • Identificar dianas para su reprocesamiento: (a) sucesos pasados etiológicos para los síntomas actuales; (b) detonadores actuales y (c) objetivos futuros
Fase 2 Preparación	• Obtener consentimiento informado para el tratamiento • Ofrecer psicoeducación • Practicar métodos de autocontrol • Hacer que el paciente empiece un diario semanal • Reforzar la alianza terapéutica	• Orientar al paciente a los problemas de la psicoterapia basada en traumas con EMDR • Aportar metáforas para la observación consciente durante el reprocesamiento • Comprobar en el diario del paciente que los métodos de autocontrol le ayudan
Fase 3 Evaluación	• Acceder a aspectos primarios del objetivo seleccionado del plan de tratamiento para reprocesamiento con EMDR • Obtener medidas iniciales de SUD y VoC	• Obtener la imagen, la creencia negativa actual, la creencia positiva deseada, la emoción actual y la sensación física • Registrar puntuaciones iniciales de SUD y VoC
Fase 4 Desensibilización	• Reprocesar la experiencia objetivo o diana hasta una resolución adaptativa indicada por una VOC de 0	• Hacer series separadas de estimulación bilateral y evaluar cambios mediante los informes breves del paciente • Volver a la diana o incidente periódicamente para evaluar los cambios e identificar el material residual • Utilizar intervenciones adicionales solamente cuando el reprocesamiento esté manifiestamente bloqueado
Fase 5 Instalación	• Seguir reprocesando la diana incluyendo la creencia positiva • Integración total de la creencia positiva en la red de recuerdos como indica la VOC de 7	• Hacer series separadas de estimulación bilateral al tiempo que el paciente mantiene la diana en su conciencia junto con la creencia positiva deseada • Seguir hasta que el paciente alcance un VoC de 7 o de 6 "ecológica"
Fase 6 Exploración del cuerpo	• Comprobar el reprocesamiento total de cualquier perturbación residual asociada con la diana u objetivo • Permitir que el paciente logre mayores niveles de síntesis	• Hacer series separadas de estimulación bilateral al tiempo que el paciente se centra en reprocesar cualquier sensación física residual hasta que sólo haya sensaciones neutras o positivas
Fase 7 Cierre	• Garantizar la estabilidad del paciente y su orientación al concluir cada sesión de reprocesamiento	• Utilizar si hace falta técnicas de autocontrol para garantizar la estabilidad y la orientación • Informar al paciente de los efectos del tratamiento • Pedir al paciente que mantenga un diario de observaciones de sí mismo entre sesiones
Fase 8 Reevaluación	• Comprobar que se estén abordando todos los aspectos del plan de tratamiento	• Ajustar el plan de tratamiento a la medida de las necesidades basándose en los apuntes del diario del paciente • Volver a comprobar la diana para garantizar efectos estables del tratamiento

Nota. De *EMDR Institute Training Manual*, de F. Shapiro (enero de 2008 y enero de 2005), Watsonville, CA: EMDR Institute. Copyright 2008, 2005 de EMDR Institute. Adaptado con permiso.

Nota. De *Handbook of EMDR and Family Therapy Processes* (págs. 3-34) de F. Shapiro, 2007, Hoboken, NJ: Wiley. Copyright 2007 de Wiley. Adaptado con permiso.

registro del historial y la planificación del tratamiento –fase 1– y pueden necesitar regresar a intervenciones de estabilización durante el reprocesamiento de los recuerdos de hechos traumáticos. Además, abordaremos brevemente situaciones clínicas en las que el principio general de planificación del tratamiento basada en el protocolo de las tres vertientes debe dar paso a un *protocolo inicialmente invertido* (Hoffman, 2004, 2005) para planificaciones de tratamiento que empiezan con el reprocesamiento del futuro, después del presente y que tratan el pasado solamente cuando se han logrado resultados significativamente positivos.

En capítulos posteriores se integrarán los principios que avalan este enfoque con descripciones detalladas de las técnicas utilizadas en cada fase de tratamiento de los protocolos EMDR estándar, así como ilustraciones clínicas detalladas también. Se propondrá planificación del tratamiento en general y de sesiones individuales, así como formularios de registro. También se presentarán árboles de decisión, de los que se hablará como apoyo de una toma de decisiones clínica efectiva y fiel a las fases del procedimiento de EMDR estándar y al protocolo EMDR estándar para fobias específicas del trastorno por estrés postraumático (TEPT) y trastorno de pánico.

Fase 1: Historial del paciente, selección y planificación del tratamiento

En la fase 1 se empieza por recoger toda la información posible a fin de desarrollar un plan de tratamiento completo. Esa información incluye: identificar los objetivos del tratamiento para el paciente, presentar dolencias, búsqueda de problemas médicos, sociales, financieros, legales y psiquiátricos, y desarrollo y comprensión del historial del paciente lo suficiente como para preparar un plan de tratamiento completo y colaborativo. El alcance del análisis y de la elaboración del historial dependerá de varios factores, como el ajuste de la vida antes de lo que *indica trauma*, la complejidad de las presentaciones clínicas, la calidad de la experiencia y el desarrollo infantiles, el alcance y el tipo de historial traumático, el estado del apego y la estabilidad del entorno actual.

Como resultado de las numerosas pruebas empíricas y de la comprensión generalizada de que el EMDR es un tratamiento efectivo en el tiempo, los pacientes pueden esperar o solicitar que se empiece de inmediato con las fases de reprocesamiento. Es fundamental que elabore un historial adecuado y que no se sienta presionado por abreviar o por saltarse esta fase del tratamiento. Precipitarse hacia el reprocesamiento puede hacer que se pasen por alto las posibles contraindicaciones del reprocesamiento de recuerdos traumáticos, tales como:

- Necesidad de derivación a un médico que evalúe los factores de riesgo médicos o la posible medicación para ayudar a estabilizar los síntomas psiquiátricos.
- Indicaciones de un trastorno disociativo no diagnosticado.
- Necesidad de una estabilización del paciente más amplia a fin de tratar los riesgos de conductas inadaptadas de reducción de tensiones (p. ej. abuso de sustancias, autolesiones, conductas de alto riesgo).
- La necesidad de dar más tiempo para crear una alianza terapéutica adecuada a las necesidades específicas de un paciente más vulnerable o inestable.

Por otro lado, los terapeutas que han cursado la formación básica en EMDR aprobada por la EMDR International Association (EMDRIA) (EMDRIA, 2007) no deberían negar el tratamiento con EMDR a pacientes que puedan beneficiarse del mismo simplemente por sus propias inseguridades personales o por las dudas sobre sus habilidades o capacidades. Un estudio controlado de Edmond, Rubin y Wambach (1999) demuestra que la efectividad del EMDR puede ser mayor cuando los terapeutas recién formados en EMDR están inseguros acerca de sus capacidades en la materia –o son escépticos acerca del EMDR– pero manifiestan fidelidad a las técnicas estándar (p. ej. leyendo un guión preparado cuando resulte necesario) que cuando terapeutas con más experiencia y confianza en el EMDR aplican el reprocesamiento con EMDR pero mostrando menor fidelidad. Las cuestiones entorno al desarrollo profesional en EMDR se tratan en la Sección V, capítulos 16 y 17.

Debe obtenerse suficiente historial a fin de garantizar que se ha desarrollado un plan de tratamiento apropiado. Se recomienda la evaluación multimodo, como la que describen Lazarus y Lazarus (1991) y

McCullough (2001). Consúltese la descripción exhaustiva del proceso de registro del historial, así como de las cuestiones relacionadas con la selección de los pacientes en los capítulos 4 y 5 de este libro. Por otra parte, algunas de las precauciones que deben tomarse en consideración se presentan en este capítulo.

Trastornos disociativos

Buscar un posible trastorno disociativo es fundamental antes de ofrecer reprocesamiento con EMDR tanto en objetivos traumáticos como en la instalación de recursos. Los trastornos disociativos descritos en el *Manual diagnóstico y estadístico de los trastornos mentales* van desde el trastorno de despersonalización y amnesia psicogénica al trastorno disociativo somatoforme y el trastorno de identidad disociativo (American Psychiatric Association, 2009). En pacientes que cumplen los criterios de un trastorno disociativo, pero cuyo diagnóstico no se ha identificado antes del tratamiento con EMDR, dicho tratamiento resulta capaz de catalizar el encadenamiento asociativo rápido que supera sus barreas amnésicas, y de inundar a esos pacientes con emociones, imágenes traumáticas y sensaciones corporales que abrumen sus defensas (Paulsen, 1995). No solo es retraumatizador para los pacientes, sino que también puede llevarles a una posible y peligrosa pérdida de control de los impulsos, de "paso a la acción" y de conductas parasuicidas, suicidas y agresivas. El EMDR puede incorporarse perfectamente en el tratamiento de pacientes con trastornos disociativos (International Society for the Study of Dissociation, 2005); sin embargo, sólo deberían hacerlo personas con la preparación específica adecuada y con experiencia supervisada tanto en la utilización del EMDR como en el tratamiento de trastornos disociativos (Fine, et al., 1995; Lazrove y Fine, 1996; Paulsen, 1995).

Depresión

El estado depresivo en sí mismo no es una contraindicación para el uso del protocolo EMDR estándar ya que los pacientes con TEPT por lo general están sujetos a episodios cíclicos de hiperactivación y de evitación con síntomas de ansiedad y depresión (van der Kolk, et al., 1996b). Existen pruebas sustanciales de estudios controlados que sostienen que el EMDR alivia los síntomas de la depresión asociados tanto con el TEPT como con síndromes de TEPT parcial. Véase, por ejemplo Wilson, Becker y Tinker (1995, 1997).

Sin embargo, no toda la sintomatología depresiva está asociada con síndromes postraumáticos. Los pacientes con depresión más aguda a menudo se benefician, y pueden necesitar, medicación antidepresiva para estabilizarse y poder participar en la psicoterapia de una manera adecuada (Feldman, 2007). Los adultos que han sobrevivido a negligencia en la infancia, cuyos padres sufrían de depresión crónica, pueden manifestar distimia de origen temprano o persistente, o trastorno depresivo mayor recurrente. Experiencias de apego inadecuadas, como tener un cuidador deprimido, han resultado ser un factor más potente en la depresión de origen temprano en adolescentes que los factores genéticos (Tully, Iacono y McGue, 2008).

Es posible que esos individuos no hayan experimentado nunca un periodo "premórbido" adecuado, por lo que pueden carecer de los recursos adaptativos necesarios para responder positivamente al protocolo EMDR-TEPT estándar. Los enfoques de desarrollo e instalación de recursos especializados han resultado útiles (Ichii, 2003; Korn, 2002; Leeds, 1997; Wildwind, 1994) en algunos de esos pacientes, pero se necesitan estudios controlados para evaluar la eficacia, los riesgos y la gama de aplicaciones de esas técnicas. Por su parte, los pacientes con riesgo suicida, incluidos los que cuentan con un historial de hospitalizaciones para impedir un suicidio o tras un intento de suicidio, deben tratarse de una manera más conservadora. El reprocesamiento con EMDR sólo deberán ofrecérselo terapeutas con la formación y la experiencia adecuadas. La hospitalización o el tratamiento residencial para permitir un trabajo más intensivo en un entorno seguro puede ser una opción viable en determinados casos.

En el caso de pacientes que hayan sufrido negligencia y abusos tempranos y recurrentes, un enfoque de tratamiento basado inicialmente en el reprocesamiento del trauma puede resultar demasiado abrumador por doloroso. En esos casos, puede ser preferible un tratamiento centrado en las capacidades y basado en el desarrollo de mindfulness y de otras capacidades internas y retrabajar esquemas centrales para el yo y el apego (Fonagy, et al., 2002; Gold, 2000; Korn y Leeds, 2002; Linehan, 1993; Segal, Williams y Teasdale, 2006), por lo menos en las fases iniciales del tratamiento. Sin embargo, la experiencia clínica indica que en el caso de algunos pacientes con capacidades del self debilitadas, relacionadas con una negligencia temprana, síntomas focales específicos, relacionados con traumas a veces pueden resolverse utilizando una versión modificada del protocolo EMDR-TEPT estándar. Los criterios para discernir qué pacientes requieren intervenciones de mayor estabilización y cuáles pueden beneficiarse de una aplicación temprana del reprocesamiento con EMDR se exponen en los capítulos 5 y 6. Es posible que los terapeutas que acaben de ser formados en EMDR necesiten consultar casos cuando no estén seguros de la estabilidad del paciente y de si está preparado para el reprocesamiento.

Estado de apego adulto, cambio afectivo y tolerancia a la intensidad

La capacidad para tolerar cambios en el estado afectivo y en la intensidad afectiva a menudo se incluye en el concepto de fuerza del ego (Frederick y McNeal, 1999) o se describe como capacidad del self (McCann y Pearlman, 1990). La evaluación de esas capacidades tiene que ser un aspecto central de la evaluación de la predisposición antes de iniciar los protocolos EMDR estándar. En el Capítulo 5 se describen los siguientes instrumentos y principios con más detalle. El Inventario de síntomas del trauma (Briere, 1995) y el Inventario de Capacidades Internas Alteradas (Briere, 2000) ofrecen medidas de autoaplicación que pueden aprovechar esas dimensiones de referencia. El estado de apego adulto (Cassidy y Shaver, 1999; Main, 1996) tiende a variar junto con la capacidad de tolerar la intensidad y los cambios afectivos. El apego adulto inseguro, por definición, se asocia con discapacidades concretas en esquemas nucleares. Los objetivos del tratamiento, las estrategias y la conceptualización de casos suelen depender en gran medida de la evaluación clínica de la *clasificación del apego* en el adulto. Algo que no se debe confundir con el estado de la relación adulta, ya que muchos pacientes en familias o relaciones de pareja estables muestran una clasificación de apego inseguro (Slade, 1999; Stein, Jacobs, Ferguson, Allen y Fonagy, 1998).

Esquemas inadaptativos, fobias afectivas y defensas rígidas

La teoría de esquemas (Young, 1999) es una extensión de la terapia cognitivo-conductual desarrollada para pacientes con pautas permanentes de conducta y creencias inadaptativas. En el modelo de Young, los esquemas están formados por recuerdos, sensaciones físicas, emociones y creencias sobre uno mismo y sobre las relaciones con los demás. Existen paralelismos significativos entre la teoría de esquemas y los conceptos de redes de recuerdos inadaptativos en el modelo de procesamiento adaptativo de la información. La teoría de esquemas asevera que los esquemas inadaptativos se forman cuando no se cubren determinadas necesidades infantiles básicas. La terapia de esquemas combina enfoques cognitivos, de conducta, de apego, de relaciones con los objetos y experienciales. De hecho, se han publicado varios cuestionarios de autoaplicación para evaluar los perfiles de esquemas de los pacientes. Véase el Capítulo 20 para consultar cómo pueden obtenerse esos cuestionarios. Young, Zangwill y Behary (2002) describen las ventajas potenciales de combinar la terapia centrada en esquemas y el EMDR. Cuando los pacientes tienen alguna discapacidad en los esquemas centrales, tienen más tendencia a mostrar defensas rígidas y a cumplir los criterios de diagnóstico del Eje II (American Psychiatric Association, 2000). Por consiguiente, su tratamiento tiende a ser más complejo y largo. En el artículo de 1996 de McCullough, *Changing Character: Short-Term Anxiety Regulating Psychotherapy for Restructuring Defenses, Affects, and Attachment,* se describe un modelo dinámico para reestructurar defensas para pacientes con problemas del Eje II que resulta muy compatible con el EMDR. En su texto, McCullough contribuye de forma destacable a la literatura de la psicoterapia e incluye uno de los mejores resúmenes de la teoría afectiva de Silvan S. Tomkins. Este enfoque avalado por la investigación se describe más exhaustivamente en un manual de tratamiento (McCullough, et al., 2003). Cuando los pacientes muestran defensas rígidas con características del Eje II, la planificación del tratamiento con EMDR deberá tener muy en cuenta la secuenciación de los objetivos en términos de capacidades internas y de esquemas que el paciente necesita más y que puede tolerar mejor. Si bien abordaremos estas cuestiones en capítulos posteriores, una exploración en profundidad de cómo aplicar el EMDR a estos casos más complejos va más allá del alcance de estas páginas.

Planificación del tratamiento y protocolo de las tres vertientes

Durante la fase 1 –fase de registro del historial y de planificación del tratamiento– el terapeuta identifica enfoques adecuados para el tratamiento, que en el modelo del EMDR reciben el nombre de *diana u objetivos*. El plan general de organización del tratamiento en el modelo estándar de EMDR se conoce como protocolo de las tres vertientes (Shapiro, 2004). Esas tres vertientes son el pasado, el presente y el futuro, y se abordan en ese orden en el modelo estándar de EMDR. Al seleccionar las dianas para la vertiente de pasado se identifican eventos formativos del pasado que el terapeuta y el paciente ven como base de los síntomas de este último y a los que se da prioridad para su reprocesamiento. En el modelo EMDR estándar, sólo es después de haber reprocesado las dianas del pasado para su solución que la atención se desplaza hacia la vertiente de presente y se reprocesan los estímulos actuales capaces de desencadenar respuestas patológicas.

La información básica –para situaciones, frecuencia e intensidad de las respuestas adaptativas de afrontamiento– sobre los estímulos actuales se identifica al principio y se controla durante el tratamiento utilizando los comentarios de los diarios o registros del paciente, que se describen en el Capítulo 6. Tras resolver las dianas del pasado, se comprueban los síntomas que se presentan y los estímulos actuales, y se seleccionan y se reprocesan objetivos del presente si sigue habiendo fuentes de disfunción. En la tercera vertiente del protocolo se reprocesan nuevas estructuras de habilidades y de identidad que el paciente pueda necesitar en el futuro a modo de *plantillas de futuro* para garantizar que se integrarán en la capacidad de afrontamiento y el concepto de sí mismo del paciente.

No todos los acontecimientos traumáticos pasados identificados ni desencadenantes presentes tienen que reprocesarse por separado obligatoriamente. La experiencia clínica y estudios controlados han mostrado repetidamente que la generalización de los efectos del tratamiento a menudo permite agrupar acontecimientos traumáticos relacionados y estímulos con dianas representativas reprocesadas para lograr la resolución funcional de los objetivos relacionados y un amplio alivio sintomático. Las estrategias para seleccionar y secuenciar los objetivos para su reprocesamiento se describen en el capítulo 4.

Fase 2: Preparación

En la segunda fase del tratamiento el terapeuta prepara al paciente de varias maneras.

Alianza terapéutica

Lo más importante es establecer una alianza terapéutica que de apoyo. Una relación realmente colaborativa permite una comunicación honesta entre paciente y terapeuta. El tiempo necesario para establecer un nivel de apertura adecuado varía mucho en función de si los esquemas de confianza han sido violados en el pasado del paciente y de la naturaleza de las cuestiones que deben resolverse, y puede ir de dos o tres sesiones a varios meses.

Psicoeducación y consentimiento informado para el tratamiento

El paciente recibe información adecuada para dar su consentimiento informado en cuanto a opciones de tratamiento, explicaciones de las técnicas, base lógica para el tratamiento, reacciones comunes y no comunes al EMDR descritas, y cualquier otro tratamiento potencial relevante para el historial y los factores de riesgo indicados.

Metáforas y modelos

También se proponen metáforas útiles y modelos del proceso de tratamiento para orientar al paciente y reducir su ansiedad en cuanto a abrirse a una nueva experiencia.

Introducción a la estimulación bilateral

Para garantizar que los pacientes pueden tolerar el movimiento ocular bilateral que se utiliza normalmente en el reprocesamiento con EMDR, el terapeuta introduce movimientos oculares bilaterales y prueba varias velocidades y direcciones. Si el movimiento ocular produce malestar o no puede utilizarse, se presentan los tonos o los golpecitos bilaterales. Por lo general el terapeuta plantea el ejercicio del lugar tranquilo o el de instalación de recursos después de esa sencilla comprobación de estimulación bilateral.

Autocontrol

Se forma a los pacientes en varias técnicas de autocontrol para aumentar (o establecer) su estabilidad en el funcionamiento actual. Esa formación puede incluir respiración estructurada, ejercicios de relajación o de descarga, habilidades de observación de uno mismo, centrarse en lo sensorial, e imágenes dirigidas. Como parte de la formación de autocontrol y para introducir la estimulación bilateral con una experiencia positiva, la mayoría de terapeutas de EMDR enseñan a los pacientes el ejercicio del lugar tranquilo o aportan desarrollo e instalación de recursos durante la fase preparatoria.

Señal de parada

Se enseña al paciente una señal de parada (i.e., un gesto con la mano) para mejorar la sensación de control durante el reprocesamiento de los recuerdos traumáticos. Esta señal también ayuda a reducir cualquier posible confusión en cuanto a la interpretación de las verbalizaciones del paciente, como cuando dice por ejemplo "Pare" o "Es demasiado doloroso". A menudo esas verbalizaciones no indican una petición real de detener el reprocesamiento sino que van dirigidas a las otras personas implicadas en el recuerdo o reflejan expresiones del nivel de malestar de ese momento. La señal de parada es una situación nada ambigua, como lo es la palanca de parada de emergencia de un tren e indica, por si sola, la petición del paciente de dejar de reprocesar con la estimulación bilateral.

El alcance del trabajo necesario en la fase 2 para preparar a un paciente dado para el protocolo EMDR-TEPT estándar varía mucho en función de una serie de características del mismo. En el caso de pacientes con un único episodio, trauma de inicio en la edad adulta con un buen ajuste premórbido, la fase de preparación puede ser de una sesión solamente para garantizar que el paciente está estable y preparado. En el caso de pacientes que han sobrevivido a traumas prolongados en la edad adulta, como encarcelamientos y torturas, y que sufren TEPT complejo (Herman, 1992), es posible que se requiera más trabajo en la fase de preparación a fin de aportar estabilidad suficiente y un acceso adecuado a las capacidades de autocontrol y de modulación afectiva. En algunos pacientes adultos que han sobrevivido a negligencia infantil temprana y que sufren de TEPT complejo y síndromes de inseguridad relacionados con el apego (Barach, 1991; Gold, 2000; Liotti, 1992; Main, 1996), es posible que la fase de preparación tenga que ampliarse para convertirse en el enfoque central del tratamiento durante un periodo de tiempo prolongado. Se trata de pacientes que suelen necesitar más apoyo para desarrollar capacidades internas básicas para el cuidado de si mismos, para tolerar cambios y más intensidad en los afectos positivos y negativos, y para contener impulsos de conductas suicidas y de autolesión.

Fase 3: Evaluación

Durante la fase de evaluación, el terapeuta dirige al paciente para seleccionar el objetivo o diana que se va a reprocesar. Los elementos principales de la red de recuerdos inadaptativos seleccionada se identifican como los más representativos: imagen, creencia, emoción(es) y sensación(es). También se realizan valoraciones iniciales del objetivo o diana durante la fase de evaluación. Los componentes de estas fases de la técnica, las frases provocadoras para cada una de ellas y su secuencia fueron optimizadas en una serie de técnicas estándares (Shapiro, 2004) basadas en años de comentarios clínicos fruto de una amplia experiencia clínica. Además su valor ha sido confirmado con metaanálisis que muestran que los efectos del tratamiento son más potentes cuando se logra una mayor fidelidad con las técnicas estándares (Maxfield y Hyer, 2002). Es importante tener en cuenta que cada uno de los pasos de la fase de evaluación que precede al reprocesamiento con movimientos oculares bilaterales –golpecitos o tonos– es una parte integral del proceso terapéutico y contribuye a los efectos del tratamiento general de varias maneras.

Delinear y evaluar el objetivo o diana de tratamiento seleccionado empieza por identificar una imagen de la parte más dolorosa emocionalmente de la experiencia. Y cuando no hay imágenes, se selecciona un recuerdo sensorial alternativo que represente el objetivo o diana, como un sonido o un olor. Se sabe que el aspecto sensorial de un recuerdo traumático no resuelto se almacena predominantemente en el hemisferio derecho del cerebro (van der Kolk, Burbridge y Suzuki, 1997).

A continuación, el terapeuta ayuda al paciente a identificar las atribuciones negativas personales nucleares con las que el paciente se identifica como resultado de esa experiencia, que se conoce como cognición negativa (CN). En EMDR, la cognición negativa es preminentemente una evaluación negativa de si mismo, como por ejemplo:

1) "Soy malo"
2) "No valgo nada"
3) "Nadie puede quererme"
4) "Soy vulnerable"

Psicológicamente, esta fase ayuda al paciente a reconocer la irracionalidad de la interpretación cognitiva de esta experiencia. Neurológicamente requiere que el paciente active el área de Broca del hemisferio izquierdo, que ha demostrado activarse funcionalmente cuando se activa el recuerdo traumático (Rauch, et al., 1996), además de la corteza orbito prefrontal izquierda, en la que se organizan las autoafirmaciones semánticas y autoreflexivas (Schore, 1994). Por su parte, la cognición negativa se utilizará más adelante, en la fase de evaluación, junto a la imagen, para activar otra faceta de la red de recuerdos disfuncionales –la emoción perturbadora.

El siguiente paso es ayudar al paciente a desarrollar una autoatribución más adaptativa en relación con esa experiencia dolorosa. Esta autoafirmación más adaptativa se conoce como cognición positiva (CP). Es una autoevaluación positiva, como por ejemplo:

1) "Lo hice lo mejor que pude"
2) "Soy una persona que vale la pena"
3) "Merezco ser amado"
4) "Puedo protegerme por mí mismo"

Psicológicamente, desarrollar la cognición positiva introduce información correctora que resulta incompatible con la evaluación original. También representa una expresión del objetivo del tratamiento para la sesión que puede ayudar a animar al paciente a continuar con el reprocesamiento de material con carga emocional. Neurológicamente, obtener la cognición positiva requiere que el paciente active zonas mediales prefrontales izquierdas y del hemisferio izquierdo del cerebro, que son las que proporcionan capacidades analíticas menos vinculadas a la experiencia basada en lo sensorial y que aportan un modo más simbólico y categórico de procesamiento de la información (van der Kolk, et al., 1997). Clínicamente, el proceso de obtener y valorar la cognición positiva ayuda al terapeuta a evaluar la medida en la que el paciente puede imaginar un resultado positivo. En pacientes con TEPT crónico o complejo, la gravedad de la supresión hemisférica (Teicher et al., 1997) puede hacer que la identificación de una cognición positiva adecuada y relevante desde un punto de vista ecológico resulte una parte difícil aunque crucial del tratamiento.

Llegados a este punto se pide al paciente que puntúe cómo *siente* la veracidad de la afirmación más adaptativa en una escala del 1 (la siente totalmente falsa) al 7 (la siente totalmente verdadera). Durante la puntuación de la validez de la cognición, se le pide que mantenga la imagen perturbadora –activando el hemisferio derecho– conscientemente, junto con la cognición positiva –activando el hemisferio izquierdo– y que de una valoración afectiva, para lo que se necesita la activación prefrontal. Esta primera valoración de la validez de la cognición aporta un punto de referencia adicional para evaluar los efectos del tratamiento más adelante en la sesión. Se trata de una referencia de partida que puede ser especialmente útil cuando el reprocesamiento del material traumático debe ampliarse a más de una sesión de tratamiento, aunque aumentos parciales hacia una validez de la cognición de 7 pueden aportar una prueba validadora del progreso gradual del paciente a través del material difícil.

Cabe destacar que esta secuencia inicial de fases de la técnica en la fase de evaluación facilita la capacidad del paciente para conectar la imagen seleccionada con una creencia preferida haciéndolo antes de que las emociones perturbadoras asociadas del material traumático sean explícitamente estimuladas para reducir la posible interferencia de una activación efectiva intensa.

A continuación se pide al paciente que se centre en la imagen seleccionada y en la cognición negativa y que enumere las emociones que experimenta en ese momento. El hecho de verbalizar dichas emociones establece más información básica que puede ayudar a evaluar el progreso. No es de extrañar que la respuesta emocional al recuerdo traumático cambie varias veces durante el reprocesamiento del mismo. Si el nivel general de malestar emocional –véase la escala de Unidades subjetivas de perturbación (escala SUD) más adelante– permanece invariable al final de la sesión, conocer la respuesta emocional de partida de la sesión puede aclarar tanto al paciente como al terapeuta si se ha hecho algún progreso. Por ejemplo, la respuesta emocional puede haber pasado de ser de miedo intenso y desamparo al principio de la sesión a convertirse en ira al final de la misma. Conocer la emoción básica presente, además de la cognición negativa, ayuda al terapeuta a poder aportar la ayuda necesaria y a identificar posibles creencias que podrían interferir con el reprocesamiento efectivo.

Tras identificar la emoción presente se pide al paciente que valore lo perturbador que resulta dicho recuerdo o situación *en el presente* en una escala de 0 (calma o ausencia de perturbación) a 10 (la mayor perturbación que el paciente pueda imaginar). La escala de Unidades subjetivas de perturbación (Shapiro, 2004; Wolpe, 1978) proporciona información básica que puede resultar útil tanto para el paciente como para el terapeuta para hacer un seguimiento de las respuestas del tratamiento en una o más sesiones. Por ejemplo, en las raras ocasiones en las que hay muy pocos o ningún cambio en la imagen sensorial, la autoafirmación negativa, el afecto perturbador y la sensación física, los cambios de intensidad en la escala de unidades subjetivas de perturbación en ocasiones pueden aportar la única prueba de que el reprocesamiento está teniendo lugar o no.

Por último se le pide al paciente que indique en qué parte del cuerpo siente la molestia. La localización física puede corresponder con elementos de la emoción que se acaba de describir, con recuerdos del contacto físico o de las heridas, o con recuerdos de respuestas corporales o impulsos para responder al recuerdo traumático. Identificar la localización de las sensaciones físicas antes y durante el reprocesamiento ayuda a una mayor activación de los aspectos de la red de recuerdos por resolver. Preguntar la localización física ayuda a garantizar que el paciente está sintiendo algo, además de aportar un punto de comprobación en caso de que el paciente nombre arbitrariamente una posible emoción simplemente para satisfacer la demanda del terapeuta. Indicar la parte del cuerpo también supone para el paciente contar con otra manera de observar, sin juzgar ni tener que describir con detalle, lo que está experimentando durante el reprocesamiento. Este cambio a una postura observadora de sentir conscientemente, que sólo requiere que el paciente sea consciente de *dónde* siente algo, favorece los objetivos del tratamiento. De hecho, puede ayudar a aliviar una tendencia que experimentan muchos pacientes de quedarse atrapados en autojuicios o verbalizaciones excesivas como manera de evitar volver a experimentar los aspectos perturbadores de los recuerdos traumáticos.

La localización de las sensaciones físicas descrita en este último paso de la fase de evaluación representa aspectos bastante diferentes de la red de recuerdos inadaptativos para cada paciente. Las sensaciones físicas pueden representar un aspecto de emociones asociadas. De hecho, pueden estar vinculadas al recuerdo de sensaciones producidas durante el acontecimiento traumático. Las sensaciones físicas también pueden representar recuerdos de respuestas fisiológicas o de conducta reales (Lang, 1977, 1979), o de impulsos de acciones que se pueden haber experimentado fuera de la conciencia en el momento del acontecimiento. En algunos casos, preguntar acerca de respuestas reales o impulsos durante la fase anterior de registro del historial puede ser útil para identificar un aspecto fundamental de la red de recuerdos inadaptativos que deberá tratarse durante el reprocesamiento posterior. Sin embargo, durante la fase de evaluación por lo general no es ni necesario ni útil investigar específicamente en un intento por determinar cuáles de esas categorías podría representar la localización de las sensaciones indicadas. En cambio, basta simplemente con identificar que el paciente puede localizar sensaciones.

Fase 4: Desensibilización

Las tres fases siguientes de EMDR (desensibilización, instalación y exploración corporal) implican alternar la estimulación bilateral con otros elementos de procedimiento cuyo objetivo es mejorar el procesamiento de la información (Shapiro, 2004) y a los que se conoce, en conjunto, como reprocesamiento. Las formas de estimulación bilateral son:

1. Movimientos oculares bilaterales
2. Tonos auditivos bilaterales
3. Golpecitos bilaterales en manos, rodillas u hombros
4. Combinaciones de dos o más tipos de estimulaciones bilaterales
5. Movimientos oculares verticales, circulares y en bucle en forma de símbolo de infinito

Durante estas tres fases, cualquiera de los aspectos de la red de recuerdos inadaptativos puede cambiar simultáneamente –según ha indicado el paciente o ha observado el terapeuta con cambios en la intensidad o en el contenido del recuerdo sensorial, cambios en la calidad o la intensidad afectiva, cambios en la autoevaluación y los pensamientos sobre el recuerdo y cambios en las características y la localización de las sensaciones físicas o de los impulsos a actuar.

Una vez delineado y evaluado el objetivo o diana que se va a tratar, justo antes de empezar la estimulación bilateral, el terapeuta comprueba que se hayan activado los elementos esenciales del objetivo repitiéndolos brevemente y a continuación pide al paciente que adopte una actitud sin juzgar y que simplemente observe lo que tiene lugar mientras empieza la estimulación bilateral. Las técnicas utilizadas en las tres fases de reprocesamiento de EMDR tienen como objetivo acelerar los efectos del tratamiento al tiempo que mantienen la estabilidad del paciente y la sensación de seguridad y de control del proceso y del resultado del tratamiento. Por ejemplo, la instrucción de. "Permita que pase lo que sea que pase..." (Shapiro, 2001, pág. 130) antes de empezar la estimulación bilateral tiene como objetivo reducir las características de exigencia y los miedos al "fracaso" de los pacientes, al tiempo que mejora la conciencia plena de asociaciones espontáneas con aspectos relevantes de recuerdos traumáticos o de otra índole. Una de las características centrales del tratamiento con EMDR es la tendencia a promover el encadenamiento asociativo a través de la formación de nuevas asociaciones a las redes de recuerdos que son adaptativas para el paciente. Asociaciones libres que son muy significativas e impredecibles y la voluntad del paciente de permitir esas asociaciones, sin juicio que las interrumpa, ni respuestas evitadoras, es esencial para que el tratamiento tenga efectos positivos.

Al final de cada serie de estimulación bilateral se pide al paciente "Descanse y respire profundamente. ¿Qué nota ahora?". Esas instrucciones y la pausa necesaria para "respirar profundamente" parecen favorecer la postura exploratoria no exigida que se estableció al principio. De hecho, ayuda al paciente a mantener suficiente atención dual en el presente para después volver a acceder a los aspectos emergentes más relevantes del material de la diana.

Al mismo tiempo, las afirmaciones terapéuticas, mínimas y predecibles, entre las series de estimulación bilateral, permiten que continúe el acceso a la activación afectiva de la red de recuerdos inadaptativos. Así, se permite la continuación y el restablecimiento de cualquier procesamiento de información estado dependiente (Bower, 1981; Demos, 1988) y asociado con un tipo o grado de activación afectiva después de que el paciente aporte un breve informe verbal. El informe verbal del paciente tiene que ser suficiente para permitir al terapeuta determinar si el material emergente se está reprocesando efectivamente.

Las respuestas verbales y no verbales del paciente durante y después de cada serie de estimulación bilateral ayudan a tomar decisiones clínicas en cuanto a cambios potenciales en elementos de la técnica como duración, velocidad, tipo y demás características de la estimulación bilateral. Además, el terapeuta también puede ofrecer al paciente recordatorios de información relevante incompatible con el material emergente cuando parece que éste último no logra o no mantiene un reprocesamiento efectivo con cambios en el tipo de estimulación solamente.

Inicialmente Shapiro (2004) etiquetó la fase 4 de EMDR como "desensibilización" a fin de reflejar la tendencia de los efectos típicos del tratamiento y llegar a una disminución de la ansiedad, el malestar y la intensidad del recuerdo sensorial, junto con autoatribuciones cada vez más adaptativas. Sin embargo, en el modelo de procesamiento adaptativo de la información se da la hipótesis de que esos efectos sean la consecuencia del procesamiento de información emocional. De hecho, en lo que se denomina fase de "desensibilización" normalmente hay una serie de cambios rápidos de insights, organización de los recuerdos, afectividad asociada y concepto de uno mismo que no son típicos de las observaciones de las técnicas de desensibilización clásica (Wolpe, 1978). Si bien son muchos los pacientes que experimentan un descenso inmediato de la ansiedad, el malestar y la intensidad de los recuerdos sensoriales, para otros, especialmente cuando los procesos de evitación o la disociación han ocultado material importante de la conciencia, el nivel de malestar puede aumentar significativamente como resultado del acceso a más aspectos de recuerdos dolorosos hasta que esos elementos también queden resueltos. La fase de desensibilización se considera finalizada cuando el paciente puede centrarse en el recuerdo o en la situación diana, incluso después de una serie de movimientos oculares y valorar el nivel de Unidades subjetivas de perturbación como 0 o 1 –en algunas situaciones, que se describen en el capítulo 8.

Fase 5: Instalación

En la fase de instalación, el enfoque está en la asociación deliberada de una afirmación de autoevaluación más adaptativa con el recuerdo diana. La instalación implica tomar conciencia del acontecimiento diana con una afirmación de autoevaluación más adaptativa y añadiendo estimulación bilateral. Es común que surja una afirmación diferente que represente una creencia más apropiada y adaptativa que la CP durante la fase de desensibilización, inicialmente seleccionada, durante la evaluación del objetivo en la fase 3. Se identifica el VoC de la afirmación de autoevaluación seleccionada y se suministran series de estimulaciones bilaterales hasta que la puntuación de validez emocional de una creencia más adaptativa alcance un 7 o un 6, si resulta válido para la situación del paciente. Desde un punto de vista de procedimiento, la fase de instalación difiere tanto de la de desensibilización (fase 4) como de la exploración corporal (fase 6). En lugar de plantear preguntas sobre vinculaciones asociativas espontáneas después de cada serie de estimulación bilateral, en la fase de instalación, la validez de la cognición se comprueba después de cada serie de estimulación bilateral.

Fase 6: Exploración del cuerpo

La exploración corporal es la última fase de reprocesamiento de las fases del procedimiento de EMDR estándar. Esta fase tiene dos objetivos: en primer lugar, identificar cualquier malestar residual asociado con la diana y garantizar que se reprocesó completamente. En segundo lugar, permitir que el paciente alcance niveles de síntesis más elevados. A veces la fase de exploración corporal es breve y simplemente confirma la ausencia de tensiones somáticas o sensaciones poco habituales. En otros casos, puede dar lugar a un reprocesamiento más amplio de material inadaptativo residual o a beneficios clínicos significativos en una dimensión positiva del sí mismo. Sólo tras finalizar las fases 4 y 5 se pedirá al paciente que:

1. Se centre en el recuerdo diana o situación seleccionada.
2. Mantenga en mente la cognición positiva (CP) utilizada en la fase de instalación.
3. Explore el cuerpo, de la cabeza a los pies, en busca de sensaciones.

Si se encuentra tensión o malestar, se continúa con la estimulación bilateral hasta que el paciente deje de detectar sensaciones físicas desagradables al emparejar el recuerdo diana y la creencia positiva. Suele ser común que los pacientes con múltiples traumas experimenten sensaciones desagradables durante la exploración corporal que resultan tener asociaciones con otros recuerdos traumáticos. Por cuestiones de falta de tiempo, esas sensaciones desagradables y sus redes de recuerdos inadaptativos asociadas es posible que necesiten ser reprocesadas en una sesión posterior.

El tratamiento del objetivo originalmente seleccionado no se da por finalizado hasta que el paciente indica no tener sensaciones desagradables, incluidas las que pueden asociarse con otros recuerdos molestos o estímulos actuales. No todas las sensaciones desagradables identificadas en la exploración corporal pueden eliminarse con la estimulación bilateral. Por ejemplo, las sensaciones desagradables debidas a un mal crónico o reciente, o a una silla incómoda, pueden no estar vinculadas a una red de recuerdos inadaptativos.

Cuando durante la exploración corporal se encuentran sensaciones positivas, la estimulación bilateral prosigue hasta que el paciente indica que las sensaciones agradables ya no están siendo más agradables cada vez. Es importante que los terapeutas permitan el tiempo necesario para la fase de exploración corporal, tanto para eliminar las sensaciones desagradables residuales como para mejorar las sensaciones positivas. Algunos de los logros terapéuticos más significativos tienen lugar cuando se prosigue con el reprocesamiento de sensaciones positivas durante la fase de exploración corporal.

Fase 7: Cierre

Como se describe en los capítulos 1 y 2, para modificar las redes de recuerdos inadaptativos es esencial que el paciente acceda y en cierta medida cambie al estado anímico de dicha red. Dado que cada sesión de reprocesamiento avanza hacia el cierre, se realizan comprobaciones para confirmar que el malestar o el dolor del paciente se han reducido y que está completamente orientado y es capaz de funcionar bien en el presente. Antes de finalizar cada sesión, el paciente es traído a un estado adaptativo de equilibrio emocional ya sea mediante el reprocesamiento o utilizando métodos de regulación afectiva y de autocontrol desarrollados durante la fase de preparación (fase 2).

Cuando el terapeuta ha confirmado que el paciente está cómodo y bien orientado, le pide que permanezca alerta hasta la siguiente sesión por si aparecen más cambios, positivos o negativos, relacionados con los síntomas presentes y recuerdos, emociones y creencias diana y que elabore un diario o registro por escrito de esas observaciones. También se le encargan otras tareas para casa y se organiza la siguiente cita o consulta telefónica. Los procedimientos de cierre tienen como finalidad garantizar la estabilidad del paciente y el afrontamiento entre sesiones.

Fase 8: Reevaluación

Al principio de las sesiones posteriores, el terapeuta revalúa el nivel actual de funcionamiento del paciente, junto con los comentarios de diario o registro. También se revalúa la diana abordado durante la sesión anterior para comprobar la estabilidad de los efectos del tratamiento. Además se llevan a cabo comprobaciones para determinar si han surgido cuestiones o problemas o si es necesario desarrollar habilidades de cuidado de uno mismo o interpersonales adicionales. Es posible que el plan de tratamiento tenga que ajustarse en función de las respuestas al tratamiento que se observen. De hecho, el trabajo terapéutico tiene que ir al ritmo de la capacidad observada en el paciente para tolerar cambios en el estado afectivo, la conducta y el concepto de sí mismo, además de para integrar las respuestas por parte de los sistemas sociales primarios del paciente a los efectos del tratamiento.

Un tratamiento de éxito sólo puede determinarse con la suficiente reevaluación. Durante la sesión, los efectos del tratamiento no se consideran como base suficiente para comprobar el éxito del tratamiento. El tratamiento se considera finalizado cuando el paciente ha logrado y puede mantener los objetivos del mismo. Eso normalmente incluye la resolución de las dolencias del paciente, como: (a) eliminación de intrusiones y reexperimentación de recuerdos perturbadores, conductas de evitación e hiperactivación; (b) los estímulos presentes ya no evocan respuestas inadaptativas; y (c) el paciente está preparado para situaciones futuras similares con un sentimiento de resistencia y confianza.

Resumen

El modelo estándar de ocho fases de EMDR hace hincapié en que el EMDR no es simplemente una técnica de estimulación bilateral que puede aplicarse indiscriminadamente sino que representa una forma exclusiva de psicoterapia con su propio enfoque para el registro del historial, la planificación del tratamiento y la solución del impacto de experiencias adversas de la vida. Dado el potencial de EMDR de inducir cambios rápidos en procesos asociativos y en el estado emocional, es fundamental que los terapeutas tengan la formación adecuada y asistan a cursos de EMDR supervisados y aprobados por EMDRIA –o por una de las asociaciones profesionales nacionales de EMDR– antes de proporcionar tratamiento con EMDR a los pacientes.

Como ya hemos comentado en el Capítulo 1, el enfoque de EMDR se ha aplicado con éxito a una amplia gama de problema clínicos y de pacientes; aunque ni cada paciente ni cada trastorno puede tratarse con el protocolo EMDR estándar para TEPT. Las aplicaciones especializadas a menudo requieren modificaciones en las fases del procedimientos de EMDR estándares o el protocolo EMDR-TEPT estándar y pueden requerir la integración de EMDR con otros métodos de psicoterapia. En este libro nos centramos en aplicaciones de los protocolos estándares de EMDR avalados por la investigación. En la Sección II analizaremos los aspectos teóricos y prácticos de la técnica del EMDR para la conceptualización de casos, la planificación del tratamiento y la selección y la preparación de pacientes con TEPT y otros síndromes postraumáticos para el reprocesamiento con EMDR.

II Conceptualización de casos, planificación del tratamiento y preparación de los pacientes para el reprocesamiento con EMDR

Lo fácil es lo correcto. Empieza correcto
y serás fácil.
Continúa fácil y serás correcto.
El camino correcto para ir fácil
es olvidar el camino correcto,
y olvidar que el ir es fácil.

Chuang Tzu

Para cada problema complejo y difícil siempre hay una respuesta simple, fácil, y equivocada.

H. L. Mencken

La esperanza es la virtud más temprana y más indispensable inherente al estado de estar vivo. Si la vida ha de ser sostenida, la esperanza debe permanecer, incluso allí donde se hiere la confianza y se daña el confiar.

Erik H. Erikson

... *si* siempre *esperamos* al momento ideal en el que todo, todo está listo, nunca comenzaremos nada.

Ivan Turgenev

4 Conceptualización de casos y planificación del tratamiento

Resumen

La importancia de la conceptualización de casos en el resultado del tratamiento

Cuando se utiliza el enfoque de la desensibilización y reprocesamiento mediante movimientos oculares (EMDR), los resultados clínicos no sólo dependen de la fidelidad y de la competencia a la hora de aplicar las fases del procedimiento estándares, sino también de una conceptualización del caso y una planificación del tratamiento correctas. Es fundamental seleccionar los objetivos más destacados para su reprocesamiento en una secuencia óptima y, si es necesario, se debe persistir en reprocesar cada uno de esos objetivos bien seleccionados en múltiples sesiones hasta su completa resolución. Una conceptualización del caso o unos planes de tratamiento inadecuados pueden llevar a varios tipos de complicaciones. Por ejemplo (a) tener que alterar frecuentemente el foco de atención cuando surgen recuerdos significativos anteriores durante el reprocesamiento o entre sesiones, (b) un mayor riesgo de respuestas no efectivas durante el reprocesamiento, o (c) la finalización prematura cuando los pacientes se desaniman por la falta de progreso.

Cada terapeuta desarrolla su propio enfoque para empezar con un paciente nuevo. Algunos incluyen pruebas psicológicas de rutina. Otros prefieren las entrevistas clínicas estructuradas. Los hay que abordan a cada paciente de una manera distinta. En cuanto a los pacientes, varían mucho en cuanto a sus necesidades iniciales. Algunos muestran gran estabilidad de conducta general. Otros pueden presentar problemas de control de impulsos, ansiedad aguda o síntomas disociativos que dan lugar a que el terapeuta decida llevar a cabo intervenciones estabilizadoras (de las que se habla en los capítulos 5 y 6) antes del registro estructurado del historial. Los terapeutas deben ajustar su enfoque del registro del historial y la planificación del tratamiento en función de lo que mejor se adecua a las necesidades de cada paciente.

Posibles fuentes de sobrecarga de información para terapeutas noveles en EMDR

Los terapeutas en formación o que acaban de finalizar la formación en EMDR se encuentran frente un gran desafío con el potencial de sobrecarga de información debido a las múltiples capacidades y a la amplia gama de conocimientos necesarios para integrar el modelo EMDR en su trabajo clínico. Para los que se dedican de nuevas a EMDR, la secuencia de las fases del procedimiento estándares puede parecer contraria a la intuición. La necesidad de memorizar (o leer) frases estándares para las principales fases requiere, al principio, recursos cognitivos. Por otra parte, la rapidez y la intensidad del material que surge durante el reprocesamiento puede parecer abrumador. El esfuerzo mental para controlar y detener impulsos bien establecidos para ofrecer respuestas verbales o interpretaciones empáticas puede interferir con el sentimiento ya familiar de competencia. Puede resultar difícil elegir entre lo que parecen demasiadas opciones para avanzar. Además, el énfasis en la importancia de la fidelidad en la aplicación de las fases del procedimiento puede llevar a autojuicios que reduzcan el sentimiento de confianza y competencia. Éstas y otras dificultades iniciales pueden hacer difícil para los terapeutas de EMDR que se acaban de formar poder captar la importancia de la conceptualización del caso y de la planificación del tratamiento en EMDR. Cuando estos problemas no se abordan de manera continuada en la formación y en el proceso de supervisión de integración de EMDR en la aplicación clínica, pueden surgir desalentadores problemas o complicaciones en el tratamiento.

Tabla 4.1. Fuentes potenciales de sobrecarga de información para nuevos terapeutas en EMDR

- La secuencia de las fases de procedimiento estándar puede parecer contraria a la intuición.
- La necesidad de memorizar (o leer) frases estandarizadas para las fases de procedimiento básicas requiere recursos cognitivos que pueden parecer embarazosos y restar valor a la toma de decisión clínica meditada.
- La rapidez y la intensidad del material clínico que surge durante el reprocesamiento puede ser abrumador.
- El esfuerzo mental necesario para controlar y detener impulsos muy establecidos para ofrecer respuestas verbales empáticas, interpretaciones o reformulaciones puede interferir con el sentimiento de competencia.
- Puede resultar difícil elegir entre lo que parecen demasiadas opciones para avanzar.
- El énfasis en la importancia de la fidelidad en la aplicación de las fases de procedimiento puede llevar a auto juicios que reduzcan el sentimiento de confianza y competencia.

Motivos de dificultad para desarrollar y seguir un plan de tratamiento

Los terapeutas proceden de una amplia gama de estratos antes de obtener una certificación en EMDR. Los enfoques de la planificación del tratamiento y los hábitos creados por la utilización de estos otros enfoques pueden dar lugar a dificultades a la hora de apreciar la importancia de cuestiones centrales en la conceptualización de casos y la planificación de tratamiento de EMDR. Los siguientes ejemplos de posibles dificultades no tienen como objetivo dar por supuesto que esos problemas específicos con la planificación del tratamiento sean intrínsecos a esos otros enfoques, ni que sean problemas con los que solamente se encuentren los terapeutas con esas formaciones. Lo que reflejan son observaciones comunes procedentes de cursos de EMDR y de sesiones de consulta.

Los que proceden de enfoques centrados en el paciente puede que se inclinen a permitir que cada sesión se despliegue a partir de los problemas más destacados en los pensamientos del paciente de esa semana. Esta manera de proceder puede llevar a que se seleccione un nuevo objetivo en cada sesión a partir del "problema de la semana". Así, los objetivos anteriores que no se reprocesaron por completo permanecen sin resolver y siguen siendo una fuente de síntomas residuales. Si el

Tabla 4.2. Errores comunes en la planificación del tratamiento en nuevos terapeutas de EMDR

- Los terapeutas de enfoques centrados en el paciente (Rogeriana, Gestalt, psicodinámica) pueden:
  - Abandonar el plan de tratamiento al responder a las preocupaciones actuales de los pacientes
  - Seleccionar un nuevo objetivo a partir del problema de la semana
  - Dejar objetivos que no se han reprocesado por completo como origen de síntomas residuales
- Los terapeutas con formación cognitivo-conductual pueden:
  - Formular casos basados principalmente en creencias desadaptadas actuales
  - Seleccionar objetivos a partir de estímulos actuales
  - Fracasar en la identificación de acontecimientos etiológicos como origen de esas creencias desadaptadas
  - Encuentro con un reprocesamiento ineficaz debido a recuerdos anteriores no identificados
- Los terapeutas con formación conductual pueden:
  - Formular casos basados principalmente en conductas desadaptadas actuales
  - Seleccionar objetivos a partir de estímulos actuales
  - Fracasar en la identificación de acontecimientos etiológicos como origen de esas conductas desadaptadas
  - Encontrarse con un reprocesamiento ineficaz debido a recuerdos anteriores no identificados

terapeuta desarrolla al principio un plan de tratamiento con una serie ordenada de objetivos, dicho plan puede perderse por la presión de tratar las preocupaciones del paciente en cada momento.

Por otra parte, los que se hayan formado en enfoques cognitivo-conductuales es posible que se centren con más atención en las creencias inadaptativas predominantes de sus pacientes que en desarrollar un plan de tratamiento basado en la conceptualización de casos. Esos terapeutas pueden seleccionar objetivos basados principalmente en los estímulos que hacen que aparezcan esas creencias inadaptativas. El resultado es que pueden fracasar en dar importancia a la identificación y el reprocesamiento de los acontecimientos etiológicos que están en el origen del inicio y de la reafirmación temprana de esas creencias. Del mismo modo, los que plantean un enfoque de conducta pueden inclinarse hacia el reprocesamiento de los casos actuales de conducta inadaptativa y no intentar identificar ni reprocesar las experiencias de base que implican la plantilla para esas conductas inadaptativas.

Elementos esenciales de la conceptualización de los casos

La conceptualización del caso requiere pensar más allá de los síntomas inmediatos del paciente (actitudes inadaptativas, pensamientos, conductas y respuestas emocionales defensivas) con el fin de formar un modelo mental de esos problemas basado en el modelo de psicoterapia de procesamiento adaptativo de la información. Ese modelo mental aporta una serie de hipótesis acerca de las causas de los síntomas del paciente. Hipótesis que, a su vez, proporcionan el esbozo para diseñar el plan de tratamiento. Si las hipótesis son correctas y la metodología se aplica correctamente, los síntomas del paciente deberían mejorar. Durante el proceso de tratamiento puede aparecer información nueva –y ocurre a menudo– que puede hacer que sea necesario modificar el plan de tratamiento; por ejemplo, porque surgen recuerdos adicionales que tendrán que reprocesarse. También puede haber revisiones importantes de la formación del caso porque resulte que el paciente tiene disociación estructural más compleja (van der Hart, Nijenhuis y Steele, 2008). Eso también significa que la ausencia de progreso del tratamiento puede o bien implicar errores técnicos en la aplicación del método –las fases del procedimiento EMDR estándares– o bien sugerir que la conceptualización del caso es incompleta o incorrecta.

Tabla 4.3. Dimensiones de la disociación estructural

• Disociación estructural primaria	• Trastorno por estrés agudo • TEPT
• Disociación estructural secundaria	• TEPT complejo - TEENEOM • Trastorno límite de la personalidad • Trastorno disociativo NEOM
• Disociación estructural terciaria	• Trastorno de identidad disociativa

(Adaptado de van der Hart, Nijenhuis y Steele, 2008)
Nota. De *El yo atormentado: la disociación estructural y el tratamiento de la traumatización crónica* de O. van der Hart, E. R. S. Nijenhuis y K. Steele, 2008, Bilbao: Editorial Desclée de Brouwer. Copyright 2008. Adaptado con permiso.

Una conceptualización de caso incluye, pero no puede derivar únicamente de diagnósticos del Manual diagnóstico y estadístico de los trastornos mentales (*DSM- IV*) (American Psychiatric Association [APA], 2002) o de la *Clasificación* Estadística *Internacional de Enfermedades* y Problemas Relacionados con la Salud, 10ª revisión (ICD-10), (Organización Mundial de la Salud, [OMS] 2004). La mayoría de diagnósticos, incluido el trastorno de estrés postraumático (TEPT), se basan en el cumplimiento de un mínimo de criterios a partir de subconjuntos de síntomas. Distintos pacientes pueden llegar al mismo diagnóstico de distintas maneras. Además, la mayoría de pacientes tienen uno o más diagnósticos comórbidos, y eso resulta especialmente cierto con el TEPT (Kessler et al., 1995). Cada paciente tiene un historial diferente y distintos niveles de funcionamiento premórbido, funcionamiento actual y apoyo social. La conceptualización del caso se basa en un análisis funcional de los síntomas del paciente, de su etiología, de sus manifestaciones y de hipótesis acerca de la estructura funcional subyacente de sus redes de recuerdos inadaptativas o adaptativas.

Registro del historial

El modelo de procesamiento adaptativo de la información nos lleva a identificar las experiencias que resultan etiológicas para las preocupaciones que manifiesta el paciente. Empezamos por identificar los principales objetivos de tratamiento del paciente, que incluyen el objetivo de reducir los síntomas manifiestos (p. ej. ansiedad, ataques de pánico, pesadillas) y añadir nuevas experiencias y capacidades (superar la evitación, aumentar la asertividad, ganar en control o confianza).

Un modelo amplio toma en consideración los cuatro dominios de experiencia principales: conducta, afectivo, cognitivo y somático. ¿Qué está haciendo, sintiendo, pensando o experimentando el paciente que quiera disminuir o aumentar? ¿Qué es incapaz de hacer, sentir, pensar o experimentar el paciente que quiere ser capaz de hacer? ¿Cuáles son las preocupaciones del paciente o del terapeuta acerca de esos objetivos? El cuadro de objetivos y preocupaciones del tratamiento aporta un esquema sencillo que resume estas cuestiones (véase la Tabla 4.4).

Por lo general los pacientes pueden describir sus síntomas primarios, pero los informes verbales pueden ser incompletos por varias razones. Los síntomas relacionados con el TEPT sufren altibajos con el tiempo. Es posible que los pacientes sean reacios a revelar determinados síntomas por un sentimiento de vergüenza, o porque ha llegado un punto en que los ven como normales o no tratables. Por eso, las entrevistas estructuradas y las herramientas de evaluación estandarizadas pueden ayudar a ofrecer una imagen más completa. En las primeras fases del tratamiento, los adultos que han sufrido abuso infantil pueden considerar que hablar de sus síntomas mediante un formulario les genera menos ansiedad o vergüenza que responder a preguntas verbalmente. Incluimos dos sencillos formularios (véanse las Tablas 4.5 y 4.6 a continuación) para que los terapeutas los utilicen cuando solicitan a los pacientes que informen de sus experiencias vitales significativas positivas y negativas y sus respuestas actuales a los desencadenantes.

En la siguiente sección analizamos tres herramientas estándares para ayudar a recopilar información sobre los historiales de los pacientes, sus dolencias y los objetivos del tratamiento. En el Capítulo 5 se describen más herramientas de este tipo para evaluar la gravedad de los síntomas, detectar disociación estructural y realizar un seguimiento de los resultados del tratamiento. Para obtener información sobre dónde obtener dichas herramientas, véase el Anexo C.

Herramientas estándares para registro del historial y planificación del tratamiento

Cuestionarios de evaluación para psicoterapia

Los cuestionarios de evaluación para psicoterapia (CEP) (McCullough, 2001) ofrecen una completa serie de preguntas que ayudan a los terapeutas a recoger información de los pacientes, como acontecimientos vitales positivos y negativos significativos, dolencias actuales y una amplia serie de síntomas asociados con el sistema de diagnóstico multieje procedente del *DSM-IV* (APA, 2000). Los cuestionarios CEP, un cuestionario resumen CEP (McCullough, 1998) y las instrucciones para su uso (McCullough, 2003b) están disponibles, gratis, en http://www.affectphobia.org/pacforms.html. Los pacientes pueden responder a los cuestionarios CEP en casa antes de la primera sesión. A su vez, los terapeutas revisan los cuestionarios CEP y rellenan el cuestionario-resumen CEP. Los cuestionarios CEP y el cuestionario-resu-

Tabla 4.4. Objetivos del tratamiento y precauciones

Nombre: ______________________ Fecha: __________

CONDUCTA: QUIERE MÁS	QUIERE MENOS	DIFICULTADES
AFECTIVO: QUIERE MÁS	**QUIERE MENOS**	**DIFICULTADES**
COGNITIVO: QUIERE MÁS	**QUIERE MENOS**	**DIFICULTADES**
SOMÁTICO: QUIERE MÁS	**QUIERE MENOS**	**DIFICULTADES**

men CEP pueden utilizarse como pauta para la entrevista y la evaluación clínicas iniciales. El objetivo, tanto de los cuestionarios CEP como de los cuestionarios-resumen CEP, es la preparación para el tratamiento basándose en el manual *Treating Affect Phobia* (McCullough 2003a). Los terapeutas con formación en EMDR también los considerarán de un valor incalculable como punto de partida para el registro del historial y la evaluación clínica de los problemas de los pacientes y de los objetivos específicos de tratamiento.

Inventario multimodal del historial

El Inventario multimodal del historial (Lazarus y Lazarus, 1991) es un cuestionario para adultos que tiene cinco secciones: general, historial personal y social, problemas actuales, expectativas de la terapia, y un análisis de modalidad de los problemas actuales que cubre factores de conducta, sentimientos, sensaciones físicas, imágenes, pensamientos, relaciones interpersonales y biológicos. El paciente necesita entre 1 y 2 horas para completar este completo cuestionario, que proporciona una importante base sobre la que fundamentar planes de tratamiento en casos más complejos (Lazarus, 2000).

Los genogramas y el software Genogram-Maker Millennium

Los genogramas son una herramienta gráfica que se utiliza mucho para resumir la gran cantidad de información que se obtiene de un sistema familiar. "Creando una perspectiva sistémica que ayuda a hacer un seguimiento de problemas familiares a través del espacio y el tiempo, los genogramas permiten que el entrevistador reformule, desintoxique y normalice problemas de carga emocional" (McGoldrick, Gerson y Petry, 2008, pág. 2). Los terapeutas pueden considerar el software Genogram-Maker Millennium, disponible para Windows y Mac OS X, una manera práctica de generar genogramas claros y legibles.

Empezar a recopilar información para planificar el tratamiento

Cuando los pacientes entran por primera vez en su consulta, ¿cómo empieza? Cada profesional desarrolla su propio abordaje. En mi trabajo, he desarrollado un estilo que empieza informalmente y que después se convierte en una entrevista más estructurada basada en la situación

Tabla 4.5. Ejemplar para el paciente: Listado de recuerdos

Nombre: ________________________________ Fecha: __________

Enumere sus experiencias vitales *más significativas* empezando por las más tempranas. Incluya experiencias positivas y negativas. Para cada experiencia negativa, considere citar por lo menos una persona, situación o experiencia que le ayudó a afrontarla.

EDAD A LA QUE TUVO LUGAR	AGENTES DE ESTRÉS CONTINUADOS Y EXPERIENCIAS VITALES TRAUMÁTICAS	LOGROS SIGNIFICATIVOS, PERSONAS QUE LE APOYARON Y EXPERIENCIAS QUE LE AYUDARON A AFRONTARLO

Tabla 4.6. Ejemplar para el paciente: Lista de estímulos actuales

Nombre: ______________________ Fecha: __________

EJEMPLAR PARA EL PACIENTE: LISTA DE DETONADORES ACTUALES

ENUMERE IMÁGENES, SONIDOS, OLORES, SENSACIONES FÍSICAS, PERSONAS, LUGARES, ACTIVIDADES Y SUEÑOS QUE DETONEN EMOCIONES INTENSAS Y RESPUESTAS DE AFRONTAMIENTO NEGATIVAS.	RESPUESTAS A ESAS SITUACIONES			
	EMOCIONES	LOCALIZACIÓN DE LAS SENSACIONES	IMPULSOS	PENSAMIENTOS

de cada paciente. De hecho, cuando los pacientes llegan con problemas complejos y vulnerabilidad, puede ser que la primera sesión tenga que ser menos estructurada para centrarse en establecer una relación y empezar a establecer confianza. Así, mis primeras palabras suelen ser "¿Cómo puedo ayudarle?". Mi enfoque se adapta y varía a medida que tomo consciencia de las necesidades y las preocupaciones del paciente.

Si hay cuestiones forenses, como en casos de daños personales debidos a un accidente de coche o a un accidente industrial, hay que obtener información objetiva como la fecha exacta del accidente y los nombres de otros profesionales médicos que hubieran tratado al paciente. También se debe obtener un permiso por escrito para los registros y para desvelar información a otros profesionales implicados en el caso. Las herramientas de evaluación estándares que se analizan en el Capítulo 5 pueden tener un valor incalculable para documentar la gravedad de los síntomas y establecer diagnósticos con objetividad.

Con adultos que han sobrevivido a casos de negligencia o de abuso, a menudo existe un historial de múltiples episodios anteriores de psicoterapia. Es importante determinar si han sido experiencias útiles y cuáles son las preocupaciones, si fuera el caso, del paciente acerca de empezar con un nuevo psicoterapeuta. La pregunta, "¿Qué le ha llevado a ponerse en contacto conmigo esta vez?" puede abrir un diálogo sobre los agentes de estrés actuales, crisis recientes o reaparición episódica de síntomas. Para pacientes que sufren de trastorno por estrés agudo o TEPT posterior a un único incidente traumático con buen funcionamiento premórbido, el proceso de registro del historial y de conceptualización del caso por lo general será más sencillo y más breve, aunque sigue teniéndose que hacer de una manera completa y precisa.

Elementos de la conceptualización de los casos

Cuando se formulan casos en el modelo de procesamiento adaptativo de la información (Shapiro, 2004), la principal preocupación es la comprensión de la etiología de la sintomatología del paciente. Dado que las redes de recuerdos se consideran la base fundamental de la salud y la patología, la secuencia en la que las experiencias se codifican en esas redes constituye la base para la conceptualización de los casos y la planificación de los tratamientos. Los hechos que cumplen con los criterios A para TEPT (APA, 1994) por lo general producen recuerdos

Tabla 4.7. Elementos de la conceptualización de caso

La conceptualización de caso en EMDR incluye los siguientes elementos: • Mira más allá de los síntomas inmediatos de los pacientes ante sucesos etiológicos. • Un análisis funcional de la etiología y mantenimiento de los síntomas y de los patrones de respuestas sintomáticas nos lleva a la hipótesis acerca de las experiencias adaptadas y adversas asociadas a los síntomas de los pacientes. • Se basa en el modelo de procesamiento adaptativo de la información. • Identifica redes de recuerdos adaptados e inadaptados subyacentes. • A medida que surge nueva información, la conceptualización de caso puede tener que modificarse. • Cuando la conceptualización de caso es correcta, un reprocesamiento bien aplicado implica la reducción de los síntomas.

vívidos y duraderos, además de síntomas manifiestos inmediatos de reexperiencia intrusiva e hiperactivación. Sin embargo, muchos otros acontecimientos de la vida pueden producir efectos adversos (Mol et al., 2005) y la disfunción de la codificación de las redes de recuerdos sin parecer lo suficientemente inusuales como para destacar como significativos para la persona. Esos sucesos vitales, a los que Shapiro se refiere como "trauma con t minúscula" (2004, pág. 55) pueden producir por ellos mismos dificultades para vivir que pueden desembocar o no en un diagnóstico específico y que también pueden contribuir a la vulnerabilidad de síntomas adicionales o problemas de tratamiento cuando después hay una exposición a sucesos de criterio A.

Preguntas sobre sucesos de criterio A y demás sucesos adversos de la vida

Dado que tanto los sucesos de criterio A como otros sucesos vitales adversos pueden ser etiológicos para síntomas persistentes, los terapeutas necesitan preguntar sobre ambos tipos de sucesos cuando analizan la etiología de la sintomatología. Para cada síntoma significativo, la pregunta estándar es "¿Cuándo empezó?". Si el paciente identifica un suceso vital significativo como inicio del síntoma, entonces puede añadirse a la lista del plan maestro de tratamiento de objetivos o dianas para reprocesar (véase la Tabla 4.14 más adelante en este mismo capítulo). Si el paciente no identifica un suceso vital significativo concreto pero, sí recuerda el momento en el que se inició el síntoma, una pregunta útil puede ser "¿Qué tipo de sucesos estresantes estaban teniendo lugar en su vida o con su familia en esa época?".

Buscar recuerdos asociados estableciendo puentes a partir de redes de recuerdos actuales

En ocasiones los pacientes no recuerdan sucesos o experiencias separadas asociadas con el comienzo de uno o de más de uno de sus síntomas. En ese caso, los terapeutas tienen que seguir analizando las pautas de respuesta actuales de los pacientes para obtener información sobre las respuestas a *situaciones de amenaza* percibidas. Una información útil acerca de las pautas de respuesta actuales que puede obtenerse es con qué frecuencia ocurre, las situaciones, la intensidad de la respuesta y elementos de la red de recuerdos inadaptativos asociados. Las redes de recuerdos inadaptativos vinculadas a estímulos actuales pueden utilizarse como punto de partida para buscar recuerdos asociados previos. Las situaciones de amenaza pueden ser casi cualquier tipo de estímulo externo o interno.

Los estímulos externos pueden ser:

- Expresiones faciales, gestos o afirmaciones de otras personas
- Sonidos
- Olores
- Sabores
- Escenas de la vida o de una película, como cuando alguien se siente herido, abandonado, enfadado, etc.
- Que alguien le toque de determinada manera
- El aniversario de un suceso estresante
- Que un hijo llegue a vivir el mismo suceso adverso que ocurrió en la propia infancia

Los estímulos internos pueden ser:

- Respiración acelerada
- Ritmo cardiaco acelerado
- Sudar
- Tener frío o calor
- Tener hambre o sed
- Sentir una emoción o una sensación física determinadas

Los elementos de la red de recuerdos que deben identificarse para situaciones que detonan el síntoma son:

- La imagen u otro recuerdo sensorial que incluya la peor parte
- Pensamientos y sonidos experimentados
- La autoevaluación negativa actual asociada con la experiencia
- Emociones
- Localización de sensaciones corporales
- Impulsos de acción defensiva iniciados o activados durante la experiencia

Técnicas de puente afectivo, somático y de impulso de defensa

Cuando un paciente no ha sido capaz de identificar un suceso etiológico para un síntoma significativo a través de un registro de historial clínico o estructurado, algunos elementos de la red de recuerdos a partir de los estímulos actuales pueden utilizarse como punto de partida para buscar los recuerdos asociados más tempranos utilizando el *puente afectivo o somático* (Watkins, 1971, 1990, 1992) o el puente de impulso defensivo. En un contexto de EMDR, a menudo se hace referencia a esas técnicas como la *técnica floatback* (Shapiro, 2001, pág. viii; Young, Zangwill y Behary, 2002, pág. 195).

Tabla 4.8. Cuándo utilizar técnicas de puente

Las técnicas de puente afectivo, somático y de impulso defensivo son las más comúnmente utilizadas en cuatro situaciones de la aproximación EMDR al tratamiento.
Uno, durante la fase de registro del historial pueden utilizarse para ayudar a identificar las experiencias etiológicas para los síntomas del paciente cuando éste no ha identificado experiencias etiológicas relevantes durante el registro del historial clínico ni en los formularios de registro de historial convencionales.
Dos, pueden utilizarse para restablecer el reprocesamiento efectivo (como se describe en el capítulo 9) cuando se ha detenido debido a recuerdos anteriores asociados y no identificados.
Tres, pueden utilizarse durante la fase de evaluación de una Plantilla de futuro (se describe en el capítulo 11), cuando el nivel de Unidades subjetivas de perturbación (SUD) resulta ser significativamente elevado.
Cuatro, estas técnicas también pueden utilizarse para desvelar recuerdos adaptados que se utilizarán en técnicas de desarrollo e instalación de recursos (se describen en el capítulo 6) con la finalidad de fortalecer el ego o para mejorar el rendimiento.

El puente afectivo se centra en la emoción o emociones, y el puente somático se centra en la localización de las sensaciones físicas experimentadas al acceder a una red de recuerdos inicial para recordar una red de recuerdos anterior. Cuando se ha identificado un impulso defensivo, como se describe en los capítulos 2 y 7, en una red de recuerdos, también puede utilizarse para construir un puente de regreso hacia un recuerdo asociado anterior. Son técnicas que se utilizan con más frecuencia en cuatro situaciones en el enfoque EMDR al tratamiento, como se resume en la Tabla 4.8.

Las técnicas de puente complementan el registro del historial clínico

Con fines de planificación del tratamiento, las técnicas de puente afectivo, somático y de impulso defensivo deberían considerarse como un complemento del registro del historial clínico y estructurado estándar, no como el enfoque principal. Son varias las razones por las que el uso de una técnica de puente en la fase de registro del historial no implica necesariamente la identificación de la experiencia adversa fundamental y *real* etiológica para la sintomatología. En primer lugar, por lo general no hay manera de aseverar si un recuerdo identificado mediante un puente afectivo o somático representa fidedignamente un suceso real. En segundo lugar, puede haber varios recuerdos relacionados de sucesos adversos en un grupo. Así pues, un recuerdo identificado con una técnica de puente afectivo o somático puede ser más representativo de un grupo que de una única causa del síntoma. Por último, y más importante, un recuerdo identificado con una técnica de puente puede vincularse a un aspecto más periférico de la red de recuerdos inicial, con lo que no siempre será un objetivo eficaz para resolver síntomas. Un recuerdo identificado mediante una técnica de puente afectivo, somático o de impulso defensivo puede resultar útil para la identificación y la selección de objetivos. Los recuerdos identificados mediante una técnica de puente apoyan más preguntas del registro del historial entorno al recuerdo temprano identificado. Así pues, cuando se utilizan con competencia y juicio clínicos, las técnicas de puente pueden ser de gran ayuda para identificar y seleccionar objetivos óptimos para los planes de tratamiento con EMDR.

Los objetivos anteriores por lo general generan objetivos más efectivos y eficaces

Cuando llega el momento de empezar el reprocesamiento con EMDR, resulta mucho más efectivo y eficaz en el protocolo EMDR TEPT estándar empezar desde un recuerdo temprano y perturbador que hacerlo reprocesando pautas de respuesta actuales. En los casos de traumas debidos a un único suceso en los que los pacientes tenían una salud excelente hasta que se produjo un suceso particular, no es necesario utilizar un puente afectivo para identificar un recuerdo temprano y perturbador. Es importante destacar que cuando se utiliza el *protocolo invertido* (Hoffman, 2004, 2005) en casos complejos e inestables, los terapeutas deberán evitar estos tipos de técnicas de descubrimiento tanto en la fase de registro del historial como en las primeras fases de reprocesamiento con EMDR.

El principio de las tres técnicas de puente es utilizar uno o más de los componentes generalizables de la red de recuerdos inicial para "flotar hacia atrás" (*float back* en inglés) al primer recuerdo asociado. Empezando con un suceso concreto, por lo general a partir de situaciones de amenaza actuales, los componentes sensoriales del recuerdo inicial se dejan de lado para ayudar al paciente a centrarse en alguna combinación de la cognición negativa, emoción(es) o sensaciones físicas. Los impulsos de acción defensiva, asociados con la red de recuerdos inicial, también pueden utilizarse para establecer un puente hacia un recuerdo anterior. Esos impulsos de acción defensiva pueden incluir impulsos por luchar, huir y someterse, además de despersonalización y desrealización.

Problemas entorno a recuerdos recuperados y la utilización de las técnicas de puente

Cuando se utilizan métodos como la técnica del puente afectivo pueden surgir problemas acerca de la precisión de los recuerdos recuperados. Ésta se convirtió en una cuestión contenciosa durante gran parte de la última década del siglo XX e incitó tanto a la APA (Alpert, Brown, Ceci, Courtois, Loftus y Ornstein, 1996) como a la International Society for Traumatic Stress Studies (ISTSS) (Roth y Friedman, 1997) a estudiar la cuestión y a publicar informes que siguen disponi-

Tabla 4.9. Las técnicas de puente afectivo, somático y de impulso defensivo

El puente afectivo en EMDR

Preguntar al paciente:

¿Qué imagen representa la peor parte de esa experiencia? ________________

¿Qué palabras describen mejor una creencia negativa sobre usted mismo para esa imagen? ________________

Cuando se centra en esa imagen y en esas palabras negativas ____________, *¿qué emociones siente ahora?* ________________

Observe esos sentimientos y ese pensamiento y deje que su mente retroceda al primer momento de su vida en el que tuvo ese mismo pensamiento y esos mismos sentimientos.. ¿Qué recuerdo le viene a la mente ahora?

El puente somático en EMDR

Preguntar al paciente:

¿Qué imagen representa la peor parte de esa experiencia? ________________

¿Qué palabras describen mejor una creencia negativa sobre usted mismo para esa imagen? ________________

Cuando se centra en esa imagen y en esas palabras negativas ____________, *¿qué emociones siente ahora?* ________________

¿En qué parte del cuerpo lo siente? ________________

Observe ese pensamiento, localice la parte del cuerpo en la que lo siente y deje que su mente retroceda hasta la primera vez en su vida en la que tuvo el mismo pensamiento con las mismas sensaciones en esa parte de su cuerpo. ¿Qué recuerdo le viene a la mente ahora?

EL PUENTE DE IMPULSO DEFENSIVO EN EMDR

Preguntar al paciente lo siguiente empezando con preguntas convencionales a partir de la fase de evaluación:

¿Qué imagen representa la peor parte de esa experiencia? ________________

¿Qué palabras describen mejor una creencia negativa sobre usted mismo para esa imagen? ________________

Cuando se centra en esa imagen y en esas palabras negativas ____________, *¿qué emociones siente ahora?* ________________

¿En qué parte del cuerpo lo siente? ________________

Centrándose en esa imagen, en esas palabras negativas y en la parte del cuerpo en la que lo está sintiendo, observe cualquier impulso de conducta o impulso por actuar que le venga. ¿Qué nota? ________________

Observe ese impulso de conducta o por actuar y simplemente deje que su mente retroceda hasta la primera vez en su vida en la que tuvo el mismo impulso. ¿Qué recuerdo le viene a la mente ahora? ________________

Adaptado del puente afectivo (Watkins, 1971, 1992) y de la técnica floatback (Shapiro, 2004, págs. viii; Young, Zangwill y Behary, 2002, pág. 195).

bles en sus sitios web respectivos. Los terapeutas interesados en ahondar en este tema pueden consultar esos dos documentos y la literatura que en ellos se cita. El estudio de Lipke (1995) de terapeutas con formación en EMDR identifica una mayor tendencia por parte de los recuerdos olvidados a emerger durante el reprocesamiento con EMDR que en otros métodos utilizados previamente por esos terapeutas. Tanto si los pacientes llegan a la terapia con recuerdos continuos o con recuerdos previamente recuperados, como si recuperan recuerdos previamente olvidados mientras están en tratamiento –entre sesiones o en la sesión– se recomienda a los terapeutas que permanezcan completamente neutrales sobre la cuestión de la precisión histórica de esos recuerdos (Pope y Brown, 1996).

La plasticidad de la memoria

Como se describe tanto en los informes de la APA como de la ISTSS, se sabe mucho de la plasticidad de la memoria. Los recuerdos toman su forma en función de múltiples factores durante la codificación inicial, la recuperación de recuerdos y la recodificación posterior a esa recuperación. De hecho, los recuerdos pueden ser de sucesos que nunca han ocurrido o bien combinaciones de sucesos con material procedente de sueños, de historias que se han oído o leído y de imágenes de películas. El resultado es que sin fuentes, múltiples e independientes, para corroborarlo, es imposible saber objetivamente cuán preciso es un recuerdo. Cuando se utilizan técnicas de puente, el objetivo no es recuperar un recuerdo determinado, sino ayudar a identificar un recuerdo que parece ser etiológico para los síntomas del paciente. La mayoría de pacientes que recurren al tratamiento recuerdan continuamente los recuerdos seleccionados como objetivos tanto del registro del historial como de las técnicas de puente. La finalidad de las técnicas de puente es identificar un recuerdo que el paciente no había reconocido previamente como etiológico de un síntoma, y no recuperar recuerdos olvidados. El objetivo del tratamiento con EMDR no es recuperar recuerdos ni determinar la precisión de éstos, sino ayudar a los pacientes a solucionar los problemas que los llevan a la consulta. Si bien una postura de neutralidad acerca de la exactitud de los recuerdos puede ser difícil de mantener por varias razones, es fundamental para el trabajo terapéutico.

Clasificación del apego

Otro elemento central en la conceptualización de casos de EMDR es la clasificación del apego (Slade, 1999). Debido a las limitaciones de espacio y a que este texto se centra en los protocolos estándares de EMDR, esta sección sobre la clasificación del apego servirá de introducción para el papel que desempeña dicha clasificación en la conceptualización de casos. El debate más completo al respecto tendrá que esperar a la publicación de un libro que aborde casos complejos con más detalle.

Como decíamos antes, en la sección sobre las herramientas de evaluación del apego en adultos, no existen instrumentos objetivos clínicamente normativos ni accesibles para evaluar la clasificación del apego en adultos. Y es una lástima, porque existen razones poderosas para considerar esa clasificación como un elemento fundamental en la conceptualización de casos de EMDR. Un estudio sobre la neurobiología del desarrollo de las capacidades para la autoregulación muestra que el desarrollo de un yo resistente depende en gran medida de las experiencias tempranas de apego. (Fonagy, Gergely, Jurist y Target, 2002; Schore, 1994, 1996, 1997, 2000, 2001a, 2001b; 2003a, 2003b; Siegel, 2007; Teicher, 2000, 2002; Teicher et al., 1993; Teicher et al 1997).

Dado el énfasis del modelo de procesamiento adaptativo de la información en el posible impacto de las experiencias básicas en las respuestas a exposiciones traumáticas posteriores en la vida, tiene sentido considerar la clasificación del apego adulto como un aspecto importante de las cuestiones de conceptualización de casos (Leeds, 2001). El estudio longitudinal del apego demuestra la persistencia de las pautas de apego infantil en la adolescencia y en la edad adulta (Carlson y Sroufe, 1995; Demos, 1988). El análisis de la literatura existente sobre el apego en el contexto del modelo de procesamiento adaptativo de la información sugiere que las pautas de apego que se forman en experiencias de cuidado tempranas influyen más tarde en las respuestas de afrontamiento adaptativas e inadaptativas.

Estatus del apego infantil evaluado en la situación extraña

En los años 60, Ainsworth desarrolló un paradigma de laboratorio denominado *La situación extraña* para estudiar los efectos de la separación temprana del cuidador en el desarrollo infantil (Ainsworth et al.,

1978). En el experimento se observaba durante 20 minutos a bebés de 12 meses de edad que se encontraban en una sala de juegos con juguetes desconocidos y de la que entraban y salían sus cuidadores habituales y otros extraños. Se observaban con atención dos aspectos clave de la conducta de cada niño: (a) las respuestas de conducta y afectivas del niño ante la salida y el regreso de un cuidador, y (b) la cantidad de exploración –jugar con juguetes nuevos– que llevaba a cabo cada niño. Basándose en estas breves observaciones de la conducta, Ainsworth logró clasificar a los niños en tres grupos: seguros, ansiosos-ambivalentes y evitadores. Más tarde, tras averiguar que algunos niños no podían clasificarse en ninguno de los tres grupos de Ainsworth, Main y Solomon (1986) añadieron un cuarto, el del apego desorganizado que, a diferencia de los otros tres indica la ausencia de una estrategia organizada para afrontar el estrés. Las observaciones primarias que llevaron a la clasificación de esos cuatro grupos por parte de Ainsworth et al. (1978) y Main y Solomon (1986) se resumen en la Tabla 4.10.

Instrumentos de apego adulto

El énfasis cada vez mayor en cuestiones relacionadas con el apego se ha visto reflejado en un rápido aumento en los últimos años de la literatura sobre el rol que desempeñan los procesos de apego en la vulnerabilidad a psicopatologías adultas (Cassidy y Shaver, 1999; Schore, 1994, 2003a, 2003b; Solomon y George, 1999). Sin embargo, es importante reconocer que el apego desorganizado y el apego inseguro por ahora no constituyen trastornos ni diagnóstico de apego. Debido a la complejidad de las construcciones subyacentes y a las limitaciones de la autoaplicación especialmente para los que forman parte del grupo de apego inseguro y evitador (Shedler, Mayman y Manis, 1993), no existe ningún instrumento disponible que permita a los terapeutas evaluar fácilmente todo el alcance de la clasificación del apego adulto. Después de analizar sólo tres de los instrumentos de apego adulto consideraremos algunas estrategias que pueden utilizar los terapeutas con formación EMDR que quieran tener en cuenta los grupos de apego adulto cuando desarrollan una conceptualización de caso completo. Para un estudio más sistemático de los instrumentos de apego adulto, véase Stein, Jacobs, Ferguson, Allen y Fonagy (1998). También puede consultarse el debate sobre las limitaciones de las medidas de autoa-

Tabla 4.10. Clasificación del apego infantil

CLASIFICACIÓN DEL APEGO INFANTIL A PARTIR DE LA SITUACIÓN EXTRAÑA
Seguro (grupo B). La mayoría de niños lloran y protestan ante la ausencia del cuidador durante la fase de separación en la Situación extraña y se consuelan rápidamente al reunirse de nuevo con él. Estos niños analizan activamente los juguetes nuevos cuando sus cuidadores están presentes y son capaces de actuar con extraños.
Inseguro–Evitativo (grupo A). Una minoría de niños manifiesta poco o ningún malestar durante la separación de sus cuidadores durante la Situación extraña. Además, evitan activamente el contacto cuando regresa el cuidador. Incluso pueden manifestar conductas de saludo breve. Son niños que suelen relacionarse con los extraños igual que con su cuidador, que rechaza activamente la conducta de apego en casa. Estudios psicológicos de Sroufe y Waters (1977) con monitorización de la frecuencia cardíaca indican que esos niños experimentan niveles elevados prolongados de malestar fisiológico durante la separación y tras reunirse que ni sus caras ni sus conductas revelaron.
Inseguro–Resistente–Ambivalente (grupo C). Una minoría de niños muestra niveles elevados de malestar durante la separación. Sin embargo, al volver a reunirse manifiestan una mezcla de búsqueda y resistencia al contacto con el cuidador. Las interacciones con su cuidador tienen una calidad de enfado distinta. Las observaciones de los cuidadores indican que están disponibles impredeciblemente y que se inmiscuyen excesivamente en la exploración de sus niños. Por lo general estos niños exploran poco y a menudo son cuidados por extraños, incluso cuando el cuidador está presente.
Inseguro: desorganizado–desorientado (grupo D). Este subgrupo de niños manifiesta pautas de conducta conflictivas y de desacuerdo en presencia de sus cuidadores, como acercarse a ellos con la cabeza inclinada dando a pensar en contradicciones en cuanto a sus intenciones o inmovilidad repentina acompañada de una expresión de aturdimiento que indica una falta de orientación con respecto al entorno actual. Estos niños pueden manifestar otro patrón, más orientado y organizado, en la misma situación y en el mismo periodo vital con otro cuidador. Main y Solomon (1986), Barach (1991) y Liotti (1992) sugieren que estos niños experimentan las expresiones faciales y las conductas de sus cuidadores como aterradoras o aterradas, o ambas, lo que les hace caer en la paradoja de acercamiento-evitación como origen de seguridad y de alarma. De hecho, las conductas "paralizadoras" y las expresiones aturdidas que se observan en estos niños pueden tener su origen en esta paradoja.

Resumido de Ainsworth et al. (1978) y Main y Solomon (1986).

plicación del apego adulto y de los modelos dimensionales *versus* categóricos de evaluación del apego en Crowell, Fraley y Shaver (1999) y Waters et al. (2002). De hecho, Waters et al. comentan, (pág. 7), "Pero encontramos pocas correlaciones entre la entrevista de apego adulto y las medidas de estilo de apego de autoaplicación, y ninguna lo suficientemente sustancial como para que sugiera que las medidas sean intercambiables o paralelas". Nosotros nos centraremos aquí principalmente en dos instrumentos de apego adulto solamente: La Entrevista de apego adulto y el Cuestionario de relaciones.

La entrevista de apego adulto

La entrevista de apego adulto ha sido la principal herramienta de estudio para desarrollar una clasificación del apego adulto (George, Kaplan y Main, 1996). Destaca porque revela la relación existente entre el estatus de apego adulto y la estructura de los relatos de los adultos cuando hablan de sus experiencias de apego. Sin embargo, este cuestionario es una herramienta de investigación no pautada para su administración individual, ya que requiere una formación exhaustiva para aprender la metodología de la entrevista y la codificación, puntuación e interpretación de la sintaxis de los relatos producidos como respuesta a las 20 preguntas estructuradas. El análisis de las 20 preguntas resulta útil para los terapeutas, pero éstos deben tener en cuenta que el cuestionario de apego adulto puntúa basándose en el análisis sintáctico del relato, no de su contenido.

El análisis sintáctico del relato del cuestionario puede mostrar vacíos, inconsistencias internas, contestaciones que no responden a la pregunta, respuestas vagas con ausencia de detalles, un exceso de detalles, respuestas emocionalmente intensas y respuestas que parecen desconectadas de las características emocionales del relato. Además, este cuestionario puede identificar la clasificación del apego adulto a partir de esas características sintácticas porque reflejan la organización neuronal de la región prefrontal del cerebro conformada por las experiencias de apego de los primeros meses de vida. Véase en el Capítulo 4 de *La mente en desarrollo* de Siegel (2007) un resumen del Cuestionario de apego adulto y una lista de la mayoría de sus preguntas. En el Anexo C se ofrece un vínculo para obtener el "Protocolo para la entrevista de apego adulto" de Main. La tabla 4.11, "Clasificación del apego como continuo de la estructura y la regulación afectiva", muestra un resumen de la relación existente entre la estructura narrativa y la regulación afectiva en adultos cuyo apego se ha clasificado como inseguro evitador/rechazador, seguro, e inseguro resistente/preocupado, según la descripción de Slade (1999).

Tabla 4.11. Clasificación del apego como continuo de la estructura y la regulación afectiva

EVITADOR/RECHAZADOR	SEGURO/AUTÓNOMO	RESISTENTE/PREOCUPADO
◀———————————————	———————————————	———————————————▶
Mínima expresión libre de ambos afectos, positivos y negativos	Estructura y afecto en equilibrio	Alta expresión libre especialmente de afectos negativos
Estructuras para suprimir el afecto rígidas y muy organizadas	La afectividad puede representarse y reconocerse con un relato flexible y coherente	Ausencia de estructuras para regular la afectividad

Resumido de Slade (1999)

Proyectiva de apego adulto

Se trata de un sistema de clasificación del apego (George y West, 2001) que utiliza los mismos cuatro grupos que la entrevista de apego adulto. La proyectiva se basa en un análisis de las respuestas verbales ante una serie de dibujos relacionados con el apego. De hecho, mantiene el enfoque en la representación mental y el proceso defensivo centrales de la teoría de apego adulto. La proyectiva de apego adulto proporciona a los investigadores y a los terapeutas una medida avalada del apego adulto que evita muchas, aunque no todas, las limitaciones de administración y análisis de las medidas con entrevista. Por otra parte, requiere un proceso de formación importante para su administración, puntuación e interpretación, aunque no tanta como la Entrevista. Véase el Anexo C para obtener más información sobre la proyectiva de apego adulto.

El cuestionario de relaciones

Este cuestionario se basa en un modelo categórico de clasificación del apego desarrollado por Bartholomew (1990, 1997) que difiere fundamentalmente de la literatura sobre apego adulto original en cómo se determina la clasificación de ese apego. Bartholomew amplía el trabajo previo de Hazan y Shaver (1987), que desarrollaron una serie de tres afirmaciones breves que resumen los análogos adultos de las pautas de apego "seguro", "evitador" y "ambivalente" de Ainsworth a partir de la situación extraña (Ainsworth, Blehar, Waters y Wall, 1978). De hecho, pedían a los adultos que se clasificaran en uno de esos tres patrones. Bartholomew y Horowitz (1991) identificaron dos subgrupos de individuos evitadores: "atemorizados" y "rechazadores", y eso dio lugar a un modelo de cuatro categorías basado en dos dimensiones –el modelo del sí mismo y el modelo del otro–, cada una de las cuales podía ser positiva o negativa. Aunque el modelo de categorías de Bartholomew no aborda la cuestión del apego desorganizado y depende de la autoaplicación, tiene la enorme ventaja de poder administrarse e interpretarse rápidamente.

A continuación figuran las cuatro afirmaciones del Cuestionario de relaciones de Bartholomew y Horowitz (1991, pág. 244):

> Seguro: "Me es fácil estar emocionalmente próximo a los demás. Me siento cómodo dependiendo de los demás y cuando los demás dependen de mí. No me preocupa estar solo o que los demás no me acepten".
>
> Preocupado: "Quiero vivir en completa intimidad emocional con los demás, pero a menudo los demás se muestran reacios a acercarse tanto como me gustaría. Me siento incómodo cuando no tengo relaciones estrechas, pero a veces me preocupa que los demás no me valoren tanto como yo los valoro a ellos".
>
> Atemorizado: "No me siento cómodo cuando me acerco a los demás. Quiero relaciones emocionalmente estrechas pero me cuesta confiar plenamente en los demás o depender de ellos. Me preocupa que me hagan daño si me acerco demasiado a los demás".
>
> Evitador: "Me siento bien sin relaciones emocionales estrechas. Para mí es muy importante sentirme independiente y autosuficiente y prefiero no depender de los demás ni que los demás dependan de mí".

Evaluación clínica del estado de apego adulto

Para los terapeutas que quieran considerar la clasificación del apego adulto en la conceptualización del caso, existen varios enfoques informales que pueden serles de utilidad. En primer lugar, los terapeutas pueden considerar la pauta de interacción con figuras de apego del

Tabla 4.12. Evaluación clínica del estado de apego adulto basada en pautas de apego infantil y adulto

Historial aportado	Conductas de apoyo contingentes consistentes	Conductas de apoyo contingentes inconsistentes, principalmente de no apoyo	Ausencia consistente de conductas de apoyo contingentes	Periodos prolongados de estar aterrado o de conductas aterradoras	El historial sugiere apego desorganizado con periodos de maltrato físico o sexual
Clasificación del apego con esa figura de apego	Sugiere apego seguro	Sugiere inseguro preocupado	Sugiere inseguro evitador	Sugiere desorganizado	Sugiere disociación estructural secundaria o terciaria
Madre u otra figura materna infantil primaria					
Padre u otra figura paterna infantil primaria					
Figura de apego significativa de la unidad familiar primaria					
Primera figura de apego romántico adulta					
Segunda figura de apego romántico adulta					
Figura de apego romántico adulta más reciente					

historial indicado por el paciente. La Tabla 4.12, "Evaluación clínica del estado de apego adulto basada en pautas de apego infantil y adulto" ofrece un resumen de las pautas de interacción con figuras de apego significativas y las clasificaciones de apego asociadas que se sugieren. Las preguntas de la Entrevista de apego adulto pueden incorporarse en el registro del historial y en la planificación del tratamiento. Véase el Anexo C para tener acceso fácil a las preguntas de la Entrevista de apego adulto. Los terapeutas pueden evaluar subjetivamente la calidad del relato del paciente de una manera similar a la utilizada en la evaluación formal de la Entrevista de apego adulto que se ha presentado antes (Main, 1996; Cassidy y Shaver, 1999) y en los recursos enumerados en el Anexo C. Por otro lado, la Tabla 4.11, "Clasificación del apego como continuo de estructura y regulación afectiva", puede ayudar a la hora de pensar en cómo se organizan los relatos de los pacientes en términos de estructura y regulación afectiva.

Observando el panorama general: por qué los pacientes recurren al tratamiento

Incluso cuando los pacientes se presentan en nuestra consulta específicamente porque quieren tratarse con EMDR, es fundamental mantener en mente nuestras responsabilidades con el panorama general. Para empezar ¿por qué los pacientes recurren al tratamiento? Del mismo modo que ser fieles a la técnica es importante (Maxfield y Hyer, 2002) para los efectos del tratamiento con EMDR, el objetivo de la psicoterapia no viene determinado por métodos ni modelos. El panorama general es ayudar a los pacientes a conseguir lo que están buscando.

Los pacientes recurren al tratamiento de un psicoterapeuta por distintas razones. Algunos esperan cambiar. Otros esperan demostrar que nadie puede cambiarles. Otros quieren eliminar, o por lo menos reducir, su dolor. Otros buscan a alguien que les consuele mientras se aferran al dolor que ha terminado por definir quiénes son. Otros quieren cambios completos. Otros, evitar problemas centrales y llevar a cabo mejoras modestas con síntomas bastante específicos.

Incluso hay pacientes que adulan al terapeuta con comentarios acerca de su buena reputación en hipnosis, psicoanálisis, terapia cognitivo-conductual o EMDR. De hecho, un paciente puede decir que esa es la razón por la que quiere tratarse. Pero esa no es la razón. La metodología del terapeuta no es el objetivo de la psicoterapia. La razón por la que se inicia un tratamiento siempre es algo que el paciente desea cambiar, aumentar o disminuir en su vida, o que deje de cambiar.

Un paciente que presenta un objetivo limitado y al lograrlo puede decidir más tarde regresar para ocuparse de problemas mayores. Durante las conversaciones iniciales sobre el tratamiento, el terapeuta puede animar explícitamente al paciente para que esté de acuerdo con un tratamiento diferente o más largo desde el principio. Ante esto, el paciente puede aceptar o rechazarlo. Por su parte, el terapeuta puede declinar ofrecer el tratamiento cuando no sea posible o ético ayudar a un paciente con un objetivo limitado que ignora síntomas flagrantes o problemas clínicos que requieran tratamiento –como casos graves de abuso de sustancias. Lo que debe evitarse son los casos en los que el terapeuta olvida los objetivos indicados por el paciente y permite que los métodos o teorías de tratamiento se alejen gradualmente del tratamiento planteado en un principio, y lo mismo para el objetivo de la terapia, que se aleja de lo que pretendía el paciente y se convierte en algo al servicio de las teorías o las técnicas preferidas del terapeuta.

Tener siempre presente el "panorama general" de lo que busca el paciente es doblemente importante cuando se considera la utilización del reprocesamiento con EMDR. Una razón importante es que con algunos pacientes puede ser más difícil limitar el alcance de la psicoterapia con ese reprocesamiento. Para algunos pacientes, el reprocesamiento con EMDR puede tender a abrir los problemas centrales en la vida de una persona para que puedan solucionarse. Y es posible que algunos pacientes no quieran abordar la familia de origen u otros asuntos importantes de la vida. Aunque sí pueden tomar algunas medidas para ayudar a los pacientes a limitar el alcance del material que surge durante el reprocesamiento, lo que surge no es algo que los terapeutas puedan controlar. De hecho, pueden surgir asociaciones con otros problemas y otros recuerdos, independientemente de la competencia del terapeuta. El EMDR tiende a desbloquear los propios recursos y preocupaciones inconscientes del paciente. En definitiva, si los pacientes no buscan obtener esos resultados tan completos, el reprocesamiento con EMDR no es la técnica indicada para ellos.

Cuando los objetivos del tratamiento son incompatibles con el reprocesamiento con EMDR: el caso de Julie

Se trata de un caso en el que una paciente tenía unos objetivos de tratamiento limitados que hacían que el reprocesamiento con EMDR no resultara adecuado para ese tratamiento en concreto. Julie asistió a recibir tratamiento a principios de primavera después de luchar con unos síntomas que cada vez iban a peor de ansiedad, pesadillas, insomnio, ataques de pánico y agorafobia. Durante la sesión inicial me contó que de niña había sido duramente maltratada y que había sufrido abuso físico y sexual por parte de sus padres. Me explicó que tras años sin sufrir ansiedad debilitadora, los síntomas habían resurgido al volver a ponerse en contacto con sus padres tras muchos años en los que los había estado evitando.

Hacía diez años, poco después de casarse, por fin tuvo el valor necesario para ponerse en tratamiento y solucionar los distintos problemas emocionales y psicológicos resultado de esos sucesos adversos. Le costaba muchísimo confiar en alguien, pero se esforzó por depositar su confianza en su psicoterapeuta. Éste le explicó que la única manera que tenía de recuperarse de los efectos dañinos de su abuso infantil era contar todos los detalles hasta que los síntomas se mitigaran. Julie intentó hacer lo que le pedía el terapeuta, pero por desgracia, cuando empezó a contar los detalles de lo que había vivido empezaron a salir a la superficie más detalles y más recuerdos que había disasociado. Su ansiedad empeoró y empezó a tener pequeños episodios de fuga disociativa que le hacían perder la noción del tiempo y desarrollar una dificultad para afrontar las demandas de la vida cotidiana. Cayó en una profunda depresión.

A fin de ayudarle en esa crisis, su psicoterapeuta aumentó la frecuencia de las sesiones a dos veces por semana. Al final, como los síntomas seguían empeorando, decidió derivarla para que la sometieran a una evaluación médica. El psiquiatra le prescribió un medicamento, y más tarde un segundo. Cuando empezó a desarrollar efectos secundarios, le prescribieron un tercer y un cuarto fármaco. Sus síntomas y su funcionamiento seguían deteriorándose. Al final alcanzó un momento decisivo cuando se dio cuenta de que si continuaba con la terapia acabaría siendo hospitalizada. Así es que abandonó la psicoterapia y pocas semanas después dejó toda la medicación. Sin psicoterapia y sin medicación, se dio cuenta de que los recuerdos intrusivos, las pesadillas y el resto de síntomas que seguía teniendo eran mucho más manejables. También descubrió que llevar un estilo de vida activo le ayudaba a eliminarlos. Además vivía un matrimonio estable y amoroso. Se involucró más en trabajos que la llevaran a estar en el exterior, y sus síntomas remitieron gradualmente hasta un nivel tolerable.

De hecho, le había ido bastante bien hasta el mes de noviembre anterior, cuando pensó en que podría intentar restablecer el contacto con sus padres por primera vez después de más de 10 años. Se imaginó que sus padres por fin estarían dispuestos a admitir lo que había ocurrido en su infancia. Cuando los visitó, quedó horrorizada al descubrir que no había cambiado nada. Sus padres seguían negando la mayor parte de los abusos y la culpabilizaban como causante de los pocos casos en los que admitían que sí habían ocurrido. Después de esta visita, sus síntomas empezaron a manifestarse otra vez. Empezó a tener pesadillas de los abusos de su infancia todas las noches. Desarrolló insomnio y rara vez dormía más de 4 o 5 horas por la noche. Empezó a sufrir ataques de pánico hasta tres o cuatro veces al día. Evitaba salir de casa. Cuando ella misma y su esposo decidieron que tenía que recibir ayuda, él tuvo que traerla en coche hasta mi consulta.

Después de contarme su historia, me disculpé por las experiencias retraumatizadoras que había sufrido en su primer tratamiento de psicoterapia y psiquiátrico. Le pregunté cuáles eran sus objetivos al venir a mi consulta en busca de psicoterapia. Me dijo claramente que sólo quería restablecer el nivel de funcionamiento que había estado disfrutando antes de tomar la decisión de volver a ponerse en contacto con sus padres. Quería que los ataques de pánico desaparecieran. Quería poder salir de casa y viajar con libertad sin esa ansiedad debilitadora. Quería conseguir todo eso sin tener que trabajar con los recuerdos del abuso infantil.

Le dije que podía ayudarla a conseguir sus objetivos, que lo haríamos en entre seis y ocho semanas y que sería sin hurgar en sus recuerdos traumáticos. Además añadí que cuando hubiera logrado un funcionamiento estable, ella misma podría decidir si parar o prolongar el tratamiento para abordar los sucesos adversos del pasado de una manera diferente a la que había intentado hasta ahora –con EMDR en lugar de teniendo que volver a explicar los detalles del abuso. La tranquilicé diciéndole que no tendría ninguna obligación de centrarse en el pasado una vez que sus síntomas se hubieran mitigado.

Entonces pedí a Julie que me prometiera que mientras estuviera en tratamiento conmigo sólo respondería a mis preguntas si realmente quería hacerlo y si se sentía preparada. También le pedí que controlara todo aquello de lo que pudiéramos hablar. Lo aceptó de buen grado. Le tranquilizaba mucho saber que no tendría que volver a visitar el pasado. Hubo varios momentos durante nuestras sesiones en los que interrumpí a Julie cuando empezaba a hurgar en recuerdos de su infancia para comprobar y para ver si realmente quería y necesitaba contarme esos detalles. De hecho, me aseguré de que fuera la guardiana consciente de su pasado. Ella agradeció mi confianza y el haber vaticinado la mejora rápida, pero era escéptica en cuando a que los síntomas desaparecieran tan deprisa.

Más tarde le enseñé una serie de ejercicios de autocontrol, como el de respiración completa (véase el capítulo 6), e hicimos un ejercicio de imagen de lugar seguro pero sin los movimientos oculares que solemos utilizar en EMDR. También le enseñé las bases de la higiene del sueño y le di una serie graduada de tareas de conducta para hacer en casa que implicaban en un principio salir a pasear cerca de casa y más tarde a mayores distancias. En las siguientes semanas, seguí ayudándola a que tuviera un mayor dominio de su ansiedad y sus pesadillas. También hablamos de la decepción, el dolor y la ira producidos por las negativas de sus padres, pero sin hurgar en los recuerdos ni en los detalles de las experiencias traumáticas de su infancia. En pocas semanas ya conducía trayectos cada vez más largos en coche y había decidido regresar a la Universidad para proseguir con las clases y acabar la carrera que había abandonado hacía mucho tiempo. A las ocho semanas, los síntomas intrusivos y evitadores y la ansiedad que podían interferir en su funcionamiento habían desaparecido. Seguía teniendo algunas pesadillas residuales pero que no perturbaban su sueño. De hecho, estaba durmiendo bien casi todas las noches.

Un día planteó la posibilidad de seguir con la psicoterapia y hacer reprocesamiento con EMDR. Si embargo, al final decidió que estaba demasiado ocupada con la carrera. Me preguntó si podría volver a verme si los síntomas volvían a aparecer. Yo reiteré mi política de que mis puertas siempre están abiertas. Le dije también que estaba encantado con el progreso que había hecho y que podía volver a verme si algún día lo necesitaba.

El caso de Julie ilustra la importancia de tener el panorama general en mente cuando se desarrolla un plan de tratamiento. Como terapeuta experimentado en EMDR sé que *en principio,* podía ayudar a Julie a reprocesar sus recuerdos de trauma infantil y solucionar su sintomatología definitivamente. De hecho, dado que los síntomas de TEPT no tratados pueden volver a aparecer como respuesta a agentes de estrés actuales, me preocupaba que el hecho de no tratar el núcleo mismo del TEPT de Julie y abordar sólo sus síntomas de ansiedad conductualmente la dejaran vulnerable a nuevos episodios en el futuro. Sin embargo, en la situación de Julie era más importante permitirle encargarse de los objetivos de su tratamiento y lograr lo que quería para ella misma. El simple hecho de que yo tuviera competencia en EMDR no definió el rol que su psicoterapia conmigo iba a desempeñar en su vida. No sé si algún día volverá a verme, pero si es así, sus objetivos y no mis métodos seguirán siendo el factor determinante del enfoque de tratamiento que le ofrezca.

Un modelo de planificación de tratamiento con información de síntomas

El modelo de procesamiento adaptativo de la información (Shapiro, 2004) es la base del enfoque EMDR en cuanto a la planificación del tratamiento. Los síntomas se entienden como expresiones de percepciones y respuestas de afrontamiento codificadas en redes de recuerdos inadaptativos que necesitan reprocesamiento. El EMDR se ha estudiado ampliamente como tratamiento para el trastorno por estrés postraumático, y ha demostrado tener unos resultados prometedores para otros trastornos de Eje I. Centrados en el tratamiento del TEPT, el enfoque basado en los síntomas para la planificación del tratamiento ha resultado efectivo (Korn, Weir y Rozelle, 2004). La secuencia para seleccionar los objetivos se basa en varios principios básicos.

Primer principio para la planificación del tratamiento: empezar con los recuerdos más tempranos

El primer principio es que las experiencias más tempranas establecen la base para las respuestas a sucesos posteriores. Eso lleva a reprocesar primero los recuerdos de sucesos traumáticos anteriores, antes que los de sucesos posteriores. Después de solucionar por completo los sucesos etiológicos pasados, pueden permanecer algunas respuestas inadaptativas a los estímulos actuales. Así, el siguiente enfoque del reprocesamiento es en esos estímulos. Y cuando los estímulos actuales dejen de dar lugar a respuestas inadaptativas, podremos analizar objetivos de tratamiento adicionales ensayando imágenes para ampliar el alcance de conductas futuras, integrar nuevas capacidades e inculcar una nueva imagen de uno mismo.

Al empezar con el pasado, si existen múltiples sucesos traumáticos de índole similar, como por ejemplo varios casos de maltrato físico por parte de uno de los padres, reunimos esos sucesos en un grupo. Así, con un grupo de sucesos relacionados iniciamos el reprocesamiento con el suceso más temprano y seguimos reprocesando el recuerdo de ese suceso hasta finalizar. Seleccionar el suceso más temprano del grupo como primer objetivo reduce las posibilidades de respuestas ineficaces debidas a la detonación de material anterior fuera de la conciencia del paciente. Las respuestas de afrontamiento a este primer suceso pueden haberse limitado por la fase de desarrollo, las dimensiones físicas, el conocimiento y las capacidades de afrontamiento del paciente. Así pues, es fundamental normalizar y darse cuenta de los factores que están limitando las percepciones y las capacidades de afrontamiento codificadas en el recuerdo, y facilitar la síntesis de esos recuerdos tempranos con otras redes de recuerdos adaptativos adquiridos más tarde.

Tras reprocesar por completo el primer suceso del grupo, desplazamos nuestro enfoque al peor suceso de ese grupo y seguimos reprocesando el recuerdo del mismo hasta el final. Si no existe un suceso peor, seleccionamos y reprocesamos un recuerdo representativo. Entonces, deberíamos centrarnos en la última instancia de ese grupo de sucesos y reprocesar el recuerdo de ese suceso hasta solucionarlo. Por último, se debe pedir a los pacientes que analicen su recuerdo en busca de otros sucesos en ese grupo que sigan manteniendo un sentimiento de perturbación y que lo reprocesen hasta su resolución.

Segundo principio para la planificación del tratamiento: empezar con el peor síntoma

El segundo principio consiste en que al reprocesar primero el recuerdo (o grupo de recuerdos) asociado con los síntomas más debilitadores del paciente, podemos mejorar en gran medida su funcionamiento. Una vez aliviado el síntoma más debilitador, podemos desplazar la atención al recuerdo (o grupo de recuerdos) asociado con el siguiente síntoma más debilitador.

Tercer principio para la planificación del tratamiento: recuerdos activados seleccionados

Este tercer principio consiste en que deberíamos centrarnos en los sucesos traumáticos y adversos que están perturbando claramente al paciente. Se les ha descrito como recuerdos "activados" (Korn et al., 2004). Los terapeutas pueden plantear la hipótesis de que ciertos recuerdos de sucesos adversos son etiológicos a los síntomas actuales, pero si esos recuerdos no perturban abiertamente al paciente no tienen que incluirse en el plan de tratamiento inicial.

Cuarto principio: la planificación del tratamiento es una colaboración

El cuarto principio insiste en que la planificación de un tratamiento tiene que ser fruto de la colaboración entre el terapeuta y el paciente. Aunque sea bien tolerada por la mayoría de pacientes, la psicoterapia centrada en la resolución de traumas puede ser un proceso bastante estresante. De hecho, muchos pacientes la abordan con cierto temor y pueden tener miedos y preocupaciones en cuanto al tratamiento de sus pasados traumáticos. Incluso puede que quieran empezar con un recuerdo traumático reciente cuando los primeros síntomas abiertos aparecen en lugar de reabrir recuerdos de la infancia. De hecho, esos recuerdos tempranos de la infancia pueden haber contribuido al perfil de síntomas del paciente de una manera que puede resultar obvia para el terapeuta de EMDR pero cuya vinculación sea menos obvia en la conciencia de los pacientes. Así es que puede que sea necesario empezar reprocesando el trauma más reciente y abordar los recuerdos originales sólo cuando el paciente se dé cuenta de que sus síntomas sólo se podrán aliviar completamente cuando trabaje con esos recuerdos tempranos.

Decidir qué hacer con las preocupaciones y los miedos relacionados con el tratamiento

A veces los miedos y las preocupaciones relacionados con el tratamiento se inmiscuyen en el desarrollo de la secuencia del mismo. A menos que esos miedos se traten, los pacientes no serán capaces de empezar a reprocesar los recuerdos de sucesos etiológicos. Los terapeutas pueden considerar cuatro estrategias de afrontamiento para esos miedos y preocupaciones relacionados con el tratamiento: (a) psicoeducación, (b) solución de problemas, (c) desarrollo e instalación de recursos o (d) reprocesamiento de recuerdos.

Psicoeducación, consentimiento informado y solución de problemas

Cuando las preocupaciones o los miedos se basan en una falta de información, la psicoeducación y el consentimiento informado son lo primero que se suele indicar. Un ejemplo es la preocupación religiosa de que EMDR es una forma de hipnosis prohibida en ciertas sectas, o el miedo a ser controlado por el terapeuta, o a tener que desvelar detalles que el paciente prefiere no desvelar, o a volverse loco, a ser rechazado y perder toda esperanza, o a perder recuerdos positivos. Algunos miedos requieren una combinación de psicoeducación y consentimiento informado. Por ejemplo, el miedo a tener recuerdos menos vívidos en casos forenses y a recordar otros sucesos más perturbadores todavía. Véase el capítulo 6, "La fase de preparación" para ver cómo abordar estos miedos y preocupaciones. Algunas preocupaciones se basan en la realidad y a menudo requieren solucionar problemas antes de poder empezar el reprocesamiento. Ejemplos de esto son el no tener suficiente dinero para pagar un tratamiento completo o el hecho de permanecer en peligro de más agresiones criminales por parte de un compañero de piso.

Reducir los miedos con el desarrollo y la instalación de recursos

Cuando los pacientes todavía no han alcanzado estabilidad suficiente para reprocesar y sus miedos o preocupaciones persisten tras una psicoeducación y una solución de problemas adecuadas, el desarrollo e instalación de recursos a menudo proporciona una manera de disminuir los miedos o de solucionar las preocupaciones al tiempo que ayuda a aumentar la estabilidad y a preparar para el reprocesamiento. Puede consultar el protocolo de desarrollo e instalación de recursos en el capítulo 6 "La fase de preparación". Un ejemplo sería instalar recursos para potenciar la autoestima, el coraje y la asertividad que avalen el pedir un aumento de sueldo bien merecido desde hace tiempo, o para buscar otro empleo, a fin de que el paciente pueda costearse el tratamiento. Otro ejemplo sería el de un paciente que cuenta con un historial de negligencia temprana y que se muestra ambivalente en cuanto a recibir tratamiento y que presenta el miedo de ser rechazado por el terapeuta por no tener esperanzas. Cuando este miedo persiste tras una psicoeducación adecuada, cabe considerar la instalación de recursos para la aceptación y validación incondicionales a fin de reducir el riesgo de finalización prematura que podría detonarse por el intento de reprocesar experiencias tempranas de abandono o negligencia.

Reprocesar eventos condicionadores asociados con miedos actuales

Cuando los pacientes alcanzan los criterios adecuados para su estabilidad, los miedos que persisten después de la psicoeducación, el consentimiento informado y la solución de problemas adecuados pueden tratarse directamente con reprocesamiento con EMDR. Se deben identificar los sucesos asociados con el miedo y reprocesarlos para aliviarlo hasta lograr una solución que sea suficiente para permitir el reprocesado de los sucesos asociados con las dolencias que presenta el paciente. Un ejemplo es el de una paciente que tras cuatro meses de tratamiento con otro terapeuta lo da por finalizado tras revelar que había empezado a recordar episodios de abuso sexual infantil por parte de su abuelo. Esta paciente tenía miedo de que si recordaba otras cosas perturbadoras, algo que le habían dicho que era común en EMDR, su terapeuta de EMDR también la rechazaría. Otro ejemplo es el de un paciente que adolecía de fobia a volar y que tenía miedo a angustiarse al reprocesar y tener que ser hospitalizado. De hecho, la madre de este paciente recibió tratamiento por depresión postparto en un hospital psiquiátrico durante varias semanas cuando él tenía 8 años. Él recordaba a su madre llorando sin parar antes de que se la llevaran y creía que "si lloro o me pongo mal, perderé el control y me tendrán que hospitalizar".

Identificar los recuerdos asociados con el origen de esos miedos y convertirlos en el primer objetivo para el reprocesamiento con EMDR reduce el miedo. El paciente puede sentirse preparado para redirigir la atención a los objetivos etiológicos primarios que el terapeuta le ha ayudado a identificar para el plan de tratamiento recomendado.

Selección y secuenciación de objetivos para el reprocesamiento con EMDR

El siguiente esquema describe un modelo avalado por investigación (Korn et al., 2004) para seleccionar y secuenciar los objetivos para el reprocesamiento con EMDR en pacientes con síntomas relacionados con traumas de eje I. Se trata del modelo de planificación de tratamiento que se utilizó en un estudio reciente y muy amplio financiado por el *National Institute of Mental Health* y en el que se comparaba la efectividad del tratamiento con EMDR con fluoxetina, marca Prozac, y un placebo (van der Kolk et al., 2007). Este modelo basado en los síntomas necesita modificarse cuando se identifica disociación estructural secundaria o terciaria (van der Hart, Nijuenhuis y Steele, 2008). Puede consultarse la evaluación de los trastornos disociativos en el capítulo 5. El modelo necesario es otro cuando el centro de la atención son los síntomas relacionados con un trastorno de eje II. La figura 4.1. "Esquema de la planificación del tratamiento con EMDR", ilustra ese mismo modelo como un gráfico de flujos.

1. Pasado

A. Empezando por el peor síntoma, reprocesar por completo el recuerdo perturbador más temprano al que se tenga acceso y que esté asociado con el síntoma más molesto, intrusivo, evitador, de lucha-huida, somático o disociativo. Dicho recuerdo perturbador más temprano al que se tiene acceso puede ser único o bien uno de una secuencia de sucesos reunidos en un grupo y asociados por afecto, creencia, conducta o impulso. Por lo general el recuerdo más temprano se encuentra a lo largo del registro del historial, pero puede complementarse utilizando un puente afectivo o somático, como se ha descrito en la Tabla 4.9 de este capítulo.

B. Si está indicado terapéuticamente durante el reprocesamiento del suceso 1A, pasar –y reprocesar por completo– a otros sucesos asociados *si son anteriores* o si están vinculados a una creencia defensiva. A continuación, regresar al recuerdo 1A y posponer el reprocesamiento de otros sucesos asociados cuando sean más recientes hasta que se hayan reprocesado por completo todos los anteriores.

C. Proseguir y finalizar los reprocesamientos posteriores y calmar los recuerdos perturbadores de esa secuencia o grupo de experiencias relacionadas. Llegados a este punto, el peor síntoma tendría que haber disminuido significativamente en gravedad.

D. Proseguir con el siguiente síntoma más perturbador. Seguir reprocesando el resto de recuerdos asociados por afecto, creencia, conducta o impulso con el siguiente síntoma más molesto, intrusivo, evitador, de lucha-huida, somático o disociativo.

E. Continuar así para tratar el resto de síntomas, empezando por reprocesar el recuerdo más temprano asociado con el principio de cada síntoma. A continuación, seguir reprocesando los otros recuerdos asociados.

Figura 4.1. Esquema de planificación de tratamiento EMDR

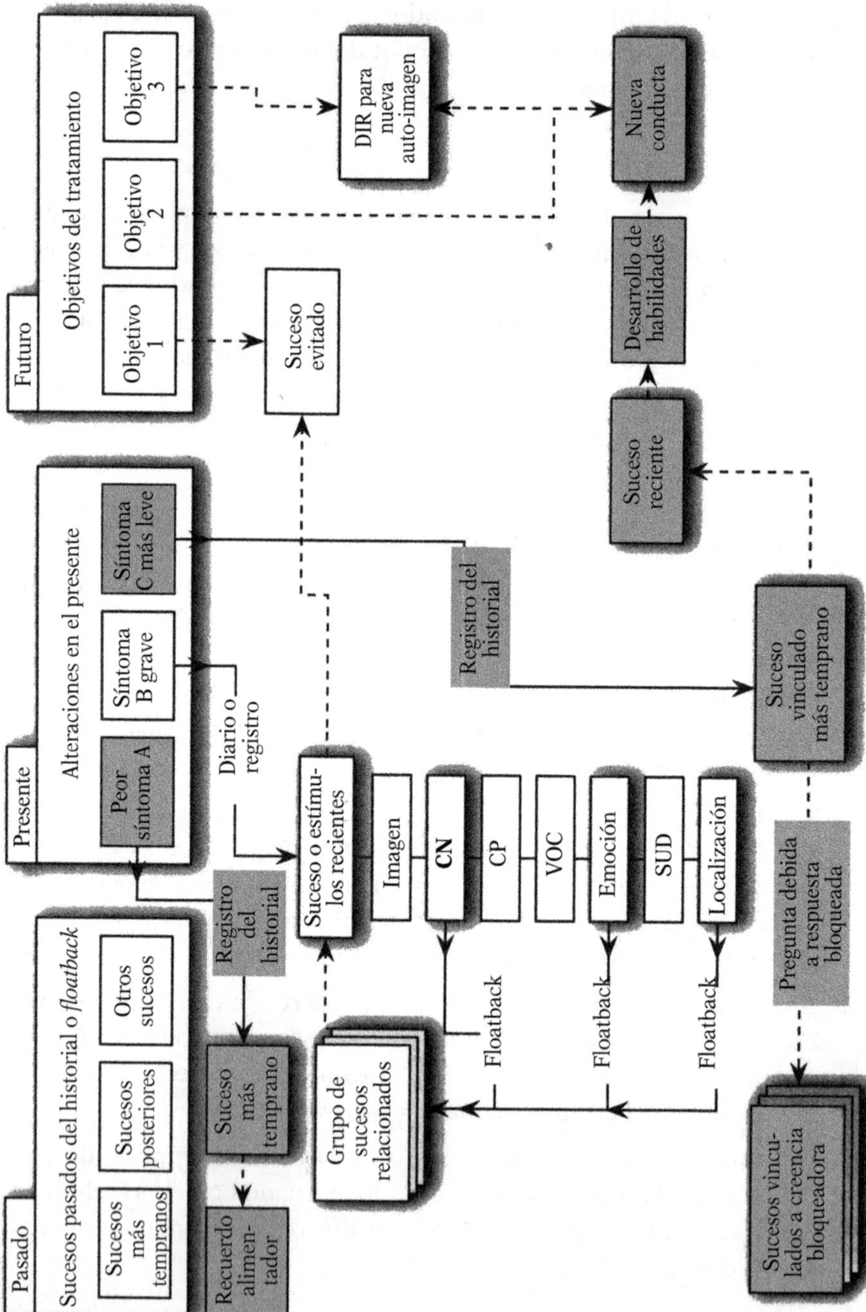

2. Presente

Una vez solucionados todos los sucesos del pasado, comprobar y reprocesar según corresponda los recuerdos de sucesos recientes y los estímulos actuales desvelados durante el registro del historial o que hayan surgido en el diario del paciente (descrito en el capítulo 6) que siguen siendo perturbadores o que están asociados con molestias actuales. Empezar con los más molestos o perturbadores.

3. Futuro

Seguir reprocesando plantillas futuras –ensayo con imágenes– para todas las conductas, sucesos o estímulos futuros que sigan asociados con respuestas inadaptativas, ansiedad anticipatoria o para los que el

Tabla 4.13. Elementos del plan de tratamiento

- ---- los síntomas del paciente:
  - ¿Cuándo empezaron?
  - ¿Cómo han cambiado o evolucionado con el tiempo?
- Obtener un historial completo:
  - Patrones de apego en la infancia
  - Sucesos adversos y traumáticos durante la infancia, adolescencia y edad adulta
  - Resumen del historial y la constelación familiar
- Identificar problemas médicos y de salud actuales y pasados:
  - Intervenciones quirúrgicas y enfermedades que pusieran en peligro la vida de paciente
  - Problemas de salud actuales que pudieran ser factores de riesgo para el reprocesamiento EMDR
  - Medicación psiquiátrica necesaria en la actualidad o que pudiera serlo
- Considerar el impacto del servicio militar
- Identificar experiencias de dominio (como éxitos en la escuela, en el trabajo e intereses especiales)
- Buscar problemas legales pasados y presentes
- Identificar historiales de abuso de alcohol o de otras sustancias
- Evaluar las capacidades de afrontamiento y los apoyos sociales del paciente:
  - Clasificación del apego adulto
  - Fuerza del ego
  - Tolerancia afectiva
  - Capacidad de autorregulación emocional y conductual
- Estudiar la presencia y naturaleza de disociación estructural
- Considerar la presencia y el impacto de problemas del eje II
- Considerar la existencia de problemas de ganancia o pérdida secundarias y solucionarlos en el caso de que existan

paciente necesite desarrollar mayor confianza o capacidades. Si resulta indicado desde un punto de vista clínico se puede considerar la instalación de una nueva imagen de uno mismo utilizando el protocolo de desarrollo e instalación de recursos (descrito en el capítulo 6) para consolidar los logros obtenidos durante el tratamiento.

Elementos fundamentales de la planificación del tratamiento con EMDR

La planificación del tratamiento con EMDR empieza recopilando información sobre las molestias que presenta el paciente. Es muy importante saber cuándo empezaron los síntomas actuales –y cómo han cambiado o evolucionado con el tiempo– y cuáles son los objetivos del tratamiento. A continuación, la planificación del tratamiento prosigue obteniendo un historial completo. Este historial tiene que tomar en consideración los patrones de apego tempranos de la infancia, cualquier suceso adverso o traumático en la infancia, adolescencia o edad adulta, y un repaso básico de la constelación familiar del paciente. También se deben identificar los problemas médicos y de salud pasados y presentes, como alergias tempranas, enfermedades que pudieran suponer una amenaza para la vida del paciente, enfermedades actuales que pudieran ser factores de riesgo para el reprocesamiento con EMDR, y la medicación psiquiátrica necesaria o que pudiera resultar necesaria. También habrá que identificar la experiencia del servicio militar, experiencias de dominio (éxitos en la escuela, el trabajo y en intereses especiales), problemas legales, y el historial de cualquier abuso de sustancias o de alcohol. Por otra parte, la planificación del tratamiento requiere una evaluación de las capacidades de afrontamiento de las que dispone el paciente, de sus apoyos sociales, de la fuerza de su ego, de su tolerancia afectiva y de sus capacidades para la autoregulación emocional y conductiva. También se debe aclarar la presencia y la naturaleza de disociación estructural (van der Hart et al., 2008), así como la presencia y el impacto de problemas de Eje II (APA, 1996). Otras cuestiones que deben analizarse y abordarse con la solución de problemas si existen son los problemas de ganancias o pérdidas secundarias.

Cada terapeuta desarrolla su propio enfoque para recopilar la información necesaria para planificar el tratamiento en función de su bagaje

Tabla 4.14. Lista de objetivos del plan maestro de tratamiento

CUADRO DE PLAN MAESTRO DE TRATAMIENTO

Listado de recuerdos y recursos desde los más tempranos (arriba) a los más reciente (abajo)

Nombre: ______________________ Página: ____ de _____

ID	EDAD	RECUERDO TRAUMÁTICO O FACTOR DE ESTRÉS PERSISTENTE FECHA(S) DE SUD DE TRATAMIENTO Y POSTTRATAMIENTO	ID	EDAD	FECHA(S) RECUERDO RECURSO DE TRATAMIENTO Y POST DIR
1			A		
2			B		
3			C		
4			D		
5			E		
6			F		
7			G		
8			H		
9			I		
10			J		

Enumerar los síntomas y los estímulos actuales asociados con Frecuencia (F) y Gravedad (G) 0 –7

ID	SÍNTOMAS	ESTÍMULOS ACTUALES	F Y G INICIALES	F Y G DESEADAS	F Y G FINALES
a					
b					
c					
d					
e					
f					
g					

educativo, de la formación y de la experiencia clínica. Algunos siempre incluyen pruebas psicológicas, mientras que otros apenas lo hacen, o nunca. Otros utilizan entrevistas clínicas estructuradas estándares. También los hay que utilizan el sistema de genogramas para identificar el historial y la constelación familiar (McGoldrick, Gerson y Petry, 2008). En el capítulo 5 revisaremos algunas herramientas de evaluación estándares que pueden ser útiles para la planificación del tratamiento y para evaluar la idoneidad del paciente para el reprocesamiento con EMDR.

Tras recoger toda esa información, ¿cómo se utiliza para crear un plan de tratamiento? Los casos varían mucho de uno a otro en cuanto a complejidad. Algunos pacientes tienen exposiciones traumáticas limitadas e historiales familiares estables. En casos así, es relativamente fácil hacer un seguimiento de la información disponible y establecer un plan. En otros casos, dado el alcance de las exposiciones traumáticas a distintas edades, los terapeutas pueden sentirse abrumados y desconcertados a la hora de buscar dónde centrar la atención.

La Tabla 4.14, "Lista de objetivos del plan maestro de tratamiento", puede ayudar a los terapeutas a mantener la información del historial del paciente disponible en formato abreviado para poder localizar el trabajo que se está haciendo en momentos puntuales de la terapia dentro del plan de tratamiento global. En el Capítulo 12 analizaremos ejemplos de casos clínicos que utilizan la lista de objetivos del plan maestro de tratamiento.

A continuación, en el capítulo 5 examinaremos cómo evaluar la disposición del paciente para el reprocesamiento con EMDR.

5 Evaluar la idoneidad para el reprocesamiento

Resumen

En este capítulo enumeramos y examinamos los criterios esenciales que deben considerarse al evaluar la estabilidad y la idoneidad del paciente para la Desensibilización y Reprocesamiento Mediante Movimientos Oculares (EMDR). También repasaremos las herramientas de evaluación estándares que pueden ayudar a los terapeutas a la hora de evaluar la gravedad de los síntomas, detectar trastornos disociativos y controlar el progreso y los resultados del tratamiento.

Evaluar la estabilidad y la idoneidad para el reprocesamiento

Al mismo tiempo que los terapeutas están recopilando el historial del paciente, tienen que estar evaluando las posibles consideraciones en cuanto a la idoneidad del mismo para el reprocesamiento con EMDR. Al considerar la adecuación y la idoneidad de un paciente para el reprocesamiento con EMDR se deben tener en cuenta cinco tipos de cuestiones: (a) problemas médicos, (b) estabilidad económica y social, (c) estabilidad conductual, (d) estabilidad de estado de ánimo y (e) diagnóstico comórbidos de eje I y eje II, prestando especial atención a la disociación estructural secundaria y terciaria, al abuso de sustancias y a enfermedades mentales graves (i.e., orgánicas), como trastorno bipolar, trastorno obsesivo compulsivo y esquizofrenia. Los terapeutas tendrán que desarrollar su propia estrategia y secuencia para la revisión y la evaluación de esas cinco áreas. La tabla "Evaluación de la estabilidad y la idoneidad para el reprocesamiento" y las notas que la acompañan se presentan con el fin de ayudar a los terapeutas a documentar que han llevado a cabo esta revisión para cada uno de sus pacientes. Por su parte, las notas resumen el material que se presenta en la siguiente sección.

Ganancia secundaria y pérdida secundaria

Las cuestiones de posible ganancia y pérdida secundaria que pueden asociarse con las dolencias que aqueja al paciente a veces pueden identificarse fácilmente al iniciar el tratamiento, pero es posible que surjan solamente en fases posteriores del mismo. En algunos casos, la presencia de cuestiones de ganancia o pérdida secundaria al inicio puede requerir intervenciones de identificación temprana y de solución de problemas antes de considerar el reprocesamiento. Un ejemplo es cuando los pacientes ya están cobrando pensiones de invalidez debido a su sintomatología de salud mental. Si los pacientes carecen de capacidad para trabajar y tienen miedo a quedarse sin casa si les retiran esa pensión, las intervenciones de solución de problemas para ayudarles a tomar conciencia e iniciar rehabilitación, así como los recursos de formación profesional, tendrán que preceder al tratamiento para los síntomas relacionados con su trauma. En otros casos que veremos a continuación, los problemas de ganancia o pérdida secundaria pueden surgir a lo largo del tratamiento y, tras reconocerlos, es posible que requieran una combinación de solución de problemas y de más reprocesamiento.

Otra preocupación frecuente y que puede generar confusión en algunos terapeutas es cuando existe una demanda civil pendiente por daños, como por ejemplo después de un accidente de coche o en litigios sin resolver sobre un accidente laboral. En esos casos es posible que el paciente siga mostrando un malestar emocional significativo hasta que las cuestiones legales y económicas se resuelvan satisfacto-

Tabla 5.1. Evaluación de la estabilidad y la idoneidad para el reprocesamiento

Nombre: ______________________________ Fecha: ____________

Para *historial* indicar la gravedad del peor episodio.
Para *situación actual* indicar la gravedad en el momento de la evaluación.
Impacto del factor en la estabilidad: 0 ausente; 1 mínimo; 2 moderado; 3 grave.

Problema	El historial incluye	Gravedad	Situación actual	Gravedad
Ganancia/pérdida secundaria		0 1 2 3		0 1 2 3
Ausencia de confianza o verdad		0 1 2 3		0 1 2 3
Crisis externas		0 1 2 3		0 1 2 3
Inestabilidad económica		0 1 2 3		0 1 2 3
Riesgo para la salud		0 1 2 3		0 1 2 3
Depresión bipolar		0 1 2 3		0 1 2 3
Ideas suicidas		0 1 2 3		0 1 2 3
Intentos de suicidio		0 1 2 3		0 1 2 3
Autolesión		0 1 2 3		0 1 2 3
Lesiones a los demás		0 1 2 3		0 1 2 3
Conductas de alto riesgo		0 1 2 3		0 1 2 3
Negación del diagnóstico		0 1 2 3		0 1 2 3
Sujeto propenso a accidentes		0 1 2 3		0 1 2 3
Abuso de sustancias		0 1 2 3		0 1 2 3
Sexo compulsivo		0 1 2 3		0 1 2 3
Actos compulsivos ($)		0 1 2 3		0 1 2 3
Alexitimia		0 1 2 3		0 1 2 3
Pacientes inundados por los afectos		0 1 2 3		0 1 2 3
Despersonalización		0 1 2 3		0 1 2 3
Amnesia o fuga		0 1 2 3		0 1 2 3
TID o TDNE		0 1 2 3		0 1 2 3

riamente, pero no es motivo para posponer o retirar el tratamiento con EMDR. Existen cuestiones adicionales de consentimiento informado que deben considerarse en los casos forenses, como la posibilidad de que la intensidad de los recuerdos intrusivos se vea reducida. Todos

Tabla 5.2. Notas sobre la evaluación de la idoneidad y la estabilidad para el reprocesamiento

Ganancia/ pérdida secundaria	Cuando la ganancia secundaria presente es moderada o grave, lo más probable es que el reprocesamiento sea incompleto y que requiera solución de problemas. El reprocesamiento puede intentarse a menos que un reprocesamiento incompleto pudiera dar lugar a la finalización prematura del tratamiento.
Ausencia de confianza o de verdad	Cuando el paciente carece de confianza suficiente para ser veraz y hay otras conductas peligrosas o que pueden interferir con la terapia, es posible que el reprocesamiento tenga que posponerse. Incluso sin pruebas evidentes de peligrosidad, los intentos de reprocesar objetivos con confianza o revelación (decir la verdad) inadecuadas pueden llevar a reacciones peligrosas o a complicaciones que pueden impedir considerar el reprocesamiento en un futuro.
Crisis externas	Cuando las crisis externas de trabajo, personales o familiares requieren toda la atención del paciente, puede ser necesario posponer el reprocesamiento. Otros pacientes pueden beneficiarse del reprocesamiento rápido de los recuerdos tempranos asociados.
Inestabilidad económica	La incapacidad de finalizar el tratamiento o los miedos realistas de pérdida inminente de la seguridad económica básica tendrán que tratarse antes de reprocesar.
Riesgo para la salud	Cualquier riesgo para la salud que suponga una amenaza para la vida y que pudiera verse exacerbado por el reprocesamiento emocional, así como cualquier historial de problemas de vista, deberá ser evaluado y aclarado por un médico antes de iniciar el reprocesamiento. (Ejemplos: riesgo de embolia o de infarto). También el riesgo potencial de embarazo requiere el consentimiento informado y la aceptación de un médico.
Depresión bipolar	La depresión bipolar implica un riesgo mayor de intento de suicidio.
Ideas suicidas	Las ideas suicidas requieren una evaluación exhaustiva y un control continuado en cuanto a intentos, planes y letalidad.
Intentos de suicidio	Los intentos de suicidio anteriores deberán comprenderse a fondo a fin de evaluar el riesgo actual. Los factores de riesgo requieren un control continuado durante el tratamiento. Cuando el riesgo permanece presente, los terapeutas deberán ser cautos al considerar el reprocesamiento. También se deben aclarar los términos del tratamiento y las acciones a emprender por mandato para proteger al paciente.
Autolesión	Las conductas autolesivas tendrán que evaluarse muy bien en cuanto a la peligrosidad que suponen para la vida del paciente y el riesgo de automutilación. Las autolesiones peligrosas deberían quedar completamente estabilizadas antes de iniciar el reprocesamiento y controlarse con atención mientras éste dura. Se deben dejar claros los términos del tratamiento y las acciones a emprender por mandato para proteger al paciente.
Lesiones a los demás	Los actos pasados y actuales, así como los impulsos, deben evaluarse atentamente además de controlarse en cuanto a riesgo y letalidad. Los terapeutas deberán ser cautos a la hora de considerar el reprocesamiento cuando existen factores de riesgo. Es posible que sea necesario aclarar con el paciente los términos del contrato de tratamiento y las acciones obligatorias a emprender por mandato.
Conductas de alto riesgo	La vulnerabilidad ante conductas de alto riesgo tendrá que evaluarse atentamente y tratarse a fin de proteger al paciente de autolesiones peligrosas, re victimización y daño a los demás.
Negación del diagnóstico	Los intentos por iniciar un reprocesamiento cuando el paciente niega un diagnóstico mayor —como abuso de sustancias, trastorno de identidad disociativo, trastorno bipolar o cualquier trastorno psicótico— pueden poner al paciente en situación de riesgo.
Sujeto propenso a accidentes	La propensión a sufrir accidentes puede indicar la existencia de actos inconscientes de autolesión o de asalto y es algo que debe analizarse en profundidad por el riesgo en cuestión.
Abuso de sustancias	En ciertos tipos de abuso de sustancias que puedan suponer una amenaza para la vida o la salud del paciente, el reprocesamiento deberá posponerse hasta que se alcance una recuperación estable. Dada la poca investigación sobre EMDR publicada para esta población, las cuestiones clínicas requieren una consideración atenta y consentimiento informado.
Sexo compulsivo	La peligrosidad para sí mismo y para los demás deberá considerarse con atención.
Actos compulsivos ($)	Las compras o el juego compulsivos podrían permanecer inestables o incluso empeorar con el reprocesamiento emocional. La ausencia de estudios controlados tiene que formar parte del consentimiento informado. Deberán considerarse intervenciones estabilizadoras.
Alexitimia	La Alexitimia leve (como problemas a la hora de verbalizar las emociones) no debería interferir con el reprocesamiento. La Alexitimia de moderada a grave —ausencia de acceso al afecto— es más probable que interfiera con el reprocesamiento y puede requerir modificaciones de la técnica. La Alexitimia en sí misma raramente es una razón para abstenerse de hacer EMDR, pero puede llegar a serlo en presencia de otros factores.
Pacientes inundados por los afectos	El llanto, ira, terror o culpa intensos y prolongados durante la terapia verbal pueden predecir la incapacidad para reprocesar. Es posible que el enfoque tenga que ser la tolerancia afectiva y la creación de competencias de gestión. El reprocesamiento estándar no debería retenerse a menos que un fallo del mismo llevara al rechazo de considerarlo en el futuro.
Despersonalización y Desrealización	Las experiencias de Despersonalización y Desrealización pueden ser intensamente dolorosas, aterradoras y vergonzosas para algunos pacientes. Los que experimentan Despersonalización o Desrealización con frecuencia en la terapia verbal tienen más posibilidades de hacerlo, y con más intensidad, durante el reprocesamiento. Antes de llevar a cabo el reprocesamiento es posible que sea necesario practicar estrategias de autocontrol y de control afectivo.
Amnesia o fuga	Las pruebas de episodios de fuga, pasados o presentes, y de amnesia —pérdida de la noción del tiempo— indican la necesidad de una evaluación más completa de la disociación antes del reprocesamiento a fin de evitar el riesgo de dañar al paciente.
TID o TDNE	Un posible diagnóstico del Trastorno de identidad disociativa o del Trastorno disociativo no especificado revela la necesidad de una evaluación más precisa de la disociación antes del reprocesamiento a fin de evitar dañar al paciente. La falta de estabilización en el TID o TDNE, como cambios rápidos descontrolados, flashbacks descontrolados o poca cooperación y comunicación entre partes de la personalidad indica la necesidad de posponer el reprocesamiento. En esos casos deben seguirse las pautas de tratamiento de la ISST-D y de EMDR.

Nota: Este listado y las notas reflejan solamente los problemas más comunes que deben tenerse en cuenta. Los terapeutas deben permanecer alertas ante otras cuestiones que pudieran dar motivos para ser cautos o para posponer el reprocesamiento basándose en el sentido común, formación especializada, cursos o experiencia clínica.

esos temas los abordaremos en el capítulo 6. Incluso cuando hay cuestiones pendientes de compensación económica debería ofrecerse procesamiento con EMDR, pero el terapeuta tiene que darse cuenta de que al haber cuestiones de reconocimiento social en marcha, los pacientes pueden mostrar una resolución menos completa de todas las cuestiones emocionales hasta lograr la resolución satisfactoria de las cuestiones legales o económicas.

Los terapeutas tienen que ser claros en cuanto a su forma de pensar acerca de las diferencias entre lo que se conoce como emociones negativas (p. ej. enfado o vergüenza inadaptativa o debilitadora) en casos de episodios de culpabilidad excesiva o episodios de rabia que amenazan con la pérdida de autocontrol, y las que son normales y adaptativas (p.ej. el resentimiento ante la naturaleza adversa de los procedimientos legales). El reprocesamiento con EMDR sólo podrá resolver los aspectos inadaptativos de las experiencias negativas; sin embargo, las *experiencias que contribuyen* (p.ej. injusticias vividas en el instituto) no relacionadas con lo que indica trauma, a veces pueden exacerbar el nivel de los elementos estresantes actuales. El reprocesamiento con EMDR de esas experiencias que contribuyen normalmente puede hacer que los elementos estresantes sean mucho más tolerables.

Si bien algunas cuestiones de ganancia y pérdida secundaria pueden identificarse al iniciar el tratamiento y considerarse durante la planificación inicial del mismo, otras pueden surgir más adelante como síntomas secundarios o como resultado de ganancias del tratamiento. Los pacientes que tienen síntomas desde hace mucho tiempo también pueden acabar identificándose con ellos. El reprocesamiento efectivo de experiencias etiológicas puede disminuir la gravedad de las dolencias que aqueja al paciente, dando pie a ansiedad secundaria por la pérdida de síntomas o a pena por el tiempo perdido por dichos síntomas. De hecho, estos casos de pérdida secundaria que surgen se pueden acabar convirtiendo en objetivos para otros reprocesamientos en sesiones posteriores.

Un ejemplo de pérdidas secundarias surgidas es lo que le ocurrió a Brianna, una mujer adulta que había sufrido abuso sexual durante la infancia y que sufría desde hacía mucho tiempo de fobia social y aislamiento. Su único apoyo y conexión con la sociedad había sido un grupo de mujeres que habían sido víctimas de abuso y negligencia y que manifestaban problemas similares de pesadillas recurrentes, flashbacks somáticos, pérdida del sentimiento de significado o de pertenencia, y una fuerte aversión a las relaciones amorosas. Tras dos meses de reprocesamiento exitoso de sus recuerdos traumáticos del abuso sexual infantil con EMDR, las pesadillas recurrentes y la reexperimentaciones somáticas de Brianna habían desaparecido. De hecho, desarrolló un nuevo sentido de esperanza y optimismo y paradójicamente empezó a experimentar un sentimiento confuso de alienación y de vergüenza en sus relaciones con las otras mujeres del grupo de apoyo cuyos síntomas no se habían calmado. Además Brianna empezó a tener sentimientos encontrados sobre el hecho de hacer más reprocesamiento con EMDR, pero sin estar segura del origen de esa ambivalencia.

Tales problemas de pérdida secundaria tienen que identificarse con el fin de desarrollar posibles soluciones. Puede que la superviviente en este caso quisiera rescatar a los demás o motivarles para que encuentren una ayuda efectiva en la psicoterapia y cuando algunas de sus compañeras no querían esa ayuda o no respondían tan positivamente como ella, cada vez se sentía más avergonzada. Es posible que algunos supervivientes quieran desarrollar nuevos sistemas de relaciones que potencien un mayor sentido del sí mismo mediante grupos basados en intereses comunes (escuela o arte) o la religión (como participar activamente en una parroquia). Otros pueden ser capaces de reducir su vergüenza reprocesando cuestiones de fondo temáticamente vinculadas a la vergüenza del superviviente, como el no haber sido capaz de proteger a un hermano menor de las manos del mismo maltratador.

La alianza terapéutica: confianza y verdad

La alianza terapéutica siempre se ha considerado un potente predictor del resultado de la psicoterapia (Hovarth, Gaston y Luborsky, 1993; Summers y Barber, 2003). De hecho, esta alianza también es una fuente frecuente de problemas para los terapeutas que trabajan con pacientes traumatizados, debido al gran potencial de contratransferencia (Dalenberg, 2000; Pearlman y Courtois, 2005). Como mínimo, los terapeutas tienen que establecer una alianza terapéutica lo suficientemente fuerte como para permitir el grado de revelación honesta y precisa por parte del paciente que se necesita para evaluar y monitorizar su estabilidad y las respuestas al tratamiento. Para pacientes con un excelente funcionamiento premórbido antes de un único incidente traumático, a menudo es posible establecer una alianza terapéutica adecuada para empezar el reprocesamiento con EMDR en una o dos sesiones. Por otro lado, cuando los entornos de los pacientes incluyen traiciones de confianza por parte de cuidadores, profesores o demás figuras de autoridad, puede resultar mucho más difícil determinar cuándo se ha logrado una alianza suficiente. Se puede tardar semanas o meses en establecer suficiente confianza, contar la verdad y una alianza terapéutica lo suficientemente fuerte para empezar el reprocesamiento con EMDR. Intentar un reprocesamiento con EMDR de recuerdos traumáticos antes de alcanzar un nivel apropiado de confianza y de decirse la verdad puede suponer el riesgo de obtener varios resultados adversos para los pacientes, como inestabilidad del estado de ánimo, un aumento de las ideas o los impulsos suicidas, autolesiones y otras conductas de reducción de tensiones, y recaída en el consumo de sustancias. Empezar el reprocesamiento antes de establecer una alianza terapéutica adecuada supone, para los pacientes con historiales de traición de la confianza, el riesgo de que ese reprocesamiento no sea efectivo, y eso a su vez aumenta el riesgo de que el tratamiento termine prematuramente o de una decisión de rechazo del tratamiento con EMDR.

Los terapeutas deben permanecer alerta de dos cosas; por un lado, de las peticiones directas por parte de los pacientes que insisten en que se les aplique el reprocesamiento con EMDR en la primera visita; y por otro lado, de las presiones sutiles como el miedo a la contratransferencia de que el paciente abandonará el tratamiento a menos de que haya una reducción rápida de la sintomatología. En cualquier caso los terapeutas sólo deben iniciar el reprocesamiento tras haber establecido una fuerte alianza terapéutica que garantice la evaluación completa y precisa y el monitoreo de la estabilidad de paciente y de las respuestas al tratamiento.

Crisis externas

Al iniciar el tratamiento, algunos pacientes se enfrentan a crisis externas como un divorcio, amenazas de violencia doméstica o la pérdida inminente del empleo, de la casa o de la seguridad económica. Así pues es posible que se tenga que retrasar el reprocesamiento con EMDR hasta que pasen esas crisis y el paciente se sienta a salvo y seguro. Otros agentes ambientales de estrés pueden ser plazos de entrega de proyectos o de presentaciones profesionales, acontecimientos familiares importantes, o la mudanza a una nueva casa. De hecho, cabe destacar que algunos pacientes pueden beneficiarse rápidamente del reprocesamiento ágil de los recuerdos tempranos asociados. El hecho de considerar cuidadosamente esos agentes de estrés y las fuerzas y la capacidad de recuperación actuales del paciente es esencial para evitar tener que posponer innecesariamente el reprocesamiento con EMDR o someter al paciente a un estrés excesivo desde el principio de la resolución del trauma en un momento inoportuno.

Inestabilidad económica

Los pacientes necesitan tener una estabilidad económica suficiente para hacer frente a sus necesidades y por lo general eso incluye la capacidad de pagar las sesiones de psicoterapia. Cuando la capacidad de un paciente de pagar un tratamiento completo o de cubrir sus necesidades económicas básicas está en duda, la cuestión tiene que abordarse antes de empezar el reprocesamiento con EMDR a fin de evitar la finalización prematura en medio del tratamiento. En ocasiones la combinación de solución de problemas, de desarrollo e instalación de recursos, o el reprocesamiento con EMDR de las cuestiones relacionadas con los problemas económicos puede dar lugar a un transcurso estable del tratamiento.

Es el ejemplo de Rita, que había sufrido abuso sexual en la infancia, que presentaba un episodio de depresión recurrente y que afirmaba poder permitirse solamente una cantidad limitada de sesiones de tratamiento. La evaluación clínica indicaba que necesitaría un tratamiento más extenso de lo que se podía permitir con el sueldo mínimo que recibía por su trabajo en una ONG. También se desveló que Rita estaba mal pagada teniendo en cuenta sus capacidades y su contribución a la empresa, pero ella carecía de la confianza en sí misma necesaria para buscar un trabajo mejor pagado para el que estaba preparada. En las seis sesiones iniciales, mientras registraba su historial y desarrollaba la alianza terapéutica y el plan de tratamiento, le propuse una combinación de desarrollo e instalación de recursos, una tarea conductual puntual y reestructuración cognitiva para ayudarle a buscar y conseguir un mejor puesto de trabajo.

Paradójicamente vaticiné que el problema con el que Rita se encontraría no sería la incapacidad de conseguir una oferta de trabajo adecuada, sino la necesidad de seleccionar inteligentemente entre las varias ofertas que recibiría el trabajo que supusiera la mejor combinación de sueldo, condiciones, tareas y oportunidades de prosperar. Tras preparar un buen curriculum y presentar su candidatura a los tres trabajos disponibles de menor sueldo, Rita recibió tres ofertas y ninguna de ellas suponía una mejora destacable de su posición en aquel momento. Sin embargo, el hecho de recibir tres ofertas de trabajo le dio confianza para presentarse a ofertas mejor pagadas y que suponían un mayor desafío para ella. No tardó en conseguir un excelente puesto de trabajo cuyo sueldo era un 150% superior al salario anterior y con unas condiciones magníficas, incluida la cobertura médica. En ese momento Rita obtuvo una receta para un antidepresivo SSRI que le había sido muy útil en el pasado. Con un estado de ánimo estabilizado gracias a la medicación y mejorado por haber llevado a cabo una serie de pasos de realización personal y autoafirmación, y una situación económica estable, fue posible llevar a cabo una transición correcta de centrado en el reprocesamiento con EMDR del abuso sexual y de otros sucesos adversos de su infancia que Rita había querido abordar pero que nunca había hecho en su terapia anterior.

En ocasiones no hay soluciones inmediatas para los problemas económicos de los pacientes y acaba siendo necesario seleccionar un objetivo de tratamiento más limitado. Con la solución de problemas, es posible que otros pacientes puedan hacer frente a las propuestas de familiares de pagar la terapia o encontrar otras ayudas a lo largo de periodos económicos difíciles. En algunos casos los pacientes pueden verse involucrados en una "terapia de compras" y acaban gastando más de lo que pueden permitirse mientras protestan que no pueden pagar el tratamiento. Independientemente de la naturaleza del problema económico, cuando éste aparece, es un problema que debe evaluarse y abordarse con intervenciones adecuadas.

Riesgos para la salud

El EMDR se ha estado utilizando con una serie de problemas médicos comórbidos y por lo general resulta segura y bien tolerada. El sentido común y el tratamiento prudente dictan que los terapeutas tengan en cuenta el estado de salud de sus pacientes y los problemas médicos que puedan apuntar a la necesidad de que ellos mismos y/o sus pacientes consulten con un médico. Evidentemente, cuando existe un historial de problemas de visión, la técnica de movimientos oculares no debería aplicarse sin el visto bueno de un médico. La cuestión general con respecto a la salud sería discernir si un médico de cabecera consideraría el nivel de activación psicofisiológica que puede estimular el reprocesamiento de recuerdos traumáticos como un riesgo médico. Ejemplos de situaciones que requieren la consulta con un médico son una enfermedad cardíaca diagnosticada, presión arterial elevada y riesgo o historial de embolia o de infarto.

EMDR y embarazo

La cuestión de la seguridad del EMDR en mujeres embarazadas no se ha abordado explícitamente en la literatura científica. No existen artículos publicados que indiquen que el EMDR sea peligroso, pero algún estudio anecdótico aislado indica que hay mujeres que se han quejado de sufrir embarazos inestables tras sesiones de EMDR y que creen que esta técnica está detrás de la necesidad de reposo y de intervención médica. Son artículos que no pueden considerarse como pruebas científicas de la existencia de un riesgo, pero que tampoco se pueden obviar. Probablemente un consentimiento informado adecuado sería indicar que el riesgo para el embarazo puede ser bajo, aunque no nulo y que el reprocesamiento con EMDR sólo debería aplicarse a mujeres embarazadas tras consultarlo con su médico.

EMDR y convulsiones

Son varios los estudios que han abordado la cuestión de utilizar EMDR en trastornos con convulsiones (Lipke, 1995, pág. 382; Schneider, Nabavi y Heuft, 2005). A partir de los datos disponibles, parece que el EMDR puede aplicarse de manera segura sin aumentar la posibilidad de ataques epilépticos reales. Los pacientes con pseudoconvulsiones –trastorno de conversión– se han tratado con éxito con EMDR (Chemali y Meadows, 2004; Kelley y Selim, 2007), pero los terapeutas deben tener la formación y la experiencia adecuadas en el diagnóstico y el tratamiento de trastornos disociativos antes de ofrecer reprocesamiento con EMDR a pacientes con posibles pseudoconvulsiones (Bowman, 2006; Bowman y Coons, 2000), y deben seguir las pautas de tratamiento relevantes (Fine, Paulsen, Rouanzoin, Luber, Puk y Young, 2004; *International Society for the Study of Dissociation*, 2005).

Depresión bipolar

Existen informes que sugieren que los trastornos bipolares no especificados o ciertos trastornos bipolares presentan un mayor riesgo de intentos de suicidio (Muzina, Colangelo, Manning y Calabrese, 2007; Schneck, 2006). Véase la sección siguiente para obtener más información sobre ideas e historial suicidas.

Ideas e intentos suicidas

Existe mucha literatura sobre la evaluación del riesgo y la predicción de suicidios (Bryan y Rudd, 2006; Jacobs y Brewer, 2006; Rudd, Berman, Joiner, Nock, Silverman, Mandrusiak, van Orden y Witte, 2006). Los terapeutas deberían conocer las técnicas para evaluar el riesgo de suicidio y deberían tener presente que el primer mayor predictor –aunque en ningún caso el único– de intentos de suicidio futuros son los intentos anteriores (Oquendo, Currier y Mann, 2006; Oquendo, Galfalvy, Russo, Ellis, Grunebaum, Burke y Mann, 2004). Las ideas suicidas en sí mismas no son un predictor potente del intento de suicidio, pero sí requieren una evaluación más completa. Cuando existan factores de riesgo de suicidio y sean elevados, los terapeutas deberán posponer el reprocesamiento con EMDR y utilizar intervenciones clínicas apropiadas (Comtois y Linehan, 2006; Jobes, Wong, Conrad, Drozd y Neal-Walden, 2005), como la colaboración con médicos de atención primaria y psiquiatras. En presencia de factores de riesgo, los terapeutas deberán aclarar las condiciones de su tratamiento e indicar bajo qué circunstancias deben llevar a cabo acciones por mandato judicial para proteger a sus pacientes. Cuando el paciente haya obtenido ganancias con una reducción de la depresión y un riesgo menor de suicidio y el terapeuta haya desarrollado una relación terapéutica más fuerte con el paciente, será posible proceder con el reprocesamiento con EMDR estándar de sucesos adversos o con aplicaciones de desarrollo e instalación de recursos para el reforzamiento del ego y la mejora del estado de ánimo (Korn y Leeds, 2002; Spector y Kremer, 2009; Wildwind, 1994).

Autolesión

Las conductas de autolesión se dan en un continuo de peligrosidad y pueden tener distintos propósitos en pacientes diferentes. La autolesión no suele ser suicida en el intento, pero incluso cuando no existe intento de suicidio puede llevar a la automutilación y llegar a tener consecuencias fatales (Brown, Comtois y Linehan, 2002; Hyman, 1999). La autolesión es más común en casos que reúnen criterios de trastorno límite de la personalidad (TLP), cuyo tratamiento va más allá del alcance de este libro. (Clarkin, Levy, Lenzenweger y Kernberg, 2007; Giesen-Bloo, et al., 2006; Linehan, 2003).

En los casos en que el riesgo de autolesión grave sea escaso (p. ej. ligeros arañazos en los brazos), se puede proceder directamente con el reprocesamiento con EMDR. En otros casos de autolesión más serios (p. ej. cortes o quemaduras), donde existe el riesgo de mutilación o de heridas que pongan en peligro la vida del sujeto, las intervenciones iniciales deberán centrarse en controlar las conductas de autolesión antes de pensar en iniciar el reprocesamiento con EMDR (Walsh, 2006). Por su parte, las autolesiones peligrosas deberían quedar completamente estabilizadas antes de iniciar el reprocesamiento y controlarse con atención mientras éste dura. Cuando se identifica una conducta de autolesión, los terapeutas deberán prestar más atención al grado de alianza terapéutica a fin de garantizar que podrán verificar correctamente los impulsos y los episodios de autolesión que se produzcan. Además, los terapeutas tendrán que aclarar las condiciones del tratamiento e indicar en qué circunstancias tienen potestad para llevar a cabo acciones para proteger al paciente. Korn y Leeds (2002) describen pruebas preliminares de efectividad del desarrollo e instalación de recursos para la estabilización de conductas de autolesiones como medio de reducción de la tensión.

Lesiones a los demás

Los pacientes con historial o con riesgo de conductas agresivas tienen que ser evaluados y monitorizados en relación con el riesgo actual (Connor, Melloni y Harrison, 1998; Crouch y Behl, 2001; McEwan, Mullen y Purcell, 2007; Piquero, Brame, Fagan y Moffitt, 2006). De hecho, los terapeutas podrán posponer el inicio del reprocesamiento con EMDR hasta que tengan suficiente relación terapéutica comprensión de los pacientes con riesgo de conducta agresiva para determinar si las intervenciones iniciales deben centrarse en la estabilización y el desarrollo de capacidades, o si el reprocesamiento de sucesos etiológicos solventaría las redes de recuerdos que han contribuido a hacer que el paciente sea vulnerable a perder el control. Por otra parte, los terapeutas tendrán que aclarar las condiciones del tratamiento con el paciente y esas acciones por mandato judicial pueden ser necesarias. Véase Stowasser (2007) para consultar un debate de EMDR y terapia familiar para el tratamiento en casos de violencia doméstica.

Conductas de alto riesgo

En el caso de pacientes que manifiestan conductas de alto riesgo se debe evaluar el riesgo de peligro para ellos mismo y para los demás, así como posibles trastornos comórbidos, antes de ofrecerles reprocesamiento con EMDR. El término "conducta de alto riesgo" se utiliza ampliamente en este caso y comprende una serie de conductas que van desde actividades relativamente controlables como disfrutar de los deportes extremos (p. ej. escalada, kayaking y puenting) a actividades agresivas más patológicas como la conducción a gran velocidad, las relaciones sexuales promiscuas y sin protección, y juegos con bebida que implican un consumo de alcohol extremadamente alto. Las conductas de alto riesgo pueden representar una forma de autocastigo asociado con historias de exposición traumática, reactuaciones postraumáticas o un juicio trastornado relacionado con un trastorno disociativo, trastorno por déficit de atención con hiperactividad (TDAH), u otros.

Negación del diagnóstico

Es mejor posponer el reprocesamiento con EMDR cuando el paciente permanece negando un diagnóstico mayor como un trastorno bipolar, trastorno de identidad disociativa, cualquier trastorno psicótico o cualquier trastorno de abuso de sustancias.

Sujeto propenso a accidentes

Si bien los pacientes propensos a sufrir accidentes pueden tener daños cerebrales o problemas de coordinación, las heridas de sus accidentes pueden representar intrusiones de las partes emocionales de su personalidad (van der Hart, et al., 2008) y podrían asociarse con la disociación estructural secundaria, como ocurre en los casos de TLP y de trastorno disociativo no especificado (TDNE), o con la disociación estructural terciaria que encontramos en el trastorno de identidad disociativa (TID). En estos casos los terapeutas deberán llevar a cabo evaluaciones exhaustivas y desarrollar hipótesis acerca de la dinámica de la conducta de sus pacientes propensos a sufrir accidentes antes de iniciar el reprocesamiento con EMDR.

Abuso de sustancias

En ciertos tipos de abuso de sustancias que puedan suponer una amenaza para la vida o la salud del paciente, el reprocesamiento con EMDR debería posponerse hasta alcanzar una recuperación estable. En ausencia de estudios publicados sobre los resultados del tratamiento con EMDR para esa población, las cuestiones clínicas requieren una consideración esmerada y un consentimiento informado apropiado. En casos de pacientes que recaen crónicamente y con historiales de exposición traumática anterior al inicio del abuso de sustancias, los terapeutas pueden contemplar ese abuso como una forma de automedicación. En casos de diagnóstico dual en los que el diagnóstico primario se entiende como TEPT y en los que los intentos anteriores de tratamiento para el abuso de sustancias como centro de atención han fracasado repetidamente, los terapeutas pueden optar por proponer reprocesamiento con EMDR con el consentimiento informado apropiado. Sin embargo, en casos de diagnóstico dual en los que el abuso de sustancias es anterior y puede haber dado lugar a un mayor riesgo de exposición traumática, el abuso parece ser el diagnóstico primario. Los estudios preliminares sugieren que un enfoque cognitivo-conductual específico –"Buscar la seguridad"– puede ser útil para estos pacientes (Najavits, Schmitz, Gotthardt y Weiss, 2005; Najavits, Weiss, Shaw y Muenz, 1998; Zlotnick, Najavits, Rohsenowy Johnson, 2003). Este estudio avala el modelo emergente de que para algunos pacientes con diagnóstico dual, la combinación de estabilización y de tratamiento centrado en el trauma puede ser útil (Najavits, Gallop y Weiss, 2006). Varios autores han descrito técnicas de investigación alternativas para el uso de EMDR con pacientes con problemas de abuso de sustancias primario (Popky, 2005; Vogelmann-Sine, Sine, Smyth y Popky, 1998), pero sólo se han sometido a un número limitado de investigaciones formales (Brown, Gilman y Kelso, 2008; Hase, Schallmayer y Sack, 2008).

Sexo compulsivo

La conducta sexual compulsiva puede asociarse a varios diagnósticos psiquiátricos (Carnes, 2000; Mick y Hollander, 2006). La peligrosidad para uno mismo y para los demás es algo que deberá considerarse con atención. Como ya hemos descrito en la sección de abuso de sustancias, los terapeutas tendrán que desarrollar hipótesis muy bien elaboradas acerca de la etiología y la dinámica de la conducta sexual compulsiva antes de decidir si proponen reprocesamiento con EMDR.

Actos compulsivos: compras y juego

Las compras compulsivas (Black, 2007) o el juego (Dannon, Lowengrub, Gonopolski, Musin y Kotler, 2006) tienen varias etiologías, dinámicas, subtipos y diagnósticos comórbidos y pueden permanecer inestables o incluso empeorar con el reprocesamiento con EMDR. Los estudios limitados de los resultados del tratamiento y la ausencia de estudios sobre los resultados del tratamiento con EMDR tendrán que formar parte del consentimiento informado. También deberá considerarse la posibilidad de intervenciones estabilizadoras.

Alexitimia

La alexitimia leve (p. ej. problemas para verbalizar las emociones) no debería interferir con el reprocesamiento siempre y cuando los pacientes puedan identificar la localización de las sensaciones asociadas con el reprocesamiento del material que se desea enfocar (Sifneos, 1975, 1988; Taylor, Ryan y Bagby, 1985). La alexitimia de moderada a grave, que interfiere con el acceso a la afectividad, suele dar pie a un reprocesamiento ineficaz y puede requerir modificaciones de la técnica (véase el capítulo 9). La alexitimia en sí misma raramente es motivo para no aplicar el método EMDR, pero puede llegar a serlo en presencia de otros factores.

Pacientes inundados por la afectividad

El llanto prolongado, la ira, terror o vergüenza durante la terapia verbal pueden predecir la incapacidad de reprocesar debido a la necesidad de los pacientes de mantener una atención dual tanto en las experiencias internas como en los estímulos externos con la postura de conciencia plena ante cualquier material que surja. Es posible que el enfoque inicial de la atención tenga que ser la tolerancia afectiva y la creación de habilidades para funcionar. El reprocesamiento estándar no debería interrumpirse a menos que un fallo del mismo llevara al rechazo de considerarlo en el futuro.

Despersonalización y desrealización: disociación estructural primaria

Las experiencias de despersonalización y desrealización pueden ser intensamente dolorosas, aterradoras y vergonzosas para algunos pacientes. Ambas, como expresiones de disociación estructural primaria (van der Hart et al., 2008) suelen ser los únicos síntomas disociativos en pacientes con TEPT. De hecho, los pacientes varían en cuanto a su voluntad y capacidad para tolerar la reexperimentación de episodios de despersonalización o desrealización durante la psicoterapia. Así, los pacientes que despersonalizan con frecuencia en la terapia verbal tienen más tendencia a hacerlo y, a veces, con mayor intensidad durante el reprocesamiento. Tendrán que practicarse estrategias para la gestión afectiva y de autocontrol –así como para atenuar la gravedad de la disociación– para preparar al paciente antes de poder iniciar el reprocesamiento.

Una vez descartadas la disociación estructural secundaria y terciaria más graves (van der Hart, et al., 2008) y tras preparar correctamente a los pacientes y haber obtenido su consentimiento informado sobre la posibilidad de reexperimentar episodios de despersonalización o desrealización durante el reprocesamiento, esos síntomas por sí mismos no son motivo para detener el reprocesamiento con EMDR. Cuando se identifican episodios de despersonalización o desrealización, los terapeutas tienen que ser suficientemente meticulosos en el registro del historial y en la planificación del tratamiento a fin de poder considerar el posible rol de las experiencias tempranas fundamentales y relacionadas con el apego en el desarrollo de una vulnerabilidad a la despersonalización y la desrealización. Sin embargo, la despersonalización y la desrealización suelen tener lugar como parte de la disociación peritraumática y su recurrencia durante el reprocesamiento con EMDR no siempre refleja la presencia de experiencias fundamentales adversas que requieran atención en la planificación del tratamiento. La despersonalización y la desrealización surgidas solamente después de un trauma reciente por lo general se solucionan durante el reprocesamiento utilizando las intervenciones estándares que se presentan en los capítulos 8 y 9.

Amnesia, fuga, TID y TDNE: disociación estructural secundaria y terciaria

La evidencia de episodios de fuga en el pasado o en la actualidad y de amnesia actual –pérdida de la noción del tiempo (American Psychiatric Association, 1994) y otros síntomas que sugieran disociación estructural secundaria y terciaria (van der Hart, et al., 2008)– indica la necesidad de una evaluación más completa de la disociación antes de considerar el inicio del reprocesamiento con EMDR a fin de evitar el riesgo de dañar al paciente (Paulsen, 1995; Shapiro, 2004).

Un posible diagnóstico actual de trastorno de identidad disociativa (TID) o de trastorno disociativo no especificado (TDNE) (American

Psychiatric Association, 1994) revela la necesidad de una evaluación más precisa de la disociación antes del reprocesamiento a fin de evitar dañar al paciente. Entre los procedimientos de control para descartar trastornos disociativos más graves están la utilización de la Escala de experiencias disociativas DES-II (Carlson y Putnam, 1993), la Escala de experiencias disociativas versión Taxon (Waller y Ross, 1997), la SDQ-20 (Nijenhuis, Spinhoven, Van Dyck, Van Der Hart y Vanderlinden, 1996) o la SDQ-5 (Nijenhuis, Spinhoven, van Dyck, van der Hart y Vanderlinden, 1997), y un examen específico del estado mental (Lowenstein, 1991). La Escala de experiencias disociativas versión Taxon puntúa la DES-II –la media de los 28 ítems DES– utilizando para ello un archivo compatible con Microsoft Excel y computa la probabilidad de que el paciente entre en una categoría diagnóstica de tipo disociativo. Los cuestionarios SDQ-20 y SDQ-5 analizan la disociación somatoforme, que no queda bien cubierta por DES-II. El artículo de 1991 de Richard Lowenstein, *An Office Mental Status Examination for Complex Chronic Dissociative Symptoms and Multiple Personality Disorder,* sigue siendo la presentación más citada sobre cómo llevar a cabo una entrevista de diagnóstico y detectar los síntomas de un trastorno disociativo. Consulte la siguiente sección sobre *Instrumentos de síntomas disociativos* para ver cuáles son las herramientas adicionales, como las entrevistas clínicas estructuradas, y el Anexo C para saber cómo obtenerlas.

Cualquier duda que quede sin resolver en cuanto a la presencia de un trastorno disociativo indica la necesidad de llevar a cabo más evaluaciones y entrevistas, además de considerar la consulta con un terapeuta con formación y experiencia en el diagnóstico y el tratamiento de pacientes con trastorno disociativo. La falta de estabilización en TID o TDNE, como cambios rápidos descontrolados, flashbacks descontrolados o poca cooperación y comunicación entre las partes de la personalidad indican la necesidad de posponer el reprocesamiento. También deberán seguirse las pautas de tratamiento tanto de la International Society for the Study of Trauma and Dissociation (ISST-D; International Society for the Study of Dissociation, 2005) como del equipo de trabajo EMDR (Fine, Paulsen, Rouanzoin, Luber, Puk y Young, 2004). Las pautas de tratamiento de la ISSTD están disponibles en su página web sin coste alguno (véase el Anexo C).

Uso de herramientas de evaluación convencionales

Las herramientas de evaluación estándares pueden aportar información adicional para la identificación de síntomas multiejes que no se obtienen ni fácil ni efectivamente a través de las entrevistas clínicas. Algunos pacientes revelarán más fácilmente todos sus síntomas y problemas cuando deban plasmarlos inicialmente con lápiz y papel. Sin embargo, los terapeutas deberán tener en cuenta que los instrumentos de autoaplicación tienen capacidades limitadas a la hora de detectar síntomas en algunos pacientes (Shedler, Mayman y Manis, 1993), por lo que nunca se les deberá considerar como un sustituto de la evaluación clínica competente. Las evaluaciones estándares pueden ser útiles en las entrevistas de trastornos disociativos. De hecho, resultan fundamentales al realizar el seguimiento de los resultados del tratamiento tanto con fines de garantía de calidad como para elaborar informes formales con fines científicos o forenses. En la sección siguiente se resumen las herramientas de evaluación estándares que los terapeutas pueden considerar útiles para la serie de aplicaciones de EMDR que se recogen en este libro. La información referida a la obtención de todos esos instrumentos figura en el Anexo C.

Autoaplicaciones de evaluaciones objetivas de síntomas

El SCL90R es un cuestionario muy utilizado y muy completo con 90 ítems para síntomas con subescalas específicas y escalas globales. Por su parte, el BSI (siglas en inglés del Inventario Breve de Síntomas) es una versión más reducida, 18 ítems, de ese mismo instrumento. Ambos tienen una excelente fiabilidad test-retest y por ello son muy útiles para medir el progreso durante el tratamiento, además de para realizar un seguimiento de los resultados de la investigación y los informes.

Evaluación de los síntomas del trauma

Existen muchos instrumentos de autoaplicación del TEPT en adultos (véase Carlson, 1997) y existe un resumen de varios de esos instrumentos en el National Center for PTSD. Los terapeutas cualificados pueden obtener copias de muchos de ellos por un precio reducido tras completar el formulario de solicitud de http://www.ncptsd.va.gov/ncmain/assessment/

El cuestionario postraumático PCL-C

Es un test de autoaplicación que consta de 17 ítems que deben responderse a mano y que se basa en los criterios para TEPT del *Manual diagnóstico y estadístico de los trastornos mentales (DSM-IV)*. De hecho, se trata de un documento del Gobierno norteamericano y es de dominio público. Los estudios realizados muestran su consistencia interna, fiabilidad test-retest, validez convergente y validez discriminativa (Walker, Newman, Dobie, Ciechanowski y Katon, 2002). Dada su brevedad puede utilizarse para test-retest, siendo útil para realizar el seguimiento de las ganancias y los resultados del tratamiento. Puede descargarse directamente del sitio web del Georgetown Center for Trauma and the Community, en la sección de equipos de herramientas.

Escala de impacto de sucesos (IES e IES-R)

Esta escala de autoaplicación con 15 ítems se utiliza mucho para evaluar los síntomas de intrusión y de evitación del TEPT (Horowitz, Wilner y Alvarez, 1979). Por su parte, la IES-R es la versión revisada de 22 ítems –con 7 ítems de hiperactivación añadidos– para evaluar los síntomas de intrusión, evitación e hiperactivación del TEPT (Weiss y Marmar, 1997). Ambas escalas están disponibles en varios sitios web. Si bien las escalas IES-R e IES no están pensadas para diagnosticar TEPT sin más evaluación clínica, en la literatura especializada se han citado varios límites (Coffey, Gudmundsdottir, Beck, Palyo y Miller, 2006) que oscilan entre 27 y 29 para la escala IES y entre 33 y 35 para la IES-R para el diagnóstico preliminar de TEPT.

Inventario de síntomas del trauma (TSI)

Herramienta comercial de 100 ítems que proporciona una entrevista exhaustiva para síntomas del trauma con 3 escalas de validez (Briere, 1995). Aunque no se trata de un test diagnóstico formal del TEPT basado en *DSM*, el inventario de síntomas del trauma muestra la gravedad de los síntomas relacionados con el trauma en varias subescalas. De hecho, sus escalas de validez ayudan a evaluar el estilo de respuesta para informes forenses. Además incluye tres subescalas que evalúan capacidades internas alteradas que suelen verse afectadas por la exposición al trauma repetida o prolongada.

La Escala para TEPT administrada por el terapeuta (CAPS)

Esta escala proporciona una entrevista de diagnóstico del TEPT estructurada que evalúa tanto sus síntomas actuales y a largo plazo como el estado diagnóstico (Blake et al., 1995). Dependiendo del alcance de los síntomas del paciente, la escala CAPS requiere entre 40 y 60 minutos para su administración. Puede solicitarse al National Center for PTSD y previo pago a los Western Psychological Services.

El Inventario de Capacidades Personales Alteradas (IASC)

Una herramienta de evaluación de autoaplicación que consta de 63 ítems y que mide siete tipos de dificultades "relacionadas con la persona", como problemas de identidad, desregulación afectiva y conflictos interpersonales característicos del TLP (Briere, 2000). Con un historial de exposición a traumas repetida o prolongada, estas capacidades personales alteradas se consideran parte del "TEPT complejo" (Herman, 1992; Pelcovitz, van der Kolk, Roth, Mandel, Kaplan y Resick, 1997).

El paquete para evaluar traumas

Incluye cuatro instrumentos de test, más tres artículos clínicos y de investigación, que juntos ofrecen una completa evaluación de historiales de trauma a diferentes edades. Utilizando un sistema de puntuación opcional basado en Microsoft Excel, los terapeutas pueden realizar un seguimiento del progreso del paciente. Los cuatro instrumentos de test que se describen a continuación son el Cuestionario de antecedentes traumáticos (TAQ), la Escala modificada de síntomas del TEPT, la Entrevista estructurada para trastornos de estrés extremo (SIDES), el Instrumento de autoaplicación para trastornos de estrés extremo

(SIDES-SR) y la Evaluación clínica inicial para adultos centrada en traumas. El pack para evaluar traumas está disponible en el Trauma Center del Justice Resource Institute (véase el Anexo C).

El Cuestionario de antecedentes traumáticos (TAQ)

Una herramienta de evaluación de autoaplicación que recopila información de desarrollo en relación con experiencias vitales en 10 ámbitos: (a) competencia, (b) seguridad, (c) negligencia, (d) separaciones, (e) secretos familiares, (f) resolución de conflictos, (g) traumas físicos, (h) traumas sexuales, (i) ser testigo de traumas y (j) exposición a drogas y alcohol. Todos esos dominios se evalúan en periodos de cuatro edades: del nacimiento a los 6 años, de los 7 a los 12, de los 13 a los 18 años y en la edad adulta. El TAQ aporta información crucial basada en el desarrollo para organizar la conceptualización de casos y la planificación del tratamiento.

La escala modificada de síntomas del TEPT

Se trata de una escala de 17 ítems que pide a los pacientes que valoren la frecuencia y la intensidad de los síntomas *DSM-IV* del TEPT en las últimas 2 semanas en cuanto a intrusiones, reexperimentación, evitación y aturdimiento y mayor activación.

La Entrevista estructurada para trastornos de estrés extremo (SIDES)

La SIDES y la SIDES SR (Instrumento de autoaplicación para trastornos de estrés extremo) son escalas de 45 ítems que evalúan la presencia y la gravedad de los trastornos del diagnóstico propuesto de estrés extremo no especificado, que se encuentra en los síntomas asociados de TEPT (American Psychiatric Association, 1994). La versión de valoración de terapeutas se utilizó en los ensayos de campo del *DSM-IV* para TEPT, y se ha validado como medida de diagnóstico de estrés extremo no identificado.

En cuanto a la versión de autoaplicación, tiene buenos anclajes conductuales y buena fiabilidad interna como medida de la gravedad de ese trastorno. Ambas versiones del SIDES consisten en seis escalas principales con subescalas relacionadas que indican alteraciones en:

(a) regulación afectiva y de impulsos, (b) atención o conciencia, (c) percepción de uno mismo, (d) relaciones con los demás, (e) somatización y (f) sistemas de creencias.

Evaluación clínica inicial para adultos centrada en traumas

Esta evaluación es una entrevista clínica estructurada que puede utilizarse para organizar un inicio de tratamiento completo de nuevos pacientes. Analiza el historial de traumas, síntomas asociados, recursos internos actuales, apoyos sociales, consumo de sustancias e historial de tratamiento.

Evaluación de síntomas disociativos

Escala de experiencias disociativas (DES-II)

La DES-II es una herramienta de evaluación de autoaplicación que consta de 28 ítems para analizar los síntomas disociativos cognitivos primarios (Bernstein y Putnam, 1986). La escala no está protegida por las leyes de copyright y es de dominio público. Además, dado que contiene una mezcla de ítems que abordan construcciones no patológicas y las sintomáticas de la disociación estructural, se anima encarecidamente a los terapeutas a que puntúen no sólo el resultado medio DES-II global sino que computen también el resultado DES Taxon (DES-T; Waller y Ross, 1997) utilizando para ello la escala de experiencias disociativas versión Taxon –una hoja de cálculo compatible con Microsoft Excel 97– que se puede descargar gratuitamente desde http://www.isst-d.org/education/des-taxon-portal.htm.

Cuestionario de disociación somatoforme (SDQ-5 y SDQ-20)

Los SDQ-5 y SDQ-20 abordan las manifestaciones somatoformes de procesos disociativos y pueden detectar aspectos de disociación estructural que no se tratan en el DES II (Nijenhuis, et al., 1996, 1997). Los 20 ítems del SDQ-20 evalúan la gravedad de la disociación somatoforme; por su parte, los cinco ítems del SDQ-5 analizan trastornos disociativos *DSM-IV*. Ambos están disponibles, gratis, en: http://www.enijenhuis.nl/sdq.html

Inventario multidimensional de disociación (MID)

El MID es un instrumento multiescala y de autoaplicación que contiene 218 ítems y que evalúa la disociación patológica y diagnostica trastornos disociativos (Dell, 2006a, 2006b). Las personas que solicitan una copia del MID reciben: (a) el inventario MID, (b) su programa de puntuaciones basado en Excel, (c) las instrucciones de uso del programa de puntuaciones, y (d) el mini-manual MID. Este inventario es útil tanto para investigación clínica como para evaluación de diagnóstico de pacientes con una mezcla de síntomas disociativos, postraumáticos y borderline. De hecho, es la medida más completa para disociación patológica que se ha desarrollado hasta la fecha (Dell y Lawson, 2009) y ha demostrado tener fiabilidad interna, además de validez temporal, convergente, discriminante y de construcciones, y validez incremental sobre el DES. Cuando una breve entrevista con el DES-T, el SDQ, o la observación clínica sugieren que se necesita una evaluación más completa, el MID resulta de gran utilidad para aclarar el diagnóstico. El MID es de dominio público, está disponible sin coste alguno bajo demanda para todos los profesionales de la salud mental desde la zona de miembros de la International Society for the Study of Trauma and Dissociation, en: http://www.isst-d.org/ o bien solicitándolo a la siguiente dirección de correo electrónico: PFDell@aol.com.

Entrevista clínica estructurada para DSM-IV

La entrevista clínica estructurada para trastornos disociativos *DSM-IV* revisados (SCID-D-R) (Steinberg, 1994) ha sido considerada en varios estudios de Estados Unidos y de otros países (Steinberg, 2000) por tener una fiabilidad y una validez de buena a excelente. Además está muy aceptada en evaluaciones forenses y es útil para la planificación del tratamiento y diagnósticos diferenciales. Está comercialmente disponible.

Entrevista estructurada para trastornos disociativos (DDIS)

La DDIS es una entrevista estructurada que tiene como objetivo ayudar en el diagnóstico *DSM-IV* del trastorno de somatización, TLP y trastorno depresivo mayor, además de los cinco trastornos disociativos (Anderson, Yasenik y Ross, 1993; Ross y Joshi, 1992). Incluye preguntas sobre síntomas positivos de esquizofrenia, características secundarias de TID, experiencias extrasensoriales, abuso de sustancias y síntomas relevantes para los trastornos disociativos. Está disponible en el sitio web del Ross Institute: http://www.rossinst.com/dddquest.htm

El rol del mantenimiento de los diarios o registros por parte de los pacientes y de los comentarios

Al desarrollar y ajustar sus planes de tratamiento, los terapeutas dependen de la información precisa de los pacientes sobre sus síntomas actuales, los agentes de estrés y las respuestas al tratamiento. Si bien algunos pacientes pueden ser capaces de aportar resúmenes concisos y precisos cuando se presentan a su siguiente sesión, la mayoría de ellos ofrecen información incompleta que puede estar muy influenciada por su estado emocional en el momento en el que asisten a la sesión. Así pues, hacer que los pacientes mantengan un breve diario escrito de sus síntomas actuales y de sus respuestas a los agentes de estrés actuales resulta de gran utilidad.

A diferencia de la exposición con imágenes prolongada, que requiere amplias tareas diarias (por ejemplo Foa y Rothbaum, 1998), el enfoque de EMDR a la psicoterapia no requiere que los pacientes tengan que realizar grandes tareas autodirigidas. En cambio, lo único que hace falta con el EMDR es que los pacientes realicen un sencillo autoanálisis y una breve documentación de los problemas actuales. Existen dos tipos de autocontrol que pueden ser útiles. El primero consiste en realizar un seguimiento de la frecuencia y de la gravedad de un síntoma primario seleccionado, como pesadillas o ataques de pánico. Este tipo de control de uno mismo se suele hacer a diario con un registro de 1 a 2 minutos de la ocurrencia del síntoma seleccionado y de su gravedad. El segundo tipo es un simple diario o bitácora para documentar las respuestas a los agentes de estrés actuales y a cualquier otro síntoma que exista. Ambos tipos de control de uno mismo pueden hacerse con una breve entrada en el diario. En el siguiente capítulo se describe un diario simple de paciente basado en los elementos de la red de recuerdos.

Evaluar la estabilidad y la idoneidad para el reprocesamiento de traumas

En este capítulo hemos examinado criterios esenciales que se deben considerar al evaluar la estabilidad del paciente y su idoneidad para el reprocesamiento con EMDR. La Tabla 5.1 "Evaluación de la estabilidad y la idoneidad para el reprocesamiento" ofrece un resumen de una única página de esos criterios esenciales con escalas de puntuación. El objetivo de ese formulario es ayudar a los terapeutas a la hora de organizar sus evaluaciones clínicas de la idoneidad de los pacientes para el reprocesamiento con EMDR para sus propios registros y para presentarlo a consultores clínicos o supervisores. Las escalas de puntuación de cada ítem indican la gravedad relativa de cada uno de ellos, pero no tienen como objetivo puntuarse ni establecer un total. Si bien los ítems que aparecen en negrita generalmente son considerados como más importantes en la evaluación de la estabilidad del paciente, un formulario de "Evaluación de la estabilidad y la idoneidad para el reprocesamiento" con ceros en todos los ítems en negrita no indica necesariamente que haya idoneidad para el reprocesamiento. Cualquiera de los ítems enumerados, como el de inestabilidad económica, negación del diagnóstico, o confianza o ausencia de verdad, podría ser un indicador de la necesidad de posponer el reprocesamiento con EMDR y de centrarse en la estabilización. El buen juicio clínico siempre será la guía final para determinar cuándo los pacientes están preparados para empezar el reprocesamiento con EMDR. Mientras que algunos pacientes se presentarán con estabilidad suficiente para empezar con el reprocesamiento con EMDR durante la segunda sesión de tratamiento, otros necesitarán más preparación. En el capítulo 6, nos centraremos en la fase de preparación (fase 3) y analizaremos una serie de estrategias básicas para preparar a pacientes que sufren de TEPT para el reprocesamiento con EMDR.

6 La fase de preparación

Resumen de la fase 2

En este capítulo examinaremos cómo se prepara a los pacientes para las fases de reprocesamiento con EMDR. Los elementos esenciales de la fase de preparación que abordamos en este capítulo incluyen proporcionar a los pacientes la información básica necesaria para el consentimiento informado; ofrecer pautas y metáforas para orientarles en las técnicas de reprocesamiento con EMDR estándares y fomentar una actitud de observación consciente que ayude al reprocesamiento efectivo. Otras tareas importantes son introducir a los pacientes en la estimulación bilateral para comprobar su tolerancia a los movimientos oculares bilaterales o formas alternativas de estimulación bilateral y ayudarles a crear capacidades adicionales en la medida de lo necesario para garantizar que disponen de las habilidades necesarias para afrontar su sintomatología actual y el proceso de tratamiento con EMDR.

Estabilización y modelo de consenso

La fase de preparación en el enfoque EMDR al tratamiento corresponde con la fase de estabilización inicial o reforzamiento del ego del modelo de consenso del tratamiento del trauma presentado en el capítulo 1 (Briere, 1996; Brown y Fromm, 1986; Chu, 1998; Courtois, 1988, 1999; Gil, 1988; Horowitz, 1979, 1986; Kluft, 1993, 1999; McCann y Pearlman, 1990; Putnam, 1989; Scurfield, 1985; van der Hart y Friedman, 1989; van der Kolk, McFarlane y Weisaeth, 1996). El modelo de consenso de tratamiento del trauma se basa en el trabajo de Pierre Janet (1889, 1977) y hace hincapié en la importancia de aportar estabilización suficiente antes y durante el descubrimiento –registro del historial– y la resolución de los recuerdos traumáticos con reprocesamiento con EMDR. Además de la estabilización, las principales tareas en la fase de preparación incluyen:

- Creación de una alianza terapéutica
- Psicoeducación acerca del enfoque EMDR para solucionar experiencias traumáticas
- Evaluación de las respuestas a las técnicas de estimulación bilateral

La diferencia entre pacientes es importante, en la medida en la que necesitan distintos tipos de preparación para el reprocesamiento con EMDR. Por ejemplo, algunos pacientes solamente necesitan información básica sobre el trauma y el método EMDR para tomar una decisión informada y avanzar con el tratamiento con EMDR. Otros pacientes quieren mucha información de la base de investigación del EMDR, de las teorías del mecanismo de EMDR y ejemplos de casos para desarrollar el sentimiento de que entienden la técnica EMDR y tomar así una decisión informada para consentir su aplicación.

Por otra parte, la mayoría de pacientes con trastorno por estrés postraumático debido a un único incidente manifiestan algunos síntomas disociativos, o de ansiedad o de estado de ánimo, pero sólo requieren intervenciones de estabilización limitada en una o dos sesiones como máximo. Sin embargo, los pacientes con historiales de traumas complejos y múltiples, que presentan síntomas graves de ansiedad, o de estado de ánimo, o disociativos, necesitan otro tipo de preparación. De hecho, es posible que necesiten extensas intervenciones de estabilización antes y durante el registro del historial y la planificación del tratamiento, además de, ocasionalmente, durante las fases de reprocesamiento del tratamiento. A fin de estar preparados para participar en técnicas de estimulación bilateral clínica, la mayoría de pacientes sólo necesitan de 2 a 3 minutos de práctica con movimientos oculares, golpecitos o movimientos bilaterales. Sin embargo, en el caso de otros pacientes puede haber problemas médicos –un historial de problemas de vista– o dificultades para acomodarse a los mecanismos de estimulación bilateral que requieran mayor flexibilidad y más tiempo antes de que el paciente esté listo.

La alianza terapéutica

La alianza terapéutica son los cimientos de toda psicoterapia (Hovarth, Gaston y Luborsky, 1993; Pearlman y Courtois, 2005; Summers y Barber, 2003). La investigación no deja de indicar que el grado de alianza terapéutica está más asociado con un resultado positivo de la psicoterapia que el método o los años de experiencia del terapeuta (Seligman, 1995). Todavía no ha habido estudios formales del rol que desempeña la alianza terapéutica en los resultados del tratamiento con EMDR entre pacientes que sufren de TEPT, pero existe un debate muy activo en la comunidad EMDR acerca de la afirmación que apunta a que la alianza terapéutica pueda ser menos importante que la fidelidad en la aplicación, especialmente en casos de exposición a un único episodio traumático. A medida que aumenta la complejidad de los casos, el rol de la alianza terapéutica se vuelve más importante (Pearlman y Courtois, 2005; Spinhoven, Giesen-Bloo, van Dyck, Kooiman y Arntz, 2007).

Si bien habrá quien considere, erróneamente, que el EMDR es una "técnica" menos dependiente de la alianza terapéutica, el EMDR es una aproximación psicoterapéutica en la que el éxito de los resultados depende de si se cubren o no las necesidades exclusivas de cada paciente. La empatía adecuada, un ritmo apropiado y el hecho de responder a momentos de preocupación expresada o falta de sintonía son tan importantes para lograr resultados positivos en planes de tratamiento con EMDR estructurados como en cualquier otra forma de psicoterapia. La cantidad de tiempo y de atención que debe dedicarse para establecer la alianza terapéutica varía más en función de las características y necesidades del paciente que de la metodología o el enfoque utilizados.

De hecho, el tiempo necesario para establecer una alianza terapéutica suficiente antes de empezar el reprocesamiento puede variar de unos pocos minutos a varios meses. En situaciones de respuesta a desastres y terrorismo urbano se utiliza un protocolo EMDR modificado con un enfoque abreviado de la alianza terapéutica adecuada para situaciones de asistencia aguda (véase Fernández, 2008; Kutz, et al., 2008). En el contexto de casos en los que se utilizará el protocolo EMDR estándar, los terapeutas por lo general deberán planificar dejar un mínimo de 2 sesiones para llevar a cabo las tareas esenciales para las fases 1 y 2 antes de empezar el reprocesamiento del primer recuerdo diana u objetivo. En casos en los que hay un historial de traición crónica de la confianza, los terapeutas necesitarán bastante más tiempo para establecer una alianza terapéutica adecuada y desarrollar un plan de tratamiento apropiado. En las siguientes secciones se presentan más cuestiones relacionadas con el establecimiento y el mantenimiento de la alianza terapéutica.

Competencias y conductas clínicas que mejoran la alianza terapéutica

Algunos de los elementos de capacidades y conductas terapéuticas que mejoran la alianza terapéutica son los siguientes:

- Empatía adecuada
- Comunicar una conceptualización clara del caso que el paciente pueda entender
- Establecer el ritmo de las intervenciones en función de la idoneidad del paciente
- Sensibilidad y adecuación culturales
- Voluntad y capacidad para solucionar las experiencias de falta de sintonía del paciente

Como mínimo, antes de empezar el reprocesamiento con EMDR los terapeutas deben garantizar la existencia de una alianza terapéutica suficiente que permita confiar en que las indicaciones de los síntomas del paciente y de las respuestas al tratamiento son actuales y precisas. Si el paciente no puede revelar sus impulsos o recaídas reales en el consumo de sustancias, autolesiones o acciones peligrosas, no es seguro empezar con el reprocesamiento. Cuanto mayor sea la presencia de factores de riesgo, como se ha descrito en el capítulo 5, mayor será la necesidad de garantizar una alianza terapéutica suficiente. El número de sesiones necesarias para forjar una alianza terapéutica adecuada a las necesidades del paciente antes de ofrecer procesamiento EMDR varía de tan poco como una sesión a varios meses. Cuantas más experiencias de traición a la confianza, apego inseguro y manipulación social incluya el historial del paciente, mayor será el tiempo necesario para formar una alianza terapéutica adecuada.

Educación del paciente

Un aspecto fundamental de la fase de preparación es la educación del paciente. Los pacientes tienen que entender lo siguiente:

- Sus diagnósticos
- Sus síntomas
- El impacto del trauma
- Las fases del plan de tratamiento
- Qué esperar durante el reprocesamiento con EMDR

Todos esos elementos son esenciales tanto para el consentimiento informado para el tratamiento, necesario legalmente, como para preparar a los pacientes para las experiencias con las que se encontrarán durante el tratamiento con EMDR.

Existen muchos recursos online y en papel para ayudar a educar al paciente acerca del impacto del trauma, de su tratamiento y concretamente del método EMDR. En el Anexo C se enumera una selección de esos recursos. Por su parte, la EMDR International Association (EMDRIA) elabora folletos destinados a ayudar a orientar a los pacientes hacia el tratamiento con EMDR. La tienda online del EMDR Humanitarian Assistance Programs (EMDR HAP) también ofrece material audiovisual sobre EMDR de gran utilidad. Por otra parte, un libro útil para muchos pacientes es *EMDR: Una terapia revolucionaria para superar la ansiedad, el estrés y los traumas* de Francine Shapiro y Margo Silk Forrest (2008). El libro aporta un resumen muy claro del EMDR y de su desarrollo y va dirigido a pacientes y a sus familias.

Incluye una amplia gama de historias de éxitos clínicos en las que el enfoque EMDR ha ayudado a supervivientes de muchos tipos distintos de experiencias traumáticas. Otra buena introducción al EMDR con más recursos para los pacientes acerca de cómo tratar la ansiedad y la depresión puede encontrarse en *Curación emocional: Acabar con el estrés, la ansiedad y la depresión sin fármacos ni psicoanálisis* de David Servan-Schreiber (2010).

Consentimiento informado para el tratamiento con EMDR

El EMDR es un tratamiento empíricamente avalado para trastornos que se desarrollan tras la exposición a experiencias vitales traumáticas y adversas. Son muchos los informes de casos publicados, como se describe en el capítulo 1, que sugieren que puede ser útil en una amplia gama de casos clínicos. De hecho, el consentimiento informado para el tratamiento con EMDR debería abordar como mínimo tres de los principales temas que se presentan en esta sección. Se trata de reexperimentar aspectos del suceso traumático, recordar material suprimido o disociado, y cambios en la manera como se experimentan los recuerdos. A lo largo de este capítulo analizaremos otras cuestiones más amplias del consentimiento informado y la psicoeducación.

Reexperimentar aspectos de recuerdos traumáticos y adversos

La primera cuestión del consentimiento informado, igual que con cualquier enfoque basado y centrado en traumas, es que los pacientes tienen que estar preparados para reexperimentar aspectos centrales de los recuerdos de los sucesos traumáticos y adversos que se tratan con el reprocesamiento con EMDR. Y eso es algo que puede dar lugar a la reexperimentación intensa desde un punto de vista emocional de sentimientos dolorosos. Si las experiencias originales incluyeron sensaciones físicamente dolorosas debido a heridas, es posible que se reexperimenten. Por otra parte, si la experiencia original incluía activación sexual involuntaria, el paciente podría reexperimentar esas sensaciones de nuevo durante el reprocesamiento. Por lo general el periodo de reexperimentación es cuestión de unos pocos minutos como máximo.

De hecho, es muy importante que los pacientes estén concienciados y bien preparados para hacer frente a esta posibilidad. La falta de diálogo y de preparación de los pacientes para los tipos de reexperimentación que probablemente vayan a encontrar los expone a estar con la guardia baja y a experimentar culpa, malestar o miedo adicionales e innecesarios. Tras un buen reprocesamiento, el riesgo de que los pacientes vuelvan a vivir una reexperimentación con un nivel tan vívido se reduce considerablemente.

Recordar material olvidado, suprimido y disociado

En segundo lugar, como ya decíamos en el capítulo 4, existe una tendencia significativamente mayor de que el material olvidado, suprimido y disociado vuelva a surgir en la conciencia durante la aplicación de EMDR (Lipke, 1995). Los pacientes tienen que estar preparados para aceptar la posibilidad de recordar aspectos perturbadores de recuerdos que habían minimizado u olvidado, o que puedan surgir otros recuerdos que habían olvidado. Para ver cómo abordar esta cuestión véase el debate del capítulo 4 sobre informes de la APA y de la International Society for Traumatic Stress Studies (ISTSS) acerca de la naturaleza del recuerdo y la plasticidad del mismo.

La intensidad de las intrusiones sensoriales tiende a disminuir

En tercer lugar, los aspectos sensoriales de los recuerdos de experiencias vitales adversas y traumáticas tienden a perder intensidad tras el reprocesamiento, igual que suele ocurrir con los recuerdos normales. Después de un reprocesamiento correcto, los pacientes que siempre han tenido escenas intrusivas, olores, o sensaciones físicas asociadas con determinados recuerdos, es posible que no logren recuperarlos como experiencias sensoriales intensas. En contra de los mitos que algunos pacientes hayan podido crear, el EMDR no borra los recuerdos. Los pacientes no pierden sus recuerdos sino que después de un reprocesamiento correcto los experimentarán como "simples viejos recuerdos" y no como una forma de reexperimentación.

Esta tendencia a disminuir la intensidad sensorial puede ser un problema en algunas situaciones forenses en las que el paciente puede ser requerido para testificar tras el reprocesamiento con EMDR. Es algo que puede deberse en parte a asunciones no informadas acerca de las posibles similitudes entre la hipnosis y el EMDR. Hipnóticamente, los recuerdos mejorados y la hipnoterapia pueden "contaminar" legalmente el testimonio del testigo en algunas jurisdicciones (Webert, 2003). Sin embargo, los expertos no ven el reprocesamiento con EMDR estándar como una forma de hipnosis (Nicosia, 1995).

Antes de empezar el reprocesamiento con EMDR sería prudente, en casos criminales y en algunos civiles, solicitar al paciente una declaración por escrito para abordar estas cuestiones con el fiscal o con el abogado de la defensa. En casos legales de alto nivel, las declaraciones pueden realizarse y grabarse en vídeo antes del reprocesamiento con EMDR y las sesiones de psicoterapia pueden grabarse en vídeo o en cinta de audio para aportar más documentación de que no se utilizaron técnicas hipnóticas ni de sugestión para alterar el contenido de los recuerdos del paciente.

El consentimiento informado en esas situaciones forenses no debería convertirse en un rechazo a tratar al paciente por parte de los terapeutas. A un paciente con una pierna rota se le hace una radiografía y a continuación se le enyesa; y el ortopedista no pospone ningún cuidado médico adecuado hasta después del proceso. De un modo similar, nosotros suministramos información relevante sobre el tratamiento con EMDR, obtenemos el consentimiento informado, aclaramos las dudas y las técnicas que hagan falta con el abogado correspondiente y, a continuación, procedemos a suministrar el tratamiento apropiado.

Otro problema que puede surgir con la tendencia de los recuerdos a perder intensidad es que algunos pacientes pueden temer perder sus únicos recuerdos de experiencias muy significativas para ellos. Puede ser el caso de pacientes con pérdidas traumáticas recientes de un miembro de la familia y de veteranos de guerra que han perdido a un miembro de su unidad. Véase Silver y Rogers (2002, pág. 84, págs. 111-114) donde se habla de cómo abordar éste y otros miedos con veteranos de guerra. Si bien el EMDR tiende a hacer que los recuerdos traumáticos pierdan intensidad e intrusividad, los recuerdos no se olvidan. Y lo que es más importante, con las pérdidas traumáticas puede darse la incapacidad de acceder a los recuerdos positivos. Con un buen reprocesamiento, esos recuerdos positivos tienden a volver a aflorar a la superficie y a ser más accesibles a medida que los pacientes abandonan el estado de ánimo asociado con sus pérdidas traumáticas. De hecho, suministrar esa información puede ayudar mitigar esos miedos.

Establecer el marco de trabajo para una psicoterapia basada en los traumas

La primera cuestión y más importante en psicoeducación es que los pacientes entiendan que lo que experimentan como síntomas debilitadores son respuestas normales a sucesos vitales adversos. Los pacientes que sufren de TEPT pueden o no ser conscientes de sus diagnósticos cuando inician el tratamiento. De los que son conscientes de que sus síntomas son el resultado de una exposición a experiencias traumáticas, algunos se culpan a sí mismos por defectuosos y débiles por no recuperarse solos y "superarlo". Muchos otros pacientes que sufren TEPT crónico y que inician el tratamiento no son conscientes o no pueden darse cuenta de la causa de sus síntomas. Es el caso tanto de adultos que han sufrido abuso infantil como de los que sufren TEPT relacionado con conflictos armados. Son pacientes que en su fuero interno creen que son intrínsecamente defectuosos o que están "locos" en parte porque no se dan cuenta al 100% de la relación entre los sucesos adversos de sus pasados y sus síntomas. En concreto, muchos adultos que han sufrido abuso infantil crónico inician el tratamiento sin verse como "víctimas de abusos". De hecho, no son conscientes de la naturaleza de su estatus y antes de poder iniciar el proceso de recuperación (Hansen, 1991) y de progresar de "víctima" a "superviviente" y por último a "luchador", primero tienen que aprender a reconocer la causa de su trastorno.

Normalizar el comienzo del TEPT tras la exposición a experiencias traumáticas

Para las personas con historiales de exposición a experiencias vitales traumáticas, normalizar el desarrollo del TEPT es fundamental. La psicoeducación puede ser un elemento muy importante para preparar a esos pacientes incluso antes de iniciar la exploración detallada de sus historiales y evaluar el funcionamiento y los síntomas actuales. El Estudio Nacional de Comorbilidad de 1995 indicaba unos niveles de exposición a sucesos traumáticos del 60% para los hombres y del 50% para las mujeres, con una mayoría expuesta a múltiples sucesos traumáticos (Kessler et al., 1995). En los casos de adultos expuestos a abuso o negligencia en la infancia, el riesgo de desarrollar TEPT resultó ser superior al 30% en los hombres y de cerca del 60% para las mujeres (Kessler et al., 1999). Por otra parte, el riesgo de desarrollar TEPT en hombres expuestos a trauma por combate armado resultó ser de cerca del 30% mientras que, después de una violación, el nivel superaba el 45% tanto para hombres como para mujeres (Kessler et al, 1999). Las exposiciones mucho más comunes de ser testigo de cómo alguien sufría heridas graves o resultaba muerto en un accidente, un incendio, una inundación o un desastre natural de consecuencias graves apuntaba niveles inferiores, aunque significativos, de entre el 10 y el 23% (Kessler et al., 1999). De hecho, los riesgos reales de desarrollar TEPT pueden ser incluso superiores a lo que indican esas cifras ya que no reflejan el efecto acumulativo de un historial de exposición a experiencias traumáticas que es común en los casos clínicos.

La exposición a sucesos vitales adversos no es solamente un factor de riesgo para desarrollar TEPT sino que aumenta la vulnerabilidad a las causas prematuras más comunes de muerte. Así queda descrito en una serie importante de estudios (Felitti, et al., 1998) sobre los efectos de Experiencias Infantiles Adversas (EIA o ACE en inglés) en la salud adulta. Los estudios EIA son fruto de una colaboración continuada entre el Kaiser Permanente's Department of Preventive Medicine de San Diego, California, y los U.S. Centers for Disease Control and Prevention. Véase la sección de Recursos sobre trauma infantil en el Anexo C.

"Si no lo veo no lo creo": imágenes cerebrales de pacientes con TEPT antes y después del tratamiento

A menudo una explicación breve de cómo responden los sistemas defensivos del cerebro ante sucesos adversos y traumáticos puede ayudar a los pacientes a darse cuenta de que las respuestas de estrés postraumático reflejan lesiones neuroquímicas reales en el cerebro. Los resúmenes y las imágenes de estudios de imágenes cerebrales a partir de tomografía computarizada por emisión de fotones individuales, o SPECT, de personas que han sobrevivido a traumas demuestran a los pacientes que están sufriendo de lesiones de verdad. Lesiones que, aunque no son visibles a simple vista, sí pueden verse con la tecnología moderna. Y lo que es más importante, las imágenes SPECT de pacientes con TEPT antes y después de recibir tratamiento efectivo –como las de Lansing, Amen, Hanks y Rudy (2005)– ayudan a tranquilizar a los pacientes en el sentido de que el tratamiento puede marcar una diferencia efectiva en su recuperación.

Neurobiología del trauma y del recuerdo

Algunos pacientes también pueden beneficiarse de información básica de las diferencias entre cómo se almacenan en el cerebro los recuerdos normales y cómo ocurre con los recuerdos traumáticos. Véase van der Kolk (1996) para consultar el resumen de la neurobiología del trauma. Los recuerdos normales se codifican principalmente en el hemisferio izquierdo del cerebro y en el hipocampo como narrativa coherentes de la experiencia. El hipocampo se encuentra en el tronco encefálico y es el centro donde se registran los recuerdos complejos. Además, el hipocampo también almacena información sobre "dónde" y "cuándo" ocurre la experiencia.

Los recuerdos de traumas, por su parte, se codifican principalmente en el hemisferio derecho como recuerdos sensoriales y en la amígdala. Esta última es el centro defensivo del cerebro en el que tienen lugar las respuestas de lucha, huida y sumisión (entre otras). Las señales de amenaza sensorial (imágenes, sonidos, sensaciones corporales y olores) se codifican en la amígdala, que mantiene una base de datos de todas esas amenazas para permitirnos responder al peligro rápidamente y *sin pensar*. Un fallo en la discriminación de las señales de amenaza en supervivientes de trauma da lugar a reacciones e intrusiones persistentes y recurrentes excesivamente defensivas a partir de estímulos relativamente inocuos. Las hormonas del estrés que segrega la amígdala producen la inhibición de la función del hipocampo en esas personas y, si no se trata, también produce que el tamaño del hipocampo se reduzca. Una activación excesiva de la amígdala tiende a disminuir la activación en las regiones orbito prefrontal del cerebro, justo en la frente, encima de los ojos, impidiendo la función ejecutiva normal de ejercer un control meditado de los impulsos. Así pues, cuando los recuerdos del trauma son intrusivos tienden a producir un estado de "terror mudo" (van der Kolk, 1996) en el que no están realmente "recordando", sino que están reexperimentando en vano sus experiencias traumáticas.

El modelo de procesamiento adaptativo de la información es análogo a lo que se conoce en neurobiología de cómo el cerebro desplaza los recuerdos de experiencias vitales adversas y traumáticas de este sistema de almacenamiento temporal e inadaptativo –a veces referido como memoria implícita– a un almacenamiento adaptativo a largo plazo en la narrativa –o sistema de memoria explícita (Schacter, 1987). Esta reorganización y consolidación se produce mientras se sueña o durante el movimiento REM. De hecho, puede ser uno de los mecanismos que estén detrás de la eficacia del método EMDR (Stickgold, 2002, 2008).

Si bien muchas formas contemporáneas de psicoterapia se basan principalmente en hacer que el paciente considere o ensaye nuevos pensamientos, el método EMDR depende de la estimulación de la capacidad intrínseca del cerebro para el procesamiento de información adaptativa. Esta capacidad no es controlada por el pensamiento deliberado, sino por capacidades estructurales intrínsecas más profundas del cerebro para adaptarse y aprender de la experiencia. *De hecho, durante periodos de estimulación bilateral con movimientos oculares, golpecitos o tonos en el reprocesamiento con EMDR, la mayoría de pacientes no son capaces de mantener en mente pensamientos específicos.* Esta incapacidad de retener deliberadamente imágenes o pensamientos conscientemente es normal y tiene que explicarse a los pacientes como parte de la fase de preparación para impedir que se juzguen a ellos mismos como que están fracasando o que no están utilizando el método EMDR correctamente. Por otro lado, durante el reprocesamiento algunos pacientes experimentarán muchas imágenes intensas, sensaciones corporales, emociones, asociaciones a otros recuerdos, introspección, pensamientos agradables o perturbadores, e incluso olores.

Viajar en tren: una metáfora de la observación consciente

Una de las maneras más efectivas de transmitir una orientación útil a los pacientes es con la metáfora del viaje en tren. Se trata de una metáfora que ayuda a los pacientes a adoptar una postura de observación consciente sin ponerse presión ni juzgarse a sí mismos. De hecho, aporta a los terapeutas una excelente oportunidad de suministrar la información esencial que los pacientes necesitan acerca de lo que hay que esperar y cómo prepararse para la experiencia del reprocesamiento con EMDR.

Tabla 6.1. La metáfora del tren

Una manera útil de abordar el reprocesamiento con EMDR es pensar que es como cuando viajamos en tren. Subimos al tren en la estación y buscamos un asiento libre. Al mirar por la ventana observamos lo que podemos ver por la misma antes de que el tren emprenda el viaje. Ese es el aspecto que puede tener el recuerdo traumático antes de empezar. Hay partes del recuerdo de las que podemos ser conscientes o de las que podemos tener sentimientos, pero puede haber otras que en ese momento estén ocultas. Cuando el tren abandona la estación, parece que el paisaje cambia rápidamente y que parpadea por la ventanilla como ocurre en la ciudad con los edificios, los árboles y los vehículos. A veces, parece que el paisaje apenas cambia, como cuando se tiene una visión distante de las montañas. En otras ocasiones, parece que estamos en un túnel en el que ya no podemos ver ningún paisaje y sólo experimentamos una sensación de movimiento.

Efectuaremos los movimientos oculares (o golpecitos, o tonos) durante unos 45-60 segundos y pararemos. Es como cuando el tren entra en la siguiente estación y se detiene. Llegados a ese punto le pediré que descanse, que respire profundamente y que me diga lo que nota. No tiene que intentar describir lo que ha notado mientras el tren se desplazaba por la vía, simplemente hágame saber lo que nota mientras está en el tren en la estación. Si las cosas parecen estar cambiando, entonces le diré que empiece por lo que está notando en ese momento y de ahí en adelante. Si parece que nada cambia, puedo cambiar la dirección de los movimientos oculares o la velocidad de la estimulación. Cuando el tren empieza a desplazarse por la vía, no intente mantener en mente dónde estaba ni pensar sobre nada en particular.

De vez en cuando le pediré que vuelva a prestar atención a su recuerdo y también que valore lo perturbador que le parece ahora. A veces puede haber cambiado o no; de hecho, podría ser más perturbador o menos. Sea lo más claro que pueda con sus comentarios, sin juzgar lo que debería estar ocurriendo. Durante el reprocesamiento con EMDR no existen los "tendría que..." ni los "debería haber..." Simplemente observe lo que ocurre sin juzgar si debería estar ocurriendo o no. El método EMDR no puede hacerse incorrectamente, pase lo que pase nos permitirá avanzar a través del material que va aflorando.

Si en cualquier momento siente que necesita detener el reprocesamiento, levante la mano así o así (primero levante la mano con la palma hacia el paciente y después haga la señal de "tiempo muerto" con las puntas de los dedos de una mano tocando la palma de la otra). Muéstreme cómo lo haría, por favor. Muy bien. ¿Tiene alguna duda o quiere hacer alguna pregunta?

Tabla 6.2. Explicación de las tres fases de tratamiento

El plan de tratamiento estándar con EMDR aplica el reprocesamiento en tres etapas, que se centran en el pasado, el presente y el futuro. En la primera fase, el reprocesamiento se aplica al recuerdo de sucesos traumáticos. En pacientes con uno o varios recuerdos traumáticos, por lo general con, entre una y tres sesiones de reprocesamiento se resuelve completamente un recuerdo. En pacientes con experiencias traumáticas crónicas en la infancia es posible que algunos recuerdos traumáticos requieran un poco más de trabajo, pero la mayoría quedarán resueltos en una a tres sesiones. Por otra parte, cuando se repiten experiencias traumáticas del mismo tipo, no es necesario reprocesar todos los recuerdos por separado. Por lo general sólo es necesario reprocesar el primero, el peor, y la última vez que ocurrió y después ver si quedan otros recuerdos perturbadores residuales en ese grupo. También podemos reprocesar pesadillas junto con cualquier recuerdo intrusivo. De manera sistemática aunque flexible, trabajaremos todos los recuerdos que requieran atención hasta que dejen de perturbar. A continuación desplazaremos la atención hacia señales actuales que siguen siendo capaces de estimular pensamientos, sensaciones o impulsos de conducta angustiosos. Estas tendencias persistentes a responder defensivamente se codifican durante las experiencias traumáticas en una parte del cerebro emocional que se denomina *amígdala*, también conocida como centro de lucha, huída y sumisión. De hecho, la amígdala ha evolucionado para recordar siempre situaciones de amenaza pasadas y reaccionar rápidamente sin pensamiento consciente. Esas respuestas defensivas pueden persistir incluso cuando los recuerdos traumáticos han desaparecido por completo. Así pues, en la segunda fase de tratamiento reprocesaremos señales externas (p. ej. imágenes, sonidos u olores) y señales internas (p. ej. una taquicardia o una respiración agitada) que siguen provocando pensamientos, sensaciones o impulsos de conducta perturbadores. El hecho de mantener un diario o una bitácora sencillos de esos tipos de reacciones nos puede ayudar a monitorizar sus respuestas al tratamiento y a planear lo que requiere atención en la segunda fase de tratamiento. Tras haber reprocesado las señales actuales y cuando han dejado de provocar malestar, centraremos nuestra atención en el futuro. Juntos, ensayaremos mentalmente cómo afrontar cualquier situación futura que pueda surgir. Y podemos solucionar las ansiedades anticipatorias que queden y ensayar nuevas habilidades para afrontarlas efectivamente hasta que se sienta preparado para lo que está por venir.

Fases del tratamiento

En la fase de preparación, además de la psicoeducación acerca de la naturaleza del trauma y qué esperar durante el reprocesamiento con EMDR, los terapeutas deberán ofrecer un resumen de las fases del tratamiento para la planificación del mismo que recomiendan al paciente. En la mayoría de casos el plan de tratamiento seguirá el modelo de tres vertientes: pasado, presente y futuro, descrito en el capítulo 3. Explicar este modelo de tratamiento no sólo forma parte del consentimiento informado adecuado al tratamiento, sino que también ayuda a prevenir cualquier sensación de fracaso o de inadecuación en los pacientes.

Un porcentaje significativo de pacientes continuará experimentando reacciones ante señales actuales aún después del reprocesamiento correcto de sus recuerdos de experiencias traumáticas. Incluso después de haber reprocesado por completo los recuerdos perturbadores del pasado y las señales actuales, los pacientes pueden seguir teniendo la necesidad de abordar las ansiedades anticipatorias o de reforzar nuevas capacidades con el ensayo mental en la plantilla de futuro. El hecho de explicar brevemente las tres fases del tratamiento en la fase de preparación ayuda a normalizar las expectativas de lo que tendrá lugar en el transcurso de una serie de sesiones de tratamiento. Cuando esa psicoeducación se ofrece en la fase de preparación, más adelante, en pleno tratamiento, si los pacientes experimentan alguna dificultad con la persistencia de determinados síntomas es mucho más fácil recordarles las tres fases del tratamiento y cómo sus preocupaciones van a ser tratadas por completo por el plan de tratamiento.

Presentación y comprobación de la estimulación bilateral

En el caso de pacientes que reúnan los criterios de idoneidad y que no requieran de mayor estabilización, los terapeutas les presentarán la estimulación bilateral sin centrarse inicialmente en un recuerdo. Tras seleccionar un modo de estimulación, los terapeutas por lo general les ofrecerán el ejercicio del lugar tranquilo –descrito más abajo en la Tabla 6.6– para confirmar que este método de estimulación bilateral se tolera bien y resulta efectivo.

Modos de estimulación

Existen tres modos de estimulación bilateral alterna que se utilizan en las sesiones de tratamiento con EMDR: (a) movimientos oculares, (b) tonos auditivos y (c) estimulación táctil. El objetivo de incorporar la estimulación bilateral alterna, junto con el resto de técnicas de EMDR, es mejorar el procesamiento de la información centrando la atención del paciente con la estimulación externa de una manera segura, bien tolerada y que mejora la formación de nuevas asociaciones adaptativas. La mayoría de artículos sobre EMDR publicados abordan la utilización del movimiento ocular solamente. De los estudios que examinan distintos modos de estimulación, la mayoría son con sujetos no clínicos en los que los resultados no pueden generalizarse al tratamiento clínico. Pero lo que sí sugieren esos estudios análogos es que los movimientos oculares pueden ser más eficaces a la hora de generar una mayor flexibilidad cognitiva y nuevas asociaciones (Kuiken, Bears, Miall y Smith, 2001-2002), por lo que tienden favorecer el uso de movimientos oculares bilaterales. Dada la escasez de estudios dedicados a los resultados clínicos con tipos específicos de estimulación, es prematuro concluir que otros métodos de estimulación bilateral que no sean los movimientos oculares sean efectivos. Así las cosas, en general, cuando los pacientes toleren los movimientos oculares se les deben considerar el método primario de estimulación bilateral. Sin embargo, la seguridad del paciente, su comodidad y la respuesta al tratamiento deberán guiar las elecciones clínicas en cuanto al modo de estimulación. Cuando los pacientes no toleren los movimientos oculares debido a mareos, nauseas o cualquier otro malestar ocular, deberán utilizarse formas alternativas de estimulación bilateral.

Opciones

El método original descrito por Shapiro (1989a, 1989b, 2004) para la generación de movimientos oculares empieza por colocar la silla del terapeuta ligeramente al lado de la del paciente. De hecho, el terapeuta no se sienta directamente delante del paciente para evitar que éste tenga su cara en medio del campo de visión y para evitar también la presión de una posición de "brazo rígido" para generar movimientos oculares. A continuación, la mano del terapeuta se coloca a una distancia cómoda del rostro del paciente, más o menos a la misma distancia que para leer un libro. Después, empezando –y terminando– en el centro del campo de visión del paciente, éste empieza a realizar los movimientos oculares al tiempo que observa la mano del terapeuta desplazándose de un lado a otro. Si resulta necesario, se puede indicar al paciente que mantenga la cabeza quieta para que sólo se muevan sus ojos. En términos generales, la amplitud de los movimientos oculares debería cubrir entre dos tercios y tres cuartos del campo de visión horizontal del paciente. Así, el alcance de los movimientos de brazo necesarios para generar esos movimientos oculares dependerá de lo cerca que se encuentre la mano del terapeuta del rostro del paciente.

Para facilitar el seguimiento visual y evitar una cualidad intrusiva, el terapeuta deberá evitar apuntar con los dedos de la mano en movimiento a los ojos del paciente. En cambio, y para facilitar la observación de los movimientos, deberá mantener varios dedos o la palma de la mano perpendicular a la cara del paciente, con el antebrazo elevado en un ángulo de entre 30 y 45 grados. Los movimientos de la mano resultantes deberán ser una línea recta aproximadamente, evitando movimientos de tipo circular o de "limpiaparabrisas" ya que pueden generar una tensión ocular considerable para el paciente y se ha observado que resultan menos efectivos que otros movimientos oculares más lineales. Con el fin de evitar tensiones excesivas, fatiga o autolesiones, el terapeuta deberá generar los movimientos de la manos desde el codo desplazando el antebrazo como si las puntas de los dedos se estuvieran deslizando por una verja, en lugar de bloqueando el codo y generando movimientos desde el hombro. Por lo general es más fácil hacerlo con los pies en paralelo en el suelo que con las piernas cruzadas. Y para ayudar a aproximar este tipo de movimiento del brazo, los terapeutas pueden practicar los movimientos del antebrazo apoyando el codo sobre el respaldo de una silla o sobre una mesa.

Para algunos pacientes, la necesidad de sentarse considerablemente más cerca de lo que suele ser habitual en la mayoría de situaciones de consulta psicoterapéutica es posible que requiera que se tenga que hablar de ello antes con el fin de abordar cualquier problema que pueda suponer esa proximidad física. Y para reducir la tensión del brazo o eliminar la incomodidad del paciente con la proximidad física, se puede utilizar una ayuda mecánica sencilla para alargar el antebrazo como un puntero extensible, una regla o cualquier otro objeto ligero que se pueda aguantar con la mano y que se pueda mover delante del rostro del paciente. Eso permite al terapeuta sentarse más lejos del paciente y estirar menos el brazo o hacer movimientos menores con la muñeca al tiempo que sigue generando movimientos oculares lo suficientemente amplios.

Los movimientos oculares suaves de seguimiento pueden ser difíciles de establecer con algunos pacientes utilizando el método básico descrito. Para reducir cualquier lucha incipiente sobre esos mecanismos, los terapeutas pueden animar a los pacientes a "imagine que empuja mis dedos con sus ojos y yo le seguiré". Otra opción es pedir a los pacientes que cambien la dirección de la mirada de un lado a otro separando los brazos extendidos del terapeuta y colocando una mano a cada lado de la cara del paciente y levantando alternamente uno o más dedos.

Los tonos auditivos alternos pueden generarse fácilmente a cada lado si el terapeuta coloca las manos hacia los lados del rostro del paciente y chasquea suavemente los dedos, utilizando un cliqueador pequeño o golpeando la base de dos vasitos de papel. Algunos terapeutas describen haber utilizado mazas largas con punta de corcho para golpear alternamente los brazos de la silla en la que se encuentra el paciente como sistema para generar tonos alternos.

Antes de la llegada de las ayudas tecnológicas, tocar las manos alternativamente había sido la forma más común de estimulación quinestética. Para esta opción, el terapeuta debe estar sentado lo suficientemente cerca como para tocar al paciente y por lo general las manos de éste último están con las palmas hacia abajo sobre los brazos de la butaca o sobre las rodillas. El terapeuta utiliza uno o dos dedos para tocar suavemente el dorso de una mano y después de la otra. De hecho, el terapeuta puede administrar esos tocamientos bilaterales o golpear suavemente ambas manos o una sola. El método de ambas manos requiere que el terapeuta se siente enfrente del paciente y el método de una mano puede hacerse estando al lado. A fin de evitar tocar al paciente directamente, puede utilizarse una maza ligera con un cabezal suave, o un objeto de tela como una bola de ropa para tocar el dorso de las manos del paciente. Si éste lleva pantalón corto o minifalda, el terapeuta puede proponer cubrirle las piernas y las rodillas con una mantita, con un chal o con una toalla limpia.

Ayudas tecnológicas para administrar estimulación bilateral

Cada vez son más las ayudas tecnológicas disponibles para ayudar a los terapeutas formados en EMDR a generar estimulación bilateral. Se trata de opciones que pueden resultar muy útiles para evitar la fatiga del terapeuta, para superar sus limitaciones físicas o para dar respuesta a necesidades especiales de los pacientes. En ausencia de datos controlados acerca de los efectos de las distintas tecnologías en los resultados clínicos, los factores primarios que rigen la selección de las ayudas tecnológicas parecen ser los costes, la disponibilidad de opciones multimodo simultáneas y las preferencias del facultativo.

Neurotek Corporation fue la primera en ofrecer a ese tipo de productos y mercados los dispositivos más utilizados para ayudar en el tratamiento con EMDR. El EyeScan 4000 propone una barra rectangular montada sobre un trípode con una línea de 24 luces LED verdes (o azules). Se puede configurar para que se enciendan y se apaguen secuencialmente, o para que se enciendan alternamente cada vez que termina la barra. La velocidad se puede ajustar antes o durante los movimientos oculares mediante un mando a distancia inalámbrico. Al final de la barra la pantalla registra automáticamente el número de repeticiones por serie. EyeScan 4000 también genera tonos auditivos alternos mediante unos auriculares opcionales y estimulación quinestética a través de dos pequeñas sondas táctiles. De nuevo, la velocidad y el número de repeticiones se controlan y se regulan fácilmente gracias al mando a distancia. Estos tres modos de estimulación pueden utilizarse por separado o combinados como se quiera. Neurotek también suministra dispositivos más sencillos y más económicos que se pueden sostener en la falda o para proporcionar solamente estimulación quinestética y auditiva o auditiva solamente.

También hay empresas que ofrecen cintas de cassette y CDs con varios tipos de estimulación auditiva alterna que van desde tonos a sonidos de la naturaleza o música. La publicidad de todos esos productos puede encontrarse en el boletín de EMDRIA y en el salón de demostraciones de la conferencia anual que organiza. Puede resultar difícil o imposible alternar la velocidad de la estimulación con sonidos pregrabados, del mismo modo que puede ser difícil o imposible monitorizar el número de repeticiones excepto si se cuantifica la longitud de la exposición a los sonidos alternos. Algunos terapeutas han utilizado sonidos alternos pregrabados para ofrecer estimulación auditiva bilateral continua durante las sesiones de tratamiento mediante auriculares o altavoces, o para que los pacientes los utilicen en casa. Hasta el momento no se han publicado estudios sobre los efectos de escuchar esos tipos de sonidos alternos pregrabados, ni como complemento de la psicoterapia ni para que los usen los pacientes, que indiquen si son útiles o no. La utilización de estimulación auditiva bilateral continua debería considerarse como una desviación significativa de las fases del procedimiento EMDR estándares todavía no avalada por estudios publicados.

Existen varias empresas e individuos que también han desarrollado programas informáticos para generar movimientos oculares de rastreo y sonidos alternos o estimulación táctil. Estos programas pueden suministrar tecnología menos costosa para los que ya disponen del hardware necesario. El software puede ofrecer opciones variadas para estimulación visual y auditiva y para el mantenimiento automático de un registro de las sesiones de tratamiento. Sin embargo, para suministrar la amplitud óptima de movimientos oculares que se suelen utilizar en EMDR, es posible que sea necesario sentarse bastante cerca del ordenador para monitorizar o bien comprar una pantalla grande, bastante costosa por otra parte. De todas estas opciones tecnológicas disponibles, sólo el EyeScan 4000 es conocido por haber sido comprobado extensamente por supervisores de formación de EMDR, y los pacientes lo aceptan y lo consideran igual de efectivo que los movimientos oculares generados manualmente. Queda claro que hacen falta estudios controlados que evalúen las variables de los pacientes y sus respuestas a la utilización de modos, frecuencias y duración de estimulación alterna como parte del tratamiento con EMDR.

Comentarios verbales y respuestas a distintos modos y tipos de estimulación

Los terapeutas deberían empezar por investigar la tolerancia del paciente a distintas velocidades y modos de estimulación, antes de acceder a cualquier recuerdo positivo o negativo. A continuación, tras seleccionar un modo inicial de estimulación, los terapeutas evaluarán las respuestas de los pacientes al modo de estimulación bilateral seleccionado durante el ejercicio del lugar tranquilo o el desarrollo y la instalación de recursos. Al mismo tiempo, deberán seguir monitorizando las respuestas de los pacientes ante el modo y la velocidad de estimulación bilateral seleccionados durante el reprocesamiento inicial de los recuerdos perturbadores en la fase de desensibilización. Cualquier indicación de modificación del contenido sensorial, afectiva o de las sensaciones físicas y los pensamientos del paciente significa que el modo de estimulación es efectivo.

Estabilización de la ansiedad, del estado de ánimo, del control de los impulsos y de los síntomas disociativos

Los pacientes con síntomas graves de ansiedad, alteración del estado de ánimo, control de impulsos o disociativos requieren intervenciones de estabilización adicionales antes de estar preparados para el reprocesamiento con EMDR. Consideraremos todos esos tipos de inestabilidad por separado.

Los pacientes que sufren episodios de ansiedad graves o ataques de pánico necesitan desarrollar capacidades para reducir su ansiedad antes de iniciar el reprocesamiento con EMDR. Cuando sufren de TEPT, lo más probable es que sus síntomas de ansiedad aguda no desaparezcan por completo mediante las técnicas de autocontrol hasta que se proponga el reprocesamiento con EMDR, pero sigue siendo importante que tengan cierto sentido del control de sus estados ansiosos. Si las sesiones de reprocesamiento con EMDR iniciales son incompletas o si experimentan síntomas intrusivos adicionales entre sesiones, los pacientes necesitarán poder pasar a un estado de mayor calma utilizando para ello los métodos practicados durante la fase de preparación.

Por lo general los pacientes se muestran ansiosos antes de empezar el reprocesamiento con EMDR de sus recuerdos traumáticos y el hecho de practicar métodos para reducir la ansiedad puede ayudarles a sentirse preparados para llevar a cabo la transición hasta el reprocesamiento. Una metáfora que ilustra todo esto es cuando uno sabe que los frenos de su automóvil funcionan bien y puede conducir rápido con la confianza de saber que tiene el control y que puede frenar y detener el vehículo con seguridad. Si uno sabe que los frenos no funcionan, no se tiene el control ni circulando despacio, y por supuesto que no se conduce con seguridad a alta velocidad. Practicar métodos de autocontrol "repara los frenos" y proporciona a los pacientes una sensación de autocontrol suficiente que les permite empezar el reprocesamiento. Practicar el ejercicio del lugar seguro o el desarrollo y la instalación de recursos puede resultar especialmente útil porque su uso de la estimulación bilateral les hace simular que el reprocesamiento ya ha empezado.

Las respuestas de los pacientes a los distintos métodos para regular la ansiedad varían, por lo que puede ser importante ofrecer varios métodos hasta que tengan suficientes herramientas para manejar la ansiedad actual. Los métodos para regular la ansiedad recaen en dos categorías muy amplias: métodos activos (como la relajación progresiva) y métodos pasivos (como la meditación mindfulness). Los métodos activos muestran un riesgo menor de respuestas de ansiedad paradójica (Heide y Borkovec, 1983) y por lo general tienen efectos positivos antes que los métodos pasivos.

Métodos para reducir la ansiedad

La relajación muscular progresiva (RMP) es una técnica para el manejo del estrés que se ha descrito ampliamente en la literatura comportamental (Conrad y Roth, 2007; Lehrer, Woolfolk y Sime, 2007) desarrollada por el doctor americano Edmund Jacobson a principios de los años 20 (Jacobson, 1938). Si bien existen algunas pruebas de que la relajación progresiva tiene mayores efectos en la tensión muscular que en la función autónoma como la hiperactivación o la ansiedad (Lehrer, Carr, Sargunaraj y Woolfolk, 1994), muchos pacientes la consideran bastante útil. La relajación progresiva implica tensionar deliberada y suavemente pequeños grupos de músculos de una parte del cuerpo para a continuación relajar deliberadamente ese aumento de la tensión. Esta tensión y relajación suaves se aplica progresivamente, por lo general empezando por los pies y subiendo hasta la cabeza. Los terapeutas pueden ofrecer a los pacientes formación directa en relajación progresiva durante la sesión o bien pueden optar por simplemente hablar del fundamento de la relajación progresiva, explicarla en la sesión y dejar que los pacientes la practiquen en casa utilizando un cassette o un CD.

Tabla 6.3. Relajación muscular progresiva

- La relajación muscular progresiva (RMP) implica tensar deliberada y suavemente grupos de músculos específicos para después liberar la tensión. Practique RMP unos 10 minutos al día, durante 10-14 días. Finalice cada sesión de práctica con una señal de relajación —véase más abajo.
- Practique la RMP en un lugar tranquilo, alejado de distracciones como la música de fondo. Quítese los zapatos y utilice ropa cómoda. Practique antes de las comidas en lugar de después. Evite la ingesta de alcohol o de drogas antes de la práctica.
- Practique sentado cómodamente o tumbado –si puede hacerlo sin quedarse dormido.
- Tensión-Relajación
  - a) Paso 1: *Tensión*. Para empezar, céntrese en el grupo muscular. A continuación inspire y simplemente tense los músculos con firmeza durante 6 segundos aproximadamente. Por ejemplo, empezando por la mano derecha, cierre el puño con fuerza.
  - b) Paso 2: *Liberar la tensión*. Transcurridos los 6 segundos, libere la tensión al mismo tiempo que espira. Deje que toda la tensión fluya por los músculos mientras siente como expulsa el aire. Imagine, por ejemplo, que la tensión se escapa de su mano a través de las puntas de los dedos mientras suelta el aire. Sienta cómo los músculos se relajan y se aflojan.
  - c) Paso 3: *Descanse mientras dura el siguiente ciclo de respiración*. Observe la diferencia en esta parte de su cuerpo entre tensión y relajación.
- Mientras practica puede sentir que está tensionando otros músculos además de los de la zona determinada. Cuando se dé cuenta, intente corregirlo. Por ejemplo, puede estar tensando los músculos del brazo y el hombro derechos, y no sólo los de la mano derecha. A medida que siga practicando aprenderá a diferenciar cada vez más entre músculos.
- Trabaje con todos los grupos musculares mayores del cuerpo en una progresión sistemática desde los pies hacia arriba en la siguiente secuencia recomendada:

☐ Pie derecho	☐ Todo el brazo derecho
☐ Pantorrilla y pie derechos	☐ Mano izquierda
☐ Toda la pierna derecha	☐ Antebrazo y mano izquierdos
☐ Pie izquierdo	☐ Todo el brazo izquierdo
☐ Pantorrilla y pie izquierdos	☐ Abdomen
☐ Toda la pierna izquierda	☐ Pecho
☐ Mano derecha	☐ Cuello y hombros
☐ Antebrazo y mano derechos	☐ Rostro

- Señal de relajación: Cuando haya finalizado la secuencia de RMP, observe el estado de relajación de sus músculos. A continuación empareje una señal de relajación con el estado de relajación. Por ejemplo, haga que el pulgar y el dedo índice de la mano no dominante se toquen suavemente. También puede utilizar una palabra o una frase como señal de relajación. Si practica la señal de relajación todos los días durante 10 como mínimo, establecerá una respuesta condicionada. Después puede utilizar la señal de relajación como señal fisiológica rápida para relajarse cuando lo necesite.
- Cuando finalice la sesión de práctica, permanezca relajado con los ojos cerrados durante un tiempo y, a continuación, levántese *lentamente*. La presión sanguínea baja por la relajación profunda puede producir hipotensión ortostática, un descenso repentino de la presión sanguínea debido al hecho de levantarse rápidamente, y podría hacer que se sintiera mareado o incluso que se desmayara.

El *entrenamiento autógeno* es una técnica de manejo del estrés desarrollada por primera vez por el neurólogo Oskar Vogt y que más tarde fue ampliada por el psiquiatra alemán Johannes Schultz (Schultz y Luthe, 1959). Se basa en observaciones de sujetos hipnóticos que experimentan pesadez y calidez, especialmente en brazos y piernas. Implica seis ejercicios estándares de imaginación visual y señales verbales que hacen que el cuerpo se sienta cálido, pesado y relajado y requiere práctica diaria regular durante un periodo prolongado de tiempo de entre 4 y 6 meses. Con todo, se adapta mejor a pacientes que estén lo suficientemente motivados y que sean disciplinados con la práctica diligente. El entrenamiento autógeno puede resultar más útil para pacientes con desregulación autónoma ya que los estudios existentes demuestran que tiene efectos positivos en varios problemas de salud relacionados con el estrés (Lehrer, Woolfolk y Sime, 2007). Existen CD para ayudar a los pacientes para los que el entrenamiento autógeno pudiera resultar útil.

Los ejercicios de respiración aportan intervenciones breves y fáciles de aprender que pueden disminuir rápidamente la ansiedad y aumentar la sensación de autocontrol.

La respiración diafragmática resulta muy útil para mejorar la autorregulación en trastornos de ansiedad (Telch, et al., 1993) y de epilepsia idiopática (Fried, Fox y Carlton, 1990). Sin embargo, para el tratamiento estable y a largo plazo de síntomas de ansiedad, los estudios indican que la rehabilitación respiratoria debe combinarse con métodos cognitivo-comportamentales (Craske, Rowe, Lewin y Noriega-Dimitri, 1997; Eifert y Heffner, 2003; Schmidt et al., 2000) o EMDR (Fernández y Faretta, 2007; Goldstein y Feske, 1994). Por lo general la respiración diafragmática es fácil de aprender y genera beneficios relativamente rápidos.

La respiración completa es otro método fácil de aprender que parece ayudar rápidamente a reducir la ansiedad y que aumenta la sensación de bienestar de los pacientes (McCraty, Atkinson, Tomasino y Bradley, 2001). Esta respiración procede de ejercicios antiguos de respiración de yoga conocidos como *pranayama* (Iyengar, 1981). El nombre de la técnica se basa en igualar la longitud de los distintos componentes del ciclo respiratorio. En mi práctica priorizo este método ya que parece

Tabla 6.4. Respiración diafragmática.

- El diafragma es un músculo grande y en forma de cúpula que se encuentra debajo de los pulmones.
- Practique la respiración diafragmática durante 5-10 minutos unas dos o tres veces al día.
- Para practicarla tumbado sobre una superficie lisa:
  1) Túmbese boca arriba sobre una superficie lisa, con las rodillas dobladas. Puede colocar una almohada debajo de las rodillas. Coloque una mano en la parte superior del pecho. Coloque la otra justo debajo de las costillas para poder sentir el movimiento del diafragma cuando respira.
  2) Inhale despacio por la nariz de modo que el estómago se desplace contra su mano. La mano situada en el pecho debería permanecer lo más quieta posible.
  3) Para exhalar, tensione suavemente los músculos del estómago, dejando que se metan hacia adentro cuando exhala a través de las fosas nasales o los labios cerrados. La mano situada en el pecho debería permanecer lo más quieta posible.
- Para practicarla sentado en una silla:
  1) Póngase cómodo, con las rodillas dobladas y los hombros, cabeza y cuello relajados.
  2) Coloque una mano sobre la parte superior del pecho y la otra justo debajo de las costillas. Así podrá sentir como se mueve el diafragma cuando respira. Inspire despacio por la nariz de modo que el estómago se desplace contra su mano.
  3) Para exhalar, tensione suavemente los músculos del estómago, dejando que se metan hacia adentro cuando exhala a través de las fosas nasales o los labios cerrados. La mano situada en el pecho debería permanecer lo más quieta posible.

útil para la mayoría de pacientes, tanto por edad como por dolencia. Puede enseñarse en unos pocos minutos y aporta ventajas inmediatas de autocontrol sin necesidad de largos periodos de práctica.

El entrenamiento en coherencia cardíaca es un tipo de formación en biorretroalimentación que ha demostrado ser útil en el tratamiento de muchos trastornos relacionados con el estrés como la depresión, la fibromialgia, la ansiedad ante exámenes y el pánico (Bradley, McCraty, Atkinson, Arguelles y Rees, 2007; Hassett et al., 2007; Karavidas et al., 2007; McCraty, Atkinson, Tomasino y Stuppy, 2001). Así pues, el entrenamiento en coherencia cardíaca parece aportar ventajas tanto cognitivas como autónomas. Los terapeutas pueden obtener un sistema de este entrenamiento en el Institute of HeartMath (http://www.heartmath.org), que pueden utilizar para ayudar a los pacientes a desarrollar un mayor autocontrol de sus estados internos. Por otra parte, el Dr. David Servan-Schreiber (2004) ha escrito una maravillosa introducción para EMDR y el rol de la coherencia cardíaca en la salud, que será de utilidad tanto para los pacientes como para los terapeutas.

El ejercicio del lugar tranquilo

Este ejercicio, que originalmente se conocía como el ejercicio del lugar seguro (Shapiro, 2004), fue desarrollado por Neal Daniels en 1991 (Shapiro, 1998b) para tratar las respuestas de ansiedad paradójica (Heide y Borkovec, 1983, 1984) en veteranos de guerra para practicar relajación estructurada en la fase de estabilización del tratamiento. Dado que una proporción significativa de pacientes lucha o simplemente no puede identificar un lugar asociado con un sentimiento de "seguridad", es más fácil simplemente pedirles que identifiquen un lugar "tranquilo". En el ejercicio del lugar tranquilo se pide al paciente que se centre en una imagen y en los sentimientos relacionados con un lugar asociado con sentimientos de tranquilidad y se inician varias series de estimulación bilateral –con movimientos oculares, golpecitos o tonos. A fin de reducir el riesgo de que la atención se desvíe por la asociación espontánea a un recuerdo traumático, se utilizan un número más limitado de repeticiones de las series de movimientos oculares en el ejercicio del lugar tranquilo que cuando se realiza el reprocesamiento activo de un recuerdo traumático.

El ejercicio del lugar tranquilo sirve al mismo tiempo como ejercicio de estabilización y como herramienta de evaluación. La amplia experiencia clínica ha llevado a observar de manera consistente que los pacientes que responden bien durante la sesión al ejercicio del lugar tranquilo son por lo general buenos candidatos para reprocesamiento con EMDR. De hecho, los pacientes que responden bien al ejercicio del lugar tranquilo muestran cambios simples y positivos de estado y ausencia de asociaciones negativas. También son capaces de utilizarlo entre sesiones para ayudar a regular momentos de intrusión y ansiedad. Por otro lado, los pacientes que tienen respuestas complejas

Tabla 6.4. Respiración igualada

- Inspire por la nariz, llene de aire la parte inferior de los pulmones dilatando la barriga mientras cuenta hasta 3 o 4. Mantenga la respiración durante los mismos 3 o 4 segundos. A continuación exhale durante la misma cantidad de segundos, vaciando los pulmones mientras hace presión sobre la barriga. Para terminar, descanse mientras mantiene los pulmones vacíos durante 3-4 segundos. Repita el ejercicio durante 2-3 minutos.

o adversas al ejercicio del lugar tranquilo probablemente requieren planes de tratamiento más complejos y capacidades de EMDR más sofisticadas por parte de los terapeutas.

Tabla 6.4. Ejercicio del lugar tranquilo

Cuando los pacientes no pueden identificar un lugar tranquilo, sugiérales que se centren en un lugar bonito o que desprenda paz, o en recordar que están con una persona o con un grupo de personas con los que se sientan bien o seguros.

1) Imagen: Diga, "Piense en un lugar (real o imaginado) que le transmita sentimientos de tranquilidad y de paz".
2) Emociones y sensaciones: Diga, "Observe la imagen que acompaña a su lugar tranquilo. Observe lo que oye, lo que ve y lo que siente en este lugar". Pregunte, "¿Qué siente?". Anote las palabras y las frases descriptivas que dicen los pacientes.
3) Mejora: Mejore el acceso del paciente a la red de recuerdos del lugar tranquilo repitiendo sus principales palabras y frases sensoriales descriptivas y haciendo énfasis en los sentimientos y las sensaciones positivas. A continuación, pregunte "¿Qué observa y siente ahora?". Si el paciente sigue expresando sensaciones e imágenes agradables, vaya al siguiente paso.
4) Estimulación bilateral: Aplique tres o cuatro series de estimulación bilateral con 4-6 pases por serie. Diga, "Céntrese en su lugar tranquilo y observe en qué partes del cuerpo siente las sensaciones agradables". Empiece la primera serie de estimulación bilateral. A continuación, pregunte "¿Qué observa o siente ahora?". Si el paciente indica sensaciones y sentimientos positivos, repítalo dos o tres veces más. Diga, "Céntrese en eso y prosiga otra vez".
5) Palabra clave: Pregunte, "¿Qué palabra o qué frase representa su sitio tranquilo?". Cuando el paciente haya identificado una palabra o frase clave, diga "Observe la sensación positiva cuando piensa en esa palabra y continúe". Aplique 4-6 pases de estimulación bilateral. A continuación, pregunte "¿Cómo se siente ahora?". Repita esta secuencia con la palabra clave unas tres veces.
6) Autoinducción con la palabra clave: Haga que el paciente acceda al lugar tranquilo con la palabra clave. "Ahora me gustaría que dijera esa palabra y que observara cómo se siente". Cuando el paciente indique haber accedido a las sensaciones del lugar tranquilo otra vez, aplique 4-6 pases de estimulación bilateral.
7) Inducción con palabra clave con perturbación: Pida al paciente que "Imagine una molestia menor de los últimos días y ¿cómo se siente?". Haga una pausa y escuche lo que explica. A continuación, diga, "Ahora céntrese en su lugar tranquilo y en su palabra clave y observe lo que ocurre en su cuerpo". Si el paciente puede acceder a las emociones y sensaciones positivas, aplique 4-6 pases de estimulación bilateral. Repita una o dos veces.
8) Autoinducción con palabra clave con perturbación: Diga al paciente, "Ahora me gustaría que pensara en otro incidente moderadamente molesto. Y después vuelva a centrarse en su lugar tranquilo usted solo. Mientras lo hace, observe los cambios que ocurren en su cuerpo. Indíqueme cuando haya terminado y esté de vuelta a su lugar tranquilo".

La tarea: "Me gustaría que practicara utilizando su lugar tranquilo, entre ahora y nuestra próxima sesión, por lo menos una vez al día y cada vez que piense que le pueda ser útil. Hablaremos de ello la próxima vez que nos veamos.

Adaptado de varias fuentes, como Shapiro (2004, págs. 124-125) y Greenwald (2007, págs. 106-108).

Las dificultades con el ejercicio del lugar tranquilo pueden implicar no ser capaz ni tan solo de pensar en un lugar tranquilo, o pensar en lugares con asociaciones tanto positivas como negativas. Después de identificar un lugar tranquilo, las respuestas adversas pueden incluir tener asociaciones negativas con esa escena o con otra escena perturbadora. De hecho, esas asociaciones negativas pueden producirse durante la obtención inicial de más detalles sensoriales sobre el lugar tranquilo o durante la estimulación bilateral. El ejercicio del lugar tranquilo puede verse como una herramienta de evaluación proyectiva en la que tanto el contenido de la imagen del lugar tranquilo como las asociaciones visuales y verbales aportan información sobre la construcción del paciente de la narrativa y la estructura de sí mismo.

Como veíamos en el capítulo 5, es fundamental entrevistar a los pacientes para detectar un trastorno disociativo antes de ofrecer cualquier técnica de estimulación bilateral clínica, incluso antes de plantear el ejercicio del lugar tranquilo. Si el paciente resultara tener un trastorno disociativo no diagnosticado, las posibles complicaciones pueden incluir acceso repentino y emerger de una parte emocional de la personalidad (van der Hart et al., 2006), también conocido como *personalidad "alter"* (Putnam, Zahn y Post, 1990). Conceptualmente, este franqueo de la barrera amnésica entre estados separados de disociación estructural puede verse como el resultado de la tendencia de la estimulación bilateral utilizada en las técnicas de EMDR para inducir más asociaciones entre redes de recuerdos. Clínicamente lleva a cambios potencialmente disruptivos en los que parte de la personalidad está activa, desde una parte aparentemente normal de la personalidad a una parte emocional conocida como (van der Hart et al., 2007).

Un ejemplo es el del terapeuta que pidió a una mujer de 32 años y madre de tres hijos que identificara un lugar tranquilo en la primera sesión. El terapeuta no había administrado la Escala de experiencias disociativas, Versión II (DES-II) ni tampoco había llevado a cabo un examen del estado mental para averiguar la existencia de un trastorno disociativo como se describe en el capítulo 5. Como sitio tranquilo, la paciente describió un banco junto a una charca en el que solía sentarse cuando era niña con su abuela y desde el que daba de comer a los patos. Tras la tercera serie de estimulación bilateral la paciente cambió de postura, metió las piernas debajo de la silla y empezó a mostrar signos de miedo y confusión. Con voz de niña, dijo al terapeuta "No quiero estar aquí más. ¿Me puedo ir a casa?". Cuando el terapeuta le preguntó si sabía conducir, su respuesta fue, "No. ¿Me llevará a casa?". Esta no es la mejor manera de descubrir que un nuevo paciente sufre de un trastorno de identidad disociativa. Si bien este tipo de descubrimientos inesperados son raros, ocurren hasta a terapeutas con gran experiencia en EMDR (Leeds, 1998b) que han omitido la entrevista para saber si hay trastorno disociativo antes de proceder al ejercicio del lugar tranquilo. Con respecto a lo que se debe hacer en estas circunstancias, véase la sección siguiente sobre el manejo de los estados disociativos en la fase de preparación.

Cuando se seleccionan los recuerdos y las imágenes que se utilizarán en el ejercicio del lugar tranquilo, puede ser útil pedir recuerdos de experiencias adultas, sobre todo si el paciente ha referido un historial de sucesos infantiles adversos crónicos. Mientras que los pacientes pueden utilizar correctamente escenas puramente imaginarias, como un paciente que aún sin haber estado se imagina paseando por las playas de Hawai, sigue siendo importante garantizar que las escenas imaginarias no son el foco original de una fantasía para escapar a un miedo y una ansiedad ineludibles. Una paciente dijo que su lugar tranquilo era flotar en las nubes, mientras escuchaba cantar a los ángeles. Al preguntarle cuándo se recuerda por primera vez utilizando ese lugar tranquilo para relajarse, contestó "Cuando tenía 7 años me escondí en un armario, por miedo a que mi padre alcohólico me pegara al regresar del trabajo". Si bien los pacientes pueden creer que esos lugares imaginarios son apropiados para los ejercicios del lugar tranquilo, los terapeutas tendrán que apartar toda imagen o recuerdo que esté inextricablemente vinculado por una asociación histórica a un estado de miedo o de ansiedad. Ensayar imágenes históricamente asociadas con el uso de defensas disociativas al tiempo que se ofrece estimulación bilateral no sólo supone el riesgo de llevar a cabo asociaciones muy negativas sino que también podría llevar a potenciar el uso de defensas disociativas inadaptativas. En lugar de eso se debe pedir un recuerdo real o seleccionar un nuevo lugar imaginario que sólo tenga asociaciones positivas para todas las partes de la personalidad.

Después de realizar todo el ejercicio del lugar tranquilo con el paciente en la sesión, los terapeutas deberán llevar a cabo un seguimiento en las sesiones posteriores para comprobar que es capaz de utilizar el ejercicio en casa para lograr por lo menos una sensación de autocontrol sobre los recuerdos intrusivos y los estados de ansiedad (hiperactivación) antes de empezar con el reprocesamiento con EMDR. Véase la sección sobre el uso del diario o el registro a continuación, casi al final de este capítulo.

La distracción y los métodos dispersos de autocontrol alejan temporalmente la atención de la reexperimentación intrusiva. Son enfoques que toman distintas formas como los ejercicios dirigidos con imágenes (Rossman, 2000) y las intervenciones derivadas de la hipnosis (Fromm y Kahn, 1990; Hammond, 1990). Shapiro potencia el uso de varios métodos con imágenes para el autocontrol como la "técnica del haz de luz" (Shapiro, 2004, pág. 242) que atenúa la tensión cambiando el enfoque entre canales sensoriales. Esta "técnica del río de luz" resulta de gran utilidad en la fase de cierre, como se describe en el capítulo 10, para pacientes con molestias físicas residuales al final de sesiones de reprocesamiento incompletas.

Métodos de manejo de estados de ánimo depresivos

Los pacientes que sufren de síntomas entre moderados y graves de depresión a veces reprocesan con menos efectividad que aquéllos cuyas depresiones están parcialmente controladas. La presencia de síntomas depresivos no excluye la utilización del reprocesamiento con EMDR. De hecho, un estudio sobre resultados del tratamiento con EMDR de sujetos con TEPT que tenían síntomas depresivos clínicamente significativos mostró reducciones importantes o incluso la eliminación de la depresión clínica (Wilson, Becker y Tinker, 1995, 1997). El desarrollo y la instalación de recursos también puede convertirse en una intervención efectiva en algunos casos de depresión, como sugieren investigaciones preliminarias (Ichii, 2003; Korn y Leeds, 2002). En casos en que los síntomas depresivos son más graves y pueden interferir con los efectos del reprocesamiento o quizás justificar intervenciones iniciales de estabilización, los terapeutas deberán considerar la derivación del paciente para su evaluación médica. Sin embargo, muchos pacientes se muestran reacios a aceptar medicación psiquiátrica y se preocupan, y con razón, por los posibles efectos secundarios negativos. Además hay alternativas sencillas a la medicación que pueden resultar muy efectivas para reducir los síntomas depresivos en la mayoría de casos.

La práctica de ejercicio moderado reduce los síntomas de depresión profunda rápidamente y sin riesgo de efectos secundarios (Dunn, Trivedi, Kampert, Clark y Chambliss, 2002). Los ejercicios aeróbicos y anaeróbicos son igual de efectivos (Martinsen, Hoffart y Solberg, 1989). También se ha demostrado que el ejercicio moderado es un tratamiento efectivo para la depresión crónica ante trastornos médicos crónicos y sucesos vitales adversos adicionales (Harris, Cronkite y Moos, 2006).

En 2007, el American College of Sports Medicine (ACSM) y la American Heart Association (AHA) actualizaron sus pautas de actividad física para adultos sanos de menos de 65 años (Haskell, et al., 2007). Las recomendaciones del ACSM y de la AHA indican lo siguiente (pág. 1.423):

> Para promover y mantener la salud, todos los adultos sanos de entre 18 y 65 años necesitan actividad física aeróbica de intensidad moderada (resistencia) durante un mínimo de 30 minutos cinco días a la semana, o actividad física aeróbica intensa durante un mínimo de 20 minutos tres días a la semana.

La actividad aeróbica de intensidad moderada se define (pág. 1.423) como "el equivalente a un paseo a paso ligero que acelera notablemente la frecuencia cardíaca". La actividad intensa (pág. 1.423) es "por ejemplo el footing, que produce una aceleración de la respiración y un aumento sustancial de la frecuencia cardíaca". También añaden (pág. 1.423) lo siguiente: "Además, todo adulto debería llevar a cabo actividades que mantengan o aumenten la fuerza muscular y la resistencia un mínimo de dos días a la semana".

Los pacientes que inicien o que retomen la práctica de ejercicio siguiendo estas pautas reducirán los síntomas de la depresión al mismo tiempo que mejorarán su estado de salud general. Además, y dado que la mayoría de pacientes que sufren de depresión y TEPT experimentan trastornos del sueño, también pueden beneficiarse del ejercicio de moderado a intenso por sus efectos positivos en la calidad del sueño (Merrill, Aldana, Greenlaw, Diehl y Salberg, 2007; Santos, Tufik y De Mello, 2007). La falta de sueño tiene efectos directos sobre la actividad prefrontal y da lugar a déficits de "mindfulness", estado de ánimo, aprendizaje, toma de decisiones ejecutivas y juicios morales (Curcio, Ferrara y De Gennaro, 2006; Ferreira, et al., 2006; Killgore, Kahn-Greene, et al., 2007; Killgore, Killgore, et al. 2007; McEwen,

2006; Yoo, Hu, Gujar, Jolesz y Walker, 2007). Las ventajas neurológicas de la mejora del sueño debido a la práctica de ejercicio regular en la actividad prefrontal avalan directamente una mayor capacidad para beneficiarse de la psicoterapia en general y del EMDR en particular debido a la mejora del mindfulness y la capacidad de "observar solamente" los componentes perturbadores de los objetivos de trauma de forma no reactiva durante el reprocesamiento con EMDR. Mejorar la higiene del sueño tiene una importante influencia estabilizadora en el funcionamiento real. Para obtener más información sobre cómo mejorar la higiene del sueño, véase Foldvary-Schaefer (2006). Una de las maneras más sencillas de mejorar la calidad del sueño en pacientes deprimidos es iniciando o retomando la práctica de ejercicio de moderado a intenso.

Cuando existe la preocupación de que los síntomas depresivos puedan impedir temporalmente las respuestas positivas al reprocesamiento, los terapeutas deberán considerar también otras intervenciones cognitivas y de conducta. Existen datos que avalan que la terapia cognitivo-conductual (CBT) proporciona efectos rápidos y efectivos del tratamiento en síntomas de depresión en adultos (Brunstein Klomek y Stanley, 2007; Feldman, 2007). Sin embargo, el análisis de componentes sugiere que los componentes conductuales son los que tienen un mayor efecto en el cambio del estado de ánimo (Jacobson, et al., 1996; Jacobson y Gortner, 2000) y que los efectos del tratamiento pueden no ser estables en niños y adolescentes (Watanabe, Hunot, Omori, Churchill y Furukawa, 2007). Terapeutas y pacientes tendrán que considerar todos esos factores a la hora de tomar decisiones informadas y colaborativas acerca de la combinación correcta de las intervenciones cognitivas, conductuales y farmacológicas para el manejo de los síntomas agudos de depresión en la fase de preparación.

La práctica de mindfulness (Kabat-Zinn, 1994) ha atraído una atención cada vez mayor en los últimos años como tratamiento para mejorar la estabilidad de los efectos del tratamiento en pacientes con depresión recurrente (Segal, Williams y Teasdale, 2006). El mindfulness es una forma más pasiva de autocontrol y por ello se asocia con un mayor riesgo de respuestas de ansiedad paradójica (Heide y Borkovec, 1983, 1984) en algunos pacientes. Los programas de práctica de mindfulness basados en manuales requieren un compromiso temporal significativo por parte de los pacientes, generan beneficios de forma gradual y no están disponibles en todas las áreas. Si bien esta práctica puede no resultar apropiada como intervención de estabilización en la mayoría de casos de TEPT, sí puede ser útil para casos de TEPT complejos con síntomas depresivos más crónicos y recurrentes.

Métodos para reducir la disociación

Los síntomas disociativos pueden ser muy perturbadores y disruptivos para los pacientes que sufren TEPT u otros trastornos de disociación estructural (van der Hart et al., 2007). Los síntomas de despersonalización y desrealización pueden aparecer en algunos pacientes sólo en momentos de mucha ansiedad, de reexperimentación intrusiva o como respuesta a señales de amenaza específicas. En otros pacientes esos síntomas pueden ser aspectos crónicos de la vida cotidiana. En el *Manual diagnóstico y estadístico de los trastornos mentales* (*DSM*) (American Psychiatric Association, 1994), el TEPT y el trastorno por estrés agudo (TEA) se consideran trastornos de ansiedad, mientras que el trastorno de despersonalización, el TDNE y el TID se consideran trastornos disociativos. Sin embargo, en el modelo de disociación estructural (van der Hart et al., 2007), esos trastornos se conceptualizan en un espectro en el que el grado de disociación estructural varía de primario a secundario y terciario. Véase la Tabla 4.3 del capítulo 4. Tras evaluar la presencia de trastorno de despersonalización, trastorno disociativo no especificado (TDNE) y trastorno de identidad disociativo (TID), como se describe en el capítulo 5, los terapeutas deberán considerar si los pacientes necesitan desarrollar capacidades para disminuir la gravedad de los síntomas disociativos y para abandonar los estados disociativos como parte de la fase de preparación del tratamiento antes de empezar el reprocesamiento con EMDR. Practicar habilidades en la fase de preparación para controlar los síntomas disociativos no tiene la intención, ni logra, eliminar esos síntomas permanentemente. Los síntomas disociativos, asociados con el TEA y el TEPT, solo pueden resolverse total y permanentemente si se abordan directamente sucesos etiológicos y señales de amenaza residual y para ello se necesita reprocesamiento con EMDR o cualquier otro método efectivo para la solución de experiencias etiológicas.

La escala de la parte posterior de la cabeza

Es muy útil pedir a los pacientes que valoren su nivel de disociación, despersonalización o desrealización antes y después de practicar ejercicios destinados a disminuir la disociación utilizando la Escala de la parte posterior de la cabeza desarrollada por Jim Knipe (Knipe, 2002; Knipe y Forgash, 2001). Se trata de una herramienta subjetiva de autovaloración basada en el sentido de localización del sí mismo que indica el paciente. En estados graves de despersonalización, los pacientes indican percibir su perspectiva sensorial como si procediera de la parte posterior de la cabeza. Estas alteraciones perceptivas parecen deberse a una integración multisensorial deficiente (i.e., disociación) en la confluencia temporoparietal del cerebro (Ehrsson, 2007; Lenggenhager, Smith y Blanke, 2006; Lenggenhager, Tadi, Metzinger y Blanke, 2007). La escala va del 0, presencia total en el cuerpo con el sentido de sí mismo justo delante de los ojos, al 10, despersonalización total y desde la parte posterior de la cabeza, viendo las escenas desde fuera del cuerpo. Una puntuación de 5 sería un estado intermedio de despersonalización y desrealización con una sensación de no estar centrado, alejándose de la sensación de corporeidad total y estando parcialmente desconectado de las sensaciones físicas. Esta escala también puede utilizarse para ayudar a los pacientes a monitorizar el nivel de despersonalización y desrealización que experimentan durante el registro del historial, durante la evaluación del objetivo que se va a reprocesar, y durante el reprocesamiento. Si el nivel de disociación excede un grado pactado previamente, el enfoque puede desplazarse a disminuir la disociación antes de regresar a la tarea anterior. Knipe (2002) describe varios métodos sencillos para disminuir la disociación y aumentar el enfoque sensorial en el aquí y el ahora. A continuación se describen métodos adicionales.

Aumentar el enfoque sensorial en el aquí y el ahora ayuda a disminuir el alejamiento disociativo de la conciencia sensorial y a aumentar la presencia. Con este fin utilizo un sencillo "ejercicio de enfoque sensorial externo". Para éste y otros ejercicios de reducción de la disociación, pida a los pacientes que puntúen su nivel percibido de disociación antes y después del ejercicio. Se parece un poco a la "técnica 5-4-3-2-1" de Yvonne Dolan (1991) y Betty Alice Erickson, hija de Milton Erickson, pero no tiene como objetivo reducir la ansiedad, sino que el

Tabla 6.7. Ejercicio de enfoque sensorial externo

EJERCICIO DE ENFOQUE SENSORIAL EXTERNO PARA DISMINUIR LA DISOCIACIÓN
Visual – Fase 1 – Encontrar objetos de determinadas características en la sala. Eche un vistazo a la consulta y encuentre un objeto rojo. Cuando lo encuentre, dígamelo. Eche un vistazo a la consulta y encuentre un objeto azul. Cuando lo encuentre, dígamelo. Eche un vistazo a la consulta y encuentre un objeto brillante. Cuando lo encuentre, dígamelo. Eche un vistazo y encuentre el objeto más grande de la consulta. Cuando lo encuentre, dígamelo. Etc. Auditivo – Fase 1 – Sonidos dentro de la consulta. Escuche los sonidos de la sala y observe en qué dirección se desplaza el sonido. Dígame qué oye. Visual – Fase 2 – Nombrar los objetos vistos en la sala. Observe y diga el nombre de varios de los objetos que ve. Auditivo – Fase 2 – Escuchar sonidos procedentes del exterior de la sala. Escuche sonidos procedentes del exterior de la sala. Note el sonido que parece proceder de más lejos. Note de qué dirección parece proceder el sonido. Note el sonido procedente del exterior de la sala más cercano. Note de qué dirección parece proceder el sonido.

Tabla 6.8. Ejercicios de tensión estructurada

EJERCICIOS DE TENSIÓN ESTRUCTURADA PARA DISMINUIR LA DISOCIACIÓN
Secuencia sugerida: 1) Puntúe la disociación con la CIPOS/EPPC de 0—*ninguna* a 10—total Despersonalización y Desrealización. 2) Practique la tensión estructurada mientras esté sentado y/o de pie. 3) Puntúe la disociación de 0 a 10 con la EPPC. 4) A continuación identifique y acceda a una señal de disociación actual. 5) Puntúe la disociación de 0 a 10 con la EPPC. 6) Ahora vuelva a practicar esa secuencia. 7) Puntúe la disociación de 0 a 10 con la EPPC.
Tensión estructurada estando sentado: 1) Golpee con el codo doblado hacia fuera en la palma mano, y repita en el otro lado del cuerpo. 2) Levante la rodilla y golpéela contra el codo; repita con el otro lado del cuerpo. 3) Cruce las manos por detrás de la cabeza; mirando hacia arriba y atrás, flexione el cuello hacia atrás y presione ligeramente con la parte posterior de la cabeza en las palmas de las manos.
Tensión estructurada estando de pie: 1) Estire una pierna hacia delante y deje la otra atrás en la postura del "estiramiento del corredor". Mirando hacia arriba, con los codos ligeramente flexionados, presione firmemente ambas palmas de las manos contra la pared a la altura de los hombros. Mantenga el talón de la pierna de detrás pegado al suelo. Haga fuerza contra la pared con ambas manos. A continuación cambie la posición de las piernas. 2) Separe los pies a la altura de la cadera. Mantenga los talones y la cadera alineados en la medida de lo posible. Estire los brazos por encima de la cabeza. Estire las palmas hacia el techo y abra bien los dedos. Mire hacia atrás todo lo que pueda. A continuación retome una postura de pie normal y observe cuál es su percepción de la sala y de usted mismo en ella.

objetivo es desplazar la atención del paciente de una conciencia disociativa y centrada internamente de voces e imágenes generadas por uno mismo a imágenes y sonidos percibidos externamente del aquí y el ahora. De hecho, durante este ejercicio utilizo un tono rápido y práctico con el fin de aumentar el estado de alerta. Si el ejercicio resulta útil y disminuye la despersonalización y la desrealización, pido a los pacientes que lo practiquen en casa cuando noten que están entrando o que han entrado en estados de disociación.

La tensión estructurada para aumentar el tono de los extensores es otra serie sencilla de ejercicios que he desarrollado para aumentar la actividad en los reflejos posturales y disminuir los aspectos somáticos de la disociación. Desde un punto de vista conceptual estos ejercicios surgen de la intención de invertir el paradigma que encontramos en un niño o joven adulto que ha entrado en una postura de sumisión curvada en la posición fetal. En tales estados estuporosos de alejamiento, los reflejos posturales están desactivados. He seleccionado el término *tensión estructurada* en relación con la técnica conductual de "tensión aplicada" (Öst y Sterner, 1987; véase el capítulo 13) en la que un paciente con fobia a la sangre que se encuentra sentado tensa los músculos inferiores del cuerpo para ganar control frente al descenso de presión sanguínea de la respuesta vasovagal a fin de evitar el desmayo y aumentar el riego de sangre al cerebro. Estableciendo un paralelismo, la tensión estructurada tiene como objetivo invertir la pérdida de reflejo tónico del sistema postural y desplazar la actividad somática del sistema defensivo de sumisión al sistema orientador de alerta y de postura erguida.

Métodos para disminuir conductas de reducción de tensión inadaptativas y de autolesión

Muchos pacientes con TEPT crónico y con historiales tempranos de exposición a sucesos vitales adversos experimentan impulsos inadaptativos de reducción de tensiones que pueden llevar a realizar esfuerzos de automedicación con alcohol o drogas, a conductas sexuales compulsivas, a practicar juego, compras o ejercicio compulsivamente y también a impulsos de autolesionarse (Black, 2007; Connors, 1996; Henry, 1996; Kessler, et al., 1995).

Seeking safety (En busca de la seguridad) es un manual de tratamiento de estabilización y seguridad de 25 sesiones para pacientes con TEPT y abuso de sustancias comórbido que ha demostrado tener unos resultados significativamente mejores que el tratamiento habitual para consumo de sustancias, creencias relacionadas con abuso de sustancias y TEPT, algunos síntomas relacionados con traumas y anorexia y somatización (Najavits, 1998, 2002, 2005, 2006). Es un tratamiento individual o en sesiones de grupo que lleva a cabo un terapeuta profesional o paraprofesional y que lo convierte en una alternativa asequible para poblaciones tradicionalmente incapaces de pagar una terapia privada que a menudo no queda cubierta por los seguros médicos.

Brown y Gilman (2007; Brown, Gilman y Kelso, 2008) estudiaron la búsqueda de la seguridad en combinación con EMDR para casos derivados de *drug courts*[1] judiciales de drogas ($N = 30$) con diagnósticos duales de consumo de sustancias y TEPT. De hecho, averiguaron que el 68% de los casos que les llegaban cumplían o casi cumplían los criterios de TEPT. De las personas que terminan el programa, el 66% acepta más tratamiento con EMDR y recibe una media de 14 sesiones de EMDR, el 83% de los cuales superan el programa *drug court* con éxito. De los que terminan el tratamiento inicial de búsqueda de seguridad (*Seeking Safety*) y declinan más tratamiento con EMDR, sólo el 33% llevan a cabo el programa *drug court*. Así, de este estudio preliminar se desprende que la "búsqueda de seguridad" funciona como intervención de estabilización efectiva para preparar a un porcentaje importante de individuos para que se beneficien del reprocesamiento con EMDR y que la combinación de buscar seguridad y reprocesamiento con EMDR da lugar a unos mejores resultados a la hora de cumplir con los requisitos del *drug court*.

La terapia dialéctico-conductual (DBT) es un tratamiento para el trastorno límite de la personalidad (TLP) ampliamente validado en estudios de los resultados de tratamientos (Linehan, 1993). El TLP se

1. Salas de justicia especializadas en control de sustancias o "drug courts", son salas del tribunal, son salones del tribunal que atienden a acusados de delitos relacionados con el uso y abuso de drogas. Están guiados por un enfoque de justicia terapéutica y operan a través de un seguimiento judicial intensivo para lograr la rehabilitación de acusados de delitos graves con problemas de adicción. La meta principal del programa es la rehabilitación del participante y así reducir la reincidencia criminal relacionada con el uso y abuso de sustancias controladas.

ve cada vez más como un síndrome postraumático (Herman y van der Kolk, 1987; Liotti y Pasquini, 2000; Trull, 2001) y parece ir muy en paralelo con el diagnóstico propuesto de trastornos de estrés extremo no especificado (DESNOS) (American Psychiatric Association, 1994; Pelcovitz, et al., 1997) que Judith Herman acuñó como *TLP complejo* (Herman, 1992a). La DBT resulta beneficiosa para la mayoría de los dominios de la sintomatología del TLP, pero no trata ni resuelve específicamente los recuerdos perturbadores de exposiciones traumáticas que encontramos en esos pacientes. Estudios comparativos más recientes sugieren que la DBT puede producir una reducción menos completa en los dominios sintomáticos como forma estructurada de psicoterapia centrada en las transferencias (Clarkin, Levy, Lenzenweger y Kernberg, 2007). Además, la DBT se suministra mediante una combinación de psicoterapia individual y de grupo que requiere una formación especializada significativa para un equipo de tratamiento. Si bien todavía no existen estudios formales de la utilización de la DBT como intervención de fase de estabilización antes de ofrecer tratamiento con EMDR, existe un informe de caso (Brown y Shapiro, 2006) que siguió este paradigma y que recoge unos resultados de tratamiento positivos y estables. Esperamos que los estudios controlados que se realicen en el futuro aclaren qué combinaciones de tratamiento son más beneficiosas para los pacientes que sufren de TLP-DESNOS (trastornos de estrés extremo no especificados).

El *desarrollo e instalación de recursos* (DIR) es un método de refuerzo del ego propuesto como intervención de estabilización en el enfoque EMDR al tratamiento del TEPT (Leeds, 1997; Leeds, 1998a; Leeds y Shapiro, 2000; Shapiro, 2004 págs. 434-440). También se utiliza en enfoques de EMDR para abuso de sustancias (Popky, 2005) y mejora del rendimiento (Foster y Lendl, 1995, 1996; Lendl y Foster, 2003). Si bien todavía no existe ningún estudio controlado de los resultados del tratamiento sobre estos usos del desarrollo e instalación de recursos, los informes de casos preliminares publicados (Korn y Leeds, 2002) y su extensa utilización en la comunidad EMDR sugieren que puede ser de utilidad para disminuir la vergüenza intensa, la despersonalización, los ataques de ira, las conductas autolesivas, el comer compulsivamente, los pensamientos obsesivos autocríticos, los estados emocionales persistentemente negativos (deseperación) y las conductas sexuales peligrosas.

Tabla 6.9. Indicaciones clínicas para empezar con DIR

INDICACIONES CLÍNICAS PARA CONSIDERAR EL DIR ANTES DE EMPEZAR EL REPROCESAMIENTO EMDR ESTÁNDAR PARA CASOS DE TEPT:

1) Pacientes que no pueden controlar la reducción tensional, ni las conductas de evitación o agresivas que implican:
   a) Riesgo grave de autolesión, mutilación, muerte.
   b) Abuso de sustancias peligrosas que suponga una amenaza para la vida del paciente.
   c) Daño a los demás.
   d) Pérdida de la estabilidad económica, de la vivienda o de apoyo social básico sin alternativas aceptables.
2) Pacientes que tienen miedo o que no desean empezar el tratamiento con EMDR y
   a) para los que los métodos de cuidado de uno mismo y de autorregulación convencionales, como la relajación estructurada y métodos dirigidos con imágenes (como el lugar tranquilo o seguro) no atenúan el malestar del paciente en la consulta o no son útiles para él entre sesiones de tratamiento.
   b) para los que esta incapacidad de regular la ansiedad (u otros afectos) deja al paciente en situación de vulnerabilidad ante la inundación emocional o para llevar a cabo acciones peligrosas durante y entre sesiones de tratamiento.
3) A pesar de que el paciente ha manifestado su interés por empezar a solucionar sus traumas con EMDR, el terapeuta puede determinar que existe un riesgo sustancial de que éste dé por terminado bruscamente el tratamiento si se procede a utilizar EMDR debido a:
   a) Poca fuerza del ego.
   b) Incapacidad de tolerar material suprimido o disociado.
   c) Ya se han observado cambios de tipo Límite idealizando y devaluando al terapeuta.
   d) Una vergüenza intolerable si tuviera que retomar las acciones peligrosas no letales o si tuviera que reexperimentar determinados recuerdos dolorosos.
4) Pacientes que tienen episodios en los que no pueden hablar o en los que casi no pueden articular sus pensamientos. En esos momentos los pacientes parecen confundidos o abrumados por estados emocionales.
5) Pacientes que no pueden narrar con coherencia sucesos transcurridos durante la semana (ni con el terapeuta planteando preguntas), como interacciones de elevado nivel de estrés con miembros de la familia o con compañeros de trabajo. En cambio, esos pacientes emiten narraciones fragmentarias de dichas situaciones y pasan a hacer comentarios vagos de autocrítica.
6) Pacientes que se ven tan inundados por afectos, recuerdos o impulsos inadaptados después de iniciar el reprocesamiento estándar con EMDR que su funcionamiento cotidiano sufre un impacto negativo.
7) Pacientes que tienen sesiones de reprocesamiento con EMDR crónicamente incompletas.

Cuando los pacientes no pueden identificar un lugar tranquilo o seguro, el desarrollo y la instalación de recursos aporta una serie mucho más amplia de opciones para introducirles a las técnicas de estimulación bilateral con una experiencia positiva que también tiene un rol de evaluación similar al ejercicio del lugar tranquilo. Además de su uso como alternativa al lugar tranquilo, también puede ser útil para varios tipos de problemas clínicos que se describen con más detalle a continuación: (a) pacientes que no cumplen con los criterios de idoneidad estándar para el reprocesamiento con EMDR estándar para el control de impulsos o regulación afectiva, (b) pacientes con miedo a empezar el reprocesamiento con EMDR, (c) preocupaciones clínicas con respecto a los riesgos de finalización prematura si se empieza el reprocesamiento con EMDR, (d) indicaciones de que los pacientes experimentan despersonalización episódica, (e) pacientes que carecen de capacidad narrativa para describir sucesos estresantes recientes, (f) pacientes que se ven tan inundados con los afectos, los recuerdos o los impulsos inadaptativos tras empezar el reprocesamiento con EMDR estándar que su funcionamiento cotidiano sufre un impacto negativo, y (g) pacientes que tienen sesiones de reprocesamiento con EMDR crónicamente incompletas.

De hecho, las precauciones que deben aplicarse son las mismas que las del ejercicio del lugar tranquilo. Los terapeutas deberán siempre analizar la existencia de un trastorno disociativo antes de ofrecer técnicas de estimulación bilateral, incluido el desarrollo y la instalación de recursos. Además, los pacientes con Estado de apego Inseguro-Evitativo (Main, 1996) o Temeroso (Bartholomew y Horowitz, 1991) pueden tener respuestas limitadas o adversas al protocolo de desarrollo e instalación de recursos y es posible que necesiten un enfoque modificado o centrado en desarrollar tolerancia a la afectividad positiva (Leeds, 2006). Aunque las ventajas y los riesgos asociados con este protocolo cuentan con gran aceptación y reconocimiento, todavía no existen estudios controlados del desarrollo y la instalación de recursos. Antes de proponer DIR a los pacientes se deberá obtener un consentimiento informado adecuado.

Mientras que el DIR casi siempre es una experiencia muy positiva tanto para pacientes como para terapeutas, ha habido cierta preocupación (Korn, Weir y Rozelle, 2004; Shapiro, 2004) de que algunos terapeutas lo utilicen de manera no adecuada o en exceso. Es algo que puede deberse en parte a que algunos terapeutas consideran la exposición a los recuerdos traumáticos de sus pacientes como algo negativo debido a una falta de formación, de experiencia o las capacidades suficientes en EMDR. Por otra parte, también puede deberse a que los terapeutas experimenten una reestimulación de sus propias experiencias personales no resueltas al ofrecer reprocesamiento con EMDR a pacientes con TEPT (Dalenberg, 2000).

Cuando terapeutas que han finalizado su formación en EMDR ofrecen a pacientes con TEPT DIR durante muchas más sesiones de las necesarias para cumplir con los criterios de idoneidad para EMDR, pueden acabar por transmitir el mensaje de que el paciente es demasiado débil para tolerar el material traumático aumentando así la evitación y la ansiedad con respecto al reprocesamiento con EMDR. Por otra parte, también es posible que agoten los recursos financieros del paciente, con lo que le impedirán poder concluir el tratamiento efectivo y médicamente necesario para su TEPT.

Cuando está claro que los pacientes padecen síntomas de TEPT y que cumplen los criterios de idoneidad existen varias razones no válidas para utilizar DIR antes de empezar el reprocesamiento con EMDR estándar. Se trata de situaciones en las que el terapeuta tiene un *sentimiento vago* de que el paciente es "inestable", sufre de ansiedad por la posible abreacción del paciente, tiene aversión ante el contenido de los recuerdos del mismo, siente preferencia por ayudar al paciente para "sentirse bien", o tiene miedo de no ser capaz de "finalizar" la sesión. En circunstancias como éstas, el terapeuta deberá obtener más información, formación, asesoramiento o EMDR para resolver sus problemas y hacer un uso adecuado del método.

En cuanto a qué porcentaje de pacientes con TEPT que necesita DIR antes de empezar el reprocesamiento con EMDR estándar, cabe decir que no existen estudios definitivos para contestar a la pregunta. Korn y Leeds (2002) sugieren que el DIR podría ser necesario en la fase de estabilización del tratamiento en un número importante de casos de pacientes complejos con TEPT-DESNOS que reúnen los criterios de TLP. Korn et al. (2004) indican que en un estudio bien controlado y de ocho sesiones del tratamiento con EMDR <5% de adultos con TEPT, incluso aquéllos para los que el trastorno se inició en la infancia, necesitaron DIR y que por lo general sólo necesitaron una sesión de DIR. Los supervisores aprobados por EMDRIA por lo general indican que solamente un pequeño porcentaje de pacientes con TEPT necesita DIR antes del reprocesamiento con EMDR estándar de

Tabla 6.10. Siete pasos principales del procedimiento para el Desarrollo e instalación de recursos

1) Identificar una diana desde el análisis de una cadena de conducta.
2) Seleccionar un recuerdo o una imagen de dominio, relacional o simbólica que: ✔ Represente una capacidad necesaria y que ✔ esté asociado con un afecto positivo.
3) Acceder (con preguntas guiadas) y mejorar (mediante la repetición de las descripciones del paciente) tantos aspectos del recuerdo como sea posible.
4) Añadir varias series breves (de 6-12 repeticiones cada una) de movimientos oculares (golpecitos o tonos). ✔ Si es necesario mantener el acceso al recuerdo positivo, puede ayudar repetir las descripciones del paciente antes de cada serie.
5) Repetir los pasos 2-4 tantas veces como sea necesario para todos los recuerdos y cualidades hasta que
6) El paciente pueda ensayar imaginariamente (en una plantilla de futuro) utilizando esas capacidades adaptadas en la situación diana.
7) Comprobar la estabilidad en la situación diana con los comentarios del diario del paciente y repetir los pasos 2-6 si resulta necesario en ésta o en otras situaciones dianas.

los recuerdos perturbadores. Así pues, parece que la mayoría de pacientes que reúnen los criterios de TEPT y que *no* cumplen los criterios de TLP, o cualquier otro trastorno comórbido grave que afecte a la estabilidad, necesitarán una sesión de DIR antes de estar preparados para el reprocesamiento con EMDR estándar.

Se han publicado varias versiones escritas diferentes de guiones de DIR, además de las distribuidas a través de las presentaciones de las conferencias de EMDRIA y EMDR Europa y en varios manuales de formación de EMDR. Las fases del procedimiento de EMDR estándares se han hecho operativas formalmente con pasos precisos y se han sometido a evaluación empírica repetida con pruebas de fidelidad. En cambio, el protocolo DIR no se ha sometido a estudios controlados ni tampoco se ha vinculado exclusivamente a una descripción específica de procedimiento con pasos exactos. Como persona reconocida que desarrolló el nombre de DIR y las primeras versiones de fases del procedimiento estándares de DIR, no creo que la efectividad del DIR dependa tanto de la redacción del guión como de la adherencia a una serie de siete pasos básicos en su aplicación. Siempre que los terapeutas sigan esos siete pasos, pueden elegir entre utilizar su propio lenguaje o seguir cualquiera de los guiones disponibles y que siguen las fases fundamentales. Los terapeutas que quieran utilizar un guión para administrar el protocolo DIR pueden consultar los dos que se incluyen en el Anexo B.

El enfoque para la aplicación de DIR empieza con un análisis de la cadena de conducta (Koerner, Miller y Wagner, 1998; Linehan, 1993; Shearin y Linehan, 1994), de las conductas inadaptativas de afrontamiento actuales. Un análisis de este tipo identifica con todo detalle las señales ambientales específicas, los antecedentes personales y las consecuencias de conductas peligrosas o inadaptativas. A la hora de obtener y seleccionar recursos, los terapeutas consideran simultáneamente tanto los estímulos actuales como las experiencias infantiles originales en las que faltaban recursos. Trabajar con unos recursos bien seleccionados será útil para mejorar la estabilidad conductual, emocional y cognitiva actuales y, cuando el paciente esté preparado, para reprocesar las experiencias infantiles originales que subyacen en las respuestas inadaptativas adultas.

Los recursos se desarrollan naturalmente y pueden obtenerse de tres amplios dominios de experiencia: recuerdos de dominio, recursos relacionales y símbólicos. Las experiencias de dominio son recuerdos de sucesos y logros del pasado, de establecimiento efectivo de límites, asertividad y cuidado de uno mismo. Los recursos relacionales son de dos tipos: otras personas que apoyan y modelos de rol. *Las otras personas que apoyan* han proporcionado cuidados directos, empatía, apoyo, validación, una pauta o una guía. De hecho, hay cierto nivel de dependencia implícita, de confianza y de relación directa con esas otras personas que apoyan. *Los modelos de rol* demuestran maneras de ser y capacidades que el paciente quiere emular. No es necesario que haya contacto directo ni relación con los modelos de rol, que pueden ser figuras históricas o de ficción, además de individuos de la comunidad del paciente o de su familia más extensa. Los símbolos pueden tener un origen cultural, religioso y metafísico, además de los que genera directamente el paciente en sueños, imágenes dirigidas o terapia artística. Se debe ser cauto a la hora de seleccionar recursos cuando se trabaja con personas procedentes de trasfondos de negligencia emocional permanente. Los pacientes con apego inseguro evitador (Main, 1996) a menudo adoptan una postura de contradependencia pronun-

Tabla 6.11. Análisis de cadena de conducta para DIR

Utilizar DIR con un análisis de cadena de conducta en la fase de estabilización del tratamiento de TEPT complejo:

1) Establezca un contrato para el paciente de detener la conducta y registrar e informar de nuevas situaciones de entrar en conductas de autolesiones reales.
2) Elabore un análisis de la cadena de conducta que identifique con todo detalle las señales medioambientales concretas, los antecedentes personales y las consecuencias de las conductas peligrosas o inadaptadas basándose en la siguiente jerarquía de importancia:
   a) Conductas que suponen una amenaza para la vida, suicidas y parasuicidas
   b) Conductas que interfieren con el tratamiento (p. ej., incumplimiento, cancelar las citas, abandono prematuro)
   c) Pautas que puedan tener un efecto grave en la calidad de vida (p. ej., consumo de drogas, incapacidad de mantener el empleo)
   d) Desarrollo de competencias de afrontamiento (véase Koerner et al., 1998; Linehan, 1993; Shearin y Linedhan, 1994)
3) Identifique el propósito o propósitos de la conducta.
4) Identifique y enumere las señales internas y externas, emociones y creencias que precedan o que se asocien con la conducta inadaptada. Puntúe el nivel pre tratamiento de impulso de la conducta inadaptada para cada señal diana.
5) Identifique los recursos necesarios y respuestas de afrontamiento alternativas.
6) Instálelos y practique con la plantilla de futuro hasta que la validez de los recursos (1-7) alcance 6 o 7 al centrarse en situaciones objetivo a partir de la cadena de conducta.
7) Reprocese los estímulos actuales (en lugar del recuerdo más temprano) con recursos como interconexiones cognitivas según las necesidades y hasta que el nivel en la escala SUD o nivel de impulso (0-10) descienda hasta 2 o menos y deje de activarse en respuesta a los estímulos actuales.

ciada y pueden tener reacciones negativas cuando se intenta instalar recursos que impliquen confiar en los demás o depender de los demás. En cambio, los pacientes con apego inseguro ansioso-ambivalente que pueden mostrar rasgos borderline por lo general responden de manera excelente a la instalación de otras personas que apoyan.

El objeto de esta sección sobre DIR ha sido proponer una breve introducción a su utilización en casos que encajan con el alcance de este texto. Una descripción completa del uso de DIR en casos de disociación estructural secundaria y terciaria, como TEPT complejo, TLP, DESNOS y TID iría más allá del alcance de estas páginas. Más información sobre DIR, con una amplia gama de ejemplos clínicos, está disponible en libros y artículos de revistas publicados y por publicar próximamente.

Medicación

Al evaluar el papel de la medicación en casos en los que se va a utilizar EMDR, la regla práctica general es que toda medicación psiquiátrica que mejore la estabilidad y el funcionamiento de los pacientes mejorará su respuesta al tratamiento con EMDR. Los pacientes que también sufren de depresión profunda, después de ser estabilizados con la medicación y las intervenciones terapéuticas apropiadas, reprocesarán con mayor eficacia. En cuanto a los pacientes que además estén demasiado ansiosos, reprocesarán con más eficacia cuando sus ansiedades se hayan reducido con medicación y con las intervenciones terapéuticas adecuadas.

La principal excepción de esta observación general tiene que ver con los pacientes que toman dosis elevadas de tranquilizantes de tipo benzodiacepina. Los fármacos comunes de esa clase son alprazolam (Trankimazin), clordiazepoxido (Librium), clonazepam (Rivotril), diazepam (Valium), flunitrazepam (Rohipnol), flurazepam (Dalmane), lorazepam (Orfidal) y temazepam (Restoril). Prescrita en dosis de moderadas a elevadas, esta medicación puede inhibir la capacidad del paciente de acceso suficiente a su malestar emocional y bloquear el reprocesamiento efectivo; algo que no ocurre en todos ni en la mayoría de pacientes que toman benzodiacepinas. Los terapeutas deberán tener en cuenta esta posibilidad a la hora de considerar una intervención para abordar las respuestas bloqueadas durante el reprocesamiento. A medida que los pacientes desarrollen estrategias de autocontrol más efectivas, a menudo es posible trabajar en cooperación con los facultativos que prescriben los medicamentos a fin de analizar los ajustes o cambios en la medicación. Existen otros tipos de medicación que a veces puede considerarse que mejoran la activación prefrontal –como pequeñas dosis de los principales tranquilizantes atípicos como olanzapina (Zyprexa), risperidona (Risperdal), quetiapina (Seroquel), Ziprasidona (Zeldox) y aripiprazol (Abilify). Por desgracia, algunos medicamentos de esa clase se han vinculado a un mayor riesgo de ganancia de peso y diabetes de tipo II, por lo que los pacientes tendrán que analizar esas cuestiones con cuidado con el médico que se las prescribe.

Se sabe que los pacientes diagnosticados con trastorno bipolar I, trastorno bipolar II, esquizofrenia y otras psicosis y que se han estabilizado correctamente con medicación reprocesan correctamente. De hecho, cuando se aplica EMDR a pacientes con esos diagnósticos el objetivo no es resolver un trastorno bipolar ni una esquizofrenia sino reprocesar recuerdos de sucesos traumáticos y adversos que contribuyen a la aparición de respuestas inadaptativas. Los primeros estudios al respecto sugieren que algunas psicosis relacionadas con traumas pueden tratarse bien directamente con EMDR (Miller, 2007).

Tabla 6.12. Diario o registro

Las entradas breves aportan información importante sobre sus experiencias y sus respuestas al tratamiento. Su diario o bitácora nos ayuda a monitorizar y a ajustar su plan de tratamiento. Escriba una o dos palabras o una frase corta en cada celda para resumir su experiencia.

Nombre: ____________________ Semana del: ______________							
Fecha	Detonante o incidente	Imagen, sonido u olor	Creencia o autoafirmación	Emoción	Localización de la sensación	SUD 0-10	Notas

El diario o registro

Una de las mejores maneras de monitorizar las respuestas de los pacientes al reprocesamiento con EMDR es que éstos últimos mantengan un diario escrito de su sintomatología. Es útil empezar anotando los síntomas y las respuestas a las sesiones durante la fase de preparación para ayudar a determinar si los pacientes tienen suficiente autocontrol de los estados de ansiedad, depresión e impulsos de reducción de la tensión inadaptativos. De todos modos, mantener este diario o bitácora por escrito no se considera como una tarea obligatoria para hacer en casa, sino que el objetivo es monitorizar las respuestas al tratamiento y ajustar los planes de tratamiento. Cuando los pacientes tienen dificultades para mantener el diario, puede ayudarles llamar a la consulta del terapeuta y dejarlo grabado en su contestador.

La cantidad de información necesaria en cada entrada es bastante mínima, son sólo unas pocas palabras. El formato de las entradas se basa en los elementos de la red de recuerdos. Si bien escribir con regularidad es difícil para algunos pacientes, son muchos los que llevan sus entradas escritas a la sesión. Así, esas anotaciones ayudan a los terapeutas a determinar si el paciente puede utilizar el ejercicio del lugar tranquilo y otras intervenciones de estabilización que se practican durante la fase de preparación. Además, esas entradas pueden ayudar a identificar detonadores actuales adicionales de los que el paciente puede no ser consciente o que no puede recordar y que no indica en el momento de registrar el historial. Por otra parte, también pueden ayudar a veces a identificar más recuerdos perturbadores que deben añadirse al plan de tratamiento. Los cambios en la frecuencia y en la gravedad de las anotaciones permiten a los pacientes contar con una especie de diario escrito de sus cambios y sus progresos en el tiempo que puede ayudarles a mantener una mayor perspectiva a lo largo de una semana particularmente difícil por ejemplo.

Coordinación de la asistencia con médicos y otros profesionales sanitarios

Un elemento final de la fase de preparación que debe revisarse es la coordinación de la asistencia con médicos y con otros profesionales sanitarios. Siempre es buena política establecer contacto con otros

Tabla 6.13. Resumen del registro del historial, de la planificación del tratamiento y de la preparación

TAREAS	INCIDENTE ÚNICO	INCIDENTES MÚLTIPLES
Identificar los objetivos y los problemas.	Primera sesión.	Varias sesiones. La cautela puede ser necesaria para decidir cómo abordar los problemas.
Análisis para criterios de exclusión.	Primera sesión	Puede requerir varias sesiones cuando un historial de traiciones dificulta la confianza y la revelación.
Desarrollar una alianza terapéutica suficiente para las necesidades del paciente antes de reprocesar.	Primera sesión	Puede requerir varias sesiones. Puede ser necesario reparar los momentos de desajuste y reconocer los posibles errores técnicos.
Comprobar los objetivos	Primera o segunda sesión	Puede requerir múltiples sesiones para seleccionar y completar la batería de evaluación.
Preguntar sobre el historial vital de sucesos adversos e historial médico y evaluar los patrones desde la familia de origen.	Primera sesión. Es posible que se tengan que tratar sucesos adversos adultos o previamente asintomáticos tempranos para la resolución de problemas.	Varias sesiones. Estar alerta de la calidad de la narrativa acerca de la familia de origen puede ayudar a identificar problemas relacionados con el apego.
Ofrecer psicoeducación sobre el tratamiento de los traumas con EMDR.	Primera sesión	Es posible que sea importante continuar normalizando los síntomas y los problemas durante varias sesiones.
Practicar métodos de estabilización	Primera o segunda sesión. El ejercicio del lugar tranquilo o seguro puede ser suficiente.	A menudo resulta esencial ofrecer varios métodos para abordar distintos problemas y comprobar la efectividad desde el diario o el registro. La respuesta del lugar tranquilo o seguro puede ser compleja o nula. La instalación de recursos puede resultar más útil.
Asignar el diario y obtener informes.	Generalmente en cumplimiento.	Puede requerir tener que animar repetidamente.
Asignar tareas para hacer en casa para obtener un historial más completo: lista de sucesos vitales y/o inventario de historia vital multimodo.	No necesario.	Puede requerir 1-3 semanas y necesitar un seguimiento que anime.
Desarrollar conceptualización de caso y plan de tratamiento.	Primera o segunda sesión por lo general.	Es posible que requiera varias sesiones.
Comprobar la idoneidad desde el diario o el registro para empezar el reprocesamiento.	Primera o segunda sesión por lo general.	Es posible que requiera varias sesiones.

profesionales implicados en el caso a fin de coordinar la asistencia e intercambiar información útil, por supuesto, tras obtener el permiso por escrito para desvelar información. También hay otras cuestiones que deben tomarse en consideración cuando los terapeutas suministran tratamiento con EMDR. Si bien algunos profesionales sanitarios ya están al tanto de la técnica EMDR y pueden ser un apoyo para los pacientes que reciben dicho tratamiento, otros pueden desconocerlo o pueden haber recibido información errónea que pudiera ir en detrimento para la comprensión de los pacientes. Esta información errónea puede incluir limitar demasiado o ampliar demasiado las expectativas del tipo de enfermedades en las que el EMDR puede ayudar y cuanto tiempo puede durar el tratamiento. En el capítulo 16 se ofrece otro debate sobre cómo informar y corregir la información incorrecta con otros profesionales sanitarios.

La mayoría de medicación psiquiátrica la prescriben médicos de asistencia primaria y puede ser útil consultar con esos médicos sobre el ajuste de las recetas, las opciones de medicación adicional, o la necesidad de una derivación a un psiquiatra. Enviar al médico de cabecera y al resto de profesionales sanitarios una carta informándoles de su evaluación, diagnóstico y plan de tratamiento durante la fase de preparación es una muestra de cortesía, resulta útil para la coordinación de la asistencia y es una buena práctica profesional, igual que lo es enviar un breve informe de alta. Cuando parezca que el tratamiento va a alargarse durante varios meses, puede estar bien enviar informes resumen una vez al mes al resto de especialistas implicados en el caso, sobre todo al psiquiatra o a otro doctor que se encargue de la medicación psiquiátrica. El reprocesamiento con EMDR puede dar lugar fácilmente a cambios en los estados de tensión de los tejidos blandos perceptibles para quiroprácticos, fisioterapeutas u otros profesionales sanitarios que trabajen con el cuerpo, de ahí que también debiera coordinarse la asistencia con ellos.

Resumen

En este capítulo hemos examinado cómo preparar a los pacientes para el reprocesamiento con EMDR. Es fundamental que los terapeutas aporten a los pacientes la información necesaria para el consentimiento informado. Los pacientes necesitan ser guiados y ofrecerles metáforas que les ayuden a entender las técnicas de reprocesamiento con EMDR estándares y a desarrollar la actitud de observación consciente necesaria para el reprocesamiento efectivo. En la fase de preparación presentamos la estimulación bilateral a los pacientes para comprobar su tolerancia a los movimientos oculares bilaterales o a formas alternas de estimulación bilateral y les ofrecemos el ejercicio del lugar tranquilo o DIR. También aportamos creación de capacidades adicionales cuando resulta necesario para garantizar que cuentan con las capacidades necesarias para hacer frente a sus síntomas actuales y al proceso de tratamiento con EMDR. Una vez finalizadas las tareas de registro del historial y las fases de preparación estamos listos para empezar el reprocesamiento con EMDR sobre el primer objetivo del plan de tratamiento, y eso nos lleva a la fase 3, o fase de evaluación.

III Fase tres de ocho del protocolo estándar para TEPT con las fases del procedimiento estándares para reprocesamiento con EMDR

Confusión es una palabra que hemos inventado para un orden que todavía no se entiende.

Henry Miller

En la mente del principiante hay muchas posibilidades, pero en la del experto hay pocas.

Shunryu Suzuki, 1970

Nadie puede persuadir a otro de cambiar. Cada uno de nosotros vigila una puerta de cambios que sólo puede abrirse desde dentro. No podemos abrir la puerta de otro, ni con argumentos ni con atracción emocional.

Marilyn Ferguson

La mente puede aseverarlo todo y pretender que lo ha demostrado. Mis creencias las pruebo en mi cuerpo, en mi conciencia intuitiva, y cuando obtengo una respuesta ahí, entonces lo acepto.

D. H. Lawrence

7 La fase de evaluación

Resumen de la fase 3 del protocolo convencional

El capítulo 7 describe la fase de evaluación (fase 3) del protocolo estándar de Desensibilización y Reprocesamiento por medio de movimiento ocular (EMDR) para el tratamiento del trastorno de estrés postraumático (TEPT). Antes de proceder con la fase 3 ya se ha logrado las siguientes tareas:

- Establecer una buena alianza terapéutica.
- Obtener el consentimiento informado para el tratamiento.
- Determinar que el paciente reúne los criterios de idoneidad.
- Formular una conceptualización del caso.
- Desarrollar un plan de tratamiento por escrito en el que se identifiquen claramente los recuerdos y los estímulos actuales que serán los objetivos principales para el reprocesamiento con EMDR.
- Asegurar que el paciente dispone de suficientes capacidades para manejar la ansiedad, los estados depresivos y disociativos y los impulsos de reducción de tensión inadaptativos.

Con todos estos elementos, está preparado para empezar la evaluación del recuerdo diana u objetivo que haya seleccionado de su lista de objetivos por reprocesar del plan maestro de tratamiento.

Los dos objetivos principales de la fase de evaluación

Los dos objetivos principales de la fase de evaluación son *acceder* a los aspectos clave de la red de recuerdos inadaptativos y *establecer medidas de referencia* para el nivel de perturbación en la diana, que se puntúa con la escala SUD (Unidades Subjetivas de Perturbación), y la confianza que se siente en una autoevaluación positiva, puntuada con la escala VoC de validez de la cognición. A continuación se describen las técnicas para lograr ambos objetivos. Casi siempre se empieza a reprocesar inmediatamente después de haber completado la fase de evaluación. Sin embargo, en algunos casos puede que sea posible o necesario finalizar la fase de evaluación en una sesión y empezar el reprocesamiento en la siguiente. En esos casos, lo mejor es volver a comprobar las puntuaciones VoC y SUD antes de empezar el reprocesamiento ya que las tareas finalizadas en la fase de evaluación *acceden* y *organizan* los elementos de la red de recuerdos inadaptativos, por lo que puede empezar cierto reprocesamiento. Si han transcurrido varios días o una semana desde la evaluación del objetivo seleccionado, las medidas VoC y SUD pueden haber cambiado.

Seguir su plan de tratamiento cuando los pacientes presentan el "problema de la semana"

Del mismo modo que con las sesiones de las fases de registro del historial y de preparación, cada sesión de reprocesamiento empieza con un breve resumen del funcionamiento actual del paciente para confirmar la estabilidad y la idoneidad de proceder con el reprocesamiento. También para revisar la información del diario escrito del paciente y, si es necesario, considerar ajustes al plan de tratamiento. Sin embargo, los terapeutas no deberían permitirse distraerse con facilidad de su plan de tratamiento establecido por el "problema de la semana".

A medida que aprenda a pensar dentro de los parámetros del modelo de procesamiento adaptativo de la información percibirá cada vez más las respuestas inadaptativas a los estímulos actuales como adaptaciones que reflejan sucesos adversos del pasado. Sucesos que tienen que reprocesarse para reducir los síntomas del paciente. El reprocesamiento de esos sucesos etiológicos no se producirá si la conversación sobre problemas actuales distrae permanentemente la atención del inicio del reprocesamiento al principio de la sesión. Véase en el capítulo 16 un debate más extenso acerca de cuánto debe durar la sesión. Cuando los terapeutas trabajan en sesiones de 50 minutos, es fundamental empezar el reprocesamiento a los 10 minutos de haberla empezado para tener por lo menos 30 minutos de reprocesamiento. Esto es posible si el terapeuta limita la introducción a 5 minutos y finaliza la evaluación del objetivo en otros cinco. Incluso con sesiones más largas, de 75 o 90 minutos, el tiempo disponible para el reprocesamiento puede consumirse rápidamente con una conversación extensa de las últimas manifestaciones de las dificultades del paciente. Así pues, los terapeutas que acaban de formarse en EMDR tienen que limitar los impulsos habituales de responder a todas las afirmaciones de los pacientes con un resumen, una interpretación, una perspectiva alternativa, solución de problemas o una pregunta. Así, con los pacientes que cumplen con los requisitos de idoneidad, los terapeutas deberían pasar a la fase de evaluación de la diana seleccionada lo más sencilla y directamente posible.

Tomar notas del proceso

Al desarrollar capacidades en EMDR tanto en el ámbito clínico como en el de investigación, resulta de mucha utilidad mantener notas detalladas del proceso de las fases de evaluación, reprocesamiento y cierre de las sesiones de reprocesamiento con EMDR. De hecho, las notas pueden tomarse en un bloc clásico, un ordenador portátil, o utilizando los guiones de los pasos de procedimiento o el formulario de resumen de la sesión. Véanse en el anexo B las versiones completas de esos formularios. Disponer de notas del proceso mejora significativamente el proceso de aprendizaje en la consulta de casos, como requiere EMDRIA durante el proceso de formación, en la supervisión clínica requerida de los terapeutas antes de licenciarse, y para la revisión clínica antes de las sesiones posteriores. Algunos terapeutas pueden considerar que tomar notas disminuye su capacidad para mantener el nivel de relación y de atención al paciente al que están acostumbrados. En esos casos, para documentar problemas de proceso para desarrollo profesional, consulta o supervisión, puede bastar con una toma de notas más limitada sólo en las fases de evaluación y de cierre, combinadas con grabaciones en cinta o en vídeo de las sesiones.

Imagen (recuerdo sensorial)

La fase de evaluación empieza con la identificación de la imagen que representa el objetivo. La pregunta más eficaz que se puede preguntar suele ser: "¿Qué imagen representa la peor parte del incidente?". La mayoría –quizás el 70% de los pacientes– podrá acceder y

Tabla 7.1. Guión de los pasos del procedimiento
Fase de evaluación

GUIÓN DE LOS PASOS DEL PROCEDIMIENTO

OBJETIVO SELECCIONADO DE LA LISTA DE OBJETIVOS DEL PLAN MAESTRO DE TRATAMIENTO:

Fase 3: Evaluación de la imagen objetivo:
"*¿Qué imagen representa la peor parte del incidente?*".
Si el paciente no tiene ninguna imagen, evoque otro aspecto de recuerdo *sensorial*: "*Cuando piensa en el incidente, ¿qué parte del mismo nota?*".

Cognición negativa:
"*¿Qué palabras describen mejor una creencia negativa sobre usted mismo para esa imagen?*". (Si no hay imagen, diga "*para ese incidente*")

Cognición positiva:
"*Cuando piensa en esa imagen ahora, ¿qué le gustaría creer sobre usted mismo?*".

Validez cognitiva (VOC):
"*Cuando piensa en esa imagen*" (si no hay ninguna imagen, diga "*en ese incidente*"), "*¿cómo de verdaderas siente esas palabras*" (repita la cognición positiva como afirmación en primera persona) "*en una escala de 1 a 7, donde el 1 significa que se siente completamente falso y el 7 significa que se siente completamente verdadero?*".

1 2 3 4 5 6 7

completamente falso completamente cierto

Emociones:
"*Cuando se centra en esa imagen,*" (si no hay ninguna imagen, diga "*en ese incidente*") "*y piensa ahora en esas palabras*" (repita la cognición negativa como una afirmación en primera persona), "¿qué emociones siente ahora?".

Escala SUD:
"*En una escala del 0 a 10, en la cual 0 es ninguna perturbación, o neutro, y 10 es la máxima perturbación imaginable, ¿cuán perturbador siente el incidente ahora?*".

1 2 3 4 5 6 7 8 9 10

(sin perturbación o neutral) (máxima perturbación)

Localización de la sensación física:
"¿En qué parte del cuerpo lo siente?"

Nota. De EMDR Institute Training Manual, de F. Shapiro, (enero de 2008 y enero de 2005), Watsonville, CA: EMDR Institute. Copyright 2008, 2005 del EMDR Institute. Adaptado con permiso.
Nota. EMDR: Desensibilización y reprocesamiento por medio de movimiento ocular de F. Shapiro, 2004, México: Editorial Pax México, Librería Carlos Cesarman, S.A. Adaptado con permiso.

describir una escena que represente una imagen sensorial del recuerdo diana u objetivo. Sin embargo, algunos pacientes no serán capaces de identificar ningún recuerdo sensorial visual. Algunos simplemente no codificaron ningún recuerdo sensorial visual significativo personalmente en el momento en el que se produjo el suceso. Entre los ejemplos encontramos los de aquéllos que recibieron noticias trágicas de heridas graves o de fallecimiento de un ser querido por teléfono, o que se vieron sorprendidos por un suceso traumático en la oscuridad o mientras dormían. Otros pacientes quizás se centraron más intensamente en el momento del suceso en sensaciones físicas, sonidos u olores que en señales de amenaza visuales. Ejemplos de ello son aquellas personas que se vieron golpeadas contra el suelo por la onda expansiva de una explosión, la fuerza de un terremoto, o el olor de humo y el ruido de las sirenas indicando un incendio voraz en un edificio alto de oficinas.

Qué hacer cuando los pacientes ofrecen una respuesta que no es una imagen

Si la respuesta del paciente a la pregunta estándar "¿Qué imagen representa la peor parte del incidente?" es una emoción, "miedo" o un pensamiento del tipo "Soy idiota", deberá aceptarlo como útil y utilizarlo para seguir evaluando la imagen si puede. Evite sugerir que esa respuesta inicial es incorrecta, ya que eso podría detonar la vergüenza o un sentimiento de fracaso en el paciente. En cambio, pregunte simplemente "Cuando recuerda el "miedo" o el pensamiento "soy idiota", ¿qué parte del recuerdo se conecta con eso?". Escuche cualquier recuerdo sensorial del relato del paciente.

Si el paciente responde a la pregunta estándar "¿Qué imagen representa la peor parte del incidente?" con una pregunta de tipo "¿Qué quiere decir con una imagen?", plantee una pregunta más general: "*Cuando piensa en el incidente, ¿qué parte del mismo siente*?". Limítese a escuchar cualquier recuerdo sensorial del relato del paciente, como por ejemplo: "Cuando sentí cómo me daba la bofetada", "El sonido metálico del choque", "El olor a alcohol y a tabaco de su aliento", "Cuando me di cuenta de que ya no sentía las piernas", "El sonido de sus gritos".

La palabra "Imagen" y sus detalles por lo general sólo se usan en la fase de evaluación

Cuando haya identificado algún aspecto de recuerdo sensorial, durante el resto de la fase de evaluación utilizará la imagen, el sonido, el olor o la sensación física como punto de referencia primario para evocar las cogniciones negativas o positivas y esa emoción en concreto. Tenga en cuenta que cuando haya finalizado la fase de evaluación y haya iniciado el reprocesamiento, por lo general evitará utilizar cualquier referencia concreta a una imagen, sonido, olor o sensación física en particular para referirse a la red de recuerdos diana seleccionada. En parte eso se debe a que todos esos elementos de la red de recuerdos lo más probable es que cambien durante el reprocesamiento. De hecho, pueden disminuir, modificarse o ser sustituidos por otros recuerdos sensoriales. Cuando necesite hacer referencia o regresar a la diana, tendrá que utilizar una pregunta más general que se refiera al "incidente" o al "recuerdo" en lugar de a "la imagen". Cuando lleguemos a esa parte de las fases del procedimiento estándares se aclararán más razones al respecto.

No es necesario que la imagen sea detallada

Cabe destacar que en la fase de evaluación no es necesario tener una descripción detallada del incidente. El primer momento para que los terapeutas desarrollen un entendimiento del contexto y de la naturaleza del objetivo que se va a reprocesar es durante el registro del historial inicial o posterior y la planificación del tratamiento. Hurgar en esos detalles durante la fase de evaluación consumiría demasiado tiempo de sesión que se necesita para reprocesar.

Además, durante la fase de evaluación tampoco es necesario repetir la descripción del paciente de la "imagen", la "emoción" y la "localización". De hecho, lo más práctico es anotar la descripción del paciente en el formulario de resumen de la sesión o en sus notas del proceso. El objetivo de obtener la imagen no es generar una narrativa ni ayudar al terapeuta a desarrollar una comprensión de los detalles de lo que ocurrió en la experiencia diana. El principal objetivo es garantizar que el paciente puede acceder internamente a algún recuerdo sensorial para el incidente diana. Así, las afirmaciones extremadamente breves para la imagen son aceptables e incluso preferibles, como por ejemplo: "La mirada de rabia en su cara", "Los faros del camión que venía de cara", "Ver cómo se tambaleaba y caía". Inmediatamente después de obtener la imagen o cualquier otro recuerdo sensorial, prosiga con la cognición negativa.

Selección de afirmaciones para las cogniciones negativas y positivas

Muchos terapeutas con formación en terapia cognitivo-conductual (CBT) (Beck, Emery, y Greenberg, 2005) conocen las estrategias y la importancia de identificar las afirmaciones de creencias negativas, a las que a menudo se hace referencia como *pensamientos automáticos*. Sin embargo, en el modelo de procesamiento adaptativo de la información, los roles de la cognición negativa (CN) y de la cognición positiva (CP) se ven bastante diferentes de los "pensamientos automáticos" identificados en la CBT. En EMDR, las CN no son vistas como la causa de los síntomas del paciente, sino como un mero elemento de la red de recuerdos inadaptativos. En el modelo de procesamiento adaptativo de la información se considera que los síntomas del paciente emanan de toda la red de recuerdos. El enfoque del trabajo terapéutico en las sesiones de reprocesamiento con EMDR no se sitúa en la identificación ni la restructuración de los "pensamientos automáticos" mediante el diálogo verbal, sino en la reorganización de la red de recuerdos.

Dos propósitos principales de la cognición negativa (CN)

En EMDR la CN sirve para dos cosas principalmente: primero, ayudar a acceder y a activar la emoción o emociones perturbadora(s) de la red de recuerdos. En segundo lugar, ayuda a identificar la CP. Aunque consideraremos varios criterios de selección adicionales para identificar la CN adecuada, estos dos propósitos siempre deberían tenerse en mente. El criterio de exclusión primario para afirmaciones ofrecidas como CN es que no tienen que ser evaluaciones precisas o racionales. Siempre que las afirmaciones planteadas como CN no sean potencialmente inexactas, y que cumplan esos dos criterios básicos, es preferible utilizar la afirmación inicial propia del paciente en lugar de dedicar una cantidad ingente de tiempo a intentar obtener la CN correcta.

Obtener la cognición negativa

Tras identificar la imagen, la pregunta estándar para obtener la CN es: *"¿Qué palabras describen mejor una creencia negativa sobre usted mismo en esa imagen?"*. A los terapeutas que estén aprendiendo EMDR les ayudará anotar la respuesta del paciente ya que les da tiempo para poder evaluar tranquilamente si la CN es apropiada y decidir qué hacer a continuación.

Hay cinco criterios de selección que se aplican a la mayoría de las afirmaciones ofrecidas como CN. En primer lugar, son auto-afirmaciones negativas, irracionales y que hacen referencia a uno mismo. Por lo general son afirmaciones en primera persona. Para ver el listado de las afirmaciones de CN y CP más comunes, véase la Tabla 7.4. En segundo lugar, estas afirmaciones negativas son autoevaluaciones relevantes al centrarse en la imagen o el incidente. En tercer lugar, se centran con precisión en el problema que presenta el paciente. En cuarto lugar pueden generalizarse a sucesos relacionados o áreas de preocupación. Así, cualquier detalle que sea descriptivo del recuerdo sensorial puede omitirse. "Estoy en peligro por los camiones", puede simplificarse a "Estoy en peligro". En quinto lugar, y más importante, están en sintonía con la emoción perturbadora asociada del paciente en la red de recuerdos inadaptativos. Pensar, decir o escuchar la afirmación negativa tiende a activar la emoción o emociones perturbadora(s) asociada(s) en la red de recuerdos inadaptativos.

Tabla 7.2. Criterios de selección para cogniciones negativas

Una afirmación seleccionada como cognición negativa por lo general cumple con los siguientes criterios: 1) Una evaluación negativa de sí mismo, irracional y auto referida: una afirmación en primera persona. 2) Una evaluación de sí mismo mantenida en el presente al centrarse en la imagen o en el incidente. 3) Se centra con precisión en el problema que presenta el paciente. 4) Generalizable a sucesos o áreas de preocupación relacionados. 5) En sintonía con la emoción perturbadora del paciente asociada en la red de recuerdos.
La afirmación seleccionada como cognición negativa no puede ser: 1) Una descripción posiblemente precisa de circunstancias perturbadoras, sucesos pasados, atributos negativos de otros o del paciente

Figura 7.1. Las cogniciones negativas y positivas

Cognición negativa: No puedo confiar en nadie.

Cognición positiva: Ahora puedo elegir en quien confíar.

Si pensamos en la "imagen" como una escena en un fotograma, podemos ver las afirmaciones seleccionadas para ser CN o CP como las leyendas escritas debajo del mismo. La mujer de la Figura 7.1 es una superviviente herida tras un incidente de violencia doméstica. En el "bocadillo" que recoge el pensamiento, está hablando consigo misma en estado de shock sobre lo que acaba de ocurrir. El recuerdo de lo que pensaba en ese momento no es la autoevaluación que mantiene ahora. Su pensamiento pasado, "Oh Dios mío... ¡No puede ser verdad!" es un recuerdo sensorial. Es parte de lo que recuerda que ocurrió. Mirando al recuerdo semanas después de que se recuperara de las heridas, ya no siente dolor físico. Tampoco se siente aturdida ni en shock. Sin embargo, la experiencia la ha dejado con sentimientos de dolor, miedo y dudas acerca de su juicio. Cuando se le pregunta, "¿Qué palabras describen mejor una creencia negativa sobre usted misma?", responde "No puedo confiar en nadie". Su creencia preferida es "Ahora puedo elegir en quien confío". La creencia negativa que identifica ahora no es lo que pensaba o sentía en el momento del incidente, sino que plasma cómo ha codificado la experiencia. Lo que se debe recordar aquí es que la afirmación seleccionada como CN no debería reflejar solamente los pensamientos que una persona haya podido tener en el momento del suceso original, sino que debe reflejar la autoevaluación que mantiene en el momento presente.

Cuatro respuestas comunes de los pacientes pueden poner en un aprieto a los terapeutas al obtener una afirmación apropiada para la CN. Es cuando los pacientes ofrecen una afirmación que es (a) una emoción, (b) una sensación, (c) una descripción posiblemente precisa o realmente precisa, (d) o cuando dicen que no hay creencia o afirmación negativa que acompañe a la imagen o al incidente.

Cuando el paciente plantea una simple afirmación de emoción como "terror", sencillamente puede preguntar: "¿Qué creencia sobre usted mismo acompaña a ese terror?". De la misma manera, cuando el paciente ofrece una simple afirmación de sensación como "tensión" o "presión en el pecho", sencillamente pregunte: "¿Qué creencia sobre usted mismo acompaña a esa presión en el pecho?". Cuando el paciente ofrece una descripción potencialmente precisa o realmente precisa, incorpórela a su análisis de seguimiento. "Cuando piensa en (repita la descripción), ¿qué cree de usted mismo?". Un ejemplo sería el de la paciente que se quedó atrapada en un edificio en llamas debido al diseño erróneo de la salida de emergencia y por el que al parecer su altura propició que no pudiera escapar. Al pedirle su autoevaluación, la afirmación fue "Soy demasiado baja". Para el terapeuta el problema era que debido a los errores en el diseño de la salida de emergencia, la altura de la paciente podía haber sido un factor que hiciera que se quedara atrapada. En lugar de hablar de esa cuestión, el terapeuta apremió para obtener una autoevaluación más irracional. Al preguntarle, "Cuando se centra en esa imagen de no poder alcanzar la salida y la idea de 'Soy demasiado baja', ¿qué piensa de usted misma ahora?", a lo que respondió "No soy adecuada". De hecho esta segunda afirmación encaja claramente en la naturaleza del suceso y en la tendencia de los supervivientes a avergonzarse en exceso.

En respuesta a una descripción posiblemente adecuada, también puede preguntar: "¿Y qué dice eso de usted como persona?". Un oficial de policía derivado para tratamiento con EMDR después de que su compañero resultara gravemente herido durante un tiroteo, al principio afirmaba "Es culpa mía". Si el capitán que ordenó la derivación hubiera indicado que el oficial herido parecía haber infringido procedimientos estándar, exponiéndose así a un mayor peligro y a ser herido, hubiéramos aceptado esa afirmación como irracional. Pero si no conocemos las circunstancias o si el capitán ha indicado que se sospecha que el paciente, recién salido de la academia de policía, habría infringido procedimientos estándares, tendríamos que plantear más preguntas como "Cuando piensa 'Es culpa mía', ¿qué dice eso de usted como persona?". Si el paciente ofrece una segunda o tercera descripción para esas preguntas iniciales, simplemente repita la pregunta de seguimiento por segunda o tercera vez. Por ejemplo, si este oficial novato dijera, en el seguimiento, "Fallé", no aceptaríamos esa afirmación porque parece ser una descripción objetiva en pasado. En lugar de eso, volveremos a preguntar, "Cuando piensa 'Fallé', ¿qué dice eso de usted como persona?". Ahí aceptaríamos "Soy un fracaso" o "No puedo hacerlo bien". En los casos en los que se ofrece una cuarta o una quinta afirmación, quizás sea más eficiente ofrecer una o dos afirmaciones comunes potenciales de CN que pudieran ajustarse a la red de recuerdos. Y entonces pedir al paciente que indique cuál está más fuertemente vinculada a las sensaciones molestas relacionadas con la imagen o el incidente. Véase la Tabla 7.4, Afirmaciones CN y CP más comunes, para consultar el listado de CN comunes.

En ocasiones los pacientes dicen que no hay ninguna creencia negativa ni ninguna afirmación negativa sobre ellos mismos que acompañe a la imagen o al incidente. Es un rasgo fundamentalmente humano dar una significación a nuestras experiencias más intensas. En el enfoque de la psicoterapia EMDR asumimos que siempre se pueden obtener afirmaciones interpretativas. Cuando los pacientes dicen no tener una autoevaluación, tendremos que ser flexibles en nuestro enfoque. Son varias las estrategias que pueden utilizarse para abordar esta situación. En primer lugar, es posible que necesitemos empezar por pedir evaluaciones del incidente.

Un ejemplo lo propone el trabajo del Doctor Roger Solomon, especialista en estrés por incidente crítico. Como se describe en la definición del TEPT de la 4ª edición del *Manual diagnóstico y estadístico de los trastornos mentales* (American Psychiatric Association, 1994), los sucesos de criterio A inducen sensaciones de "temor, desesperanza u horror intensos". Cuando empecé a trabajar con EMDR, aprendí del Dr. Solomon que para muchos de los profesionales de los servicios de emergencias, altamente preparados, la respuesta a esos sucesos abrumadores no es temor ni desesperanza sino horror. Para ellos, la afirmación de evaluación negativa puede en un principio ser más acerca de la naturaleza del suceso que de sus respuestas de afrontamiento. Podemos preguntar, "¿Qué palabras describen mejor una creencia negativa sobre usted mismo o sobre *ese incidente*?". Y la respuesta puede ser "Es horrible". Los terapeutas pueden tender a pensar que es una descripción demasiado literal para ser irracional y que versa demasiado sobre el suceso como para servir de afirmación de CN. Podemos sospechar que hay vergüenza del superviviente y querer forzar alguna autoafirmación más profunda como por ejemplo "No soy adecuado (porque no hice lo suficiente)". Sin embargo, cuando evaluemos recuerdos objetivos de incidentes críticos deberemos pensar en afirmaciones del tipo "Es horrible" como un *momento congelado en el tiempo* del que el paciente no puede escapar. Esas afirmaciones enlazan con la emoción perturbadora en la red de recuerdos y permiten identificar una CP, "Ya ha terminado. Lo puedo dejar pasar". Durante el reprocesamiento o al reevaluar el incidente diana en sesiones posteriores, las cuestiones de vergüenza del superviviente pueden surgir espontáneamente. De hecho, no es necesario forzarlas al principio, cuando no son aparentes.

De un modo similar, algunos terapeutas se muestran inicialmente reacios a aceptar la afirmación "Voy a morir" como CN porque la ven racional y descriptiva. De hecho esos terapeutas dicen "Pero es cierto, todos vamos a morir". Sin embargo, eso no es lo que significa la afirmación para el superviviente de un choque frontal entre dos vehículos a alta velocidad, ni para el testigo del asesinato de un compañero rehén en un tiroteo en una escuela. En el caso de esos pacientes, están describiendo no su destino mortal definitivo sino el momento congelado en el que previeron su muerte inminente. La afirmación "Voy a morir" para esos pacientes va unida a su afecto perturbador y nos permite obtener una afirmación para la CP como "Ya pasó. He sobrevivido" o "Ahora estoy a salvo". Así pues, aceptamos "Voy a morir" como CN, y simplemente seguimos obteniendo la afirmación CP.

A veces puede resultar difícil obtener una afirmación para la CN cuando los pacientes no acceden lo suficiente a sus emociones perturbadoras como para conectar con una autoevaluación negativa. De hecho, esos pacientes pueden insistir al principio en que no tienen ninguna autoafirmación negativa que encaje con su imagen. En ese caso ayuda recordarles que están ahí porque necesitan tratamiento, porque han seguido sufriendo reexperimentación intrusiva del suceso traumático y entonces preguntarles "En sus peores momentos, cuando está reexperimentando algún aspecto de este suceso, ¿qué pensamientos o creencias negativas tiene de usted mismo?". Y puede ser tan sencillo como "En ese momento pienso 'No puedo soportarlo'". La afirmación de creencia preferida iría en la línea de "Puedo afrontarlo" o "Puedo abordarlo ahora".

Por último, con los pacientes que protestan por no tener pensamientos negativos sobre ellos mismos relacionados con el recuerdo, puede ayudar incluir detalles de la imagen cuando obtienen la CN. "Cuando se centra en esa imagen de (repita las palabras descriptivas clave), ¿qué palabras negativas acompañan a esa imagen que expresen lo que cree sobre usted mismo, no en su cabeza sino en sus entrañas?". La última opción es pedir al paciente que lea el listado de CN y CP más comunes (tabla 7.4) y que seleccione una afirmación de cada columna.

Obtener la cognición positiva

Cuando haya identificado y anotado la afirmación para la CN, provoque la CP. "Cuando piensa en esa imagen, ¿qué le gustaría creer *ahora* sobre usted mismo?". Seleccionar una afirmación como CP en la fase de evaluación tiene dos finalidades fundamentales. La primera es acceder a las redes de recuerdos adaptativos en las que se codifican las CP antes de iniciar el reprocesamiento. La segunda es evaluar el nivel de facilidad o de dificultad que experimenta el paciente al localizar una afirmación apropiada como alternativa a su afirmación CN. Lo que implica el hecho de pedir al paciente que seleccione lo que querría ser capaz de creer cuando piensa en la situación diana es que al final del reprocesamiento podría ser capaz de creer en esa afirmación. Y eso infunde esperanza, así como cierta confianza en el paciente de que el cambio es posible.

Tabla 7.3. Criterios de selección para cogniciones positivas

Una afirmación seleccionada como cognición positiva por lo general cumple con los siguientes criterios:
1) Una referencia a uno mismo o una autoevaluación positivas —una afirmación en primera persona.
2) Se centra con precisión en la dirección del cambio que desea el paciente.
3) Inicialmente es por lo menos un poco creíble como un objetivo deseado y esperado.
4) Generalizable a sucesos o áreas de preocupación relacionados.
5) Aborda el mismo problema o tema que se presenta en la cognición negativa.
La cognición positiva no es:
1) La negación de la cognición negativa como por ejemplo: "No soy incapaz".
2) Una afirmación absoluta. Se debe evitar el uso de "siempre" o "nunca".
3) Un pensamiento mágico acerca de cambiar sucesos pasados, atributos negativos de otros o del paciente.

La postura práctica que usted, el terapeuta, asume al pedir que la afirmación sirva de CP se basa tanto en el guión de las fases del procedimiento de EMDR estándares como en sus propias experiencias pasadas de ver a pacientes alcanzar niveles elevados de confianza en sus afirmaciones CP al final del reprocesamiento.

Es destacable la frecuencia con la que supervivientes de exposiciones traumáticas recurrentes luchan por encontrar una creencia preferida para sustituir afirmaciones CN comunes como: "Estoy desamparado", "Nadie puede quererme" o "Estoy en peligro". Como terapeutas parece un ejercicio muy sencillo pensar en opuestos racionales de esas afirmaciones: "Ahora tengo el control", "Merezco ser amado" y "Ahora estoy a salvo". Sin embargo, los pacientes luchan precisamente porque no realizan un ejercicio racional de sustitución de pensamientos, sino que acceden y, en gran medida se sumergen, en una red de recuerdos estado específica (Bower, 1981) en la que no pueden localizar fácilmente una sencilla afirmación opuesta. Pedirles que lo hagan inicia el proceso de estimulación de la red o redes de recuerdos adaptativos que se tienen que integrar en la red de recuerdos inadaptativos del recuerdo diana u objetivo seleccionado. El nivel de facilidad o de dificultad para hacerlo nos da cierta información clínica inicial sobre la disponibilidad y la accesibilidad de la red o las redes de recuerdos adaptativos necesaria. También obtendremos más información al respecto cuando pidamos la valoración utilizando la validez de la cognición (VoC).

Tabla 7.4. Afirmaciones más comunes de cognición negativa y positiva

AFIRMACIONES DE COGNICIÓN NEGATIVA	AFIRMACIONES DE COGNICIÓN POSITIVA
Responsabilidad: defectuosidad, vergüenza	
No valgo nada.	Yo soy válido.
No soy querible.	Soy querible.
No merezco...	Merezco...
Soy mala persona.	Soy buena persona.
Soy defectuoso.	Está bien como soy.
Soy un fracaso.	Soy exitoso. (Yo valgo).
Soy terrible.	Estoy bien.
No soy lo suficientemente bueno.	Soy suficientemente bueno.
Estoy dañado permanentemente.	Soy un todo. (Me estoy curando).
Soy feo/a.	Soy atractivo/a. (Esta bien como estoy).
Soy estúpido/a.	Soy inteligente.
Soy invisible.	(Yo) Importo.
Soy una decepción.	Está bien como soy.
Merezco morir.	Merezco vivir.
Merezco ser infeliz.	Merezco ser feliz.
Soy diferente.	Está bien como soy.
No pertenezco.	Pertenezco.
Responsabilidad: acciones, culpa	
Tendría que haber...	Lo hice lo mejor que pude.
No tendría que haber...	Aprendí de ello. (Puedo aprender de ello).
Hice algo mal.	Lo hice lo mejor que puedo.
Tendría que haber sabido más.	Lo hice bien.
Seguridad: percepción de peligro	
Estoy en peligro.	Estoy a salvo.
Resultaré herido.	Ahora estoy a salvo.
Voy a morir.	Sobreviví. Estoy a salvo ahora.
No puedo confiar en nadie.	Ahora puedo elegir en quien confío.
No está bien mostrar mis emociones.	Está bien mostrar mis emociones.
No puedo soltarlo, dejarlo pasar.	Puedo soltarlo, dejarlo ir.
Es horrible.	Se acabó. Ahora forma parte del pasado.
Control: elecciones, eficacia de uno mismo	
No tengo control.	Tengo control.
No tengo poder.	Tengo poder. (Tengo opciones).
Estoy desamparado.	Tengo opciones. (Soy capaz).
Soy débil.	Soy fuerte.
No puedo obtener lo que quiero.	Puedo obtener lo que quiero.
No puedo lograrlo.	Puedo lograrlo.
Tengo que ser perfecto (agradar a todo el mundo).	Puedo ser yo mismo. (Cometer errores está bien).
No puedo protegerme a mí mismo.	Puedo protegerme a mí mismo.
No puedo defenderme.	Puedo defenderme.
No se puede confiar en mí.	Se puede confiar en mí.
No puedo confiar en mí mismo.	Confío en mí mismo.
No puedo confiar en mi juicio.	Confío en mi juicio.

Además de esos dos propósitos primarios para obtener una afirmación para la CP en la fase de evaluación, utilizamos cinco criterios positivos y tres criterios de exclusión a la hora de seleccionar una afirmación para la CP. Primero, con la CN las afirmaciones seleccionadas como CP suelen ser referencias a uno mismo y autoevaluaciones positivas –una afirmación en primera persona. Segundo, se alinean con precisión en la dirección del cambio que desea el paciente. En lugar de simplemente negar una afirmación CN –"Ya no soy incapaz", las afirmaciones seleccionadas para la CP ofrecen una dirección de cambio positiva –"Ahora tengo el control".

Tercero, inicialmente son por lo menos poco creíbles como un objetivo deseado y esperado. Así pues, cualquier afirmación CP que se haya puntuado por debajo de "1" en la escala VoC que va de 1 a 7 tendría que modificarse o sustituirse por una más creíble. Si un paciente puntúa la afirmación "Estoy bien como estoy" con una puntuación VoC de menos de "1", el terapeuta deberá preguntar al paciente "¿Qué afirmación positiva puede hacer que sea más creíble?". Y eso puede llevar a la afirmación "Puedo aprender a aceptarme como soy". Cuarto, las afirmaciones seleccionadas como CP pueden generalizarse a sucesos relacionados o áreas de preocupación. Para mejorar la posibilidad de generalizar, cualquier detalle que haga referencia a elementos de la imagen u otro recuerdo sensorial deberá omitirse de la afirmación seleccionada como CP. Así pues, "Tengo el control cuando conduzco" debería simplificarse a "Ahora tengo el control". Puede hacerse anotando la afirmación completa del paciente, poniendo entre paréntesis las palabras "cuando conduzco" y volviendo a leer solamente las palabras esenciales. "Entonces, cuando piensa en esa imagen de lo que ocurrió cuando estaba conduciendo, las palabras positivas que quiere creer son 'Ahora tengo el control'".

Quinto, la afirmación seleccionada para la CP debe abordar el mismo problema o tema presentado en la afirmación seleccionada como CN. Si el paciente dice "No valgo nada" como afirmación para la CN y "Soy competente" como afirmación para la CP, deberemos investigar cómo determinamos qué tema abordar. Para decidir utilizaremos el principio que dice que la afirmación de la CN ayuda a estimular las emociones perturbadoras en la red de recuerdos. Primero, transformemos la afirmación CP –"Soy competente" en la afirmación CN correspondiente –"Soy incompetente". A continuación, pregunte "¿Cuál de estas dos afirmaciones está más vinculada a los sentimientos perturbadores que tiene de este recuerdo: 'No valgo nada' o 'Soy incompetente'?"

Como decíamos antes, hay tres criterios de exclusión que se deben tener en cuenta a la hora de seleccionar las afirmaciones para la CP. Primero, las afirmaciones seleccionadas como CP nunca se expresan con doble negación, como "No soy incapaz", sino que debemos obtener una afirmación positiva como "Ahora tengo el control" planteando la pregunta "¿Cómo lo diría en términos positivos?". Segundo, evitaremos afirmaciones absolutas que utilicen palabras como "siempre". Por último, no aceptaremos como afirmaciones de CP pensamientos mágicos sobre cambiar sucesos pasados, atributos negativos de los demás o del paciente.

Una superviviente de abuso verbal infantil crónico al principio planteó la afirmación "Mi padre no me quería" como CN. Después de preguntarle "¿Qué dice eso de ti como persona?", contestó "Que no merezco ser querida". Para la CP al principio dijo "Mi padre me quiere". Dado que el objetivo del reprocesamiento con EMDR no es cambiar la conducta del padre ni las creencias sobre la conducta del mismo sino cambiar la autoevaluación del paciente vinculada a la red de recuerdos, se le preguntó "Y si te quisiera, ¿qué podrías creer sobre ti misma?", a lo que contestó "Entonces podría creer que 'se me puede querer'". Esta afirmación fue seleccionada como CP.

En definitiva, el objetivo del reprocesamiento no es sólo metabolizar los recuerdos concretos relacionados con el abuso verbal por parte del padre sino ayudar también al paciente a desarrollar un nuevo concepto de si mismo. Reprocesando la información emocional contenida en las redes de recuerdos relacionadas con esos sucesos vitales adversos tempranos, apoyamos la reorganización y la reevaluación de la manera en la que esas experiencias están codificadas en el cerebro. Incluso antes de empezar el reprocesamiento activo con estimulación bilateral, obtener una afirmación apropiada para la CP ya es un paso hacia adelante en la transformación de la imagen de si misma, la de una persona que duda de si merece ser amada, a la de una que está convencida de que sí.

Validez de la cognición

En cuanto haya conseguido u obtenido una afirmación apropiada para utilizarla como CP, el siguiente paso es evaluar la validez de la cognición (VoC). "Cuando piensa en esa imagen" (si no hay imagen, siga "ese incidente"), "¿Cuán verdaderas siente estas palabras (repita la CP en primera persona) en una escala del 1 al 7, donde el 1 significa que se siente completamente falsa y el 7 significa que se siente completamente verdadero?". Esta valoración inicial del VoC establece una puntuación basal antes de iniciar el reprocesamiento del objetivo. De hecho, le permitirá monitorizar los efectos del tratamiento cuando alcance la fase de instalación.

Para obtener una valoración precisa del VoC deben cumplirse cuatro condiciones. Primero, el paciente debe acceder y hacer referencia a la red del recuerdo diana u objetivo; para ello, pídale que "piense en la imagen" o que "mantenga el incidente en mente". Segundo, el paciente debe pensar en la afirmación de la CP. Tercero, el paciente debe entender la dirección de la escala de puntuación –de 1, completamente falso, a 7, completamente verdadero. Puede ayudar a reducir la confusión, en algunos pacientes, situar visualmente esta escala de puntuación colocando una mano a la altura de su ombligo cuando dice "1" y la otra mano a la altura de su cabeza cuando diga "7." Cuarto, la puntuación debe que ser sentida, no una puntuación cognitiva. Si la puntuación VoC inicial es un 6 o un 7, repita la pregunta haciendo hincapié en la necesidad de una puntuación sentida. "Teniendo la imagen en mente" (o si no hay imagen, diga "mientras mantiene ese incidente en mente"), "utilizando una escala de 1 a 7, donde el 1 significa que las siente como completamente falsas y el 7 significa que las siente completamente verdaderas, ¿Cuán verdaderas siente esas palabras (repita la cognición positiva como afirmación en primera persona) a un nivel visceral?". A menudo esta segunda pregunta da lugar a una puntuación inferior y más precisa que refleja una valoración sentida en lugar de lo verdadera que considera el paciente que debería ser la afirmación.

Emoción específica

Cuando haya obtenido las afirmaciones para las CN y CP y haya obtenido una puntuación válida en la escala VoC, utilice la imagen y la

CN para acceder a la emoción o emociones específica(s) actual(es) en la red de recuerdos inadaptativos. *"Cuando se centra en esa imagen,"* (si no hay ninguna imagen, diga *"en ese incidente"*) *"y piensa en esas palabras"* (repita la cognición negativa como una afirmación en primera persona), "¿qué emociones siente ahora?". Igual que con la CN, la emoción específica no es necesariamente lo que la persona sintió en el momento en el que se produjo el incidente original sino que está buscando la emoción que surge cuando accede al *contenido actual* de la red de recuerdos. Si el paciente ofrece más de una emoción específica está bien; limítese a anotarlas todas y cada una de ellas. Si por el contrario el paciente sólo ofrece una emoción, también está bien, no hace falta pedir más.

Identificar la emoción o emociones sirve para dos cosas. En primer lugar ayuda al paciente a acceder a un elemento central y crucial de la red de recuerdos inadaptativos. La emoción específica no es sólo central para la red de recuerdos diana seleccionada. Las pautas específicas de respuesta emocional también son un organizador central de redes de recuerdos asociadas, y por eso ayudan a abrir canales para asociaciones con cualquier red de recuerdos inadaptativos relacionadas que tengan que abordarse (Reiser, 1990). En segundo lugar, la emoción específica establece información básica acerca de cómo se codifica la red de recuerdos inadaptativos y cómo se accede a ella antes de empezar el reprocesamiento. Más tarde, en pleno reprocesamiento, cuando regrese para comprobar el recuerdo diana u objetivo, si el paciente manifiesta autoevaluaciones negativas similares o la misma puntuación en la escala SUD, éste puede indicar emociones específicas distintas. Así pues, establecer emociones específicas en la fase de evaluación le permite monitorizar si hay cambios en la red de recuerdos inadaptativos a través de cambios indicados en la emoción específica asociada con el recuerdo diana u objetivo.

Unidades subjetivas de perturbación

Después de establecer la emoción o emociones específica(s) se obtiene una puntuación en la escala de unidades subjetivas de perturbación más conocida como escala SUD. Wolpe (1958) fue el primero en desarrollar esta escala de autoaplicación para su uso en desensibilización sistemática y suele utilizarse en varios tratamientos de conducta, como la exposición prolongada (Foa, Hembree y Rothbaum, 2007). Para consultar una revisión y un estudio de la validez psicométrica de la escala SUD con datos de validez discriminante y convergente, de validez concurrente y de validez predictiva en una muestra de tratamiento, véase Kim, Bae, and Park (2008).

La puntuación SUD se obtiene inmediatamente después de que el paciente nombre la emoción específica. Sin embargo, no se trata sólo de una puntuación de la emoción en sí, sino que es más bien la puntuación de la sensación general de perturbación asociada con toda la red de recuerdos. "En una escala del 0 al 10, donde 0 es la ausencia de perturbación, o neutra y 10 es el máximo de perturbación que pueda imaginar, ¿cuánta perturbación siente ahora?". Tenga en cuenta que la escala SUD no valora lo perturbador que fue el suceso. Una "puntuación histórica" por lo general no cambia, de modo que un suceso que el paciente considera que merecía una puntuación de 9 en cuanto a *lo perturbador que fue* siempre será un "9." En cambio, la puntuación SUD es la *puntuación sentida* de la perturbación subjetiva mientras nos centramos en el recuerdo.

Generalmente la puntuación SUD inicial será significativamente elevada. En ocasiones, los pacientes indicarán al principio unas puntuaciones SUD sorprendentemente bajas para sucesos que serían perturbadores para la mayoría de personas. Una puntuación SUD inicialmente baja puede reflejar una puntuación exacta de un incidente que ya no resulta significativamente perturbador. También puede reflejar un acceso limitado al nivel real de perturbación en la red de recuerdos debido a la activación de varias defensas que van desde la intelectualización a varios niveles de disociación estructural. En ese último caso puede dar lugar a aumentos significativos e incluso espectaculares de la puntuación subjetiva de la perturbación en medio del reprocesamiento a medida que el paciente atraviesa esas defensas disociativas para acceder plenamente a lo que contiene la red de recuerdos inadaptativos. El potencial que tiene el paciente para experimentar un aumento espectacular del nivel percibido de perturbación vuelve a subrayar la necesidad de un consentimiento informado adecuado antes de empezar el reprocesamiento con EMDR.

Localización

El último paso de la fase de evaluación estándar de la diana seleccionada es identificar la localización de las sensaciones físicas asociadas con la red de recuerdos inadaptativos. La pregunta estándar es: "¿En qué parte de su cuerpo la siente?". A lo que el paciente puede indicar un lugar o varios. De nuevo, con una localización basta, y no hace falta pedir más. Si la respuesta es "en la cabeza", anótelo y avance al siguiente paso. "En la cabeza" es una localización válida. Una respuesta como "en ningún sitio" requiere seguimiento. De hecho, una respuesta de "en ningún sitio" para el lugar en el que se siente plantea la posibilidad de que se trate de una afirmación imprecisa de acceso a una emoción específica o una valoración SUD inadecuada probablemente debido a un intento de "agradar" al terapeuta. También puede ser el reflejo de la necesidad de ayuda para acceder a una sensación relevante debido a una ansiedad excesiva por la técnica, a miedo a dar una respuesta equivocada, a mecanismos de defensa para no sentir sensaciones o emociones, u otros problemas. Los problemas más complejos de defensas contra la experimentación de sensaciones o emociones normalmente deberían identificarse al evaluar la idoneidad para el reprocesamiento (véase el capítulo 5) y tratarse en la fase de preparación (véase el capítulo 6) antes de proceder con la fase de evaluación.

Un método sencillo para ayudar a los pacientes a localizar sus sensaciones

Un método sencillo para abordar una respuesta como "en ningún sitio" es pedir al paciente que "cierre los ojos". "A medida que le dirijo para que observe aspectos de este incidente, observe solamente dónde se produce algún cambio en su cuerpo. Observe los cambios mientras se centra en la imagen que representa la peor parte del incidente. (Pausa). Observe dónde se produce un cambio en su cuerpo, mientras piensa en las palabras" ________. (Repita la afirmación de la cognición negativa). (Pausa). "Ahora note el ________". (Repita la emoción o emociones nombrada(s) específicamente). (Pausa). "¿Dónde ha notado cambios?". Este ejercicio estructurado de preguntas a menudo da lugar a alguna sensación física vinculada con la red de recuerdos inadaptativos.

Impulsos de acciones defensivas

Los impulsos de acción para la defensa son las pautas naturales de respuesta a experiencias que suponen una amenaza para la vida y siempre están presentes en alguna medida en las redes de recuerdos inadaptativos para sucesos vitales adversos. En el sistema del humano (mamíferos) existe un número limitado de tendencias a la acción de defensa contra las amenazas a la vida. (Panksepp, 1998; van der Hart et al., 2006 págs. 37-38). Algunas son la hipervigilancia y la observación del entorno, el llanto por separación, la huida, la paralización con analgesia, la lucha, la sumisión total con anestesia, los estados de descanso recuperativo y el aislamiento del grupo. Las fases del procedimiento con EMDR estándares no exigen explícitamente, ni identificar, ni acceder a los impulsos de acciones defensivas más activados y más inhibidos por las circunstancias del recuerdo diana seleccionado. Sin embargo, y cómo decíamos en el capítulo 1, las respuestas psicofisiológicas y de conducta a la experiencia original forman una parte importante de la red de recuerdos como ya conceptualizaba Lang (1977, 1979), cuyo trabajo sobre el procesamiento de la información emocional aporta un fundamento básico para el modelo de procesamiento adaptativo de la información que más tarde desarrollaría Shapiro. En el modelo de disociación estructural (van der Hart, et al., 2006) estas tendencias de acción defensiva se convierten en los organizadores centrales de la *parte emocional de la personalidad*, presente en el TEPT y en el trastorno por estrés agudo (disociación estructural primaria) y las múltiples *partes emocionales de la personalidad* en el TEPT complejo y el trastorno disociativo NOS (disociación estructural secundaria) y en el trastorno de identidad disociativa (disociación estructural terciaria).

Korn y Leeds (1998) apuntan que las tendencias de acción defensivas pueden contribuir al reprocesamiento ineficaz de recuerdos de abuso y negligencia en la infancia. Leeds (2001) por su parte propone que esos impulsos de acciones defensivas tienen que verse como un elemento separado adicional de la red de recuerdos además de los cinco elementos identificados por Shapiro –imagen, pensamientos y sonidos, emoción, sensación corporal y creencia. Eso ayudaría a llamar la atención hacia su tendencia a ser fuente de reprocesamiento ineficaz y la frecuente necesidad de identificarlos y de realizar intervenciones breves durante el reprocesamiento para abordar explícitamente esas fuentes de bloqueo. Aunque Shapiro (2003) considera estos impulsos de acciones defensivas como implícitos en el elemento sensación –identificados como localización corporal– yo me inclino por la visión de Lang de que las respuestas defensivas psicofisiológicas defensivas y de conducta a la situación de amenaza se codifican en la red de recuerdos como un elemento separado y significativo. La localización física de la sensación percibida puede vincularse a esos impulsos de acción defensiva, o al estado afectivo, o incluso a recuerdos sencillos de sensaciones físicas de la experiencia traumática. Creo que los terapeutas deberían permanecer mínimamente alertas al escuchar la expresión de una tendencia de acción defensiva expresada abiertamente en la red de recuerdos, además de las que puedan haberse bloqueado por las circunstancias o los miedos del paciente en la experiencia original.

Por ejemplo, al preguntar a una persona que haya sobrevivido a una violación "Cuando se centra en esa imagen y piensa en esas palabras, 'Estoy desamparado', ¿qué emociones siente ahora?", la respuesta fue "Miedo" y después añadió "Quería gritar para pedir ayuda y resistirme, pero me amenazaba con matarme si lo hacía. Al principio creí que lo haría. Después me di cuenta de que no, pero era demasiado tarde". La paciente indicaba que se había sometido y con anestesia y que desde entonces tenía un sentimiento persistente de vergüenza, carencia de deseo en situaciones sexuales, y un sentimiento de estar congelada en su vida. En este caso la paciente presentó voluntariamente tanto la tendencia de acción defensiva que se activó –sumisión con anestesia– como la que se inhibió –pedir ayuda y resistirse para liberarse. En la mayoría de casos los pacientes no describen abiertamente ni las tendencias de acción defensiva activadas ni las inhibidas cuando describen por primera vez sus recuerdos. A fin de ayudar a reducir la incertidumbre acerca de cómo facilitar el reprocesamiento efectivo, los terapeutas podrían explorar e identificar las tendencias de acción defensiva activadas e inhibidas en la fase de registro del historial o en la de evaluación antes de empezar con el reprocesamiento con EMDR.

Cuando se trate a pacientes con historias más complejas que incluyan exposiciones traumáticas infantiles tempranas, algunos impulsos de acciones defensivas es posible que se refuercen abiertamente, mientras que otros pueden inhibirse. La combinación de (a) un apego inseguro o desorganizado, (b) una disociación estructural secundaria o terciaria y (c) impulsos de acción defensiva aplicados o inhibidos abiertamente es una fuente potencial de dificultades significativas para el reprocesamiento con EMDR. Tanto si se identifican estas tendencias de acciones defensivas aplicadas o inhibidas abiertamente como si no, en el capítulo 9 analizaremos varias maneras que tienen los terapeutas de facilitar un reprocesamiento efectivo de la vergüenza sobre lo que se ha codificado en las redes de recuerdos con respecto a las tendencias de acción defensiva activadas o inhibidas abiertamente.

Resumen

En la fase de evaluación usted empieza a trabajar con el recuerdo diana que seleccionó de su lista de dianas para reprocesar del plan maestro de tratamiento. Los dos objetivos principales de la fase de evaluación son (a) acceder a aspectos esenciales de la red de recuerdos inadaptativos y (b) establecer mediciones de referencia para el nivel de perturbación en la diana. En la fase de evaluación se identifican, en este orden, la imagen, la CN, la CP, la emoción específica, y la localización corporal de la perturbación sentida. Usted obtiene las puntuaciones de referencia para el VoC y el SUD. Una vez finalizados estos pasos, ya se está preparado para reprocesar con la fase de desensibilización.

8 La fase de desensibilización: técnicas básicas

Resumen de la cuarta fase: técnicas básicas

El capítulo 8 describe las técnicas básicas que se utilizan en la fase de desensibilización –fase 4 del protocolo estándar de Desensibilización y reprocesamiento por medio de movimiento ocular (EMDR) para tratar el trastorno por estrés postraumático (TEPT). Estas técnicas básicas por lo general resultan suficientes para aquéllos que responden óptimamente al método EMDR. Además, normalmente bastan para casos de traumas producidos por un único incidente en personas que no han experimentado traumas significativos anteriores ni experiencias vitales adversas. Muchos pacientes tienen historiales más complejos y pueden experimentar un reprocesamiento inefectivo en alguna etapa del tratamiento. En esos casos tendrá que aplicar algunas de las técnicas adicionales para reprocesamiento ineficaz que se describen en el capítulo 9. Durante los ejercicios de formación iniciales de los cursos de EMDR aprobados por EMDRIA (EMDR International Association), puede ser de gran ayuda practicar primero solamente las técnicas básicas sin considerar las opciones más amplias que proponen las técnicas adicionales que se describen en el capítulo 9.

Tabla 8.1. Guión de los pasos del procedimiento — Fase de desensibilización

GUIÓN DE LOS PASOS DEL PROCEDIMIENTO
ORIENTACIÓN AL REPROCESAMIENTO: *"Ahora empezaremos a reprocesar. A medida que aplicamos series de movimientos oculares* (golpecitos o tonos), *a veces habrá cambios y a veces no. Es posible que note otras imágenes, pensamientos, emociones o sensaciones físicas. También pueden surgir recuerdos nuevos. Otras veces, quizás sólo sea consciente de los movimientos oculares* (golpecitos o tonos). *Recuerde lo que hablamos con la metáfora del viaje en tren. No hay respuestas correctas ni incorrectas. Simplemente observe lo que ocurre. Y si necesita parar en algún momento, hágame la señal que hemos ensayado".*
FASE CUATRO: DESENSIBILIZACIÓN *"Me gustaría que se centrase en esa imagen* (si no hay imagen—*'en ese incidente'*) *y en esas palabras negativas* ________________ (repita la cognición negativa –en una afirmación en primera persona). *Observe en qué parte del cuerpo lo siente y siga mis dedos* (o *'siga las luces', 'los golpecitos'* o *'los sonidos')".* Después de una serie de 24 a 30 movimientos completos: *"Descanse. Inspire profundamente. Déjelo ir. ¿Qué nota ahora?".*
DESPUÉS DE LOS COMENTARIOS DEL PACIENTE, SIGA REPROCESANDO: *"Céntrese en eso y observe qué ocurre a continuación".* Continúe con las series de movimientos oculares en un canal de asociaciones utilizando las instrucciones anteriores mientras los comentarios del paciente indiquen que está habiendo reprocesamiento. Si el paciente hace los mismos comentarios durante dos series de EBL, cambie la dirección, la altura, la velocidad y/o la amplitud de los movimientos oculares. Si está utilizando estimulación auditiva, cambie la velocidad o el tipo de sonido. Si utiliza estimulación con movimientos, cambie la velocidad, la intensidad o el punto de la estimulación.
REGRESAR AL OBJETIVO: Continúe con más series de estimulación bilateral hasta que el paciente no indique la existencia de más material perturbador y sólo hable de material neutro o positivo. Regrese también al objetivo si las asociaciones se vuelven tan remotas del objetivo original que el juicio clínico sugiere que ya no se está habiendo reprocesamiento del objetivo seleccionado. Entonces, para regresar al objetivo, diga: *"Céntrese en la experiencia original, ¿qué nota?".* Si el paciente indica la existencia de más material perturbador: *"Céntrese en eso y observe qué ocurre a continuación".* Cuando regresa al objetivo, si el paciente comenta asociaciones ambiguas, o aparentemente neutras o positivas con el objetivo, compruebe la puntuación en la escala SUD.
COMPRUEBE LA ESCALA SUD: *"Céntrese en la experiencia original.* "En una escala del 0 al 10, donde 0 es la ausencia de malestar o neutra y 10 es la máxima perturbación que pueda imaginar, ¿cuánta perturbación siente ahora?".
DESPUÉS DE COMPROBAR LA ESCALA SUD: Si la puntuación SUD es 1 o superior, diga: *"¿Cuál es la peor parte de ello ahora?"* ____________. Y a continuación: *"Céntrese en eso y observe qué ocurre a continuación".* O: *"¿En qué parte del cuerpo lo siente?"* ____________. *"Céntrese en eso y observe qué ocurre a continuación".* Si la puntuación SUD es 0, diga: *"Céntrese en cómo le parece el incidente ahora y observe qué ocurre a continuación".* Cuando el paciente indica una puntuación SUD de 0 por segunda vez, continúe con la fase de instalación.

Nota. De EMDR Institute Training Manual, de F. Shapiro, (enero de 2008 y enero de 2005), Watsonville, CA: EMDR Institute.

Nota. EMDR: Desensibilización y reprocesamiento por medio de movimiento ocular de F. Shapiro, 2004, México: Editorial Pax México, Librería Carlos Cesarman, S.A. Adaptado con permiso.

Fase cuatro: desensibilización

El reprocesamiento con EMDR estándar empieza con la fase de desensibilización. El objetivo de esta fase es potenciar el procesamiento espontáneo de la información emocional que lleva a la síntesis entre la red de recuerdos inadaptativos del recuerdo diana seleccionada y otras redes de recuerdos inadaptativos. Para ello se debe mantener un equilibrio de atención dual entre las asociaciones que surgen de la diana seleccionada y la estimulación bilateral alterna (BLS) –como muestra la figura 2.10 del capítulo 2. Así, durante la fase de desensibilización se evalúa continuamente los efectos del tratamiento basándose en pruebas de cambios adaptativos en (a) los breves comentarios verbales del paciente entre series de BLS, (b) sus observaciones de indicaciones no verbales de cambio adaptativo emocional y psicofisiológico y (c) regresando ocasionalmente para renfocar el objetivo y comprobar cómo ha cambiado la percepción del paciente del recuerdo del incidente.

Así pues, durante el reprocesamiento sus interacciones verbales tienden a ser breves. De hecho, la relación se mantiene más por el ritmo de las series de BEA y las pausas breves periódicas para los comentarios del paciente que por la interacción verbal entre el terapeuta y éste.

Orientación para el reprocesamiento

Antes de empezar con el reprocesamiento debería reforzar la orientación del paciente a la atención dual. Las instrucciones estándares son las siguientes:

Ahora empezaremos a reprocesar. A medida que aplicamos series de movimientos oculares (golpecitos o tonos), a veces habrá cambios y a veces no. Es posible que observe otras imágenes, pensamientos, emociones o sensaciones físicas. También pueden surgir nuevos recuerdos. Otras veces, quizás sólo sea consciente de los movimientos oculares (golpecitos o tonos). Recuerde lo que hablamos con la metáfora del viaje en tren. No hay respuestas correctas ni incorrectas. Simplemente observe lo que ocurre. Y si necesita parar en algún momento, hágame la señal que hemos ensayado.

Acceder a la diana antes de la primera serie de estimulación bilateral

Empiece el reprocesamiento pidiendo al paciente que acceda a la diana justo antes de la primera serie de estimulación bilateral. La afirmación estándar es: *"Me gustaría que se centrase en esa imagen* (si no hay imagen–*'en ese incidente'*) *y en esas palabras negativas* _____ ______________ (repita la cognición negativa –en una afirmación en primera persona). *Observe en qué parte del cuerpo lo siente y siga mis dedos* (o *'siga las luces', 'los golpecitos' o 'los sonidos'*)*."*

Apoyo verbal no específico y contingente durante la estimulación bilateral

Empiece la primera serie de estimulación bilateral. Por lo menos una vez o dos durante cada serie de estimulación bilateral ofrezca motivación verbal no específica como por ejemplo *"Sólo observe"* o *"Siga"*. Ofrezca también motivación verbal contingente, aunque no específica, cuando observe cambios no verbales en la expresión facial, en las pautas de respiración, o en el movimiento ocular; por ejemplo: *"Eso es"*, u *"observe solamente"*. Tras una serie de 24 a 30 movimientos completos, haga una pausa y diga *"Descanse. Inspire profundamente. Déjelo ir. ¿Qué nota ahora?"*.

Frases terapéuticas estándares después de cada serie de estimulación bilateral en la fase cuatro

Esta sencilla serie de frases deberán utilizarse siempre después de cada serie de estimulación bilateral. Cada frase tiene un objetivo concreto. *"Descanse. Inspire profundamente"* significa, en efecto, "Haga una pausa y desplace brevemente su atención desde todo lo que ha ocurrido durante esa serie de estimulación bilateral hasta el aquí y el ahora tomando una respiración profunda". Observe que *no* debe decir, *"Relájese"* en lugar de *"Descanse"* porque de hacerlo el paciente intentaría deliberadamente cambiar su estado psicofisiológico quizás hacia un momento de mayor miedo, vergüenza, ira o pena. Decir *"Descanse"* permite al paciente seguir experimentando el estado psicofisiológico que ha surgido junto con las emociones, pensamientos, imágenes o sensaciones más prominentes. *"Déjelo ir"* significa tanto soltar el aire como dejar ir cualquier intento por mantener o intentar expresar todo lo que pueda haber ocurrido durante la serie de estimulación bilateral.

A continuación, pregunte *"¿Qué nota ahora?"*. El formato de esta pregunta general permite al paciente decir lo que esté más presente en su conciencia. Lo más destacado podría ser un cambio en la imagen, otros recuerdos sensoriales, otras sensaciones físicas, otra intensidad emocional u otro estado. También podría ser un cambio en la autoevaluación o un recuerdo emergente distinto. Podría ser una preocupación, un miedo o un juicio acerca del reprocesamiento.

De ahí que sea importante *no* preguntar *"¿Qué siente ahora?"*, *"¿Qué nota respecto a la imagen ahora?"* o *"¿Ha cambiado el miedo?"*. Esas cuestiones específicas limitan y dirigen la atención del paciente hacia un material que puede que no tenga relación con el reprocesamiento espontáneo y efectivo de la red de recuerdos inadaptativos. Sólo utilizará esas preguntas específicas cuando haya pruebas de que el reprocesamiento está siendo ineficaz.

Escuche los comentarios del paciente. Anotarlos puede ayudarle, sobre todo cuando está aprendiendo las técnicas de reprocesamiento con EMDR, cuando está elaborando una investigación o cuando trabaja bajo supervisión u opta a una certificación. Anotar las verbalizaciones del paciente tiende a inhibir la tendencia terapéutica habitual de dar respuestas excesivas y permite contar con algunos segundos de más para evaluar en silencio lo que el paciente acaba de decir. No hace falta repetir ni reformular lo que acaba de decir el paciente. A menos que el comentario indique la necesidad de llevar a cabo una intervención para abordar el reprocesamiento ineficaz, limítese a la instrucción estándar: *"Céntrese en eso y observe lo que ocurre a continuación"*, o simplemente *"Siga con eso"*.

Canales asociativos

Prosiga con las series de estimulación bilateral utilizando las instrucciones que se han dado antes siempre que los comentarios de los pacientes indiquen que el reprocesamiento está siendo efectivo y hasta que indiquen material neutro o positivo. Cómo discernir que el reprocesamiento está siendo efectivo se describe en la siguiente sección. Por lo general los pacientes experimentarán algún cambio en su foco de atención entre una serie de estimulación bilateral y la siguiente. De hecho, los pacientes pueden indicar cambios en la intensidad, las características y aspectos específicos del recuerdo diana, o pueden asociarse con otro recuerdo.

Shapiro (2004, p. 34) describe que esos cambios ocurren en "canales asociativos". Esos "canales" son muy variados en cuanto a longitud y número. En longitud, un canal asociativo puede ir de unas pocas series de estimulación bilateral a más de 20 o 30 series. El número de veces que tiene que regresar a la diana e identificar otro canal que contenga material adicional también varía de unas pocas a muchas. Cuando el reprocesamiento es efectivo, normalmente continuará por un canal asociativo de entre unas 6-14 series de estimulación bilateral *hasta que el paciente empiece a indicar material neutro o positivo.* Sin embargo, tenga en cuenta que los canales pueden ser mucho más breves o mucho más largos. Después de dos o quizás tres series de estimulación bilateral centrada en material neutro o positivo normalmente regresará a la diana para identificar posible material perturbador adicional que requiera reprocesamiento. A continuación se explica cómo regresar a la diana.

Cambiar la estimulación bilateral

Si el paciente hace comentarios sobre el mismo contenido perturbador sin cambiar tras dos series consecutivas de estimulación bilateral, lo primero que se debe hacer es cambiar la dirección, la altura, la velocidad o la amplitud de los movimientos oculares. Si está utilizando estimulación auditiva, cambie la velocidad o el tipo de sonido. Si utiliza estimulación kinestética, cambie la velocidad, la intensidad o el punto de la estimulación. Dado que a la mayoría de terapeutas se les ha preparado muy a conciencia para pensar en cambiar sus respuestas verbales cuando la experiencia de los pacientes "no cambia", para muchos de ellos resulta contrario a la intuición tener que recordar que lo primero que hay que hacer es cambiar la naturaleza de la estimulación bilateral. Sin embargo, una parte importante de la eficacia del método EMDR parece proceder de su impacto directo en el sistema límbico a través de estímulos neurológicamente mediados tanto, si no más, que de las interacciones mediadas psicológicamente con la neocorteza (Servan-Schreiber, 2004). Dado que está aprendiendo a utilizar la técnica de EMDR, recuerde que más del 50% de las veces el simple hecho de cambiar las características de la estimulación bilateral bastará para restaurar un reprocesamiento efectivo.

Figura 8.1. Canales asociativos

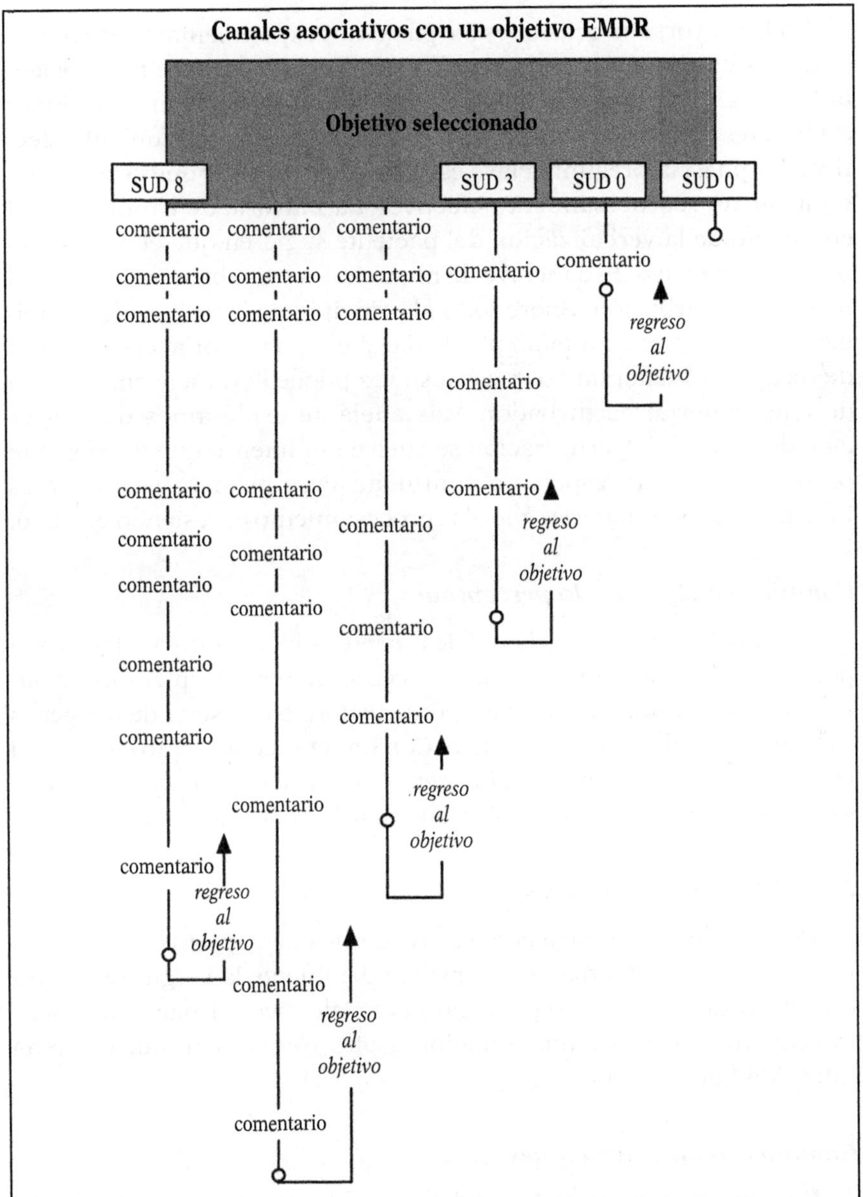

Nota. EMDR: Desensibilización y reprocesamiento por medio de movimiento ocular de F. Shapiro, 2004, México: Editorial Pax México, Librería Carlos Cesarman, S.A. Adaptado con permiso.

Respuestas que sugieren que el reprocesamiento está siendo efectivo

En la mayoría de ocasiones los pacientes experimentarán un reprocesamiento efectivo cuando siga las instrucciones que se han presentado antes. Por lo general sólo necesita desviarse de esas instrucciones estándares cuando haya pruebas de ausencia de reprocesamiento efectivo. Así pues, la pregunta clave es ¿cómo puede decir que está teniendo lugar un reprocesamiento efectivo? La mayoría de cambios en el contenido de la verbalización del paciente sugieren que el reprocesamiento es efectivo. Eso incluye disminuciones y también aumentos del nivel de perturbación. Sobre todo al principio de la fase de desensibilización, el reprocesamiento puede dar pie a un mayor acceso a la red de recuerdos inadaptativos y eso a su vez puede llevar a la emergencia de más material perturbador. Más adelante exploramos qué hacer cuando el nivel de perturbación se vuelve tan intenso que *usted* siente preocupación con respecto a continuar. Pero primero veamos más indicaciones que sugieren que el reprocesamiento está siendo efectivo.

Cambios en el recuerdo perceptual

Con un mayor acceso a la red de recuerdos inadaptativos el paciente puede indicar que la imagen está más cerca, que es más intensa, o incluso puede surgir una imagen más perturbadora o una serie de imágenes asociadas con el incidente objetivo. Con un reprocesamiento efectivo, el paciente puede indicar que la imagen está más lejos, que es más borrosa, menos clara, que pierde color, que es más pequeña o que se ha ido.

Cambios en las emociones

Con un mayor acceso a la red de recuerdos inadaptativos, el paciente puede indicar una mayor intensidad del miedo, la vergüenza, la ira o la tristeza. Con más reprocesamiento efectivo, el paciente podrá indicar un cambio de una emoción a otra o una disminución de la intensidad de la misma.

Cambios en las sensaciones

Con un mayor acceso a la red de recuerdos inadaptativos, el paciente puede indicar una mayor intensidad de las sensaciones físicas o sensaciones incómodas en nuevos puntos. Con pacientes que experimentaban dolor intenso o excitación sexual no deseada como experiencia original, el potencial de una mayor intensidad de las sensaciones deberá abordarse en la fase de preparación con un consentimiento informado y con psicoeducación. Véase el capítulo 6 para ver cómo hacerlo. Con reprocesamiento efectivo, el paciente podrá indicar un cambio de la sensación de un punto a otro o una disminución de la intensidad de la misma.

Cambios en la creencia

Con un mayor acceso a la red de recuerdos inadaptativos, los pacientes pueden elaborar más autoevaluaciones negativas. De hecho, pueden ir en paralelo con el tema de la afirmación seleccionada como cognición negativa, o pueden reflejar temas diferentes. Cuando aparecen temas distintos, puede ser eficaz simplemente seguirlos durante algún tiempo antes de regresar al objetivo original. Otras veces, esos otros temas pueden ser tan significativos que puede que sea necesario vincularlos a su(s) evento(s) etiológico(s). Entonces uno de esos sucesos se convertirá en objetivo explícito para su reprocesamiento en ésa o en una sesión posterior. Con un reprocesamiento efectivo, los pacientes pueden indicar cambios en sus autoevaluaciones negativas con pensamientos más adaptativos, con insights o con una nueva perspectiva de su experiencia.

Cambios en los impulsos de acción defensiva

Con un mayor acceso a la red de recuerdos inadaptativos, los pacientes pueden indicar tener conciencia de un nuevo impulso de acción defensiva o de una mayor conciencia de un impulso identificado antes, como el impulso de huir. A veces los pacientes indican tener conciencia de dos impulsos de acción defensiva incompatibles, como el impulso de someterse y el de huir. En principio, *siempre y cuando el reprocesamiento efectivo continúe*, no debería intentar seleccionar entre esos múltiples impulsos de acción defensiva, del mismo modo que no intentaría limitar la conciencia de los pacientes a sólo una de las varias sensaciones físicas. En lugar de eso, lo que tiene que hacer es animar al paciente a continuar diciéndole *"Solamente obsérvelos a los dos y continúe"*. Con procesamiento efectivo, los pacientes pueden indicar un cambio hacia un impulso de acción defensiva distinto, como el cambio del impulso de huir al de luchar.

Cambios a otro recuerdo

Con un procesamiento efectivo los pacientes pueden hacer comentarios que permanecen centrados principalmente en cambios del objetivo seleccionado. Sin embargo, muchos pacientes indicarán cambios a otros recuerdos del grupo de sucesos similares –como otros episodios de maltrato físico por parte de un hermanastro. También pueden indicar recuerdos más tempranos o más recientes que en un principio podrían parecerle o no relacionados al terapeuta –como el recuerdo de un padre minimizando la queja del paciente por maltrato. Sin embargo, esos recuerdos asociados siempre serán significativos. Pueden tener relación por creencia, participante, sensación, emoción, defensa o respuesta de afrontamiento. A veces los recuerdos que surgen reflejarán recursos que contienen soluciones o material adaptativo para ayudar en el reprocesamiento del recuerdo diana u objetivo seleccionado –como el de la tía favorita que proporcionaba calor y protección materna constantes.

En ocasiones esos otros recuerdos reflejarán preocupaciones adicionales a las que hay que dar prioridad por encima de problemas seleccionados al principio en el recuerdo diana u objetivo. En esos casos, el plan de tratamiento quizás tenga que modificarse para incluir un enfoque en las preocupaciones adicionales que refleja el otro recuerdo. También puede ocurrir que esos otros recuerdos reflejen una activación extensa en uno o más grupos divergentes o series de problemas que pueden amenazar o abrumar al paciente con demasiado material. En esos casos, quizás tenga que limitar el foco de atención y ayudar a estructurar el reprocesamiento. Cuándo y cómo hacerlo se verá en el capítulo 9.

Cuándo y cómo regresar a la diana

En la fase de desensibilización, el motivo por el que se regresa al objetivo es para determinar si hay más material que necesite ser reprocesado. ¿Cuándo sabe que debe regresar al objetivo? Normalmente usted continúa con series adicionales de estimulación bilateral por un canal asociativo hasta que el paciente deja de manifestar material perturbador y sólo presenta material neutro o positivo durante dos o tres series de estimulación bilateral. Entonces regresa al objetivo. Y también tiene que regresar al objetivo si las asociaciones se vuelven tan remotas del objetivo original que el juicio clínico sugiere que ya no se está produciendo el reprocesamiento del objetivo seleccionado. Cuando empieza a aprender EMDR puede dudar acerca de cómo una nueva asociación podría vincularse al objetivo original. Sin embargo, si permite una o más series de estimulación bilateral en ese material emergente, podrá descubrir que el paciente está realizando una conexión importante. Puede que haga falta un poco de experiencia clínica para discernir acerca de cuándo el nuevo material apoya al reprocesamiento efectivo y cuando está metafóricamente divagando al final del canal asociativo sin suficiente compromiso con la red de recuerdos seleccionada. Cuando decida que es apropiado regresar al objetivo, diga: "Centre su atención en la experiencia original, ¿qué nota ahora?".

Si debido a asociaciones con otros recuerdos perturbadores en ese canal asociativo el paciente no está seguro del suceso al que usted se refiere cuando dice *"la experiencia original"*, haga referencia a algo objetivo del suceso –como por ejemplo *"Esa primera vez que usted recuerda a él amenazando a su hermano"*. Observe que cuando regresa a la diana lo que se quiere es determinar qué surge espontáneamente en la conciencia del paciente. Así pues, cuando regrese a la diana, hágalo de una manera completamente neutral; *no repita la cognición negativa, ni los detalles de la imagen, ni las emociones originales, ni la localización original de las sensaciones físicas*. Diga solamente: *"Céntrese en la experiencia original, ¿qué nota ahora?"*.

Cuando el paciente indica claramente que hay material perturbador adicional

Si el paciente habla de material adicional que perturba claramente, no tiene que comprobar las Unidades subjetivas de perturbación (SUD). Las únicas dos veces en las que resulta fundamentales comprobar la escala SUD son en la fase de evaluación y de nuevo al final de la fase de desensibilización, cuando confirma que el SUD está estable a cero. Así pues, cuando hay más material claramente perturbador en la diana, a menudo basta con decir: *"Céntrese en eso y observe qué ocurre a continuación"*. Si le preocupa que el paciente indique la existencia de material principalmente cognitivo y que pueda distanciarse demasiado de la perturbación residual en la experiencia diana, cuando así lo indique puede preguntarle *"¿En qué parte del cuerpo lo siente?"*. Y cuando indique un lugar, puede decir *"Céntrese en eso"*.

Comprobar el SUD cuando el paciente habla de material ambiguo, neutro o positivo

Cuando regresa a la diana, si el paciente comenta asociaciones ambiguas, o aparentemente neutras o positivas con la diana, es posible que tenga que comprobar la puntuación en la escala SUD. La forma estándar de hacerlo es decir: *"Céntrese en la experiencia original.* En una escala de 0 a 10, donde 0 es ninguna perturbación o neutro y 10 es la máxima perturbación que pueda imaginar, cuán perturbadora la siente ahora?".

Cuando la puntuación en la escala SUD es un 1 o superior

Si el paciente indica que la puntuación SUD es un 1 o superior, pregúntele: *"¿Cuál es la peor parte ahora?"*. Y cuando conteste, diga: *"Céntrese en eso y observe qué ocurre a continuación"*. También puede preguntarle: *"¿En qué parte del cuerpo lo siente?"*. Y después decir: "Céntrese en eso y observe qué ocurre a continuación".

Cuando la puntuación en la escala SUD es un 0

Si la puntuación SUD es un 0, diga: *"Céntrese en cómo le parece el incidente ahora, y observe qué ocurre a continuación"*. Si no surge nada claramente perturbador después de la siguiente serie de estimulación bilateral, vuelva a comprobar la puntuación SUD. Cuando el paciente indica una puntuación SUD de 0 por segunda vez, ha finalizado la fase de desensibilización. A continuación, prosiga con la fase de instalación.

9 Mantener y restaurar el reprocesamiento efectivo en la fase de desensibilización

Resumen

En el capítulo 9 se describe una amplia gama de estrategias para mantener y restaurar el reprocesamiento efectivo en la fase de desensibilización –fase 4– del protocolo estándar de Desensibilización y reprocesamiento por medio de movimiento ocular (EMDR) para tratar el trastorno por estrés postraumático (TEPT). Empezaremos por aclarar las secuencias estándares y los árboles de decisión que sirven de guía para el trabajo clínico. Continuaremos examinando los problemas y las estrategias para ayudar a los pacientes que experimenten respuestas emocionales intensas y prolongadas. Por último, analizaremos cuándo y cómo utilizar intervenciones para estimular deliberadamente una red de recuerdos adaptativos a fin de potenciar la síntesis con el recuerdo diana seleccionado, a lo que Shapiro (2004) se refiere como "entretejido cognitivos". Los terapeutas que se preparan para ejercicios de formación inicial no necesitan dominar todo el material de este capítulo para poder empezar a utilizar las fases del procedimiento estándares en las clases o en el ámbito terapéutico. En cualquier caso sus formadores podrán sugerirles que echen un vistazo a este material avanzado o que lo salten hasta la fase de instalación y el resto de fases del procedimiento estándares que se tratan en el capítulo 10. Sin embargo, dominar este material es fundamental para aplicar el protocolo EMDR estándar para TEPT con gran fidelidad.

Afrontar el sentirse abrumado por el alcance de las posibles respuestas clínicas mientras se aprende EMDR

Los terapeutas hacen frente a una cantidad relativamente pequeña de decisiones en cada momento durante el reprocesamiento con EMDR. Sin embargo, cuando se está aprendiendo EMDR es normal sentirse abrumado con la idea de qué hacer a continuación. Se puede establecer una analogía con la experiencia de aprender a conducir. Los controles necesarios para conducir un vehículo moderno son relativamente pocos, el funcionamiento es sencillo. Sin embargo, tras haber estudiado la función de cada control, cuando uno se encuentra por fin delante del volante sentado junto al profesor de la autoescuela, es fácil confundirse y abrumarse, sobre todo si ocurre algo inesperado. Solamente con la práctica el conocimiento conceptual de todos los elementos, el conducir un vehículo acaba por convertirse gradualmente en un conocimiento táctico. Y sólo practicando las varias capacidades de la conducción éstas se acaban por automatizar para que pueda dejar de centrarse en los aspectos mecánicos y simplemente disfrute de llegar a salvo y bien al lugar de destino.

Hasta que haya tenido práctica suficiente para integrar los principios y las técnicas que ha aprendido con la experiencia clínica para generar una sensación de dominio, tiene que aceptar que sentir cierta inseguridad, confusión y duda es normal. En los capítulos 16 y 17 exploraremos el proceso de desarrollo profesional en EMDR y el rol de la supervisión como apoyo al desarrollo de las capacidades clínicas y el dominio. Tomar buenas notas del proceso es útil, igual que anotar sus preguntas y consultarlas con regularidad. Mientras integra el método EMDR dentro de sus capacidades clínicas, recuerde que las fases del procedimiento EMDR estándares son bastante robustas. A pesar de todo, la mayoría de pacientes seguirán obteniendo ventajas significativas de las sesiones de reprocesamiento en las que usted se sienta inseguro o cometa errores técnicos.

Secuencias estándares y árboles de decisión durante la fase de desensibilización

En esta primera sección aclararemos varias secuencias estándares y árboles de decisión que guían el trabajo clínico en la fase de desensibilización.

Cuando "nada" cambia al principio del reprocesamiento

Una de las primeras respuestas confusas que encontrará durante la fase de desensibilización es cuando ante la pregunta "¿Qué observa ahora?", un paciente diga "Nada". La primera vez que obtenga ese comentario, simplemente responda del modo habitual "Céntrese en eso y observe qué ocurre a continuación". A menudo después de la siguiente serie de estimulación bilateral el paciente indicará cambios en el material. Incluso en ocasiones el paciente puede responder "nada" de nuevo, quizás añadiendo, "Sólo estaba viendo sus dedos yendo y viniendo". La respuesta estándar cuando el comentario es el mismo tras dos series consecutivas de estimulación bilateral es cambiar la dirección u otras características de la misma. Después de modificar la estimulación, es posible que la respuesta vuelva a ser "Nada"; llegados a este punto es posible que piense que no cambia nada en la red de recuerdos; es posible. Sin embargo, el comentario repetido de *"nada"* al principio del reprocesamiento no es necesariamente un indicador de que no está cambiando nada en la red de recuerdos. A continuación cambie la dirección por segunda vez; en este momento el paciente puede empezar a comentar otro material que señale cambios en el contenido o la intensidad de la red de recuerdos, o puede volver a decir "nada". Tras el cuarto "nada", y habiendo cambiado la dirección dos veces, regrese al objetivo con la frase estándar "Centre su atención en la experiencia original, ¿qué nota ahora?". Muchas veces se sorprenderá de descubrir que el material de la diana tiene un contenido o una intensidad diferente del indicado antes de empezar a reprocesar. ¿Cómo puede ser? Puede deberse a diferencias entre los informes verbales del flujo de la conciencia en las regiones prefrontales de la corteza y el lugar en el que se está ocurriendo el cambio en el sistema límbico y otras áreas del cerebro.

El comentario de "nada" puede querer indicar varias experiencias distintas en una serie de estimulación bilateral. A continuación presentamos algunos ejemplos: (a)"Se están produciendo cambios pero no sé como verbalizarlos"; (b) "Está ocurriendo algo pero estoy demasiado distraído por el movimiento de sus dedos para poder explicarlo"; (c) "Tengo demasiado miedo a hacerlo mal y estoy demasiado centrado en los movimientos de su mano como para notar lo diferente que estoy empezando a sentirme"; (d) "Me da miedo admitir que esto podría estar funcionando. Nada más ha funcionado y no siento que esté haciendo algo a propósito así que sólo diré que no estoy notando nada". La lección que debe aprender de todo esto es que no tiene que dar por hecho con la primera, ni la segunda, ni incluso la tercera vez que oiga "nada", que nada está cambiando. Usted, el terapeuta, no fracasa cuando el paciente dice "nada" tras varias series de estimulación bilateral. A menudo el material empezará a surgir después de dos o tres series de estimulación bilateral y si no, después de cambiar la dirección, regrese al objetivo, vuelva a acceder a la red de recuerdos y evalúe si el objetivo seleccionado ha cambiado. Respuestas como "nada" persistentes por parte del paciente con poco o ningún cambio indicado al regresar al objetivo seleccionado también pueden significar (a) acceso insuficiente de la red de recuerdos inadaptativos; (b) miedos específicos que interfieren con el reprocesamiento; (c) defensas disociativas, intelectualizadoras u otras; (d) problemas de ganancia o pérdida secundaria; o (e) insuficiente confianza en la alianza terapéutica. Analizaremos cómo hacer frente a cada una de esas posibilidades en este capítulo.

Responder al material de transferencia durante el reprocesamiento

Otro problema para los terapeutas noveles en EMDR es cómo responder al material de transferencia que surge durante el reprocesamiento. La transferencia se define en el *Webster's New World Dictionary of the American Language* (Guralnik, 1970) como "una reproducción de emociones relacionadas con experiencias reprimidas, especialmente de la infancia, y la sustitución por otra persona... para el objeto original de los impulsos reprimidos". Los pacientes que crecieron con exigencias inexorables por parte de uno o ambos padres pueden expresar dudas como "Me pregunto si lo estoy haciendo bien". Los pacientes que de niños desarrollaron aspectos parentificados de su personalidad y que llegaron a creer que eran responsables de las necesidades de sus progenitores pueden preocuparse y decir "¿No se le cansa el brazo?". Por otra parte, los pacientes que se sintieron emocionalmente abandonados en su experiencia vital temprana pueden protestar "Estoy acostumbrado a que hable más. No está diciendo mucho. Me estoy sintiendo solo".

Permanecer al margen

Son dos los principios que deben tenerse en cuenta cuando surgen problemas de transferencia. El primero es que sea cual sea el problema que el paciente esté abordando en el recuerdo seleccionado, éste tenderá a manifestarse en el proceso; es decir, en la naturaleza del material que se comenta y en las interacciones terapéuticas durante el reprocesamiento. El segundo es que la mayoría de problemas de transferencias se resolverán solos si *se mantiene al margen* y permite que dicho material se desplace *sin comentarios, interpretaciones ni consuelos adicionales*. Ofrecer sus respuestas terapéuticas habituales ante material de transferencia puede parecerle extraño o puede aportar problemas de contratransferencia para algunos terapeutas; sin embargo, la experiencia demuestra que trabajar dentro del marco del modelo de procesamiento adaptativo de la información y evitar inmiscuirse en el material del paciente por lo general da lugar a los mejores resultados.

Cuando se accede a recuerdos anteriores

A medida que avanza por canales asociativos, los recuerdos anteriores pueden aparecer espontáneamente. Basándose en el principio del modelo de procesamiento adaptativo de la información que postula que las experiencias anteriores establecen las pautas de respuesta para sucesos posteriores, cuando aparecen sucesos anteriores por lo general uno se queda y reprocesa completamente el material más antiguo antes de regresar al objetivo seleccionado en un principio. De hecho, el material anterior puede resolverse en esa sesión o puede requerir sesiones adicionales. A menos que haya indicaciones de que el material anterior esté vinculado a un tema distinto, por lo general no es necesario volver a empezar con una nueva fase de evaluación para ese objetivo anterior.

Cuando se accede a recuerdos más recientes

A menudo surgen durante la fase de desensibilización recuerdos de sucesos perturbadores más recientes que la diana seleccionada. Aunque esos sucesos perturbadores más recientes puedan parecerse al objetivo seleccionado en cuanto a contenido, participantes, naturaleza del suceso u otras características, normalmente es mejor limitar el número de series de estimulación bilateral que se les aplica a una o dos series solamente antes de volver a enfocar el recuerdo diana u objetivo seleccionado antes. De nuevo, la idea se basa en el modelo de procesamiento adaptativo de la información, que hace hincapié en que las experiencias anteriores codificadas inadaptativas y sin resolver establecen el marco de trabajo para responder a experiencias que se produzcan después. Así pues, hasta que se haya procesado por completo el anterior recuerdo diana seleccionado, por lo general es más eficaz desde un punto de vista clínico limitar el alcance del reprocesamiento de asociaciones a recuerdos perturbadores más recientes. Tenga en cuenta que cuando los pacientes se asocian a recuerdos *adaptativos* más recientes, por lo general limitará el número de series de estimulación bilateral a dos o tres antes de regresar a la diana para comprobar la existencia de aspectos perturbadores adicionales del recuerdo diana seleccionado.

Si no tenia conciencia de esos recuerdos perturbadores más recientes, debería anotarlos en sus notas del proceso para añadirlos a la lista maestra de objetivos que deberán abordarse en una sesión posterior. De hecho, puede comentarlo al paciente en términos de "Está claro que esos recuerdos están relacionados para usted. Podemos regresar a ese incidente más reciente en otra sesión. Ahora, continuemos y terminemos nuestro trabajo sobre el recuerdo más temprano". Incluso si cuando se devuelve la atención a la diana seleccionada las Unidades subjetivas de perturbación (SUD) son considerablemente inferiores, incluso cercanas a cero, por lo general resulta más eficaz finalizar las fases de desensibilización, instalación y exploración corporal del recuerdo más temprano antes de proseguir con el reprocesamiento de un suceso más reciente. De lo contrario, el recuerdo más temprano incompletamente resuelto puede seguir generando material inadaptativo cuando se intenta trabajar un recuerdo más reciente. A menudo el recuerdo más reciente se solucionará parcial, sustancial o completamente al finalizar el reprocesamiento del recuerdo más temprano.

Responder ante respuestas emocionales intensas y prolongadas

Cuando se reprocesan recuerdos diana de fuerte carga emocional es habitual que los pacientes experimenten respuestas emocionales intensas durante el reprocesamiento. El estudio temprano de Howard

Lipke (1995) indica que es un hecho más común en EMDR que en las formas más tradicionales de psicoterapia verbal. Es importante que tanto el paciente como el terapeuta tengan capacidades suficientes de tolerancia afectiva, que estén bien preparados y que su postura sea adecuada hacia esos episodios de emoción intensa.

Empezando por la perspectiva teórica, en EMDR, a diferencia de la exposición prolongada, la duración y la intensidad de la reexperimentación emocional no son los elementos fundamentales del cambio terapéutico. En EMDR, el reprocesamiento efectivo se ve como una síntesis de resultados entre redes de recuerdos adaptativos e inadaptativos. Aunque las respuestas emocionales intensas es más probable que ocurran en el reprocesamiento con EMDR que en muchos tipos de psicoterapia verbal, su duración y su intensidad no se consideran esenciales para el cambio terapéutico. De hecho, existen estudios que indican que EMDR es *más efectivo* cuando se reprocesan traumas de forma desvinculada en comparación con la reexperimentación intensa (Lee y Drummond, 2008; Lee, Taylor y Drummond, 2006). Así pues, el EMDR no debe verse como un tratamiento basado en *la extinción de la exposición* sino como un método para mejorar el procesamiento de la información emocional.

El término psicoanalítico tradicional inventado por Sigmund Freud para momentos de respuesta emocional intensa en psicoterapia es *abreacción*. La abreacción hace referencia a revivir una experiencia para poder despojarla de su intensidad emocional ("Abreacción", 2011). En EMDR, no hacemos hincapié en la necesidad de *revivir*. El enfoque está en establecer una *atención dual* y eso requiere *acceder* a la red de recuerdos inadaptativos y *asistir* con estimulación bilateral, permitiendo así al cerebro reorganizar la manera como se mantiene el recuerdo. Así pues, reexperimentar aspectos de la red de recuerdos inadaptativos en un nivel significativo de perturbación es algo que ocurre normalmente y que a menudo no se puede evitar durante el reprocesamiento.

Cuando se está produciendo un reprocesamiento correcto, la postura apropiada durante las respuestas emocionales intensas debería ser de compasión y apoyo en lugar de intentar prolongar, abreviar o distorsionar el movimiento del paciente por el material que va surgiendo. Hay varios elementos de procedimiento estándares que los terapeutas deberían utilizar como parte de esta postura de apoyo, pero por lo general debería evitar las intervenciones que abordan su propio malestar con la naturaleza del contenido o la intensidad del material que surge. La cuestión fundamental durante los momentos de respuestas emocionales intensas es monitorizar si hay pruebas de que se está produciendo un reprocesamiento efectivo.

Una buena preparación es fundamental antes de trabajar con material de gran carga emocional

Antes de empezar el reprocesamiento con EMDR de material con clara y fuerte carga debería asegurarse de que los pacientes se han preparado bien con psicoeducación y capacidades de tolerancia afectiva y contención. Véase el capítulo 6 para obtener más información sobre las técnicas para preparar a los pacientes antes del reprocesamiento con EMDR. La psicoeducación de los pacientes incluye información sobre lo que se puede esperar durante el reprocesamiento, junto con metáforas en pro de una postura de apoyo adecuada de observación consciente de la experiencia. Lo primero que los pacientes deberían saber es que tienen el control y que pueden detener la acción en cualquier momento haciendo la señal pactada de antemano. Hágales saber que siempre pueden hacer una pausa si sienten que la necesitan. Recuérdeles también que ha practicado el ejercicio del lugar tranquilo y otros métodos que ayudan a controlar la ansiedad y otros estados emocionales intensos. Tiene que decirles que esas intervenciones pueden utilizarse en cualquier momento, si es necesario, para ayudarles a recuperar una sensación de control de su estado emocional.

En segundo lugar, los pacientes deberían saber que continuar con las series de estimulación bilateral es la mejor manera tanto de avanzar por los estados emocionales que van surgiendo como de garantizar que las redes de recuerdos que producen esos estados emocionales intensos se reorganizan en una forma en la que dejan de generar experiencias futuras de reexperimentación dolorosa e intrusiva. En el momento de las experiencias traumáticas, los sistemas sensorial y emocional del cerebro codificaron esas experiencias sensoriales y emocionales intensas como recuerdos traumáticos (van der Kolk, McFarlane y Weisaeth, 1996, cap. 12). Durante el EMDR, reprocesar los elementos que conforman esas redes de recuerdos traumáticos los reor-

Figura 9.1. Dos series de estrategias cuando las emociones intensas exceden la atención sensorial

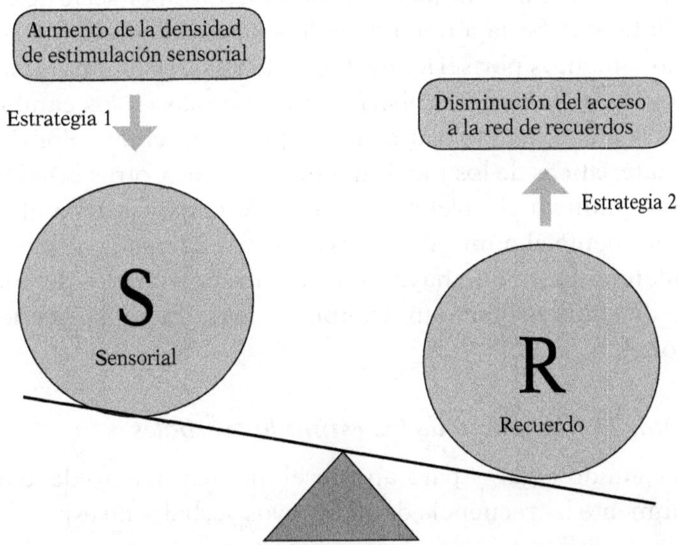

Dos series de estrategias para mantener la atención dual durante respuestas somáticas y emocionales intensas.

ganiza en el mismo tipo de sistema de almacenamiento de recuerdos narrativos que los recuerdos antiguos normales (Levin, Lazrove y van der Kolk, 1999; Lansing, Amen, Hanks y Rudy, 2005).

Dos series de estrategias para mantener la atención dual durante respuestas emocionales y somáticas intensas

Durante episodios de repuestas de intensa carga emocional, la conciencia tiende a alejarse del punto de equilibrio hacia una mayor atención al material altamente perturbador almacenado en la memoria con menos atención a la estimulación sensorial bilateral. A fin de ayudar al paciente a mantener el equilibrio de la atención dual, resulta muy práctico aumentar la intensidad de la estimulación bilateral. Puede hacerlo de varias maneras.

Aumentar el número de movimientos por serie de estimulación bilateral

En primer lugar, el número de movimientos por serie de estimulación bilateral debería aumentarse de los 24 estándares a 30, 40, 50 o más movimientos por serie. En lugar de basarse en un número establecido de movimientos, debería centrarse más en los cambios en la expresión facial, en las pautas de respiración, en el color de la piel, las características de los movimientos oculares y otras señales no verbales que indican el nivel y la calidad de la experiencia afectiva. Si puede, aumente el número de movimientos de una serie de estimulación bilateral hasta que haya indicaciones no verbales de una disminución de la intensidad o un cambio en las características del estado emocional.

Aumentar la frecuencia de los estímulos verbales

En segundo lugar, y para apoyar el mantenimiento de la atención dual, aumente la frecuencia de sus apoyos verbales no específicos para el paciente diciendo estas frases con mayor frecuencia: "eso es" y "observe solamente". En tercer lugar, considere la idea de recordar al paciente la metáfora del viaje en tren. "Está en el tren. Sólo es un recuerdo que pasa. Observe solamente". Si parece que tienen miedo, puede recordarles: "Está conmigo en la consulta. Ahora está a salvo. Solamente observe lo que está ocurriendo en su recuerdo y mire cómo pasa". Cuando vea cambios en la expresión de la cara que sugieran que el paciente está accediendo a otro material, puede decir "Eso es. Observe solamente". Estas *respuestas contingentes* no específicas (Siegel, 2007) sirven para mantener la fuerza de la alianza terapéutica y ayudan al paciente a *regular la activación* al sentirse conectado a usted a medida que avanzan por su material.

En cuarto lugar, en momentos más intensos de la sesión puede utilizar su voz al ritmo de la estimulación bilateral: "Eso es. Continúe. Continúe. Continúe. Continúe". A la mayoría de pacientes no le parecerá ni intrusivo ni les distraerá, sino que les hará sentir que se adecua a su intensidad. Se sentirán apoyados y mantendrán un sentido más fuerte de poder permanecer con el recuerdo al mismo tiempo que están presentes con usted. En quinto lugar, si utiliza el Eye Scan

4000 para la estimulación bilateral (véanse el capítulo 16 y el anexo C), puede añadir un segundo modo de estimulación bilateral, como añadir tonos sonoros o estimulación kinestética a los movimientos oculares.

Permanezca tranquilo ofreciendo su apoyo y consciente de las opciones mientras monitoriza las evidencias de reprocesamiento efectivo

Tras aumentar el número de movimientos por serie de estimulación bilateral, siga controlando la expresión no verbal durante varias series, además de los comentarios del paciente entre series en busca de pruebas de que el reprocesamiento está siendo eficaz. Mientras los comentarios de los pacientes indiquen pruebas continuadas de reprocesamiento efectivo, siga pasando de una serie de estimulación bilateral a otra con un diálogo mínimo entre series. Quizás dos de los elementos más cruciales para la correcta resolución de las respuestas emocionales intensas durante el reprocesamiento con EMDR sean (a) su confianza en el reprocesamiento y (b) su capacidad para mostrar su apoyo tranquilo y ser consciente de todas las herramientas y opciones que tiene a su disposición para ayudar al paciente con este material. Mantener una postura de compasión desapegada es fundamental para su capacidad de percibir claramente lo que está ocurriendo y para reflexionar sobre si cabe la necesidad o no de intervenir para asistir al paciente.

Vigilar su propia tolerancia afectiva

Hacer menos en esos momentos y permitir que el reprocesamiento avance puede resultar extremadamente difícil para los terapeutas que están aprendiendo a utilizar el EMDR. Es cierto que si hay pruebas de que el reprocesamiento está siendo ineficaz tendrá que estar preparado para intervenir. Sin embargo, algunos terapeutas intervienen no porque el paciente lo necesite sino porque se exceden sus propios límites de tolerancia afectiva y experimentan ansiedad o material de contratransferencia de su propio pasado personal o profesional que se está viendo reactivado. Si le ocurre algo así, lo primero que debe hacer es considerar recibir más formación y supervisión por parte de un consultor aprobado por EMDRIA (EMDR International Association). Muestre cintas de vídeo de sesiones con respuestas emocionales intensas a un consultor aprobado por EMDRIA para ver cuáles son sus comentarios sobre esas cuestiones. Y si esos comentarios indican que sus pacientes responden óptimamente en momentos que para usted son difíciles de tolerar, plantéese la posibilidad de tomar sesiones de EMDR para tratar sus propias respuestas emocionales ante el material emocional intenso de sus pacientes. A menudo un número relativamente pequeño de sesiones de EMDR puede bastar para resolver el material que se activa en esos momentos de intensidad emocional.

Reconocer y responder ante las cuatro causas de reprocesamiento ineficaz

Aunque es importante hacer menos y mantenerse al margen cuando se está produciendo el reprocesamiento, es muy importante intervenir cuando el reprocesamiento está siendo ineficaz. Las características clave para reconocer un reprocesamiento efectivo frente a uno ineficaz se presentaron en la sección del capítulo 8 sobre "Respuestas que sugieren que el reprocesamiento está siendo efectivo". Son unas características que aportan señales a los terapeutas de la necesidad de realizar una intervención, pero no siempre indican qué tipo de intervención es necesaria. Para poder seleccionar el tipo de intervención tendrá que conceptualizar la naturaleza de la dificultad en términos del modelo de procesamiento adaptativo de la información. Por suerte, sólo hay cuatro grandes categorías de dificultad al reprocesar: (a) acceso insuficiente a la red de recuerdos inadaptativos; (b) acceso excesivo a la red de recuerdos inadaptativos; (c) la necesidad de desplazar el enfoque para acceder a una red de recuerdos inadaptativos diferente, más recientes; y (d) ausencia de síntesis espontánea entre la

Tabla 9.1. Cuatro categorías de reprocesamiento ineficaz

1) Acceso insuficiente a la red de recuerdos inadaptativos
2) Acceso excesivo a la red de recuerdos inadaptativos
3) La necesidad de desplazar el enfoque para acceder a una red de recuerdos inadaptativos diferente, más reciente
4) Ausencia de síntesis espontánea entre la red de recuerdos inadaptativos y una red de recuerdos adaptativos adecuada

Tabla 9.2. Técnicas para aumentar el acceso a la red de recuerdos inadaptativos

1) Cambiar la dirección, la velocidad o el número de repeticiones de los movimientos oculares bilaterales, el modo u otras características de la estimulación bilateral.
2) Antes de cada serie de estimulación bilateral, preguntar al paciente, *"¿En qué parte del cuerpo lo siente?"*. Y a continuación, decir *"Céntrese en eso"*, con la siguiente serie.
3) Regresar al objetivo y recordar al paciente señales de amenaza visual o perceptiva del recuerdo.
4) Regresar al objetivo y recordar al paciente la cognición negativa seleccionada para estimular más la emoción perturbadora en el recuerdo diana.
5) Analizar las palabras que no se dicen: *"Con esta próxima serie de movimientos oculares* (golpecitos o tonos), *observe cualquier palabra que hubiera querido decir, o que quiera decir ahora, aunque en realidad no las vaya a decir en voz alta"*.
6) Analizar los impulsos no materializados: *"Con esta próxima serie de movimientos oculares* (golpecitos o tonos), *observe los impulsos de actuar que tuvo pero que no materializó, o los impulsos que tenga ahora, aunque no los materializara en la vida real"*.
7) Invitar a verbalizar las sensaciones físicas: *"Con esta próxima serie de movimientos oculares* (golpecitos o tonos), *observe en que parte del cuerpo tiene ese sensación e imagine que esa parte pudiera hablar o expresar dicha sensación"*.
8) Analizar los miedos específicos que puedan estar interfiriendo con el acceso. *"¿Qué miedos o preocupaciones tiene ahora que pudieran impedir que este recuerdo se solucione?"*. Resuelva el miedo identificado con Psicoeducación, DIR, o reprocesamiento de la experiencia de la vida asociada con la adquisición de ese miedo.
9) Enseñar a los pacientes habilidades para disminuir la despersonalización y la desrealización descritas en el capítulo 6 antes de retomar el reprocesamiento.

red de recuerdos inadaptativos y una red de recuerdos adaptativos adecuada. (Véase la tabla 9.1 – Cuatro categorías de reprocesamiento ineficaz). En cuanto reconozca cuál de esas cuatro categorías de dificultad está contribuyendo a que el reprocesamiento sea ineficaz, será mucho más fácil seleccionar una de las distintas intervenciones para restaurar el reprocesamiento efectivo. Así que examinémoslas por separado.

Acceso insuficiente

La primera situación que puede producir reprocesamiento ineficaz es cuando se produce un acceso insuficiente a la red de recuerdos inadaptativos. En la tabla 9.2, "Técnicas para aumentar el acceso a la red de recuerdos inadaptativos", se enumeran nueve tipos de intervenciones para abordar ese acceso insuficiente. Las examinaremos una a una en detalle.

Cambiar las características de la estimulación bilateral

La primera serie de intervenciones para pacientes que no están accediendo lo suficiente a la red de recuerdos inadaptativos –en ausencia de defensas psicológicas significativas– implica simplemente cambiar las características o el modo de la estimulación bilateral. Las opciones incluyen aumentar o disminuir la velocidad; aumentar o disminuir la amplitud de los movimientos; subir o bajar la altura del movimiento horizontal; y pasar a movimientos en diagonal hacia la izquierda o la derecha, circulares, o dibujando el símbolo de infinito. Para terminar, considere cambiar el modo de estimulación a bilateral sonora o kinestética.

Cambiar el modo de estimulación bilateral

Algunos pacientes tienen dificultad para acceder adecuadamente a las emociones, sensaciones e impulsos de acción de defensa asociados con sus redes de recuerdos inadaptativos. Algunos de ellos pueden mostrar signos generales de *alexetimia*. Otros pueden tener dificultades solamente al intentar reprocesar recuerdos inadaptativos. Algunos de esos pacientes proceden de familias en las que había muchas y frecuentes señales de amenaza auditiva, que eran señales de peligro inminente de daños para uno mismo o para los demás, maltrato verbal o amenazas de abandono. Esos pacientes experimentan una hipervigilancia visual residual a señales de amenaza sutiles durante las sesiones de reprocesamiento con EMDR que hace de barrera al acceso a su red de recuerdos inadaptativos durante el reprocesamiento con movimientos oculares bilaterales. Para ayudarles a reducir la distracción que experimentan cuando observan señales de amenaza, puede pedirles que pasen de los movimientos oculares a la estimulación bilateral auditiva y que cierren los ojos.

"¿En qué parte del cuerpo lo siente?"

La siguiente intervención consiste en volver a centrar al paciente en el punto en el que siente la perturbación. Antes de cada serie de estimulación bilateral, pregunte al paciente, *"¿En qué parte del cuerpo lo siente?"*. Y a continuación, diga *"Céntrese en eso"*, cuando empiece la siguiente serie de estimulación bilateral.

Haga hincapié en las señales de amenaza del recuerdo diana

A fin de ayudar a aumentar el acceso a los elementos de la red de recuerdos inadaptativos, regrese al objetivo y recuerde al paciente señales de amenaza visual u otras del recuerdo. Repita la información perceptiva que aportó el paciente sobre el suceso durante el registro del historial o la fase de evaluación.

Utilice la cognición negativa para estimular la emoción perturbadora

Dado que la cognición negativa tiende a estimular la emoción perturbadora en la red de recuerdos inadaptativos, puede utilizarla para ayudar a aumentar el acceso a dicha red. Regrese al objetivo y recuerde al paciente la cognición negativa seleccionada.

Palabras no dichas e impulsos no materializados

Tres maneras potentes y relacionadas entre sí de aumentar el acceso a aspectos de la red de recuerdos inadaptativos son invitar uno de los siguientes elementos: (a) *palabras no dichas*, (b) *impulsos no materializados* y (c) *dar voz a las sensaciones físicas*. La necesidad de preguntar sobre las palabras no dichas puede identificarse porque el paciente apriete la mandíbula, por la presencia de una banda de color blanco o rojo alrededor de la garganta, o por indicaciones verbales de tensión en la garganta. La invitación para verbalizar sería algo así: *"Con esta próxima serie de movimientos oculares* (golpecitos o tonos), *observe cualquier palabra que hubiera querido decir, o que quiera decir ahora, aunque en realidad no las vaya a decir en voz alta"*. A continuación aplique la siguiente sesión de estimulación bilateral. A menudo, después de cada serie de estimulación el paciente iniciará un diálogo apropiado con la otra persona significativa del recuerdo diana u objetivo.

La necesidad de preguntar acerca de *impulsos no materializados* puede identificarse al notar tensión muscular, golpecitos, o porque el paciente se sujete partes del cuerpo, indique verbalmente su incomodidad, o por impulsos de acción defensiva suprimidos. La invitación para los impulsos no materializados sería algo así: *"Con esta próxima serie de movimientos oculares* (golpecitos o tonos), *observe los impul-*

sos de actuar que tuvo pero que no materializó, o los impulsos que tenga ahora, aunque no los materializara en la vida real". De un modo similar, la sensación física de incomodidad que persiste incluso después de cambiar la dirección del movimiento ocular puede tratarse con una invitación para verbalizarla. Puede invitar al paciente a dar *voz a las sensaciones físicas* diciendo: *"Con esta próxima serie de movimientos oculares* (golpecitos o tonos)*, observe en que parte del cuerpo tiene ese sensación e imagine que esa parte pudiera hablar o expresar la sensación"*.

Explore y resuelva los miedos que puedan estar interfiriendo con el acceso

En el capítulo 6 hemos hablado de la importancia de desarrollar una alianza terapéutica adecuada. Los pacientes necesitan sentir la suficiente confianza y relación para poder hablar honestamente de lo que está ocurriendo. A veces, un acceso insuficiente a la red de recuerdos inadaptativos refleja una falta de confianza en la alianza terapéutica. Los pacientes pueden temer perder el control, ser juzgados, fracasar, o tener otros miedos específicos que no han expresado durante el registro del historial o durante las fases de preparación, o de los que quizás no se han dado cuenta.

Cuando esas preocupaciones o miedos se basan en una falta de información, la psicoeducación es lo primero que se suele indicar. Un ejemplo es la preocupación religiosa de que el EMDR sea una forma de hipnosis prohibida en ciertas sectas, o el miedo a ser controlado por el terapeuta, o a tener que desvelar detalles que el paciente prefiere no desvelar, o a volverse loco, a ser rechazado y perder toda esperanza, o a perder recuerdos positivos. Algunos miedos requieren una combinación de psicoeducación y consentimiento informado. Un ejemplo es el miedo a tener recuerdos menos vívidos en casos forenses y a recordar otros sucesos más perturbadores todavía. Algunas preocupaciones se basan en la realidad y a menudo requieren solucionar problemas antes de que el reprocesamiento pueda ser efectivo. Por ejemplo, no tener suficiente dinero para pagar un tratamiento completo o el hecho de permanecer en peligro de más agresiones criminales por parte de un compañero de piso.

Tratar los miedos mediante el reprocesamiento de las experiencias que contribuyen a los mismos

Otros miedos pueden proceder de experiencias de la vida distintas al recuerdo diana u objetivo seleccionado. De hecho, pueden incluir experiencias de la infancia, como el fracaso de un cuidador a la hora de proteger o de aportar la asistencia necesaria, o una experiencia de terapia previa adversa. Aunque esas experiencias puedan ser menos perturbadoras que otras o puedan haber parecido periféricas al recuerdo diana u objetivo seleccionado, pueden interferir con el acceso y el reprocesamiento. Empezar por reenfocar el plan de tratamiento para reprocesar uno o más de esos recuerdos asociados con el miedo identificado puede bastar para permitir el buen reprocesamiento del recuerdo diana u objetivo seleccionado originalmente.

Un ejemplo es el de una paciente cuyo tratamiento con otro terapeuta se vio truncado de repente después de cuatro meses tras revelarse que había empezado a recordar episodios de abuso sexual infantil por parte de su abuelo. Esta paciente tenía miedo de que durante el reprocesamiento, si recordaba otras cosas perturbadoras, algo que le habían dicho que era común en EMDR, su terapeuta de EMDR también la rechazaría. La situación se resolvió con una combinación de psicoeducación acerca de la filosofía de trabajo y los estándares profesionales de su terapeuta actual y el reprocesamiento del recuerdo de ser rechazada en su tratamiento anterior. En la siguiente sesión pudieron reprocesar correctamente el recuerdo diana u objetivo original.

Otro ejemplo es el del paciente que estaba reprocesando el recuerdo de ser víctima de una agresión. Tras cierto reprocesamiento inicial correcto del recuerdo de la agresión experimentó reprocesamiento ineficaz a media sesión. Cuando le preguntaron "¿Qué miedos o preocupaciones tiene ahora que pudieran impedir que este recuerdo se solucionara?", indicó que temía llorar, angustiarse y tener que ser hospitalizado. A continuación se le preguntó "¿Qué experiencia está relacionada con el miedo a que llorar pudiera dar lugar a tener que ser hospitalizado?". Entonces identificó un recuerdo de la infancia. De hecho, la madre de este paciente recibió tratamiento por depresión postparto en un hospital psiquiátrico durante varias semanas cuando él tenía 8 años. Él recordaba a su madre llorando sin parar antes de que se la llevaran e identificaba la creencia asociada como "si lloro o me pongo mal, perderé el control y me tendrán que hospitalizar". La sintomatología del paciente había empezado directamente después de la agresión que sufrió de adulto. De hecho, no había identificado esa separación infantil de su madre durante el registro del historial. Tras reprocesar la experiencia, el paciente pudo finalizar con éxito el reprocesamiento del recuerdo de la agresión.

Tratar miedos mejorando las capacidades personales con DIR

A veces los miedos se basan más en la ausencia de una capacidad interna que en una experiencia adversa. Ejemplos de ello son la confianza en la fuerza de afrontar los recuerdos dolorosos y de ser digno de los recursos utilizados para la terapia. En esos casos, utilizar la técnica de Desarrollo e instalación de recursos (DIR) (véanse el punto 6.10 del capítulo 6, y B5 y B6 del anexo B) para desarrollar e instalar uno o más recursos para fortalecer la autoestima puede permitir acceder y reprocesar correctamente el recuerdo diana u objetivo seleccionado.

Tratar las defensas disociativas e intelectualizadas

Existe una serie de defensas psicológicas que pueden interferir con el acceso. Las dos que encontramos más comúnmente son las defensas disociativas y las intelectualizadas. En ausencia de un trastorno completamente disociativo, muchos pacientes con TEPT experimentarán una despersonalización significativa con aturdimiento, confusión o desorientación durante el reprocesamiento. En realidad es mucho más frecuente en aquellas personas que hayan sido expuestas en la infancia o prolongadamente en la edad adulta a experiencias adversas o traumáticas. Las estrategias para ayudar a disminuir esas respuestas disociativas se describen el capítulo 6. Quizás sea necesario olvidarse por un momento de reprocesar y enseñar y practicar estrategias para disminuir la disociación hasta que los pacientes puedan tolerar el acceso a sus recuerdos traumáticos sin sufrir una despersonalización excesiva. En algunos casos, instalar recursos de gratificarse a sí mismo, de seguridad o de protección ha resultado útil para pacientes con despersonalización de leve a moderada. Por otro lado, a los pacientes con defensas intelectualizadoras leves por lo general se les puede ayudar a lograr un reprocesamiento efectivo con las estrategias descritas antes para el acceso insuficiente.

Acceso excesivo a la red de recuerdos inadaptativos

Durante el acceso excesivo a la red de recuerdos inadaptativos, el paciente es incapaz de mantener la atención dual con la estimulación bilateral externa debido a la intensidad o a la naturaleza del material al que se está accediendo de la red de recuerdos. Por lo general reconocerá este tipo de dificultad por los comentarios de los pacientes entre las series de estimulación bilateral, por la observación de las manifestaciones de niveles persistentemente elevados de malestar afectivo en los pacientes o porque uno de ellos hará la señal de pausa. Sin embargo, debería permanecer alerta ante la posibilidad de que algunos pacientes pasen a un estado persistente de reprocesamiento ineficaz por un acceso excesivo a la red de recuerdos inadaptativos sin indicarlo verbalmente, sin mostrar señales de malestar afectivo fácilmente observables y sin indicar la señal de pausa. Suele ocurrir más cuando se trabaja con individuos de otras culturas, como indígenas –algunas culturas asiáticas, por ejemplo– que han sido educados para no protestar ni manifes-

Tabla 9.3. Técnicas para disminuir el acceso a la red de recuerdos inadaptativos

1) Cambie la dirección, la velocidad o el número de repeticiones de los movimientos oculares bilaterales, el modo u otras características de la estimulación bilateral.
   - A) Reduzca la velocidad de la estimulación bilateral.
   - B) Utilice el número mínimo de repeticiones por serie: 24.
   - C) Utilice movimientos oculares verticales: se considera que tranquilizan.
   - D) Si ha mantenido los ojos cerrados para ayudar a acceder a la red de recuerdos con estimulación auditiva o estimulación con movimientos, indique al paciente que los mantenga abiertos durante la estimulación bilateral.
   - E) Añada un segundo o un tercer modo de estimulación.

2) Utilice intervenciones para disminuir el nivel en el que el paciente está accediendo a la red de recuerdos inadaptativos.
   - A) Imagine que las imágenes perturbadoras están lejos. Utilice un "mando a distancia" imaginario para modificar la viveza, eliminar el color, hacer pausa o avanzar la imagen.
   - B) Imagine que los sonidos perturbadores están lejos o que su volumen baja con el "mando a distancia".
   - C) Céntrese en una sensación solamente.
   - D) Céntrese en una emoción solamente.
   - E) Céntrese en un impulso de acción defensiva solamente.
   - F) Ofrezca al paciente un aceite esencial natural para ayudarle a reorganizar recuerdos muy perturbadores de gusto u olfato.

tar abiertamente el nivel de malestar a sus mayores ni a figuras de autoridad. También es más probable cuando se trabaja con individuos con una clasificación de apego inseguro evitador o atemorizado, que a menudo no detectan ni manifiestan signos abiertos de malestar excesivo hasta que se encuentran al borde del pánico, o huyen o han empezado a experimentar una despersonalización severa. Cuando se trabaja con individuos con esas tendencias, es fundamental trabajar en la fase de preparación con psicoeducación y creación de capacidades para aumentar sus capacidades para detectar y señalar cuándo su malestar está alcanzando el punto en el que empiezan a perder la atención dual tanto a la estimulación bilateral como a la conexión con usted.

Existen dos grupos principales de estrategias para dar respuesta a pacientes que experimentan reprocesamiento ineficaz debido a un acceso excesivo a la red de recuerdos inadaptativos durante el reprocesamiento. Ambas han quedado ilustradas antes, en la Figura 9.1, Dos estrategias para respuestas somáticas y de alta intensidad emocional. La primera serie de estrategias consiste en aumentar la densidad o modificar las características de la estimulación bilateral. La segunda se centra en disminuir el nivel en el que el paciente está accediendo a la red de recuerdos inadaptativos.

Cambiar la estimulación bilateral para pacientes que están haciendo un acceso excesivo

Cuando está utilizando movimientos oculares para estimulación bilateral, la primera intervención para el reprocesamiento ineficaz siempre es cambiar la velocidad y el resto de características de la estimulación. Como explicábamos antes en este mismo capítulo, en la sección sobre “Actuar ante respuestas emocionales intensas prolongadas”, cuando se manifiesta una ausencia de cambio en los comentarios de los pacientes durante procesamiento emocional intenso, puede pasar de un modo de estimulación bilateral a otro distinto. Si en un principio optó por la estimulación bilateral auditiva para permitir al paciente reducir la distracción visual teniendo los ojos cerrados durante la estimulación, puede pedirle que abra los ojos durante la estimulación bilateral para ayudar a reforzar la atención dual a las señales visuales del entorno sensorial presente. Otra intervención muy útil para pacientes que están accediendo demasiado es añadir un segundo modo de estimulación bilateral. De hecho, es lo más sencillo cuando está utilizando tecnología como el EyeScan 4000 para generar la estimulación bilateral.

Cuando los pacientes logran permanecer en contacto con sus sensaciones y emociones físicas pero se ven inundados por imágenes perturbadoras, intente primero añadir tonos auditivos a los movimientos oculares. Cuando los pacientes empiezan a experimentar cierta despersonalización y aturdimiento, con menos capacidad para sentir sensaciones, empiece por intentar añadir estimulación kinestética a los movimientos oculares. En las raras ocasiones de disociación estructural primaria y más comúnmente en pacientes que tienen disociación estructural secundaria o terciaria, puede encontrarse con que utilizar los tres modos de estimulación bilateral puede restaurar el reprocesamiento.

También puede reducir el número de repeticiones de cada serie de estimulación bilateral a las 24 repeticiones básicas y después dedicar más tiempo al reenfoque de los pacientes en el aquí y el ahora entre series de estimulación bilateral. O puede pedirles que realicen varias respiraciones diafragmáticas más profundas y más lentas, y pedirles que practiquen ejercicios de descarga como mover los pies y los tobillos y observar el contacto de sus cuerpos con la silla y con el suelo. Si al principio pidió a los pacientes que cerraran los ojos durante la estimulación bilateral con golpecitos o tonos para ayudarles a acceder a la red de recuerdos inadaptativos, pídales ahora que los mantengan abiertos durante series de estimulación bilateral para mantener un mayor enfoque en la estimulación sensorial actual y aportar más equilibrio a la atención dual. También puede pasar a movimientos oculares verticales, de los que se ha indicado que son relajantes.

Limitar el acceso limitando la atención o la sugestión

La siguiente serie de estrategias utiliza una limitación de la atención o de la sugestión para disminuir el nivel de acceso a la red de recuerdos diana seleccionada. Cada una de estas estrategias se centra en uno de los elementos de la red de recuerdos diana seleccionada –la imagen o demás percepciones sensoriales, sensaciones físicas, emociones, creencias e impulsos de acción defensiva. En algunos pacientes, esto puede permitirles avanzar por niveles elevados de malestar y alcanzar un punto de cierta resolución para algunos aspectos de la red de recuerdos diana seleccionada. Sin embargo, y debido a que estas intervenciones distorsionan el acceso espontáneo, es importante ir comprobando dicha red de recuerdos en sesiones posteriores. Y cuando se hace, se deben evitar las intervenciones que pudieran distorsionar el acceso de la red de recuerdos seleccionada para garantizar que todos los aspectos de la red de recuerdos diana se han solucionado por completo.

Distanciar imágenes y otros recuerdos sensoriales

Cuando los pacientes experimentan imágenes altamente perturbadoras, puede sugerirles que imaginen que esas imágenes están lejos. Una manera de hacerlo es imaginarlas en una pantalla de televisión y que uno puede alejarse de esa pantalla para que la imagen esté más lejos y sea más pequeña. También puede sugerir que desaparezca el color, y que sólo sean en blanco y negro. Además, si pide a los pacientes que imaginen que utilizan las opciones de un mando a distancia imaginario, puede sugerirles que hagan las imágenes más tenues y menos nítidas. Por su parte, si los pacientes indican estar experimentando una serie de varias imágenes perturbadoras o una película mental de sucesos, puede sugerirles que congelen las imágenes con el "botón de pausa" para que sólo haya una imagen.

Y lo mismo ocurre con los sonidos, olores y demás percepciones sensoriales; puede sugerir que parezca que los sonidos proceden de más lejos o utilizar el mando a distancia para bajar el volumen y que el sonido apenas pueda escucharse. Con las sensaciones físicas, los pacientes a veces indican tener conciencia de sensaciones en varias partes del cuerpo. En ese caso, puede sugerirles que se centren en una sola sensación en lugar de permanecer alertas a todas ellas. Cuando hay múltiples emociones, puede sugerir que el paciente se centre en una sola emoción hasta que se resuelva. Del mismo modo, cuando los pacientes están accediendo a múltiples impulsos de acción defensiva, puede sugerirles que se centren en uno de ellos solamente. Cuando los pacientes se ven inundados por los recuerdos de un olor o un sabor terribles, puede ofrecerles una selección de aceites esenciales como vainilla, menta o lavanda. El hecho de ofrecer a los pacientes un aroma agradable durante el reprocesamiento puede ayudar a reorganizar el recuerdo del olor al tener simultáneamente el recuerdo del olor perturbador activado mientras se huele algo agradable durante la estimulación bilateral.

Recuerdos previos que contribuyen a un reprocesamiento ineficaz

La tercera situación que puede hacer que los pacientes tengan un reprocesamiento ineficaz es cuando varias redes de recuerdos inadaptativos previos tienen que convertirse en el foco inicial de atención. Después de probar las estrategias que se han enumerado antes, cuando parece que los pacientes están accediendo demasiado o demasiado poco a la red de recuerdos objetivo seleccionada, es posible que necesiten ayuda para volver a centrar la atención en una red de recuerdos inadaptativos más temprana. Como describíamos antes acerca del consentimiento informado, muchos pacientes asociarán espontáneamente con recuerdos previos después de que haya iniciado el reprocesamiento de un recuerdo diana seleccionado. Cuando no ocurre espontáneamente, es posible que tenga que simular lo que a menudo ocurre espontáneamente. Puede hacerlo con una sencilla intervención de uno o dos pasos para redirigir la atención hacia la red de recuerdos inadaptativos adecuada.

Esas redes de recuerdos inadaptativos previos pueden asociarse con el mismo tema que la red de recuerdos diana seleccionada en un principio. Shapiro (2004, pág. 189-192) se refiere a ellos como "recuerdos alimentadores" porque mantienen el malestar y "lo alimentan" en las experiencias que ocurren más tarde. Los recuerdos más tempranos con la misma temática pueden ser el origen de la dificultad cuando los pacientes parecen estar accediendo en demasía o poco a la red de recuerdos diana seleccionados. Esos recuerdos por lo general pueden identificarse rápidamente como se describe más abajo con el registro del historial o con una de las estrategias puente somático o afectivo que se han presentado en el capítulo 4.

Alternativamente esta red de recuerdos puede estar vinculada con un tema diferente. Shapiro (2004, 192-193) las describe como "creencias bloqueantes". También podemos conceptualizar las redes de recuerdos inadaptativos previos con temas diferentes como "defensas" en el sentido en que representan intentos anteriores de adaptarse a un suceso o situación adverso de la vida y que todavía no se ha sustituido ni reorganizado con respuestas de afrontamiento más adaptativas. A fin de identificar esas redes de recuerdos inadaptativas defensivas o de "creencias bloqueantes", tendrá que analizar antes de utilizar un puente afectivo o somático para identificar la red de recuerdos previos. En cualquier caso, pasar la atención a esas redes de recuerdos inadaptativos previos permite que el reprocesamiento se dedique directamente a la fuente del material que debe ser tratado.

Acceder a una red de recuerdos inadaptativos previos con la misma temática

Cuando los pacientes siguen teniendo reprocesamientos ineficaces después de haber tratado las estrategias que se han presentado hasta ahora, debería considerarse que puede haber recuerdos previos que sean la fuente primaria de malestar y que tienen que tratarse directamente. Cuando los recuerdos previos no surgen espontáneamente y se produce un reprocesamiento ineficaz, puede buscar un recuerdo previo buscando el puente afectivo o somático. Véase la tabla 4.8, Técnicas de puente afectivo, somático y de impulso defensivo.

En pleno reprocesamiento, conociendo la cognición negativa del paciente; cuando sospeche que el reprocesamiento ineficaz puede estar siendo producido por una red de recuerdos previos asociados, utilice esa cognición negativa como punto de partida de un puente. Puede optar por hacerlo después de regresar a la diana y determinar que no hay cambios significativos, o en medio de un canal de asociaciones con una respuesta persistente y perturbadora pero invariable. Puede decir al paciente "Hagamos un experimento. Observe ese pensamiento ___________" –repita la cognición negativa en primera persona– "y en qué punto del cuerpo la siente. Ahora deje que su mente retroceda hasta el primer momento de su vida en el que tuvo el mismo pensamiento y las mismas sensaciones en esa parte de su cuerpo. ¿Qué recuerdo le viene a la mente ahora?".

Dependiendo del material que ha estado indicando el paciente, en lugar de usar con el puente somático, puede utilizar el afectivo o el de impulso de acción defensiva. Por ejemplo, quizás el paciente no está progresando en el reprocesamiento y está indicando el impulso de huir. En ese caso puede decir, "Sienta ese impulso de huir y la parte del cuerpo en la que lo nota y deje que su mente se desplace hasta la primera vez en su vida en la que tuvo el mismo impulso de huir en esa misma parte de su cuerpo. ¿Qué recuerdo le viene a la mente ahora?". Si el paciente puede identificar un recuerdo asociado previo, no hace falta llevar a cabo una evaluación completa en esta red de recuerdos inadaptativos. En lugar de eso, siga reprocesando el recuerdo previo hasta que quede totalmente reprocesado –mediante las fases de desensibilización, instalación y exploración corporal– antes de regresar a la red de recuerdos diana seleccionados para completar el reprocesamiento.

Acceder a una red de recuerdos inadaptativos previos con un tema diferente

Cuando regresa a la diana y comprueba que el nivel de SUD no ha disminuido más que la última o las dos últimas veces que lo comprobó, podría considerar buscar otra red de recuerdos inadaptativos vinculados a un tema distinto. Esa red de recuerdos inadaptativos previos puede estar vinculada a una defensa adquirida previamente o a una "creencia bloqueante" que tiene que identificarse, a la que se tiene que acceder y reprocesar directamente antes de poder solucionar el recuerdo diana seleccionada en un principio.

El caso de Sharon: Encontrar recuerdos previos con el mismo tema y con temas distintos

Proponemos un ejemplo clínico que ilustra cómo los recuerdos previos con el mismo tema y con temas distintos pueden causar la ausencia de cambio en el nivel de perturbación. Sharon era una estudiante universitaria que acudió en busca de tratamiento al centro de atención al estudiante debido a problemas de concentración y de insomnio que afectaban a su capacidad para finalizar su carrera. El registro del historial determinó que esos problemas habían empeorado en un periodo de casi 3 años y que estaban vinculados a un episodio de agresión sexual por parte de un desconocido. Ella no había hablado del incidente con nadie y tampoco había buscado ayuda. Además, cumplía todos los criterios de TEPT con pesadillas, evitación de todo tipo de contacto directo con hombres y trastorno del sueño. Su terapeuta le ofreció reprocesamiento con EMDR. En el registro del historial había mencionado que también había habido un episodio de una cita con violación un año antes de la agresión sexual, pero dijo que no había desarrollado ninguno de esos síntomas después de ese incidente. Así, el terapeuta y ella seleccionaron como objetivo la agresión sexual que había sufrido hacía 3 años.

Su imagen era la de girar la cabeza para mirar fijamente a la pared en el momento en el que se produjo la agresión. Su cognición negativa era "Estoy desamparada". Su cognición positiva era "Puedo protegerme ahora". La Validez de la Cognición (VoC) era de 2; sus emociones, miedo y vergüenza; su nivel de SUD 9; y la localización de la sensación era el pecho y el rostro. Tras unas pocas series de estimulación bilateral empezó a hablar de escenas del recuerdo de la cita y violación. Entonces desplazaron la atención a ese recuerdo previo de la cita violación por parte de un hombre que había sido compañero de estudios durante dos semestres. Tras más de 15 minutos de reprocesamiento adicional, el nivel de SUD seguía siendo de 8 y el terapeuta pidió a Sharon que buscara un recuerdo previo utilizando el puente afectivo. Los que surgieron fueron recuerdos de dos incidentes de abuso sexual durante un verano por parte de un primo mayor que ella, que se habían producido en casa de la paciente cuando tenía 11 años. Igual que con los incidentes de agresión sexual siendo adulta, nunca había hablado de esas dos experiencias con nadie. Así, continuaron reprocesando el primero de esos dos incidentes que estaba vinculado a la misma cognición negativa de "Estoy desamparada", como el recuerdo adulto inicialmente seleccionado de agresión sexual por parte de un desconocido. Sin embargo, tras otros 10 minutos de reprocesamiento, el nivel de SUD de este recuerdo de infancia también permaneció en un nivel de 8.

Llegados a este punto, el terapeuta le preguntó "¿Qué impide que la perturbación descienda más?". La paciente respondía "Bueno, ya sabe, los chicos siempre serán chicos. Es un mundo de hombres. Sólo hay que aprender a vivir con ello". Entonces el terapeuta le preguntó "¿Dónde lo aprendió?". A lo que respondió "Es lo que siempre me decía mi madre cuando era pequeña. Cuando recurría a ella porque mis hermanos mayores eran demasiado bruscos jugando conmigo y me humillaban, siempre decía eso". Entonces seleccionaron y llevaron a cabo una evaluación completa de una escena en la que ella había buscado protección en su madre. Sharon identificó la cognición negativa de ese recuerdo como "No valgo nada". El reprocesamiento se produjo con mucha más eficacia con este recuerdo y el nivel de SUD empezó a disminuir. Sus sentimientos de vergüenza y de miedo pronto empezaron a cambiar hacia ira por la falta de apoyo por parte de su madre. El tiempo de la sesión se agotó antes de que pudieran finalizar el reprocesamiento y en las siguientes dos sesiones hizo enormes progresos y finalizó toda la serie de recuerdos que se habían revelado.

Las creencias defensivas que Sharon se formó al aprender a afrontar el fracaso por parte de su madre de protegerla o apoyarla para afrontar por su parte a sus hermanos mayores la llevó a creer "No valgo" y también hizo que no esperara apoyo ni consuelo cuando un hombre la agredía físicamente. Quizás un registro del historial más profundo hubiera revelado estas experiencias claves de la infancia. Un plan de tratamiento inicial ampliado que empezara con el fracaso de la madre para protegerla hubiera evitado el reprocesamiento ineficaz. La paciente no había olvidado ninguno de esos incidentes importantes, pero no los había considerado relevantes para su sintomatología. Independientemente de lo exhaustivo que se sea en el registro del historial y en la conceptualización del caso, seguirá encontrando situaciones en las que material previo acabará siendo el origen de la dificultad en casos de reprocesamiento ineficaz.

Cómo identificar recuerdos previos vinculados a un tema distinto

Para identificar un recuerdo previo que está vinculado a un tema diferente, la pregunta clave que debe plantearse es "*¿Qué está impidiendo que la perturbación se reduzca todavía más?*". Si el paciente aporta una nueva afirmación que representa una cognición negativa distinta, utilícelo como punto de partida para el registro del historial, un puente afectivo o somático para localizar un recuerdo previo sobre el nuevo tema.

Ausencia de síntesis espontánea entre la red de recuerdos inadaptativos y una red de recuerdos adaptativos apropiada

La cuarta situación que puede generar un reprocesamiento ineficaz es cuando se da una ausencia de síntesis espontánea entre la red de recuerdos inadaptativos y una red de recuerdos adaptativos apropiada. En EMDR, por lo general dejamos libre el camino para permitir el reprocesamiento espontáneo. Estimular deliberadamente una red de recuerdos adaptativos durante el reprocesamiento puede resultar apropiado o esencial en cuatro tipos de situaciones: (a) para responder a respuestas emocionales intensas prolongadas, (b) para salvar la falta de síntesis con redes de recuerdos adaptativos, (c) para garantizar la generalización de los efectos del tratamiento, y (d) cuando el progreso ha sido limitado durante el curso de la sesión.

En esas situaciones tendrá que ofrecer una o más intervenciones para ayudar al paciente a acceder a una red de recuerdos adaptativos apropiada. Shapiro (2004) se refiere a estas intervenciones como "entretejidos cognitivos" porque implican llevar a cabo cierta interacción verbal con el paciente. Sin embargo, la elección de esta terminología puede resultar un poco engañosa, en especial para individuos con formación previa en terapia cognitivo-conductual (CBT). A pesar de que los *entretejidos* EMDR plantean ciertas similitudes superficiales con intervenciones utilizadas en CBT, difieren en varios elementos fundamentales.

En la CBT, el propósito de la interacción del terapeuta con el paciente es modificar la tendencia a aceptar pensamientos (negativos) automáticos. Es algo que se hace mediante varias confrontaciones para reestructurar los pensamientos del paciente, como cuestionando la evidencia que avala o las asunciones subyacentes a un pensamiento negativo automático (Beck, Emery y Greenberg, 2005; Ellis, 1994). Estas interacciones verbales constituyen la porción primaria de las sesiones de tratamiento e implican muchos intercambios de ida y vuelta. En un *entretejido* EMDR, el propósito de la interacción por lo general es ayudar al paciente a acceder a una red de recuerdos adaptativos. En ocasiones el terapeuta puede ofrecer información nueva, pero la mayoría de entretejidos simplemente estimulan redes de recuerdos ya existentes. Los mejores entretejidos suelen ser bastante breves, duran entre 15 y 30 segundos y a menudo implican una única pregunta. Otra diferencia entre la reestructuración cognitiva de la CBT y los entretejidos de EMDR es que en EMDR la gama de aspectos de una red de recuerdos que el terapeuta puede abordar es más amplia. Las redes de recuerdos adaptativos no sólo consisten en creencias, sino que también incluyen recuerdos, sonidos, sensaciones físicas, emociones y tendencias de acción. Así pues, los terapeutas pueden dirigir la atención de los pacientes hacia cualquiera de esos aspectos de una red de recuerdos adaptativos para organizar el reprocesamiento; es decir, la síntesis entre una red de recuerdos adaptativos y la red de recuerdos inadaptativos objetivo seleccionada.

Dependiendo de las necesidades del paciente y de las redes de recuerdos adaptativos accesibles, las interacciones breves que utiliza para entretejidos EMDR pueden centrarse no sólo en acceder a otra creencia sino también en acceder a una imagen, un recuerdo de otra persona o del paciente en un recuerdo positivo, una situación de la vida actual, sonidos, poesía o una metáfora. Cuando el paciente da una respuesta que sugiere haber accedido a una red de recuerdos adaptativos apropiada, empiece rápidamente la siguiente serie de estimulación bilateral. Después de esa serie, escuche los comentarios del paciente para evaluar si se ha reanudado el reprocesamiento efectivo.

Uso apropiado e inapropiado de los entretejidos

Estimular deliberadamente una red de recuerdos adaptativos durante el reprocesamiento también puede ser fundamental para evitar el reprocesamiento ineficaz prolongado, aunque también puede distorsionar el trabajo clínico de los pacientes en aras de una agenda establecida por la perspectiva teórica del terapeuta o la contratransferencia. Revisar con atención sus propias notas de psicoterapia o las cintas de video y consultar con un consultor aprobado por EMDRIA es indispensable para encontrar el equilibrio correcto para decidir cuándo y con qué frecuencia utilizar entretejidos. Dado que la mayoría de terapeutas han sido formados para utilizar intervenciones de reestructuración, hacer interpretaciones o, por el contrario, ofrecer su conocimiento clínico, puede resultar tentador utilizar los entretejidos de una forma similar a la terapia verbal tradicional. Sin embargo, sería algo contrario al modelo de procesamiento adaptativo de la información, que insiste en el paradigma de la "autosanación". Estimular deliberadamente una red de recuerdos adaptativos sólo debería hacerse con el fin de apoyar el proceso del propio paciente y debería permanecer lo más cercano posible al reprocesamiento espontáneo.

Existen varios tipos de situaciones durante el reprocesamiento en las que recibirá señales para considerar utilizar un *entretejido*. Tenga en cuenta que es muy útil ser consciente de si los pacientes tienen redes de recuerdos adaptativos apropiadas y accesibles durante el registro del historial y la planificación del tratamiento. Con la experiencia, podrá identificar las tendencias potenciales de reprocesamiento ineficaz antes de empezar a reprocesar y estará alerta a las señales de avergonzarse excesivamente, de miedos intensos y ausencia de control durante la planificación del tratamiento y la evaluación del objetivo o diana. En cierto modo, a menudo podrá preconfigurar entretejidos potenciales antes de que sean necesarios y después le será más sencillo seleccionar el más apto de entre varias opciones que ya habrá considerado.

Cuatro situaciones en las que pueden utilizarse entretejidos

Los entretejidos se utilizan en cuatro tipos de situaciones de reprocesamiento: (a) cuando los pacientes experimentan niveles intensos de reexperimentación emocional con movimiento lento o marginal en el material al que se accede, (b) para reprocesamiento ineficaz –en cualquier nivel de perturbación emocional– donde no se accede a ningún material nuevo, (c) para sondear la generalización y garantizar que se ha sintetizado por completo una red de recuerdos inadaptativos con una red de recuerdos adaptativos y (d) cuando se han llevado a cabo avances limitados en el transcurso de la sesión para probar si el material que queda puede moverse hacia un estado más adaptativo. En los ejemplos de casos del capítulo 12 se proponen ejemplos de cada una de esas situaciones. En este capítulo nos centraremos en dos aspectos fundamentales de la utilización de entretejidos durante reprocesamiento con EMDR. En primer lugar, analizaremos la relación entre los temas representados por la cognición negativa seleccionada en la fase de evaluación, los problemas que surgen en los comentarios de los pacientes entre series de estimulación bilateral y los tres dominios temáticos de los que se seleccionan los entretejidos –responsabilidad, seguridad y opciones– (Shapiro, 2004, págs. 254-262). En segundo lugar veremos cuáles son las variedades de entretejidos más comúnmente utilizadas.

Responsabilidad

El primer dominio que consideraremos es asumir una responsabilidad excesiva por lo que ocurrió. A lo largo de una amplia serie de experiencias traumáticas, los supervivientes tienden a asumir una responsabilidad excesiva. Ocurre con supervivientes de maltrato infantil físico y sexual, que se culpan a ellos mismos por la mala conducta de sus cuidadores. En lugar de darse cuenta de que la conducta de ese cuidador reflejaba las limitaciones del mismo, se identifican a ellos mismos como culpables. En parte puede ser un mecanismo de protección para retener una imagen de su figura de apego como positiva mientras desarrollan una explicación de causa y efecto de por qué son maltratados. En niños pequeños podemos ver esta culpabilidad como reflejo de una perspectiva narcisista de desarrollo temprano, donde el *sí mismo* y el *otro* todavía no se diferencian plenamente. Esta misma asunción excesiva de responsabilidad también ocurre en supervivientes de traumas de guerra, que utilizan la retrospectiva para comprender lo que tendrían que haber hecho en medio de situaciones caóticas en las que hicieron juicios repentinos basados en su formación y en su experiencia. Del mismo modo, los supervivientes de violaciones tienden a culpabilizarse quizás para preservar por lo menos un elemento de su "mundo de suposiciones" –la idea de que tienen el control (Janoff-Bulman, 1992).

Dos tipos de entretejidos de responsabilidad

A veces podemos anticipar la posible necesidad de utilizar un *entretejido de responsabilidad* cuando la cognición negativa identificada en la fase de evaluación refleja vergüenza o culpa. Estos son algunos ejemplos: "No valgo", "Soy malo/a", "Soy un fracaso", "No soy lo suficientemente bueno/a", "Debería haberlo sabido mejor". Hay dos tipos de entretejidos de responsabilidad. El primero busca una red de recuerdos con perspectiva adaptativa que externalice adecuadamente la responsabilidad por la mala conducta del otro. El segundo tipo de *entretejido de responsabilidad* busca acceder a una red de recuerdos que represente la capacidad de una respuesta que suavice y que cultive para dar fuerza al valor intrínseco del paciente.

La paradoja de terror vinculada al autoculparse

Durante el reprocesamiento, asumir una responsabilidad excesiva puede llevar no sólo a una experimentación persistente de defectos, culpa y vergüenza sino también de terror. Los supervivientes de abuso sexual o físico en la infancia en ocasiones manifiestan respuestas emocionales intensas prolongadas con terror durante el reprocesamiento. Y uno puede verse tentado a ver este terror como el reflejo de la percepción de peligro en el entorno y tener el impulso de ofrecer un *entretejido* para la seguridad actual. Sin embargo, es posible que primero sea necesario un *entretejido de responsabilidad*. Es fácil pensar en el impulso de buscar seguridad cuando el peligro procede del exterior como un coche a toda velocidad, un atracador sujetando un arma, o un cuidador violento, pero los supervivientes de abusos tempranos percibían el origen de su vulnerabilidad al peligro en su propia naturaleza porque llegaban a considerarse defectuosos. Uno no puede escapar de sí mismo. Así, en situaciones clínicas en las que hay terror persistente en un superviviente de abuso infantil temprano, puede resultar más efectivo preguntar: "¿Quién fue el responsable de lo que él le hizo aquel día, el niño o el adulto?".

Los entretejidos que modifican la responsabilidad pueden dar lugar a la aparición de resentimiento

Este primer tipo de entretejido de responsabilidad busca acceder a una perspectiva adulta adaptativa que externaliza la responsabilidad hacia "el otro". Ofrecemos dos ejemplos de este tipo de entretejido.

- "Si le ocurriera lo mismo a _______ (su hijo, su mejor amigo, o su hermana), ¿a quién señalaría como responsable, a _______ (su hijo, su mejor amigo, o su hermana) o al perpetrador?".
- "¿Existe una ley que prohíba que los niños peguen (o abusen sexualmente) de sus cuidadores o solamente una ley que protege a los niños del maltrato físico (o sexual) por parte de los cuidadores?".

Después de un entretejido correcto que desplaza la responsabilidad apropiada del sí mismo hacia el otro, es común ver como empieza a surgir ira o repugnancia por el otro.

Los entretejidos compasivos aumentan la calma

Una segunda variedad de entretejido de responsabilidad es acceder a una red de recuerdos adaptativos que mejora la compasión por uno mismo. Cuando pensamos en un niño pequeño que ha sido maltratado, fácilmente imaginamos cómo un cuidador no maltratador que conociera la situación de maltrato tendría impulsos de tranquilizarlo: "No es culpa tuya. Tú no has hecho nada. No tendría que haberte hecho eso. Tú eres buena persona. Lo que hizo está mal". Por desgracia, en muchos casos los cuidadores no maltratadores no estaban o tenían capacidades limitadas para ofrecer protección o tranquilizarles. Cuando esas redes de recuerdos adaptativos de tranquilidad y apoyo no se codificaron en la infancia, puede que sea necesario ayudar a los pacientes durante el reprocesamiento accediendo deliberadamente a otras redes de recuerdos adaptativos posteriores que representen un entretejido "compasivo" mediante una figura tranquilizadora. En algunos casos, cuando los supervivientes han sido padres y pueden ofrecer fácilmente respuestas adecuadas de ternura a un hijo, el terapeuta puede acceder a un "padre interno" compasivo. "Si esto le ocurriera a su hija, ¿qué diría o qué haría para hacerle saber que ella no tiene la culpa de lo que ha ocurrido y que la sigue queriendo?". Después de la siguiente serie de estimulación bilateral, los pacientes pueden establecer un diálogo interno de haber recordado un momento de tranquilizar a una hija o de tomarle la mano o darle un abrazo tranquilizador. En algunos casos tendrá que acceder a una red de recuerdos manteniendo la imagen de un tercero compasivo del presente o del pasado, como un miembro de la familia, un amigo adulto, o una figura de confianza como un sacerdote, un maestro o un colega del grupo de apoyo. "Si su tía Rosa supiera lo que le ha ocurrido, ¿cómo respondería a esa niña pequeña? ¿Culparía a la niña o la tranquilizaría?". "No, no me echaría las culpas. Me agarraría y me diría que me merezco que me protejan y que me traten con ternura". "Obsérvelo".

Después de un entretejido aplique una serie de estimulación bilateral de duración estándar

Si antes de ofrecer un *entretejido* ha aumentado el número de repeticiones debido a la presencia de emociones intensas, cuando lo ofrezca, la primera serie de estimulación bilateral debería acercarse más a la duración estándar de 24 repeticiones. Así no continuará ampliando la estimulación bilateral si el primer entretejido no genera un cambio adaptativo. Si el primer entretejido no genera un reprocesamiento efectivo, puede ofrecer un segundo y un tercero hasta que acceda a una red de recuerdos adaptativos apropiada que restaure el reprocesamiento efectivo.

Seguridad

El segundo dominio del que puede seleccionar entretejidos es el de la seguridad. Las cogniciones negativas de la fase de evaluación que le alertarán de la posible necesidad de un entretejido de seguridad son las que reflejan la percepción externa de peligro: "Estoy en peligro". "Resultaré herido". "Voy a morir".

En algunos casos puede empezar con un entretejido de responsabilidad y más tarde tener que ofrecer uno de seguridad. Por ejemplo, con pacientes de los que sabe por el registro del historial que el peligro representado en los recuerdos de abuso infantil forma parte del pasado, puede empezar ofreciendo un entretejido de responsabilidad y obtener cambios adaptativos partiendo del terror con culpabilidad "No valgo nada. No puedo escapar", y llegando al miedo con percepción de peligro y necesidad de huir "Él es malo y tengo que huir". Entonces, si la sensación de peligro todavía presente no pasa rápidamente tras unas pocas series más de estimulación bilateral, puede ofrecer un entretejido de seguridad preguntando "¿Dónde está él ahora?". "Él es mayor, está senil y vive en una residencia". "Obsérvelo".

Los entretejidos de seguridad pueden dar lugar a impulsos de acción defensiva

Los entretejidos de seguridad correctos a menudo dan lugar a tendencias de acciones defensivas instrumentales como huir, luchar, mutilar, herir o matar al perpetrador. Los terapeutas no deben temer ni suprimir la aparición de esos impulsos, sino que deberían verlos como una manera de trabajar con los impulsos defensivos desde el cerebro emocional que necesita ser descargado para que dejen de mantenerse suspendidos. Es mucho mejor que los pacientes resuelvan esos impulsos suprimidos durante el reprocesamiento que dejar que queden en una forma suprimida en la que pueden aparecer como reacciones defensivas ante señales de amenaza o incluso como factores que dan lugar a reactuaciones (Ricci, Clayton y Shapiro, 2006). En supervivientes de abuso infantil, algunos de esos impulsos de acción defensiva pueden haberse suprimido desde la infancia y pueden retener la forma inmadura desde un punto de vista del desarrollo que es lo que suele ocurrir en los niños pequeños. Con más reprocesamiento esos impulsos pueden reanudar el proceso de maduración del desarrollo lejos de impulsos primitivos y hacia el insight y capacidades de verbalización. En algunos casos es posible que necesite normalizar esos impulsos defensivos fuertes cuando aparecen por primera vez o al final de la sesión cuando los pacientes reflexionan sobre lo que ha ocurrido en su reprocesamiento.

Buscar seguridad después de un incidente grave

Para muchos pacientes cuyos recuerdos traumáticos fueron incidentes graves singulares, como un accidente de coche o una agresión criminal, se puede plantear una pregunta similar para acceder a la evidencia de seguridad actual. Cuando el paciente sigue indicando que tiene la imagen del otro vehículo a punto de colisionar con el suyo y las palabras "Voy a morir", puede preguntar "¿Dónde se encuentra ahora?". La primera respuesta puede ser, "En el asiento del conductor". En ese caso, plantee un segundo entretejido, "¿Dónde está sentado hoy?". "En su silla de terapia, en su consulta". "De acuerdo, céntrese en eso". De esta manera el paciente está accediendo tanto a la red de recuerdos con las señales de amenaza del recuerdo traumático activo como al mismo tiempo a evidencias de seguridad actual.

Muchas veces, los supervivientes de incidentes graves y que suponen una amenaza para sus vidas tienen un "momento congelado" de terror o de horror que parece estar bloqueado en su memoria. Puede ser el momento justo antes de la colisión entre vehículos, o el momento en el que vieron el cañón del revólver del atracador apuntando a su pecho. Otra forma de ofrecer un entretejido de seguridad es simplemente pidiendo al paciente "Observe qué ocurrió a continuación". Una paciente conducía sola en un coche pequeño que fue golpeado por un camión grande que se saltó un stop. Tras varias series de estimulación bilateral, seguía hablando de la gran extensión del camión blanco acercándose a ella con una sensación de terror y de peligro inminente. "Es tan grande y se acerca tan deprisa. Voy a morir". Entonces se propuso el entretejido, "Observe qué ocurrió a continuación". (Estimulación bilateral seguida de la pregunta estándar). "Se produjo el impacto de repente. El airbag me explotó en la cara. No veía nada". "De acuerdo, céntrese en eso y observe qué ocurre a continuación". (Estimulación bilateral seguida de la pregunta estándar). "El coche se paró y me di cuenta de que había sobrevivido". "De acuerdo, céntrese en eso y observe qué ocurre a continuación". (Estimulación bilateral seguida de la pregunta estándar). "Estaba en estado de shock, pero recuerdo que pensé, sorprendida, 'Estoy bien. No estoy herida de gravedad'".

Opciones

El tercer dominio del que puede seleccionar un *entretejido* es el de las opciones. Puede recibir una señal en la fase de evaluación acerca de la posible necesidad de entretejidos de opciones con cogniciones negativas como "No tengo el control", "Soy impotente", "Estoy desamparado", "Soy débil", "No puedo obtener lo que quiero". En otros casos, la necesidad de ese tipo de entretejido sólo será evidente a partir del contenido de las indicaciones del paciente durante el reprocesamiento. En cierto modo, esos entretejidos ayudan al paciente a desplazarse de un locus de control externo –con seguridad externa– a un locus de control interno "Ahora tengo el control". Por otra parte, los entretejidos de opciones también representan la capacidad adaptativa de aprender del pasado y de tomar decisiones nuevas. "Puedo protegerme por mí mismo", "Puedo defenderme solo", "Confío en mi juicio".

A veces un entretejido de opciones simplemente implica el ensayo de posibles respuestas en el recuerdo del suceso pasado. En ese sentido, las respuestas para "palabras no dichas" y "tendencias de acción defensivas no llevadas a cabo" –descritas antes– pueden considerarse formas de entretejidos de opciones porque invitan a los pacientes a imaginar que integran nuevas decisiones en la red de recuerdos inadaptativos seleccionada. Para los supervivientes de abuso sexual infantil que fueron amenazados con consecuencias nefastas si llegaban a desvelar a alguien la naturaleza del abuso, ser capaces de imaginar que cuentan el abuso a un hermano o a una figura de autoridad de confianza representa recuperar la verdad, aprender a confiar en sus propias percepciones y juicios y ser capaz de actuar en base a lo que saben que es verdad. Para los supervivientes de maltrato físico donde luchar era demasiado peligroso, poder imaginar que uno dice "basta", que se marcha, que se vuelve o que denuncia el maltrato ante las autoridades representa encontrar una nueva capacidad de acceder a respuestas de afrontamiento posiblemente más adaptativas.

Trabajar con culpabilidad y responsabilidad apropiadas

A veces los pacientes se sienten culpables por decisiones incorrectas tomadas en el pasado, como haber sido violentos con la esposa o con un hijo o haber cometido agresiones o abusos sexuales. Durante el reprocesamiento, esos pacientes pueden atravesar por una última negación o minimización para acabar teniendo un sentimiento tremendo de culpa y remordimiento. Aunque algunos terapeutas puedan creer que es importante para esos pacientes retener esa culpabilidad a fin de mantener su motivación de evitar volver a llevar a cabo acciones de ese tipo, en el modelo EMDR trabajamos a partir de la hipótesis de que el reprocesamiento no puede "borrar" ni aliviar emociones negativas adecuadas como la de culpa o vergüenza. El reprocesamiento sólo puede modificar respuestas inadaptativas. Los planes de tratamiento para pacientes que se han visto implicados en casos de abuso sexual de menores tras haber sido abusados ellos mismos cuando eran niños normalmente empezarían con cualquier experiencia de haber sufrido abusos anterior al delito (Ricci y Clayton, 2008; Ricci et al., 2006). Estas sesiones de reprocesamiento inicial reorganizan la conciencia de los pacientes del impacto del abuso en ellos mismos y aumenta la empatía por las víctimas. Después de haber solucionado esos sucesos previos, el reprocesamiento puede centrarse en los recuerdos del paciente de sus delitos. Llegados a este punto, si el reprocesamiento se atasca y resulta ineficaz, podría invitar a los pacientes a imaginar qué harían si se volvieran a encontrar en esas situaciones.

Un entretejido de opciones ayuda a Erik a finalizar el ciclo de maltrato físico

Erik, superviviente de maltrato físico infantil por parte de su padre alcohólico, había sido violento repetidas veces con su esposa cuando ésta le menospreciaba por la escasez de su educación y su incapacidad de ganar suficiente dinero para mantener a la familia. Había finalizado un programa de grupo sobre violencia doméstica por orden judicial en el que había aprendido capacidades de asertividad y de manejo de la ira. Además compartió con su terapeuta individual de EMDR la evaluación que el líder del grupo había hecho sobre él y su participación y sobre cómo sus revelaciones, su aprendizaje y comentarios habían resultado útiles para los otros participantes del grupo. Durante el reprocesamiento con EMDR Erik quedó inundado con sentimientos de culpa, ira y confusión. Ninguna de las nuevas capacidades que había aprendido parecía aparecer en su conciencia cuando se centraba en el primer incidente en el que había sido violento con su esposa. De hecho, seguía indicando oír las palabras perturbadoras de su esposa y tener la imagen de golpearla para que parara. El terapeuta le preguntó, "Si uno de los miembros de su grupo de violencia doméstica le estuviera contando un incidente como este, ¿qué le diría sobre cómo afrontar las palabras molestas de su esposa?". A lo que respondió inmediatamente, "Le diría 'no vale la pena ir a la cárcel por eso'. Le diría que simplemente se fuera. No puedes controlar lo que tu mujer dice o hace. Sólo puedes controlarte a ti mismo". El paciente no lograba acceder a una perspectiva adaptativa cuando pensaba en sus propias respuestas del pasado hacia su mujer, pero si podía acceder inmediatamente para apoyar a otro hombre que se encontrara en una situación similar. A continuación el terapeuta dijo, "Obsérvelo", y le administró la siguiente serie de estimulación bilateral tras la que Erik dijo, "Ya no puede controlarme con sus insultos. Sé que cuando dice esas cosas, lo hace sólo porque tiene miedo. Me he matriculado a unas clases nocturnas para mejorar mis capacidades profesionales. Las cosas mejorarán pronto". "Obsérvelo". Y tras la siguiente serie, dijo "He imaginado que le decía eso. Se calmaba y se disculpaba. Admitía que tenía miedo de que nos echaran de casa por pagar tarde el alquiler otra vez. Yo le recordaba las horas extras que había estado cobrando y que tendríamos suficiente dinero para pasar el mes". En este ejemplo, el paciente reprocesó un suceso pasado e imaginó espontáneamente respuestas de afrontamiento posibles que llevarían a que el resultado fuera otro. Cuando regresaron al objetivo en busca de perturbaciones residuales, Erik dijo "Todavía me siento culpable por lo que hice, pero aunque parezca extraño el recuerdo ya no me molesta como antes. Sé qué puedo hacer ahora si vuelve a ocurrir. Me puedo ir hasta que me calme o puedo escuchar las palabras de mi mujer. Sé que sólo habla así cuando tiene miedo. No estoy limitado por las opciones que tomó mi padre. Sé que puedo tratar a mi mujer con respeto aunque ella misma se olvide de ello".

Los entretejidos de opciones pueden ayudar a los pacientes a ensayar nuevas estrategias de afrontamiento

Los entretejidos de opciones ayudan a los pacientes a ensayar opciones de afrontamiento en recuerdos del pasado. Más adelante, cuando la atención pasa a estímulos actuales y a la plantilla de futuro, esas respuestas alternativas se reforzarán más y se aplicarán. Helen había sido menospreciada verbalmente y explotada en un puesto de dirección en el que en ocasiones se veía presionada para ignorar la evidencia de acciones financieras inadecuadas por parte del dueño de la empresa. De hecho, ella se había criado en un hogar en el que su padre no dejaba de negar y de mentir a su madre acerca de sus problemas con el juego y la madre nunca había confrontado al padre. Helen tenía una dificultad enorme para confiar en sus percepciones de las acciones ilegales y poco éticas del propietario de la empresa. Al reprocesar un recuerdo de una de las muchas mentiras de su padre a su madre, permanecía centrada en lo confuso que era para ella como niña que tanto su madre como su padre parecía que realmente creían las promesas que éste hacía. El terapeuta le ofreció un entretejido de decisión, "Por lo que sabes ahora como adulta de las acciones de tu madre y de tu padre, ¿qué le dirías a esa niña para ayudarla a entender lo que ocurría?". A lo que Helen respondió, "Le diría que mamá era demasiado débil para confrontar a papá y que papá era un jugador compulsivo que nunca tuvo la ayuda que necesitaba. Le diría que haciendo frente a los problemas financieros siempre hay manera de hacer que las cosas mejoren". "Obsérvelo y siga con eso". Después de la siguiente serie de estimulación bilateral, Helen indicó la sensación de que el velo de la confusión le caía de la cabeza, el cuello y los hombros y también sentía quitarse un peso del pecho. El resto del material de ese recuerdo se reprocesó sin problemas durante varias series más de estimulación bilateral sin necesidad de más entretejidos. Además logró integrar las palabras "Ahora puedo confiar en mis percepciones y actuar" con total confianza, y procedió a una exploración corporal clara con sentimientos de calma y de fuerza.

Variedades de entretejidos de EMDR

Existen varias maneras de ofrecer entretejidos y con la práctica encontrará que algunas variaciones muy sencillas funcionarán en la mayoría de situaciones clínicas con las que se encuentre. También podrá ser creativo a la hora de buscar nuevas variaciones para utilizar las capacidades y la situación exclusivas de cada paciente. A continuación ofrecemos un listado con algunas de las variedades de entretejido más comunes y utilizadas con mayor frecuencia.

Falta de información

Ofrecer entretejidos cuando se trabaja con adultos sobre sucesos tempranos adversos de la vida, uno busca una perspectiva adulta adaptativa. Por lo general habrá una perspectiva adulta adecuada pero en ocasiones se encontrará con pacientes que nunca fueron expuestos a la información apropiada. Un ejemplo es el de los supervivientes de abuso sexual infantil que se culpan por el hecho de que el abuso ocurrió pero que nunca han considerado cómo han acabado por mantener esas creencias irracionales. En la sección anterior sobre responsabilidad hablábamos de maneras en las que esta culpabilidad puede producirse espontáneamente; sin embargo, existen pruebas que apuntan a que los agresores sexuales inducen a distorsiones cognitivas en sus víctimas como resultado de las suyas propias (Salter, 1995). Anna Salter describe cómo los pedófilos no sádicos hacen todo lo posible por estimular respuestas sexuales en sus víctimas a fin de crear la ilusión de que el menor realmente estaba interesado y quería el acto sexual. Así, a menudo le dan la vuelta a la teoría causa-efecto y dicen "Lo ves, tu cuerpo está diciendo que querías que esto ocurriera". Durante el reprocesamiento de un recuerdo de abuso sexual en la infancia, los pacientes pueden quedarse atrapados en sentimientos de culpa y de vergüenza y ahí es donde puede ofrecer la "falta de información". "¿Le ha dicho alguien alguna vez que con suficiente estimulación cualquier niño es capaz de excitarse físicamente incluso con muy poca edad?". "No, no lo sabía". "Céntrese en eso".

En este ejemplo, la psicoeducación necesaria se ofrece en forma de pregunta que evoca un momento breve de una nueva perspectiva con sólo un atisbo de aceptación. Eso es todo lo que se necesita antes de aplicar la siguiente serie de estimulación bilateral y después escuchar los comentarios del paciente para averiguar si esa breve intervención es suficiente para permitir la reanudación del reprocesamiento efectivo antes de ofrecer una conversación más extensa. Cuando sea necesario, puede continuar mencionando el estudio de la Dra. Salter sobre pedófilos para ofrecer una psicoeducación más amplia.

De un modo parecido, a muchos adultos que han sobrevivido a abuso y a negligencia en la infancia no se les ha ofrecido un modelo sano de capacidades básicas de comunicación, asertividad, establecimiento de límites, reconocimiento, respuestas a señales de peligro sutiles en el entorno, capacidades de gestión financiera, etc. A veces basta con una breve pregunta para establecer la conexión con una perspectiva adulta sana. Otras veces, los pacientes necesitarán más psicoeducación o desarrollo de recursos para adquirir los conocimientos y las capacidades que les faltan antes de poder solucionar las experiencias adversas de la vida.

"¿Qué pasaría si le ocurriera a su hijo?"

Cuando los pacientes son padres, a menudo tienen una perspectiva adecuada cuando piensan en el cuidado que merecen sus hijos mientras siguen manteniendo un sentido excesivo de responsabilidad por sus propios sucesos adversos previos. En esos casos podemos preguntar "¿Qué pasaría si le ocurriera a su hijo? ¿A quién responsabilizaría, al niño o al adulto?". Si no tienen hijos, quizás podemos preguntarles acerca de su perspectiva de adulto planteando la pregunta en términos de un sobrino favorito o del hijo de un vecino.

"Estoy confundido".

Una de las variedades más efectivas de *entretejido* empieza con "Estoy confundido" y termina con una pregunta directa. A los pacientes se les suele motivar para que sean útiles a su terapeuta cuando éste parece momentáneamente incapaz de comprender. Esto crea un momento de receptividad en el que el paciente quiere ayudar a solucionar la "confusión" del terapeuta. Así pues, cuando el paciente sigue diciendo "Es culpa mía, de niño me pegaban", usted puede responder, "Estoy confundido. ¿Está diciendo que un niño de 4 años puede hacer algo que merezca que se le pegue?". "Bien, ¿no?". "Céntrese en eso". Aquí el entretejido pasa del recuerdo autobiográfico del paciente al fondo general de conocimiento haciendo referencia a "un niño de 4 años". La mayoría de adultos saben que ningún niño merece que se le pegue. Esa es una de las razones por las que tenemos organismos de protección infantil y leyes contra el abuso infantil. Incluso puede utilizar ese hecho como entretejido. "Estoy confundido. Me pregunto por qué hay leyes en este país contra el abuso infantil", "Porque ningún niño merece que se le maltrate físicamente", "Céntrese en eso".

Estimular imágenes adaptativas

Puede estimular deliberadamente las redes de recuerdos adaptativos con imágenes. Un ejemplo habitual es pedir a los pacientes que imagen a su yo adulto accediendo al recuerdo con su yo niño y que den la mano a su yo niño o que lo sujeten, lo reconforten o lo animen. Cuando los pacientes no pueden imaginar sus yoes adultos haciendo eso, plantéese pedirles que imaginen a un miembro de la familia, a un amigo o a un mentor que acceda al recuerdo para ello.

Estimular respuestas somáticas adaptativas

Cuando un impulso de afrontamiento defensivo, como la sumisión, ha estado condicionado con tanta fuerza desde una edad temprana o experiencias adversas prolongadas, y no se puede acceder rápidamente a respuestas de afrontamiento adaptativo alternativas mediante reprocesamiento espontáneo, entretejidos verbales o imaginarios, puede considerar el invitar a los pacientes a practicar una respuesta alternativa cambiando su postura física en la consulta e iniciando una respuesta somática nueva. Un ejemplo sería ponerse de pie y alargar los dos brazos diciendo al mismo tiempo "¡Apártate de mí!" o "¡No! Déjame en paz", con voz fuerte y firme.

Metáforas, historias y fábulas

Las fábulas y los cuentos se mantienen como formas importantes de literatura porque representan expresiones sucintas de sabiduría humana en una forma que hasta el niño más pequeño puede entender e interiorizar. Las historias con moraleja han sido incorporadas a la terapia por muchos terapeutas (McLeod, 1997; Pearce, 1996). Cuando los pacientes quedan atascados en su reprocesamiento, una de las maneras más interesantes de obtener una perspectiva adaptativa es recordar al paciente brevemente una fábula conocida o compartir una historia con moraleja o una metáfora. De hecho, puede resultar especialmente útil cuando entretejidos más directos no han funcionado para restaurar el reprocesamiento efectivo. Se trata del tipo de entretejido más difícil y quizás menos utilizado por dos razones. Primero, porque lleva la atención del paciente a otra perspectiva, la que selecciona el terapeuta. Segundo, porque requiere creatividad para seleccionar una metáfora, una historia o una fábula cuya estructura encaje con lo que el paciente necesita en ese momento. Aunque no todos los terapeutas se sentirán cómodos con el uso de metáforas, historias o fábulas, estas intervenciones a menudo parecen capaces de estimular las habilidades del paciente de ubicar recursos adicionales relevantes.

Nick recurrió al tratamiento con EMDR después de una serie de muertes repentinas en su familia. Habiendo perdido a su madre de niño debido a un cáncer, esas pérdidas recientes habían reactivado la pérdida traumática de la madre. Tras empezar experimentando reprocesamiento efectivo y completo en la primera sesión con el recuerdo de cómo le había afectado la muerte de su madre a él y a la familia, en la segunda sesión empezó a experimentar reprocesamiento ineficaz al tratar el recuerdo de la pérdida reciente de la tía que se había convertido en la sustituta de la figura materna para él. Nick experimentaba un fuerte sentimiento de desesperanza y desamparo con dudas de si alguna vez llegaría a recuperarse. Después de intentar varias intervenciones, el terapeuta le contó una historia con moraleja de Milton H. Erickson (Rossi, 1980a).

Un hombre recurrió al Dr. Erickson en busca de tratamiento y mientras se encontraba en trance profundo el Dr. Erickson le encargó la tarea de subir andando por la pista de un monte cercano. Tenía que observar lo que veía durante la excursión y regresar y contárselo al Dr. Erickson algunos días después. Al regresar, el hombre volvió al trance y habló de su caminata. Al principio sólo andaba y no observó nada especial. Pero al final empezó a quedarse sin aliento y al parar para recuperarse se dio cuenta de que estaba mirando a un árbol, partido y ennegrecido por el impacto de múltiples rayos. Primero sólo vio el punto por donde el tronco ennegrecido se había partido, después vio como el árbol había sellado sus heridas y que le habían crecido hojas incluso en las partes dañadas. El terapeuta terminó la historia y pidió a Nick que simplemente observara lo que ocurría con la siguiente serie de estimulación bilateral. Después de la segunda serie de estimulación bilateral, el hombre habló de recuerdos de lo que había experimentado pocos años después de la muerte de su madre en una serie de carreras de cross en el instituto. En cada una de las distintas carreras, llegaba un punto en el que estaba exhausto y sentía que el espíritu de su madre se le acercaba. Y cada vez sentía que ese cansancio absoluto desaparecía. "Cuando ocurría, me daba cuenta de que no me había dejado sino que siempre estaba conmigo. Ese flujo de imágenes me llegaba de todas las veces que había estado ahí para mí cuando tenía dudas. Siempre me sonreía y me decía que podía hacer todo lo que considerara necesario". Ligero y respirando a pleno pulmón había logrado batir récords del instituto. Tras recordar esas experiencias Nick logró reanudar el reprocesamiento efectivo de la muerte de su tía.

Otros momentos para considerar la estimulación deliberada de redes de recuerdos adaptativos

Dos ocasiones más en las que considerar la estimulación deliberada de redes de recuerdos adaptativos son: (a) para garantizar la generalización de los efectos del tratamiento y (b) para apoyar el cambio a una perspectiva nueva aunque accesible cuando se ha progresado poco en el transcurso de la sesión. Cuando temas de culpabilidad excesiva, miedos o desamparo han sido evidentes persistentemente en el registro del historial y en la fase de planificación del tratamiento, se recomienda una respuesta positiva con un reprocesamiento efectivo renovado de la mano de una única intervención. Sin embargo, antes de finalizar la fase de desensibilización, puede sondear la generalización de los efectos del tratamiento regresando al objetivo. Después de utilizar la pregunta estándar "¿Qué nota ahora cuando vuelve a centrar su atención en la experiencia original?" antes de empezar la siguiente serie de estimulación bilateral, sondee con una versión breve del mismo tipo de entretejido que ha utilizado antes. Para responsabilidad puede preguntar: "¿Y quién fue el responsable de lo que ocurrió ese día?". O para opciones, pregunte "¿Y qué haría ahora si volviera a ocurrir?". Dado que este tema ha estado crónicamente distorsionado, sondear de nuevo la perspectiva adaptativa cuando el nivel de perturbación es bajo puede revelar (a) que se ha tratado por completo o (b) que hace falta más integración de la perspectiva adaptativa.

Por último, cuando está claro que no habrá suficiente tiempo para finalizar el reprocesamiento del recuerdo diana seleccionado en esa sesión, antes de que el tiempo requiera proceder con el cierre se puede ofrecer un entretejido para ayudar al paciente a cambiar a una perspectiva más adaptativa. Si existe valoración clínica de que la ira hacia el perpetrador está próxima pero oculta, un entretejido para externalizar la responsabilidad puede ayudar al paciente a pasar de la culpa y la vergüenza a un sentido apropiado de ira por el maltrato. Por otro lado, si el paciente parece abrumado por sentimientos de dolor o de tristeza, ofrecer un entretejido compasivo antes de concluir puede ayudar a terminar la sesión con una nota agradable. "¿Qué diría la tía Rose para tranquilizarle?". "Me agarraría y me diría que me merezco que me protejan y que me traten con ternura".

Utilización de recursos instalados previamente como entretejidos

Cuando ha desarrollado e instalado recursos durante la fase de preparación del tratamiento, se puede reacceder a esos recursos como entretejidos durante el reprocesamiento ineficaz para ayudar a los pacientes a localizar redes de recuerdos adaptativos. Las otras personas que apoyan y que se han instalado previamente pueden ofrecer ánimos de tranquilidad o una perspectiva saludable. Un ejemplo es el de la abuela que mostró el primer interés verdadero en la mente y los sentimientos del niño durante sus visitas cada verano. "¿Qué diría la abuela Clara?". Recursos simbólicos e imaginativos instalados previamente, como "la sabia", "coyote" o "el manantial oculto en la cueva", pueden ofrecer maneras de acceder a las capacidades personales necesarias contenidas en otras redes de recuerdos que simplemente necesitan un pequeño recordatorio para poder accederse.

Resumen

En este capítulo hemos aclarado las secuencias estándar y los árboles de decisión que guían el trabajo clínico en la fase de desensibilización del protocolo EMDR estándar para el tratamiento del TEPT. Hemos examinado estrategias para ayudar a los pacientes durante respuestas emocionales intensas y prolongadas. A continuación hemos analizado el uso creativo de los entretejidos para estimular deliberadamente una red de recuerdos adaptativos que potencie la síntesis. Ahora regresamos a la secuencia estándar del protocolo para retomar la fase 5: fase de instalación.

10 Las fases de instalación, exploración corporal y cierre

Fases 5, 6 y 7

El capítulo 10 describe las fases de instalación, exploración corporal y cierre –Fases 5, 6 y 7– del Protocolo EMDR estándar para el tratamiento del trastorno por estrés postraumático (TEPT).

Fase 5: instalación

Como se ha descrito en el capítulo 8, La fase de desensibilización: técnicas básicas, cuando se regresa a la diana y el paciente indica una puntuación de las Unidades subjetivas de perturbación (SUD) de 0 por segunda vez, finaliza la fase de desensibilización. A continuación, prosiga con la fase de instalación. El objetivo de la fase de instalación es ampliar el reprocesamiento y garantizar la generalización de los efectos del tratamiento con una integración completa de una nueva perspectiva sobre la red de recuerdos diana. De hecho, la fase de instalación es la segunda de las tres de reprocesamiento de las fases del procedimiento estándares. En esas tres fases se utilizan como mínimo 24 movimientos completos en cada serie de estimulación bilateral a una velocidad similar. Sin embargo, comparado con la fase 4 (desensibilización) o con la fase 6 (exploración corporal), notará una diferencia de procedimiento importante durante la fase 5 (instalación). Después de cada serie de estimulación bilateral, en lugar de preguntar al paciente "¿Qué nota ahora?", comprueba la escala de Validez de la Cognición (VoC), y a menos que el paciente indique espontáneamente asociaciones negativas nuevas en la fase de instalación, no hay "canales asociativos". Así, la fase de instalación se parece más a la versión original del EMD (desensibilización mediante movimiento ocular; Shapiro, 1989a, 1989b) en la que se regresaba al objetivo después de cada serie de estimulación bilateral.

Empiece por buscar una mejor cognición positiva

El primer paso de la fase de instalación consiste en ver si hay una cognición positiva (CP) mejor y más apropiada. Pregunte al paciente, "Las palabras ________" (repita la cognición positiva en primera persona) "¿siguen encajando, o hay otra afirmación positiva que podría ser más adecuada?". Cerca del 50% de las veces habrá una mejor CP. Asegúrese de que toda CP revisada cumple con los criterios de selección y, a continuación, busque el VoC de la CP seleccionada. "Piense en la experiencia original y en esas palabras" (repita la CP que se ha seleccionado en primera persona). "En una escala del 1 al 7, donde el 1 significa que las siente completamente falsas y el 7, completamente ciertas, ¿en qué medida las siente verdaderas esas palabras ahora?".

Anote la puntuación VoC. En la mayoría de casos habrá aumentado en varios puntos con respecto al VoC inicial y a menudo será 5, 6 o 7. A continuación, acceda a la experiencia original y a la CP seleccionada y aplique una serie de estimulación bilateral hasta que el VoC alcance el "7" y no pase de ahí. Hágalo antes de cada serie de la fase de instalación y diga, "Céntrese en la experiencia original y en esas palabras" (repita la CP seleccionada en primera persona) "y siga mis dedos". A continuación haga otra serie de estimulación bilateral. Después de cada serie, vuelva a comprobar el VoC.

En la mayoría de casos el VoC aumentará progresivamente hasta 7 tras varias series de estimulación bilateral. Mientras siga siendo positiva, no deje de aplicar series de estimulación bilateral, la puntuación

Tabla 10.1. Guión de los pasos del procedimiento
Fase de instalación

FASE 5: INSTALACIÓN

Busque una cognición positiva mejor.

"Las palabras '(repita la cognición positiva en primera persona)' ¿siguen encajando, o hay otra afirmación positiva que podría ser más adecuada?".

Compruebe la VOC de la cognición positiva seleccionada.

"Piense en la experiencia original y en esas palabras" (repita la CP que se ha seleccionado en primera persona). *"En una escala de 1 a 7, donde el 1 significa que se sienten completamente falsas y el 7 significa que se sienten completamente verdaderas, ¿cuán verdaderas siente estas palabras ahora?".*

1 2 3 4 5 6 7

completamente falso completamente cierto

Antes de cada serie de estimulación bilateral de la fase de instalación, vincule la experiencia original y la cognición positiva.

"Céntrese en la experiencia original y en esas palabras" (repita la CP que se ha seleccionado en primera persona) "y continúe". Aplique otra serie de estimulación bilateral.

Después de cada serie de estimulación bilateral en la fase de instalación, vuelva a comprobar la VoC.

Compruebe la VoC de la cognición positiva seleccionada.

"Piense en la experiencia original y en esas palabras" (repita la CP que se ha seleccionado en primera persona). *"En una escala del 1 al 7, donde 1 significa que le parecen completamente falsas y 7, completamente ciertas, ¿en qué medida le parecen verdaderas esas palabras ahora mismo?".*

1 2 3 4 5 6 7

completamente falso completamente cierto

Cuando la VoC va en aumento

Continúe con la fase de instalación mientras el paciente siga indicando una mayor confianza en la CP seleccionada o en otro material positivo.

Cuando la VoC no llega a 7

Tras varias series de estimulación bilateral, si el material indicado no es cada vez más positivo y no alcanza a una VoC de 7, cambie la dirección o el tipo de estimulación bilateral. Si el paciente continúa indicando una VoC de 6 o menos –incluso después de cambiar la dirección o el tipo de estimulación bilateral– busque una creencia obstaculizadora.

"¿Qué pensamiento o qué preocupación impide que sienta esas palabras completamente verdaderas?". Esta creencia obstaculizadora a veces puede focalizarse directamente y solucionarse en algunas series más de estimulación bilateral.

A continuación, regrese a las instrucciones de la fase de instalación convencional anteriores para finalizar la fase de instalación.

En otros casos, empezando por la creencia obstaculizadora expresada por el paciente, es posible que tenga que utilizar un *puente afectivo* o un *puente somático* para identificar un recuerdo asociado y focalizarlo para reprocesarlo en esta sesión o en la siguiente. Esto por lo general significa que la diana seleccionada en un principio permanecerá incompleto para esta sesión hasta que el origen de la creencia obstaculizadora pueda reprocesarse.

Finalizar la fase de instalación

Cuando un paciente ofrece una VoC de 7 y el material no es más positivo, pase a la fase de exploración del cuerpo.

Nota. De EMDR Institute Training Manual, de F. Shapiro, (enero de 2008 y enero de 2005), Watsonville, CA: EMDR Institute. Copyright 2008, 2005 del EMDR Institute. Adaptado con permiso.

Nota. EMDR: Desensibilización y reprocesamiento por medio de movimiento ocular de F. Shapiro, 2004, México: Editorial Pax México, Librería Carlos Cesarman, S.A. Adaptado con permiso.

de 7 no es más que un número. En ocasiones, el sentido subjetivo de cuán verdadera se siente la CP puede seguir mejorando incluso después de la primera puntuación de 7 del VoC. Continuar aplicando series adicionales de estimulación bilateral mientras la sensación de validez mejora; es fundamental para obtener ventajas clínicas óptimas del reprocesamiento con EMDR. De hecho, el reprocesamiento con EMDR no es solamente solucionar los sentimientos perturbadores asociados a un recuerdo diana seleccionado. Un reprocesamiento completo da lugar a una estructuración del sentido de uno mismo. En la fase de instalación, el VoC captura solamente un aspecto limitado de las ganancias que los pacientes pueden obtener. Integrar completamente la CP siempre y cuando continúe mejorando es fundamental para brindar a los pacientes la oportunidad de llegar lo más lejos que puedan.

Cuando el VoC no llega a 7

Tras varias series de estimulación bilateral, si el material indicado no es cada vez más positivo y no alcanza un VoC de 7, cambie la dirección o el tipo de estimulación. Si el paciente continúa indicando un VoC de 6 o menos incluso después de cambiar la dirección o el tipo de estimulación bilateral, busque una creencia defensiva u otros problemas, preguntando "¿Qué pensamiento o qué preocupación hace que no sienta esas palabras como completamente verdaderas?". En algunos casos el pensamiento o la preocupación que el paciente expresa puede enfocarse directamente y solucionarse con algunas series más de estimulación bilateral. A continuación, regrese a las instrucciones de la fase de instalación estándar anteriores para finalizar la fase de instalación. En otros casos, el pensamiento o la preocupación pueden proceder de otra red de recuerdos que necesite ser identificada y enfocada para reprocesarla.

Un ejemplo de preocupación residual que se solucionó fácilmente es el de una paciente que estaba reprocesando un recuerdo de violencia doméstica. Su esposo había sido detenido, acusado y juzgado por varios casos de agresión y en el momento en el que tenía lugar la sesión estaba en la cárcel. Durante la instalación de la CP, "Ahora estoy a salvo", el VoC subió a 5 y no pasaba de ahí. Después de cambiar la dirección, el terapeuta le preguntó "¿Qué pensamiento o qué preocupación hace que no sienta esas palabras como completamente verdaderas?". A lo que ella respondió "Algún día saldrá en libertad. Y podría volver a hacerme daño". Entonces el terapeuta le pidió "Mantenga ese pensamiento en la mente y siga mis dedos". Tras dos series más de estimulación bilateral, rió y dijo "Sí, quizás un día pueda volver a hacerme daño, pero eso será dentro de varios años. También podría tener cáncer o sufrir un accidente de coche. No hay ninguna garantía en la vida. Pero ahora mismo, hoy 'ahora estoy a salvo'. No voy a vivir teniéndole miedo nunca más". Después de esto, el terapeuta regresó a la técnica de instalación estándar y el VoC alcanzó el 7. Así pues, en este caso, el simple hecho de preguntar por el pensamiento o la preocupación bastó para permitir que se solucionara.

Utilizar un puente afectivo para solucionar un problema en la fase de instalación

En otros casos el pensamiento o la preocupación expresados pueden reflejar un problema no solucionado de otra red de recuerdos que necesite ser identificada y enfocada directamente. Tomando como punto de partida la preocupación o la creencia expresadas por el paciente, es posible que tenga que utilizar un *puente afectivo* o un *puente somático* para identificar un recuerdo asociado y centrarse en ello para reprocesar en la misma sesión o en la siguiente. Esto a veces significa que el objetivo seleccionado en un principio permanecerá incompleto en esa sesión hasta que el origen de la creencia bloqueante pueda reprocesarse.

Un ejemplo de ello es la sesión de reprocesamiento con EMDR con un profesional homosexual cuya carrera se había visto muy perjudicada por un superior homófobo. Después de la fase de desensibilización, el recuerdo de las conductas socavadoras del superior había dejado de ser perturbador. Al principio de la fase de instalación, el paciente había confirmado la CP original "Soy competente". El VoC había pasado de un 3 al principio a un 5, pero no aumentó más durante la fase de instalación. Después de cambiar la dirección sin mejoría para el VoC el terapeuta le preguntó "¿Qué pensamiento o qué preocupación hace que no sienta esas palabras como completamente verdaderas?". A lo que el hombre respondió "No lo sé. Cuando oigo esas palabras tengo esta sensación de sentirme vencido". A lo que el terapeuta preguntó "¿En qué parte del cuerpo lo siente?". Y la respuesta fue "En la cara y en el pecho". Entonces el terapeuta le pidió "Céntrese en el punto donde lo siente y déjese ir hasta la primera vez en que recuerda haber tenido esa misma sensación". Transcurridos algunos minutos, el hombre recordó un incidente perturbador de su adolescencia cuando un cura lo había avergonzado al decirle que su orientación era homosexual. Esta experiencia resultó bastante capital para él y le influyó en su decisión de mantener su orientación sexual oculta hasta cumplir casi los 20 años. La CN vinculada a este incidente era "No valgo nada". A continuación dedicaron las dos sesiones siguientes a reprocesar ese incidente completamente, antes de regresar al reprocesamiento completo y correcto del incidente adulto más reciente con el superior.

Cuándo aceptar un VoC de menos de 7

En algunos casos puede resultar clínicamente apropiado aceptar una puntuación del VoC de 6 como indicador de que la fase de instalación ha terminado. Al preguntarles qué impide que lleguen al 7, algunos pacientes comunican una afirmación que expresa un valor cultural o personal más que la prueba de que haya más material disfuncional almacenado o una defensa. Shapiro (2004) se refiere a estas afirmaciones como "ecológicas" en el sentido en que son un lugar de parada apropiado dados los valores individuales y el contexto personal y social. Algunos ejemplos de ese tipo de afirmaciones expresan un valor religioso o de cultura general. "Soy cuáquero. Nosotros no hablamos en tales extremos". Otras, pueden expresar valoraciones personales: "No sabré si es completamente cierto hasta que vea cómo me siento en el futuro".

Es importante ofrecer por lo menos una serie adicional de estimulación bilateral cuando oiga una afirmación que pueda indicar que una valoración de 6 del VoC sea aceptable. Tiene que hacerse con sensibilidad y sin presiones ni expectativas de cambiar más el VoC. A veces, la creencia en la CP aumentará. Otras no. Presentamos un ejemplo en el que no lo hizo. Una víctima de un tiroteo en una escuela

Tabla 10.2. Guión de los pasos del procedimiento Fase de exploración del cuerpo

"Cierre los ojos. Mantenga en mente la experiencia original —como le parece ahora— y esas palabras' _______________ (repita la CP seleccionada)'. *"A continuación centre su atención a todas las zonas de su cuerpo, empezando por la cabeza y bajando hasta los pies. Indíqueme cualquier punto en el que sienta tensión, rigidez o una sensación rara".*   Para las sensaciones negativas que indique el paciente, ofrezca series de estimulación bilateral hasta que indique solamente sensaciones positivas o neutras. A continuación regrese a la diana de nuevo y utilice las instrucciones anteriores para volver a repetir la exploración del cuerpo en busca de cualquier sensación nueva o residual.   Cuando el paciente comunica sensaciones positivas, continúe con la estimulación bilateral para mejorarlas hasta que no sean más positivas. En la fase de exploración del cuerpo, utilice las mismas direcciones convencionales entre series de estimulación bilateral que en la fase de desensibilización.   *"Descanse. Inspire profundamente. Déjelo ir. ¿Qué siente ahora?"* _______________   *"Céntrese en eso y observe qué ocurre a continuación".*

Nota. De EMDR Institute Training Manual, de F. Shapiro, (enero de 2008 y enero de 2005), Watsonville, CA: EMDR Institute. Copyright 2008, 2005 del EMDR Institute. Adaptado con permiso.

Nota. EMDR: Desensibilización y reprocesamiento por medio de movimiento ocular de F. Shapiro, 2004, México: Editorial Pax México, Librería Carlos Cesarman, S.A. Adaptado con permiso.

había seleccionado la CP "Ahora estoy a salvo. Lo puedo dejar pasar". El VoC ascendió a 6 y no pasaba de ahí. Al preguntarle "¿Qué impide que sea un 7", el paciente dijo "Ahora estoy a salvo" es un 7, pero 'Lo puedo dejar pasar' quizás nunca sea completamente cierto. Esa experiencia cambió mi vida. Esta comunidad nunca será la misma. Los medios de comunicación nunca nos dejarán olvidar lo que ocurrió. Así que un 6 es probablemente lo más verdadero que pueda llegar a ser". "Céntrese en eso". Tras otra serie de estimulación bilateral no hubo cambios. Y pasaron a la fase de exploración corporal.

Otra paciente había luchado toda su vida por poder actuar con decisión. Estaba reprocesando el recuerdo de cuando su padre abandonó a la familia cuando era niña. En la fase de instalación, la CP fue "Puedo confiar en mi juicio". El VoC ascendió a 5 y no pasaba de ahí. La terapeuta le preguntó "¿Qué impide que esa puntuación sea superior?". A lo que la paciente respondió "En mi cultura, muchos hombres suelen no ser de confianza. Así que probablemente no sea inteligente confiar completamente en mi juicio". La terapeuta tenía un historial de traición por parte de un hombre y esa afirmación estimuló su propio recuerdo y estuvo tentada de detener la fase de instalación ahí porque la afirmación era verosímil. Sin embargo, recordó la cautela de la que le habían hablado durante la formación en EMDR a la hora de añadir más estimulación bilateral incluso en afirmaciones que pudieran parecer plausibles inicialmente. Como terapeuta con experiencia, sabía que no debía permitir que sus propias experiencias personales o culturales limitaran el crecimiento de sus pacientes. Así pues, le dijo "Céntrese en eso y siga mis dedos". En las siguientes sesiones de estimulación bilateral, la paciente consiguió más ganancias. De hecho, dijo "Sólo porque algunos hombres no sean de confianza no quiere decir que todos sean así. Si no puedo confiar en mi juicio, es posible que rechace a un hombre bueno por falsas sospechas. Aunque mi juicio no sea perfecto, para vivir bien tengo que confiar en él. Lo más inteligente es no confiar a ciegas, pero es una tontería no confiar completamente en mi propio juicio". El VoC llegó a 7.

Fase 6: exploración del cuerpo

Cuando el valor del VoC ha alcanzado el 7 y no mejora ya más, pase a la fase de exploración corporal. Esta fase tiene dos objetivos: en primer lugar, confirmar que no hay material residual que no haya sido tratado en el recuerdo diana seleccionado y en segundo lugar, ampliar las ganancias que se han hecho en las fases de desensibilización e instalación.

En la fase de exploración corporal, pida al paciente: "Cierre los ojos. Mantenga en mente la experiencia original –como la percibe ahora– y aquellas palabras '(repita la CP seleccionada)'. A continuación centre su atención en su cuerpo, empezando por la cabeza y bajando hasta los pies. Indíqueme cualquier punto en el que sienta tensión, rigidez o sensaciones no habituales".

Para las sensaciones negativas que indique el paciente, realice series de estimulación bilateral hasta que indique solamente sensaciones positivas o neutras. En la fase de exploración corporal, utilice las mismas instrucciones estándares entre series de estimulación bilateral que en la fase de desensibilización. "Descanse. Inspire profundamente. Déjelo ir. ¿Qué nota/viene ahora?". Cuando el paciente indique algún cambio, diga "Céntrese en eso y observe qué ocurre a continuación". Continúe reprocesando cualquier sensación residual hasta que el paciente indique solamente sensaciones positivas o neutras. A continuación regrese al objetivo y utilice las mismas instrucciones para volver a repetir la exploración corporal en busca de cualquier sensación nueva o residual.

Cuando el paciente sólo comunique sensaciones positivas, continúe con la estimulación bilateral para mejorarlas hasta que ya no sigan volviéndose positivas. El objetivo del reprocesamiento con EMDR no es solamente solucionar el material almacenado disfuncionalmente, también se trata de aumentar el sentido sobre sí mismo de la persona. En algunos casos el trabajo más profundo tiene lugar en la fase de exploración corporal cuando el paciente no emite sensaciones negativas y comunica un sentimiento positivo de alivio. "Me siento como si me hubieran quitado un peso que llevaba sobre los hombros". Centrarse en esas sensaciones positivas y añadir estimulación bilateral puede dar lugar a experiencias profundas de bienestar e incluso a estados transpersonales (Krystal et al., 2002).

Fase 7: cierre

La fase de cierre tiene varios propósitos. En primer lugar, proporciona un sentido estructurado de finalización de cada sesión de reprocesamiento con EMDR. En segundo lugar, garantiza la estabilidad del paciente antes de que éste abandone la sesión. En tercer lugar, guía al paciente sobre el hecho de permanecer alerta para observar y documentar problemas y cambios que surjan y que pueden ocurrir después de cada sesión de reprocesamiento con EMDR. Algunas sesiones de reprocesamiento con EMDR terminan con una SUD de 0, un VoC de 7 y una exploración corporal con sensaciones positivas o neutras solamente. Otras sesiones quedarán incompletas a varios niveles. Primero consideraremos la situación en la que una sesión queda incompleta y después el caso más sencillo de una sesión de tratamiento finalizada.

Tabla 10.3. Guión de los pasos del procedimiento Fase de cierre

FASE 7: CIERRE **Técnicas para una sesión incompleta** Una sesión incompleta es aquella en la que la puntuación SUD está por encima de 1; la puntuación VOC es inferior a 6; o se indica la existencia de sensaciones negativas residuales en la exploración del cuerpo que no se habían indicado antes de que empezara la sesión y que parecen vinculadas al material diana. Explique la necesidad de parar. Anime al paciente por su trabajo en la sesión. Cuando la fase de desensibilización es incompleta, salte la instalación de la CP y la exploración del cuerpo. Explore el estado somático, emocional y cognitivo del paciente. Evalúe la necesidad del paciente de técnicas de estabilización o de contención estructurada. *"Casi no tenemos más tiempo y tendremos que parar pronto. Hoy ha hecho un excelente trabajo. Agradezco mucho el esfuerzo realizado. ¿Cómo se siente?".* Si es necesario, proponga uno o más ejercicios de contención, relación u orientación sensorial. Cuando el paciente se encuentra en un estado estable, revise la afirmación-resumen de más abajo. **Técnicas de cierre para una sesión completa** Agradezca al paciente su trabajo en la sesión. Si queda tiempo, anímele a hablar de sus observaciones sobre lo que ha ocurrido durante la sesión. Si resulta apropiado puede mencionar brevemente cualquier cambio o ganancia observada significativa que el paciente no mencione. *Hoy ha hecho un excelente trabajo. ¿Cómo se siente?".* **Hágale un resumen y solicite un diario o cuaderno de bitácora.** *"El procesamiento que hemos hecho hoy puede continuar después de la sesión. Quizás observe insights, pensamientos, recuerdos o sueños. También puede observar cambios en su propio funcionamiento. Para ayudarnos a evaluar sus respuestas a la sesión de hoy, observe lo que experimenta y anótelo en su diario. No olvide practicar los ejercicios que hemos hecho para ayudarle a manejar las perturbaciones esta semana. La próxima vez revisaremos su cuaderno de registro y seguiremos trabajando. Si tiene algo urgente que informar o si necesita más ayuda antes de nuestra próxima sesión, llámeme".*

Nota. De EMDR Institute Training Manual, de F. Shapiro, (enero de 2008 y enero de 2005), Watsonville, CA: EMDR Institute. Copyright 2008, 2005 del EMDR Institute. Adaptado con permiso.

Nota. EMDR: Desensibilización y reprocesamiento por medio de movimiento ocular de F. Shapiro, 2004, México: Editorial Pax México, Librería Carlos Cesarman, S.A. Adaptado con permiso.

Técnicas para concluir una sesión incompleta

Una sesión incompleta es aquella en la que la puntuación SUD está por encima de 1; la puntuación VoC es inferior a 6; o se indica la existencia de sensaciones negativas residuales en la exploración corporal que no se habían indicado antes de que empezara la sesión y que parecen vinculadas al material de la diana. La tensión en la nuca y en los hombros que surgió durante la fase de instalación y de la que se informó en la fase de exploración corporal seguramente está vinculada con el material de la diana. Si esa tensión no ha desaparecido en la fase de exploración corporal, la sesión debería clasificarse como incompleta. La simple sensación de tener la vista cansada por las series repetidas de movimientos oculares bilaterales y que no existía antes de la sesión probablemente no está relacionada con ese material. Incluso con esta sensación residual de vista cansada, la sesión podría clasificarse como completa.

Para concluir una sesión incompleta, explique la necesidad de detener el reprocesamiento y de finalizar la sesión. Agradezca y anime al paciente por su trabajo en la sesión. Cuando pare durante la fase de desensibilización, deberá saltarse la instalación de la CP y la fase de exploración corporal. Evite también regresar al objetivo y pedir información sobre el recuerdo diana seleccionado ya que eso puede tender a aumentar la perturbación. Así pues, tampoco deberá comprobar el SUD ni el VoC, ya que ambas requieren centrarse en el recuerdo diana

Reservar tiempo para los pacientes que necesitan ayuda con la mentalización

Explore el estado somático, emocional y cognitivo del paciente. Evalúe la necesidad del mismo de técnicas de estabilización o de contención estructurada. "Casi no tenemos más tiempo y tendremos que parar pronto. Hoy ha hecho un excelente trabajo. Agradezco mucho el esfuerzo realizado. ¿Cómo se siente?". En algunos casos puede ser útil parar con la suficiente antelación como para tener tiempo de hablar brevemente de los insights y las percepciones del paciente de ganancias y de cualquier material adicional que haya surgido en su conciencia durante la sesión. Eso es especialmente importante en pacientes con capacidades limitadas de mentalización y de situar los estados de sentimientos en un marco organizativo de referencia (Fonagy, Gergely, Jurist y Target, 2002).

Reservar tiempo para los pacientes que necesitan contención estructural

Algunos pacientes necesitarán ayuda estructurada con la contención, la relajación o la orientación sensorial. Cuando esas intervenciones sean necesarias, puede bastar con plantear el ejercicio del lugar tranquilo. Sin embargo otros pacientes necesitarán una serie de ejercicios de estabilización, contención y orientación sensorial; intervenciones que deberían incluir las que resultaron útiles en la fase de preparación. Una serie de intervenciones podría empezar con el ejercicio del lugar tranquilo, seguido del ejercicio de visualización del río de luz (Shapiro, 2004, págs. 246-248) para acabar con la orientación sensorial. Cuando el paciente se encuentra en un estado estable, revise la afirmación-resumen de más abajo.

Sin embargo, sólo porque la sesión esté incompleta no quiere decir que esas intervenciones sean necesarias como parte de la rutina. Muchos pacientes se angustian por el recuerdo no resuelto o el problema que se presenta antes de la sesión incompleta pero pueden afrontarlo adecuadamente. Si bien el reprocesamiento puede dar lugar a que los pacientes accedan a mayores niveles de perturbación, no es lo más común. Las intervenciones de estabilización son claramente necesarias cuando los pacientes corren el riesgo de sucumbir a impulsos peligrosos de reducción de la tensión de autolesión o de permanecer estancados en estados de excesiva ansiedad, depresión o disociación. La opinión clínica resulta necesaria para evaluar la necesidad de técnicas de contención estructurada, relajación u orientación sensorial.

Técnicas para concluir una sesión completa

Cuando una sesión ha sido completada por lo general no hace falta aplicar técnicas de estabilización, contención ni orientación sensorial. Sin embargo, y como describíamos en la sección anterior sobre sesiones incompletas, algunos pacientes se pueden beneficiar o podrían necesitar una breve charla de las ganancias que han experimentado en la sesión. Así pues, debería dedicar suficiente tiempo a la fase de cierre en función de las necesidades individuales de cada paciente. En la mayoría de casos puede simplemente informarle de que esté alerta ante los efectos post sesión de tratamiento y pedirle que en la próxima sesión traiga un cuaderno de bitácora leyendo el texto que aparece a continuación.

Hágale un resumen y solicite un diario o cuaderno de registro

"El procesamiento que hemos hecho hoy puede continuar después de la sesión. Quizás observe insights, pensamientos, recuerdos o sueños. También puede observar cambios en su propio funcionamiento. Para ayudarnos a evaluar sus respuestas a la sesión de hoy, observe lo que experimenta y anótelo en su diario. No olvide practicar los ejercicios que hemos hecho para ayudarle a gestionar las perturbaciones esta semana. La próxima vez revisaremos sus anotaciones y seguiremos trabajando. Si tiene algo urgente que indicar o si necesita más ayuda antes de nuestra próxima sesión, llámeme".

Diarios o cuadernos de registro

Obtener cuadernos de registro de los pacientes es una forma muy útil de monitorizar sus respuestas a las sesiones de tratamiento, a los problemas que surgen y a los agentes de estrés ambientales. Si presentó el registro o diario en la fase de preparación, le parecerá más sencillo continuar para conseguir bitácoras de los pacientes cuando empiece a reprocesar. Véase la tabla 6.12 "Diario o registro". Aunque los informes orales están bien, muchos pacientes tienden a olvidar detalles de momentos perturbadores y momentos positivos debido a efectos de memoria específicos del estado (Bower, 1981). Los cuadernos de bitácora breves no sólo aportan más detalles específicos sino que también ayudan al paciente a reflexionar sobre sus experiencias tanto cuando las escriben como cuando las comparten con usted.

También puede ocurrir que los pacientes tengan miedo o preocupaciones que interfieran con su deseo de anotar cosas en el registro. Pueden tener miedo de que miembros de su familia o amigos lean sus anotaciones. También pueden temer que usted les juzgue por lo bien o lo mal que estén progresando en el tratamiento. Incluso pueden tener estándares inexorables y tender a juzgarse a sí mismos con excesiva dureza, o les puede parecer demasiado doloroso escribir ciertas pesadillas o intrusiones de recuerdos traumáticos, o sentir demasiada vergüenza acerca de conductas compulsivas o evitadoras como para escribirlas.

Normalmente esos problemas surgirán pronto en la fase de preparación cuando presente la importancia de mantener un diario o bitácora sencillos de sus experiencias significativas durante el tratamiento. Sin embargo, cuando los problemas por mantener el registro surgen durante el reprocesamiento, lo mejor será confrontar esos problemas directamente con una discusión franca y con intervenciones para tratar las preocupaciones. Una discusión de apoyo, psicoeducación y solución de problemas pueden resolver esas preocupaciones. A veces, en lugar de un cuaderno de bitácora los pacientes prefieren elaborar informes orales breves que dejan grabados en el contestador automático del terapeuta. En otros casos, los problemas que surgen o los miedos con respecto a esta bitácora pueden dar lugar a modificaciones del plan de tratamiento al destacar la necesidad de la instalación de recursos adicionales o de reprocesar las preocupaciones actuales y cualquier experiencia de la vida asociada. Hablaremos de cómo revisar esas bitácoras y cuándo considerar la modificación del plan de tratamiento en el siguiente capítulo sobre la fase de reevaluación.

11 La fase de reevaluación y finalizar el plan de tratamiento

Resumen

En el capítulo 11 se describe la fase de reevaluación (fase 8) y la finalización del plan de tratamiento del protocolo estándar de Desensibilización y reprocesamiento por medio de movimiento ocular (EMDR) para tratar el trastorno por estrés postraumático (TEPT).

Fase 8: reevaluación

La reevaluación es un aspecto continuo del enfoque EMDR en psicoterapia; empieza durante el registro del historial y la fase de preparación en la que consideramos el impacto de la revelación de información de los pacientes, las percepciones de las respuestas del terapeuta, además del impacto de los ejercicios de estabilización y de creación de capacidades en la estabilidad, los síntomas y el funcionamiento de los pacientes. Cuando el reprocesamiento con EMDR ha empezado, la reevaluación continúa siendo esencial –para garantizar la estabilidad de los efectos del tratamiento a partir de sesiones de reprocesamiento aparentemente finalizadas, confirmar la idoneidad de seguir reprocesando recuerdos objetivo incompletos o de cambiar a un objetivo previo, y monitorizar los efectos del reprocesamiento. Es útil pensar en la reevaluación como algo que ocurre en dos niveles: un *micro*nivel y un *macro*nivel. A nivel *micro*, tendrá que reevaluar el impacto específico de la sesión anterior. A nivel *macro*, tendrá que considerar las implicaciones de lo que ha aprendido de la reevaluación y hacer ajustes al plan de tratamiento general.

Monitorizar el plan de tratamiento con reevaluación "macro" de las respuestas del paciente

Monitorizar las respuestas de los pacientes al tratamiento es fundamental para el nivel *macro* de reevaluación y por esa razón, por lo general pedirá comentarios de las bitácoras de los pacientes al principio de cada sesión. Preste atención a las indicaciones de cambios en los sueños, de reacciones a estímulos actuales que puedan representar señales de amenaza, de recuerdos adicionales y nuevos pensamientos o insights. Pregunte activamente acerca de cambios en cualquiera de los síntomas primarios que se habían asociado con el recuerdo diana u objetivo seleccionado que haya procesado en sesiones anteriores, como reexperimentación intrusiva, conductas evitadoras, agitación, hiperactivación, síntomas somatoformes y estados de ansiedad, depresión, disociación e impulsos y conductas inadaptativas o de reducción de la tensión. En casos en los que esos problemas estuvieran presentes en el momento de iniciar el tratamiento, debería monitorizar actividades básicas de la vida cotidiana como los hábitos de alimentación, de sueño, de ejercicio, de trabajo y la vida familiar. Si utiliza antes de cada sesión las herramientas de evaluación estándares que se describen en el capítulo 5, también es posible que detecte cambios en la gravedad de los síntomas en función de las puntuaciones de los tests. Ocasionalmente los pacientes indicarán que han surgido aspectos nuevos y perturbadores del recuerdo diana u objetivo seleccionado desde la sesión anterior, o que han estado pensando en otros recuerdos asociados previos, y esos serían los seleccionados para reprocesamiento adicional.

Cuando las bitácoras o los diarios de los pacientes indican que el reprocesamiento correcto ha dado lugar a cierta reducción de sus síntomas actuales, sugiere que es apropiado continuar con el plan de tratamiento y proseguir con el reprocesamiento del siguiente objetivo.

Sin embargo, cuando el reprocesamiento implica la aparición de recuerdos perturbadores adicionales, más intrusiones acompañadas de estados de ánimo menos estables, mayor ansiedad, o mayores impulsos de conductas inadaptativas o de reducción de tensión, es posible que tenga que considerar realizar ajustes al plan de tratamiento. Plantéese esta pregunta "*¿Deberíamos continuar con el reprocesamiento de incidentes pasados, o este aumento de la sintomatología es una señal de que necesitamos regresar a intervenciones estabilizadoras que se centren en la creación de las capacidades personales necesarias?*". La regresión leve del funcionamiento puede ser aceptable para algunos pacientes y no tiene consecuencias graves necesariamente. En muchos casos, ejercer presión con más reprocesamiento a menudo será la forma de proceder más efectiva para pacientes con capacidades personales suficientes y con recursos accesibles. Un ejemplo de este tipo se describe en la siguiente sección sobre "Cuándo continuar reprocesando después de regresiones leves de los síntomas o del funcionamiento". Sin embargo, aunque algunos pacientes puedan indicar que una regresión en su funcionamiento con más síntomas es aceptable para ellos y afirmen que quieran ejercer presión con más reprocesamiento, no siempre se trata de una forma de proceder inteligente.

Algunos supervivientes de negligencia o abusos tempranos carecen de habilidades de automonitorización

Los supervivientes de negligencia o abusos tempranos no siempre tienen suficiente conocimiento de uno mismo ni habilidades para automonitorizarse y evaluar con precisión sus capacidades para tolerar el impacto continuado de descubrir y reprocesar. A menudo tienen prisa por reprocesar e imaginan que hacer presión solucionará como "por arte de magia" sus problemas rápidamente. Los terapeutas recién formados en EMDR pueden haber tenido experiencias iniciales con la técnica con otros pacientes que hayan dado lugar directamente a reducciones consistentes y quizás espectaculares de los síntomas. Sin embargo, el reprocesamiento con EMDR, igual que cualquier método centrado en el trauma (p. ej. la exposición prolongada), puede dar lugar a un empeoramiento gradual o rápido de los síntomas en personas que han sobrevivido a exposiciones traumáticas complejas o crónicas (Cloitre, Koenen, Cohen y Han, 2002; Gelinas, 2003; Korn y Leeds, 2002; Pitman et al., 1991).

Así pues, los terapeutas deberán considerar no sólo las preferencias indicadas por los pacientes sino también su propio juicio clínico acerca del tratamiento necesario. A veces, más reprocesamiento mejorará los síntomas que empeoran temporalmente. En otras ocasiones, más intervenciones de creación de habilidades y de estabilización evitarán el declive en un estado de regresión que podría ralentizar el progreso del paciente o incluso dar lugar a una crisis. Algunos elementos fundamentales que deben considerarse al llevar a cabo esta determinación son las capacidades de los pacientes para mantener actividades cotidianas y de cuidado de uno mismo normales, que mantienen su energía y su eficiencia mental. Si esas tendencias de acción adaptativa empiezan a degradarse, es esencial que el terapeuta centre su atención en restaurarlas antes de reanudar el reprocesamiento de recuerdos traumáticos. Véase el debate sobre la promoción de acciones adaptativas en el capítulo 12 de *El yo atormentado* (van der Hart et al., 2008).

Cuándo seguir reprocesando después de regresiones leves de los síntomas o el funcionamiento

En otros casos, las regresiones leves en el funcionamiento, en especial después de una sesión en la que el recuerdo traumático no se ha reprocesado por completo, pueden superarse rápidamente reanudando el reprocesamiento hasta solucionar el recuerdo completamente. Por ejemplo podemos considerar el caso en el que en la sesión anterior hubiera reprocesado el recuerdo de un adulto de ser testigo de uno de unos pocos episodios de violencia doméstica durante la adolescencia, donde el protagonista era uno de los padres que había dejado de tomar temporalmente la medicación para el trastorno bipolar que sufría. Este paciente tenía por lo general un elevado nivel de funcionamiento, sin abuso de sustancias ni problemas de reducción de la tensión, y había recurrido a tratamiento por una ansiedad leve que se había iniciado después de establecer una relación con una pareja más asertiva y más emocionalmente expresiva que sus parejas anteriores. En la siguiente sesión, posterior a la primera sesión de reprocesamiento de un recuerdo de la adolescencia, el paciente indicó haber pasado una semana despertándose por las noches tras una serie de sueños perturbadores, todo ellos claramente relacionados con esos episodios de violencia doméstica. Dada la estabilidad general y las excelentes habilidades de afrontamiento de este paciente, normalmente tendría sentido ver los sueños perturbadores y los problemas de sueño como efectos secundarios temporales del material a medio reprocesar de esos recuerdos. Así pues, lo mejor que podría hacer sería continuar con el reprocesamiento del recuerdo a medio solucionar sin más dilación.

Nivel "micro": reevaluación del reprocesamiento de la sesión anterior

Mientras el nivel *macro* de reevaluación considera ajustes al plan de tratamiento general, el nivel *micro* se centra en la reevaluación del impacto concreto del reprocesamiento en el recuerdo diana u objetivo de la sesión anterior. Consideremos algunos casos en los que la sesión anterior fue incompleta y en los que avanzó hacia el cierre durante las fases de desensibilización, instalación o exploración corporal.

Reanudar el reprocesamiento después de una desensibilización incompleta

Si la desensibilización fue incompleta, el reprocesamiento por lo general se detuvo a la mitad o casi al final de un "canal asociativo". En primer lugar, tiene que comprobar los comentarios del registro del paciente. A menos que haya surgido más material anterior, simplemente confirme si el paciente está preparado para continuar reprocesando y entonces "regrese al objetivo" para seguir reprocesándolo. No es necesario repetir toda la fase de evaluación, ni tampoco es necesario recomprobar el nivel de la escala de unidades subjetivas de perturbación (SUD), aunque puede decidir hacerlo. Su principal objetivo debería ser reanudar el reprocesamiento. Pregunte al paciente, "Ahora, cuando vuelve a prestar atención a la experiencia que trabajamos en la última sesión ¿qué siente?". Si el paciente indica la presencia de material perturbador adicional, diga "Céntrese en eso y observe qué ocurre a continuación".

Tabla 11.1. Pauta para la reevaluación de objetivos/dianas

Para una diana previamente incompleta
Cuando la sesión de reprocesamiento anterior fue incompleta, primero consulte los comentarios del registro del paciente. A menos que haya surgido material más temprano, simplemente confirme si el paciente está preparado para continuar reprocesando y entonces "regresar a la diana" para seguir reprocesándolo. No es necesario llevar a cabo una evaluación completa del recuerdo diana incompleto. Tampoco hace falta comprobar el nivel SUD, aunque en algunos casos puede ser útil.

"Ahora, cuando vuelve a prestar atención a la experiencia que trabajamos en la última sesión ¿qué nota ahora?".

Si el paciente indica más material perturbador, diga: *"¿En qué parte del cuerpo lo siente?"*. Y "Céntrese en eso y observe qué ocurre a continuación".

Si el paciente comenta asociaciones ambiguas, o aparentemente neutras o positivas con el objetivo, compruebe la puntuación SUD. También puede comprobar ese mismo resultado para aclarar el progreso del paciente. *"Céntrese en la experiencia original. En una escala del 0 al 10, donde 0 es la ausencia de perturbación o neutro y 10 es la máxima perturbación que pueda imaginar, ¿con cuánta perturbación siente el incidente ahora?".*

Si la puntuación SUD es 1 o superior, diga: *"¿Cuál es la peor parte ahora?"*. Y a continuación: *"Note en qué parte del cuerpo lo siente y observe qué ocurre a continuación"*. A continuación reanude la estimulación bilateral.
Si la puntuación SUD es un 1, pregunte: *"¿En qué parte del cuerpo lo siente?"*. Y a continuación: *"Céntrese en eso y observe qué ocurre a continuación"*. A continuación reanude la estimulación bilateral.

Para una diana previamente completa
Cuando el reprocesamiento del objetivo anterior fue completo, primero consulte los comentarios del registro del paciente. A menos que haya surgido más material anterior, primero acceda a la red de recuerdos diana anterior.
A continuación compruebe la puntuación SUD del recuerdo diana anterior.

"Ahora, cuando vuelve a centrar su atención a la experiencia que trabajamos en la última sesión ¿qué nota?". También pueden sondear la diana con preguntas más concretas: *"Cuando se centra en la experiencia que trabajamos en nuestra última sesión, ¿qué imágenes aparecen? ¿Qué pensamientos surgen sobre usted mismo y el incidente? ¿Qué emociones siente? ¿Qué sensaciones?".*

Después de escuchar los comentarios del paciente, vuelva a comprobar el nivel SUD: *"Centrándose en la experiencia original, en una escala del 0 al 10, donde 0 es ninguna perturbación o neutro y 10 es la máxima perturbación que pueda imaginar, ¿con cuánto malestar siente el incidente ahora?".*

En la mayoría de casos, la puntuación SUD seguirá siendo 0. Entonces puede comprobar la VOC: *"Piense en la experiencia original y en esas palabras"* (repita la cognición positiva que se ha seleccionado en primera persona). *"En una escala de 1 a 7, donde 1 significa completamente falsas y el 7, totalmente verdaderas, ¿cuán verdaderas siente esas palabras ahora?"*. En la mayoría de casos, la VOC seguirá siendo 7, y puede proceder con el siguiente objetivo de su plan de tratamiento.

Si la puntuación SUD ha aumentado por encima de 0, pregunte *"¿Qué lo convierte en un...?"*. (Indique la puntuación SUD). A continuación, pregunte, *"Cuando nota esas* (imágenes, pensamientos, emociones o sensaciones) perturbadoras, *¿parecen estar más relacionadas con ese incidente o con otro?".*

A menos que usted y el paciente hayan concluido que el malestar residual esté relacionado con un recuerdo asociado, reanude el reprocesamiento de la diana incompleta como se ha descrito antes para una diana incompleta. Si usted y el paciente concluyen que el malestar residual está relacionado con un recuerdo asociado, considere si ese recuerdo asociado debería ser el próximo objetivo de su plan de tratamiento.

Si la puntuación SUD sigue siendo 0 pero la VOC ha caído por debajo del 7, pregunte, *"¿Qué impide que sea completamente verdaderas?"*. Tras los comentarios del paciente, pídale *"Obsérvelo y continúe"*. A continuación reanude la estimulación bilateral y siga las técnicas convencionales de la fase de instalación.

Tras reanudar el reprocesamiento, cuando regrese al objetivo, si el paciente comenta asociaciones ambiguas, o aparentemente neutras o positivas con el objetivo, es posible que tenga que comprobar la puntuación SUD. También puede comprobar ese mismo resultado para aclarar el progreso del paciente. "Céntrese en la experiencia original. En una escala del 0 al 10, donde 0 es la ausencia de malestar o posición neutra y 10 es el máximo malestar que pueda imaginar, ¿con cuánto malestar siente el incidente ahora?". Si la puntuación SUD es un 1 o más, pregunte "¿Cuál es la peor parte ahora?". Y a continuación: "Céntrese en eso y observe qué ocurre a continuación".

Reanudar el reprocesamiento después de una instalación incompleta

Si el reprocesamiento se detuvo en la fase de instalación, primero tendrá que comprobar que la puntuación SUD sigue siendo 0 y después reanudar la fase de instalación. "Piense en la experiencia original y en esas palabras ________" (repita la CP que se ha seleccionado en primera persona). "En una escala del 1 al 7, donde 1 significa que le parecen completamente falsas y 7, completamente ciertas, ¿cuán verdaderas le parecen esas palabras ahora mismo?". A continuación reanude la instalación. "Céntrese en la experiencia original y en esas palabras ________" (repita la CP que se ha seleccionado en primera persona) "y continúe". A continuación reanude la estimulación bilateral.

Reanudar el reprocesamiento después de una exploración del cuerpo incompleta

Si el reprocesamiento se detuvo en la sesión anterior durante la fase de exploración corporal, lo primero que debe revisar son los comentarios del registro o el diario del paciente. A continuación compruebe que la puntuación SUD sigue siendo 0 y que la Validez de la Cognición (VoC) es 7. Entonces puede llevar a cabo la exploración corporal de nuevo. "Cierre los ojos. Mantenga en mente la experiencia original –como se le aparezca ahora– y aquellas palabras ________" (repita la CP seleccionada). "A continuación desplace su atención a todas las zonas de su cuerpo, empezando por la cabeza y bajando hasta los pies. Indíqueme cualquier punto en el que sienta tensión, rigidez o una sensación rara". Reprocese cualquier perturbación residual. Tenga en cuenta que cualquier sensación negativa residual que haya persistido durante el tiempo transcurrido desde la sesión de reprocesamiento anterior a pesar de un nivel SUD de 0 y un VoC de 7 podría estar vinculada a un recuerdo distinto al recuerdo diana u objetivo identificado. Si esas sensaciones negativas no se resuelven ni siquiera después de cambiar la dirección de la estimulación bilateral, prepárese para buscar un recuerdo distinto o previo utilizando el registro del historial o un puente *afectivo, somático* o de *impulso defensivo,* como se describe en la tabla 4.9, "Las técnicas de puente afectivo, somático y de impulso defensivo".

Reevaluación después de una sesión de reprocesamiento completa

Analicemos ahora aquellos casos en los que el resultado de la sesión de reprocesamiento con EMDR anterior fue una *sesión de reprocesamiento completa*. En la siguiente sesión es importante que, aunque sea brevemente, eche un vistazo a los comentarios del registro del paciente y reevalúe la puntuación SUD y VoC del recuerdo diana u objetivo seleccionado. Para comprobar la puntuación SUD, pregunte al paciente, "Ahora, cuando vuelve a prestar atención a la experiencia que trabajamos en la última sesión ¿qué siente?". También pueden sondear con preguntas más concretas: "Cuando se centra en la experiencia que trabajamos en nuestra última sesión, ¿qué imágenes aparecen? ¿Qué pensamientos surgen sobre usted mismo y el incidente? ¿Qué emociones siente? ¿Qué sensaciones?". Después de escuchar los comentarios del paciente, vuelva a comprobar el nivel SUD: "Centrándose en la experiencia original, en una escala del 0 al 10, donde 0 es la ausencia de malestar o posición neutra y 10 es el máximo malestar que pueda imaginar, ¿con cuánto malestar siente el incidente ahora?". En la mayoría de casos, la puntuación SUD seguirá siendo 0. Entonces puede comprobar el VoC: *"Piense en la experiencia original y en esas palabras ________"* (repita la cognición positiva que se ha seleccionado en primera persona). "En una escala del 1 al 7, donde 1 significa que le parecen completamente falsas y 7, completamente ciertas, ¿cuán verdaderas le parecen esas palabras ahora mismo?". En la mayoría de casos el VoC seguirá siendo 7, y puede proceder con el siguiente objetivo de su plan de tratamiento.

Explorar el siguiente objetivo con cambios SUD o VOC después de una sesión completa

En ocasiones la puntuación SUD o VoC cambia y entonces necesita considerar si es debido al material adicional de ese recuerdo en concreto, o si es por un recuerdo asociado de un grupo de experiencias similares. Con supervivientes de trauma de un único incidente basta con que reanude el reprocesamiento en el recuerdo diana u objetivo seleccionado antes. Con supervivientes con un grupo de experiencias traumáticas estrechamente relacionadas, su conceptualización y reevaluación del caso original puede llevarle a crear la hipótesis de que cualquier pequeña regresión en la puntuación SUD o VoC está relacionada con otros recuerdos asociados que ya están enumerados en su plan de tratamiento o que esos pacientes han revelado en sus bitácoras. A veces una pregunta directa al paciente puede aclararlo. *"Cuando siente esas* _________ (imágenes, pensamientos, emociones o sensaciones) perturbadoras, *¿parecen más relacionadas con ese incidente o con otro incidente relacionado?"*. Si junto con el paciente concluyen que la perturbación residual parece estar más vinculada a un recuerdo estrechamente relacionado, por lo general será más eficaz cambiar el enfoque del reprocesamiento al recuerdo asociado. Tenga en cuenta que esta pauta general se aplica a casos en los que la conceptualización de casos y el plan de tratamiento se centran en diagnósticos de Eje I del *Manual diagnóstico y estadístico de los trastornos mentales*. Son varios los factores que entrarían en juego si la conceptualización de casos y el enfoque de la atención estuvieran en problemas caracterológicos o de Eje II.

El pasado: evaluación y enfoque de recuerdos perturbadores

A medida que avanza por el reprocesamiento de los recuerdos seleccionados en un principio para el plan de tratamiento, la sintomatología del paciente por lo general mejora. El ritmo de esa mejora varía mucho en función del grado en el que la presentación clínica sea crónica y compleja. Siga consultando la lista de objetivos del plan maestro de tratamiento (tabla 4.14 del capítulo 4). Idealmente podrá reprocesar todos los recuerdos significativos que se identificaron en el plan de tratamiento. En algunos casos los pacientes mejorarán tan significativamente que no querrán o no necesitarán abordar cada uno de los recuerdos identificados al iniciar el tratamiento como potencialmente relacionados con los síntomas actuales. En muchos casos habrá una generalización de los efectos del tratamiento desde recuerdos que se han reprocesado a recuerdos que todavía no se han tratado directamente. Cuando regrese a la lista de objetivos del plan maestro de tratamiento, encontrará que algunos de esos recuerdos simplemente parece que ya no contienen perturbación residual para algunos pacientes. De hecho, para la mayoría de pacientes es una buena idea comprobar esos recuerdos para ver cuál es el nivel de perturbación y reprocesar los que todavía contribuyen al mantenimiento de los síntomas.

En muchos casos los síntomas persistirán incluso después de que todos los recuerdos significativos, identificados al inicio del tratamiento y durante el transcurso del mismo, se hayan reprocesado por completo. De hecho, se adecua al modelo de procesamiento adaptativo de la información y al protocolo básico de tres vertientes de pasado, presente y futuro. Incluso después de que todos los recuerdos etiológicos se hayan reprocesado, a menudo los síntomas persisten en respuesta a estímulos actuales debido a la tendencia del cerebro de retener señales de amenaza de sucesos adversos de la vida (LeDoux, 1996; LeDoux, Romanski y Xagoraris, 1989). Así pues, para lograr más ganancias sintomáticas la atención tendrá que desplazarse al reprocesamiento de estímulos actuales que sigan siendo capaces de obtener síntomas.

El presente: evaluar y focalizar estímulos actuales

En la segunda "vertiente" de este plan de tratamiento con EMDR-TEPT estándar de tres vertientes, la atención se desplaza al reprocesamiento de estímulos actuales que siguen siendo capaces de obtener percepciones, actitudes y conductas inadaptativas. En el modelo de procesamiento adaptativo de la información, esos síntomas se ven como expresiones de aspectos codificados disfuncionalmente de experiencias traumáticas de los pacientes. De hecho, pueden aparecer como reexperimentación intrusiva, pesadillas, flashbacks y síntomas somatoformes. Los pacientes pueden seguir experimentando impulsos residuales para evitar situaciones que pudieran obtener la reexperimentación intrusiva, o pueden iniciar una conducta evitadora real.

Por último, puede haber agitación, hiperactivación, ansiedad o estados de ánimo inestables residuales. Todo ello puede tratarse con más reprocesamiento para continuar con el plan de tratamiento y solucionar esos síntomas residuales.

Ayudar a los supervivientes de exposición traumática persistente a reconocer las ganancias del tratamiento

Si bien es importante monitorizar los comentarios del paciente en busca de señales de síntomas residuales, también es importante estar alerta de las ganancias del tratamiento y reconocerlas activamente. Cuando las exposiciones traumáticas han sido limitadas a uno o unos pocos episodios y cuando éstos han sido más recientes, los pacientes suelen ser capaces de aceptar las ganancias rápidas y completas que tienden a hacer durante el reprocesamiento con EMDR sin necesidad de demasiada confirmación o validación por parte del terapeuta que los trata. Es posible que haya que recordarles que el plan de tratamiento predecía la necesidad de tratar estímulos actuales durante la segunda parte del tratamiento. Sin embargo, cuando el número de exposiciones traumáticas es mayor y cuando los pacientes se han tenido que adaptar a sus síntomas durante un periodo de tiempo mucho más prolongado, suelen obtener ganancias más graduales o incluso menores. Así, es posible que esos pacientes necesiten más reconocimiento de sus ganancias para ayudarles a crear confianza de que serán capaces de superar problemas que quizás en un principio parecían más intratables o que están más fuertemente vinculados a su sentido del yo. Así pues, antes de pasar a la resolución de respuestas inadaptativas residuales del presente, permítanos examinar primero las maneras de reforzar y ampliar las ganancias de los pacientes con exposiciones traumáticas más complejas y de mayor duración.

Basarse en las ganancias del tratamiento

En el caso de una minoría de pacientes puede bastar con anotar la evidencia de ganancias de tratamiento en su bitácora sin necesidad de hablar demasiado de ellas. Sin embargo, para la mayoría de pacientes, el tratamiento puede ser irregular. De hecho, reconocer sus ganancias en voz alta puede resultar muy útil. Cuando comenta sus ganancias refuerza tanto la alianza terapéutica como el sentimiento de progreso del paciente. Y a medida que continúa con el plan de tratamiento, y especialmente cuando hay regresiones leves o hayan surgido nuevos objetivos, reconocer esas ganancias ayuda a los pacientes a sentir la confianza que necesitan para tratar más material traumático. Con casos complejos, esas ganancias pueden ser una victoria difícil y quizás merecen más atención como objetivos para desarrollo e instalación de recursos como se describe en el capítulo 6 y en el anexo B para reforzar las habilidades de los pacientes para acceder a esos estados positivos más adelante en su tratamiento. En las dos próximas secciones sobre sueños de consolidación y nuevas conductas adaptativas hay ejemplos de casos en los que se implementó el desarrollo y la instalación de recursos cuando surgieron esas ganancias. Sin embargo en muchos casos lo que hace falta es hablar brevemente de esas ganancias.

Sueños de consolidación

De igual modo que las pesadillas recurrentes son síntomas de TEPT, los cambios en esos sueños después del reprocesamiento con EMDR de los recuerdos a veces son señales de cambios en la manera como la información sobre las experiencias traumáticas ha sido modificada (Wittmann, Schredl y Kramer, 2007). Las pesadillas pueden volverse menos frecuentes o pueden cambiar de reexperimentación a formas más simbólicas. Otro tipo de cambio es la aparición de contenido positivo en los sueños, o que tengan un final distinto, más positivo. Una mujer que había sobrevivido a un grave accidente con su coche deportivo en un cruce quedó con una discapacidad temporal cognitiva posconmoción. Al iniciar el tratamiento, la paciente indicaba despertarse todas las noches con sueños recurrentes del accidente. Después de la tercera sesión de EMDR, explicó haber soñado que conducía su deportivo por su carretera de curvas preferida. Esa misma semana fue a recoger su coche de sustitución y se fue conduciendo agradablemente hasta casa.

Cuando aparecen sueños con contenido positivo en supervivientes de exposiciones traumáticas crónicas, puede que sea útil centrarse en ese contenido positivo para la instalación de recursos. De hecho, unas cuantas series breves de estimulación bilateral pueden mejorar el acceso por parte del paciente a los aspectos positivos que surgen en el contenido onírico. Mi primera experiencia importante de los beneficios de instalar sueños de consolidación se describe en *"Lifting the Burden of Shame: Using EMDR Resource Installation to Resolve a Therapeutic Impasse"* (Leeds, 1998a). Meredith había sufrido experiencias infantiles adversas que la habían llevado a tratamiento por distimia, trastorno de autoestima y tendencia crónica al colapso emocional frente a agentes de estrés interpersonales. Tras la tercera sesión de reprocesamiento con EMDR incompleto, indicó haber tenido un sueño especialmente positivo de un ser tipo Esfinge en la arena. "Con su presencia sentía que podría hacer todo lo que necesitara". A partir de ahí nos centramos en esa imagen onírica positiva y la mejoramos con unas pocas series breves de estimulación bilateral. Eso dio pie a una serie de varias instalaciones de recursos adicionales en esa sesión. A la semana siguiente, Meredith dejó de sufrir el dolor crónico que había experimentado durante mucho tiempo y logró dormir toda la noche por primera vez en muchísimo tiempo. También empezó a mostrar resistencia y asertividad en situaciones sociales. En las sesiones posteriores el reprocesamiento con EMDR fue más productivo, dando lugar por lo general a sesiones de tratamiento completas. Fueron dos las claves para solucionar lo que había sido un impase en intentar utilizar la técnica EMDR con Meredith: la primera fue reorganizar la consolidación de capacidades internas representadas en el contenido onírico positivo que indicaba la paciente y la segunda, decidir dedicar dos sesiones a aplicar desarrollo e instalación de recursos en ese material positivo.

Nuevas conductas adaptativas

De un modo similar, cuando los pacientes pueden tener nuevas conductas adaptativas, puede ser útil no sólo reconocer sus indicaciones de nuevas conductas de afrontamiento sino también mejorarlas con la instalación de recursos. Esas ganancias pueden darse en forma de superación de la evitación de situaciones que antes habían desencadenado recuerdos intrusivos o en forma de nuevas conductas adaptativas. Un ejemplo es el caso de Natalie, que había desarrollado evitación crónica de confrontaciones con figuras de autoridad. Tras varias sesiones de reprocesamiento de recuerdos de maltrato verbal y de aislamiento de acontecimientos sociales normales por parte de un padrastro muy castigador y excesivamente controlador, Natalie explicó al principio de la siguiente sesión que había hecho frente a su jefe esa semana cuando éste le había pedido que cambiara sus planes de vacaciones, fijados y aceptados desde hacía mucho tiempo, para cubrir a otro empleado que estaba de baja inesperadamente por una larga enfermedad.

Cuando Natalie expuso la firme y asertiva respuesta a su terapeuta, ambos se dieron cuenta de que representaba una importante ganancia de tratamiento. Después de escuchar la narrativa del momento asertivo clave, el terapeuta le pidió que identificara en qué parte del cuerpo sentía sensaciones positivas y añadió varias series breves de estimulación bilateral. De hecho, las sensaciones positivas se reforzaron y la paciente indicó una mayor sensación de tener derecho a proteger su disfrute de las cosas buenas que acontecían en su vida y a no tener que valorarse solamente por lo que hace por los demás. También añadió que dos días después, su jefe se disculpó por haberle pedido que renunciara a sus planes de vacaciones y no sólo reconoció lo buena trabajadora que era sino que se merecía esos días libres.

Natalie dijo, "A diferencia de mi padrastro, mi jefe no estaba siendo malo. Sólo estaba desesperado y reaccionando ante la preocupación de quedarse con poco personal. En cuanto reflexionó al respecto y se calmó, pudo reconocer que era su problema y no el mío y que merezco las vacaciones que me había ganado". En su explicación, fue capaz de verbalizar un mayor sentido de autoestima y de discriminación de estímulos. Ahora era capaz de reconocer una situación que al principio reactivaba aspectos de las respuestas que le daba su padrastro para delinear claramente una responsabilidad apropiada y lograr la libertad de actuar en base a sus propias percepciones. El terapeuta mejoró su explicación con dos series más de estimulación bilateral y a continuación procedieron a hablar de la siguiente fase de su plan de tratamiento.

Varias semanas después estaban reprocesando un recuerdo de un novio maltratador, que la menospreciaba y que la controlaba en exceso durante su época de instituto. En un punto clave del reprocesamiento, Natalie recordó no sólo el momento de asertividad con su jefe sino las posteriores disculpa y validación de éste a su derecho a tomarse las vacaciones. Volver a acceder espontáneamente a este recurso previamente instalado le ayudó a avanzar en el reprocesamiento de los recuerdos de esta relación ofensiva en la que nunca había recibido ni apoyo ni validación.

Esos ejemplos ilustran como, en casos seleccionados, la breve mejora de las ganancias del tratamiento con desarrollo e instalación de recursos puede ampliarlas y hacer que las redes de recuerdos adaptativos que surgen sean más accesibles tanto en la vida cotidiana como cuando hacen falta en las sesiones de reprocesamiento posteriores. En la próxima sección examinaremos cómo seguir reprocesando estímulos actuales después de que todos los objetivos identificados del pasado se hayan solucionado adecuadamente.

Abordar síntomas no resueltos

Pesadillas

Las pesadillas suelen utilizarse como objetivos en la segunda "vertiente" del plan de tratamiento con EMDR-TEPT estándar. Por lo general se dan en dos formas. Pueden ser reexperimentar o revivir una narrativa en cierto modo realista de elementos del recuerdo traumático del paciente, y también pueden darse en forma de expresiones simbólicas de uno o más aspectos de la experiencia traumática que capturan emociones y situaciones de lo que indica trauma, pero con una gran alteración del contexto o de los participantes. Cuando se reprocesan los recuerdos traumáticos, las pesadillas tienden a perder frecuencia e intensidad. Su contenido también tenderá a desplazarse de la reexperimentación a la simbología (Raboni, Tufik y Suchecki, 2006). Independientemente de cual sea su contenido realista o simbólico, cuando el recuerdo o recuerdos traumáticos dejan de percibirse como perturbadores, recurrentes u ocasionales las pesadillas deberán ocupar las primeras posiciones de la lista de objetivos para próximos reprocesamientos.

La técnica para centrarse en las pesadillas para su reprocesamiento es básicamente la misma que para cualquier recuerdo. Algunos pacientes quizás querrán describir la pesadilla con todo lujo de detalle, algo útil al monitorizar el contenido de los sueños o para varias formas de trabajo con sueños o de interpretación de los mismos. Sin embargo, la narrativa completa de la pesadilla no es esencial para poder centrarse en la misma para el reprocesamiento, como tampoco se necesita una narrativa completa antes de reprocesar un recuerdo con EMDR. Cuando el paciente ha hablado de la naturaleza de la pesadilla, basta con preguntar *"¿Qué imagen representa la peor parte del incidente?"*. A partir de ahí continúe y finalice la fase de evaluación estándar del objetivo y, a continuación, inicie el reprocesamiento, durante el que llevará a cabo las fases de desensibilización, instalación y exploración corporal.

Al centrarse en el contenido de un sueño simbólico, es posible que exista una tendencia ligeramente mayor de que surjan recuerdos anteriores a lo que indica trauma durante el reprocesamiento. Si existen pruebas de reprocesamiento ineficaz de pesadillas simbólicas, tenga en cuenta que quizás necesite escanear material anterior –utilizando para ello un *puente de impulsos afectivo, somático o defensivo,* como se describe en la tabla 4.8.

Flashbacks y otras formas de reexperimentación intrusiva

A menudo nos referimos a las reexperimentaciones intrusivas como flashbacks. Sin embargo, estas experiencias intrusivas dolorosas no siempre adquieren la forma de intrusiones visuales. Las reexperimentaciones emocionales, somáticas y olfativas son comunes e igual de perturbadoras (van der Kolk y Fisler, 1995). Si bien el reprocesamiento con EMDR por lo general resulta efectivo para reducir la intensidad y la frecuencia de todas las formas de reexperimentación, estas experiencias intrusivas pueden y a menudo continúan como respuesta a estímulos actuales. La reexperimentación intrusiva continuada después del reprocesamiento de recuerdos inicial es más común en pacientes con exposiciones crónicas como traumas de guerra y adultos que han sobrevivido a maltrato infantil. Dado que las intrusiones emocionales, somáticas y olfativas son igual de comunes que las visuales, los terapeutas deberán solicitar activamente comentarios por parte de los pacientes en cuanto a pruebas de toda la gama de reexperimentación posible, o utilizarán herramientas de evaluación estándares para reevaluar las intrusiones a medida que avanza el tratamiento.

Las técnicas para centrarse en las intrusiones son sencillas y directas. Después de obtener la narración de una intrusión por parte de un paciente, simplemente pregunte, "*¿Qué imagen o qué otro recuerdo sensorial es la peor parte de todo?*". A continuación prosiga y finalice la fase de evaluación estándar. En el reprocesamiento, lleve a cabo las fases de desensibilización, instalación y exploración corporal. Igual que al centrarse en el contenido de las pesadillas, los terapeutas deberían ser cautos ante la posibilidad de que otros recuerdos no reconocidos previamente puedan resultar vinculados a casos indicados de reexperimentación intrusiva.

Hank era un policía retirado que había reprocesado correctamente una serie de recuerdos inicialmente intensos y horribles de sucesos criminales. Tras reprocesar dichos incidentes, indicó ganancias significativas en cuanto a calidad de sueño y libertad de intrusiones visuales que le habían angustiado durante varios años. Sin embargo, había empezado a notar un sentimiento recurrente de profunda tristeza y de impotencia que le embargaba en momentos aparentemente aleatorios. Las *intrusiones emocionales* más intensas y recientes ocurrían al visitar la casa de un amigo que tenía una hija de cuatro meses. El expolicía quedó perplejo por esa experiencia porque tendría que haberse sentido feliz por su amigo que disfrutaba de la paternidad por primera vez.

Al pedirle que identificara la peor parte de la experiencia, Hank dijo que fue cuando pusieron al bebé en su cunita para que durmiera la siesta. Con éste como punto de partida, se centró en la localización de las sensaciones y de las emociones, que experimentaba en el pecho y en los brazos. Estableciendo un puente a partir de esas experiencias, recuperó rápidamente un recuerdo que había mencionado brevemente durante el registro del historial pero que se había dejado de lado durante varias semanas. El incidente implicaba la investigación de la muerte súbita de un bebé. Aunque nada sugería que hubiera juego sucio en el caso, los procedimientos estándares del departamento hicieron que tuviera que reclamar el cadáver del bebé a los padres desconsolados para realizarle una autopsia que descartara la intencionalidad como posible causa de la muerte. Tras retirar al bebé de los brazos de sus padres, el director de la investigación le pidió que fuera testigo de la autopsia. Antes, había recibido formación para afrontar este tipo de situaciones. Recordaba la sensación de tristeza y de impotencia que había sentido durante la autopsia.

Este recuerdo se seleccionó como siguiente objetivo para reprocesamiento. Durante el mismo, las sensaciones y las emociones asociadas al hecho de mantener en brazos el cuerpo sin vida del bebé se disiparon, igual que el olor de la sala de autopsias. Tras finalizar el reprocesamiento de esta experiencia, el policía indicó una sensación tremenda de alivio y de haberse librado de un enorme peso. En sesiones posteriores, indicó que el olor de desinfectante ya no le molestaba como ocurría desde el momento de la autopsia del bebé. En la siguiente visita a casa de su amigo observó que se sentía muy cómodo con la niña y que podía compartir con total libertad la alegría de su amigo con su bebé.

Conductas evitadoras

Aunque la reexperimentación intrusiva por lo general se soluciona rápidamente durante el reprocesamiento con EMDR de casos de TEPT de incidente único y relacionados con duración limitada, las ansiedades anticipatorias y las conductas evitadoras pueden persistir incluso después del reprocesamiento correcto de recuerdos de sucesos traumáticos discretos. En parte puede deberse a que la evitación se desarrolla con el tiempo en las semanas, los meses o los años posteriores a incidentes traumáticos y se autorefuerza como estrategia de afrontamiento defensivo muy estudiada. Así pues, tras reprocesar correctamente todos los recuerdos traumáticos identificados y asociados, es posible que se tengan que reprocesar las conductas evitadoras residuales y las ansiedades anticipatorias centrándose en estímulos actuales y patrones futuros. Comparadas con las intrusiones residuales, las conductas evitadoras residuales parecen menos vinculadas a recuerdos traumáticos sin solucionar.

De hecho, las técnicas para reprocesar las ocurrencias recientes de conductas evitadoras son básicamente las mismas que para los recuerdos antiguos. Cuando los pacientes manifiestan ansiedad intensa residual ante recuerdos de un desastre natural o sentimientos de querer evitar tareas de la vida cotidiana, como casos o situaciones similares a las de un accidente de coche o una agresión criminal, su primera pregunta será, *"¿Qué imagen representa la peor parte del incidente?"*. A partir de ahí continúe y finalice la fase de evaluación estándar del objetivo y, a continuación, inicie el reprocesamiento, en el que llevará a cabo las fases de desensibilización, instalación y exploración corporal.

Un oficial de policía recién contratado había sido el primero en llegar a la escena de un incidente en un edificio de apartamentos. Asumiendo al principio que se trataba de un caso de violencia doméstica, el agente no estaba mentalmente preparado para entrar y descubrir un caso de suicidio por ahorcamiento. Sin saber cuánto hacía que el cuerpo permanecía colgado y creyendo que acababa de ocurrir, el agente rompió el procedimiento estándar de no tocar nada e intentó reanimarlo. Después de que el recuerdo del incidente hubiera sido correcta y completamente reprocesado, en una sesión posterior el agente expresó cierta aprensión durante experiencias recientes en las que había pasado con el coche por aquel edificio de apartamentos, además de preocupaciones por si en el futuro había más llamadas para asistir al lugar. Eso llevó a decidir tomar la experiencia reciente de ansiedad al pasar con el coche por el edificio como objetivo para más reprocesamiento. De hecho, durante el reprocesamiento de estímulos recientes, el agente siguió retrabajando el recuerdo de lo que ocurrió. El resultado fue reexaminar espontánea y tranquilamente la información sensorial disponible en la escena original y un ejercicio de imaginación siguiendo los procedimientos estándar. A la semana siguiente el agente indicó que había pasado en coche por el edificio sin sufrir ansiedad y que había sido capaz de imaginarse fácilmente entrando tranquilamente y con confianza en el edificio otra vez si se volvía a requerir la presencia de la policía.

Tabla 11.2. Tres tipos de plantillas de futuro

Tras reprocesar correctamente los objetivos identificados del pasado y del presente, el reprocesamiento centrado en el futuro puede resolver los problemas que queden para lograr los objetivos del tratamiento.
Plantilla de futuro: superar la ansiedad anticipatoria y la evitación residuales mediante el reprocesamiento de imágenes del futuro con puntuaciones SUD de bajas a moderadas.
La plantilla positiva: combina el ensayo mental de nuevas capacidades y de conductas adaptativas ante problemas potenciales con estimulación bilateral para mejorar la confianza en uno mismo y las capacidades.
Potenciar un nuevo concepto de uno mismo: consolidar un nuevo sentido de uno mismo reagrupando recuerdos de dominio que representan ganancias del tratamiento e imágenes que simbolizan una nueva identidad definida por valores, capacidades y objetivos actuales.

En esta ilustración de caso, fijar el objetivo y reprocesar la ocurrencia reciente de un impulso de evitar la exposición a estímulos reminiscentes de una experiencia traumática dan lugar a la resolución de ambos impulsos de evitar tal exposición, y a la eliminación de la ansiedad anticipatoria acerca de la confrontación de una escena similar en el futuro. En otros casos, incluso después del correcto reprocesamiento de señales actuales asociadas con la evitación, puede permanecer cierta ansiedad anticipatoria que puede abordarse con la plantilla de futuro.

El uso futuro de las plantillas de futuro

La tercera vertiente del protocolo EMDR-TEPT estándar aborda el futuro. Este uso de las fases de la técnica de EMDR por lo general se conoce como "plantilla de futuro" (Shapiro, 2004). Existen, como mínimo, tres tipos básicos de patrones futuros. El primero consiste en confrontar situaciones posibles de futuro para reducir la ansiedad anticipatoria residual y mejorar la libertad conductual (Sartory, Rachman y Grey, 1982). En el segundo se trata de ensayar mentalmente nuevas capacidades y conductas adaptativas de futuro para mejorar la confianza en uno mismo y las capacidades (Allami, Paulignan, Brovelli y Boussaoud, 2008; Foster y Lendl, 1995, 1996) y también se conoce como "plantilla de futuro" (Shapiro, 2004, págs. 213-216). El tercero implica potenciar un nuevo sentido de uno mismo que ya no está definido por el impacto de las experiencias traumáticas (Herman, 1992b). En el protocolo ETPT-EMDR estándar, la plantilla de futuro suele aplicarse en las últimas fases de tratamiento. Sin embargo, pueden surgir situaciones que requieran la utilización de la plantilla de futuro antes de que haya habido tiempo para abordar todos los sucesos pasados adversos, véase el ejemplo de esto en el capítulo 12. Además, se han descrito varias intervenciones de EMDR centradas en el yo futuro o en respuestas de afrontamiento alternativas antes de que los pacientes hayan empezado a abordar sucesos adversos pasados en casos de TEPT complejo (Hoffman, 2004, 2005; Korn y Leeds, 2002) y en el trabajo con abuso de sustancias (Popky, 2005).

Afrontar estímulos evitadores previos

Como ya se mencionaba en la sección anterior acerca del abordaje de estímulos recientes y actuales en el presente, las conductas evitadoras por lo general están sobreaprendidas. La ansiedad anticipatoria persistente en conductas evitadas durante mucho tiempo o esencialmente nuevas es un síntoma frecuente que puede requerir ser abordado específicamente, incluso después de solucionar sucesos condicionantes y traumáticos pasados. El primer tipo de utilización de la plantilla de futuro es para ayudar a los pacientes a abordar la ansiedad anticipatoria residual, la ira, el miedo o la culpa al afrontar estímulos asociados con experiencias adversas pasadas.

Si los sucesos adversos y condicionantes del pasado y los estímulos actuales se han abordado correctamente con reprocesamiento con EMDR, el nivel de ansiedad según mide el SUD en la fase de evaluación para una plantilla de futuro debería ser relativamente bajo –entre 0 y 4. Una la puntuación SUD residual obtenida durante la fase de evaluación para una plantilla de futuro de moderada a alta –entre 5 y 10– sugiere que es necesario trabajar más en otros aspectos del pasado. En esos casos, antes de reprocesar la plantilla de futuro, los terapeutas tendrán que sondear en busca de objetivos pasados adicionales utilizando la técnica del puente somático o afectivo descrita en el capítulo 4. Una vez finalizado el reprocesamiento espontáneo de la plantilla de futuro, los terapeutas podrán ayudar a los pacientes a ir más allá sugiriendo estímulos adicionales para poner a prueba cualquier posible material residual que se haya evitado previamente.

Para ilustrar el uso de la plantilla de futuro para la ansiedad anticipatoria residual, presentamos una viñeta de caso. Shirley había logrado reprocesar recuerdos de varios casos de abuso sexual infantil por parte de su tío materno Gilbert. También había reprocesado el dolor y la ira que había sentido por la incapacidad inicial de su madre de aceptar que había ocurrido y ser protectora y mostrar apoyo. En los primeros años de la infancia de Shirley, el tío Gilbert había estado abusando del consumo de alcohol. Poco después inició tratamiento y había estado en situación de recuperación estable de su dependencia del alcohol durante varios años. Cuando Shirley tenía unos 20 años, el tío había escrito cartas de agradecimiento y de disculpa tanto a Shirley como a su madre. Pero Shirley no buscó tratamiento para los efectos residuales de esas experiencias adversas tempranas hasta que su hija tuvo la misma edad aproximadamente a la que ella había empezado a sufrir los abusos.

Después del reprocesamiento con EMDR los recuerdos del abuso sexual no mantenían el mismo dolor emocional que cuando inició el tratamiento con EMDR. Además, sus pesadillas recurrentes habían cesado, su ansiedad general había desaparecido por primera vez en su vida adulta y se sentía mejor consigo mismo y mucho más feliz en la relación con su esposo.

Durante el proceso inicial del tratamiento, Shirley también había mencionado una plantilla de evitación como uno de los problemas que quería abordar en la terapia. No había visitado a la familia de su prima durante varios años para evitar el sentimiento de vergüenza que siempre había experimentado allí. De hecho, sentía vergüenza porque su prima era conocedora del abuso, aunque nunca habían hablado directamente de sus experiencias. También quería evitar la posibilidad de encontrarse con su tío Gilbert, que no vivía en la zona pero sí visitaba a su prima de vez en cuando.

Cuando la paciente y su terapeuta de EMDR hablaron de este problema residual, Shirley afirmó que su malestar no era tanto como antes, pero que seguía sintiendo cierto desasosiego ante la idea de organizar un viaje a casa de su prima. Su primera preocupación era la idea de que si el nombre del tío Gilbert salía en la conversación, su prima pensaría en la experiencia de Shirley de haber sido violada. Así, acordaron centrarse en una escena futura imaginaria en la que el nombre surgiera en la conversación.

Su cognición negativa era "Estoy sucia", su cognición positiva era "Estoy bien", su VoC inicial era de 5 y la emoción, vergüenza. La puntuación SUD inicial estaba entre 3 y 4 y la parte del cuerpo inicial en la que sentía tensión era el rostro y el pecho. Dado que la puntuación SUD era de baja a moderada, procedieron a reprocesar ese objetivo y el reprocesamiento fue tranquilo. De hecho, el nivel de malestar descendía tras cada serie de movimientos oculares y pronto alcanzó el cero. La fase de instalación avanzaba sin problemas. Shirley dijo tener una mejor cognición positiva "Soy buena persona".

Por su parte, el VoC aumentó constantemente hasta alcanzar el 7 y en la exploración corporal indicó sensaciones de comodidad y de aceptación como una calidez en el pecho que permanecía estable tras añadir series adicionales de movimientos oculares.

Y para sondear todavía más la resolución completa de esos problemas, el terapeuta le pidió que imaginara que su prima le preguntaba que cómo se sentiría al venir con su familia a una reunión familiar en la que el tío Gilbert estaría presente. Hasta ese momento Shirley sólo había asistido a una reunión familiar en la que también había estado el tío Gilbert. Se sentía en control y sólo levemente ansiosa en ese momento, pero centraba mucha de su atención en controlar a sus hijos entorno a la figura del tío. La semana después de ese encuentro, experimentó una serie más intensa de pesadillas y sintió una tensión mayor en las interacciones con su esposo.

Al pedirle que se imaginara hablando con su prima sobre una reunión familiar que incluyera al tío Gilbert, Shirley indicó sentir cierta tensión en el plexo solar y en el pecho y una puntuación SUD de 4. Tras el reprocesamiento aumentaron las sensaciones de confianza en sus percepciones y un deseo de ser protectora con sus hijos. También fue capaz de ensayar espontáneamente lo que diría a su prima: "Sería maravilloso para nuestras familias que nos reuniéramos más a menudo. Aunque el tío Gilbert parece comportarse desde que está en recuperación, no quiero dejarle nunca solo cerca de mis hijos. Hasta que nuestros hijos sean más mayores, quiero que o mi esposo o yo misma estemos presentes siempre que esté en el mismo espacio que los niños. Siempre que esto quede claro, me encantará hacer planes juntos para reunirnos". Después de ensayar esto, su puntuación SUD pronto descendió hasta 0 y a continuación Shirley identificó una nueva cognición positiva "Puedo protegerme a mí misma y a mis hijos". De hecho, logró instalar esta CP a 7 y de nuevo tuvo una exploración corporal clara.

En el seguimiento que tuvo lugar varias semanas después, Shirley describió la visita familiar a casa de su prima para la cena de vacaciones. Dijo, "La verdad es que estuvo muy bien. Antes de ir, mi esposo y yo hablamos de cómo supervisaríamos a los niños en casa de mi prima. Todos los niños se llevaron muy bien. Mientras estuve allí, estaba alerta, pero cómoda, sentía que tenía el control. Hablé brevemente con el tío Gilbert. De hecho, nos dijo que *entendía y apoyaba mi petición* de que mi marido o yo misma estuviésemos presentes siempre que se encontrara cerca de nuestros hijos. Así que esa parte también fue bien. A la semana siguiente no tuve pesadillas ni pensamientos perturbadores del pasado, como sí me ocurrió la última vez que le vi. Fue un capítulo triste de mi vida que me afectó durante mucho tiempo pero que ya no me atormenta. Estoy muy agradecida por ser capaz de soltar todo eso mediante la técnica EMDR".

En este caso ejemplo, la paciente logró completar el reprocesamiento de la ansiedad anticipatoria en la plantilla de futuro sin necesidad de abordar ningún material residual del pasado. A fin de garantizar unos resultados completos, el terapeuta decidió sondear con un problema –contacto con el perpetrador– que la paciente había identificado previamente como capaz de obtener síntomas residuales. Los informes de seguimiento del registro de la paciente confirmaban la ausencia de ansiedad anticipatoria y de intrusiones residuales. Además, Shirley logró afirmar activamente su necesidad de proteger a sus hijos en conversaciones con su marido, con su prima y con el tío Gilbert. De hecho, esas conversaciones fueron un apoyo para ella y le ayudaron a confirmar un nuevo sentido de sí misma como alguien que tiene el control y que es una buena madre.

Ensayar nuevas habilidades

El segundo tipo de plantilla de futuro que se utiliza en EMDR se centra en el ensayo mental de nuevas habilidades y conductas adaptativas en el futuro para mejorar la confianza en sí mismo y las capacidades. Se parece a la fase de instalación y también está relacionado con técnicas de desarrollo e instalación de recursos. Este tipo de plantilla de futuro puede utilizarse en casos clínicos para ayudar a ensayar mentalmente habilidades sociales como la asertividad y la escucha activa. También puede utilizarse para mejorar el rendimiento en el acompañamiento ejecutivo y atlético (Foster y Lendl, 1995, 1996). Ambas aplicaciones también se conoce como "plantilla positiva" (Shapiro, 2004, págs. 213-216). Existen pruebas significativas de que ese ensayo mental tiene un efecto cuantificable en la mejora de capacidades (Allami, Paulignan, Brovelli y Boussaoud, 2008).

Hablar en público es, quizás, la forma más común de fobia social (Barlow, 2002). Al tratar a pacientes que tienen miedo a hablar en público es importante evaluar su nivel de capacidades y garantizar que han sido expuestos a la preparación, la formación y moldeo apropiados en materia de buenas capacidades de oratoria. Así, después de reprocesar experiencias previas adversas y estímulos actuales asociados con la ansiedad a hablar en público, en la plantilla de futuro la atención se desvía al ensayo mental de futuras situaciones de hablar en público. Este ensayo mental brinda oportunidades para los pacientes de imaginar la experimentación de experiencias positivas y crear modelos mentales de afrontamiento de los varios problemas que puedan surgir en situaciones en las que deban hablar en público.

Los supervivientes de maltrato infantil y de negligencia es posible que nunca se hayan visto expuestos a modelos sanos de necesidades de comunicar ni de resolver conflictos de problemas familiares, como económicos o de planificación de un evento familiar. Es importante que los pacientes con esos bagajes tengan experiencias adecuadas de creación de habilidades leyendo libros y asistiendo a clase, y que tengan oportunidades para ensayar nuevas capacidades mediante juegos de rol o terapia familiar. La plantilla positiva aporta otro formato estructurado para ayudar a los pacientes a ensayar y a integrar nuevas habilidades y conductas de afrontamiento.

Cuando se utiliza la plantilla positiva, el ensayo mental se centra en la creación de modelos mentales de rendimiento futuro efectivo. En esas situaciones no es útil llevar a cabo la evaluación estándar del objetivo. En cambio, la plantilla positiva empieza por pedir a los pacientes que visualicen los elementos esenciales de su presentación de principio a fin como una serie de escenas positivas. A continuación se les puede pedir que imaginen el ensayo al tiempo que piensan en una autoafirmación positiva adecuada como "Soy competente", "Tengo éxito" o "Tengo el control", y puede añadir varias series de estimulación bilateral mientras los pacientes ensayan sus escenas positivas con su autoafirmación positiva.

Los pacientes tendrían que haber sido expuestos a educación y a formación sobre cómo afrontar ese tipo de situaciones antes de pedirles el ensayo mental de afrontar agentes de estrés adicionales. Cuando los pacientes indican respuestas positivas al ensayo mental de escenas positivas y afirmaciones positivas con estimulación bilateral, se les puede plantear que imaginen que logran afrontar los agentes de estrés típico con los que se puedan encontrar. Con los problemas con hablar en público pueden incluir problemas con el equipo audiovisual, interrupciones de varios tipos y preguntas o comentarios difíciles por parte de la audiencia. Las personas que han sobrevivido a la exposición infantil al maltrato y a la negligencia doméstica y que están aprendiendo habilidades más efectivas para la solución de conflictos primero deberían imaginar escenas positivas de ser capaz de pedir tiempo para una conversación dedicada al problema por solucionar, afirmar sus propias preferencias y escuchar activamente las preferencias de sus compañeros, proponer compromisos factibles y encontrar la solución. A continuación se les puede pedir que imagen cómo afrontarían las respuestas de sus compañeros de falta de interés, irritación, falta de flexibilidad o elevación del tono.

Cuando los pacientes puedan imaginarse a sí mismos afrontando efectivamente todos esos problemas, prosiga con series adicionales de estimulación bilateral en su experiencia positiva. Si empiezan a sentir tensión o ansiedad, hágales observar dónde se encuentran esas sensaciones y reprocéselas con estimulación bilateral hasta que se disipen. Para terminar la plantilla de futuro, vincule sus escenas positivas de buen rendimiento junto con su autoafirmación positiva y añada algunas series más de estimulación bilateral.

Integrar una nueva identidad

Los supervivientes de sucesos vitales traumáticos y adversos que desarrollan síntomas persistentes a menudo modifican el concepto de sí mismos debido a las adaptaciones que han llevado a cabo para afrontar los efectos persistentes de esas experiencias. Aunque la mayoría de síntomas manifiestos del TEPT disminuyen rápidamente durante el tratamiento con EMDR, algunos aspectos del impacto de los sucesos adversos en el concepto de sí mismo de una persona pueden persistir y continuar afectando la calidad de vida y distorsionar las elecciones del futuro. Para garantizar que se obtienen los resultados más completos, en las fases posteriores del tratamiento los terapeutas pueden optar por ofrecer a algunos pacientes la posibilidad de trabajar el concepto de sí mismos con un tipo diferente de la plantilla de futuro destinada a potenciar un concepto de uno mismo nuevo.

Mientras que algunos pacientes quizás reconozcan que su concepto de sí mismo necesite trabajo, otros quizás no sean capaces ni de reconocer ni de articular esa necesidad con exactitud debido al grado en el que su concepto de sí mismo ha llegado a adaptarse a esas experiencias vitales adversas. De hecho, esos pacientes pueden haber empezado a mostrar nuevas conductas adaptativas que sugieren un concepto de sí mismos más positivo, como una mayor asertividad, mejor confianza en sí mismos, un establecimiento de vínculos saludable, seleccionar relaciones de mayor apoyo y perseguir unos objetivos que llenen más. Sin embargo, en muchos casos esos pacientes todavía tienen que consolidar esas autocapacidades emergentes en un nuevo sentido del sí mismo. Suele ocurrir casi siempre en supervivientes adultos de trauma infantil prolongado y exposiciones crónicas a sucesos vitales adversos que se expanden por lo menos en una fase de desarrollo vital. También ocurre tras la exposición prolongada a traumas de guerra, además de después de grandes desastres (p. ej. los atentados del 11 de septiembre y el huracán Katrina), que afectan a comunidades enteras y que perturban el tejido social. El alcance de las pérdidas personales puede ser tan enorme en esos casos que los supervivientes necesitan trabajo dirigido para ayudarles a consolidar elementos emergentes de un nuevo sentido del sí mismo.

Todo eso puede verse como un proceso similar a la elaboración de una mezcla de tejidos. Cada una de las dianas que se han reprocesado han pasado de mantenerse como una red de recuerdos disfuncional a ser una red de recuerdos adaptativos. Han surgido nuevas conductas adaptativas y cada una de esas ganancias positivas puede ser vista como un "retal" aparte que ya se ha vuelto a tejer correctamente. Sin embargo, esos elementos dispares todavía tienen que fusionarse en una mezcla de tejidos completa, como un nuevo sentido del sí mismo. La tarea clínica empieza guiando a los pacientes para que identifiquen las ganancias que han logrado, algo que a menudo ya se ha indicado individualmente en las varias semanas o meses de psicoterapia y es posible que los pacientes las hayan leído en voz alta de sus registros o de sus diarios personales. En cuanto a los terapeutas, pueden ayudar a los pacientes a reunir esas ganancias separadas en una lista, como un collage, o simplemente pueden ayudarles a resumir esas ganancias de dominio verbalmente.

A continuación cada ganancia adaptativa puede convertirse brevemente en objetivo para su instalación con la imagen que lo representa, una autoafirmación positiva, y cualquier emoción y sensación vinculada a esa experiencia. Pueden suministrarse unas pocas series de estimulación bilateral para mejorar las asociaciones y acceder a cada ganancia adaptativa. De hecho, puede repetirse para tantas áreas como se indique. Después se puede pedir a los pacientes que permitan que surja una imagen que represente la integración de una serie de esas ganancias. Para ello, se puede utilizar una manera similar a la que se ha descrito en la técnica de desarrollo e instalación de recursos del capítulo 6. Dado que todos los objetivos identificados del pasado y del presente ya se han reprocesado, no hay riesgo de que ampliar el número de repeticiones por serie pudiera llevar a asociaciones negativas. De ahí que puede utilizarse un número moderado de repeticiones por serie –14 a 20– con total seguridad. Este proceso puede combinarse con un ensayo imaginario en el que se pide al paciente que imagine que está en una nueva situación en el futuro, solo o con una o más personas significativas. Los ejemplos de la utilización de la plantilla de futuro para consolidar un nuevo concepto de sí mismo se incluyen en el capítulo 12.

La puerta abierta

El proceso de cierre del tratamiento idealmente implica conversar y revisar el proceso, las ganancias, posibles problemas de futuro y programar visitas de seguimiento o evaluación postratamiento. Sin embargo a veces esas fases no tienen lugar de manera ordenada. Otras veces, los pacientes pueden decidir bruscamente que ya no necesitan tratamiento aunque el terapeuta pueda pensar lo contrario. Los pacientes también pueden interrumpir el tratamiento de repente por problemas económicos, por un cambio en la cobertura de su seguro médico, o porque tienen que mudarse o pasar tiempo lejos de casa para asistir a un familiar enfermo. En ocasiones, una conversación con el paciente para obtener información revela que ese tipo de decisiones se basa en cuestiones que justifican atención clínica y a veces las circunstancias simplemente acortan el tratamiento. Tanto si el tratamiento finaliza bruscamente como si lo hace de común acuerdo, mi filosofía siempre ha sido la “política de dejar la puerta abierta”. Siempre he dicho a mis pacientes que mis puertas siempre estarán abiertas para ellos. Prefiero que sepan que pueden interrumpir el tratamiento y retomarlo cuando se indique que intentar mantenerlos en psicoterapia a largo plazo cuando no es necesario. Cada caso es único y casi nunca tenemos contacto continuado con antiguos pacientes. De hecho, cuando el seguimiento queda garantizado, puede programarse por adelantado. Los pacientes pueden preferir decidir por ellos mismos cuando reestablecer el contacto, o se les puede enviar un recordatorio.

12 Casos ilustrativos del tratamiento con EMDR del TEPT

A fin de ilustrar los principios de tratamiento con Desensibilización y Reprocesamiento por medio de Movimiento Ocular (EMDR), en este capítulo se resumen dos casos completos. El primero de ellos se presentó inicialmente como un trauma adulto de incidente único. La paciente, Gladys, es una mujer casada de 32 años que empezó a sufrir miedo a conducir y en casa después de un accidente de vehículo reciente en el que sufrió heridas físicas. Sin embargo, su historial incluía un único incidente traumático en su infancia del que nunca se había hablado en la familia y que tenía que abordarse como parte del tratamiento. La paciente del segundo caso es Eva, una estudiante universitaria de 23 años que decidió hacer una pausa en sus estudios tras vivir episodios de consumo de alcohol hasta el punto de perder el conocimiento y practicar sexo con desconocidos. Su historial incluía abuso sexual infantil por parte de su padre, algo que nunca se había abordado.

Por motivos de ahorro de espacio y para evitar repeticiones innecesarias en las transcripciones de las sesiones, se han omitido casi todas las frases EMDR estándares utilizadas durante las sesiones de reprocesamiento. Por ejemplo, la frase estándar dicha por el terapeuta después de cada serie de estimulación bilateral "Descanse. Inspire profundamente. Déjelo ir. ¿Qué siente ahora?", se omite en las transcripciones. Las palabras del terapeuta y las observaciones no verbales aparecen entre corchetes [así]. Las anotaciones no verbales durante la sesión o las que se añaden después para el lector, aparecen entre llaves {así}. Además, a menudo se utiliza una sola palabra para indicar una frase o una técnica de EMDR estándar. Por ejemplo, la palabra [Localización] sustituye a la pregunta "¿En qué parte del cuerpo lo siente?". Y la palabra [Instalar] sustituye "Céntrese en la experiencia original y en esas palabras" (la cognición positiva seleccionada) "y continúe". Por último, la frase "Ahora, cuando vuelve a prestar atención a la experiencia original ¿qué siente?" se sustituye por una "T" en la columna izquierda que indica regreso al objetivo.

Gladys: un trauma adulto de incidente único recluta problemas ocultos del pasado

Gladys era una mujer casada de 32 años que se presentó para recibir tratamiento cuatro meses después de haber sufrido heridas en un accidente de coche. Estaba conduciendo por una carretera de curvas una tarde soleada con su sobrina en el asiento de atrás. Miró un momento hacia atrás para decirle algo a la niña y cuando volvió a mirar a la carretera, se dio cuenta demasiado tarde de que el coche que tenía delante había frenado de repente por algo que había aparecido al otro lado de la curva. Intentó parar pero fue demasiado tarde como para evitar el choque. El airbag se activó, protegiéndole la cara y la cabeza, pero los brazos se desplazaron hacia delante por la fuerza del impacto y sufrió cortes importantes con los cristales del parabrisas. La niña resultó conmocionada pero no sufrió heridas y en el otro coche tampoco hubo heridos, era un todoterreno grande. La trasladaron al hospital, donde fue tratada y le dieron el alta. Cuando vino a verme a la consulta, ya había pasado por la terapia física y había recuperado la movilidad total de los brazos. Los rasguños del rostro empezaban a desaparecer y no presentaba síntomas físicos residuales. Sin embargo, había desarrollado varios problemas psicológicos y de conducta para los que había recurrido al tratamiento con EMDR.

Hasta unos meses antes del accidente Gladys trabajaba en una gran empresa. Había hecho jornadas larguísimas durante años y había decidido dejar de trabajar para reducir su nivel de estrés y tener tiempo

Tabla 12.1. Plan de tratamiento de Gladys

CUADRO DE PLAN DE TRATAMIENTO MAESTRO

Enumerar los recuerdos y los recursos de más antiguos (arriba) a más recientes (abajo)
Nombre: GLADIS Página: _1_ de _1_

ID	EDAD	RECUERDO DEL TRAUMA O AGENTE DE ESTRÉS PERSISTENTE FECHA(S) DE LOS SUD EN TRATAMIENTO Y POST-TRATAMIENTO	ID	EDAD	FECHA(S) DE RECUERDO DE RECURSO DE TRATAMIENTO Y POST DIR VOR
1	32	Choque trasero con otro vehículo tras frenado en seco. Cortes en los brazos por el parabrisas. 31/10: 0.	A	32	"Lugar tranquilo" en casa. Merezco estar tranquila.
2	7	Papá golpeó a mamá en la cabeza. Él se fue de casa para siempre. Nunca se habló. 12/12: 0.	B	30	Última sesión: Playa. Puedo hacer frente a mis miedos y tratarlos. Claridad de corazón y de mente. 30/1: 7.
3	7	Después del nº 2: Corriendo descalza a casa de la abuela para pedir ayuda en plena tormenta. 19/12: 0.	C		
4	32	Registro: las últimas 3 semanas ansiosa en los STOPS para cruzar la autovía. 14/11: 0.	D		
5	32	Registro: ansiosa en los STOPS para cruzar la autovía por la noche y con lluvia. 16/1:0. 23/1: 0.	E		
6	32	Plantilla de futuro de conducir a Los Ángeles con su esposo en I-5. 4/12: 0.	F		
7			G		
8			H		
9			I		
10			J		

Enumerar los síntomas y los estímulos actuales asociados con Frecuencia (F) y Gravedad (G) 0 -7

ID	SÍNTOMAS	ESTÍMULOS ACTUALES	F Y G EN ADMISIÓN	F Y G DESEADAS	F Y G EN ALTA
a	Miedo a conducir	Sola por carretera de curvas y por la noche con lluvia	5/6	0/0	0/0
b	Miedo en casa	Sólo cuando está sola, lo peor, en la ducha	6/7	0/0	0/0
c	Insomnio	Dependiente de somnífero. Rechaza abordar la situación "ella sola"	7/6	0/0	0/0
d	Miedo al padre	Su paradero es y ha sido desconocido durante muchos años	4/5	0/0	1/1
e					
f					
g					

Tabla 12.2. Diario de tratamiento de Gladys

DIARIO DE TRATAMIENTO

Enumerar los síntomas por nombre o por letra del plan maestro de tratamiento. Indicar empeoramiento: -3, -2 o -1.
Sin cambios: 0 o mejora: +1, +2, hasta +3.

Codificar las actividades de cada sesión con estas abreviaciones

Rh = Registro del historial RE = Reevaluación SC = Calma estructuradaDIR = Lugar tranquilo o recurso
Mem = Recuerdo diana EA = Estímulos actuales Fut = Plantilla de futuro TV = Terapia verbal
EIV = Exposición en vivo TCC = Cognitiva Art = Terapia artística Hip = Hipnosis
VI = Visualización

Para sesiones de DIR y EMDR, puede enumerar el recuerdo objetivo seleccionado, o los estímulos o los recursos por nº de ID del plan maestro de tratamiento.

Nombre:__________ Gladys______________________ Página: _1_ de _1_

SESIÓN	FECHA	GAF	SÍNTOMAS	OBJETIVO DE LA ACTIVIDAD	VOC PRE SUD	VOC POST SUD	COGINICIÓN NEGATIVA SELECCIONADA COGNICIÓN POSITIVA FINAL	TAREA RESULTANTE
1	24/10	60	a=0 b=0 c=0 d=0	Admisión, historial, lugar seguro	MO probado	HT mejor.	Accidente de carretera cinco meses antes. Culpa suya. Sola en el coche accidentado. Cortes en los brazos	TEPT diagnosticado. Buena respuesta al DIR
2	31/10	60	a=0 b=0 c=0 d=0	Mem: 1, MVA.	6 3.5	0 7	Soy débil. Soy fuerte. Puedo superarlo	Estimulación bilateral clara
3	7/11	61	a=+1 b=0 c=0 d=0	RE: 0.5 Rh: padre	N/A	N/A	Mem 1 estable. EA diario: lloviendo SUD 5. Stop repentino: SUD 4,5	EA identificados. Se obtienen más Rh previos.
4	14/11	61	a=+1 b=0 c=0 d=0	EA: 4	8 4	0 7	No estoy a salvo. Estoy a salvo. Estimulación bilateral sensación de presión en el lado derecho	Finalizado excepto para estimulación bilateral
5	21/11	62	a=+2 b=0 c=0 d=0	Higiene del sueño.	N/A	N/A	Quiere reducir el consumo de tranquilizante	Higiene del sueño. Métodos de autocontrol
6	4/12	63	a=+2 b=0 c=+1 d=0	Fut: 6. Conducir a Los Ángeles	3.5 1	0 7	No estoy a salvo. Estoy a salvo. Estimulación bilateral clara	Lista para enrollarse como un gato
7	12/12	63	a=+2 b=0 c=+1 d=0	Mem: 2. Papá pegó a mamá	7.5 1	0 7	No estoy a salvo. Estoy bien. Estoy tranquila. Estimulación bilateral clara. 18 series. 2 CI resp.	Mem completado
8	19/12	65	a=+2 b=+1 c=+2 d=+2	Mem: 3. Corriendo en busca de ayuda bajo la lluvia	9 1	0 7	Estoy desesperada. No puedo afrontarlo. Puedo manejarlo. Soy poderosa	Estimulación bilateral clara. Finalizada
9	9/01	67	a=+2 b=+2 c=+3 d=+2	Mem: 3. Correr en busca de ayuda durante la tormenta	5 2	0 7	No estoy bien. Estoy bien	Estimulación bilateral clara. Finalizada
10	16/01	69	a=+2 b=+2 c=+3 d=+2	EA: 4	7 1	0 7	Me voy a hacer daño. Estoy bien. Estimulación bilateral clara. (Mem previa: miedo a los rayos)	EA vinculados a Mem
11	23/01	74	a=+3 b=+3 c=+3 d=+2	EA: 5 MV. Ansiedad con lluvia + Mem previo	6 1	0 7	7 y/o: no puedo manejarlo. Puedo. EA: me haré daño. Tengo el contro	Mem y EA finalizados
12	30/01	76	a=+3 b=+3 c=+3 d=+2	RE: DIR para consolidar ganancias	N/A	N/A 7	Playa. Puedo hacer frente a mis miedos y abordarlos.	Corazón y mente claros. Tratamiento completado

para ella. Se había dedicado a escribir un diario personal, a tomar clases de yoga, y estudiaba opciones para iniciar una actividad como autónoma a tiempo parcial mientras se preparaba para un futuro embarazo. Su esposo era un profesional con un buen sueldo y compartía con ella el deseo de tener hijos. Gladys era una mujer esbelta y atractiva, con una voz suave y un sentido de la inocencia y de la bondad casi infantil.

Antes del accidente nunca había tenido un episodio depresivo ni síntomas de ansiedad. Tampoco tenía un historial de consumo de sustancias tóxicas y rara vez bebía alcohol. Después del accidente, Gladys desarrolló fobia a conducir, insomnio y varios síntomas de ansiedad como pesadillas y miedo a estar sola en casa. De hecho, reunía todos los criterios del trastorno por estrés postraumático (TEPT). Durante nuestra primera visita, estudié la naturaleza de su ansiedad actual al conducir. Como es natural, esa ansiedad empeoraba en carreteras con curvas con poca visibilidad, pero me sorprendió averiguar que su mayor ansiedad al conducir era por la noche, cuando tenía que cruzar una autovía de cuatro carriles después de una señal de stop, y todavía era peor si estaba lloviendo. También me sorprendió su miedo a estar sola en casa, algo más perturbador todavía si se encontraba en la ducha "porque entonces no podría oír si alguien intentaba entrar en casa". Antes del accidente no tenía esos miedos y no había habido ningún caso de robo en la urbanización donde vivían.

Después de recopilar información sobre el accidente y sobre las dolencias que aquejaba, le hice preguntas sobre su historial y su infancia y sobre si había habido otros sucesos traumáticos en su vida. Me dijo que su madre había criado a su hermana, a su hermano y a ella misma sola después de que su padre abandonara el hogar cuando ella era pequeña. Su vida era sencilla y tranquila. Gladys dijo que no había tenido ningún trauma hasta ese accidente, pero entonces añadió que había habido sólo uno que había hecho que su padre se fuera de casa cuando ella tenía 7 años. Una noche mientras cenaban, su padre se puso nervioso y agredió a su madre, golpeándola en la cabeza con un jarrón de cristal grande. No había habido incidentes de violencia doméstica anteriores. Éste fue completamente inesperado y horrible. Su madre quedó inconsciente en el suelo y le sangraba la cabeza. Ella y su hermana huyeron de casa y corrieron dos manzanas bajo una tormenta con truenos y relámpagos hasta la casa de su abuela. La abuela llamó a una ambulancia. La madre de Gladys permaneció en el hospital varios días para tratarle las heridas y después le dieron el alta. Su padre se fue de casa. Nunca le volvieron a ver y nunca hablaron del incidente.

Mientras describía este recuerdo de la infancia, el comportamiento de Gladys cambió. Mientras que su voz permaneció casi tranquila, su rostro mostraba miedo, dolor, y una sensación de que el recuerdo estaba siendo demasiado abrumador como para afrontarlo. Expresé mi sorpresa de que la familia nunca hubiera hablado de ese incidente dramático y Gladys me confirmó que su madre nunca había hablado de ello. La madre se vio obligada a trabajar mientras los niños eran pequeños para criarlos, pero como la abuela vivía cerca, se organizaban. La historia de este incidente fue importante para explicar algunos de los síntomas adicionales que Gladys había desarrollado tras el accidente. De repente su miedo a conducir de noche y con lluvia, sobre todo cruzando una vía más grande, tomaba sentido, igual que el miedo a estar sola en casa y de que alguien entrara a robar. Su padre estaba en paradero desconocido y había habido un par de artículos en el periódico donde se decía que se había visto involucrado en altercados y en sucesos extraños en otro estado. Le preocupaba que pudiera aparecer algún día de repente. Además, Gladys especulaba con la idea de que su padre pudiera haber sufrido un trastorno bipolar. Eso explicaría esa conducta atípica y repentina y además su hermano había desarrollado un trastorno bipolar pero no le gustaba tomar la medicación para estabilizarlo. A diferencia de su hermana y de ella misma, que habían ido a la universidad y que tenían vidas estables, su hermano tenía problemas emocionales y llevaba una vida inestable.

En esa primera sesión le di información acerca de lo que podía esperar de la terapia EMDR y le dije que creía que para resolver completamente su sintomatología necesitaríamos añadir el tratamiento de su recuerdo infantil con EMDR. Le sugerí que el tratamiento iría más rápido si empezábamos con ese recuerdo. Gladys estuvo de acuerdo en que si era necesario reprocesaría ese recuerdo pero quería ver las mejoras que podría lograr centrándose solamente en el accidente de carretera. Entonces revisamos los mecanismos de la estimulación bilateral. Los movimientos oculares le resultaron incómodos, pero respondió bien a las paletas para las manos conectadas al EyeScan. Su lugar tranquilo era "el rincón de la tranquilidad" de su casa, en el que encendía velas e incienso y meditaba. El ejercicio del lugar tranquilo le pareció tranquilizador y relajante después de explicarme el recuerdo traumático de su historial familiar. Abandonó la sesión deseosa de empezar con EMDR en nuestra próxima visita.

Gladys: sesión 2

Durante un breve control al principio de la segunda sesión, Gladys dijo que seguía durmiendo mal y que continuaba dependiendo completamente de las recetas de Ambien. De hecho, intentar dormir sin la medicación hacía que se pusiera ansiosa. Seguía sufriendo pesadillas algunos días de la semana. Cuando le pregunté por la imagen que acompañaba a su recuerdo del accidente, Gladys dijo, "es la imagen de mi sangre en el parabrisas roto y el olor del airbag". Cuando le pregunté qué creencia negativa sobre ella misma acompañaba a esa imagen, su respuesta inicial fue "¡Es realmente doloroso y aterrador! Es lo más aterrador que he vivido. La visión de toda esa sangre... da tanto miedo". Aquí, yo observaba en silencio los ecos de la visión de la sangre de su madre en el suelo del salón cuando tenía 7 años. Al preguntarle, "¿Qué le dice todo eso?", su respuesta fue: "No soy invencible", y añadió "Soy vulnerable y débil". Su creencia preferida era "Soy fuerte y poderosa. Puedo superar cualquier cosa". Su validez de la cognición VoC) inicial era de 3 o 4. Su estado emocional era "triste". Su nivel de Escala de unidades subjetivas de perturbación (SUD) era de 6. En cuanto a la localización, dijo "El corazón me late más deprisa. Siento como si me temblara el estómago".

TRANSCRIPCIÓN DEL REPROCESAMIENTO CON GLADYS DE LA SESIÓN 2

Nº SERIES	INDICACIONES DEL PACIENTE Y [RESPUESTA DEL TERAPEUTA]
27	¿Pueden ser [los pulsos de las paletas] más rápidos? Al principio se me llenaron los ojos de lágrimas. Las imágenes se hicieron más fuertes y después desaparecieron. Ahora no estoy a punto de llorar. [Aquí aumenté la velocidad ligeramente]
22	Estoy más tranquila. [Tose] Me siento cálida, cómoda. ¿Puedo beber agua? [Breve pausa mientras voy a por un vaso de agua para Gladys]

T	No está tan mal. Sigue siendo algo que ocurrió. [¿Cuál es la peor parte ahora?] Me culpo por no prestar atención... Por dos segundos antes... Lo podría haber impedido si hubiera... Podría haber hecho daño a alguien más en lugar de a mí sola. {Aquí observo en silencio la culpabilidad y empiezo a considerar la necesidad de un entretejido para tratar la "responsabilidad"}
28	Lo mismo. [¿Sabía lo que iba a ocurrir?] Estoy enfadada y me echo la culpa. Mi sobrina estaba en el coche. Tiene 7 años. {Aquí observo en silencio el extraño paralelismo con el trauma de Gladys a los 7 años} [Si una amiga hubiera sufrido un accidente, ¿qué le diría si siguiera culpándose por ello?] Que ya está. No puedes ser perfecta. Todo irá bien... Son cosas que pasan.
31	Ya está. Son cosas que pasan. No puedes martirizarte. Soy humana... Las cosas pasan. Intento ser perfecta... A veces pasan cosas. [¿Dónde lo siente ahora?] Tengo el corazón tranquilo.
23	Estoy tranquila.
T	Fue algo que me ocurrió, pero ahora lo llevo bien. Fue doloroso... Me estoy curando. Las cosas suceden y uno las supera. [SUD] 3. [Peor] Estaba sobresaltada y asustada. Miré hacia abajo y vi toda esa sangre. Estaba semiconsciente. No sabía qué había ocurrido.
33	Es un recuerdo. Ahora estoy a salvo. Me siento cálida y muy cómoda. Se me ha acelerado el corazón un poco, pero ahora está tranquilo.
26	Estoy bien... Es agradable que te validen y hablar de ello.
T	Todavía me siento molesta por toda esa sangre. No me gusta centrarme en eso. {Aquí decido llevar a cabo un entretejido de "seguridad" de dos fases; primero sondeando la señal de la sangre en cuanto a conexiones con el pasado y después accediendo a información de seguridad}. [¿Sabe por qué?] ¿Me hice daño? {Entonces suavizo la voz y vuelvo a preguntar} [¿Sabe por qué?] Ah, por mi madre. [Mirada de sorpresa en el rostro de Gladys. Empieza a llorar] [¿Su madre está bien?] Sí. [¿Usted está bien?] Sí. [Obsérvelo y explíquese cómo se ha producido]
34	Me puse ansiosa y después me calmé. Estoy bien. [Cuando habla de la sangre, sabe que su sobrina tenía 7 años también] Ella estaba bien hasta que me vio ensangrentada. Después lo perdió, como me pasó a mi cuando era pequeña.
31	Triste. Me siento mal. No tendría que haberlo visto. [¿La ha visto después del accidente?] Sí. [¿Tiene miedo cuando va en coche?] No estoy segura. No creo.
26	Ahora soy una conductora más precavida.
T	Ahora no lloro. No estoy ansiosa. Es un recuerdo. [SUD] 0. No es perturbador en absoluto. [PC: Soy fuerte y poderosa. Puedo superar cualquier cosa] Soy valiente. Puedo superar cualquier cosa. [VoC] 6 o 7.
27	[VoC] 7. [Exploración del cuerpo] Nada. [Conclusión estándar para la sesión finalizada]

Gladys: sesión 3

En la tercera sesión Gladys confirmó que el recuerdo del accidente permanecía en un nivel de perturbación no superior al 0/0,5 y me comentó que estaba sorprendida por lo que había ocurrido en la primera sesión. Habló de síntomas residuales de ansiedad al conducir, que mejoraban durante el día a menos que el vehículo de delante se detuviera de repente, y que permanecían sin cambios por la noche y con lluvia. Su esposo iba a estar fuera durante una semana y ella se sentía ansiosa ante la idea de que "mi padre va a encontrarme". También me dio más información sobre el incidente de la infancia y lo poco que se sabía de su padre. Estaba claro que sus miedos a que el padre la encontrara estaban relacionados principalmente a problemas no resueltos del recuerdo infantil. Me reveló que de hecho le había visto una vez cuando tenía 18 años y apareció por sorpresa en su lugar de trabajo. No había habido contacto alguno en los últimos 14 años y su número de teléfono particular no figuraba en la guía telefónica.

Gladys: sesión 4

En la cuarta sesión Gladys habló de una visita reciente a su madre y de sus estrategias para evitar caer atrapada en la "negatividad" de la misma. Habló de sus pensamientos acerca del padre y de la posibilidad de averiguar su paradero. Abordamos la idea de reprocesar su recuerdo infantil y pidió posponerlo algunas semanas hasta después de un largo viaje por carretera que había organizado con su esposo. Describió su experiencia reciente más perturbadora de ansiedad al conducir en un día con mucho viento. Durante esta sesión, esa experiencia reciente fue seleccionada como el siguiente objetivo y se reprocesó por completo con técnicas básicas de EMDR.

Gladys: sesión 5

En la quinta sesión Gladys pidió que nos centrásemos en su insomnio y dedicamos la sesión a las estrategias de conducta para mejorar su higiene de sueño. Revisamos su rutina de sueño nocturno y algunos métodos de autocontrol para manejar la ansiedad que empezaba con el sueño. También establecimos un plan para que lo practicara y poder comentarlo en otra sesión.

Gladys: sesión 6

En la sexta sesión Gladys solicitó EMDR para ayudarle a prepararse para el próximo viaje por carretera previsto con su esposo. El material infantil seguía necesitando atención y todavía había varias señales actuales capaces de obtener niveles considerables de ansiedad. Normalmente no utilizo una plantilla de futuro con esos otros problemas que requieren atención. Sin embargo, ella quería posponer el trabajo de esos objetivos hasta que regresara del viaje. Como se indica en la Tabla 12.2, apliqué la plantilla de futuro para el próximo viaje con resultado positivo. En ese momento yo estaba experimentando con la utilización de un dispositivo de coherencia del ritmo cardíaco del Institute of HeartMath para monitorizar las sesiones. De hecho, fue muy interesante observar como su frecuencia cardíaca cambió en el transcurso de la sesión al centrarnos en el largo viaje en carretera que haría próximamente de una velocidad inicial de 88 latidos/minuto a 72 latidos/minuto al final de la plantilla de futuro, aunque sin cambios significativos en la coherencia del ritmo cardíaco en esa sesión.

Gladys: sesión 7

En la séptima sesión Gladys estaba preparada para reprocesar el recuerdo de cuando tenía 7 años y su padre agredió a su madre. Al principio de la sesión indicó sentirse cada vez más cómoda conduciendo y con menos "estremecimientos" cuando se acercaban otros coches. También dijo seguir teniendo problemas de sueño, pero añadió que había empezado a reducir gradualmente la cantidad de Ambien que tomaba semana a semana. De hecho, estaba tomando un cuarto de la dosis que se le había recetado. También dijo saber que por lógica no estaba haciendo mucho desde un punto de vista médico, pero que le daba confianza tomar esa dosis tan escasa.

Para la imagen de su recuerdo, describió a su padre golpeando a su madre en la cabeza con un gran jarrón de cristal. Su cognición negativa era "Estoy desamparado". Su cognición positiva era "Puedo manejar la situación y ahora todo está bien". Su VoC era 1 y en cuanto a emociones citó "dolor, ira y miedo". Su SUD era de "7 u 8" e indicó sentirlo en "el corazón y en los ojos".

TRANSCRIPCIÓN DEL REPROCESAMIENTO CON GLADYS DE LA SESIÓN 7

Nº SERIES	INDICACIONES DEL PACIENTE Y [RESPUESTA DEL TERAPEUTA]
25	Me pesa el corazón. Quiero llorar. Tengo mucho miedo. Me da miedo hablar de ese momento tan terrible de mi vida.
29	Me estoy relajando un poco. [Localización] El corazón no me va tan rápido.
26	Estoy muy triste.
26	Estoy muy enfadada. Estoy muy dolida de que dejaran que me pasara a mi.
35	Me estoy tranquilizando. [Localización] El corazón y las manos.
25	Estoy más tranquila.
T	[Llora] Duele mucho. {Aquí propongo un entretejido de responsabilidad} [¿Y de quién era la responsabilidad de protegerte a ti y a tu madre, tuya o de tu madre?] De mi madre.
26	Opresión en el corazón. Me siento incómoda.
24	La opresión en el corazón ha disminuido un poco. Me estoy tranquilizando.
24	Sigo sintiendo la opresión en el corazón. [¿Qué sentimiento es?] Miedo. {A continuación pruebo con un entretejido de seguridad} [Después de ser atendida en el hospital, ¿tu madre estaba bien?] [Asiente con la cabeza, sí].
30	Sigo teniendo el corazón asustado, oprimido. Tengo las palmas de las manos sudadas. Cuando ha preguntado si estaba bien después, pensé en el alcance de la herida. Cristales clavados en la cabeza. Mandíbula rota. Lo grave que fue. Ahora está bien. {Aquí propongo un entretejido de seguridad y de decisión} [¿Es seguro hablar de ello ahora?] Sí. Ahora es seguro. [¿Puede? (usted)] Sí. [¿Puede? (ella)] No. [Obsérvelo] ¿Quiere decir que yo puedo y que ella no puede? [Sí]
30	Estoy más tranquila. El corazón ya no me duele tanto.
25	Estoy bien.
26	Más tranquila. Está bien que pueda hablar de ello. Ya no tiene que ser un secreto. Me pregunto cómo puede oír hablar de cosas así sin que le afecte. Ahora estoy recordando otras partes de lo que ocurrió. Cuando corrí en busca de ayuda, me golpeé las piernas con la puerta. Entonces corrí a casa de la abuela. {Basándome en todo el tiempo que Gladys había evitado confrontar este recuerdo, decido considerar esta nueva escena como otro objetivo estrechamente relacionado y dejar la siguiente parte del recuerdo para la próxima sesión. A fin de mantener el enfoque en la primera parte del recuerdo, volvemos a la agresión}

T	Guau. No me asusta demasiado. Pasó y puedo manejarlo. Se acelera un poco el corazón, pero no demasiado. [SUD] 1. [Localización] Un ligero dolor en el corazón.
24	Más tranquila. [Para contención del enfoque, vuelvo a regresar al objetivo]
T	Es distinto. Es como una película, no como si estuviera ahí. Es como si estuviera lejos, no estoy ahí.
25	Estoy bien, más tranquila. Mi cuerpo está cálido. [SUD] 0. [PC original: "Puedo manejar la situación y ahora todo está bien"] {Aquí ha revisado su PC} Estoy a salvo y no es culpa mía. [VoC] 7. [Instalar]
24	[VoC] 7. Estoy bastante orgullosa de mí misma. Guau. No es tan difícil. Estoy orgullosa de mí misma. Puedo manejar la situación como un adulto. Estoy bien. [Instalar]
26	[VoC] 7. Estoy bien. Estoy tranquila. [BLS] Nada. Me siento cálida y tranquila. [Conclusión estándar y resumen para la sesión finalizada]

Gladys: sesión 8

En la octava sesión Gladys explica que su experiencia conductora va bien y que sigue tomando una pequeña dosis de Ambien. Ahora por las noches sólo está ligeramente inquieta, duerme entre 7,5 y 8 horas y no tiene pesadillas. El recuerdo del accidente de coche permanece a 0 y la escena de la sesión anterior sigue sin perturbar, entre 0 y 1. En esta sesión reprocesamos el después del recuerdo de la sesión anterior con la decisión de huir de la casa. Aunque Gladys describe este aspecto del recuerdo como "la parte de la huida", no hay nada en su narrativa de esta sesión que indique recuerdos de huir. En cambio, parece localizado con el sentimiento de estar paralizada por el terror, con miedo a abandonar la casa y un deseo de ser reconfortada.

La imagen de este recuerdo empieza viéndose en la entrada de casa con un sentimiento de responsabilidad de conseguir ayuda para su madre. Gladys indica espontáneamente que la escena fue "Horrorosa. Muy perturbadora". Su cognición negativa era "Estoy desamparada". No puedo asumirlo". Su cognición positiva era "Todo está bien. Puedo manejarlo". Su VoC era 1; las emociones, "Triste. Aterrorizada"; el nivel SUD, 9 y la localización volvían a ser el corazón y las palmas de las manos. Cabe destacar que seguimos utilizando golpecitos con las manos con las paletas conectadas a la barra luminosa. Cuando empezamos la sesión la barra de luz estaba encendida en un ángulo distinto que en las sesiones anteriores, de modo que al principio Gladys podía ver el extremo de la barra que muestra el número de repeticiones por serie.

TRANSCRIPCIÓN DEL REPROCESAMIENTO CON GLADYS DE LA SESIÓN 8

Nº SERIES	INDICACIONES DEL PACIENTE Y [RESPUESTA DEL TERAPEUTA]
19	Me ha distraído el contador de la barra luminosa. [Quizás es más fácil distraerse que centrarse en el recuerdo (!)] Sí, estoy ansiosa, pero puedo hacerlo. [Usted elige. Depende de usted.] Quiero.
30	El corazón se me ha acelerado un poco. Tengo las palmas de las manos sudadas. Quiero llorar.
26	Es lo mismo. [Como mujer adulta, imagine las palabras que podría decir a esa niña tan triste y asustada]
29	Tengo las palmas de las manos sudadas. El corazón me late deprisa. Siento una presión en el pecho. Estoy triste. {Entretejido – opciones} [Como adulta en esa situación, ¿cómo respondería de otro modo?] No me asustaría tanto. Sabría qué hacer y que estaría bien.
27	Me estoy tranquilizando. Sigo sintiendo el dolor en el corazón. Me siguen sudando las manos. [Permítase observar el dolor del corazón para sentirlo y entenderlo realmente]
30	Estoy más tranquila. El dolor sigue ahí. No lo entiendo. Estoy triste. Es abrumador. Necesito respuestas. [Deje que el dolor de su corazón tenga su propia voz y que hable en su interior]
23	La voz ha dicho que era tan pequeña, totalmente aterrada por mi vida. Desprotegida. Deseo que un adulto simplemente pudiera recogerme y decirme, "Estás bien". Nadie tendría que hacer frente a ese tipo de miedo.
27	Me siento mejor. Ahora mismo estoy bastante segura bajo mi chubasquero.
27	Estoy bien.
T	Me sigue molestando. No es tan intenso. Me sigue molestando ser incapaz, pequeña, desprotegida. [SUD] 6. {Entretejido para seguridad y elecciones con un recurso adulto} [¿Qué necesitaría para sentirse protegida ahora?] A mi esposo. [Imagine que está con usted mientras continúa con el recuerdo]
34	Está ahí, tranquilizándome. Ahora está bien. Es todo lo que necesitaba. No tenía a nadie que lo hiciera.

25	Me estoy tranquilizando. Ojalá tuviera a alguien ahí que me abrazara y me dijera que todo irá bien. Hubiera sido más fácil. Mis padres no. Mi mamá estaba en el hospital. Ella no. No podía manejarlo. No podía soportar el dolor. {Entretejido para responsabilidad} [¿Cómo se siente al respecto?] ¿Al respecto de qué? [Del rechazo de su madre a hablar sobre ello] Estoy enfadada.
28	Estoy muy enfadada con mi mamá. Nunca me dio todo el apoyo que necesitaba. Me duele mucho y me enfada. Estoy tan enfadada. Me robaron. No es justo.
23	Me estoy tranquilizando. Ahora no pesa tanto. [Susurra la siguiente frase] Siempre es la madre.
26	Estoy más tranquila. Soy fuerte y poderosa. No voy a ser una víctima como mi mamá. No tengo que ocultar mi ira.
T	[SUD] 1,5. {Aunque el nivel de SUD no es 0, debido a que quedaba poco tiempo para que termine la sesión, paso a la instalación} [CP: Puedo manejarlo] Puedo manejarlo; soy capaz. [VoC] 7. [Instalar]
24	Lo estoy haciendo. Lo estoy superando. Estoy bastante orgullosa de mí misma. [BLS] Estoy tranquila. [Cierre estándar y resumen]

Gladys: sesión 9

En la novena sesión Gladys indica que su ansiedad al conducir sigue disminuyendo, pero que sigue sintiendo miedo a estar sola en casa. Me pide que sigamos trabajando el recuerdo de cuando tenía 7 años sobre la experiencia de correr bajo los rayos y los truenos. Su cognición negativa es "No estoy bien". Su cognición positiva es "Estoy bien". Su VoC es 2 y la emoción es "miedo". El nivel SUD es de 5 y lo siente en el corazón y en las palmas de las manos.

TRANSCRIPCIÓN DEL REPROCESAMIENTO CON GLADYS DE LA SESIÓN 9

Nº SERIES	INDICACIONES DEL PACIENTE Y [RESPUESTA DEL TERAPEUTA]
28	Más tranquila.
28	Bastante relajada. [Vuelva a pasar por el recuerdo otra vez como si estuviera viendo una película. Cuando llegue a la parte que le perturba, dígamelo]. La parte en la que corro. Se me acelera el corazón.
33	Estoy bien. Más tranquila. Me duele un poco la cabeza. Hoy me ha dolido un poco.

30	No es tan penetrante en el lado derecho. {Aquí aumento un nivel la velocidad]
30	Todavía no a la derecha. {Vuelvo a aumentar un nivel la velocidad}
36	Todavía no aquí. Estoy cansada. [Bosteza] Es triste, muy triste que mi padre le hiciera eso a mi mamá. Yo no tenía ningún control. [Lágrimas] [¿Y quién fue responsable de lo que ocurrió] Mi padre.
34	Sólo que me da tristeza. No pude hacer nada para impedirlo.
31	Simplemente asustada de que le ocurra a mi hermano porque tiene algunas características similares. Estoy cansada de intentar cuidar de todo el mundo. Abrumada. {Su hermano de vez en cuando aparece en casa de Gladys por sorpresa, al filo de la indigencia y pidiendo dinero}
25	Me estoy tranquilizando. Me da rabia que no lo pueda controlar. [Puede elegir aceptar emocionalmente lo que ocurrió. Ahora tiene la opción]
31	Pensando en mi hermano. Sólo toma la medicación de vez en cuando. Me da muchísimo miedo. ¿Qué poder tengo para impedir que ocurra algo así? Dejó de consumir porros y alcohol hace un año. Tenía alucinaciones.
T	[SUD] 0. [CP: Estoy bien] Sigue encajando. [VoC] 7. [Instalar]
22	[VoC] 7. [Est. bil.] Todavía tengo algo en el corazón pero creo que es más los problemas que tengo con mi hermano que el recuerdo. Estoy tranquila.

Gladys: sesión 10

En la décima sesión Gladys pasa bastante tiempo hablando de la preocupación por su hermano y de los problemas de luchar con sus propios límites con él. Reviso algunos principios y estrategias de aseveración con ella. Casi al final de la sesión me pide trabajar un poco más las señales de estar a oscuras cuando llueve ya que había experimentado otro episodio de ansiedad residual al conducir de noche y bajo la lluvia. A pesar del poco tiempo del que disponemos, establecemos el objetivo para reprocesar la señal actual en un stop antes de cruzar una autovía de cuatro carriles. Su cognición negativa es "Me voy a hacer daño". Su cognición positiva es "Lo tengo bajo control". Los temas desparejados son una señal de residuos de su miedo en el recuerdo infantil. Su VoC es 1 y la emoción, tristeza y miedo y dolor en el brazo. El nivel SUD es 7 y la localización, el corazón, las palmas de las manos y el brazo.

TRANSCRIPCIÓN DEL REPROCESAMIENTO CON GLADYS DE LA SESIÓN 10

Nº SERIES	INDICACIONES DEL PACIENTE Y [RESPUESTA DEL TERAPEUTA]
29	Palmas de las manos sudadas.
29	Estoy muy asustada y triste. [Quiero que observe en qué parte del cuerpo lo siente y que recuerde la sensación de miedo, la huida a casa de su abuela en la oscuridad, lloviendo y con los relámpagos]
37	No recuerdo tener miedo de los relámpagos. Mi hermana me dijo que era peligroso. Me recuerdo corriendo. [Quizás no eran los relámpagos lo que le daba miedo. Quizás era...] Si le haría más daño. [¿Lo hizo?] No. [Recuérdelo]
35	Tenía miedo de que muriera, pero se recuperó y estaba bien.
T	[SUD] 0,5 [CP: Ahora tengo el control] [VoC] 7. [Instalar]
31	Realmente no era la lluvia y la oscuridad lo que me asustaba. Era no saber lo que iba a pasarle a mi mamá ni si estaría bien.

Gladys: sesión 11

En la onceava sesión, Gladys finaliza el reprocesamiento de sus señales actuales de la ansiedad al conducir y de su recuerdo. Había regresado de un largo viaje por carretera a otro estado sin ansiedad significativa al conducir. Pidió volver otra vez para comprobar el recuerdo de correr en la oscuridad y bajo la lluvia, sólo para ver si quedaba algo que necesitara más trabajo. La imagen era la de correr en la oscuridad y bajo la lluvia. Su cognición negativa empezaba como "Tengo miedo de que me alcance un rayo". Después fue "No voy a llegar a tiempo". Al final era "Puedo manejar la situación". Su cognición positiva era "Puedo manejarlo". Su VoC era 7 y las emociones, el latido del corazón y el recuerdo de sentir miedo. Su SUD era de 0 y para constatarlo todavía más, aplicamos una serie de estimulación bilateral. La paciente indicó, "Nada. Estoy tranquila, relajada". Aplicamos una segunda serie de estimulación bilateral y volvió a indicar "Nada". Su VoC seguía siendo 7. A continuación instalamos su afirmación positiva "Puedo manejar la situación". Su VoC seguía siendo 7.

Para volver a comprobar señales actuales, nos centramos en ella en el coche delante del stop en una autovía de 4 carriles con coches pasando. Su cognición negativa es "No estoy a salvo" y la positiva,

"Estoy a salvo". Su VoC es 6 y la emoción es "asustada". El nivel SUD es 1 y la sensación, en el estómago.

Nº SERIES	INDICACIONES DEL PACIENTE Y [RESPUESTA DEL TERAPEUTA]
29	Sólo el corazón latiendo un poco más rápido. Siento las palmas de las manos calientes.
22	El corazón se ha ralentizado un poco. Estoy aquí. Estoy a salvo. Estoy bien.
24	Estoy bien.
T	Estoy bien. Puedo manejar la situación. [SUD] 0. VoC 7. [Instalar]
22	Estoy bien. [VoC] 7. [Est. bil.] El corazón va un poco más rápido.
24	No mucho. Estoy bien.

A continuación reevaluamos los recuerdos traumáticos de Gladys de la infancia, el accidente de coche, y las señales actuales que había indicado. Ninguno era perturbador. Recuperó un recuerdo de cuando tenía 18 años: se quedó dormida mientras su hermana conducía y se despertó cuando ésta perdió el control del vehículo y el vehículo estaba haciendo un trompo de 360 grados. Ese recuerdo tampoco era perturbador.

Gladys: sesión 12

En la doceava sesión volvemos a revisar los problemas que aquejaba al principio. A excepción de cierta ansiedad leve acerca del paradero de su padre, todos los síntomas originales han remitido. Ha dejado de tomar Ambien y duerme con normalidad. Es capaz de conducir de noche y con lluvia sin ansiedad. Lo más importante es que había empezado a tener un nuevo sentido de sí misma como persona que, quizás a diferencia de su madre, podía hacer frente a sus miedos. A fin de apoyar la consolidación de esta imagen de sí misma, pido a Gladys que seleccione una imagen que represente su nuevo sentido de sí misma. Se describe en la playa, echada sobre una toalla y con los pies en la arena, mirando al agua y con el sonido de unos niños jugando cerca y el de una sirena a lo lejos. La afirmación que acompaña a esta imagen es "Puedo hacer frente a mi miedo y abordarlo". Lo sentía en su corazón. Tenía la mente tranquila, clara, fácil. Le apliqué tres series de estimulación bilateral. Después de casa serie, sólo decía "Me siento relajada y en paz".

Gladys: resumen

Mientras que la secuencia de objetivos utilizados con Gladys quizás no haya sido la óptima en términos de eficacia del tratamiento, era necesario respetar su necesidad de desarrollar primero una mayor confianza en su capacidad de afrontar un suceso central que cambió su vida y del que nunca se había hablado en su familia. Al principio del tratamiento, la imagen inicial de sí misma era la de una persona demasiado vulnerable para hacer frente a material emocionalmente doloroso. Su tratamiento con EMDR hizo mucho más que solucionar sus síntomas de TEPT. De hecho, le ayudó a generar un nuevo concepto de sí misma y una mayor sensación de resistencia. En el transcurso del tratamiento reveló que había decidido ser preparadora personal para ayudar a los demás en sus transiciones vitales. El caso de Gladys ilustra la utilización de entretejidos para responsabilidad, seguridad y decisiones que le ayudaron en momentos cruciales de su reprocesamiento para avanzar por el material difícil en el marco de una sesión de tratamiento de duración estándar. Su tratamiento finalizó con el uso de instalación de recursos para consolidar la nueva imagen de sí misma como una mujer capaz de afrontar los problemas de la vida y de superarlos.

Eva: solución de un caso de alcoholismo y recuperación de abuso sexual infantil

Eva era una estudiante universitaria de 23 años que se había mudado a mi comunidad temporalmente ya que estaba viviendo con un pariente. Había decidido hacer una pausa en sus estudios tras vivir episodios de beber hasta el punto de perder la conciencia y practicar sexo con desconocidos. Esas situaciones la avergonzaban bastante porque se consideraba una personal con cierta moral. Un pariente le había sugerido que iniciara un tratamiento con EMDR.

Eva asistió a las primeras seis sesiones con una gorra de béisbol y con la visera echada hacia abajo para ocultar su rostro. Excepto en la última sesión, solía llevar sudaderas muy holgadas que ocultaban su torso. En la primera sesión, no mantuvo contacto visual conmigo mientras me contaba su vida, pero miraba hacia arriba para ver si yo la estaba mirando. Eva me contó que creía que su padre había abusado sexualmente de ella, quizás antes de los 4 años. Le había explicado el abuso a su madre, que a su vez lo indicó a los servicios de protección de la infancia. Sin embargo, los investigadores no la creyeron y el padre no fue declarado culpable de haberla maltratado sexualmente. Sí había sido acusado de haber abusado sexualmente de su hermana mayor y un juez lo declaró no culpable. Además, el padre había sido infiel a la madre. Cuando Eva fue mayor, quizás 12 o 13 años, su madre le reveló que sus dos otros hermanos también habían hablado de episodios de abuso sexual por parte del padre y que éste había sido declarado no culpable. En aquel momento, Eva había olvidado sus confesiones infantiles, la investigación por parte de los servicios de protección a la infancia y el juicio. La madre también le contó la historia de lo que le había ocurrido cuando era más pequeña.

Eva me dijo que no tenía recuerdos claros de los abusos a excepción de algunas escenas en las que el padre la bañaba y que eran demasiado perturbadoras como para poder pensar en ellas. También me contó que tenía muchos recuerdos positivos de su padre, como las visitas estivales después del divorcio cuando la acompañaba a los partidos de béisbol. De adolescente, tenía recuerdos felices jugando con los hermanastros fruto del segundo matrimonio del padre.

Cuando le pregunté a Eva cómo le había afectado el abuso sexual y el divorcio, me dijo que una de las consecuencias fue que había empezado a beber mucho cuando tenía 13 años. "Sólo tuve una relación en el instituto. Tenía un trastorno alimentario y bebía mucho y fumaba hierba. En el instituto, usaba una talla XS. Sólo comía si estaba en casa y tenía que hacerlo. Pero eso cambió cuando nos mudamos a otro estado. Trabajaba más. No tener novio ayudaba. No quería comer delante de él".

Eva no era la primera de la familia que sufría de abuso infantil. "Mi madre tuvo problemas con sus padres. Bebía mucho y tomaba drogas en el instituto. Su padre la maltrataba físicamente, a ella y a sus hermanos. Mi padre era 14 años mayor que ella. Se conocieron cuando ella tenía 17". Eva me contó que había estado sin beber durante varios meses hasta que se mudó a mi región. Nunca bebía sola, siempre lo hacía con compañeros de piso o amigos porque eso le ayudaba a superar la sensación de no sentirse adecuada. Su actividad sexual se había iniciado el año anterior. "Me emborrachaba y me enrollaba con tipos de los que a veces ni me acuerdo. Era consensual. De algunos me acordaba un poco. De otros no recuerdo nada". Me contó haber sido capaz de practicar sexo un par de veces sin beber y negó cualquier tipo de aturdimiento o despersonalización durante el sexo cuando no había bebido. El recuerdo de Eva parecía intacto en general, a excepción de los periodos en los que había estado bebiendo y los recuerdos del abuso sexual infantil.

Una fase de preparación ampliada

La fase de preparación de Eva se extendió a lo largo de varias sesiones para abordar las preocupaciones con respecto a su historial reciente de alcoholismo, sus sentimientos intensos de culpa y desconfianza y algunos miedos relacionados con el reprocesamiento con EMDR. Fueron unas sesiones dedicadas a estabilizar el estado de ánimo, a crear la alianza terapéutica, a recopilar más historial y a desarrollar un plan de tratamiento. Hacia la quinta sesión Eva había logrado más estabilidad y una alianza terapéutica más fuerte. Había dejado un trabajo en un bar para aceptar uno peor pagado en un gimnasio y disminuir así la exposición al consumo de alcohol y volver a hacer ejercicio con regularidad. Seguía llevando la gorra de béisbol cubriéndose la frente, pero efectuaba más contacto visual durante la sesión. Su higiene de sueño había mejorado y se sentía más positiva sobre sí misma para cuidarse más y tomar mejores decisiones. Supe que tenía un historial de ataques al principio de la infancia y que terminaron cuando tenía 8 años; también me indicó que no había sido evaluada por ningún doctor y que no había tomado medicación para esos ataques.

Durante esas sesiones iniciales, le aporté orientación e información acerca del impacto de los traumas infantiles en general y del abuso sexual infantil en particular. Se sentía ansiosa ante la idea de que rebuscar en sus recuerdos del maltrato sexual infantil le resultara abrumador; ya en el pasado es algo que la había llevado a "encerrarse y dormir mucho". Le di información y metáforas sobre cómo organizaríamos el trabajo con el tratamiento centrado en traumas con EMDR para ayudarle a reducir sus preocupaciones. Cuando la dirigí en el ejercicio del lugar tranquilo, su respuesta fue mínima. Después nos centramos en instalar un recuerdo recurso de una actividad deportiva en el instituto, en un momento en que se había sentido fuerte y capaz, y la respuesta en ese caso fue más fuerte.

Eva: sesión 6 – empieza el reprocesamiento con EMDR

En la sexta sesión empezamos el reprocesamiento con EMDR con un recuerdo de cuando Eva tenía unos 3 años. Recordaba estar en la bañera con su padre lavándole con una manopla. Su imagen era "Yo en la bañera desnuda y papá está ahí". Su cognición negativa era "Soy repugnante" y su cognición positiva, "Soy más fuerte". Su VoC era 1,5 y su emoción era "Enferma y triste"; el SUD, 8 y la localización, "cabeza y pecho".

Nº SERIES	INDICACIONES DEL PACIENTE Y [RESPUESTA DEL TERAPEUTA]
28	No tan fuerte. [Balanceándose en la silla]
29	Me estaba empezando a doler la cabeza y ahora ya no.
29	Casi igual, pero no tan tensa. [Localización] Por todas partes.
27	[Ha dejado de balancearse] Igual.
T	No parece tan oscuro. SUD: 5. [Peor] Pensaba en mi papá así. [¿Quién era el responsable de lo que tu padre hizo ese día, tú o él?] {Comprobando generalización} Él.
25	Algo de ira. [Lágrimas en los ojos. Roja de cara]
30	Mmm, algo tipo "Lo he superado, no puedo hacer nada". [Aunque lo hayas superado y no puedas hacer nada, observa si hay palabras que te hubiera gustado decir o cosas que gustaría hacer durante esta siguiente SMO o set de movimientos oculares]
30	Me está volviendo a doler la cabeza. [Localización] Cabeza, pecho y garganta. [Quédate con eso y vuelve a observar si hay palabras que te hubiera gustado decir o cosas que hubieras querido hacer]
29	Que me hubiera gustado poder decir "Para" y decirme a mí misma que no fue culpa mía. [Imagina que lo haces ahora]
30	Me siento mucho más calmada. [Observa ese cambio]

25	Lo mismo.
T	Sólo triste. Estuvo mal. [Le cuesta tragar varias veces]
29	Mmm, que se aprovecharon de mí, igual como cuando en el cole hacía cosas con los chicos. {Establece la relación espontáneamente entre el abuso sexual infantil y la recreación adulta}
30	Enfadada conmigo misma por ponerme en esas situaciones. [Cuando estabas haciendo eso, ¿conocías la conexión entre lo que hacías y lo que te ocurrió de pequeña?] [Mueve la cabeza "no"] [Obsérvalo]
31	Me siento sucia. {Disgustada con ella misma y culpable}
27	Tristeza general. [Cuando piensas en la niña pequeña en la bañera, me pregunto lo que como adulta imaginas que le dirías para hacerle saber que lo que ocurrió no fue culpa suya y que es una niña buena, una buena persona] {Esto es tanto para redirigir de recuerdos posteriores hacia el objetivo original como un entretejido de autocompasión y de responsabilidad adulta desde una perspectiva sana y adulta}
30	Mmm, le diría que "Él estaba enfermo y ella no fue la primera, así que no fue culpa suya". {Aquí Eva se refiere a que su hermana mayor ya había hablado de abuso sexual antes por parte de su padre, mucho antes de este incidente}
43	Mmm, que sé que tendría que estar en la cárcel pero que ella todavía no lo entiende. {El "ella" no "lo entiende" es la parte emocional de la personalidad de Eva o el estado de ego infantil} [Entonces, mira qué más le dirías o harías para hacerle saber, hacerle sentir que no fue culpa suya]
40	Mmm, solamente pensando en mi mamá y en cómo me siento segura con ella.
25	Ira, porque no me protegió.
27	Que no fue culpa mía.
25	Creo que fue culpa de mi padre y que se equivocó.
24	Mmm, estoy cansada.
T	SUD: 2-3. [¿Peor?] Sólo veo a mi padre... lo tengo a él en ese tipo de recuerdo. [Imagino que en cierto modo cambia la manera en la que lo ves y lo sientes] [Asiente] {Mi comentario toca la tristeza por alguna posible pérdida de representaciones de auto-objetos positivos de los recuerdos positivos y posteriores de su padre}
36	Pienso en los momentos felices que recuerdo con él. [Bueno, obsérvalos]
25	Que tengo más recuerdos felices que tristes con él.

T	Decepcionada de que lo hiciera. [Claro] SUD: 5. {Aquí el nivel SUD ha vuelto a aumentar} [¿Qué hace que sea más perturbador ahora?] Me pregunto si hubo otros momentos en que lo hiciera. Y me pongo enferma. [Y si hubo otros momentos; ¿quién era el responsable de que ocurriera?] Él.
22	Es que no quiero pensar en él como una mala persona por hacer todo eso, pero se equivocó.
26	Me hace plantearme si no le importaba nada de eso, porque uno no hace algo así a alguien a quien quiere.

Llegados a este punto, casi nos quedamos sin tiempo y pasamos al cierre. Le di las gracias a Eva por el trabajo que había hecho y le recordé que siguiera escribiendo en el registro. También le comenté "Es difícil cambiar la idea que tienes de tu padre, ¿verdad? Mantener los pensamientos positivos sobre él y dejar de culparte por lo que ocurrió". Entonces compartí con ella una metáfora de que salir de casa y dejar la puerta abierta no es lo mismo que invitar a los ladrones a entrar y a robar tus cosas.

Eva: sesión 7

A la semana siguiente Eva canceló la cita en el último momento. Me lo tomé como una señal de que necesitábamos hacer una pausa antes de seguir reprocesando. A la semana siguiente volvimos a centrarnos en la estabilización. Eva me planteó su preocupación acerca de su aumento de las ansias por comer desde que se había mudado y había dejado de beber. De hecho, sólo hacía dos comidas al día y había engordado por la falta de ejercicio físico y la comida basura. Aunque había empezado a hacer ejercicio casi a diario en el gimnasio, todavía no tenía un orden para las comidas. La previne en contra de la restricción de alimento y de calorías debido a su historial de trastorno de la alimentación. También le dije que mejoraría, y que tendría resultados más permanentes al comer bien y practicar ejercicio aeróbico con regularidad para mantener un nivel metabólico óptimo. El resto de la sesión nos centramos en identificar y reestructurar las evaluaciones negativas de sí misma más frecuentes y a localizamos esas creencias como relacionadas con residuos del impacto del abuso sexual infantil en el concepto de ella misma. Acordamos volver al reprocesamiento y trabajar más el recuerdo de la infancia en la siguiente sesión.

Eva: sesión 8

En la octava sesión regresamos al recuerdo de estar en la bañera con su padre mientras éste la lavaba con una manopla. Cuando le pregunté qué sentía ahora al respecto me dijo "No me asusto tanto ni me pongo tan emotiva". Le pregunté acerca de la peor parte de todo, y dijo "Darme cuenta de que está ocurriendo y no ser capaz de detenerlo". Me di cuenta de que el uso del presente de indicativo significaba que el recuerdo seguía reexperimentándose de manera intrusiva. Normalmente no obtendría una cognición negativa nueva, pero habían transcurrido dos semanas y parecía que había un tema distinto al de la primera sesión de reprocesamiento de este recuerdo. Como cognición negativa Eva dijo "Estoy desamparado", y la cognición positiva fue "Ahora tengo el control". La emoción fue "Siento tristeza, ira y tristeza". El nivel SUD era de 3, volvía a ubicar esos sentimientos en el pecho y retomamos el reprocesamiento.

Nº SERIES	INDICACIONES DEL PACIENTE Y [RESPUESTA DEL TERAPEUTA]
27	Ya no noto tanta opresión en el pecho.
24	Ya no siento ninguna emoción al respecto.
27	Nada, de verdad.
T	Pienso que mi padre era malo y estaba enfermo.
29	Una tranquilidad general.
26	Lo mismo.
T	SUD: 2. [¿Qué parte sigue perturbando?] Pensar en mi papá en ese contexto. Saber que confiaba en él y le respetaba y que él pudo hacer eso. Me hace sentir triste.
27	Nada, de verdad. La verdad es que ya no molesta.
T	SUD: probablemente a 0 o 1. Sólo un sentimiento, como si me agarrase a ese pequeño resquicio de ira. [Imagina qué necesitarías ser capaz de decir o de hacer para poder expresarlo]
26	Mm, mmm, probablemente sólo decirle que no quiero arrastrar más este odio. [Parece que siente más: se sonroja un poco]
27	[Se seca las lágrimas con un pañuelo de papel] Mmm, me gustaría poder encontrar la manera de perdonarle y seguir hacia adelante.
26	Mmm, sentía que, para perdonarle, necesito perdonarme a mí misma y dejar de odiarme.

26	Mmm, una especie de tranquilidad otra vez.
25	Lo mismo.
T	SUD: probablemente 0.
28	Está bien, ya no siento la opresión en el pecho y no me duele la cabeza. [SUD] 0. [CP: Ahora tengo el control] Me siento bien conmigo misma. [¿Quieres decir "Estoy bien como estoy?"] Sí, no me culpo, y no le culpo. [CP final] Puedo aceptarme como soy. VoC: 6. [Instalar]
26	VoC: 7. [Instalar]
23	VoC: 7. [Exploración del cuerpo] Nada. No hay pensamientos malos sobre nada ni sensaciones malas en mi cuerpo.

En la fase de cierre le dije a Eva "No sabías que lo podías hacer, ¿verdad?". Su respuesta fue "No", y añadí "No pensabas que podrías, ¿verdad?". Con una sonrisa me dijo, "No, no lo pensaba", y le pregunté qué sentía sobre el trabajo que había hecho. Me dijo, "Hay una sensación de alivio. Ya no siento la opresión en el pecho. Tampoco me duele la cabeza". Le pregunté "¿Se había repetido eso con mucha frecuencia?". A lo que me explicó "Me duele la cabeza bastante a menudo. Si estoy trabajando y me estreso o si no bebo suficiente agua ese día".

Eva: sesión 9

En la novena sesión Eva parecía más tranquila que nunca. Me dijo que hacía deporte con regularidad y que había empezado a controlar el peso. No había experimentado pensamientos ni sensaciones sobre la última sesión ni sobre su padre desde la última sesión. Durante la reevaluación me dijo "Me siento triste por él. No es abrumador como antes. No se me acelera el corazón ni me late la cabeza. Pienso lo que se ha perdido de nuestras vidas. También estoy un poco triste porque no le veo. Mi hermana le mandó una carta sobre lo que le hizo y él nos envió una a cada una diciendo que no era verdad. Esa fue la última vez que tuvimos contacto con él. Sé que mi hermana recuerda lo que le ocurrió, y que él lo negara hizo que se enfadara todavía más".

Dedicamos gran parte de esta sesión a explorar cómo había evolucionado el consumo de alcohol de Eva durante su adolescencia hasta convertirse en un problema en el instituto y desencadenar una crisis en la universidad. "Empecé a beber con 12 o 13 años, cuando dejé de ver a mi padre. La última vez que le vimos fue en Navidad y mi hermana, él y yo tuvimos una pelea muy fuerte. Ella no quería verle más y no me dejaba ir a verlo". El relato continuaba "Si discutía con mi madre, amenazaba con irme a vivir con mi padre, le llamaba y él se ofrecía para que fuera a vivir con él, pero mi madre no me dejaba. Realmente no entendía lo que estaba ocurriendo".

"Cuando bebo, pongo la excusa de que son mis amigos los que lo hacen. Quiero salir con ellos y tengo que beber para salir con ellos. Esta ha sido la excusa de siempre. Si no quiero beber, no tengo que hacerlo. A ellos no les importa. Beber es lo que he utilizado siempre para socializar. Soy muy tímida y cuando bebo estoy lista para abrirme y pasármelo bien".

Eva: sesión 10

En la décima sesión Eva explicó que seguía haciendo deporte y comiendo con más regularidad. También estaba durmiendo mejor, despertándose mucho menos, pero todavía no lo suficiente. Analizamos su imagen corporal negativa, el inicio de la anorexia en la adolescencia y sus creencias de que era desagradable y nada atractiva. Le di una tarea para que la hiciera en casa y practicara mirándose al espejo y diciendo "Estoy bien como estoy. Soy atractiva. Me gusto".

Eva: sesión 11

En la sesión onceava, Eva explicó que seguía haciendo ejercicio y que comía con regularidad. Dijo que se sentía mejor, más fuerte y con más energía. También me dijo que estaba preparada para reprocesar su peor episodio de haber bebido hasta el punto de perder la conciencia mientras estaba teniendo relaciones sexuales con un chico al que acababa de conocer y que no le gustaba. La imagen era "Despertarme a la mañana siguiente en la cama con ese chico". Su primera afirmación de cognición negativa fue "Fue asqueroso y de fulana. No puedo creer que ocurriera". La cognición negativa seleccionada fue "Soy asquerosa y una fulana". Su primera afirmación para cognición positiva fue "Puedo tener una relación sana, estar sobria y salir con chicos y divertirme". La cognición positiva seleccionada fue "Puedo disfrutar de la compañía masculina sobria y tener una relación sana". Su VoC era 2 y la emoción "decepción y dolor". El SUD fue 8 y lo sentía en el "pecho, la garganta y la cabeza".

Nº SERIES	INDICACIONES DEL PACIENTE Y [RESPUESTA DEL TERAPEUTA]
33	Me produce dolor de cabeza..
28	No siento tanta presión.
28	Lo mismo. No siento tanta presión.
T	Sigo decepcionada conmigo misma. Al mismo tiempo, creo que él se aprovecharía.
30	Nada, de verdad. Lo mismo.
T	SUD: 4. [¿Peor?] Tengo que vivir con lo que hice. {Aquí empiezo a considerar un entretejido de tipo "¿Qué le dirías a una amiga que te confesara que hizo algo así y que siente vergüenza de sí misma?"}
30	Me siento un poco aliviada del estrés. {Si una amiga confesara que ha hecho algo así y que siente vergüenza de ella misma, ¿le dirías que te has disgustado y que piensas que es una fulana, o le ayudarías a centrarse en el hecho de que ha decidido no hacerlo más?] Centrarse en decidir no hacerlo más.
34	Me doy cuenta de que puedo cambiarlo. Puedo elegir no beber. Puedo marcar la diferencia si quiero.
29	Nada, de verdad. [¿Cómo sientes la cabeza ahora?] Bien. No noto que me lata.
25	Una tranquilidad general.
T	[SUD] 1-2. [¿Qué parte?] Todavía el hecho que ocurriera. [Localización] El pecho.
26	El pecho me latía un poco más fuerte pero ahora no.
27	Me vuelvo a sentir tranquila.
T	[SUD] 0. Tranquilidad.
25	[SUD] Lo mismo. [Comprobación de CP: Puedo disfrutar de la compañía masculina mientras estoy sobria y tener una relación sana] Además lo único que quiero es tener el control. Sé que cada vez que bebo pierdo el control. {CP seleccionada} Ahora puedo tomar decisiones correctas. VoC: 4. [Instalar]
25	VoC: 6. [Instalar]
26	VoC: 7. Est. bil.: Nada. [¿Qué sientes en el cuerpo?] Mariposas en el estómago. Eso es todo.
25	Me vuelvo a sentir tranquila.

En la fase de cierre discutimos las opciones de Eva para beber, la abstinencia o tener un límite. Me comenta que se bebió un par de cervezas hace quince días con unos amigos en el transcurso de varias horas. Dice que ese es su límite ahora. Parecía una sesión finalizada, pero siempre resulta buena idea comprobar para asegurarse de que se ha accedido completamente al recuerdo y que se ha reprocesado en su totalidad.

Eva: sesión 12

En la duodécima sesión, Eva indica que sigue haciendo ejercicio. Nota cambios en su cuerpo, se siente más en forma y más esbelta. También indica sentirse con un poco más de confianza y con más ganas de hablar. Al reevaluar el incidente de la sesión anterior, indica un nivel SUD de entre 1 y 2, y el pensamiento que tenía con ese recuerdo, "Quizás siempre esté decepcionada conmigo misma". Le pregunto si hubo otros incidentes similares más perturbadores. Eva explica "Ese fue probablemente el peor porque me desmayé. Hay otros de los que me acuerdo más pero éste es el que más me molesta porque llegué al punto de perder completamente el control". Además, describe "despertarme a la mañana siguiente sin saber qué había ocurrido. Me encuentro un poco mal, con ganas de vomitar". Como parte del cuerpo, indica "el estómago y la garganta". Retomamos el reprocesamiento.

Nº SERIES	INDICACIONES DEL PACIENTE Y [RESPUESTA DEL TERAPEUTA]
27	[Mueve el tobillo que le queda arriba con las piernas cruzadas] Realmente nada, sólo como triste.
26	Nada. [¿En el cuerpo?] El corazón me late un poco más rápido que antes. [Aquí he aumentado la velocidad del EyeScan de 26 a 27.]
26	Mmm, estaba pensando si vuelve a ocurrir, si salgo y bebo.
28	Mi cuerpo está tranquilo.
T	No es tan molesto. [¿Qué piensas que estabas haciendo?] No lo sé, sólo ser tan idiota como para beber así y dejar que pasaran cosas. [¿Algo más además de ser idiota?] Ser bastante temeraria, no preocuparme lo suficiente de mí misma para hacer algo así] [Estaba sondeando la conciencia actual de la intención inconsciente de reconstrucción y su historial de abuso sexual infantil]

33	Mmm, que quiero tener el control y controlar.
28	Mmm, tranquilidad general de nuevo.
T	No tiene una presencia tan potente. [¿Qué piensas que estabas haciendo entonces?] Ser irresponsable. [¿Algo más?] Como si no me importara. [Imagínate, aquí sentada, y lo que le dirías a alguien más joven que tu] {Palabras tácitas para invitar a cuidar de uno mismo} [Observo que ambas piernas descansan sobre el suelo tranquilamente]
29	Que es hora de crecer y de ser responsable, y de cuidar lo suficiente de mí misma para cambiar. [Observo que ambas piernas descansan sobre el suelo tranquilamente]
27	Pienso que puedo salir sin emborracharme y pasármelo bien. {Se imagina más responsable y con más autocontrol en conductas futuras}
24	Tranquila.
T	No volverá a ocurrir.
26	El dolor de cabeza que me estaba entrando no es tan fuerte. [Lugar] En la parte trasera de la cabeza. [Aquí he cambiado la dirección de los movimientos oculares a un movimiento diagonal hacia arriba a la izquierda]
27	No estoy tan tensa. [Localización] Por todo el cuerpo. [Aquí he disminuido la velocidad del EyeScan de 27 a 26.]
31	No me duele la cabeza. ¿Por qué me duele tanto la cabeza? [¿Te duele mucho?] A veces me entra un dolor fortísimo que después desaparece. [No sabemos por qué ocurre. Podría ser un conflicto psicológico inconsciente o podría deberse a los movimientos oculares]
T	SUD: 0-1. Que dejé que ocurriera. [¿Va a volver a ocurrir?] No quiero que vuelva a pasar nunca. [¿Quién tiene el control ahora?] Yo tengo el control. Seguramente nunca vuelva a emborracharme así porque entonces pierdo el control.
25	Que no necesito beber para divertirme.
T	Que puedo cambiar. Que no tengo que repetir los errores del pasado. Que soy mejor que eso. {Aquí he avanzado a la fase de instalación y he comprobado la CP} [Tengo el control. Aprendí de la experiencia. Puedo cambiar.] Diría que "He aprendido de la experiencia". VoC: 7 [Instalar]
24	Que creo que puedo cambiar. Puedo hablar con un chico sin estar aniquilada ni completamente borracha.

Debido a las limitaciones de tiempo, detenemos la sesión en este punto. Eva tuvo tres sesiones más, pero ésta fue la última en la que hicimos reprocesamiento. Me dijo que estaba preparada para abandonar la región y regresar a la universidad. Sus tres últimas sesiones se centraron en aprender a afrontar su timidez y en ver cómo iba a manejar la bebida y a los hombres en el futuro. Había ido de compras porque la ropa no le iba bien y porque estaba preparada para dejar de vestir sudaderas enormes y empezar a llevar prendas que mostraran las formas de su cuerpo. A la última sesión vino vestida para ir a trabajar, maquillada y peinada, en lugar de con esa ropa de chico que siempre había traído a las sesiones. Creo que antes de irse quiso hacerme saber lo diferente que era la imagen de sí misma ahora. No tenía nada que ver con la joven perdida que había entrado en mi consulta hacía 4 meses. Me pidió contactos de referencia en la zona en la que iba a vivir porque tenía previsto seguir con el tratamiento a su vuelta. Admitió que cuando llegó lo hizo simplemente para agradar a los parientes que la habían acogido y que le habían recomendado la terapia con EMDR. Además añadió que en el transcurso de las sesiones se había dado cuenta de que estaba motivada para continuar lo que había empezado y para que "esos cambios fueran permanentes".

IV EMDR estándar avalado por la investigación. Protocolos para otros trastornos y situaciones

Está claro que todo arte es el resultado de haber estado en peligro, de haber atravesado una experiencia hasta el final, donde nadie puede ir más allá.

Rainer Maria Rilke

A quien tiene miedo todo lo susurra.

Sófocles

Lo necesario, más que huir, o controlar, o eliminar, o cualquier otra resistencia, es entender el miedo; es decir, mirarlo, aprender acerca de él, entrar en contacto directo con él. Tenemos que aprender del miedo, no escapar de él.

Jiddu Krishnamurti (1994)

La curiosidad conquistará el miedo mucho más que el valor.

James Stephens (1912)

... la emergencia de uno mismo requiere algo más que la tendencia interna de organizar la experiencia. También hace falta la presencia de los demás... ...alguien que aporte ciertos tipos de experiencias que provocarán la aparición y el mantenimiento de uno mismo.

Earnest S. Wolf (1988)

Lo que se teme se reduce por asociación. Eso es lo que hay que entender.

Nagarjuna

13 Tratar la fobia específica

Cuestiones adicionales para tratar fobias específicas

Resumen

En este capítulo examinaremos otras cuestiones que deben considerarse cuando se aplica Desensibilización y Reprocesamiento por medio de Movimiento Ocular (EMDR) para el tratamiento de pacientes con fobias específicas. Consideraremos la naturaleza de las fobias específicas, tanto las de origen traumático como no traumático. Examinaremos las similitudes y las diferencias de las fobias específicas de origen traumático con trastorno por estrés postraumático (TEPT). Abordaremos también la ausencia de estudios controlados de todos los tratamientos para fobias específicas con origen traumático. Revisaremos la literatura de informes de caso de tratamiento con EMDR para fobias específicas y analizaremos los fundamentos para la aplicación de EMDR al tratamiento de fobias específicas. Revisaremos las ocho fases del protocolo estándar para tratamiento con EMDR de las fobias específicas, incluido cómo identificar objetivos, cómo preparar a los pacientes y la secuencia de tratamiento para aplicar reprocesamiento con EMDR. A medida que avancemos, también revisaremos una serie de viñetas de casos que ilustran aspectos clave de la aplicación de la técnica EMDR al tratamiento de fobias específicas.

Naturaleza de las fobias específicas

Las fobias específicas implican una ansiedad o pánico marcados que interrumpen el funcionamiento personal o social y que llevan a la anticipación ansiosa, la evitación o la perturbación. Las personas que sufren fobias específicas reconocen sus miedos como excesivos o irracionales (American Psychiatric Association [APA], 1994). Además, las fobias específicas son comunes en la población general, con niveles de prevalencia de vida de entre el 9,4% y el 12% (Becker et al., 2007; Magee, Eaton, Wittchen, McGonagle y Kessler, 1996; Stinson et al., 2007). A pesar de su impacto negativo en las vidas de esas personas, la mayoría de fobias específicas no se tratan.

El *Manual diagnóstico y estadístico de los trastornos mentales* (4ª edición, 2002) identifica cinco subtipos de fobias específicas. Son los siguientes: (a) De tipo animal: como la fobia a las arañas, a los insectos, a las serpientes, a los perros o a los roedores; (b) De tipo entorno natural: como la fobia a las alturas, a los rayos o al agua; (c) De tipo situacional: como la fobia a los ascensores, a los espacios cerrados, a conducir, a volar o a los puentes; (d) De tipo sangre-heridas-inyecciones: como la fobia a las agujas o a ver sangre; y (e) Otros tipos: como la fobia a asfixiarse, a vomitar o a contraer una enfermedad. Las personas con fobias específicas a menudo sufren múltiples miedos y a mayor número de miedos aislados, mayor suele ser su gravedad (Magee et al., 1996).

El origen traumático y no traumático de las fobias específicas

Desde el punto de vista del modelo de Procesamiento adaptativo de la información (AIP), es fundamental considerar la etiología de las fobias específicas para conceptualizar los casos clínicos, considerar un rol apropiado para el reprocesamiento con EMDR y desarrollar planes de tratamiento adecuados. Podemos considerar que las fobias específicas tienen dos orígenes distintos. Algunas tienen un origen traumático claramente identificable; son la fobia a conducir después de un accidente de automóvil, la fobia a los médicos después de una intervención traumática, o la fobia a morir asfixiado después de una experiencia de atragantamiento con comida. En el modelo AIP, se considera que esas experiencias traumáticas están codificadas en un formato del estado específico en una red de recuerdos inadaptativos. Los estímulos actuales –como pensar o confrontar la situación fóbica– dan lugar a percepciones, actitudes y conductas inadaptativas procedentes de la red de recuerdos inadaptativos. Además, las fobias específicas también pueden verse desde la perspectiva conductual del condicionamiento clásico (Davey, 1997). Por ejemplo, si la experiencia traumática del accidente de automóvil es el estímulo no condicionado (ENC), ir en el coche es el estímulo condicionado (EC).

Por otro lado, muchas fobias específicas son de origen no traumático. Algunas fobias específicas de origen no traumático empiezan con revulsión o repugnancia (De Jongh, Ten Broeke y Renssen, 1999) e incluyen miedo a la sangre, a las arañas, a los roedores, a las serpientes, a las ranas, y pueden implicar respuestas de disgusto innato que interactúan con condicionamiento operante (Mulkens, de Jong y Merckelbach, 1997, pág. 1994). La tendencia al desmayo de los que sufren fobia a las heridas y a la sangre puede llevar al inicio de una fobia a las agujas independientemente de la repugnancia innata (Gerlach et al., 2006). Todos los estudios publicados, aleatorios y controlados sobre el uso de EMDR para casos de fobias específicas han sido con fobia a las arañas, una fobia de origen no traumático (Muris y Merckelbach, 1997; Muris, Merceklbach, Holdrinet y Sijsenaar, 1998; Muris, Merckelbach, van Haaften y Mayer, 1997). Son estudios que han recibido críticas (De Jongh et al., 1999; Shapiro, 1999) por sus varias limitaciones y debilidades, como la fidelidad limitada y la falta de aplicabilidad a otros tipos de fobia, en especial a las de origen traumático.

El registro del historial a menudo revela que esos miedos no traumáticos evolucionan en el tiempo. De hecho, pueden tomar forma mediante respuestas sociales, como la ausencia de compasión o el ridículo social manifiesto. Basándose en su experiencia clínica, De Jongh et al. (1999) creen que las fobias sin componente traumático identificable en su etiología responden con menos contundencia al reprocesamiento con EMDR. Para responder a esta cuestión hacen falta más estudios que examinen fobias no traumáticas distintas a la fobia a las arañas y que se ajusten a los estándares de investigación en materia de fidelidad de protocolos de tratamiento completos y publicados. De Jongh et al. (1999) sugieren que las fobias específicas de origen no traumático por lo general pueden tratarse con exposición prolongada y destacan que básicamente toda la investigación sobre fobias específicas únicas –no sólo la investigación relacionada con EMDR– ha sido sobre fobias de origen no traumático. El estudio de la literatura existente sobre fobias específicas ha confirmado la escasez de estudios de resultados de tratamientos controlados de fobias específicas de origen traumático. De ahí que haya poca pauta a partir de estudios controlados para seleccionar tratamientos de fobias específicas de origen traumático.

El rol de la exposición en vivo en el tratamiento de fobias específicas

Como apuntan De Jongh y Ten Broeke (2007), la exposición en vivo no parece tan efectiva ni apropiada para las fobias de origen traumático conocido. Por ejemplo, con las fobias médico-dentales se han obtenido tasas de fracaso del tratamiento inicial del orden del 25%, mientras que otro 36% recayó en conductas evitadoras (Van der Zijpp, Ter Horst, De Jongh y Makkes, 1996). Esta mala tolerancia a la exposición en vivo en casos de fobia médica traumática nos lleva a considerar otras opciones de tratamiento para la mayoría de pacientes. Es posible que la exposición en vivo no sea el tratamiento inicial ni mejor recibido ni más efectivo para algunas fobias específicas de origen traumático. Sin embargo, y como veremos más adelante, la exposición en vivo puede ser un elemento importante en las fases finales de los planes de tratamiento con EMDR para muchas fobias específicas de etiología traumática y es fundamental en el tratamiento de fobias específicas de origen no traumático.

Fundamento para la aplicación de EMDR a fobias específicas de origen traumático

Con algunas fobias específicas de origen traumático simplemente no resulta práctico utilizar exposición en vivo en el tratamiento estructurado, como para la fobia a los rayos. En casos de fobia a volar, la exposición en vivo requiere pagar varios vuelos de avión, y eso es costoso. En mi propia experiencia clínica, la fobia a volar a veces puede resolverse con entre cuatro y ocho sesiones de reprocesamiento con EMDR de 50 minutos de duración cada una. Según varios estudios de casos publicados, parece que el reprocesamiento con EMDR tiene un rol apropiado para las fobias específicas con etiología traumática. Muchos de esos estudios se revisan a continuación, junto con algunos casos de fobias específicas de origen no traumático. Para consultar más revisiones y comentarios de informes de caso de tratamiento con EMDR de fobias específicas, véase De Jongh y Ten Broeke (2007), De Jongh et al. (1999) y Shapiro (2004).

Informes de casos de tratamiento con EMDR de fobias específicas

Marquis (1991) fue el primero en decir que la terapia EMDR había resultado efectiva como parte del tratamiento de 10 pacientes que sufrían miedos específicos como a volar, a las alturas y a los animales. Kleinknecht (1993) informó de un paciente con un historial de 16 años de fobia a la sangre y a las agujas que había sido tratado con éxito en cuatro breves sesiones de EMDR. Por su parte, Lohr, Tolin y Kleinknecht (1995) presentan dos casos más de fobia a la sangre, a las heridas y a las inyecciones que muestran un descenso inicial de la puntuación de la escala SUD (Unidades Subjetivas de Perturbación) y en el cuestionario de síntomas 90-R (SCL-90-R) (Derogatis, 1977). Sin embargo, la efectividad del tratamiento era limitada porque a ambos pacientes se les ofreció una única sesión, con lo que no siguieron el plan de tratamiento completo que propone Shapiro (2004). Aun así, ambos casos manifiestan ganancias parciales en los objetivos de tratamiento con este tratamiento incompleto. Por otra parte, Young (1994) trató con éxito con terapia EMDR a dos mujeres con trastorno de personalidad múltiple. Una paciente con fobia a las serpientes recibió una sesión de tratamiento y la otra, con miedo extremo a las polillas, recibió dos sesiones. Aunque según Young las ganancias se mantenían 6 meses después, del informe se desprende que no se utilizaron ni la técnica EMDR estándar completa ni los protocolos para fobias.

Muris y Merckelbach (1995) utilizaron una versión abreviada del protocolo para fobias con EMDR con dos personas con fobia a las arañas en una única sesión de 1 hora cuyo resultado fueron ganancias en el miedo indicado y una medida conductual. A continuación, ambos sujetos fueron sometidos a 2,5 horas de exposición en vivo, tras las que fueron capaces de tocar la araña. Muris y De Jongh (1996) trataron a una chica joven con fobia a las arañas de origen traumático desde que tenía 2 años. De nuevo, se suministró una única sesión de EMDR de una hora de duración, tras la que su resultado de la medición disminuyó casi a cero con ganancias significativas en el test de enfoque conductual. A continuación aplicaron 1 hora de exposición en vivo, tras la que permitió que la araña anduviese sobre su mano.

De Jongh y Ten Broeke (1994) por su parte narran el éxito del EMDR con una mujer con miedo a vomitar en una única sesión con ganancias estables que se mantenían 4 meses después. Ten Broeke y De Jongh (1993) también presentan un tratamiento de éxito en un caso de fobia a los ratones en una mujer de 63 años cuyo miedo no se había resuelto durante la exposición en vivo previa. Tras una única sesión de tratamiento con EMDR, el miedo de la paciente se redujo y no había regresado en el seguimiento efectuado a los 6 meses.

De Jongh, Ten Broeke y Van der Meer (1995) describen el caso de un hombre con fobia dental que había estado evitando recibir tratamiento odontológico durante 12 meses después de una extracción extremadamente dolorosa. Una evitación fóbica ésta que no había mejorado tras cinco sesiones de exposición gradual ni con la formación de habilidades de afrontamiento. Después de una única sesión de tratamiento con EMDR, el paciente reanudó el tratamiento odontológico con un nivel de perturbación que él mismo consideraba aceptable. En otro caso De Jongh y Ten Broeke (1996) describen a una mujer que había estado evitando ir al dentista durante 30 años después de sufrir un incidente traumático a los 8 años cuando el dentista le inmovilizó los brazos atándoselos a la silla de la consulta con toallas. De hecho, un año de terapia conductual había fracasado en aliviar los síntomas y tras dos sesiones de tratamiento con EMDR la paciente logró iniciar un tratamiento odontológico. Los expertos indican que tras un seguimiento efectuado dos años después la paciente había finalizado su tratamiento odontológico y seguía sin experimentar ataques de pánico.

Schurmans (2007) describe el caso de una mujer que había desarrollado pánico intenso a morir asfixiada tras sufrir una reacción alérgica a una bebida a base de hierbas. De hecho, la gravedad de su evitación la había llevado a ser hospitalizada varias veces por su incapacidad de consumir alimento y bebida. Sin embargo, un diagnóstico de fobia a la asfixia sería incompleto ya que esta paciente tenía un historial de traumas muy complejo que incluía la adopción de un orfanato y hospitalizaciones repetidas cuando era una niña. Además, había crecido en un ambiente caótico con abuso del consumo de hierba y acceso restringido al alimento, a lo que se añadían exposiciones traumáticas en la vida adulta con un marido que la maltrataba física y psicológicamente. La paciente también reveló incidentes traumáticos de asfixia tanto por parte de su madre como de su esposo. De hecho, antes del tratamiento con EMDR la paciente había pasado 4 años con una serie de tratamientos que incluían terapia psicodinámica breve, terapia cognitivo-conductual, psicofarmacológica y tratamiento para un trastorno alimentario. Tratamientos todos ellos que habían fracasado en la eliminación de su trastorno. En la línea de la presentación de este caso más complejo, Schurmans (2007) suministró una serie de 20 sesiones de tratamiento con EMDR que abordaban sucesos etiológicos infantiles y cuyo resultado fue la remisión por completo de la fobia a morir asfixiada.

La necesidad de estudios controlados sobre fobias específicas de origen traumático

En cuanto a las fobias que incluyen una etiología traumática, queda patente la necesidad de estudios controlados que analicen las coincidencias y las diferencias paciente-tratamiento en la efectividad del tratamiento entre EMDR, exposición en vivo, desensibilización sistemática y exposición prolongada de imágenes o de realidad virtual. A fin de ayudar en la toma de decisiones del terapeuta, esos estudios tendrían que comparar métodos de tratamiento activos. Hasta que esos estudios controlados estén disponibles, parece razonable considerar el uso del método EMDR como intervención de tratamiento inicial para fobias específicas de origen traumático por dos razones. En primer lugar, y como ya se ha resumido antes, existen varios informes de caso que así lo avalan (De Jongh y Ten Broeke, 2007; Schurmans, 2007; Shapiro, 2004). En segundo lugar, dadas las similitudes destacadas en materia de etiología entre el TEPT y las fobias específicas de origen traumático, el modelo AIP predice que el método EMDR parece un tratamiento efectivo para fobias específicas de origen traumático.

Diferencias entre el TEPT y las fobias específicas

Aunque hay similitudes entre las fobias de origen traumático y el TEPT, existen diferencias entre estos dos trastornos. Los pacientes con TEPT manifiestan un mayor malestar general y una serie más amplia de síntomas. Además experimentan recuerdos intrusivos espontáneos e hiperactivación que por lo general interfiere con el sueño. Los pacientes con fobias específicas no tienen trastorno del sueño crónico asociado con sus miedos y sólo se ponen ansiosos cuando piensan deliberadamente en la situación temida o cuando se ven confrontados con señales que estimulan su miedo.

Plan de tratamiento para la fobia específica

En líneas generales, la planificación del tratamiento con EMDR para pacientes con fobia específica es similar a la de pacientes con TEPT. Siga el mismo enfoque de tratamiento de ocho fases y el plan de tratamiento de tres vertientes. Reprocese objetivos primero del pasado, después del presente y por último del futuro. La fase de evaluación (fase 3) de objetivos específicos es la misma que con TEPT. De hecho, el reprocesamiento de objetivos sigue los mismos pasos de procedimiento básicos de la fase de desensibilización (fase 4) y la fase de instalación (fase 5) que para el TEPT.

Sin embargo, los planes de tratamiento para fobias específicas difieren en varios puntos de los del TEPT. Una de esas diferencias está relacionada con un problema identificado por Shapiro en el texto de 2004 (pág. 229). Shapiro propone una distinción entre *fobias sencillas* y *fobias procesuales*. Esta distinción se centra en el rol de la ansiedad anticipatoria y en la necesidad de tomar decisiones deliberadas para hacer frente al objeto o la situación fóbica. Como apuntan De Jongh et al. (1999, pág. 73), casi cualquier fobia específica puede funcionar como una *fobia procesual*. Basándome en varios años de experiencia clínica con el método EMDR, estoy de acuerdo con la sugerencia de De Jongh et al. (1999, pág. 74) cuando se utiliza EMDR para tratar todas las fobias específicas como fobias procesuales. Eso significa que para lograr la efectividad total del tratamiento en la mayoría de casos de fobia específica es necesario planificar la incorporación de exposición en vivo y patrones futuros más estructurados en las últimas fases del plan de tratamiento. Cuando se trata un TEPT con EMDR no siempre hace falta incluir esos patrones futuros completamente estructurados ni incorporar exposición en vivo.

Aunque esos planes de tratamiento de la fobia tan completos pueden resultar ser más de lo que se necesita, es mejor planificar un tratamiento completo que siempre puede simplificarse si el paciente logra eliminar por completo la fobia con un tratamiento más limitado. A continuación examinaremos cómo aplicar el método EMDR a fobias específicas a lo largo de las ocho fases de tratamiento haciendo énfasis en características exclusivas para el tratamiento de fobias específicas.

Tabla 13.1. Resumen del protocolo para fobias específicas

1) Registro del historial (fase 1)
   - A) Evaluación clínica, diagnóstico y formulación del caso
   - B) Selección de los objetivos de tratamiento apropiados
   - C) Selección y secuenciación de los objetivos

2) Preparación (fase 2)
   - A) Psicoeducación sobre miedos (si corresponde)
   - B) Presentación del método EMDR y obtención del consentimiento informado para el tratamiento
   - C) Enseñar y ensayar técnicas de autocontrol
     - i) Ejercicios de respiración y otras técnicas de relajación para la ansiedad
     - ii) Tensión aplicada para desmayo (Öst y Sterner, 1987)

3) Reprocesamiento de dianas
   - A) Sucesos previos
     - i) Agentes de estrés previos (si se han identificado)
     - ii) Primer suceso
     - iii) Peor suceso o representativo
     - iv) Suceso más reciente
   - B) Señales internas y externas actuales
   - C) Plantilla de futuro

4) Compromiso con el plan de acción
   - A) Plantilla positiva con ensayo mental

5) Exposición en vivo (por lo general se hace independientemente)

6) Reevaluación y más reprocesamiento, si resulta indicado

Figura 13.1. Secuencia de tratamiento del protocolo EMDR para fobias

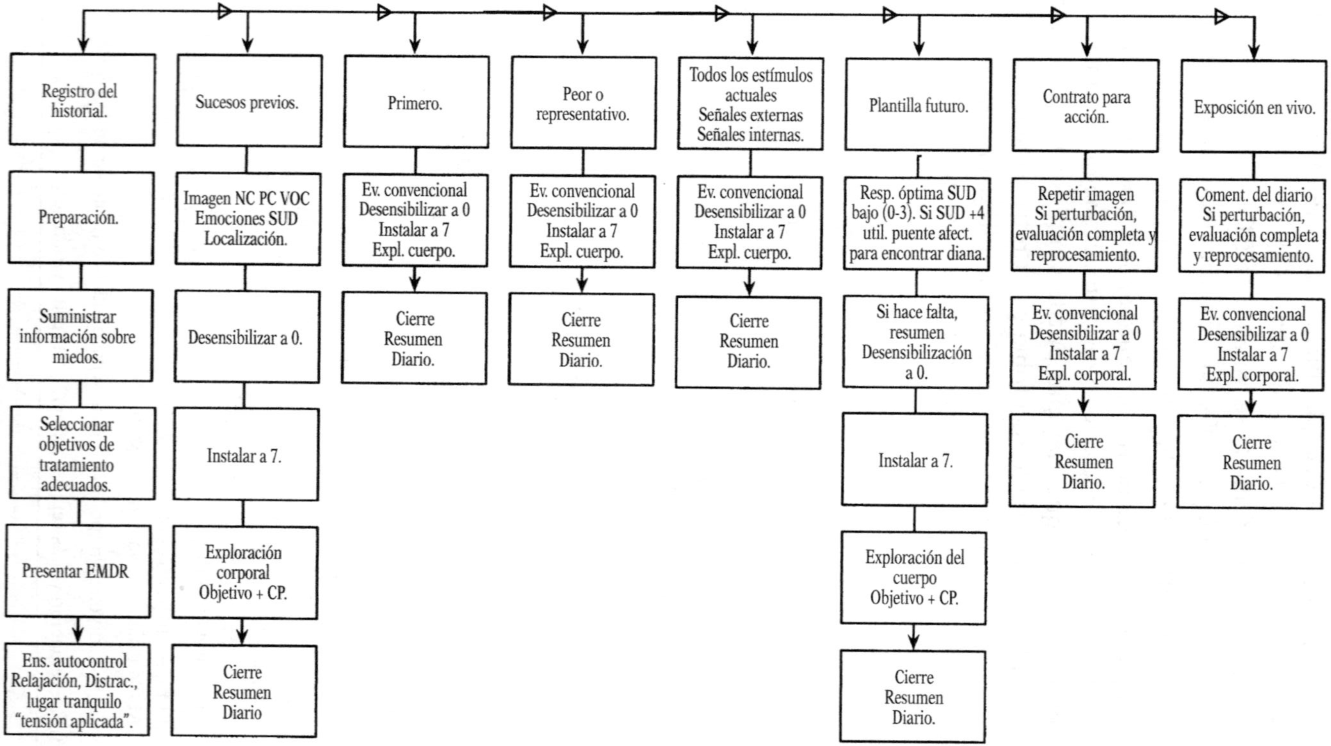

Fase 1: registro del historial y planificación del tratamiento

Igual que en el tratamiento del TEPT, al planificar el tratamiento para una fobia específica debe empezar con un historial completo, un diagnóstico claro y una conceptualización del caso sólida. Muchos terapeutas prefieren empezar la recogida de información con una entrevista clínica abierta o desestructurada. Si trabaja con el modelo AIP, explore tanto la naturaleza de los problemas del paciente como su etiología; identifique los problemas presentes al inicio de la respuesta fóbica y que sirven para mantenerla. Resulta útil identificar los patrones de respuesta, como la frecuencia, el número y la gravedad de los episodios fóbicos. ¿Ha aumentado la frecuencia o la gravedad de esos episodios con el tiempo, o se han mantenido estables? ¿Ha habido episodios de tratamiento anteriores o intentos autodirigidos para superar la fobia? ¿Cuáles han sido los resultados de esos esfuerzos? Al analizar las cuestiones en torno a las respuestas fóbicas es importante estudiar aunque sea brevemente el rol de las experiencias en la familia de origen, la presencia de trastornos de ansiedad y otros problemas de salud mental en otros miembros de la familia, agentes de estrés traumáticos, agentes de estrés de la vida personal o laboral, estilo de vida, dieta y patrones de ejercicio.

Evaluación estándar con entrevista estructurada e instrumentos objetivos

En situaciones en las que la evaluación estandarizada resulta necesaria o deseada, una entrevista estructurada puede aportar un diagnóstico diferencial completo y eficaz. La pauta de entrevista para los trastornos de ansiedad *DSM-IV* (ADIS-IV; Brown, DiNardo y Barlow, 2004) es una entrevista estructurada diseñada para evaluar episodios actuales de trastornos de ansiedad y para permitir diagnósticos diferenciales entre los trastornos de ansiedad según los criterios DSM-IV. Además, también aporta secciones para evaluar trastornos actuales de estado de ánimo, somatoformes y de consumo de sustancias, así como el historial de tratamiento médico y psiquiátrico. Por otra parte, contiene cuestiones de valoración de síntomas psicóticos y de conversión y del historial psiquiátrico familiar.

Los instrumentos de evaluación estándares pueden ayudar a la hora de determinar la gravedad de los síntomas de la ansiedad, reconocer otras áreas problemáticas posibles y documentar la evolución del tratamiento. Entre los instrumentos de autoaplicación comunes para fobias específicas destacan la Escala de reconocimiento de miedo (FSS; Wolpe y Lang, 1964, 1969), la Escala de reconocimiento de miedo-II (FSS-II, Geer, 1965), el Cuestionario de miedos (FQ; Marks y Mathews, 1979) y el Inventario de síntomas SCL-90-R de Derogatis (1991).

Los planes de tratamiento para fobias específicas deben tener en cuenta los trastornos concurrentes

Considere los trastornos concurrentes al desarrollar una conceptualización de caso y un plan de tratamiento. Las fobias específicas a menudo coexisten con otros trastornos de ansiedad y del estado de ánimo (Barlow, 2002). En algunos casos la claustrofobia o cualquier otra fobia situacional puede ser el único síntoma de ansiedad. En otros, puede haber una serie de fobias situacionales vinculadas con el trastorno de pánico. En esos casos, el plan de tratamiento debe ser para las cuestiones más amplias del trastorno de pánico. El Capítulo 14 de este libro se dedica al trastorno de pánico, ya que suele requerir un tratamiento más extenso que una fobia específica.

Con otros trastornos concurrentes, en los que las redes de recuerdos para trastornos concurrentes son sustancialmente diferentes, es posible que cada trastorno pueda abordarse y tratarse por separado con EMDR. Por ejemplo, es posible suministrar tratamiento con EMDR centrado y efectivo a un paciente que sufre una fobia específica de origen traumático como la fobia a morir asfixiado después de atragantarse y que también cumpla los criterios de abuso de alcohol. Por supuesto, si el atragantamiento se produjo como consecuencia directa del consumo de alcohol, como durante un episodio de intoxicación, puede haber solapamientos entre las redes de recuerdos para ambos trastornos que llevarían a un plan de tratamiento más complejo e interrelacionado. En los casos en los que no hay vinculación directa entre esos dos trastornos, es posible centrarse inicialmente en la aplicación de EMDR para la fobia a morir asfixiado y aplazar la atención al consumo de alcohol, porque el solapamiento entre las redes de recuerdos asociados con esos dos trastornos no existe o es escaso.

Por otro lado, cuando las redes de recuerdos para trastornos concurrentes se solapan de manera significativa, el plan de tratamiento para la fobia específica puede resultar inseparable del tratamiento del segundo trastorno. Por ejemplo, cuando un paciente sufre un segundo trastorno de ansiedad, como TEPT complejo y crónico (Herman, 1992a, 1992b) o un trastorno obsesivo compulsivo y una fobia específica situacional –como miedo a los rayos tras presenciar la caída de uno– puede que haya demasiado solapamiento entre redes de recuerdos y dificultades generales a la hora de evaluar las señales de amenaza.

Por ejemplo, un terapeuta quería derivar a una paciente para que recibiera tratamiento específico complementario con EMDR para la fobia a los rayos, además de sufrir también TEPT complejo relacionado con el maltrato y la negligencia infantil. De hecho, la fobia a los rayos empezó cuando huyó por primera vez del domicilio familiar a los 14 años tras reunir el valor suficiente y explicar a su madre que estaba siendo víctima de abusos sexuales por parte de su padrastro. La respuesta de la madre fue minimizar y evitar el asunto. La experiencia traumática de la paciente de casi ser alcanzada por un rayo mientras se encontraba sola, de noche, en un camino rural, estaba directamente relacionada con su intento por huir tanto del fracaso de la madre de protegerla como de los abusos del padrastro. Cualquier intento por enfocar y aplicar reprocesamiento con EMDR al recuerdo de casi ser alcanzada por un rayo implicaría casi seguro los problemas centrales de un trauma infantil mayor. Utilizar EMDR en un caso así seguramente requiere un plan de tratamiento más completo. El tratamiento breve, centrado y complementario con EMDR para la fobia a los rayos solamente no sería posible.

Identificar dianas para el reprocesamiento con EMDR

Cuando trate fobias específicas, identifique el caso previo o el primero de experiencia de miedo relacionada con la fobia. En la mayoría de casos de comienzo traumático, el primer caso es un recuerdo muy vivo. En otros casos de inicio gradual con fobias que parecen empezar con disgusto o revulsión, es posible que no haya un primer recuerdo diferenciado. En esos casos, limítese a seleccionar el recuerdo más temprano que el paciente pueda identificar. También debería identificar experiencias posteriores relacionadas con esa fobia específica, prestando especial atención a la peor experiencia –si existe– y a cómo le afecta en la actualidad. Qué tipo de situaciones actuales evita el paciente y cuáles son las situaciones específicas que detonan el miedo. Para ello habrá que identificar señales externas como lugares, sonidos, olores, objetos o animales y señales internas como sensaciones físicas –aceleración del corazón, sudoración de las palmas de las manos, opresión en el pecho, o un trozo grande de comida en la boca. Todos esos sucesos y señales pueden anotarse en la lista de objetivos del plan maestro –Tabla 4.14– para guiar la selección y la secuencia de objetivos de reprocesamiento.

Metas del tratamiento

Es fundamental identificar los objetivos del tratamiento del paciente y considerar para qué tipo de exposiciones futuras al objeto o a la situación fóbicos quiere prepararse. Con las fobias médicas, dentales o de perros, es posible que sea necesario prepararle para encuentros

Tabla 13.2. Preguntas para identificar dianas de fobia específica

Naturaleza de la fobia
- ¿De qué objeto o situación tiene miedo?
- ¿Qué es lo que le da más miedo de _______ (el objeto o la situación)?

Primer suceso
- ¿Cuál fue la primera vez que experimentó este miedo o la primera vez en que recuerda haberlo experimentado?

Agentes de estrés previos
- ¿Qué otras experiencias estresantes estaban teniendo lugar en su vida personal, familiar, de escuela o profesional cuando ocurrió por primera vez?

Peor suceso o representativo
- ¿Cuál es la situación más intensa o más terrorífica de _______ (el objeto o la situación) que ha experimentado?
- Si no hay una experiencia "peor", describa una experiencia significativa y típica de su miedo.

Suceso más reciente
- ¿Cuál es la experiencia más reciente de ese miedo?

Señales internas y externas actuales
- ¿Qué aspectos de _______ (el objeto o las situaciones) parecen estimular su miedo?
- ¿Qué sensaciones físicas o sentimientos asocia a los momentos en los que experimenta el miedo?

Plantilla futuro
- Describa una situación futura en la que fuera capaz de hacer lo que querría hacer para liberarse de ese miedo.

Comprobar ganancias secundarias
- ¿Qué podría hacer o tendría que hacer si se solucionara ese miedo?
- ¿Cómo sería?
- ¿Qué tendría que dejar de hacer o abandonar si se solucionara ese miedo?
- ¿Cómo sería?

futuros con la situación fóbica. Quizás un tratamiento médico u odontológico sea necesario para la salud y el bienestar del paciente. Por otra parte, es casi imposible evitar encontrarse con perros. En esos casos, tienen que identificarse los objetivos futuros específicos para los patrones futuros y para la exposición en vivo. Por otra parte, algunos objetos y situaciones fóbicos que se encuentran más aleatoriamente, como en los casos de fobias a las arañas y a las serpientes, quizás no requieran que el paciente se prepare para la exposición futura planificada deliberadamente. Sin embargo, esos objetos o situaciones pueden permanecer asociados a una ansiedad persistente y a la evitación de los entornos en los que es más probable encontrarlos; de modo que se deberían identificar los objetivos del tratamiento y deberían incluirse patrones futuros y exposición en vivo en el plan de tratamiento para garantizar la obtención de unos resultados completos y estables.

Ganancias secundarias

Al considerar los objetivos del tratamiento, permanezca alerta de las posibles cuestiones de ganancias secundarias. La ansiedad fóbica puede suponer una excusa para evitar una situación que el paciente prefiere evitar pero ante la que se siente presionado por su esposo o esposa, familia o amigos. Ejemplos serían una mujer que no quiere participar en los viajes de caza de su marido y que tiene miedo de las serpientes y de los insectos, o un hombre incapaz de visitar a una madre controladora y exigente porque ésta vive al otro lado del país debido a su miedo a volar. Aunque las ganancias secundarias no suelen ser habituales, tienen que considerarse en cada caso y cuando existen tienen que analizarse con cordura y profundidad, y los objetivos del tratamiento del paciente tienen que aclararse. Cuando la ansiedad fóbica propone un propósito práctico y secundario, el reprocesamiento con EMDR no tendrá éxito hasta que se identifique y se desarrolle una serie alternativa de estrategias de afrontamiento para el agente de estrés.

La forma más sencilla de identificar la posible presencia de ganancias secundarias es preguntar: "¿Qué podría hacer o tendría que hacer si se solucionara ese miedo?". Y a continuación, "¿Cómo sería?". En algunos casos puede ayudar plantear la pregunta de seguimiento "¿Qué tendría que dejar de hacer o abandonar si se solucionara ese miedo?". Y a continuación, "¿Cómo sería?".

Es posible que los agentes de estrés anteriores tengan que ser objetivos iniciales diferentes

En la fase de registro del historial, analice si puede haber agentes de estrés antecedentes que fueran factores en la vulnerabilidad del paciente para desarrollar una respuesta fóbica en el momento en el que se produjo la primera reacción fóbica. Aunque algunas reacciones fóbicas de origen traumático –como la fobia a la asfixia después de casi morir atragantado– pueden entenderse como totalmente procedentes de la naturaleza de la experiencia inicial, otras parecen implicar una interacción entre agentes de estrés y situaciones antecedentes (estímulos condicionados – EC) sin amenaza externa –como la fobia a los puentes que se desarrolla después de un ataque de ansiedad en un puente. Considere qué factores o sucesos antecedentes pueden haber dado lugar a la vulnerabilidad de tener ese episodio de ansiedad inicial en el puente.

Thomas presentaba una fobia específica a los puentes. El registro del historial reveló que su primer ataque de ansiedad tuvo lugar en un puente. La noche anterior había salido hasta tarde y había bebido en exceso. Era joven y se había prometido en matrimonio por primera vez. Además, estaba muy implicado en un negocio tecnológico que había iniciado y que tenía muchos problemas y estaba a punto de fracasar. Así pues, su situación financiera era tensa e insegura justo antes de casarse. Se enfrentaba a la idea de tener que aceptar un trabajo y abandonar su sueño de hacerse rico con su start-up. Aunque pueda parecer sorprendente, Thomas nunca había identificado los efectos de esos agentes de estrés antecedentes significativos como posibles factores de su primer ataque de ansiedad al acercarse al puente. El fracaso de su empresa era un golpe tremendo a su sentido de identidad y de valía. Casi nunca bebía ni cometía excesos. Sin embargo, la noche antes de su primera experiencia de fobia a los puentes, su malestar por reconocer que su empresa iba a fracasar le había llevado a beber demasiado. Al final su empresa se hundió y él encontró un puesto bien remunerado gracias a sus conocimientos y sus capacidades técnicas.

Años después Thomas acudió a tratamiento ya que se estaba preparando para empezar a buscar otro trabajo mejor y mejor remunerado en otro punto geográfico en el que tendría que cruzar puentes en coche a diario. El agente de estrés antecedente del fracaso de su propia empresa y el impacto de ello en su sentido de sí mismo seguían siendo muy perturbadores. De hecho, tenía que incluirse como objetivo y reprocesarse antes del objetivo del primer episodio de respuesta fóbica. Así las cosas, cuando el tratamiento pasó a ese primer episodio de respuesta fóbica, el reprocesamiento de la experiencia fue directo, sin asociaciones complejas para los agentes de estrés antecedentes que dieron lugar a ese primer episodio.

Fase 2: fase de preparación

La fase de preparación para el tratamiento de fobias específicas es paralela al tratamiento del TEPT. Se deben abordar cuatro elementos principales: enseñar métodos de autocontrol para reducir la ansiedad, proporcionar psicoeducación acerca de la situación fóbica, obtener el consentimiento informado para el tratamiento e introducir la estimulación bilateral con el ejercicio del lugar tranquilo o una instalación de recursos.

Métodos de autocontrol para reducir la ansiedad

En casos de fobias específicas, a los pacientes se les pueden enseñar métodos de autocontrol para reducir el miedo al miedo. Esos métodos se han repasado en el Capítulo 6 y aunque no pueden eliminar la respuesta fóbica en sí misma, pueden aportar una mayor sensación de autocontrol y de dominio que puede ayudar a preparar al paciente para el reprocesamiento con EMDR y para la exposición en vivo en las etapas posteriores del plan de tratamiento. Solamente algunos pacientes de fobia específica necesitan aprender o practicar los métodos de autocontrol para reducir la ansiedad antes de empezar el reprocesamiento con EMDR.

Tensión aplicada

Como decíamos antes, los pacientes con fobias de tipo sangre-heridas-inyecciones a menudo tienen tendencia a desmayarse. Se conoce como *síncope vasovagal*. El ejercicio de autocontrol para la tendencia al desmayo no es una práctica de relajación sino de tensión aplicada. Esta técnica, descrita por primera vez por Öst y Sterner (1987), puede

Tabla 13.3. Tensión aplicada

Siéntese en una silla cómodamente y tense los músculos de los brazos, las piernas y el tronco durante unos 10-15 segundos. Mantenga la tensión hasta que empiece a sentir una sensación de calor en la cabeza. A continuación, relaje durante 20-30 segundos. Repita el ejercicio cinco veces.
Practíquelo cinco veces al día durante una semana por lo menos.
Si desarrolla dolor de cabeza durante o después la práctica de la tensión aplicada, utilice menos tensión durante el ejercicio.

ayudar a los pacientes a conseguir un control suficiente de su tendencia a desmayarse para permitir el reprocesamiento con EMDR y a continuación la exposición en vivo gradual. Estudios más recientes sugieren que la tensión rítmica puede ser igual o más efectiva que la tensión aplicada sobre todo cuando hay un aumento de la presión arterial diastólica (Bodycoat, Grauaug, Olson y Page, 2000).

Con pacientes con fobia de tipo sangre-heridas-inyecciones, empiece por explicar el objetivo del ejercicio de tensión aplicada. Hay que saber que la tensión aplicada no invierte el descenso de la presión sanguínea causada por la respuesta vasovagal. De hecho, impide un riego excesivo de sangre en las extremidades inferiores y mantiene riego suficiente en la cabeza para impedir el desmayo. Tras explicar el objetivo de la tensión aplicada, explique y demuestre el ejercicio. A continuación, haga que lo practique el paciente y ofrézcale sus comentarios y su guía para ayudarle a optimizar la utilización de la tensión aplicada. Por último, pídale que lo practique cinco veces al día durante una semana como mínimo. Si el paciente desarrolla dolor de cabeza al practicar la tensión aplicada, indíquele que reduzca la tensión durante las sesiones de práctica.

Psicoeducación sobre la situación fóbica

Para algunos tipos de fobia específica puede resultar muy útil garantizar que el paciente tiene información precisa sobre el objeto o la situación temidos. Un buen ejemplo es el de la fobia a volar, en la que los pacientes a menudo tienen una percepción errónea del malestar causado por las turbulencias como señal de peligro. Las turbulencias no son motivo de aterrizajes forzosos ni de desastres aéreos; son como cuando hay mar agitado en el océano, que no supone amenaza alguna para la seguridad de los pasajeros de un navío moderno, a pesar de causar mareo a algunas personas. Las turbulencias sólo causan heridas o muerte a los pasajeros de los aviones cuando éstos no llevan el cinturón de seguridad abrochado. Aunque proporcionar información exacta sobre la seguridad de volar probablemente no reduce la gravedad de una fobia a volar, es importante corregir cualquier información errónea que los pacientes hayan adquirido sobre su situación fóbica.

Obtener el consentimiento informado para el tratamiento

Los pacientes que están recibiendo tratamiento para una fobia específica necesitan la misma información básica que se describe en el capítulo 6 sobre la fase de preparación para el tratamiento del TEPT. Necesitan (a) una introducción e información básica sobre las técnicas de EMDR y las respuestas comunes al tratamiento, (b) una metáfora para mejorar la observación consciente sin expectativas ni juicios durante la estimulación bilateral, (c) la aceptación de la naturaleza de la reexperimentación de aspectos psicológicos, emocionales y somáticos de encuentros fóbicos previos que pueden ocurrir durante el reprocesamiento y (d) el riesgo de que surjan otros recuerdos perturbadores durante el reprocesamiento.

Como decíamos al principio de este capítulo, muchos pacientes con una fobia específica tendrán un trastorno concurrente y otros recuerdos traumáticos o perturbadores que quizás no asocien inicialmente con su fobia específica durante el proceso inicial y de planificación del tratamiento. Los pacientes necesitan entender y *consentir* la posibilidad de que puedan asociarse con cualquier otra experiencia vital perturbadora durante el reprocesamiento. Cuando un paciente desvela un historial de haber sido testigo de violencia doméstica durante la infancia y reclama que no está relacionado con su fobia a conducir, sigue siendo fundamental que indique su consentimiento ante la posibilidad de que recuerdos y sensaciones relacionadas con esos sucesos adversos de la infancia surjan espontáneamente durante el reprocesamiento y que haga sea necesario abordarlos directamente como parte del plan de tratamiento.

Cuando un paciente manifiesta su oposición a tener que pensar o abordar esas otras experiencias adversas durante el tratamiento, no es ni posible ni ético proseguir con el reprocesamiento con EMDR. No puede garantizarse que esas experiencias no surjan durante o después de las sesiones de reprocesamiento. La evaluación clínica puede sugerir que esas asociaciones con experiencias infantiles adversas sean probables en esos casos. Aunque tal rechazo a abordar otros recuerdos adversos posibles es poco frecuente, es fundamental no tranquilizar sin garantías de que no ocurrirá. En cambio, llegados a ese punto tiene dos opciones: en primer lugar, analice la base de la preocupación del paciente acerca de la posibilidad de abordar esos otros recuerdos. Puede ser que con un poco más de charla el paciente sea capaz de identificar posibles soluciones a esas preocupaciones y desarrollar suficiente confianza, confianza en uno mismo o recursos para hacer frente a la posibilidad de que surjan esos otros recuerdos. En segundo lugar, proponga al paciente una estrategia de tratamiento alternativa que no sea el reprocesamiento con EMDR.

Otro aspecto fundamental del consentimiento informado para el tratamiento en el caso de pacientes fóbicos es que acepten la reexperimentación de elementos de los sucesos condicionantes que dieron forma a la respuesta fóbica. Esa reexperimentación puede incluir imágenes mentales de visiones, sonidos, olores y sabores de esos recuerdos, además de pensamientos negativos y diálogos. A menudo la reexperimentación dará lugar a la aparición de estados emocionales como miedo, tristeza, soledad, ira o culpa. De Jongh y Ten Broeke (2007, pág. 53) describen el caso de Donald, un paciente con fobia al agua y que no podía, al principio, recordar el origen de su miedo durante la fase de registro del historial. Como imagen más temprana de su miedo, al principio seleccionó la imagen, seguramente de una película, de alguien que nadaba en el océano con la proximidad amenazante de un tiburón. Empezando con esta imagen, tras varios minutos de estimulación bilateral en pleno reprocesamiento, Donald empezó a experimentar soledad y entonces recordó un incidente en el que su hermano pequeño casi se ahoga y fue rescatado por alguien que pasaba por allí. Reprocesar el incidente recordado dio pie a la resolución de sus reacciones fóbicas ante el agua. El consentimiento informado para reexperimentar esos estados emocionales y para el resurgir de esos recuerdos infantiles es un aspecto muy importante de la preparación del paciente para el reprocesamiento con EMDR.

Los pacientes que hayan experimentado sensaciones nocivas o dolorosas durante las experiencias adversas que dieron lugar o que conformaron sus respuestas fóbicas por lo general reexperimentarán esas mismas sensaciones en algún nivel durante el reprocesamiento con EMDR, y tienen que estar preparados para esta posibilidad. Por lo general, las sensaciones se experimentarán con una intensidad menor que durante la experiencia original y con el reprocesamiento correcto, pronto se atenuarán. Después del reprocesamiento correcto, esos recuerdos dejarán de permanecer en el cerebro en una forma en la que puedan ser reestimulados.

Emily había desarrollado miedo a las intervenciones médicas e insomnio después de una experiencia quirúrgica ambulatoria traumática. Había quedado traumatizada por unas sensaciones dolorosas muy intensas durante la intervención debido a que la anestesia no había funcionado. De hecho, permaneció despierta pero era incapaz de hablar o de moverse. En su caso, el consentimiento informado tenía que incluir la aceptación de la posibilidad de reexperimentar el recuerdo de esas sensaciones de dolor intenso. Durante el reprocesamiento, reexperimentó ese dolor durante varios minutos. Sin embargo, el dolor acabó por desaparecer y no regresó jamás. Para Emily, más perturbador que el recuerdo de las propias sensaciones dolorosas era la sensación de desamparo y la incapacidad de expresar la frustración y la ira que sentía cuando estuvo inmovilizada por la anestesia. Esas respuestas emocionales a la experiencia también se resolvieron durante el reprocesamiento, cuando ensayó espontáneamente verbalizar lo que había sido incapaz de decir al cirujano y al anestesista durante la intervención.

Resumiendo, aportar el consentimiento informado incluye describir la posibilidad de que surjan otros recuerdos y de reexperimentar incidentes, emociones o sensaciones desagradables. Preparar a los pacientes para el reprocesamiento incluye presentarles metáforas –como la del tren que se describe en el capítulo 6– que les ayuden a adoptar una postura de testigo que facilite el reprocesamiento efectivo. Cuando haya obtenido el consentimiento informado para el tratamiento con reprocesamiento con EMDR, proceda con la presentación de los mecanismos de estimulación bilateral.

Presentación de la estimulación bilateral con el ejercicio del lugar tranquilo o DIR

Como describíamos en el capítulo 6, siempre es buena idea practicar los movimientos oculares o la forma alterna de estimulación bilateral antes de empezar el reprocesamiento del primer recuerdo perturbador. Es una manera de eliminar el misterio que rodea a los aspectos mecánicos de la técnica. También da cierta garantía de que el paciente puede tolerar los movimientos oculares horizontales y en diagonal sin cansar la vista ni marearse. A continuación es muy útil introducir el reprocesamiento abreviado con el ejercicio del lugar tranquilo o con una instalación de recursos. El resultado son dos ventajas; por una parte para el paciente crea una serie positiva inicial de asociaciones con el reprocesamiento. Dado que lo desconocido casi siempre provoca un poco de ansiedad, experimentar el ejercicio del lugar tranquilo –o una instalación de recursos– brinda al paciente una experiencia psicofisiológica de pasar de la ansiedad inicial a aumentar la calma y el bienestar asociados con la estimulación bilateral. Esta experiencia positiva inicial con el reprocesamiento tiende a crear una plantilla para sesiones futuras en las que los pacientes empezarán con un recuerdo que produzca más ansiedad y permitirán reprocesar a un estado más neutro. Además, como intervención de evaluación, cuando los pacientes manifiestan una respuesta sencilla y positiva al ejercicio del lugar tranquilo, es más probable que experimenten un reprocesamiento efectivo cuando empiecen a trabajar en sus recuerdos fóbicos.

Fase 3: evaluación de la diana

Cuando se trata una fobia específica, las fases de la técnica para la evaluación del objetivo seleccionado para su reprocesamiento son idénticas a las utilizadas para tratar el TEPT y están descritas con todo detalle en el capítulo 7. Empiece por obtener una imagen que represente un aspecto sensorial del incidente concreto que se va a reprocesar. A continuación ayude al paciente a identificar las cogniciones negativa y positiva y obtenga una validez cognitiva básica. A partir de ahí, con la imagen y la cognición negativa, pregunte por la emoción en concreto. Ahora obtenga una puntuación SUD básica de la experiencia e identifique el lugar del cuerpo en el que lo siente el paciente.

Al tratar fobias específicas de origen traumático, es más probable encontrar autoevaluaciones negativas que reflejen la percepción de peligro en el entorno –"No estoy seguro" o "Me voy a hacer daño"–o una falta de control–"Estoy desesperado" o "Soy débil". Incluso en casos de fobia médica y dental en los que los pacientes perciben que han sido maltratados, es menos probable que encuentre creencias negativas que reflejen defectos o culpa –"No valgo nada" o "No merezco ser amado"– que cuando se trabaja con recuerdos de maltrato infantil. En esos casos, es posible que encuentre creencias que reflejen culpa –"Tendría que haberlo hecho mejor" o "Hice algo mal". También con las fobias específicas de tipo sangre-heridas, las creencias negativas tienden a centrarse en el peligro y la falta de control.

Fases 4-6: técnicas de reprocesamiento para fobias específicas

Las técnicas para el reprocesamiento de objetivos para fobias específicas son básicamente idénticas a las del TEPT y se describen detalladamente en los capítulos 8, 9 y 10. El reprocesamiento empieza con la fase de desensibilización (fase 4) de la experiencia condicionante identificada en primer lugar. Los criterios para decidir cuándo regresar al objetivo y cómo abordar el reprocesamiento ineficaz son los mismos cuando se tratan fobias específicas que cuando se tratan casos de TEPT. Prosiga con la fase de desensibilización hasta que la puntuación SUD quede estabilizada a cero.

A continuación pase a la fase de instalación (fase 5) y compruebe si el paciente sigue prefiriendo la cognición positiva seleccionada al principio o si ha surgido una mejor. Después pídale que valore el VoC y prosiga con la instalación con series de estimulación bilateral, comprobando el VoC después de cada una de ellas hasta que alcance el 7 y no mejore.

Ahora pase a la fase de exploración corporal (fase 6), que implica pedir al paciente que mantenga el incidente en mente, que piense en la cognición positiva que acaba de instalar y, a continuación, pídale que observe la existencia de cualquier sensación física notable. Si se indican sensaciones negativas, reprocéselas por un canal de asociaciones hasta que desaparezcan. Después repita la exploración corporal hasta que el paciente sólo indique sensaciones neutras o positivas. Si queda tiempo y el paciente expresa sensaciones positivas, suministre más series de estimulación bilateral hasta que esas sensaciones positivas dejen de mejorar.

Fase 7: técnicas de cierre

Cuando se tratan pacientes con fobias específicas es raro encontrar casos en los que corran el riesgo de caer en conductas de reducción de tensión, autolesión o amenazadoras como cuando se trata con pacientes de TEPT y trastornos de estrés extremo no identificados (DESNOS). La presencia de esos síntomas adicionales indicaría la existencia de un trastorno concurrente y la necesidad de un plan de tratamiento más completo. Así pues, incluso cuando las sesiones de tratamiento para fobias específicas sean incompletas y el nivel SUD siga siendo significativamente perturbador, casi nunca será necesario suministrar técnicas de contención, relajación ni gestión de la ansiedad. Sin embargo, en algunos casos en el trascurso del reprocesamiento podrían surgir recuerdos adicionales muy perturbadores que el paciente había olvidado previamente o disociados, que le llevarían al final de la sesión en un estado vulnerable, de regresión o agitación. En esos casos y en otros en los que los pacientes con fobias específicas se vuelven y permanecen significativamente perturbados al final de la sesión, utilice las técnicas descritas en el capítulo 6, La fase de preparación, para ayudarles a regresar a un estado estable, relajado y bien orientado.

Durante la fase de cierre, ofrezca siempre los recordatorios resumen estándares –descritos en el capítulo 10– de ser consciente de nuevos insights o introspecciones, recuerdos, sueños y nuevos patrones de respuesta, y de mantener un cuaderno de bitácora o diario de los mismos para la próxima sesión. Dado que los pacientes a menudo se sienten especialmente tranquilos al final de las sesiones de reprocesamiento con EMDR correctas, pueden asumir que su ansiedad fóbica se ha eliminado por completo con una única sesión de reprocesamiento exitosa. Si bien es algo que ocurre, no es lo habitual. También puede ser útil recordar al paciente que el plan de tratamiento requiere reprocesar varios incidentes además de estímulos actuales, y por último el ensayo mental de encuentros futuros en una serie de sesiones. Se puede predecir que es posible que siga existiendo ansiedad perceptible al confrontar o pensar en confrontar el objeto fóbico hasta que finaliza el plan de tratamiento. Eso evita que el paciente desarrolle expectativas no realistas y que se desanime cuando experimente ansiedad fóbica residual entre sesiones.

Fase 8: reevaluación

En la siguiente sesión revisamos la información del registro del paciente y comprobamos el estado del objetivo desde la sesión anterior. Las fases de reevaluación se describen detalladamente en el capítulo 11. Si la sesión anterior se había concluido –SUD de 0, VoC de 7, y sólo sensaciones neutras o agradables en la exploración corporal– reconfirme simplemente la puntuación SUD y VoC del objetivo anterior y, a continuación, proceda a empezar la fase de evaluación con el siguiente objetivo del plan de tratamiento. Si la sesión anterior quedó incompleta, regrese al recuerdo diana u objetivo y reanude el reprocesamiento.

Avanzar por el plan de tratamiento del pasado al presente

La secuencia de tratamiento de una fobia específica –véase la Figura 13.1 o la Tabla 13.1– sigue la secuencia de tratamiento con EMDR estándar de seleccionar objetivos primero del pasado, luego del presente y por último del futuro. Después de reprocesar cualquier suceso antecedente, el primer caso y el peor o una experiencia fóbica representativa, pida al paciente que busque recuerdos de cualquier otra experiencia fóbica que siga siendo perturbadora. Si algunos siguen siendo perturbadores, deberían evaluarse y reprocesarse hasta que el paciente no tenga más malestar asociado con ningún recuerdo fóbico.

A continuación desplace la atención a los estímulos actuales que el paciente haya identificado durante el registro del historial y la fase de planificación del tratamiento, además de los estímulos que el paciente haya indicado en sus comentarios del registro entre sesiones de tratamiento. En ocasiones los efectos del tratamiento se generalizan tanto a las señales externas durante el reprocesamiento de recuerdos pasados que el paciente no manifiesta ansiedad fóbica residual. Cualquier señal interna o externa que siga siendo origen de ansiedad o malestar deberá reprocesarse a continuación.

Incorporar la plantilla de futuro

James había desarrollado fobia a morir asfixiado después de un incidente en el que casi se asfixia mientras cenaba en un restaurante. Aunque la experiencia fue muy breve, durante el reprocesamiento de este recuerdo resultó haberse asociado con un recuerdo de infancia muy perturbador cuando presenció como su padre casi perdía la vida al atragantarse en un restaurante. De hecho, su padre requirió la maniobra de Heimlich, que otro de los clientes del restaurante le practicó rápidamente. Como un niño de 6 años, recordaba su propia sensación de desamparo y de horror al presenciar como su padre quedaba incapaz mientras comía. Después de reprocesar el recuerdo de ver como su padre se atragantaba y el de su propio incidente de atragantamiento, James desveló un episodio de ansiedad mientras comía fuera solo la semana siguiente en un viaje de un día. Le había preocupado la posibilidad de atragantarse sin que nadie pudiera salvarle si necesitaba ayuda. Durante la fase de evaluación de su ansiedad actual, el nivel SUD se situaba entre 4 y 5. Con el reprocesamiento, ese malestar residual se resolvió rápidamente y pudo lograr gran confianza en una creencia preferida "Ahora tengo el control". Entonces se pidió a James que imaginara que estaba comiendo solo en un restaurante. Su nivel SUD en esta plantilla de futuro era de cerca de 2 y rápidamente disminuyó a 0 con más reprocesamiento. Para complicar todavía más la situación del paciente, su terapeuta de EMDR le pidió que imaginara que se atragantaba brevemente mientras comía. James pudo imaginar que sorbía un poco de agua, desbloqueando así fácilmente la comida y tragándola a continuación. Así fue capaz de aceptar completamente la creencia preferida "Ahora tengo el control" con un VoC de 7, y en la exploración corporal comentó solamente sensaciones físicas positivas de comodidad, confort y sensación de confianza. Esas sensaciones se vieron reforzadas con más series de estimulación bilateral. El seguimiento llevado a cabo 4 semanas después indicó que estaba comiendo solo en sus viajes de negocios con confianza y disfrutando.

En este ejemplo de caso, el nivel SUD inicial de la plantilla de futuro era bajo, lo que indica que los recuerdos asociados se habían reprocesado correctamente. Siempre es buena idea retar al paciente con situaciones plausibles para sondear la existencia de material residual que requiera más reprocesamiento y potenciar la generalización de los efectos del tratamiento. Por ejemplo, al reprocesar la plantilla de futuro al tratar la fobia a hablar en público, pida al paciente que imagine que debe afrontar problemas con el sistema audiovisual, una interrupción de una sala de reuniones adyacente, o una pregunta difícil del público. Al tratar a un paciente con fobia a volar, durante el reprocesamiento de la plantilla de futuro puede pedir al paciente que imagine que se encuentra con turbulencias moderadas o que el avión aborta el intento inicial de aterrizaje y tiene que intentarlo una segunda vez.

Visualizar el futuro como una película

Algunas fobias específicas implican la confrontación sencilla y sin anticipar con la situación fóbica, como en la fobia a morir atragantado descrita antes. Otras fobias específicas requieren planificación y una serie de fases como las fobias médicas o la fobia a volar. En el caso de fobias a situaciones que requieren planificación por adelantado, una plantilla de futuro sencilla de una única escena quizás no descubra la ansiedad residual. A fin de garantizar la resolución completa de todos los aspectos de esas fobias, puede pedir a los pacientes que visualicen todas las fases de las situaciones objetivo para sus objetivos de tratamiento.

Esta película mental debería tener una serie de escenas que cubran todas las acciones que requieran que el paciente afronte situaciones previamente evitadas o que provoquen ansiedad. Los pacientes pueden visualizar esta serie de escenas con los ojos abiertos o cerrados, lo que les permita visualizarlas mejor. Enséñeles de antemano a sentir si siguen experimentando cualquier parte de su situación futura imaginada como perturbadora. De ser así, pídales que hagan una pausa en ese punto para describir brevemente el aspecto perturbador y en qué parte del cuerpo lo sienten. A continuación suminístreles más estimulación bilateral hasta que la perturbación desaparezca y pídales que reanuden la visualización hasta que puedan imaginar todas las facetas de la situación futura sin más perturbación. Por último, pídales que revisen esa "película mental" positiva del futuro y que piensen en su creencia preferida al mismo tiempo que se suministra más estimulación bilateral hasta que los pacientes indiquen un VoC de la plantilla de futuro de 7.

Evaluar y responder a los comentarios de la exposición en vivo

Llegados a este punto, los pacientes tienen que hacer planes concretos para la exposición en vivo, que garantiza que los pacientes logran sus objetivos de tratamiento brindando oportunidades para descubrir y dominar cualquier ansiedad residual, además de consolidando las ganancias realizadas durante el reprocesamiento en la consulta. Se debe enseñar a los pacientes a autocontrolar su nivel de confort o de ansiedad con cada una de las fases del plan para que puedan informar de sus ganancias y de cualquier problema residual que pueda aparecer durante la exposición en vivo. De hecho, la exposición en vivo puede llevar a descubrir problemas significativos que se beneficiarían de más reprocesamiento. A continuación puede seleccionar los estímulos actuales adecuados o los sucesos pasados como objetivos de reprocesamiento. En la mayoría de casos, la misma exposición en vivo permitirá la resolución directa de cualquier ansiedad residual que aparezca.

Resumen

Los informes de casos publicados indican que el tratamiento con EMDR de las fobias específicas parece ser muy prometedor como tratamiento efectivo para pacientes con fobias de origen traumático (De Jongh y Ten Broeke, 2007; De Jongh et al., 1999; Schurmans, 2007; Shapiro, 2004). Se trata de pacientes que suelen tener los niveles de ansiedad más elevados y esos informes de casos sugieren que el tratamiento con EMDR proporciona el mismo tipo de efectos de tratamiento eficaces –rápidos– para fobias de origen traumático observados en el tratamiento del TEPT. Además, los informes coinciden con los resultados de estudios controlados, repetidos y extendidos que apuntan a que el EMDR es un tratamiento efectivo para pacientes con síntomas de TEPT totales y parciales después de exposición traumática (Bisson y Andrew, 2007; van Etten y Taylor, 1998; Wilson, Becker y Tinker, 1997).

Estudios conductuales de exposición muestran que los pacientes con niveles elevados de ansiedad fóbica parecen beneficiarse más de la distracción durante la exposición que de una condición puramente centrada en la exposición (Johnstone y Page, 2004; Oliver y Page, 2008; Penfold y Page, 1999). El método EMDR es, en parte, una técnica que incorpora intrínsecamente la distracción como parte de su condición de atención dual. Así pues, es razonable lanzar la hipótesis de que el reprocesamiento con EMDR acabará siendo un componente efectivo en el tratamiento de fobias no traumáticas y también de las de origen traumático.

Los planes de tratamiento con EMDR para pacientes con fobias específicas comparten varias similitudes con los planes de tratamiento para el TEPT. Ambas series de planes de tratamiento siguen el modelo básico de ocho fases con registro del historial, desarrollo de un plan de tratamiento, preparación del paciente y reevaluación. Por su parte el reprocesamiento se aplica secuencialmente en una serie de sesiones de tratamiento siguiendo la secuencia de tratamiento estándar, que a su vez se centra en objetivos del pasado, después del presente y por último del futuro. Los objetivos del pasado se tratan en secuencia, empezando por los agentes de estrés de antecedentes –cuando los hay– después con la primera exposición fóbica, a continuación la peor experiencia fóbica o una representativa y por último experiencias fóbicas más recientes. Solamente cuando los objetivos del pasado han dejado de perturbar el reprocesamiento pasa a las señales externas e internas actuales que siguen siendo fuentes de ansiedad fóbica. Para terminar, se aplica reprocesamiento al ensayo mental de la exposición en vivo futura. Sin embargo, una diferencia fundamental de los planes de tratamiento para pacientes con TEPT es que cuando se trata a pacientes con fobia específica la reevaluación es posterior a la exposición en vivo. Ésta deberá incluirse como parte de un plan de tratamiento completo para aplicar EMDR a fobias específicas y garantizar y confirmar la consolidación y la generalización de las ganancias de tratamiento de las sesiones de reprocesamiento.

14 Tratar el trastorno de pánico

Resumen

En este capítulo examinaremos cuestiones adicionales que deben tomarse en consideración al aplicar EMDR para el tratamiento de individuos que sufren un trastorno de pánico (TP) y un trastorno de pánico con agorafobia (TPA). Revisaremos la literatura existente sobre tratamientos efectivos para el TP y el TPA y nos centraremos en las terapias cognitivas y conductuales, la farmacoterapia y el método EMDR. Veremos informes de casos y estudios controlados sobre la aplicación de EMDR al TP y al TPA para considerar qué lecciones podemos extraer de los mismos que guíen a los terapeutas de EMDR. A continuación procederemos paso a paso por dos modelos de plan de tratamiento para utilizar EMDR para el tratamiento del TP y del TPA; uno para casos más simples de TP sin agorafobia ni otros trastornos concurrentes, y el otro para casos más complejos de TPA o TP con trastorno de ansiedad generalizada, trastorno de personalidad evitadora y otros trastornos de ansiedad o de eje II concurrentes. Después, en el capítulo 15, revisaremos los resúmenes de los casos de dos pacientes tratados con EMDR para TP. El primero, un estudiante de instituto con TP y el segundo, el inicio de un trastorno de despersonalización tras un accidente de automóvil en un caso de TP preexistente.

Trastorno de pánico con y sin agorafobia

Las personas que sufren de TP experimentan periodos de ansiedad extrema acompañados de intenso malestar somático y cognitivo. Esos episodios pueden ser tan breves como de 1 a 5 minutos, aunque lo más común es que se extiendan por un periodo de unos 10 minutos. Algunos pacientes experimentan episodios de pánico que pueden durar una hora o más con altibajos. La sintomatología del pánico incluye palpitaciones, sudores, temblor o tiritones, sensación de que falta el aire, sensación de asfixia, dolor o malestar en el pecho, náusea o dolor abdominal, mareo o ligero dolor de cabeza, desrealización o despersonalización, miedo a perder el control o a "volverse loco", miedo a morir, hormigueo y escalofríos o sofocos. Los episodios iniciales de pánico normalmente se perciben igual de amenazantes para la vida que otras experiencias que cumplen con los criterios A de trastorno por estrés postraumático ([TEPT]; American Psychiatric Association, 2000). De hecho, los episodios iniciales de pánico son causa común de visita al servicio de urgencias del hospital, donde por lo general se evalúan como ataques al corazón potenciales, con lo que consumen recursos que deberían destinarse a aquellos pacientes con enfermedades médicas (Fleet et al., 1996).

A fin de ajustarse a los criterios del TP, los ataques de pánico deben ser recurrentes y en principio tienen que ser inesperados, en lugar de estar vinculados a situaciones específicas como en el caso de la fobia específica o la fobia social. Posteriormente, los individuos pueden llegar a esperar los ataques de pánico en situaciones en las que han ocurrido previamente. Esta expectación puede originar evitación de esas situaciones y de ahí que esté asociada con el desarrollo de agorafobia –miedo a tener pánico en situaciones en las que escapar puede ser difícil. Las situaciones pueden incluir puentes, transporte público, aglomeraciones y colas de personas. En los casos de agorafobia extrema, los individuos pueden no querer salir de sus casas. Cerca del 2,7% de las personas mayores de 18 años experimentan TP cada año (Kessler, Chiu, Demler y Walters, 2005) y cerca de una de cada tres con TP de la población general desarrolla agorafobia (National Institute of Mental Health, 2008). Sin embargo, en el ámbito clínico, la tasa de agorafobia es considerablemente superior (American Psychiatric Association, 2000).

Evolución longitudinal y relación de la agorafobia y el trastorno de pánico

El *Baltimore Longitudinal Study of Panic and Agoraphobia* (Bienvenu et al., 2006, pág. 436) confirmaba que "los ataques de pánico espontáneos y básicos (especialmente los frecuentes, i.e. trastorno de pánico DSM III) eran potentes predictores del nuevo comienzo de agorafobia" pero también indicaba que "la agorafobia básica sin ataques de pánico espontáneos también vaticinaba el inicio de un trastorno de pánico". Bienvenu et al. (2006, pág. 436) "... sugieren que el DSM-V debería dejar de enfatizar en la relación causal unidireccional implícita del pánico espontáneo a la agorafobia y volver a convertir a ésta última en un diagnóstico independiente, como en la CIE-10 (Organización Mundial de la Salud, 1993)" y que "los terapeutas deberían tener en mente que agorafobia sin pánico parece ser por lo menos un marcador de riesgo de trastorno de pánico de inicio posterior" (pág. 437).

Tratamientos para el trastorno de pánico

La investigación en materia de tratamientos para el TP, con o sin agorafobia, se ha centrado en los enfoques de la terapia farmacológica y de la terapia cognitivo-conductual (CBT), que por lo general se consideran tratamientos efectivos (American Psychiatric Association, 1998; Sturpe y Weissman, 2002). Los agentes bloqueadores de la recaptación de serotonina (SSRIs), los antidepresivos tricíclicos (TCAs) y las benzodiazepinas parecen ser equivalentes en cuanto a eficacia para este trastorno (Campbell-Sills y Stein, 2006). El uso de las benzodiazepinas "cuando resulta necesario" en lugar de con una pauta regular se ha relacionado con resultados CBT más pobres (Westra, Stewart y Conrad, 2002). Mientras que las benzodiazepinas pueden proporcionar ventajas ligeramente más rápidas, se ha visto que los pacientes a los que se les suministran SSRIs solamente logran "atraparlos" en unas pocas semanas.

Por otra parte, una proporción significativa de pacientes considera los efectos secundarios de las benzodiazepinas y los SSRIs inaceptables. El tratamiento con benzodiazepinas se asocia con sedación, coordinación reducida, discapacidades cognitivas, mayor propensión a sufrir accidentes y desarrollo de dependencia. Además, al disminuir la dosis a veces se producen ataques de pánico rebote (Watanabe, Churchill y Furukawa, 2007). El tratamiento con SSRIs por lo general se tolera bien, pero se asocia a varios efectos secundarios como náuseas, somnolencia, dolor de cabeza, crujir de dientes, sueños muy nítidos y extraños, mareos, alteraciones del apetito, pérdida o ganancia de peso, cambios en la función sexual, aumento de la depresión o la ansiedad, temblores, disfunción autónoma con hipotensión ortostática, aumento o reducción de la sudoración, ideas o intentos suicidas y desencadenamiento de episodios maníacos (Cohen, 2004). La combinación de CBT más SSRI ha resultado ser más efectiva que ningún otro tratamiento solo en fase temprana de TP o TPA; sin embargo, esa combinación produce más abandonos que la terapia sola debido a los efectos secundarios del SSRI (Furukawa, Watanabe y Churchill, 2006).

Se ha demostrado que la CBT es por lo menos igual de efectiva que las farmacoterapias de primera línea (Campbell-Sills y Stein, 2006). Tanto la exposición interoceptiva –inducir deliberadamente los síntomas fisiológicos de pánico– como la terapia cognitiva parecen igual de efectivas para el tratamiento del TP sin agorafobia (Arntz, 2002). Además se ha demostrado que tanto el tratamiento de control del pánico como la exposición en vivo logran reducir los miedos relacionados con el pánico y la agorafobia (Craske et al., 2002). Otras terapias que requieren un contacto mínimo con el terapeuta, como la biblioterapia, la exposición indirecta administrada por ordenador, la solución de problemas y la terapia administrada por ordenador han demostrado algunos resultados positivos para el tratamiento de los síntomas de pánico. Sin embargo, los pacientes con agorafobia parecen necesitar exposición iniciada por el terapeuta; véase un resumen en Newman, Erickson, Przeworski y Dzus (2003).

Limitaciones de los tratamientos existentes

La CBT ha sido ampliamente reconocida como un tratamiento efectivo para el TP aunque son pocos los estudios que han examinado hasta ahora la estabilidad de esa efectividad en el tiempo. Si bien algunos pacientes se recuperan tras un tratamiento breve, parece que la mayoría necesita un tratamiento adicional prolongado (de Beurs, van

Balkom, Van Dyck y Lange, 1999). Curiosamente, y aunque parezca que la CBT y la terapia farmacológica sean prácticamente igual de efectivas, su combinación parece dar lugar a un mayor riesgo de recaída tras dejar la CBT (Barlow, Gorman, Shear y Woods, 2000). Un seguimiento de cinco años de estudios de terapia farmacológica indica que sólo el 45% de los pacientes tratados logró una remisión total (Woodman, Noyes Jr, Black, Schlosser y Yagla, 1999). Ost, Thulin y Ramnerö (2004) averiguaron que añadir CBT a la exposición no parecía proporcionar ningún beneficio adicional. Además observaron que "todavía hay mucho campo para desarrollar más métodos de CBT para el TPA [trastorno de pánico con agorafobia] porque solamente el 60% de los pacientes tratados en ensayos controlados aleatorios publicados desde 1990 han logrado una mejora clínicamente significativa" (pág. 1.106).

No todos los pacientes toleran igual de bien la CBT y la exposición, y la tasa de abandono es del 24% para la exposición (Marks, Kenwright, McDonough, Whittaker, O'Brien y Mataix-Cols, 2004) y del 26% para la CBT (Bakker, van Dyck, Spinhoven y van Balkom, 1999). Los estudios también sugieren que los pacientes más gravemente afectados por el TPA son más proclives a rechazar o a abandonar esos tratamientos (Hunt, 2000). Las razones de esos resultados limitados en los estudios de CBT y terapia farmacológica no quedan claras en esos artículos, pero han sido analizadas por algunos de los autores de estudios e informes de casos de EMDR y las veremos en la siguiente sección. Como veremos, parte de la explicación puede encontrarse a través del modelo AIP si se examina la etiología y la función de los síntomas de pánico en el contexto de las historias vitales de los pacientes con TP y TPA.

Estudios sobre el tratamiento con EMDR del trastorno de pánico

Los estudios sobre el tratamiento con EMDR del TP y del TPA son considerablemente más limitados que para el tratamiento del TEPT. Existe una serie de casos tempranos (Goldstein y Feske, 1994), cuatro informes de casos individuales (Fernández y Faretta, 2007; Goldstein, 1995; Nadler, 1996; Shapiro y Forrest, 2008) y dos estudios controlados (Feske y Goldstein, 1997; Goldstein, de Beurs, Chambless y Wilson, 2000).

La primera serie de casos de trastorno de pánico de Goldstein y Feske (1994)

Goldstein y Feske publicaron la primera serie de siete casos de TP en 1994. Cinco de sus pacientes también reunían los criterios de agorafobia. Además, la mayoría tenían trastorno de ansiedad generalizada comórbido o fobia específica. Su fundamento para el estudio de la aplicación del método EMDR al TP se basaba en la siguiente observación:

Los pacientes que sufren de pánico casi siempre indican que los episodios de pánico tempranos han sido traumáticos y que los síntomas posteriores son, en cierto modo, como los experimentados por las víctimas de TEPT. Dado que los terapeutas cognitivo-conductuales (p.ej. Beck y Emery, 1985; Goldstein y Chambless, 1978) consideran el miedo a los ataques de pánico como el núcleo del trastorno de pánico, nos interesamos por analizar los efectos posibles del método EMDR para recuerdos relacionados con el pánico en el estado clínico de pacientes con trastorno de pánico (pág. 353).

Goldstein y Feske utilizaron datos de autoaplicación estándares y registros diarios de automonitorización. El tratamiento consistió en una sesión de 60 minutos para la planificación del tratamiento y cinco sesiones de EMDR de 90 minutos cada una. El segundo autor, que acababa de recibir formación en EMDR, fue el encargado de suministrar todas las sesiones. Se aplicó reprocesamiento con EMDR estándar a objetivos como el primer y el peor episodio de ataque de pánico, sucesos vitales relacionados con el pánico y ataques de pánico anticipados. Según los científicos, los siete pacientes experimentaron una disminución del miedo a los ataques de pánico y ganancias conductuales con ausencia de más ataques de pánico o un descenso en la frecuencia de los mismos. Las mayores ganancias fueron en dos pacientes con agorafobia.

A los autores les sorprende que esas ganancias se produjeran en ausencia de cambios consistentes en las cogniciones relacionadas con el pánico, algo que normalmente se espera en el tratamiento cognitivo-conductual del pánico (Chambless y Gillis, 1993). También destacan una variabilidad considerable en el contenido de las escenas de los pacientes, algunos de los cuales se centraban exclusivamente en episodios de pánico pasados y futuros y sensaciones físicas solamente, mientras que otros se asociaban a sucesos anteriores al inicio de sus ataques de pánico. Esos otros sucesos a menudo eran recuerdos de la infancia con temas como falta de confianza, desamparo y soledad profunda. Aunque esas diferencias observadas podrían reflejar variaciones aleatorias en el estilo de reprocesamiento, es posible que reflejen contribuciones distintas de carencias vitales tempranas sobre si los pacientes desarrollan formas complejas de TPA con trastornos concurrentes de ansiedad y del estado de ánimo. Goldstein y Feske concluyen que sus resultados sugieren que la "EMDR podría ser un tratamiento potente para el trastorno de pánico" (pág. 360). Además destacan que ninguno de los pacientes tratados en su estudio se consideraba "curado" después de cinco sesiones de EMDR –lo que implica que se necesitan más de cinco sesiones para lograr la solución completa de un trastorno de pánico con agorafobia– y solicitan un estudio controlado.

Romper las barreras de la recuperación – Goldstein (1995)

En 1995 Goldstein hizo un seguimiento de la serie de casos con un artículo fundamental en el que analizaba las limitaciones de los tratamientos cognitivo-conductuales existentes para el TP y el TPA. Proponía que una teoría de red de significado cognitivo-afectivo, junto con EMDR, ofrecía una manera de entender y de acabar con las "barreras de la recuperación" para el TP y el de TPA. También afirmaba que "la terapia conductual con exposición a las situaciones temidas reducía la conducta evitadora para sólo cerca del 50% de los pacientes con agorafobia" (pág. 83) y citaba un análisis de Chambless y Gillis (1994) que indicaba una tasa de mejora media del 58%, y que solamente el 27% de los participantes en la exposición finalizaba el tratamiento con poca o sin conducta agorafóbica residual. Por su parte, la revisión actual de los tratamientos de CBT existentes para TP y TPA del principio de este capítulo indica que se lograron pocas ganancias en la década posterior al estudio de Goldstein de 1995.

"Saber desde el corazón": el Esquema de significado implicacional de Teasdale y Barnard

Goldstein decía que se sabía muy poco acerca de las barreras a más ganancias de tratamiento y sugería que la depresión comórbida y el trastorno de personalidad evitadora podían desempeñar un papel. Propuso que las barreras a más ganancias podían entenderse y superarse con una teoría de red de significado cognitivo-afectivo basada en el trabajo de Teasdale y Barnard (1993), junto con EMDR. El modelo de redes asociativas de Teasdale y Barnard tiene muchas similitudes sorprendentes con el modelo AIP de Shapiro (2004). Además, ambos modelos se basan en el trabajo anterior de Bower (1981). Teasdale y Barnard proponen que los patrones cognitivos, emocionales, físicos y de conducta y los recuerdos almacenados conforman una red asociativa en la que todos los componentes están conectados entre sí y pueden desencadenar la activación de parte o de toda la red. Las redes asociativas de Teasdale y Barnard incluyen algunos elementos de la "red del miedo" descrita por Foa y Kozak (1986) y por Lang (1977), de la que existe una hipótesis que apunta a que está afectada por el tratamiento cognitivo-conductual. Las redes de miedo y su relación con el AIP se abordan en los capítulos 1 y 2.

Además Teasdale y Barnard proponen que un "esquema de significado implicacional" (ESI) –una manera de "saber desde el corazón"– surge de esa red asociativa y no lo hace como respuesta a las intervenciones cognitivo-conductuales porque el ESI no se basa en la lógica. Al hablar del trabajo de Goldstein utilizaré el término ESI –como hace el mismo Goldstein– y el término *red de recuerdos inadaptativos* de EMDR indistintamente, uso que no aparece en el artículo de Goldstein. Asumo la responsabilidad por toda distorsión que ello pueda suponer para las conceptualizaciones de los modelos de Teasdale y Barnard, Goldstein y Shapiro (2004).

Mientras que la exposición es capaz de reducir la respuesta a algunas señales de amenaza de la red de miedo, según Goldstein, ni la exposición ni las intervenciones cognitivas, como la discusión y la interpretación, parecen afectar a la red de recuerdos inadaptativos en casos de TPA resistentes al tratamiento. En cambio, Goldstein propone que hacen falta "intervenciones que provoquen afectos" y que "EMDR nos proporcionará una intervención [así]" (Goldstein, 1995, pág. 85).

Goldstein también observa que a medida que los pacientes con TPA experimentan progresos iniciales en el tratamiento, a menudo indican una mayor sensación de que detrás de sus síntomas de ansiedad se esconde "una intensa sensación de aislamiento" (1995, pág. 86). También indica que tienen un profundo terror a esta experiencia emocional y que los aspectos más leves de ese terror al aislamiento pueden abordarse con ayuda y CBT pero que cuando es más intenso, sólo se puede progresar si se accede a la ESI y se altera. Para Goldstein puede ser algo difícil de conseguir por dos razones, una que tiene que ver con el paciente y la otra con el terapeuta.

Ataques de pánico que pueden persistir durante horas

En primer lugar Goldstein observa que estos pacientes parecen haber desconectado o disociado las experiencias formativas del componente afectivo de la red de recuerdos inadaptativos. Cuando la red de recuerdos inadaptativos de esas experiencias formativas se activa, los pacientes pueden entrar en un estado similar al de un ataque de pánico que se alarga durante horas. Dado que durante esos episodios prolongados por lo general no se accede a los recuerdos formativos asociados, los pacientes con TPA se quedan sin explicación alguna del recurso de esos sentimientos de terror. En cambio "atribuyen esos sentimientos a la locura, a un trastorno bioquímico o a signos de alguna enfermedad" (Goldstein, 1995, pág. 87).

En segundo lugar, es posible que los terapeutas sean incapaces de tolerar la intensidad afectiva generada cuando los pacientes con TPA acceden a sus problemas centrales. En la línea de los principios de recuerdo específico de estado de Bower (Bower, 1981) y del AIP de Shapiro (2004), Goldstein indica que el cambio de la red de recuerdos inadaptativos sólo puede ocurrir cuando se está accediendo a la misma. Y cuando eso ocurre, los terapeutas pueden tener sentimientos encontrados entre el objetivo de ayudar al paciente a aprender a tolerar y resolver el material de la red de recuerdos inadaptativos y el impulso de hacer algo para aportar un cambio positivo inmediato en el estado del paciente. Por desgracia, ese impulso puede tener como consecuencia sacar al paciente de la red de recuerdos inadaptativos. El resultado de esas intervenciones equivocadas es cambiar el estado del paciente antes de que haya finalizado el reprocesamiento de la red de recuerdos inadaptativos. Goldstein sugiere que los terapeutas menos experimentados a menudo se ven tentados de alejarse de ese material problemático antes de que se solucione.

Por último Goldstein propone que las experiencias formativas de esta red de recuerdos inadaptativos implican una "inversión temprana del rol padre-hijo" que los pacientes con TPA suelen indicar (Goldstein, 1995, pág. 87). Goldstein propone varios ejemplos de inversión del rol padre-hijo en los que los niños obtienen reconocimiento primero por cubrir las necesidades de un padre o madre incapacitado, mientras que sus propias necesidades de crianza y seguridad tienden a quedar descubiertas. Incluyen el cuidado de un padre maltratador, o que sufre agorafobia, alcoholismo o cualquier otra enfermedad física o mental. Cuando sus padres eran personas incapacitadas, esos pacientes con TPA se habían convertido en los principales cuidadores de sus propios hermanos a muy temprana edad, mientras que sus necesidades en materia de atención, reconocimiento y validación como persona aparte quedaban desatendidas. Goldstein remite a sus lectores a la obra de John Bowlby (1973), que analiza el rol de las cuestiones de apego en el desarrollo de la agorafobia.

La descripción de Goldstein de la ausencia de asociación entre los estados prolongados de angustia, terror y miedo a la soledad de los pacientes con TPA y sus experiencias infantiles de inversión del rol padre-hijo como disociación sugiere que deberíamos analizar el TPA bajo la lente del modelo de disociación estructural como van der Hart, Nijenhuis y Steele (2006) sugieren que veamos el TEPT. La afirmación de Goldstein de que debemos considerar los problemas de apego inseguro no resueltos como algo subyacente a las barreras a las ganancias de tratamiento en casos más complejos de TPA va en paralelo con mis afirmaciones (Leeds, 2001) de que la teoría del apego aporta una base para la conceptualización de casos de EMDR para TEPT complejos o DESNOS.

Parece que esos estados prolongados de angustia, terror y miedo a la soledad en pacientes con casos complejos de TPA reflejan redes de recuerdos inadaptativos estructuralmente disociadas de experiencias no resueltas, preverbales e infantiles de falta de sintonía crónica, como describen Schore (1994, 1996, 1997, 2003a, 2003b) y otros (Dozier, Stovall y Albus, 1999; Solomon y George, 1999). Esta conceptualización refuerza la conceptualización de que una exposición prolongada a una falta de sintonía en los primeros años de vida con un apego inseguro –desorganizado– deberá considerarse como base contribuyente a la aparición de casos de TPA complejos. Esta idea nos lleva al fundamento de considerar el método EMDR como el enfoque para casos de TPA complejo con el que acceder y resolver problemas hipotéticos con la ESI –red de recuerdos inadaptativos– descrita por Teasdale y Barnard (1993) que no responden ni a la exposición ni a la CBT.

Deberíamos tener presentes las observaciones de Goldstein sobre los problemas que tienen los terapeutas a la hora de tolerar los estados afectivos intensos de los pacientes cuando tratan casos de TPA complejos. De hecho, esos profesionales tienen que ser conscientes de que sus impulsos para aliviar rápidamente el malestar del paciente –o el suyo propio– pueden hacer que el paciente salga prematuramente de unos estados emocionales intensos y mal tolerados, haciendo que el material central de la red de recuerdos inadaptativos se solucione de forma incompleta. Por otro lado, los terapeutas no tienen que presionar necesariamente a los pacientes con TPA para que aborden el material central de la red de recuerdos inadaptativos en las sesiones iniciales de reprocesamiento con EMDR. La mayoría de pacientes con TPA necesitarán una amplia preparación inicial y una cuidada selección de la secuencia de objetivos de reprocesamiento que cree dominio y ganancias sintomáticas antes de abordar ese material central. Goldstein ilustra su conceptualización de TPA complejo con el informe del caso de la Sra. C. En el transcurso de unas 25 sesiones aproximadamente, suministró una amplia preparación con psicoeducación de la ansiedad y la evitación, formación de habilidades de afrontamiento, varias sesiones de exposición interoceptiva, 12 sesiones de exposición en vivo guiada de conducción en coches separados para ampliar las actividades independientes, y 9 sesiones de reprocesamiento con EMDR.

De todos modos, en los resúmenes de las sesiones que aporta Goldstein no queda claro en qué medida las ganancias del tratamiento fueron resultado de la exposición, del reprocesamiento con EMDR, de la formación en asertividad o de la relación terapéutica ya que todos esos elementos del tratamiento se solaparon y se alternaron. Al parecer muchas de las sesiones de reprocesamiento con EMDR fueron incompletas con un uso limitado de entretejidos. Y parece ser que la selección de objetivos no seguía una secuencia predeterminada, sino que tendía a seguir el material que iba surgiendo. En el caso de TPA sorprendentemente similar de Adriana que se describe más adelante en este resumen de publicaciones, Fernández y Faretta (2007) hablan de unas ganancias de tratamiento estables en aproximadamente el mismo número total de sesiones de tratamiento, pero sin necesidad de incorporar exposición interoceptiva o en vivo. Todo apunta a que puede deberse a su mayor confianza en su capacidad de acceder y reprocesar las redes de recuerdos inadaptativas formativas sin necesidad de recurrir a la exposición en vivo y a un sentido mejor desarrollado de selección de objetivos y de secuenciación con una conceptualización del caso basada firmemente en el modelo AIP.

Tratamiento EMDR psicodinámicamente informado del trastorno de pánico

Nadler (1996) presenta un único informe de caso de una mujer de casi 30 años a la que se refiere como "Sara", en el que resume aspectos de tratamiento con EMDR de su TP y donde considera ese TP desde un punto de vista conductual y psicodinámico. Dos sesiones de reprocesamiento con EMDR parecieron aliviar los ataques de pánico de Sara y redujeron su ansiedad anticipatoria. Nadler reconoce las contribuciones y las limitaciones de los enfoques cognitivo y conductual en el desarrollo de tratamientos estructurados que puedan ser efectivos en "de 7 a 15 sesiones pero con indicaciones de ansiedad anticipatoria considerable y un subgrupo definitivo de pacientes con un nivel de cambio mínimo o bajo (Barlow, 1994; Clark, 1994; Klosko, Barlow, Tassinari y Cerny, 1990; Telch et al., 1993)". Además considera los problemas de ansiedad por separación y apego como centrales para la etiología psicodinámica del TP (Bowlby, 1973; Nemiah, 1984; Shear, Cooper, Klerman, Busch y Shapiro, 1993) y también comenta el contraste entre la amplia formación necesaria para aplicar la psicoterapia dinámica breve intensiva (ISTDP) (Davanloo, 1989a, 1989b) y las grandes posibilidades del EMDR para obtener rápidamente material que contribuya y que esté asociado de problemas infantiles de los pacientes con mucha menos formación necesaria.

El enfoque de Nadler al tratamiento en este caso de pánico fue centrarse inicialmente en una experiencia reciente de sentirse mareado y a continuación sentir pánico. No se incluye ni indicación ni descripción de una fase de preparación. Sara seguía viviendo con su padre 20 años después de la muerte de su madre, con un trabajo que detestaba y que había aceptado por la insistencia de éste. Nadler indica que durante el reprocesamiento con EMDR Sara asoció rápidamente sentimientos de tristeza a la muerte de su madre después de una "enfermedad deterioradora" cuando era niña. Surgieron sentimientos profundos de ira por sus necesidades infantiles de consuelo no cubiertas y de rabia por las expectativas infantiles de su madre de que fuera "perfecta y adulta", que se redujeron en intensidad de un SUD de 9 a 1 en una sola sesión. No se indica ni reevaluación ni más reprocesamiento de ese recuerdo diana u objetivo.

Una segunda sesión de reprocesamiento con EMDR se centró en "sensaciones extrañas" residuales en el trabajo y en la que surgió la insatisfacción de la paciente con su trabajo junto con ira hacia su padre que estaba a punto de volver a casarse. Ella había intentado agradar a su padre aceptando un trabajo que detestaba. Ganó introspección de sus síntomas recientes como una llamada de atención hacia su padre para que cuidara de ella ya que de niña aprendió que los síntomas de estar enferma eran "la única manera fiable de conseguir atención". La paciente decidió ser más directa a la hora de expresar sus sentimientos a su padre y tomar acciones para mejorar su situación vital.

Nadler indica "contacto ocasional" con Sara en los 6 meses posteriores. De hecho, indica que siguió sin sufrir pánico pero que de vez en cuando sufría un impulso de ansiedad sobre sentimientos no identificados. Entonces se le aplicó más reprocesamiento con EMDR, que dio lugar al desarrollo de los conflictos crecientes con su madrastra y a darse cuenta de la necesidad de abandonar la casa y vivir por su cuenta. Nadler también comenta los dos tipos de respuestas al reprocesamiento con EMDR en casos de TPA descritos anteriormente por Goldstein y Feske (1994).

> Como descubrieron Goldstein [y Feske], algunos pacientes experimentan desensibilización y la alteración de cogniciones catastróficas sin que surjan problemas dinámicos subyacentes, mientras que otros generan recuerdos de traumas o perturbaciones previos. En nuestra clínica también me he encontrado con pacientes con TPA que no generaron recuerdos sino que se relajaron profundamente con una alteración de las creencias catastróficas. (Nadler, 1996)

Nadler no ofrece ninguna hipótesis concreta para explicar esos dos tipos de respuestas al reprocesamiento con EMDR, ni comenta la necesidad potencial de preparar a los pacientes con casos más complejos de TPA para la intensidad del material que pueda surgir con el reprocesamiento con EMDR.

Shapiro y Forrest: trastorno de pánico en un caso de pérdida traumática no resuelta

Shapiro y Forrest (2008, pág. 175-184) describen el caso de Susan, una mujer que había sufrido miedo a las tormentas toda la vida, y que tuvo su primer ataque de pánico mientras estaba sentada en casa con su segundo marido escuchando la ventisca de fuera 6 años después de la trágica muerte de su primer marido en un tornado. Cuando empezó el ataque de pánico, probó el tratamiento con biorretroalimentación y un programa intensivo de 30 días de reducción del estrés, pero sin éxito. También conoció a una terapeuta con formación en EMDR, Beverly Schoninger, que le suministró dos sesiones de preparación y de planificación del tratamiento y tres sesiones de 90 minutos de reprocesamiento con EMDR. En esas sesiones de reprocesamiento logró completar un proceso de luto por su primer marido, trabajar su culpabilidad irracional por el tornado que acabó con la vida de ese éste, y desensibilizar las señales de amenaza que asociaba con las tormentas. Este informe de caso narrativo y nítido sugiere que el tratamiento breve con EMDR para TP puede funcionar correctamente pero no aporta medidas estándares ni información de seguimiento acerca de la estabilidad de los efectos del tratamiento.

Fernández y Faretta (2007): resolver la ansiedad por separación en un caso de trastorno de pánico con agorafobia

Fernández y Faretta (2007) describen el caso de una mujer de 32 años, Adriana, tratada con EMDR para un trastorno de pánico con agorafobia (TPA) que había empezado cuando tenía 20 años. Los ataques de pánico de Adriana tenían lugar cuando iba conduciendo sola y dieron lugar a la evitación de conducir sola. Sus síntomas de pánico incluían sensación de asfixia, taquicardia y sudoración, sentimiento de debilidad, hormigueo en las manos, temblor de las piernas, problemas de visión y miedo a morir. La agorafobia había evolucionado en los 8 años anteriores e incluía la evitación de lugares de los que podría ser difícil escapar o recibir ayuda, como atascos, centros comerciales y ascensores. También empezó a tener miedo a estar sola, incluso en casa, y tenía que estar acompañada constantemente.

Su historial desveló varios sucesos tempranos que contribuían al trastorno, además de sucesos etiológicos recientes, que se abordaron en un completo plan de tratamiento. Algunos de ellos eran que los padres la habían enviado a vivir con los abuelos durante un periodo de tiempo prolongado cuando ella tenía pocos meses de edad debido a sus horarios de trabajo. Los padres la visitaban por la noche y Adriana regresó a vivir con ellos a los 8 años, cuando la madre estaba embarazada de su hermano. Y el día de su nacimiento, se quedó encerrada en un ascensor. Además, en ese mismo año hubo un episodio de allanamiento del domicilio familiar breve, pero aterrador. Años después, su primer ataque de ansiedad estuvo asociado con un episodio de intoxicación por cannabis. Y el primer ataque de pánico mientras conducía se produjo poco después de una apendicetomía. Adriana anotaba a diario datos conductuales sobre la frecuencia, la gravedad, la duración y los detonadores de los ataques de pánico, además de quién estaba con ella. Fernández y Faretta (2007) indican que Adriana recibió un total de 30 sesiones de tratamiento; seis de ellas se dedicaron al registro del historial y a la preparación. Esa fase inicial fue seguida de 12 sesiones de reprocesamiento con EMDR de objetivos seleccionados de sucesos pasados y detonadores. Después se dedicaron tres sesiones al reprocesamiento con EMDR del ensayo de conductas futuras. Por último hubo nueve sesiones adicionales en las que se revisaron los resultados de la fase de tratamiento activo. Se recogieron datos de seguimiento postratamiento a los 3 meses, a los 6 meses y al año. Esos datos de seguimiento confirmaron que Adriana había logrado lo siguiente:

- Eliminar la ansiedad y los ataques de pánico.
- Eliminar las conductas evitadoras.
- Establecer un funcionamiento independiente mediante la capacidad de estar sola y conducir.
- Solucionar los síntomas agorafóbicos.
- Introspección y comprensión de los síntomas y las ganancias secundarias.
- Establecer una nueva percepción de ella misma que incluía un ajuste de las relaciones interpersonales y un regreso al funcionamiento de la vida cotidiana normal.

Fernández y Faretta (2007) sugieren que el resultado positivo en este caso de TPA fue fruto de varios factores fundamentales. Destacan la importancia, cuando se tratan casos de agorafobia, de proporcionar una fase de preparación amplia, y contrastan las seis sesiones de registro del historial, la creación de alianza terapéutica y la psicoeducación ofrecida a Adriana con la única sesión de historial y de preparación del estudio controlado de Goldstein et al., (2000) –que revisamos en la siguiente sección. Fernández y Faretta observan efectos de las sesiones de reprocesamiento que llevaron a la eliminación de los síntomas de pánico después de solamente cuatro sesiones. Destacan también la capacidad del reprocesamiento con EMDR de ayudar a descubrir y a solucionar sucesos clave contribuyentes y etiológicos además de experiencias de aprendizaje inadaptativas. Igual que Goldstein (1995) y Nadler (1996), prestan atención a la necesidad de identificar y aplicar el reprocesamiento con EMDR a problemas relacionados con el apego como separaciones de los padres, experiencias de aprensión parental, padres excesivamente estrictos y rigidez parental que reducen la "capacidad de explorar independientemente y de lograr confianza en uno mismo" (Parker, 1981) de los pacientes (Fernández y Faretta, 2007, pág. 50). Más adelante en este mismo capítulo, después de la revisión de la literatura existente, abordaremos la necesidad de considerar el impacto de las experiencias relacionadas con el apego en el desarrollo de la capacidad de resistencia, autocontrol y autoregulación emocional.

Fernández y Faretta hacen hincapié en el rol de "las experiencias negativas o estresantes" en la etiología del TP y en la necesidad de que los terapeutas elaboren un historial completo "para identificar y definir las experiencias que han creado una vulnerabilidad a esos síntomas" (pág. 50). Así, sugieren que los problemas de ansiedad subclínica pueden haber sido anteriores al inicio del primer ataque de pánico. "El primer ataque de pánico suele ser el clímax de una cadena de sucesos estresantes, que ocurre cuando las circunstancias vitales dejan de ser propias para escapar mediante evitación (Fava y Mangelli, 1999)" (Fernández y Faretta, 2007, pág. 50). Destacan la importancia en los casos de agorafobia de considerar cuestiones posibles de "ganancia secundaria" donde el mantenimiento de conductas evitadoras aporta un amortiguador contra el miedo al fracaso, la ansiedad por tolerar sentirse bien o la pérdida de una relación de apego muy dependiente y desequilibrada. Además, instan a los terapeutas a desarrollar planes de tratamiento basados en el protocolo EMDR estándar para fobia (Shapiro, 2004), con "una fase de preparación suficiente" y reprocesamiento con EMDR de objetivos relacionados con "(a) sucesos que establecen la base de la patología; (b) primera experiencia de miedo, ansiedad o pánico; (c) peor experiencia; (d) experiencia más reciente; (e) detonadores actuales y (f) patrones futuros" (pág. 50).

Estudios controlados: Feske y Goldstein (1997)

En 1997, Feske y Goldstein publican el primer estudio controlado de tratamiento con EMDR para TP. Todos los participantes excepto dos también reunían los criterios de agorafobia. Asignaron aleatoriamente 43 pacientes ambulatorios con TP a una lista de espera, para recibir seis sesiones de reprocesamiento con EMDR, o seis sesiones de un tratamiento de tipo EMDR son movimientos oculares que se llama "exposición y reprocesamiento con ojos fijos" (EFER). En el tratamiento EFER, los participantes miran los dedos índice y corazón del terapeuta, inmóviles a unos 30 centímetros de su cara. Los participantes de la lista de espera se asignaron más tarde a uno de los grupos de tratamiento si seguían cumpliendo los criterios de inclusión. Como veremos al examinar este estudio –subtitulado *Un estudio parcialmente desmantelador y con resultado controlado*, el diseño desarrollado por Feske y Goldstein parecía centrarse en la pregunta de en qué medida los movimientos oculares contribuyen a la efectividad del tratamiento sin considerar adecuadamente la cuestión de qué constituye un ensayo adecuado para el tratamiento con EMDR del TPA.

Los participantes eran excluidos si reunían los criterios de trastorno de personalidad, abuso de sustancias o de alcohol actual, depresión con ideas suicidas, o si tenían síntomas de depresión más graves que los de pánico, o si estaban tomando una cantidad más que especificada de benzodiazepina. Los participantes contestaron los cuestionarios objetivos estándares una semana antes del tratamiento, una semana después y tres semanas después del tratamiento. Por otro lado, también llevaron a cabo registros de autocontrol durante siete semanas de la fase de tratamiento y durante dos semanas y en el periodo de seguimiento de 3 meses.

En los grupos de tratamiento activo los participantes recibieron una sesión de registro del historial seguida de cinco sesiones de EMDR o EFER (una sesión de 2 horas y cuatro de 90 minutos) en tres semanas. A los participantes no se les ofreció ninguna otra preparación ni intervención de tratamiento como el ejercicio del lugar tranquilo/seguro, de relajación o de respiración, ni exposición en vivo. Los planes de tratamiento se centraban en objetivos de "recuerdos provocadores de ansiedad, como el primer y el peor ataque de pánico, sucesos vitales que el paciente identificaba como relacionados con el trastorno de pánico y episodios de pánico anticipado" de los pacientes (Feske y Goldstein, 1997, pág. 1028). Parece que se excluyó centrarse deliberadamente en estímulos actuales, como sensaciones corporales desagradables, para evitar técnicas similares a la exposición en vivo. También parece que no se llevó a cabo ningún esfuerzo específico para identificar ni focalizar en experiencias infantiles adversas tempranas de separaciones, traumas o interacciones estresantes con los padres.

Feske y Goldstein (1997) concluyen que el método EMDR resulta más efectivo para aliviar el pánico y los síntomas relacionados con éste que la técnica de lista de espera post-test. Comparado con el método EFER, el EMDR generó una mayor mejora de dos de las cinco medidas de resultado principales post-test. Sin embargo, en el seguimiento a los tres meses, EFER y EMDR mostraron resultados estadísticamente equivalentes. En el post-test, ocho de los participantes EMDR habían logrado un funcionamiento final medio-alto en comparación con sólo uno de los EFER y ninguno de los de lista de espera. En el seguimiento, seis de los participantes EMDR y tres de los EFER lograron un funcionamiento final medio o alto, mientras que 9 participantes EMDR y 11 EFER seguían en funcionamiento final bajo. Su debate se centra en la ausencia de diferencias en los efectos del tratamiento en el seguimiento que sugieran que el método EMDR es un tratamiento placebo o una técnica ritual con ventajas a corto plazo solamente sobre un control de lista de espera. Y aunque citan sus series de casos anteriores, Goldstein y Feske (1994), no logran citar ni discutir los resultados positivos ni las cuestiones centrales presentadas en el informe de caso de Goldstein de 1995. Así pues, omiten en su discurso la posibilidad de que no logren ofrecer un plan de tratamiento creíble basado en las cuestiones y los problemas más enfatizados del segundo autor en su artículo de sólo 2 años antes para la conceptualización de casos y la planificación de tratamientos en casos de TPA.

En comparación con los resultados positivos en casos de TAP obtenidos por Fernández y Faretta (2007), Goldstein (1995) y Nadler (1996), los resultados de Feske y Goldstein (1997) deben interpretarse con cautela para considerar el significado que tienen para la aplicación de EMDR al TPA. Mientras que Feske y Goldstein aportan buenas pruebas de la fidelidad de la técnica en sus sesiones de reprocesamiento con EMDR, parece que el plan de tratamiento general y el número de sesiones ofrecidas no logra cumplir con los estándares establecidos por los autores de los informes de caso único de éxito y sugeridos por la desarrolladora del método EMDR (Shapiro, 2004). Al parecer no ofrecieron el número de sesiones necesario para la preparación y el desarrollo de la relación y parece ser que no descubrieron ni reprocesaron redes de recuerdos inadaptativos relacionadas con experiencias infantiles adversas relacionadas con el apego o traumas. Tampoco reprocesaron estímulos actuales ni detonadores, como sensaciones físicas desagradables asociadas con los ataques de pánico –basándose en que eso implicaría exposición en vivo–, ni ayudaron a los pacientes a prepararse para situaciones futuras.

La literatura conductual sugiere que se necesitan entre 7 y 15 sesiones de terapia cognitiva o conductual para lograr resultados con una porción importante de pacientes que sufren TPA (Nadler, 1996). A partir de las descripciones y de los resultados de los informes de caso único sobre el tratamiento con EMDR del TPA citados antes, no debería sorprendernos que el diseño de estudio seleccionado por Feske y Goldstein sin sesiones preparativas y cinco sesiones solamente de reprocesamiento con EMDR resultara insuficiente para demostrar la efectividad del EMDR para casos de TPA.

Goldstein, de Beurs, Chambless y Wilson (2000)

En 2000, Goldstein et al. publican un estudio controlado de TPA que básicamente replica el de Feske y Goldstein (1997) ya que igual que estos dos últimos asignaron aleatoriamente 46 participantes a una lista de espera, EMDR o alternativa, pero sustituyeron la fijación visual (EFER) por un control de placebo creíble conocido como ineficaz para el TPA. Al final del periodo de espera, los participantes de esa lista de espera se asignaron aleatoriamente a uno de los dos tratamientos. El tratamiento de control con placebo creíble, referido como "terapia de asociación y relajación" (ART), consistía en 30-45 minutos de relajación muscular progresiva seguida de 30-45 minutos de terapia de asociación. Se sabía que ambos tratamientos eran inferiores en cuanto a efectos de la terapia cognitiva-conductual para el TPA.

Los autores reconocen que "Feske y Goldstein (1997) obtuvieron resultados positivos para la eficacia del método EMDR para trastorno de pánico con agorafobia (TPA)", pero expresan su preocupación porque "a la luz de los resultados conflictivos con resultados anteriores para el tratamiento de la fobia, estos efectos requieren replicación" (pág. 948). Las limitaciones del estudio sobre el tratamiento con EMDR de la fobia específica –en especial la fobia a las arañas– se debate en el capítulo 13. Dados los problemas significativos del estudio defectuoso sobre la fobia a las arañas y las diferencias en cuanto a naturaleza y etiología de la TPA y la fobia específica, no parece un fundamento válido para un estudio de replicación. Por otra parte, dados los resultados iniciales positivos tanto de la serie de casos no controlados de Goldstein y Feske (1994) como del estudio controlado aleatorio de Feske y Goldstein (1997), un estudio más útil hubiera comparado directamente el método EMDR con tratamiento efectivo conocido que suponga una alternativa como la terapia cognitiva o la exposición.

Goldstein et al. (2000) utilizan criterios de exclusión similares a los de Feske y Goldstein (1997) para dosis más elevadas de benzodiazepinas o cambios recientes en la medicación, para la dependencia a sustancias, para un trastorno de ansiedad comórbida más severa, o para trastornos del estado de ánimo, de pensamiento y algunos de eje II –específicamente paranoides, esquizoides, esquizotipos, antisociales o borderline. Veinte de sus participantes sufrían otro trastorno de ansiedad; tres reunían los criterios de trastorno de personalidad obsesiva-compulsiva; y cuatro, de trastorno de personalidad evitadora. Utilizaron mediciones estándares similares tales como entrevistas estructuradas, cuestionarios de autoaplicación y formularios de autoseguimiento diario. También evaluaron la integridad del tratamiento con medidas de credibilidad por parte de los participantes y puntuaciones de fidelidad de grabaciones de audio o de vídeo de las sesiones.

El tratamiento consistió en seis sesiones de 90 minutos de duración en cuatro semanas de media. La primera sesión se centró en recopilar información sobre síntomas, historial y evolución del trastorno, además de información acerca del primer ataque de pánico y el peor y de fundamentos plausibles para ofrecer el tratamiento. Así, los participantes recibieron solamente cinco sesiones de 90 minutos de tratamiento con reprocesamiento con EMDR o ART. Ningún grupo recibió el tipo de preparación o tratamiento ampliado, descrito como importante en el informe previo elaborado por Goldstein (1995) o en el posterior de Fernández and Faretta (2007). De hecho, "Durante el tratamiento, los terapeutas de ambos grupos tenían prohibido utilizar intervenciones fuera del alcance del protocolo como gestión de la ansiedad, reestructuración cognitiva, exposición en vivo y exploración de problemas intrapsíquicos" (Goldstein et al., 2000, pág. 949).

Los resultados de Goldstein et al. (2000) muestran menos ventajas del tratamiento con EMDR que las que encontrábamos en el estudio anterior de Feske y Goldstein (1997). Ello puede deberse en parte a las diferencias en cuanto a los criterios de selección, que se centran en la frecuencia de los ataques de pánico en Feske y Goldstein (1997) y en la gravedad de la agorafobia en Goldstein et al. (2000). Así pues, los participantes de Goldstein et al. (2000) sufrían de agorafobia más severa. Por su parte los autores citan varias razones por las que esos resultados más flojos no podían deberse a una metodología pobre que incluía un diseño de grupo de control aleatorio con pacientes bien diagnosticados, la utilización de un manual de tratamiento revisado y aprobado por Shapiro y terapeutas con formación en EMDR supervisados semanalmente por Alan J. Goldstein, que cuenta con amplia experiencia en el tratamiento con EMDR para casos de pánico y agorafobia. Su conclusión es que "a la luz de la disponibilidad de tratamientos con pruebas sólidas de eficacia, los resultados de esta investigación no avalan la utilización de EMDR para el tratamiento del trastorno de pánico con agorafobia" (pág. 955).

Sin embargo, deberíamos ser cautos a la hora de aceptar esta interpretación del cuidado en la recopilación de los datos en el estudio de Goldstein et al. (2000). De hecho, este estudio sufre de los mismos problemas de diseño del tratamiento que el elaborado cinco años antes por Feske y Goldstein (1995). Como ya se ha descrito antes, son los siguientes: (a) no se ofrece el número de sesiones necesarias para la preparación y el desarrollo de una relación, (b) no se descubren ni se reprocesan redes de recuerdos inadaptativos relacionados con experiencias o traumas infantiles vinculados al apego, (c) no se reprocesan estímulos ni detonadores actuales, como sensaciones físicas desagradables asociadas con los ataques de pánico –basándose en que eso implicaría exposición en vivo, y (d) no se ayuda a los pacientes a prepararse para situaciones futuras.

Como explicación de los resultados relativamente más flojos de Goldstein et al. (2000) comparados con los de Goldstein y Feske (1994) o Goldstein (1995), Goldstein afirma lo siguiente:

> ... ¿cómo pueden los clientes agorafóbicos ser diferenciados de las personas que padecen de TEPT por ejemplo, de maneras que puedan afectar el proceso y los resultados de un tratamiento con EMDR? Como posibles explicaciones podemos incluir observaciones que indican que las personas que sufren de agorafobia evitan el afecto intenso, cuentan con redes de miedo sumamente difundidas, y se les dificulta identificar con precisión las causas y efectos de sus respuestas de temor y ansiedad. Pienso que estas personas muchas veces llegan a la terapia sintiéndose abrumadas y confundidas por fuerzas que les parecen inexplicables. *Lo primero que debe hacerse en la terapia es proporcionar mucha estructura, brindarles confianza y centrar la atención en la capacidad concreta que tiene el paciente de manejar la ansiedad. Es posible que en la primera etapa de la terapia los clientes no se sientan preparados para comprometerse en un proceso que es sumamente provocativo a nivel emocional, como lo es el método EMDR.* (Shapiro, 2004, pág. 370)

El contraste de una buena fidelidad en sesiones únicas con un plan de tratamiento adecuado

Es totalmente posible ser fiel a las fases del procedimiento con EMDR estándares al reprocesar cada una de las dianas seleccionadas y no lograr ofrecer un plan de tratamiento adecuado. Es un problema general con el que se encuentran consultores reconocidos que trabajan con terapeutas que se están formando o que se acaban de formar en EMDR. Además de que todos los participantes del estudio de

Goldstein et al. (2000) reunían los criterios de agorafobia de moderada a severa, 13 de ellos también reunían los criterios de trastorno de ansiedad generalizada, fobia social o trastorno obsesivo-compulsivo y siete reunían los criterios de trastorno de personalidad obsesiva-compulsiva o evitadora. Basándonos en los informes de casos de TPA individuales citados en este capítulo y en otros informes sobre la aplicación de EMDR para el tratamiento de trastornos de eje II (Manfield, 2003) y trastorno de ansiedad generalizada (Gauvreau y Bouchard, 2008), se necesitaría un tratamiento significativamente más completo y largo para tratar con éxito a los pacientes con esas enfermedades comórbidas.

Cuando los pacientes presentan agorafobia de moderada a severa, el tipo de tratamiento descrito por Goldstein et al. (2000), que básicamente identifica y reprocesa recuerdos del primer, el peor y el más reciente ataque de pánico, no genera resultados adecuados ni en la frecuencia ni en la gravedad de los ataques de pánico en sí ni en las conductas evitadoras de la agorafobia. Muchas de las razones quedan bien descritas por los autores de los tres informes de casos de TPA que hemos citado en primer lugar en este capítulo (Fernández y Faretta, 2007; Goldstein, 1995; Nadler, 1996). En la siguiente sección veremos cuáles han sido las lecciones aprendidas de los estudios publicados sobre el tratamiento con EMDR del TP y del TPA y de mi propia experiencia clínica para destacar los elementos de dos modelos de plan de tratamiento, uno de casos más sencillos de TP y otro de casos más complejos de TP con trastornos concurrentes.

Un espectro de casos: de TP a TPA y a pánico derivado de TEPT

Como ya hemos visto al revisar la literatura existente sobre el tratamiento con EMDR del TP y el TPA, pueden producirse dos tipos de respuestas distintas cuando se aplica reprocesamiento con EMDR a experiencias de pánico. En los casos más sencillos, más comúnmente en TP sin agorafobia, el reprocesamiento con EMDR de los recuerdos del primer, el peor y el más reciente ataque de pánico lleva a asociaciones simples en el recuerdo de las experiencias de pánico. Durante el reprocesamiento en estos casos los pacientes indican cambios en la intensidad de las imágenes, las sensaciones y las emociones asociadas con la experiencia de pánico sin asociaciones a sentimientos más profundos de terror a la soledad, y sin recuerdos de la infancia perturbadores relacionados con el apego. En contraste con estos casos de TP más sencillos, en los casos de TPA más complejos, para lograr la correcta resolución de la evitación afectiva subyacente a la agorafobia, el reprocesamiento con EMDR de los recuerdos de ataques de pánico puede llevar a desvelar asociaciones con recuerdos de la infancia de separaciones de los padres, padres estrictos, padres superficiales sin "mindsight" (Siegel, 2007), enfermedades de los padres o negligencia o incluso a experiencias de inversiones padre-hijo. Sentirse culpable por los sentimientos de ira y de resentimiento, junto a la culpa y a las dudas sobre sí mismo por la valía y el ser merecedor, pueden generar conflictos al trabajar con los sentimientos profundos de dolor, ira y tristeza asociados con las redes de recuerdos inadaptativos de la infancia temprana. Estas redes de recuerdos inadaptativos pueden incluir material preverbal para el que los pacientes no tienen recuerdos definidos pero que evocan estados afectivos intensos, además de experiencias posteriores para las que tienen recuerdos de infancia discretos. Es posible que para los pacientes estos últimos recuerdos identificables sean más perturbadores de lo que les pueda parecer comprensible, en parte por los recuerdos preverbales no identificables subyacentes. En presencia de estos conflictos a la hora de trabajar sentimientos profundos de dolor, ira y tristeza deberán abordarse con cautela y deliberación, y trabajarse con un enfoque bien secuenciado y con entretejidos juiciosamente seleccionados. Además, esos entretejidos por lo general se centran en el tema de la responsabilidad, bien para externalizar la responsabilidad de las inversiones padre-hijo, bien para aumentar la capacidad de relajación emocional, autovalidación y valía (véase el capítulo 9).

A menudo un registro del historial más completo puede identificar la presencia de esas experiencias infantiles adversas desde el principio. Sin embargo, un plan de tratamiento que se centre inicialmente en esos sucesos vitales tan tempranos para el reprocesamiento con EMDR puede exponer al paciente a toda la intensidad de sentimientos profundos de terror, soledad, dolor, ira o tristeza para los que quizás no esté convenientemente preparado. En cambio, esos pacientes necesitan un enfoque estructurado que combine consuelo con un plan de tratamiento que empiece con habilidades concretas de gestión de la ansiedad, desarrollo e instalación de recursos para relajarse y tolerancia afectiva para después centrarse inicialmente en sus ataques de pánico. Lo primero que necesitan lograr esos pacientes es una sensación de dominio y de mayor confianza en el reprocesamiento con EMDR, y un sentido adecuado de confianza en la alianza terapéutica a través del reprocesamiento completo durante la sesión de los recuerdos del primer, el peor y el último ataque de pánico. Solamente será después de obtener algunas ganancias iniciales que los pacientes estarán preparados para abordar los principales recuerdos contribuyentes que contienen la afectividad dolorosa central subyacente a sus ataques de pánico y a su agorafobia.

Este enfoque, que empieza con un plan de tratamiento muy estructurado con creación de habilidades de gestión de la ansiedad y una secuencia de reprocesamiento inicial centrada primero en el primer, el peor y el más reciente ataque de pánico antes de proceder a aspectos más profundos y tempranos de la red de recuerdos inadaptativos, tiene ciertas similitudes con el "protocolo invertido" descrito por el Dr. Arne Hoffman (2004, 2005) para el tratamiento de casos de TEPT complejos. En el protocolo invertido para TPET, la secuencia de objetivos seleccionada para reprocesamiento invierte la secuencia de planificación de tratamiento estándar de "pasado, presente y futuro" propuesta por Shapiro (2004). Así, el protocolo invertido empieza con el futuro, después el presente y a continuación procede a reprocesar el pasado. Los recuerdos inadaptativos más tempranos identificables son demasiado intensos para el nivel de tolerancia afectiva y la disponibilidad de recursos –algo a lo que también hace referencia el Dr. Hoffman como *finales de canal positivo*. Además, los pacientes con TEPT complejo a menudo manifiestan un funcionamiento cotidiano actual inadecuado e incapacidad para tolerar los agentes de estrés. En cambio, su tratamiento empieza centrándose en la creación de capacidades y de recursos. Los primeros trabajos en el modelo de protocolo invertido se centran en la creación de una imagen positiva de uno mismo en el futuro y en aumentar las estrategias y los recursos de afrontamiento para mejorar la confianza en uno mismo y crear una sensación de esperanza y la resistencia necesarias para abordar gradualmente las redes de recuerdos inadaptativos que en definitiva tienen que procesarse.

Además del terror a afrontar los afectos dolorosos que subyacen a su agorafobia, muchos pacientes con TPA tienen trastornos comórbidos significativos que complican el proceso de tratamiento. Por ejemplo, el TP y el TPA suelen encontrarse en pacientes con historiales de exposición crónica a sucesos traumáticos en la infancia y a negligencia emocional. Esos pacientes también cumplen la serie de criterios propuestos para DESNOS o TEPT complejo (Herman, 1992a; Pelcovitz et al., 1997). En esos casos puede resultar más apropiado considerar el TP y el TPA no como enfermedades que se diagnostican por separado sino como parte de los trastornos aglutinadores de DESNOS. En palabras de van der Kolk y Pelcovitz (1999, pág. 23): "Proponemos que en pacientes con TEPT esos síntomas no constituyen 'diagnósticos dobles' separados, sino que representan los efectos complejos somáticos, cognitivos, afectivos y de conducta del trauma psicológico, particularmente de traumas prolongados y con inicio al principio del ciclo vital". En pacientes que cumplen los criterios de DESNOS, los planes de tratamiento descritos en este capítulo por lo general no son lo suficientemente completos como para cubrir correctamente las necesidades clínicas de dichos pacientes. Es algo que puede parecer misterioso para los pacientes e incluso para algunos doctores menos familiarizados con el modelo AIP y la literatura sobre DESNOS, que tienden a ver una enfermedad como el TP o el TPA como una serie discreta de síntomas que pueden considerarse y tratarse por separado de la experiencia vital general del paciente en cuestión.

Fase 1: cuestiones de registro del historial y planificación del tratamiento

Es importante considerar los posibles factores médicos y de estilo de vida que pueden contribuir al inicio, la frecuencia y la gravedad de los ataques de pánico. Un consumo excesivo de bebidas con cafeína, sobre todo de café y refrescos, además de medicación sin receta médica como analgésicos que contienen cafeína y pseudoefedrina –un remedio común para el resfriado– puede crear estados de ansiedad que hacen más probables los ataques de pánico. Además, varios medicamentos con receta médica pueden tener como efecto secundario la ansiedad. Es importante preguntar al paciente si hubo cambios en la medicación prescrita en el periodo de tiempo en el que se iniciaron los ataques de pánico, además de las prescripciones actuales. La ansiedad inducida por medicación más común tiene lugar con epinefrina y otros simpaticomiméticos, teofilina y otros broncodilatadores neuroestimulantes y corticosteroides (Beers, 2006). La falta de sueño también puede ser un factor importante de ansiedad. Una entrevista en profundidad debería servir para obtener información acerca de la higiene del sueño del paciente (Foldvary-Schaefer, 2006). Aunque factores como la medicación y el estilo de vida rara vez son las únicas causas del pánico, siempre deberán considerarse y abordarse cuando resulte apropiado y con la Psicoeducación y la pauta adecuadas.

Averiguar la existencia de experiencias formativas precedentes al inicio de los ataques de pánico

Cuando los pacientes acuden a tratarse por TP o TPA, casi nunca indican espontáneamente todas las experiencias de los primeros años de su vida que han podido contribuir al desarrollo de esas enfermedades. En lugar de eso, se centran en su deseo de deshacerse de sus aterradores y embarazosos episodios de pánico actuales. Los terapeutas con formación en EMDR pueden optar por seleccionar una visión de planificación de tratamiento sencilla y centrada en los síntomas. Dado que el paciente indica sufrir ataques de pánico, el enfoque inicial puede ser simplemente tratar los recuerdos de los ataques. En muchos casos de TP sin agorafobia –y sin TEPT complejo, trastorno de ansiedad generalizada, trastorno obsesivo compulsivo o trastorno de personalidad de grupo C concurrentes– seguramente bastará con un enfoque basado en el protocolo EMDR para fobia específica. Sin embargo, la presencia de agorafobia y demás trastornos comórbidos que a menudo no se indican espontáneamente puede llevar a complicar el tratamiento o al fracaso estrepitoso de un plan de tratamiento sencillo. Eso es más probable cuando los pacientes también se han visto expuestos a experiencias infantiles adversas persistentes y sufren TEPT complejo, trastorno de ansiedad generalizada o trastorno de personalidad de grupo C. La presencia de esos trastornos concurrentes puede dar lugar a una activación extensa de múltiples redes de recuerdos inadaptativos adicionales y a que el reprocesamiento no sea eficaz.

Un historial pormenorizado y una evaluación clínica completa que tenga en cuenta los trastornos comórbidos son dos elementos esenciales para la conceptualización del plan de tratamiento en casos de TPA. El simple hecho de empezar pidiendo a los pacientes con TPA que describan los agentes de estrés asociados al principio de su primer ataque de pánico o del peor de ellos quizás no revelará las experiencias formativas esenciales que crearon la vulnerabilidad a desarrollar el TP. Goldstein (1995) destaca que los pacientes con TPA pueden tener experiencias formativas desasociadas del componente afectivo de la red de recuerdos inadaptativos. Como ya hemos visto en los informes de casos detallados de Goldstein (1995), Nadler (1996) y Fernández y Faretta (2007) –además de en ejemplos de casos clínicos de mi propia práctica profesional que revisaremos más tarde en este capítulo–, algunas de esas experiencias implican inversiones del rol padre-hijo muy tempranas que pueden surgir durante el reprocesamiento con EMDR. Los pacientes con TPA a menudo tienen un terror tan profundo a reconectar con esas experiencias que sólo serán capaces de identificarlas conscientemente cuando hayan logrado cierto dominio de sus síntomas de pánico actuales y hayan desarrollado una mayor confianza en la alianza terapéutica y en las ventajas del reprocesamiento con EMDR. Incluso cuando los pacientes con TPA pueden identificar experiencias inadaptativas formativas de la infancia en el proceso de planificación del tratamiento, es posible que disocien o minimicen la relación entre esos sucesos y sus ataques de pánico. En otros casos, es posible que sean capaces de reconocer el rol formativo de esas experiencias pero que estén demasiado preocupados con su perturbación actual por los ataques de pánico como para afrontar directamente y desde el principio esos recuerdos previos.

Indagar sobre cuidadores discapacitados y sobre experiencias de inversiones del rol padre-hijo

Cuando los pacientes acuden o son derivados con una dolencia primaria de ataques de pánico, los terapeutas tienen que explorar la existencia de otros trastornos de eje I y eje II presentes o pasados. El registro del historial tiene que considerar los sucesos vitales adversos –tanto los que cumplen los criterios A para TEPT como los que no los cumplen, como exposiciones tempranas a abandonos percibidos o reales y a cuidadores discapacitados, especialmente durante los primeros años de vida. Las experiencias tempranas de falta de sintonía parental persistente pueden crear estados recurrentes de terror al abandono y episodios de desorientación y disociación. Cuando son crónicas, esas experiencias pueden generar apego inseguro y una mayor vulnerabilidad a trastornos psiquiátricos en la adolescencia y en la edad adulta (Schore, 1996, 1997). Al desarrollarse, esos niños aprenden a no esperar que sus cuidadores cubran sus necesidades de regulación y apoyo emocional y, por el contrario, viran hacia una inversión de rol padre-hijo. De hecho, consiguen atención no para sus propias necesidades emocionales de crianza y seguridad, sino cubriendo las necesidades de un padre incapacitado.

Las discapacidades parentales pueden ser obvias e identificables durante el registro del historial, como un padre maltratado o que sufre agorafobia, alcoholismo o cualquier otra enfermedad física o mental. Con unos padres discapacitados, los pacientes con TPA quizás simplemente han experimentado una negligencia absoluta. En otros casos, se pueden haber convertido en cuidadores primarios de sus hermanos –o sus hermanos han sido sus cuidadores– mientras que sus propias necesidades de atención parental, reconocimiento y validación como persona aparte han quedado descubiertas. Sin embargo, en muchos casos el periodo de discapacidad parental puede haberse limitado a un periodo de tiempo temprano de la vida del paciente y no haber persistido en su infancia. Algunos pacientes que sufren de TPA o TP con trastorno de ansiedad generalizada, DESNOS o un trastorno de eje II concurrentes y apego inseguro evitador minimizarán la discapacidad parental e idealizarán al padre y a la madre. En esos casos, los terapeutas tendrán que mirar más allá de las creencias de los pacientes y de sus afirmaciones de "infancia feliz" para discernir las pruebas de necesidades de desarrollo o de apego no cubiertas en una o más fases tempranas de la vida. Uno de los desafíos que plantea analizar estas cuestiones es evitar crear la impresión en el paciente de que el terapeuta busca culpabilizar a los padres.

Algunas personas pueden estar genéticamente predispuestas a desarrollar TP o TPA. Estudios elaborados con gemelos demuestran que los ataques de pánico son cinco veces más proclives a co-ocurrir en gemelos idénticos que en no idénticos (Torgersen, 1983). La aparición de ataques de pánico o de cualquier otro trastorno de ansiedad en la infancia puede darse en ausencia de factores ambientales. En su búsqueda por ser exhaustivos, los terapeutas no deberían partir de la

Tabla 14.1. Preguntas para identificar objetivos del trastorno de pánico

Frecuencia de los ataques de pánico actuales
¿Con qué frecuencia ha experimentado ataques de pánico en las últimas dos semanas?

Intensidad y duración de los ataques de pánico actuales
¿Cómo clasificaría la intensidad de sus ataques de pánico de las últimas dos semanas en una escala de 0 (ninguna) a 10 (la peor posible)?
¿Cuánto duran sus ataques de pánico?

Experiencia de pánico actual
¿Qué sensaciones experimenta durante los ataques de pánico?

Despersonalización y desrealización
Durante los ataques de pánico ¿ha experimentado alguna vez sensaciones de desvinculación o desconexión de su cuerpo, embotamiento, o la sensación de que el mundo es como un sueño o algo que está muy lejos?

Frecuencia, intensidad y duración de los ataques de pánico en el pasado
¿Cómo han cambiado la frecuencia, la intensidad y la duración de sus ataques de pánico con el tiempo?

Situaciones actuales evitadas o temidas
¿Qué situaciones tiende a evitar o teme porque podría sufrir un ataque de pánico?
¿Tiene periodos en los que evita salir de casa o en los que sólo puede salir con alguien de confianza o con alguien con quien se sienta seguro?

Primer suceso
¿Cuál fue la primera vez que tuvo un ataque de pánico o la primera vez en la que recuerda haber tenido uno?

Agentes de estrés previos
¿Qué otras experiencias estresantes estaban teniendo lugar en su vida personal, familiar, de estudiante o profesional cuando ocurrió por primera vez?

Inversión del rol padre-hijo
Describa cualquier experiencia infantil en la que uno o ambos progenitores necesitaran que cuidara de ellos por estar deprimidos, ansiosos, enfermos o incapacitados por el consumo de alcohol o de otras sustancias.
¿Con qué frecuencia ocurría? ¿Cuánto duraba?
¿Cuáles son los recuerdos más tempranos y más perturbadores de esta situación?

El peor ataque de pánico o el más representativo
¿Cuándo fue el ataque de pánico más intenso o más aterrador que ha tenido?
Si no hay una experiencia "peor", describa una experiencia significativa y típica de ataque de pánico.

Suceso más reciente
¿Cuál es la experiencia más reciente de ataque de pánico?

Señales internas y externas actuales
¿Qué situaciones parecen estimular sus ataques de pánico?

Objetivo futuro
Describa una situación futura y qué le gustaría poder hacer sin miedo a los ataques de pánico.

Tabla 14.2. Dos modelos de tratamiento para TP y TPA

DOS MODELOS DE PLANES DE TRATAMIENTO PARA TRASTORNO DE PÁNICO

Modelo I: Casos de trastorno de pánico sin agorafobia ni cualquier otro trastorno de ansiedad concurrente como trastorno de ansiedad generalizada, trastorno obsesivo-compulsivo, TEPT complejo (DESNOS) o un trastorno de eje II

1) Registro del historial (fase 1)
   A. Evaluación clínica, diagnóstico y conceptualización del caso
   B. Selección de los objetivos de tratamiento apropiados
   C. Selección y secuenciación de las dianas
2) Preparación (fase 2)
   A. Psicoeducación sobre el pánico
   B. Enseñar y ensayar técnicas de autocontrol
      i. Ejercicios de respiración y otras técnicas de relajación para la ansiedad
   C. Presentar el método EMDR y consentimiento informado para recibir el tratamiento
3) Reprocesamiento de dianas
   A. Sucesos pasados
      i. Agentes de estrés previos al primer o primeros ataques de pánico (si se ha identificado alguno)
      ii. Primer ataque de pánico
      iii. Peor ataque de pánico o más representativo
      iv. Ataque de pánico más reciente
   B. Estímulos actuales
      i. Señales externas (asociadas con ataques de pánico)
      ii. Señales internas (interoceptivas)
   C. Plantillas de futuro (para señales externas e internas)
4) Exposición en vivo a señales externas (por lo general se hace independientemente)
5) Reevaluación y más reprocesamiento, si resulta indicado

Modelo II: Casos de trastorno de pánico con agorafobia o con un trastorno de ansiedad concurrente como trastorno de ansiedad generalizada, trastorno obsesivo-compulsivo, TEPT complejo (DESNOS) o un trastorno de eje II

1) Registro del historial (fase 1)
   A. Evaluación clínica, diagnóstico y conceptualización de caso
   B. Selección de los objetivos de tratamiento apropiados
   C. Selección y secuenciación de las dianas iniciales
2) Preparación (fase 2)
   A. Psicoeducación sobre el pánico
   B. Enseñar y ensayar técnicas de autocontrol
      i. Ejercicios de respiración y otras técnicas de relajación para la ansiedad
      ii. Enfoque sensorial y otras técnicas para disminuir la despersonalización
   C. Presentación del método EMDR y obtención del consentimiento informado para el tratamiento
      i. Explicar que es probable que surjan experiencias infantiles como objetivos posteriores
   D. Considerar la instalación de uno o más recursos para:
      i. Autorelajación, aceptación de uno mismo o conexión antes o después de empezar el reprocesamiento de redes de recuerdos inadaptativos centrales de experiencias etiológicas de la infancia
3) Reprocesamiento de objetivos
   A. Ataques de pánico pasados
      i. Agentes de estrés previos del primer ataque de pánico (si se ha identificado alguno)
      ii. Primer ataque de pánico
      iii. Peor ataque de pánico o más representativo
      iv. Ataque de pánico más reciente
   B. Después de algunas ganancias al reprocesar recuerdos de ataques de pánico: experiencias infantiles que contribuyen de percepción de experiencias de abandono contribuyentes, falta de sintonía, humillación, miedo e inversiones de roles padre-hijo tempranas
      i. Pueden abordarse en el orden en el que surjan durante el reprocesamiento
      ii. Cuando los pacientes pueden tolerarlo, pueden abordarse por orden de importancia en la red de recuerdos inadaptativos de material emocional evitado.
   C. Estímulos actuales
      i. Señales externas (asociadas con ataques de pánico)
      ii. Señales internas (interoceptivas)
   D. Plantillas de futuro
      i. Para señales externas e internas
4) Exposición en vivo a señales externas (por lo general se hace independientemente)
5) Reevaluación y más reprocesamiento, si resulta indicado
6) Instalar uno o más recursos para representar la emergencia y la consolidación del nuevo sentido del yo, libre de evitación de la red central de recuerdos inadaptativos

asunción de que las experiencias vitales formativas con cuidadores discapacitados o falta de sintonía parental están invariablemente implicadas en la etiología de TP o TPA. Hasta que haya tests ampliamente aceptados de la vulnerabilidad genética al TP (Philibert et al., 2007), los terapeutas deberán confiar en la evaluación psicosocial atenta y en el registro del historial.

Dada la enorme tendencia a disociar las experiencias vitales formativas dolorosas que a veces subyacen en la vulnerabilidad al desarrollo posterior de TP y TPA, es posible que los terapeutas no sean capaces de identificar abiertamente la presencia de esas experiencias vitales formativas durante las primeras fases de la terapia. En cambio, quizás sea preferible posponer directamente la exploración o el enfoque en esas experiencias que van a reprocesarse hasta que los pacientes hayan logrado ganancias en cuanto a la reducción de la intensidad y la frecuencia de los ataques de pánico y el desarrollo de una mayor confianza en el proceso terapéutico con EMDR. A medida que los pacientes experimentan un mayor sentido de dominio de los síntomas de pánico actuales, a menudo empiezan a realizar conexiones con recuerdos de experiencias formativas clave que pueden convertirse gradualmente en el enfoque de más reprocesamientos. Los terapeutas deberán ser cautos al iniciar la terapia con esos pacientes para encontrar el equilibrio adecuado entre obtener suficiente historial para poder iniciar el reprocesamiento sin abrumarles con lo que en un principio podría parecer un desafío no relacionado o abrumador para afrontar cuestiones más profundas.

Fase 2: cuestiones de la fase de preparación

Una de las maneras en las que los pacientes con TPA tienden a diferenciarse de los que se presentan como supervivientes de traumas relacionales tempranos y complejos es en la disociación del rol de las experiencias formativas con sus cuidadores. Goldstein insiste en que en las fases tempranas del tratamiento los terapeutas deben "...proporcionar mucha estructura, brindarles confianza y centrar la atención en la capacidad concreta que tiene el paciente de manejar la ansiedad" (cita de Shapiro, 2004, pág. 370). Fernández y Faretta (2007, pág. 45) coinciden, "Así pues, cuando el paciente corre el riesgo de abrumarse, prepararlo exhaustivamente para que tolere la afectividad intensa que suele acompañar a la fase de procesamiento de EMDR es un componente fundamental de la terapia".

Para que los pacientes con TPA o TP y trastorno de ansiedad generalizada, DESNOS o trastorno de eje II concurrente sean capaces de firmar el consentimiento informado del tratamiento necesitan saber que es posible que se tengan que abordar experiencias infantiles formativas más adelante en el plan de tratamiento. Por lo general la mejor manera de hacerlo es yendo al grano, siendo sencillos y directos al describir los elementos del plan de tratamiento que se les ofrece. Cuando se haya registrado suficiente historial y se haya avanzado lo suficiente en la evaluación clínica para desarrollar una conceptualización del caso y un plan de tratamiento iniciales, puede describir el enfoque que utilizará para ayudar al paciente a resolver sus problemas y lograr sus objetivos de tratamiento.

Lo primero es proporcionar psicoeducación básica sobre los ataques de pánico, los síntomas fisiológicos que experimentan y aclarar que, aunque sean molestos, no suponen ninguna amenaza para su salud física. A continuación los pacientes necesitan aprender y practicar técnicas de autocontrol y de gestión de la ansiedad que les ayuden a obtener cierto control de sus estados ansiosos antecedentes. Si experimentan episodios de despersonalización, hay que educarles acerca de esas experiencias y de cómo controlarlas. Por último, los pacientes necesitan disponer de información básica sobre el reprocesamiento con EMDR en sí y sobre la posible secuencia y etapas de su plan de tratamiento.

Psicoeducación sobre los ataques de pánico

Los pacientes necesitan entender con claridad que toda la serie de síntomas que experimentan con los ataques de pánico no supone ninguna amenaza directa para su salud física. Aceptar esa confianza puede ser un problema cuando los pacientes están atrapados en creencias de que realmente tienen algún problema físico que está causando esos síntomas, o que pueden dañarles físicamente. Para ayudarles a reducir su miedo al pánico es importante ofrecerles información sencilla y fácil de entender acerca de lo que ocurre en sus cuerpos y en sus cerebros cuando están sufriendo uno de esos ataques de pánico.

Tabla 14.3. Psicoeducación de los síntomas de pánico

La sintomatología del pánico empieza con una fuerte activación del sistema simpático del sistema nervioso autónomo en ausencia de peligro externo real. En situaciones de peligro real, la fuerte activación simpática prepara al cuerpo para conductas de afrontamiento tales como una observación del entorno en busca de señales de amenaza y la actividad muscular extenuante de huir o de luchar contra el peligro. La activación simpática libera adrenalina (epinefrina) que, por su parte, acelera el ritmo cardíaco (taquicardia), acelera la respiración (hiperventilación) –a veces se percibe como dificultad para respirar (disnea) y potencia la sudoración– para aumentar el control y ayudar a perder calor. Dado que el pánico rara vez va seguido de actividad extenuante, la hiperventilación da lugar a un descenso de los niveles de dióxido de carbono en los pulmones y después en la sangre, y eso genera cambios en el pH de la sangre (alcalosis respiratoria).
La mayor alcalinidad de la sangre reduce los niveles de activación de varios nervios y eso genera otros síntomas, como hormigueo o embotamiento, mareos, quemazón y aturdimiento. En casos de hiperventilación extrema, puede producir espasmos tónicos-clónicos en las manos y en los labios. La liberación de adrenalina durante un ataque de pánico también tiene un efecto vasoconstrictor, que genera a su vez menos riego sanguíneo hacia la cabeza, que puede producir mareos y aturdimiento. Un ataque de pánico puede hacer que la glucosa de la sangre se retire del cerebro y vaya a los principales músculos.
Así, en estados de ansiedad muy elevados, la combinación de gran activación en el tronco encefálico y el descenso del flujo sanguíneo y de los niveles de glucosa en sangre que llega al cerebro puede dar lugar a una actividad extremadamente menor en la región prefrontal del cerebro y a una ausencia temporal de coordinación entre las distintas regiones del mismo. Esa reacción genera un estado de despersonalización o desrealización en la que la persona se siente desconectada del sentido de sí mismo normal. El propio cuerpo y el mundo pueden parecer lejanos e irreales. Sin entender la causa de todos esos síntomas, muchas personas que sufren ataques de pánico temen que van a morir o que se están volviendo locas. De hecho, y a pesar de lo aterradoras que son esas experiencias, no son peligrosas para el bienestar físico y tampoco son señal de una enfermedad mental grave.

Una posible excepción es el caso de mujeres postmenopáusicas en las que se ha identificado un historial de 6 meses de TP como factor de riesgo independiente que multiplica por cuatro el riesgo de ataque al corazón. Sin embargo, esas mujeres también tienen más posibilidades de tener otros factores de riesgo para sufrir un ataque al corazón como tabaquismo, presión arterial elevada, diabetes y un historial de problemas cardiovasculares. La investigación existente todavía no indica si los ataques de pánico reflejan una inestabilidad autónoma que predispone a sufrir incidentes cardíacos o si la fisiología de la ansiedad al pánico desencadena inestabilidad coronaria latente. En las mujeres postmenopáusicas que sufren ataques de pánico debería evaluarse la comorbilidad de trastornos coronarios (Smoller, Pollack et al., 2007).

Como mencionábamos al principio de este capítulo, los pacientes a menudo perciben sus episodios iniciales de pánico como experiencias inmediatas que suponen una amenaza para sus vidas. Se sienten fuera de control y a punto de sufrir una muerte inminente, y muchos pueden quedar traumatizados por esas experiencias. La naturaleza que hace percibir estas experiencias como una amenaza para la vida a menudo es tan real para los pacientes como los sucesos externos que cumplen los criterios A para el TEPT (American Psychiatric Association, 2000). Sin embargo, los diferentes síntomas de pánico sólo representan una activación excesiva del sistema simpático del sistema nervioso autónomo. En situaciones de peligro real, la fuerte activación simpática prepara al cuerpo para conductas de afrontamiento tales como una observación del entorno en busca de señales de amenaza y la actividad muscular intensa de huir o de luchar contra el peligro.

Para los pacientes que hayan experimentado síntomas de tetania por hiperventilación, una breve explicación de cómo un exceso de respiración da lugar a esas sensaciones intensas de hormigueo o embotamiento en las manos y en la cara y a espasmos tónicos-clónicos en las manos y en los labios puede acabar con muchos mitos. Respirar en una bolsa de papel es una técnica muy recomendada para evitar los efectos secundarios de respirar en exceso durante un ataque de pánico. De hecho, funciona porque fuerza al paciente a volver a respirar el dióxido de carbono excretado en exceso. La hiperventilación disminuye los niveles de dióxido de carbono en sangre demasiado rápido como para que el cuerpo mantenga un equilibrio ácido-alcalino normal. La sangre excesivamente alcalina reduce el umbral de activación de las neuronas motrices y sensoriales periféricas y produce sensaciones extrañas y potencialmente espasmos musculares periféricos.

Métodos de manejo de la ansiedad en la fase de preparación

Los métodos de manejo de la ansiedad pueden ser muy útiles para dotar a esos pacientes de un mayor control de sus sistemas nerviosos autónomos y para que puedan empezar a reducir la intensidad y la frecuencia de los ataques de pánico. Esos métodos se describen con detalle en el capítulo 6 y el más útil para pacientes con TP y TPA son la práctica de la respiración completa y de coherencia cardíaca. La primera pueden aprenderla la mayoría de pacientes en cuestión de minutos. Cuando la practican dos o tres veces al día durante 5 minutos, les proporciona una sensación de habilidad interiorizada en relación con su nivel básico de activación psicofisiológica. Para casos de TP sencillos, el simple hecho de enseñar respiración completa y diafragmática puede reducir significativamente la frecuencia y la gravedad de los ataques de pánico. En algunos casos puede eliminarlos, aunque para la mayoría de pacientes los métodos de manejo de la ansiedad no eliminan ni los ataques de pánico ni el miedo a sufrir más ataques.

Introducción de la estimulación bilateral con el ejercicio del lugar tranquilo o con instalación de recursos

Como describíamos en el capítulo 6, siempre es buena idea practicar los movimientos oculares o la forma alternativa de estimulación bilateral antes de empezar el reprocesamiento del primer recuerdo perturbador en el plan de tratamiento. A continuación, introduzca el reprocesamiento abreviado con el ejercicio del lugar tranquilo o con una instalación de recursos. Para la mayoría de pacientes con TP o TPA, el ejercicio del lugar tranquilo resultará apropiado y proporcionará una herramienta adicional de autoregulación en la fase de preparación. A los pacientes con TP se les debe animar a practicar el ejercicio del lugar tranquilo –sin estimulación bilateral– por lo menos una o dos veces al día sin esperar que se produzca otro ataque de pánico. Ensayar el ejercicio del lugar tranquilo periódicamente con respiración completa y otros métodos de autoregulación puede ayudar a reducir los niveles básicos de ansiedad y a que el paciente adquiera la capacidad de pasar de un estado ansioso a uno tranquilo. Las respuestas positivas, sin complicaciones y sencillas durante el ejercicio inicial del lugar seguro con estimulación bilateral aportan una indicación temprana de que el paciente responderá bien al reprocesamiento con EMDR de los recuerdos de ataques de pánico pasados y de experiencias que han contribuido.

Fase 3: evaluación de la diana

Cuando se trata a un paciente con TP o TPA, los pasos del procedimiento para la evaluación de las dianas seleccionadas para su reprocesamiento son idénticas a las utilizadas para tratar el TEPT y están descritas con todo detalle en el capítulo 7. Empiece por buscar una imagen que represente un aspecto sensorial del incidente concreto que se va a reprocesar. A continuación ayude al paciente a identificar las cogniciones negativa y positiva y obtenga una validación basal de la cognición. Después, con la imagen y la cognición negativa, pregunte por la emoción en concreto. Entonces obtenga una puntuación basal del SUD e identifique el lugar del cuerpo en el que lo siente el paciente.

Cuando se tratan recuerdos de ataques de pánico pasados, lo más probable es que encuentre evaluaciones negativas de uno mismo que reflejan la percepción de peligro extremo –"No estoy a salvo" o "Voy a morir"– o una falta de control –"Estoy desesperado" o "No tengo el control". Sin embargo, si más tarde la atención se desplaza a experiencias contribuyentes de la infancia que impliquen inversiones del rol padre-hijo, es posible que encuentre autoevaluaciones que reflejen una falta de valía de uno mismo como "No valgo nada", o "Mis sentimientos no importan", o "Soy invisible".

Fase 4: el reprocesamiento requiere decidir cuándo pasar al material nuclear

Las técnicas para el reprocesamiento del TP y el TPA son básicamente idénticas a las del TEPT y se describen en los capítulos 8, 9 y 10. De hecho, avanzará por las fases de desensibilización, instalación y exploración corporal en la forma estándar. Sin embargo, los terapeutas tienen que estar preparados para tomar decisiones acerca de cuándo seguir las asociaciones a experiencias contribuyentes anteriores en función de una evaluación del sentido de confianza del paciente y de sus propias capacidades de tolerancia afectiva.

El reprocesamiento empieza con la fase 4 y el primer objetivo por lo general será el recuerdo del primer ataque de pánico (véase la tabla 14.2). Los criterios para decidir cuándo regresar al objetivo y cómo abordar el reprocesamiento ineficaz pueden variar entre el tratamiento del TP o del TPA y el TEPT. Como se ha descrito en la revisión de los resúmenes de casos de EMDR antes en este mismo capítulo, los pacientes con TP y TPA varían en cuanto a la naturaleza del material que aportan durante el reprocesamiento. Algunos, generalmente los que sufren TP sin agorafobia, permanecen muy centrados en cada uno de los recuerdos específicos de los ataques de pánico pasados y aportan sobre todo descripciones de sensaciones corporales y emociones cambiantes. Otros, por lo general los que sufren TPA de moderado a grave, llegarán a asociarse en algún momento a sucesos anteriores al inicio de sus ataques de pánico. Esos otros sucesos a menudo son recuerdos de la infancia con temas como falta de confianza, desamparo y soledad profunda. También varía mucho entre pacientes el grado en el que están inicialmente preparados para abordar los afectos centrales de esos recuerdos.

Algunos pacientes, como en los casos que describen Goldstein (1995) y Fernández y Faretta (2007), tolerarán mejor un enfoque inicial muy centrado solamente en los recuerdos del primer y del peor ataque de pánico, mientras se pospone el trabajo de los recuerdos infantiles tempranos de momentos de falta de sintonía parental, abandono o inversiones del rol padre-hijo. Para esos pacientes, si empiezan a surgir asociaciones a esos recuerdos tempranos durante las sesiones de reprocesamiento, deberá reconocer la importancia de sus asociaciones y expresarles agradecimiento por identificar esos recuerdos tan importantes. Aclare también que regresará a abordar directamente esos recuerdos en sesiones futuras y a continuación regrese al recuerdo diana u objetivo seleccionado y continúe reprocesamiento con este enfoque más centrado.

Cuando los pacientes hayan experimentado un reprocesamiento correcto y completo de los recuerdos del primer y el peor ataque de pánico, tendrán más confianza en el reprocesamiento con EMDR en sí. Al haber trabajado los recuerdos de sus ataques de pánico también habrán empezado a reestructurar elementos –los afectos, sensaciones y creencias– de la red central de recuerdos inadaptativos contribuyentes a su vulnerabilidad a desarrollar ataques de pánico. Eso además tiende a hacer que el trabajo de los recuerdos contribuyentes sea más tolerable. A menudo su sintomatología actual de ataques de pánico será menos frecuente y/o menos intensa. De hecho, los pacientes estarán más motivados y menos temerosos de llegar a la raíz de sus problemas y tendrán un mejor acceso a las capacidades para trabajar con ese material nuclear en busca de una solución permanente a sus problemas.

En cambio, otros pacientes como en el caso de Sarah descrito por Nadler (1996), parecen estar listos para afrontar el material nuclear desde la primera sesión de reprocesamiento. A partir de la descripción que hace Nadler de Sarah es posible identificar varios factores que avalaron la decisión clínica de permitir las asociaciones a material infantil temprano desde la primera sesión de reprocesamiento. Son los siguientes:

1) No se sentía ni traumatizada ni abrumada por sus ataques de pánico.
2) Sólo había mencionado un ataque de pánico importante y numerosos parciales.
3) No cumplía todos los criterios de agorafobia.
4) Toleraba la ansiedad que experimentaba cuando estaba sola.
5) No era sensible a situaciones en las que escapar hubiera sido difícil.
6) Contaba con una buena red de apoyo social y socialmente las cosas le iban muy bien.
7) Estaba leyendo un libro sobre el pánico que pensaba que le ayudaría a afrontarlo.
8) Había pedido ser vista cuando lo necesitara y quería dominar el pánico por sí misma.

Todos esos factores indicaban lo que parecía ser un caso generalmente leve con ansiedad moderada solamente, comienzo reciente de los ataques de pánico y pocos, si es que existía alguno, síntomas de evitación conductual. La paciente se presentaba con una percepción de ella misma de tener los recursos y querer utilizar el tratamiento para avanzar hacia una mayor autonomía e independencia. La presencia de tantos factores que indicaban resistencia general, fuerza del ego y capacidades del self, junto con la ausencia de agorafobia significati-

Tabla 14.4. Cuándo se debe considerar el corte con asociaciones previas a material central en TPA

Cuanto mayor sea la presencia de los siguientes factores, mayor es la necesidad de considerar la planificación de "cortar" asociaciones a material infantil inadaptativo central y devolver la atención al recuerdo seleccionado de un ataque de pánico durante la serie inicial de sesiones de reprocesamiento con EMDR de recuerdos de ataques de pánico.

1) Respuestas limitadas o negativas al ejercicio del lugar tranquilo durante la EBL.
2) Indicar despersonalización o desrealización justo antes o durante los ataque de pánico.
3) Sentirse traumatizado o abrumado por los ataques de pánico.
4) Indicar episodios de pánico actuales que duran más de una hora.
5) Sensibilidad a situaciones de las que podría ser difícil escapar.
6) Cumplir con todos los criterios de agorafobia de moderada a grave.
7) Incapacidad para tolerar la ansiedad cuando se está solo.
8) Ausencia de una buena red de apoyo social y/o otros problemas sociales.
9) Desgana o rechazo a practicar las habilidades de manejo de la ansiedad en casa.
10) Incapacidad para beneficiarse de la práctica de las habilidades de manejo de la ansiedad.
11) Peticiones para ser visitado a domicilio o con más frecuencia que una vez a la semana.
12) Dependencia de dosis de moderadas a elevadas de benzodiacepinas.
13) Concurrencia de trastorno de ansiedad generalizada, DESNOS o un trastorno deeje II.

va avalaron la decisión de Nadler de evitar la fase de preparación normalmente requerida y de permitir un reprocesamiento en profundidad inmediato de las asociaciones espontáneas con el material infantil. Si tuviéramos que situar los casos de TP y de TPA en un espectro de leve a moderado y a grave, el caso de Sarah se situaría en el extremo leve del espectro. De todos modos, incluso en este caso de TP "leve", Nadler consideró correctamente que debido a las experiencias vitales de Sarah, el reprocesamiento con EMDR desvelaría rápidamente "sentimientos reprimidos de pérdida y miedos de independencia inminente que evocarían problemas de apego sin resolver" (Nadler, 1996).

No todos los casos de TP simple requerirán abordar aspectos nucleares de la infancia. En muchos de esos casos, el reprocesamiento con EMDR permanecerá centrado en las sensaciones y las emociones físicas directamente asociadas con recuerdos diana de los ataques de pánico. Sin embargo, cuando tiene razones para lanzar la hipótesis de la presencia de esas redes de recuerdos inadaptativos de la infancia, deberá ser cauto con la posible necesidad de reducir el enfoque de la atención en las primeras sesiones de reprocesamiento "podando" las asociaciones a ese material nuclear y volviendo a centrarse en el recuerdo diana u objetivo seleccionado.

Fase 5: fase de instalación

Normalmente continuará con la fase de desensibilización hasta que el valor SUD permanezca estable en cero antes de proceder con la fase de instalación, y eso suele ser cierto en casos de TP y TPA. Sin embargo, con algunos pacientes con TPA puede optar por proponer una forma modificada de instalación de una cognición positiva (CP) modificada cuando la fase de desensibilización permanece incompleta y el valor SUD sólo ha bajado a 2, 3 o 4. En esos casos, cuando está claro que la sesión de reprocesamiento con EMDR inicial del primer recuerdo de pánico no se llevará a cabo en una única sesión, puede considerar proponer la siguiente forma modificada de instalación de una PC modificada. "Al centrarse en el recuerdo como lo percibe ahora, ¿qué afirmación positiva puede hacer sobre lo que ha aprendido o ganado del trabajo que ha hecho hoy sobre ese recuerdo?". Cuando se opta por ofrecer instalación de una CP modificada durante una sesión incompleta, es importante no presionar al paciente para que continúe a un VoC de 7. Simplemente ofrezca dos o tres series estándares de estimulación bilateral y compruebe el VoC de la CP modificada después de cada serie. Después de cada comprobación del VoC, vuelva a vincular el recuerdo "como lo percibe ahora" con la CP modificada, y añada estimulación bilateral. En esta situación, no procederá con la fase de exploración corporal porque sería claramente una sesión incompleta. En lugar de eso, utilice las técnicas descritas en el capítulo 10 para concluir una sesión incompleta.

En la mayoría de casos cuando se lleva a cabo trabajo inicial de recuerdos de ataques de pánico no será necesario hacer técnicas de reducción de la ansiedad como parte de la fase de cierre. Sin embargo, si ha avanzado a material central más intenso de la infancia, es posible que sea necesario un proceso de cierre más amplio para dejar al paciente en un estado tan estable como cuando llegó (véase la fase 7 a continuación).

Asumiendo que haya finalizado la fase de desensibilización para el objetivo seleccionado y que haya alcanzado un nivel SUD estable en cero, a continuación proceda con la instalación estándar –fase 5, descrita en el capítulo 10– y compruebe si ve si el paciente sigue prefiriendo la CP seleccionada en un principio o si ha surgido una mejor. Después pídale que valore el VoC y prosiga con las series de estimulación bilateral, comprobando el VoC después de cada una de ellas hasta que alcance el 7 y no mejore.

Fase 6: fase de exploración del cuerpo

Cuando el paciente alcanza un VoC de 7 que no mejora, puede pasar a la exploración corporal –fase 6. Como se describe en el capítulo 10, esta fase implica pedir al paciente que mantenga el suceso en mente, que piense en la cognición positiva que acaba de instalar, y que observe cualquier sensación física notable. Si se indican sensaciones negativas, reprocese hasta que desaparezcan. A continuación repita la exploración corporal hasta que el paciente sólo indique sensaciones neutras o positivas. Y si queda tiempo y el paciente indica sensaciones positivas, suministre más series de estimulación bilateral siempre que las sensaciones positivas sigan mejorando.

Fase 7: procedimientos de cierre

Cuando se tratan casos de TP y de TPA es raro encontrar pacientes con conductas de reducción de tensión, autolesión o amenazantes, como sí ocurre entre algunos pacientes que cumplen los criterios de TEPT, DESNOS y trastorno límite de la personalidad. La presencia de esos síntomas indicaría probablemente la presencia de trastornos adicionales concurrentes y la necesidad de un plan de tratamiento más completo que el que se presenta en este capítulo. Cuando durante el reprocesamiento inicial de los recuerdos de ataques de pánico decide pasar a la fase de cierre porque la de desensibilización ha finalizado, suele ser necesario utilizar técnicas de reducción de la ansiedad como parte de esa fase de cierre. Sin embargo, si ha empezado a reprocesar material nuclear de la infancia más intenso, es posible que sea necesario un proceso de cierre más amplio para dejar al paciente en un estado tan estable como cuando llegó. Pero a menos que los pacientes con TP o TPA corran el riesgo de tener conductas de reducción de la tensión o de recaer en el consumo de sustancias, la decisión de ofrecer intervenciones de manejo de la ansiedad durante la fase de cierre debería basarse principalmente en las propias percepciones de los pacientes de su capacidad de tolerar cualquier sentimiento o sensación residual que se haya activado durante la sesión.

Así, durante la fase de cierre, los terapeutas deberán estar atentos a los impulsos de contratransferencia para rescatar a los pacientes con TP y TPA de sensaciones que de hecho son capaces de tolerar. Sin embargo, cuando los pacientes indican que quieren o necesitan asistencia para sentirse más tranquilos y con más control al final de una sesión de reprocesamiento con EMDR intensa, debería ofrecerles asistencia con el lugar tranquilo, imágenes dirigidas, respiración y cualquier otra intervención que resultara útil en la fase de preparación. Por otro lado, un porcentaje relativamente pequeño de pacientes con TP con agorafobia más severa o con trastorno de ansiedad generalizado concurrente, o un trastorno de personalidad de grupo C –trastorno de personalidad dependiente o muy evitador– puede no ser suficientemente consciente de los estados de ansiedad residuales activados tras una sesión de reprocesamiento con EMDR incompleta de material infantil nuclear para expresar su necesidad de ayuda. Si ha observado indicaciones de las capacidades limitadas de los pacientes para detectar estados activados de ansiedad durante la fase de planificación del tratamiento o en sesiones anteriores de reprocesamiento, debería estar preparado para iniciar técnicas de cierre más amplias sin depender de que los pacientes identifiquen su necesidad de asistencia.

Cuando se trabaja con pacientes con TPA en redes de recuerdos inadaptativos nucleares de la infancia, es útil que una vez finalizadas las intervenciones de cierre ampliadas se de más tiempo a los pacientes para que reflexionen (Allen, 2003; Fonagy, Gergely, Jurist y Target, 2002) sobre sus experiencias durante la sesión. Por lo general, al final de las sesiones de reprocesamiento con EMDR, a los pacientes les resulta más fácil tener una mayor sensación de distancia y tomar nuevas perspectivas de lo que antes se había percibido como estados abrumadores. Darles tiempo para ese proceso de reflexión acerca de lo que ha ocurrido en la sesión y las nuevas conexiones que están surgiendo les permite integrar una mayor comprensión, compasión y regulación de sí mismos.

Fase 8: reevaluación

Después de iniciar el reprocesamiento con EMDR, en las sesiones posteriores revise la información de los registros o los diarios de los pacientes y compruebe el estado de la diana desde la sesión anterior. Las fases de reeevaluación estándares se describen detalladamente en el capítulo 11. Si la sesión anterior había concluido –SUD 0, VoC 7, y sólo sensaciones neutras o agradables en la exploración corporal– reconfirme simplemente la puntuación SUD y VoC de la diana anterior y, a continuación, proceda con la fase de evaluación para el siguiente objetivo del plan de tratamiento. Si la sesión anterior quedó incompleta, regrese al recuerdo diana u objetivo y reanude el reprocesamiento.

En casos sencillos de TP sin agorafobia ni ningún otro trastorno de ansiedad o de eje II concurrente, los terapeutas normalmente verán que el plan de tratamiento de modelo I –descrito en la Tabla 14.2 (dos modelos de tratamiento para TP y TPA)– será suficiente. El plan de tratamiento de modelo I sigue una versión sencilla del prototipo de protocolo de tratamiento "pasado, presente, futuro" descrito por Shapiro (2004). En casos de TPA o TP con trastorno de ansiedad o de eje II concurrente, por lo general resulta necesario el plan de tratamiento de modelo II de dos niveles. Ese modelo II requiere que los terapeutas evalúen la idoneidad del paciente basándose en las ganancias del tratamiento antes de llevar a cabo la transición de seleccionar objetivos basándose directamente en los ataques de pánico a escoger objetivos basados en recuerdos contribuyentes de la infancia.

Modelo I: avanzar por el plan de tratamiento desde dianas del pasado a las del presente

Cuando esté siguiendo el modelo I de plan de tratamiento para casos de TP sencillos, la reevaluación le guiará a la hora de tomar la decisión de cuándo realizar la transición de los recuerdos de ataques de pánico pasados a señales externas e internas de episodios de pánico actuales. Cuando haya reprocesado correctamente los primeros, los recuerdos más recientes y peores de ataques de pánico del pasado, alcanzará un punto en el que los recuerdos de dichos ataques pasados ya no serán perturbadores. En ese momento realizará la transición de centrarse en recuerdos de ataques de pánico pasados a reprocesar señales externas e internas.

Es posible que los pacientes con TP tengan asociaciones de miedo con ciertas localizaciones u otras señales externas, como determinados olores o sonidos. Para algunos pacientes esas señales pueden implicar lugares en los que "escapar" es más difícil, como la cola de la caja en una tienda o un trayecto en transporte público. Después de reprocesar los sucesos pasados de ataques de pánico, esas señales externas también tendrán que reprocesarse para garantizar que dejen de percibirse como señales de amenaza o asociadas a un aumento de la ansiedad.

Cuando realiza esa transición, es posible que algunos pacientes sigan experimentando ataques de pánico ocasionales; otros puede que dejen de experimentarlos. Siga reprocesando con todas las señales interoceptivas que los pacientes han asociado con sus ataques de pánico. Pueden incluir cualquiera de los síntomas comunes del pánico como palpitaciones, sudoración, temblores, sensaciones de falta de aire, sensaciones de asfixia, dolor en el pecho, náuseas, mareos o aturdimiento, desrealización o despersonalización, hormigueo, escalofríos o sofocos. Dado que la mayoría de estas señales interoceptivas pueden repetirse por varios motivos, es importante que los pacientes dejen de temer la reaparición de esas sensaciones.

Después de reprocesar las señales externas e interoceptivas, el reprocesamiento deberá pasar a plantillas de futuro en los que el paciente imagine que está en lugares anteriormente evitados donde experimenta señales internas que antes provocaban ansiedad. A continuación se les debe animar a afrontar lugares y señales internas previamente evitados mediante exposición en vivo para comprobar si esas señales han dejado de desencadenar malestar significativo y para reprocesar cualquiera que siga haciéndolo. El tratamiento no será completo hasta que el paciente indique que las ganancias de tratamiento estables se mantienen durante y después de la exposición en vivo.

Modelo II: la transición al enfoque en experiencias infantiles contribuyentes

Cuando siga el modelo II de plan de tratamiento para TPA o TP con trastorno de ansiedad o de eje II concurrente, existen dos indicadores que pueden ayudarle a guiar sus decisiones acerca de cuándo realizar la transición de reprocesar recuerdos de ataques de pánico a reprocesar experiencias infantiles contribuyentes de abandono, falta de sintonía, humillación, miedo e inversiones tempranas del rol padre-hijo. El primero es cuando el paciente indica una disminución de la frecuencia y la intensidad de los síntomas de pánico actuales. Si bien la eliminación completa de los síntomas de pánico actuales sería una potente señal para dicha transición, a veces es posible llevarla a cabo antes de que esos síntomas se hayan eliminado por completo. Lo más común es que observe un descenso sustancial –a menudo del orden del 50 al 80%– en la frecuencia, la duración y la intensidad de los ataques de pánico actuales. En paralelo con estos cambios en los síntomas manifiestos de pánico encontramos otro indicador significativo.

El segundo indicador de la idoneidad de esa transición es cuando observa cambios en las actitudes de los pacientes en cuanto a señales interoceptivas de ansiedad y los estados emocionales subyacentes asociados de soledad, miedo o tristeza. A medida que los pacientes progresan en el reprocesamiento de recuerdos de ataques de pánico van ganando una mayor confianza en sus capacidades emergentes para autoaceptarse y autorelajarse. De hecho, el aumento de estas capacidades de autoregulación puede reflejarse en la frecuencia, la duración y la intensidad de los ataques de pánico actuales. También pueden manifestarse directamente con verbalizaciones de menos miedo por los episodios de pánico actuales y cierta confianza en que con más progreso en las experiencias contribuyentes, dichos episodios podrían terminar por desaparecer. A medida que aparecen esos indicadores de progreso, las discusiones girarán, como es natural, en torno a decidir cuando el paciente está listo para abordar directamente esos recuerdos infantiles tempranos.

Además de cambios en sus actitudes en cuanto a la experiencia de los ataques de pánico, los pacientes indican su idoneidad para pasar a reprocesar experiencias infantiles contribuyentes con una mayor *conciencia* y un aumento de la verbalización de su *constatación* de que esas experiencias han sido contribuyentes y tienen que abordarse. Verbalizaciones que a menudo reflejan los cambios de percepción de los pacientes desde un reconocimiento negativo de que esas experiencias *han podido* desempeñar un rol en su vulnerabilidad a desarrollar el TP hasta una *experiencia sentida* de las maneras en las que esas experiencias infantiles subyacen realmente en su terror del pánico.

El alcance de las necesidades de los pacientes de reprocesar las experiencias infantiles contribuyentes varía y puede ir de la necesidad de abordar uno o dos incidentes solamente con un único cuidador a varias experiencias que pueden implicar a más de un cuidador o a los hermanos y hermanas. En la medida de lo posible, es mejor finalizar el reprocesamiento de un recuerdo contribuyente significativo antes de proceder a abordar otras experiencias. Los principios para decidir cuándo pasar de un objetivo a otro se describen en el capítulo 9. De hecho, esos mismos principios también son de aplicación cuando se trabaja con los recuerdos contribuyentes de pacientes con TPA. El trabajo de reprocesamiento de experiencias infantiles contribuyentes habrá terminado cuando los pacientes dejen de indicar malestar significativo al centrarse en esos recuerdos. En ese caso, la atención puede desviarse a cualquier perturbación residual asociada con los estímulos actuales, que pueden implicar señales y situaciones externas o señales internas como sensaciones y pensamientos interoceptivos.

Reprocesar estímulos actuales

Tras reprocesar correctamente los ataques de pánico pasados y cualquier experiencia infantil contribuyente, desvíe la atención a las señales externas e internas actuales que se identificaron durante el registro del historial y la planificación del tratamiento, o que se hayan indicado durante la reevaluación de los comentarios del autocontrol actual. Los estímulos actuales pueden incluir situaciones externas que se han asociado a ataques de pánico como conducir solo en el coche –a menudo relacionado con ansiedad por separación– o viajar en autobús, tren o avión –relacionado con la capacidad limitada para escapar, miedo al escrutinio o preocupación por una falta de control. Las señales internas también pueden necesitar trabajo adicional después del reprocesamiento correcto de los sucesos infantiles contribuyentes. De hecho, las señales internas pueden ser cualquiera de las sensaciones interoceptivas comunes asociadas con los ataques de pánico, además de la ansiedad específica que provoca pensamientos. Mientras que el reprocesamiento de sucesos infantiles contribuyentes por lo general resolverá la mayor parte de la intensidad de las señales tanto externas como internas, a veces es necesario realizar un trabajo adicional de esas señales para resolver totalmente las asociaciones excesivamente condicionadas. Resulta muy útil mantener una actitud práctica de aceptación cuando los pacientes indican la existencia de estímulos residuales que siguen siendo perturbadores. Si los ataques de pánico pasados y las experiencias infantiles contribuyentes se han reprocesado correctamente, basta con proceder con el trabajo metódico siguiendo el plan de tratamiento. Cuando los estímulos actuales siguen siendo perturbadores, por lo general simplemente se debe a esas señales de amenaza condicionadas en exceso que requieren más reorganización. A veces ayuda considerar si existen agentes de estrés externos o problemas de apego que estén contribuyendo a la persistencia o a la recurrencia de las respuestas de ansiedad. En situaciones en las que los agentes de estrés externos contribuyen a esas respuestas de ansiedad persistentes, es posible que los pacientes necesiten que se les anime a centrarse y reprocesar dichos agentes hasta que puedan identificar y utilizar mecanismos de afrontamiento más apropiados.

Incorporar la plantilla de futuro

Cuando después de resolver la experiencia infantil contribuyente, los recuerdos pasados de pánico y las señales actuales, los pacientes siguen experimentando ansiedad anticipatoria por la posible recurrencia de ciertas sensaciones interoceptivas o evitando ciertas situaciones debido a la ansiedad residual, puede resultar útil incorporar el reprocesamiento de patrones futuros. Durante el reprocesamiento con la plantilla de futuro, los pacientes ensayan la reexperimentación de las sensaciones interoceptivas que siguen temiendo o se imaginan en las situaciones temidas para ayudar a solucionar la ansiedad asociada. Como se describe en el capítulo 11, las puntuaciones SUD iniciales deberían ser de bajas a moderadas para esos objetivos de plantillas de futuro; cuando esas puntuaciones iniciales superan el 4, deberá sondear en busca de objetivos de pasado adicionales utilizando la técnica de puente somático o afectivo descrita en el capítulo 4. También se puede utilizar la plantilla positiva para ayudar a los pacientes a consolidar sus ganancias de tratamiento ensayando correctamente el funcionamiento cómodo en situaciones anteriormente evitadas o temidas. Además, a los pacientes con buenas habilidades de visualización, se les puede animar a visualizar una secuencia de sucesos que lleven y pasen por un dominio de situaciones que antes no hubieran podido tolerar o que hubieran evitado por el miedo a la recurrencia de los ataques de pánico.

Evaluar y responder a los comentarios de la exposición en vivo

La única manera de estar completamente seguros de que el tratamiento ha sido correcto es cuando los pacientes amplían sus actividades sin reexperimentar síntomas de pánico. En algún momento los pacientes tienen que hacer planes concretos para la exposición en vivo y ésta garantiza que logran sus objetivos de tratamiento aportando oportunidades de identificar objetivos residuales que requieren más reprocesamiento como experiencias de dominio que representan la consolidación de sus ganancias en el tratamiento.

Resumen

Si bien los tratamientos cognitivos, conductuales y de farmacoterapia que existen para el TP y el TPA por lo general se consideran efectivos, un porcentaje significativo de los pacientes que los reciben o bien abandona o bien no logra sus objetivos clínicos. Los informes de casos publicados sugieren que el tratamiento con EMDR para casos de TP y TPA puede ayudar a eliminar los síntomas de pánico y de agorafobia. Por su parte, estudios controlados de los resultados del tratamiento del TPA con EMDR no han logrado mostrar las mismas ganancias que los informes de casos individuales. Puede deberse a la necesidad de proporcionar intervenciones de fase de preparación más amplias y de aplicar el modelo II con una transición gradual hacia el reprocesamiento de los sucesos contribuyentes. Se espera que estudios controlados futuros comparen el tratamiento del TPA con EMDR con el tratamiento cognitivo-conductual y que incorporen el modelo II que se ha explicado aquí. Los informes de casos publicados de tratamiento con EMDR para casos de TP sencillos sin agorafobia ni otros trastornos concurrentes sugieren que puede ser eficaz en pocas sesiones y que aplicado al TPA, el tratamiento con EMDR puede ser eficaz cuando se utiliza el modelo II. Los terapeutas deben tener en cuenta la importancia de ofrecer suficiente preparación y de crear confianza cuando se tratan casos de TPA o TP con otros trastornos de ansiedad o de eje II concurrentes.

15 Casos ilustrativos del tratamiento con EMDR del trastorno de pánico

Introducción

A continuación analizaremos dos ejemplos de casos: el primero es el de una adolescente, Hannah, y el segundo el de un joven llamado Justin. Ambos recibieron tratamiento de desensibilización y reprocesamiento por medio de movimiento ocular (EMDR) para un trastorno de pánico (TP) sin agorafobia. Los terapeutas que quieran revisar un ejemplo de caso de tratamiento con EMDR de trastorno de pánico con agorafobia (TPA) pueden consultar la descripción detallada del caso de Adriana de Fernández y Faretta (2007) y que se resume en el capítulo 14 de este mismo libro. Por su parte, tanto Hannah como Justin presentaban ansiedad social sub-clínica leve y ambos habían tenido experiencias contribuyentes en la infancia de sucesos crónicamente estresantes con un cuidador. Hannah había estado sufriendo ataques de pánico durante casi un año, y Justin los había sufrido acompañados de insomnio desde hacía 8 años. Para ambos casos, el registro de los formularios de tratamiento muestran lo que ocurrió sesión a sesión en el transcurso de su tratamiento completo. En el caso de Hannah he incluido resúmenes que son casi transcripciones de algunas de sus sesiones de reprocesamiento con EMDR. El caso de Justin ilustra un plan de tratamiento que necesitaba tener en cuenta la interacción de un TP preexistente con una exposición traumática reciente que dio lugar al comienzo de un trastorno de despersonalización.

El caso de Hannah

Hannah era una estudiante de instituto de 17 años de edad que sufría ataques de pánico principalmente en clase y sobre todo durante los exámenes a la que vi en un total de 12 sesiones durante un periodo de 3 meses. A lo largo de nuestro trabajo con EMDR logró superar los ataques de pánico rápidamente, sus cualificaciones mejoraron significativamente y obtuvo un nuevo sentimiento de fortaleza que la ayudaba a afrontar las conductas manipuladoras de su madre alcohólica. En la primera sesión me explicó que además de los ataques de pánico en clase, también sufría ansiedad en otras ocasiones cuando estaba sentada sola en casa pensando en determinadas clases. De hecho, su ansiedad alcanzaba picos cuando estaba sentada en el aula, sobre todo si estaba lejos de las puertas, en el medio. En esos momentos empezaba a sudar y a marearse y sentía la necesidad imperiosa de echarse en el suelo.

Me contó que su sintomatología de ansiedad había empezado la primavera pasada cuando vivía en Nueva York con su madre y su padrastro. El principal agente de estrés inmediato que identificó de aquel entonces fue decirle a su madre que iba a regresar a California para vivir con su padre y su madrastra cuando terminara el año escolar. De hecho, informó a su madre y a su padrastro de su decisión con una nota porque tenía demasiada aprensión a su reacción para decírselo a la cara.

Hannah había nacido y se había criado en el sur de California. Sus padres se divorciaron cuando ella tenía 3 años y continuó viviendo con su padre hasta los 12, cuando éste le comunicó que al final de ese curso escolar empezaría a vivir con su madre y el prometido de ésta. El padre no le dio ninguna razón en concreto, pero Hannah me dio la impresión de que existía una lucha de poder continua entre los padres que había continuado mucho tiempo después del divorcio. En el transcurso de varias sesiones recopilé más información acerca de la problemática relación de Hannah con su madre. Hannah pintaba a su madre como una bebedora continuada que bebía en exceso de vez en cuando. Por lo general era narcisista, arbitraria y controladora, al tiempo que

Tabla 15.1. Registro de tratamiento

Enumerar los síntomas por nombre o por orden alfabético del plan maestro de tratamiento. Indicar empeoramiento: –3, –2 o –1. Sin cambios 0 o mejora: +1, +2, +3.

Codificar las actividades de cada sesión con estas abreviaciones

Rh = Registro del historial	RE = Reevaluación	SC = Calma estructurada	DIR = Lugar tranquilo o recurso
Mem = Recuerdo diana	EA = Estímulos actuales	Fut = Plantilla de futuro	TV = Terapia verbal
EIV = Exposición en vivo	TCC = Cognitiva	TA = Terapia artística	Hip = Hipnosis
IM = Imágenes			

Nombre:_________ **Hanna**________________ **Página: _1_ de _1_**

SESIÓN	FECHA	GAF	SÍNTOMAS	OBJETIVO DE LA ACTIVIDAD	VOC PRE SUD	VOC POST SUD	COGINICIÓN NEGATIVA SELECCIONADA COGNICIÓN POSITIVA FINAL	TAREA RESULTANTE
1	23/01	56	Pánico	Rh Ed	N/A	N/A	Registro del historial, Psicoeducación en pánico y EMDR	Plan de tratamiento desarrollado
2	30/01	56	Pánico 0	SC DIR	N/A	N/A	Respiración diafragmática y cuadrada Lugar tranquilo – palabra clave: "Relajación"	Practicar respiración completa
3	6/02	58	Pánico +1	1r ataque de pánico en clase	8 3.5	2.5 N/A	Soy una rara y una indeseable. Soy "guai". Soy una persona agradable.	Ganancias significativas. Objetivo incompleto
4	20/02	59	Pánico +2	1r ataque de pánico en clase	3.5 N/A	2.5 N/A	Se han identificado recuerdos contribuyentes. Sin instalación.	Diana resuelta, técnicamente incompleto.
5	27/02	59	Pánico +2	Peor ataque de pánico en clase	7-8 4	1.5 7	Soy rara. Soy normal. Sin estimulación bilateral.	Diana resuelta.
6	5/03	59	Pánico +2	Ataque de pánico más reciente en clase	7 1	0.5 7	No tengo el control. Ahora tengo el control.	EBL: entusiasmada en vez de ansiosa.
7	12/03	60	Pánico +3	RE	7.5 1	0 7	Sin ansiedad residual por exámenes. Imágenes positivas para futuros exámenes.	Hannah pide centrarse en su madre a continuación.
8	19/03	60	Pánico +3	RE Rh	N/A	N/A	El registro del historial revela la conducta de consumo de alcohol de la madre y ataques de ira.	Objetivo seleccionado. Peor incidente.
9	26/03	61	Pánico +3	Peor experiencia con bebida e ira de mamá.	8 3	0.5 7	Soy una problemática. Soy una persona racional.	Diana resuelta. EBL: resuelta
10	2/04	61	Pánico +3	TV	N/A	N/A	Cambios en la percepción de sí misma. Un terapeuta anterior avalaba las negaciones de la madre.	Más confianza en la percepción de sí misma.
11	9/04	63	Pánico +3	RE	N/A	N/A	Más cómoda en sociedad. Fin del tratamiento. Recentrar el tratamiento en el pánico en el cine.	Objetivo seleccionado
12	16/04	65	Pánico +3	Pánico en el cine.	7 3	0 7	Tengo algún problema. Ahora estoy sana y tengo el control.	Diana resuelta. EBL: resuelta. Fin del tratamiento.

negaba completamente sus conductas disfuncionales. Por otro lado, Hannah describía a su padre como alguien que la apoyaba y la ayudaba. Nunca lo dijo directamente, pero dejaba implícito que su padre a menudo se preocupaba por el dinero y se enfadaba por las conductas controladoras y manipuladoras de su ex esposa.

El padre de Hannah se había vuelto a casar y vivía con su segunda esposa desde hacía varios años. Cuando Hannah fue primero a vivir con su madre, vivía cerca, así que podía seguir viendo a su padre los fines de semana y parte de las vacaciones. Un par de años antes, el trabajo de la madre la había llevado a mudarse a Nueva York y Hannah se había ido con ella a regañadientes. Al principio le costó hacer nuevos amigos y encajar en la cultura diferente de una gran ciudad, pero me dijo que su adaptación había sido razonable. La mayor dificultad de vivir en Nueva York era la conducta castigadora y controladora de su madre. También me contó que el prometido de ésta era frío con ella y que siempre estaba a favor de la madre y admitió que a veces tenía miedo de la actividad delictiva violenta que ocurría en la gran ciudad. Me contó un asesinato violento en público que tuvo lugar en un vecindario cercano donde vivía uno de sus compañeros de clase. Ese suceso horripilante fue titular de todos los periódicos y tema de discusión entre sus amigos de la escuela durante varias semanas. Me dijo que vio la escena del crimen en la tele, que después había tenido problemas para dormir durante algunas noches y que le preocupaba no poder regresar a California.

Ninguno de esos agentes de estrés parecía explicar por qué Hannah sería más proclive a sufrir ataques de pánico en clase durante los exámenes. Le pregunté si había ocurrido algo más en clase que le hiciera sentirse especialmente ansiosa allí. Entonces me contó un problema de salud que le había sobrevenido en clase. Me dijo, "Tengo una úlcera de estómago que me hace pasarlo realmente mal". Y me explicó "Podía llegar a encontrarme fatal en plena clase y tener que ir corriendo al baño. De ahí que tomara la costumbre de sentarme junto a la puerta, para poder llegar al baño a tiempo. Mi madre no creía que tuviera un problema. Al final los doctores encontraron el motivo y tomé antibióticos durante un tiempo. Después empecé a tener esos sentimientos y pensamientos extraños cuando estaba en clase que hacían que me resultara muy difícil concentrarme. Seguía obteniendo muy buenas cualificaciones en las tareas, pero empecé a suspender los exámenes".

Después de recopilar este historial y obtener información acerca del desarrollo de sus síntomas de ansiedad, ofrecí a Hannah información básica sobre el pánico y le expliqué el plan de tratamiento que le aplicaría. Le dije que empezaríamos la semana siguiente con métodos para darle cierto control de los sentimientos de ansiedad. Después utilizaríamos el método EMDR para disminuir la intensidad de sus recuerdos de ataques de pánico en clase y ayudar a su cerebro a readaptarse al hecho de vivir mejor y sin la úlcera. Le expliqué brevemente el método EMDR y añadí que a la semana siguiente empezaríamos utilizando EMDR para mejorar los sentimientos de calma.

Sesión 2 de Hannah

En la segunda sesión le enseñé la respiración diafragmática y después la respiración completa al tiempo que controlaba su coherencia cardíaca con el emWave® PC. Le impresionó el gran aumento de su coherencia cardíaca a medida que aprendía la respiración completa. Le pedí que la practicara en casa todos los días, lejos del estrés del entorno escolar. A medida que dominara más y tuviera más confianza en la respiración completa, le expliqué que podría utilizarla cuando empezara a sentirse ansiosa en clase. Entonces le propuse el ejercicio del lugar tranquilo y añadí varias series de movimientos oculares. La respuesta al ejercicio del lugar tranquilo fue positiva y me dijo que esperaba empezar a utilizar el método EMDR con los recuerdos de los ataques de pánico en nuestra siguiente sesión.

Sesión 3 de Hannah

En la tercera sesión Hannah me dijo, "Hoy he tenido examen de mates y no he sufrido ningún ataque de pánico. He tenido un poco de ansiedad, pero desapareció. Mientras esperaba a que empezara el examen he estado escuchando música. He tenido algún sentimiento de ansiedad, pero nada importante". Le pregunté sobre la práctica de la respiración completa. Me dijo, "He practicado respiración completa todos los días después de la escuela, en casa, y siempre a la misma hora". Parece que relaja. No lo he probado ni en clase ni antes de un examen. En casa ya estoy bastante relajada".

A continuación avanzamos hacia la fase de evaluación del recuerdo de su primer ataque de pánico en tercero de secundaria. Hannah me volvió a decir "Cuando tenía la úlcera, mi madre no me creía. Me ponía tan mal que no podía asistir a clase, y creían que hacía bolillos. De hecho, iba a la biblioteca y al baño porque me encontraba fatal. La gente me preguntaba por qué no iba a clase. Lo que ocurría es que no quería vomitar en clase, por eso me iba". Cuando le pregunté por la imagen de ese recuerdo, me contestó "La gente mirándome y preguntándome todo el tiempo". Soy una persona tímida en clase, me convertía en el centro de atención delante de tanta gente. No es divertido tener que correr al baño para vomitar. Era muy incómodo. Un día volví y estaban viendo una película. Le pedí a la profesora poder acercar mi silla a la puerta, para que no se notara demasiado cuando saliera". Su creencia negativa fue "Soy una rara y una paria". Su creencia preferida era "Soy guai. Soy una persona agradable". Su puntuación de Validez de la Cognición (VoC) inicial era de 3 a 4 y cuando le pregunté qué emoción sentía ahora, respondió "Frustrada más que nada. Cuando pienso en ello, algo que intento no hacer, me siento mal porque me hubiera gustado no sentirme tan mal, porque entonces no hubiera sentido tanta ansiedad. Me hace sentir frustrada y enfadada". Su nivel inicial en la escala de unidades subjetivas de perturbación (SUD) era de 8 y cuando le pregunté en qué parte del cuerpo lo sentía, contestó "No tengo ni idea. Es más en la cabeza". Entonces le pedí "Observa la imagen, ese pensamiento 'Soy una rara y una descastada', y en qué parte de la cabeza, y sigue las luces".

TRANSCRIPCIÓN DEL REPROCESAMIENTO CON HANNAH DE LA SESIÓN 3

Nº SERIES	INDICACIONES DEL PACIENTE Y [RESPUESTA DEL TERAPEUTA]
23	Esto... vale, ha sido muy raro. No sé. Se me fue la mente, eso seguro.
22	Esto... no sé. Es una sensación extraña. Sólo empecé a pensar en situaciones en las que esto ocurrió. Cómo me frustré en todas esas ocasiones. Es como... no sé. Realmente molesta por ello.
23	Es una sensación rara, un sentimiento extraño en la cabeza. No sé.
23	Creo que ahora estoy más tranquila al respecto. Tengo que dejarlo ir. Dejarlo pasar, imagino.
25	Esto... realmente no sé... Es difícil describirlo pero estoy enfadada, y al mismo tiempo estoy aliviada. [Siente ambas cosas, la ira y el alivio]

25	[Sacude la cabeza] Hmm. Mi mente vagó hacia... Pensé en muchas personas en la clase de inglés. No sé por qué. Fue así. Creo que es como... si me diera cuenta en cierto modo que tienen más cosas que les preocupan que yo y como estoy.
29	Vergüenza porque mi mente recordó una de las experiencias realmente malas. [¿Cuál?] Sala de estudio. Estaba en tercero. De hecho, vomité en la clase. [Observa ese recuerdo y ve qué ocurre a continuación].
30	De hecho, he pensado en el final de curso en esa misma clase. No creo que nadie se acuerde ni tan solo se preocupe por lo que ocurrió en esa clase.
28	Lo mismo. Final de curso y todo el mundo estaba feliz. La escuela había terminado y estaba muy contenta porque todo el mundo se había olvidado. Me sentía aliviada. Había pensado que era inolvidable. Pero ahora que pienso en ello me doy cuenta de que era inolvidable para mí porque era mi enfermedad y me sumergí en ella más de lo necesario.
30	Empecé a pensar en mis abuelos y en lo cómoda que me siento con ellos, pero irónicamente, me juzgan más que la gente de la escuela. [Eso es irónico] Pero aunque parezca raro, me parece bien. Estoy feliz de estar cerca de ellos.
T	[Regresemos al suceso con el que empezamos, cuando estaban viendo esa película. ¿Qué sientes cuando te centras en eso ahora?] Creo que ahora que pienso en ello, había más personas preocupadas que juzgaran. La mayoría ni siquiera prestaban atención. Creo que si fuera y les preguntara hoy, no se acordarían. Nunca había pensado así antes. Imagino que estoy contenta por eso. [SUD] de 2 a 3. [Peor] El hecho de sentirme mal más que... antes, era una mezcla de encontrarme mal y sentir vergüenza por lo que pensaban todos los demás. Sigue siendo un poco traumático por la úlcera.
28	No exactamente segura. [Golpea con los dedos los brazos de la silla] Todavía estoy enfadada o decepcionada incluso por haberme puesto enferma. Enfadada de que ocurriera en la escuela en lugar de mientras estaba en casa o en otro lugar. También estoy enfadada porque probablemente ese sentimiento no hubiera existido ese día si mi madre me hubiera creído antes. Porque muchas de esas experiencias empeoraron progresivamente. Eso fue en el peor momento y cuando ella no me creía. Por supuesto, cuando dejé de ir a clase, se ocupó de mí y me recetaron medicamentos.
25	Uhm, recuerdo estar ansiosa por terminar las clases cada día porque quería dejar de sentir que todo el mundo me estaba mirando. Cuando estaba en casa, nadie me miraba ni me juzgaba. Al final del día, me sentía aliviada.
29	Pensando en el contraste. Lo feliz que estaba en casa en comparación con cómo estaba en la escuela. Que no era justo. Me sentía engañada o algo así. Nadie debería sentirse tan mal en la escuela. Nadie debería sentirse manifiestamente excitada por llegar a casa.

Llegados a este punto, se estaba terminando el tiempo de la sesión. Felicité a Hannah por el buen trabajo realizado de simplemente observar y describir lo que observaba y le expliqué que continuaríamos trabajando ese recuerdo en la siguiente sesión. A continuación le pregunté por sus impresiones sobre el método EMDR después de la sesión. Contestó "Realmente me está ayudando. Hacía muchísimo tiempo que no pensaba en algunos de esos pensamientos. Es extraño. Es una mezcla de sensaciones. Realmente ha cambiado una visión. Ahora que he pensado en ello, la gente no pensaba en mí tanto como yo creía".

Sesión 4 de Hannah

El padre de Hannah llamó para anular la próxima cita programada porque su hija había pasado la noche en el hospital con mucha fiebre producida por lo que al final había resultado ser virus de tipo gripal. A la semana siguiente, Hannah estaba recuperada, había regresado a la escuela, y había recuperado sus tareas. Le pregunté por su pánico en clase o por los ataques de ansiedad, especialmente durante los exámenes. Me dijo "No he sufrido ansiedad en los últimos exámenes. Tuve un poco de ansiedad cuando me puse enferma, quizás por todas las tareas que tendría que hacer al recuperarme. También estaba ansiosa por si tenía que vomitar, pero al final no lo hice". Le pregunté qué había sentido después de la sesión de EMDR de hacía dos semanas. "No he sentido nada de ansiedad. Está bien no tener ansiedad. Practiqué un poco de respiración completa durante la clase de español, cuando empecé a encontrarme mal. Me sentía mareada. Hice el ejercicio de la respiración completa y me senté un minuto. Me ayudó a calmarme. El corazón dejó de latir tan deprisa. Aún me sentía un poco aturdida. A excepción de esta vez, no había necesitado utilizar la respiración completa en clase". Con otro ejemplo de la capacidad de Hannah de utilizar la respiración completa cuando lo necesita y sin que surja material nuevo, procedí a retomar el reprocesamiento del objetivo incompleto de la sesión anterior.

Le pregunté "¿Qué notas cuando te centras en ese recuerdo de tercero de secundaria que trabajamos la última vez, cuando te encontraste mal por la úlcera?". La respuesta fue, "Me hubiera gustado que no hubiera ocurrido. He aceptado el hecho de no poder cambiarlo. No creo que pueda culparme. Nadie estaba realmente prestando atención a lo que estaba haciendo. Cuando estábamos haciendo el EMDR, mi mente vagó hacia lo que alguien más pudiera estar pensando. Me di cuenta de que nadie más estaba preocupado por lo que yo hacía. Creo que puedo darme por satisfecha". Comprobé el nivel SUD; Hannah indicó "3, 3 o 4 como máximo".

TRANSCRIPCIÓN DEL REPROCESAMIENTO CON HANNAH DE LA SESIÓN 4

Nº SERIES	INDICACIONES DEL PACIENTE Y [RESPUESTA DEL TERAPEUTA]
27	Bueno, otra vez he pensado en lo que podría haber ocurrido. He pensado en cuando estuve en esa situación queriendo huir, y entonces me caigo y ocurre algo embarazoso. Ahí es a donde se ha dirigido mi mente.
27	Bueno, pensaba en... la misma vez en que estábamos viendo la película y yo estaba cerca de la puerta. Estaba muy nerviosa, nerviosa y enfadada.
26	Mi mente ha vagado a ¿ha visto alguna vez la serie Héroes? Pensaba en mi clase de mates del año pasado. Creo que usted diría feliz, sola pero feliz. Esa serie me entretiene mucho pero cuando se acaba me quedo como "¿Y ahora qué?". Es como si me olvidara de todo lo demás.
T	La verdad es que no sé. Es como si no me importara. Estoy como si en cierto modo estuviera por encima de ello. Ocurrió pero no sé. Es extraño. No es que me importe. [¿SUD?] Tuve que pensar por un minuto. Quizás un 2, 2,5 o 2. [¿Peor?] De hecho, no lo sé. Hay algo que me sigue molestando. No sé qué. [Aquí, leo en voz alta la sección de la sesión anterior sobre Hannah enfadada porque su madre no la había creído antes] Es, sin lugar a dudas, una afirmación exacta.
24	Ajá, tipo cabreada. Creo que se podría decir así. De hecho la afirmación es, lo triste de la cuestión es que es verdad. Me devolvió a todos los momentos en los que hizo algo loco o irracional. O no tiene sentido. He pensado en el momento exacto en que la llamó el doctor y le dijo que yo tenía algo, y ella se quedó como en shock, como si no me creyera. Parecía pensar que no hice nada en todo el día, que sólo perdí el tiempo. Realmente me frustra. Después de pensar en todo eso, me siento bastante irritada.
26	Bueno, he pensado en una pelea que tuvimos y después no he pensado en nada. Por aquel entonces yo estaba enferma... Es extraño. Escribí en clase de inglés sobre lo que utilizo para aliviar el estrés, porque uno puede escapar de su mundo como cuando se está jugando con la Playstation. Esta pelea con ella fue cuando yo estaba estresada ante la idea de estar enferma. Agarró mi PlayStation, la lanzó por las escaleras y la reventó en mil pedazos. Realmente me dolió tanto que grité como no había gritado en mi vida. Es extraño. Es como si una estuviera poseída cuando está cabreada. No hubiera actuado así si me hubiera creído. [Entonces ¿era porque no te creía?] [Entretejido: Responsabilidad] Ella siempre había pensado que simulaba cosas. Es una mentirosa patológica. Dice que finjo estar enferma, pero lo cierto es que es una mentirosa crónica.

26	Todavía estoy muy enfadada. Estoy pensando en otros momentos en los que mintió. Creo que es doloroso que (a) no me crea y (b) que sea una hipócrita. No es justo. Tengo que aceptarlo, que ella es así, y por eso ya no vivo allí. Creo que es mejor saber cómo es realmente que no saberlo. No creo que vuelva a ver a la gente con la que estaba en tercero de secundaria. Hace 2 años ya y hay que avanzar y dejarlo pasar. Uno de mis problemas es que he estado reteniendo cosas de mi pasado durante demasiado tiempo. Tengo una predisposición a retener las cosas para siempre. [Quizás lo que has estado reteniendo es ira hacia ella, lo que ocurre es que se ha manifestado como ansiedad] Está claro que hay mucha ira. El cincuenta por ciento de mi ira almacenada es contra ella. Uno espera que los buenos momentos pesen más que los malos pero con ella no es verdad. Y eso hace que me enfade. Una cosa que me reconforta es que ha hecho que diez personas más se sientan igual. No soy la única que se encuentra en esta situación. Ellos han manejado su ira de otra manera. [¿A quién te refieres, otros niños o adultos?] Mi hermana, que tiene 22 años, mi padre, y otros adultos. [Entonces han tenido más tiempo de crecimiento para aprender a manejar a alguien como a tu madre] [Aquí estaba (a) normalizando la ira de Hannah, (b) ofreciendo un entretejido para externalizar la responsabilidad, y (c) sugiriendo nuevas opciones de que Hannah pueda desarrollar competencias para afrontar a su madre] [Así, quizás en otra sesión podamos centrarnos en la ira acumulada que tienes contra tu madre y pensar en los sucesos a los que está vinculada] Empezó antes de que yo enfermara. [Regreso al objetivo]
T	[¿SUD?] Si mamá no forma parte de ello, diría que 0 o 1. He manejado la ansiedad. Lo único que queda es la ira y la irritación.

Le pregunté "¿Y qué hay del recuerdo, sigue perturbándote?". Entonces me explicó "Es que uno siempre tiene miedo por lo que los demás estén pensando. Creo que es el hecho de estar incómoda y no... No sé si me preocupaba no llegar al baño y qué pasaría si ocurría algo peor... Lo que podría haber pasado". Le indiqué "Observa eso y sigue las luces".

Normalmente suelo evitar regresar al objetivo y comprobar el nivel SUD al final de la sesión. En ésta, confiaba en que Hannah indicaría un nivel de casi 0. No quedaba tiempo suficiente en la sesión para ir a la fase de instalación y regresar al objetivo era una manera de desplazar la atención de los recuerdos contribuyentes en los que Hannah estaba enfadada con su madre por acusarla repetidamente de mentir. Regresando al objetivo podía ayudar a reenfocar la atención de Hannah en las ganancias que había logrado reprocesando la ansiedad en clase y las señales con las que su enfermedad había dado pie a miedos de atención social negativa por parte de sus compañeros.

Sesión 5 de Hannah

En la quinta sesión, a la semana siguiente, Hannah indicó que no había sentido ansiedad significante en la escuela. Dijo, "Sentí un poco de ansiedad en clase de inglés por un examen, pero nada importante. No alcanzó el nivel de tener que salir ni me distrajo realmente. Logré centrarme en el examen. A veces la ansiedad se dispara mucho, pero no he tenido esa sensación". A continuación analicé los pensamientos de Hannah sobre nuestro enfoque de la atención para la sesión. Mencioné las experiencias contribuyentes con su madre a las que ella misma se había referido al final de la sesión anterior y le pregunté dónde quería centrar la atención. Me dijo, "Sé que todavía hay mucha ira almacenada contra ella, pero me gustaría superar esta ansiedad a hacer exámenes para poder mejorar mis notas. De lo contrario, sé que me va a poner las cosas difíciles. Es capaz de salir con que no me compra el coche. Es de lo único de lo que va a hablar. Diría 'Si eres tan perezosa para estudiar, ¿por qué tendría que comprarte un coche?' Así que permanezcamos con el pánico y los exámenes".

A continuación sondeé el peor ataque de pánico que Hannah había experimentado desde que se había recuperado de la úlcera. "El peor de todos fue durante mis últimos días en Nueva York. No podía dormir ni comer. Me despertaba a la 1 AM. Mi madre me preguntaba '¿Qué haces levantada?' Estoy realmente nerviosa. Ella me decía 'Vuelve a la cama'. El peor ataque de pánico lo tuve en casa de noche. No quería saber nada ni de mi madre ni de mi padrastro". Con la petición de Hannah de que nos centráramos en sus ataques de ansiedad en clase, me preocupaba que ese recuerdo de un ataque de pánico en casa nos alejara de los problemas de la escuela y nos metiera de lleno en el material con su madre. Así que dije "¿Qué te parece si pensamos en abordar ese recuerdo más tarde y ahora nos centramos en el peor ataque de pánico que hayas tenido en la escuela?". Entonces Hannah dijo "Fue hacia finales de cuarto de ESO. Durante los exámenes finales, el último final de geografía, yo tenía náuseas. Le dije al profesor que tenía ganas de vomitar. Tenía que salir. Le dije al profesor que tenía que sentarme fuera por la sensación de ansiedad. El examen me fue muy mal. A mi madre le sorprendió porque tenía un sobresaliente pero al final suspendí". Cuando le pregunté por la imagen, Hannah dijo: "Sé positivamente que todo el mundo me estaba mirando. También estaba en medio de la clase y me puse de pie. Me empieza a subir. Me sudan las manos. Me encuentro mal. Quería salir, pero no podía hacerlo sin decírselo al profesor. Los chicos decían si vomitas, hazlo en la papelera de aquí atrás". Como autoafirmación negativa, Hannah identificó "Soy rara" y como autoafirmación preferida, "Soy normal." Su VoC inicial fue de 4 y sus emociones, ira y frustración. El nivel SUD era de entre 7 y 8 y situaba el sentimiento en el estómago. Entonces le dije "Observa la imagen, ese pensamiento 'Soy rara', en qué parte del estómago lo sientes, y sigue las luces".

TRANSCRIPCIÓN DEL REPROCESAMIENTO CON HANNAH DE LA SESIÓN 5

Nº SERIES	INDICACIONES DEL PACIENTE Y [RESPUESTA DEL TERAPEUTA]
30	Sólo enfadada... o envidiosa de otras personas que no lo tienen o no lo entienden.
26	Sólo pienso en gente que conozco y que no lo tiene. Como pienso en antes de todo el incidente, cuando tuve ansiedad por primera vez, lo mucho más sencillas que eran las cosas comparado con ahora. Imagino que doy cosas por seguro. Uno tiene que darse cuenta de lo que tiene.
28	Bueno, estaba... Tuve un sentimiento de celos pero entonces me puse, no triste, sino deprimida o algo así.
28	Creo que estoy algo confundida porque tengo celos de la gente que no lo tiene, me da miedo cómo me juzguen. Esas dos cosas.
29	Pensaba en los amigos que tengo ahora. Entienden mi ansiedad. No he hecho amistad con personas malas, sino con gente que me juzgará lo mínimo. A nadie le preocupan los problemas de los demás.
T	Imagino que la gente de allí lo vería más como un chiste, una rareza o algo así. No piensan negativamente de mí por eso. Nunca nadie ha dicho nada negativo de mí. No creo ni que sepan que tenía ansiedad. Nadie me ha juzgado por eso. A la gente podría importarle menos. Pensando en el pasado, lo que la gente podría haber pensado en el momento exacto, sé que lo pasan por alto. Me da más miedo revivirlo, aunque sé que no lo reviviré. [Cuando observas el temor a revivirlo, ¿dónde lo sientes?] Tendría que decir que en el estómago. Cuando me enfado, me pongo tensa. Cuando tengo miedo, es en la parte baja del estómago. Una sensación de puñetazo en el estómago.
31	Bueno, cuando pienso en el sentimiento, lo siento. Entonces me apetece pegar a alguien. Me enfado. Eso es todo. [Normalmente me inclinaría por plantear la siguiente pregunta "¿A quién te apetece golpear?" pero podría llevarnos a los problemas con la madre de Hannah. En lugar de eso, me vuelvo a centrar en el objetivo y vuelvo a comparar la puntuación SUD.]
T	SUD: 2 o 3. [¿Peor?] La manera... es frustración con el profesor que fue muy lento... No entendió lo que estaba ocurriendo. Dijo, "Escribiré un pase. Espera". El momento en el que esperaba que escribiera el pase, estaba esperando.

26	Bueno, estoy excitada, pero es difícil expresarlo con palabras. Como que estás irritado, pero lo entiendes. Estaba súper enfadada con él, pero al mismo tiempo entendía por qué iba tan lento.
31	No celosa sino irritada. No es justo, pero hay que avanzar.
T	SUD: 1.5. Seguramente siempre será así por la situación y uno siempre se sentirá un poco incómodo. Ahora que he pensado en cómo otras personas piensan al respecto, realmente no afectaba a sus vidas. Entiendo porqué el profesor iba tan lento. Si pensara que alguien está simplemente enfermo y no supiera que tiene ansiedad, seguramente hubiera ido lenta escribiendo el pase. Más niños lo hacen divertido. Cuanto más pienso en cada experiencia y puedo reflexionar en lo que la gente piensa. Normalmente nunca pienso en las cosas. Siempre me preocupa algo. [Llegados a este punto, de nuevo la sesión estaba a punto de finalizar y aunque la puntuación SUD era ligeramente elevada, quería hacer por lo menos una serie de instalación para reforzar la autoafirmación de Hannah] CP: Soy normal. VoC: 6. [Instalar]
24	VoC: 7. Más satisfecha. Sé que soy normal. La gente no me hablaría por Facebook si fuera rara.

Sesión 6 de Hannah

En la sexta sesión Hannah explicó que no había ido a clase ni el viernes ni el lunes y que había estado enferma todo el fin de semana con anginas, pero que no había sufrido ningún episodio de ansiedad desde nuestra última sesión. Su nota más baja era en la signatura más difícil, matemáticas. Me confirmó que estaba sacando notables y sobresalientes en las tareas de mates, pero que de hecho le quedaba un insuficiente porque había suspendido algunos exámenes. Identificó otro ataque de ansiedad reciente cuando llegó a clase unos minutos tarde después del almuerzo y había olvidado que había examen. "Me estaba muriendo de frío. Llegaba tarde. Normalmente la profesora organiza las sillas de otro modo. Suelo sentarme al lado de alguien con quien me siento cómoda. Todas las sillas estaban ocupadas excepto una en la esquina derecha de la primera fila. Me senté. Inmediatamente empecé a sentirme nerviosa y a temblar. No sé por qué. Todos empezaron el examen. Empecé a encontrarme mal. Le pregunté a la profesora si podía ir al baño. Me dijo que sí. Fui a enfermería pero me mandaron otra vez a clase después de 30 minutos. Cuando regresé a la clase, tuve que apoyar la cabeza en la mesa. Cuando terminó el examen, me sentía bien".

La imagen que describió Hannah fue la siguiente: "Entrar y ver todas las sillas ocupadas y verme obligada a sentarme junto a alguien que no conozco y con quien no me siento cómoda". Su autoafirmación negativa fue "No tengo el control". Su autoafirmación preferida era "Ahora tengo el control". Su VoC inicial era de 1 y sus emociones, frustración y preocupación. Su SUD era de 7 y la parte del cuerpo, la zona del pecho. Entonces le dije "Observa la imagen, ese pensamiento 'No tengo el control', en qué parte del pecho lo sientes, y sigue las luces".

TRANSCRIPCIÓN DEL REPROCESAMIENTO CON HANNAH DE LA SESIÓN 6

Nº SERIES	INDICACIONES DEL PACIENTE Y [RESPUESTA DEL TERAPEUTA]
28	Mm, no estaba pensando, pero... bueno, hay una cosa. No tenía el control, pero sí porque... como que pude salir. Estoy confundida porque no sé por qué puedo sentarme junto a determinadas personas.
30	Pensaba en... de hecho, mi mente se ha desplazado a la asignatura de inglés. Normalmente no puedo sentarme al lado de gente nueva. Pensaba en una chica nueva. Creía que me sentiría cómoda junto a ella, estuve bien. En eso estaba pensando. Lo raro que era que pudiera sentarme junto a ella. Quizás porque era tranquila y no decía nada.
23	Mm, de hecho, he vuelto a pensar en mates. Estaba pensando en el chico junto al que me senté aquel día. Porque no me abro. No conozco a mucha gente. Cada vez que hay cambios, me siento incómoda. Si me abriera más, si conociera a ese chico, me hubiera sentido más cómoda. [Aquí Hannah empieza a imaginar que fuera más sociable]
28	Mm, me enfado porque me acuerdo de alguien que hizo un comentario sobre mí, que no cambiaba de silla en clase de inglés. [¿Ubicación?] En el estómago.
27	Mm, de hecho, casi que me excito porque... Bueno. No sé. Bueno, nerviosa y excitada. Estaba pensando en si decidiera no elegir dónde me siento para ver si puedo sentirme cómoda rodeada de gente. Si pudiera, dejaría de crearme problemas. Estaba súper nerviosa porque si no funciona... ya sabes. [Aquí Hannah está afrontando espontáneamente cómo las estrategias evitadoras han mantenido su ansiedad en clase, y se imagina cambiando de conducta]
22	Mm, he regresado a la experiencia en mates. No recuerdo ninguna ocasión en la que alguien se diera cuenta de que salía de clase o volvía a entrar. No creo que nadie se diera cuenta, y pensaba que sí, pero ninguna de esas personas me conoce, así que por qué les iba a importar si entraba o salía.

26	Bueno, he notado que me sentía reconfortada. ¿Existe esa palabra? Porque estaba pensado que por lo menos tengo un par de personas en esa clase de mates con las que me estoy cómoda cuando me siento a su lado. Estoy harta del jueguecito de la silla musical por el que tengo que pasar para sentarse cómodamente y no sufrir ansiedad. Es un poco tonto.
26	Bueno, no me he enfadado, me he puesto tensa. Porque… no, de hecho, me apetecía pegar a alguien porque estoy tan enferma y cansada de pasar por el aro con algo tan tonto. "Oh, me tengo que sentar aquí". Estoy harta. Estoy tan centrada en aislarme en algún lugar de la clase para no hablar con nadie. No es como debería ser.
27	Estoy empezando a aceptar que si no… creo que estoy causando parte de esa ansiedad. Lo estoy creando en mi cabeza. Al chico que tengo al lado ni le importa ni le molesta. Eso es en lo que se están centrando. Que yo me centre en otras cosas hace que saque malas notas en los exámenes y me tensa socialmente.
T	SUD: 1. Porque pienso que nadie se dio cuenta. Todos estaban centrados en el examen. Llegué tarde. Tienes que apañártelas. Las cosas son así. De hecho tuve algunos síntomas físicos debidos a la ansiedad. Sin todas las cosas físicas, es una tontería. Piensas en todo eso y lo creas en tu mente. No puedo pretender vivir otros 70 años diciendo "Ay, no puedo sentarme aquí". Esto tiene que terminar. Si hago lo contrario, quizás ayude. [Un experimento interesante] No he tenido ansiedad durante bastante tiempo. Sigo eligiendo dónde me siento. [¿Peor?] El dolor físico. Me duele el estómago y sudo. Con eso no puedo hacer nada. Es mental. [Entretejido: decisiones] [Puedes hacer dos cosas. Puedes elegir sentarte junto a personas que no conoces y puedes hacer la respiración completa] En ese momento no conocía la respiración completa. Si la hubiera conocido hubiera ido al baño y la hubiera practicado en lugar de respirar deprisa y empeorarlo todo.
25	Sólo que estoy preparada. Sólo deseo que hubiera conocido la respiración completa. Eso es todo.
T	SUD: 0,5 PC: "Ahora tengo el control". Diría que estoy tranquila y preparada para abordar cualquier situación. Estoy tranquila y preparada para abordarlo ahora. VoC: 6
25	VoC: 6.5
25	VoC: 7. Pensaba en algo. A principios de curso hice muchos exámenes rodeada de gente cuando era nueva, y estuve bien. Fuera hacía muchísimo frío y en clase me sentía cómoda. No importa quién sea, ¡adelante! [Observación del cuerpo] No siento nada. Siento algo así como mariposas. Creo que es de la excitación por probar algo diferente. Es tan atrevido.
24	De hecho, va a sonar muy raro. Mis padres querían que consiguiera un trabajo. Y yo no quería hacerlo porque tengo miedo de tener ansiedad. Pero he empezado a pensar en buscar trabajo.

Sesión 7 de Hannah

La siguiente sesión se centró en reevaluar la ansiedad de Hannah a hacer exámenes y en analizar otras situaciones en las que había sufrido ataques de pánico. No indicó episodios de pánico significativos en clase. Dijo, "tuve un incidente sin importancia con cierta preocupación después de cambiar de silla en clase de inglés, pero lo superé rápidamente". En otras clases, acepté cambiar de silla a petición del profesor sin problemas. Estoy hablando con gente nueva. El sábado salí y encontré varias ofertas de trabajo, ya he presentado algunos currículums". Hannah explicó haberse puesto al día con los deberes y los trabajos de la escuela. También estaba trabajando más duro con los deberes y las notas de los exámenes habían mejorado en todas las materias. Le sondeé sobre su actitud futura de hacer exámenes. Su respuesta fue "Neutra. No estoy preocupada. Estoy en medio". Le pedí que imaginara el próximo examen de matemáticas. "Me veo haciendo el examen con todos los demás. Si estuviera ansiosa, practicaría la respiración completa. Si me pusiera realmente ansiosa en medio del examen, podría ir al baño y practicar la respiración completa. Después regresaría y terminaría". Parecía práctica y bastante segura de su capacidad de manejar cualquier ansiedad residual y terminar sus exámenes correctamente.

Con el pánico en clase y la ansiedad a hacer exámenes resueltos en gran medida, exploré otras situaciones en las que Hannah había experimentado ataques de pánico. Además del episodio de pánico en casa de su madre antes de abandonar Nueva York, Hannah había descrito haber sufrido ataques de pánico en uno o dos actos sociales y en un par de vuelos transoceánicos. Los ataques de pánico en situaciones sociales habían sido con miembros de la familia de los que Hannah temía que juzgaban sus resultados en la escuela. Ahora que su rendimiento escolar había mejorado tanto, estaba menos preocupada por la repetición de esos problemas. De hecho, Hannah me explicó que se había dado cuenta de que su pánico en los vuelos transoceánicos estaba relacionado con problemas no resueltos que tenía con su madre. También me comentó que quería reprocesar algunas de las experiencias contribuyentes con su madre para estar más preparada para hacerle frente durante su próxima visita. Acordamos hablar de esas experiencias en la siguiente sesión y seleccionar algunas para su reprocesamiento.

Sesión 8 de Hannah

En la octava sesión Hannah seguía hablando de ausencia de ataques de pánico, una mayor capacidad para concentrarse en clase y una mejora de las notas de los exámenes. Había tenido un episodio menor de ansiedad durante un examen de matemáticas que pudo superar rápidamente practicando respiración completa durante 2 minutos mientras permanecía en su sitio. Estaba contenta de que gracias a su mejor capacidad para centrarse, pudo sacar un notable en ese examen. Después empezó a describir el impacto de algunas de las conductas extrañas de su madre. Por ejemplo: aislarse en su habitación durante horas, abandonar la casa sin dar ninguna explicación a cualquier hora del día y de la noche, y ser inconsistente en cuanto a la forma de tratar a Hannah. Lo más perturbador de todo fue cuando su madre bebió demasiado, se enfadó y estuvo gritando durante mucho rato en una cena de Navidad. Acordamos reprocesar ese incidente en la siguiente sesión.

Sesión 9 de Hannah

Al principio de la novena sesión, Hannah estaba contenta por el progreso que había logrado con los exámenes. "El sábado pasado tuve el examen SAT[1] de cinco horas. Creo que me fue bien. Había un montón de gente a la que no conocía. Fui a sentarme junto a la puerta pero la supervisora del examen me dijo que debía sentarme donde ella me dijera. Durante la primera hora de examen estuve bien. Entonces empezó la ansiedad. Practiqué la respiración completa y a continuación me sentí bien. El resto del examen transcurrió bien. Sólo tuvimos una pausa de 5 minutos. Me sorprendió que lo lograra sin ningún episodio de pánico. Todos eran desconocidos. Eran las mismas circunstancias que habían desencadenado ataques de pánico en el pasado, pero me sentía bien. El de español me fue bien, hoy he tenido la presentación oral. Y esto es todo en lo relativo a la ansiedad. Había anticipado que sería peor de lo que fue. Si hubiera hecho el examen hace un año, no lo hubiera logrado en absoluto. Era mucho tiempo en el aula. Casi 5 horas".

1. NdT: SAT (Scholastic Aptitude Test), examen desarrollado por la Cámara de Universidades y los *Educational Testing Services* para valorar los conocimientos adquiridos durante la etapa de secundaria por los estudiantes que deseen acceder a una carrera universitaria.

A continuación pasamos a evaluar el recuerdo diana u objetivo que habíamos seleccionado para su reprocesamiento. Era el recuerdo de su madre bebiendo en exceso la vigilia de Navidad y gritando a Hannah y a su hermana. Cuando le pregunté qué imagen representaba la peor parte de la experiencia, Hannah contestó "El hecho que estuviera gritando la vigilia de Navidad. Eso me molestó mucho, soy una persona

TRANSCRIPCIÓN DEL REPROCESAMIENTO CON HANNAH DE LA SESIÓN 9

Nº SERIES	INDICACIONES DEL PACIENTE Y [RESPUESTA DEL TERAPEUTA]
26	Me siento como pequeña. Cuando miro atrás siento que, comparada con mi madre, emocionalmente yo no era nada. Siento simpatía por mi hermana. Mi hermana era mayor y tenía que manejarlo más a menudo. Siento que comparada con mi madre, yo era impotente. No había nada que pudiera hacer para calmarla o hacer que la situación fuera mejor.
29	Mm. [Gran suspiro] Estoy un poco horrorizada por como ocurrió todo. Fue por algo realmente tonto. Se convirtió en algo enorme. Estoy realmente decepcionada de que algo tan pequeño acabara haciéndose tan grande. No tiene ningún sentido.
26	Estaba pensando en que me preguntaba si cada vez que la vea habrá una pelea. Casi cada vez que la veo, hay una pelea. ¿Va a seguir así para siempre? Es realmente agotador.
T	Me doy cuenta, si echo la vista atrás, de que no hice las cosas de la manera correcta. Tengo que tomar la experiencia y usarla como referencia para el futuro. Si vuelve a ocurrir algo así, relájate. No puedo manejarla cuando se pone irracional. No la veré a menos que pueda ser racional. Ahora que pienso en ello, creo que tenía el 90% de la culpa. Ella es la que tomó las decisiones equivocadas. Pasaré la Navidad con mi padre en vez que con ella si se va a comportar así. [Aunque Hannah era lo suficientemente mayor como para tomar sus propias decisiones y optar por no pasar las vacaciones con su madre, me preocupaba que siguiera manteniendo el sentimiento de culpa por la conducta de su madre. Por eso le propuse el siguiente entretejido] [¿Quién era el adulto?] Mi madre. [¿Quién era responsable de manejar la situación?] Mi madre.
31	Sólo estoy disgustada porque cada vez que pienso en ello me enfado porque se emborrachara la vigilia de Navidad. Eso es lo que hace. Cuando pienso en que ella es la adulta y que ella es la encargada de manejarlo, me siento mucho mejor. Lo podría haber hecho mucho mejor. Yo no soy la madre. No soy la responsable de manejarla. Cuando quiera controlar su propia vida, la controlará. Estoy súper disgustada con el hecho de que se emborrachara la vigilia de Navidad. Es algo que me hace enfadar. Creo que es injusto. No me lo merecía.
36	No siento nada diferente. Lo que he estado pensando todo el tiempo es que ella debería haberlo controlado. Nada más. Me molesta que no lo hiciera. Espero que se acuerde. Básicamente los mismos sentimientos.

T	[SUD] 1,5 o quizás 2. [¿Peor?] Que mi hermana y yo saliéramos 5 minutos a dar un paseo para dejar que mi madre se calmara. El hecho que tuviéramos que salir porque estaba demasiado alterada. Me molesta. Ella tendría que haber manejado mejor la situación. No tendría que haber bebido. No tendría que haber sido irracional. [Entonces céntrate en cómo te molesta que tú y tu hermana tuvierais que salir de casa para esperar que vuestra madre se calmase]
32	Bueno, recuerdo salir de casa y estar súper nerviosa y sintiendo mariposas [sensación nerviosa en el estómago]. No sabía cómo estaría cuando volviésemos o la mañana del día de Navidad. Nerviosismo por eso. Porque es realmente impredecible. Es como entrar en una cueva con una linterna. Uno no sabe lo que va a encontrar.
25	Me he puesto, no ansiosa, sino con una sensación desagradable al pensar en ello. Por supuesto, cuando volví todo era como raro. Cuando nos levantamos el día de Navidad, supuestamente todo estaba bien y todo había terminado. Incluso parecía haber olvidado que había ocurrido. Estoy por aquí, "bien". {Con la hipótesis de trabajo de que la emoción reprimida de experiencias como esta que era contribuyente de los episodios de ansiedad y de pánico de Hannah, quise apoyarla en su experimentación con maneras de expresar esos sentimientos. Así que le propuse "palabras no pronunciadas" como entretejido de apoyo de nuevas decisiones} {Así que en lugar de estar "bien", en esta serie de movimientos oculares imagina lo que hubieras querido decir entonces o querrías decirle ahora sobre lo que ocurrió}
29	Me ha aliviado. Me veo en el programa del Dr. Phil gritándole. No gritándole, sino diciéndole lo que pensé realmente. Me apetecía decírselo o intentarlo de algún modo.
29	Como aquí arriba en el pecho, tengo una especie de presión con algo de adrenalina. Me imagino pegando. Sienta bien. Me imagino sacándolo todo y diciéndole "Fue culpa tuya. ¿Cómo te atreviste a arruinar mi Navidad y la Navidad de mi hermana? Es injusto y egoísta".
29	Empecé a pensar, "Es el fin". Le he cantado las cuarenta y ella puede optar por escucharme o no. Me siento relajada. Eso es todo.
T	[SUD?] No puedo decir 0. Creo que siempre habrá algo al respecto que me moleste. Diría 0,5. Sé que no fue culpa mía. Sé que puedo expresar lo que siento y quizás lo que tendría que haber dicho la mañana de Navidad. Creo saber que sus nervios pueden detonar cuando bebe. No puedo controlarlo. Si va a beber, va a beber. Eso, que su personalidad pueda volverse del revés así es sorprendente. [Así es en parte que el incidente puede molestarte siempre un poco, pero también que mientras siga teniendo un problema con la bebida, te molestará] Exactamente: [¿PC?] Lo cambiaría. No sé si funciona. Puedes expresarlo como "No es culpa mía". [Y si "no es culpa mía" ¿qué afirmación positiva puedes emitir entonces?] "Es su problema. Soy una persona racional." [VoC?] 7. A tope en 7. Sin ninguna duda.
28	VoC: 7. Observación del cuerpo: Ninguna.

muy de celebrar las fiestas. Ese día hay que estar feliz y disfrutarlo. Ella gritaba. Eso destruye la idea de que es Navidad". Su autoafirmación negativa fue "Soy una creadora de problemas". Su autoafirmación preferida era "Soy buena persona". Su VoC inicial era de 3 y sus emociones, "triste y frustrada". Su SUD inicial era de 8 y la parte del cuerpo, la zona del pecho. Entonces le pedí "Observa la imagen, ese pensamiento 'Soy una creadora de problemas', y en qué parte del pecho lo sientes, y sigue las luces".

Durante la fase de cierre le pedí a Hannah que comentara su experiencia con el reprocesamiento. Me dijo, "Es sorprendente. Muchas son cosas en las que nunca había pensado. Está muy bien tener una nueva perspectiva. Es como cuando puedes resolver un rompecabezas. Te hace sentir mucho mejor en general".

Sesión 10 de Hannah

En la décima sesión Hannah seguía indicando ausencia de episodios de pánico o ansiedad en clase. Me habló de cambios en la percepción de sí misma desde la sesión anterior y describió algunos otros incidentes típicos de las conductas extrañas e impredecibles de su madre. También me contó su decepción con un terapeuta anterior que no había validado ni reconocido sus preocupaciones expresadas acerca de cómo la bebida de su madre y su conducta extraña le estaban afectando.

Sesión 11 de Hannah

En la onceava sesión Hannah seguía indicando la ausencia de ataques de pánico y de episodios de ansiedad en la escuela. Describió ansiedad anticipatoria leve durante un acontecimiento social con toda su familia que en cuanto empezó a hablar con uno de sus tíos paternos desapareció rápidamente y se sintió bien. Me habló algo más del impacto de su exposición temprana a las conductas impredecibles de su madre. Me contó que "Algunos días mi madre no se presentaba después de trabajar a recogerme de la biblioteca. Tenía que llamar a mi tía para que viniera a buscarme. Y yo decía '¿no tengo derecho a estar enfadada?' Ella me decía que era culpa mía. No tenía ningún sentido. Me decía 'Uno sólo se enfada si quiere enfadarse.' Ahora me doy cuenta de lo falso que era. Por supuesto que tenía derecho a estar enfadada con ella por tratarme así. Era incapaz de admitir ninguno de sus problemas. Y sigue sin hacerlo".

Entonces se acordó de que su padre le había pedido que me hiciera saber que sólo podría asistir a una sesión más por determinados problemas económicos que habían surgido en la familia. Al darme cuenta de que no podríamos trabajar todas las experiencias con su madre que habían contribuido a su vulnerabilidad a los problemas de ansiedad, decidí sondear si había situaciones residuales en las que experimentara ataques de pánico. Hannah describió los episodios de pánico que había experimentado en el cine. "No puedo sentarme en el medio. Me entra claustrofobia. Siempre estoy más bien al final. Empezó en Nueva York el año pasado. Me entraba ansiedad, como si fuera a vomitar. Me ocurrió después de la úlcera. Me ponía realmente ansiosa. Sentía como si fuera a vomitar, pero no lo hacía. Todavía me ocurre de vez en cuando en el cine". Acordamos reprocesar esta experiencia en nuestra siguiente y última sesión.

Sesión 12 de Hannah

Hannah expresó una ausencia total de pánico y de ansiedad en clase y durante los exámenes. También me dijo que se había dado cuenta de que estaba experimentando con el hecho de ser más abierta. Me dijo que se daba cuenta de que podía sentarse al lado de cualquiera. También había iniciado conversaciones con estudiantes con los que nunca antes había interactuado ni hablado. Parecía estar experimentando con ella misma como alguien más aceptable socialmente. A continuación avanzamos hacia la fase de evaluación del recuerdo de su peor ataque de pánico en el cine. La imagen que representaba la peor parte de la experiencia era estar sentada en el centro de la fila y que llegara un grupo de personas que llenaba el resto de las butacas de la fila. "Me di cuenta de que no podría salir rápidamente si tenía que hacerlo. De repente me entraron náuseas, y tenía ganas de vomitar". Su autoafirmación negativa era, "Hay algo que está mal en mi" y su creencia preferida, "Ahora estoy sana". Su VoC inicial era de 3 y sus emociones, frustración y miedo. El nivel SUD, 7 y la sensación, en el estómago. Entonces le pedí "Observa la imagen, ese pensamiento 'Tengo algún problema', y en qué parte del estómago lo sientes, y sigue las luces".

TRANSCRIPCIÓN DEL REPROCESAMIENTO CON HANNAH DE LA SESIÓN 12

Nº SERIES	INDICACIONES DEL PACIENTE Y [RESPUESTA DEL TERAPEUTA]
26	Mm, de hecho estaba recordando cuando me puse mala por primera vez con la úlcera. No estaba en el cine. Estaba en casa. Cuando me di cuenta de que tenía de vomitar, casi no llego al baño.
28	Mm, es raro pero estaba pensando en que ocurrió en casa y en la escuela varias veces, pero de hecho nunca me ocurrió en el cine. Al principio siempre me pillaba por sorpresa. Después empecé a ponerme súper nerviosa ante la idea de que ocurriera en cualquier momento y en cualquier lugar.
27	Mm, de hecho, estaba pensando en todas las veces que he ido al cine desde que superé la úlcera, desde que dejé de estar enferma. En cualquier caso, no me he puesto nerviosa por vomitar cada vez que he ido al cine. Simplemente surge aleatoriamente. Parece que me estoy dando cuenta ahora de que no era tan aleatorio. Quizás estaba relacionado con cosas que habían pasado cuando mamá estaba rara.
26	Estaba pensando más en que no era tan aleatorio y que me sentía irritada con ella, pero entonces he empezado a calmarme. Ella es la que siempre ha estado fuera de control y yo no soy la responsable de llevarla. Esa molestia ha desaparecido cuando he empezado a pensar en que es su problema.
T	De hecho, me estaba acordando de cuando algunos de mis amigos estaban en el cine conmigo viendo Piratas del Caribe. Todo el tiempo estuve emocionada con la peli y no pensé ni una vez en vomitar. De hecho es difícil fijarse realmente tanto en eso como lo hacía antes. [¿SUD?] 1,5 o 2. [¿Peor?] Quizás un poco de esa irritación interfería con ser capaz de relajarme. La diversión es la diversión.
26	Se ha disipado. Quiero decir que tuve la gripe hace 2 meses y que pasé una noche en el hospital. No me preocupa volver a tener gripe. Ahora me parece que es historia. Puedo sentarme donde quiero sentarme.
24	Lo mismo. Ahora no parece nada del otro mundo.
T	SUD: 0. PC: "Ahora estoy sana y tengo el control". VoC: 6. [Instalar]
25	[VoC] 7. Ahora parece real. Sé que ahora estoy sana. No me estresa la idea de estar enferma o de ponerme nerviosa en el cine. He dejado de estresarme por ponerme nerviosa en la escuela. Puedo sentarme en cualquier lugar, ahora todo está bien. (Exploración del cuerpo) Tranquila.

Al finalizar nuestra última sesión, Hannah y yo mismo revisamos los progresos que había hecho. Era completamente positiva acerca de la solución de sus ataques de pánico. Manifestaba confianza de ser capaz de afrontar a su madre cuando viniera de visita. Sabía que sería controladora, crítica y arbitraria pero con su nueva perspectiva se sentía preparada para confiar en ella misma y no caer en las manipulaciones de la madre. Cuando le pedí que describiera lo que pensaba del reprocesamiento con EMDR, Hannah dijo "Es sorprendente. Te hace sentir mucho mejor en general".

El caso de Hannah ilustra varios de los problemas descritos en el capítulo 14. En primer lugar, muestra la rapidez de los efectos del tratamiento que pueden ocurrir con reprocesamiento con EMDR en casos de TP, ansiedad concurrente o trastorno de eje II. En segundo lugar, su caso ilustra las diferencias y la interrelación entre las experiencias *etiológicas* y las *contribuyentes*. Aunque de pequeña había tenido muchas experiencias estresantes con su madre, Hannah nunca había sufrido ataques de pánico hasta que tuvo una úlcera y se volvió vulnerable a náuseas y vómitos inesperados y repentinos. Está claro que las experiencias cuando tuvo la úlcera fueron causa *etiológica* directa de sus ataques de pánico. De ahí que fuera posible iniciar el tratamiento de su TP centrándose y reprocesando esas experiencias y señales *etiológicas* asociadas con los ataques de pánico sin tener que reprocesar las experiencias *contribuyentes* con su madre. Sin embargo, el rol de la madre minimizando su enfermedad, además de su pauta crónica de conductas críticas, culpabilizadoras y controladoras, fueron factores contribuyentes claros, tanto para la vulnerabilidad de Hannah para desarrollar el TP como para otros impactos, como la ansiedad social, el miedo a ser juzgada y rechazada por miembros de la familia y por compañeros, y el sentimiento disminuido de confianza y de valía.

Los problemas económicos de la familia dieron lugar a la decisión más o menos abrupta de finalizar la terapia antes de poder abordar de forma completa toda la gama de experiencias contribuyentes de Hannah en la relación con su madre. Mientras que los problemas contribuyentes con la madre estaban a menudo presentes en el trasfondo de nuestra sesión y fueron tema de varias conversaciones, sólo pudimos dedicar una sesión de reprocesamiento a un recuerdo relacionado con los problemas con la madre. Dada su juventud y varios factores de resistencia como la relación positiva con su padre y su madrastra, Hannah logró obtener ganancias sustanciales y rápidas tanto eliminando los ataques de pánico como reforzando la confianza en sí misma y su sentimiento de valía.

El caso de Justin: Trastorno de pánico con despersonalización

Cuando Justin acudió para recibir tratamiento era un estudiante universitario de 20 años de edad. En la primera sesión me dijo que había empezado a tener ataques de pánico hacía 8 años, cuando estaba en primero de ESO. Según él, su primer ataque de pánico tuvo lugar cuando estaba en la cama, a punto de dormirse. "Pensaba que iba a morirme". Siguió teniendo ataques varias noches por semana durante los siguientes 8 años, hasta que vino a verme. Como era natural, había desarrollado malos hábitos de sueño al evitar acostarse por miedo a tener más ataques de pánico. Cuando llegó a mi consulta, estaba durmiendo una media de entre 3 y 4 horas solamente cada noche debido a episodios de despersonalización en plena noche.

En la primera sesión, recopilé información básica acerca del historial familiar de Justin. Me contó que sus padres se divorciaron cuando él tenía 4 años y que se crió con la madre y el padrastro, con quien según él tuvo una relación difícil "durante un tiempo". "Mi padrastro fue criado por un padre severo y así se comportaba conmigo; no mostraba sus emociones. Esperaba que lo hiciera todo solo y en casa gritaba mucho". No me habló de ningún suceso traumático durante la infancia y negó haber sufrido maltrato físico o sexual. Cuando le pregunté si su padrastro alguna vez hizo algo más que chillar, Justin describió dos encuentros físicos con él. "Me lanzó contra la pared un par de veces, pero nada grave". Por lo demás, describió una relación positiva con su madre. "Hablamos cada día. A mamá le gusta mucho hablar, es inteligente, agradable y comprensiva".

Justin narró cómo se mudó varias veces durante la infancia porque sus padres eran militares. De hecho, el año anterior a venir a verme se había mudado de la zona rural en la que vivían su madre y su padrastro para asistir a la Universidad. Compartía piso y trabajaba en un centro comercial. Su madre le ayudaba económicamente para pagar los gastos de la Universidad y también en los meses en los que sus gastos excedían sus modestos ingresos.

En cuanto a tratamiento u orientación anterior para sus síntomas de pánico, sólo me habló de un breve periodo de recomendaciones sobre cómo actuar en el instituto cuando le sorprendieron fumando marihuana en el campus, aunque nunca hablaron de sus ataques de pánico. Todos los amigos de Justin de la comunidad rural donde asistía al instituto fumaban marihuana y le parecía "tonto" tener que ver a un consejero por hacer lo que hacían todos sus amigos. Como nota positiva, después de la experiencia Justin había dejado de fumar marihuana y no bebía alcohol. Además cuidaba mucho su forma física e iba al gimnasio todos los días. Hacía más de un año que tenía una relación con una chica que vivía cerca de sus padres. Aunque ella era algunos años más joven que él, Justin me contó que tanto sus padres como los de ella aprobaban la relación y que esperaba casarse después de conseguir un trabajo estable como bombero.

En la primera sesión ofrecí a Justin información básica sobre los ataques de pánico y la higiene de sueño y le enseñé la respiración completa. Le pedí que la practicara varias veces al día. Hice hincapié en la importancia de mejorar su rutina de sueño. Le pedí que estableciera una hora constante para empezar a prepararse para acostarse y meterse en la cama. Además le pedí que practicara la respiración completa antes de empezar sus rituales de acostarse y justo después de meterse en la cama. Basándome en la información que me dio en esa primera sesión, concluí que Justin era un buen candidato para recibir tratamiento con EMDR. Mi plan de tratamiento inicial era empezar reprocesamiento con EMDR con su recuerdo más temprano de ataque de pánico a los 12 años y después avanzar. Tenía previsto introducir el método EMDR en la segunda sesión con el ejercicio del lugar tranquilo y desarrollar un plan de tratamiento con él.

En la segunda sesión, Justin me dijo que había estado practicando la respiración completa. Dijo, "Me ha ayudado. Excepto hoy en clase, que he tenido un episodio de desrealización. Se sentía como que si no fuera yo el que respiraba". Era la primera vez que hacía referencia a experimentar un episodio de desrealización durante el día. También dijo que en la semana posterior a la primera sesión, había tenido entre 5 y 6 ataques de pánico al día con una gravedad media de entre 6 y 7 en una escala del 0 al 10.

Añadió "Me despierto todas las noches con el corazón palpitando realmente rápido. Tengo un rato de desrealización y me vuelvo a dormir. Sigo durmiendo mal. He tenido un episodio cada noche durante la última semana o así". Después me dio información crítica que me obligó a modificar el plan de tratamiento inicial que había estado desarrollando.

Tabla 15.2. Registro de tratamiento

Enumerar los síntomas por nombre o por orden alfabético del plan maestro de tratamiento. Indicar empeoramiento: –3, –2 o –1. Sin cambios 0 o mejora: +1, +2, +3.

Codificar las actividades de cada sesión con estas abreviaciones

Rh = Registro del historial	RE = Reevaluación	SC = Calma estructurada	DIR = Lugar tranquilo o recurso
Mem = Recuerdo diana	EA = Estímulos actuales	Fut = Plantilla de futuro	TV = Terapia verbal
EIV = Exposición en vivo	TCC = Cognitiva	TA = Terapia artística	Hip = Hipnosis
IM = Imágenes			

Nombre:__________ Justin____________________ **Página: _1_ de _1_**

SESIÓN	FECHA	GAF	SÍNTOMAS	OBJETIVO DE LA ACTIVIDAD	VOC PRE SUD	VOC POST SUD	COGNICIÓN NEGATIVA SELECCIONADA COGNICIÓN POSITIVA FINAL	TAREA RESULTANTE
1	19/02	50	a=0 b=0	Rh SC	N/A	N/A	Registro del historial Psicoeducación del pánico y de la higiene del sueño Respiración completa	Fijar h. para acostarse Respiración completa 2–3 veces/ día.
2	25/02	50	a=0 b=0 c=0 d=0	Rh	N/A	N/A	Registro del historial: MVA Consentimiento informado EMDR	Plan de tratamiento revisado.
3	6/03	50	a=0 b=0 c=0 d=+1	Mem nº5 MVA	7 1	4.5 N/A	Soy incapaz. Ahora tengo el control.	Incompleto. Despersonalización durante la sesión.
4	13/03	50	a=+1 b=0 c=+1 d=0	Mem nº5 MVA	4.5 N/A	0 7	Ahora tengo el control.	Completo. Est. bil. Resuelta.
5	20/03	50	a=+2 b=0 c=+2 d=+1	EA nºc Ans. en cama	7 1	7-8 N/A	No estoy a salvo. Estoy a salvo.	Incompleto. Cerrado con siesta en la cama.
6	26/03	50	a=+2 b=+1 c=+2 d=+1	EA nºc Ans. en la cama	6 N/A	1 6	Ahora estoy a salvo.	Completo. Menos miedo a la despersonalización.
7	10/04	52	a=+2 b=+1 c=+2 d=+1	RE Rh Pánico a los 12 años	N/A	N/A	Rh de inicio de pánico 12 años + EA	Plan para centrarse en ataques de pánico tempranos.
8	17/04	52	a=+2 b=+1 c=+2 d=+2	TV TB	N/A	N/A	TV: exceso de agua, suplemento, ingesta de alimento, presión urinaria nocturna.	Menos H_2O. Respiración completa. Resumen diario.
9	24/04	53	a=+2 b=+1 c=+2 d=+2	EA nº a, c en gimnasio	8 2	0 7	Me voy a morir. Estoy completamente bien.	EBL: resuelta. Muy cansado. Resumen diario.
10	1/05	53	a=+2 b=+1 c=+2 d=+2	TCC	N/A	N/A	Escala de sueño de Epworth 12. Ref.: Estudio del sueño al terminar tratamiento.	CD de relajación al acostarse para inicio del sueño.
11	8/05	55	a=+2 b=+1 c=+2 d=+2	TV	N/A	N/A	1 despersonalización tras romper con una novia. Inseguridad de apego.	Mayor mentalización.
12	15/05	57	a=+3 b=+2 c=+2 d=+2	RE TV	N/A	N/A	Desorientado por la noche 1 vez. Ansiedad actual a ir en moto.	EA planificado para viaje en moto.

Tabla 15.2. Registro de tratamiento (cont.)

Enumerar los síntomas por nombre o por orden alfabético del plan maestro de tratamiento. Indicar empeoramiento: –3, –2 o –1. Sin cambios 0 o mejora: +1, +2, +3.

Codificar las actividades de cada sesión con estas abreviaciones

Rh = Registro del historial	RE = Reevaluación	SC = Calma estructurada	DIR = Lugar tranquilo o recurso
Mem = Recuerdo diana	EA = Estímulos actuales	Fut = Plantilla de futuro	TV = Terapia verbal
EIV = Exposición en vivo	TCC = Cognitiva	TA = Terapia artística	Hip = Hipnosis
IM = Imágenes			

Nombre:_________ **Justin**____________________ **Página:** _1_ **de** _1_

SESIÓN	FECHA	GAF	SÍNTOMAS	OBJETIVO DE LA ACTIVIDAD	VOC PRE SUD	VOC POST SUD	COGINICIÓN NEGATIVA SELECCIONADA COGNICIÓN POSITIVA FINAL	TAREA RESULTANTE
13	22/05	58	a=+3 b=+3 c=+3 d=+2	EA n°d	7 2	1 7	No tengo el control. Tengo el control.	EA finalizado.
14	29/05	58	a=+3 b=+3 c=+3 d=+3	Rh TV	N/A	N/A	Rh revisado consumo de marihuana con inicio de ansiedad social moderada.	Pasos destacados para reducir la ansiedad social.
15	5/06	61	a=+3 b=+3 c=+3 d=+3	RE TV	N/A	N/A	Higiene del sueño y dieta revisadas. Sin episodios de ansiedad ni despersonalización.	Finalizar la ingesta de agua a partir de las 7 PM.
16	12/06	60	a=+3 b=+3 c=+3 d=+3	RE TCC	N/A	N/A	Tendencia identificada a la rumiación y la preocupación.	Continuar la revisión por la noche.
17	19/06	63	a=+3 b=+3 c=+3 d=+3	RE TCC	N/A	N/A	Capacidades de afrontamiento revisadas para reducir la rumiación y la preocupación.	Practicar solución de problemas.
18	25/07	63	a=+3 b=+3 c=+3 d=+3	RE	N/A	N/A	Objetivos y preocupaciones profesionales revisadas.	Seguimiento planificado.
19	17/07	66	a=+3 b=+3 c=+3 d=+3	RE	N/A	N/A	Funcionamiento actual y ganancias del tratamiento revisados.	Tratamiento finalizado.

Tabla 15.3. Plan de tratamiento de Justin.

CUADRO DE PLAN TRATAMIENTO MAESTRO

Enumerar los recuerdos y los recursos de más antiguos (arriba) a más recientes (abajo)
Nombre: ___JUSTIN___ Página: _1_ de _1_

ID	EDAD	RECUERDO DEL TRAUMA O AGENTE DE ESTRÉS PERSISTENTE FECHA(S) DE LOS SUD EN TRATAMIENTO Y POST-TRATAMIENTO	ID	EDAD	FECHA(S) DE RECUERDO DE RECURSO DE TRATAMIENTO Y POST DIR VOR
1	4	Padres divorciados (N/A)	A		Estar cómodo en la cama para la siesta (sin miedo a la despersonalización)
2	4-11	Traslados frecuentes (familia militar) (N/A)	B		
3	6-14	Padrastro exigente (empujón contra la pared 2 veces) (N/A)	C		
4	12	Ataques de pánico nocturnos en la cama 3/20—SUD 7-8; 3/26—SUD 1	D		
5	20	Accidente de moto 3/06—SUD 4,5; 3/13—SUD 0	E		
6	20	Episodios de despersonalización 4/24: SUD 0	F		
7			G		
8			H		
9			I		
10			J		

Enumerar los síntomas y los estímulos actuales asociados con Frecuencia (F) y Gravedad (G) 0 -7

ID	SÍNTOMAS	ESTÍMULOS ACTUALES	F Y G EN INICIALES	F Y G DESEADAS	F Y G FINALES
a	Ataques de pánico	n la cama y en clase	5/6	0/0	0/0
b	Insomnio	Por la noche, en la cama	6/7	0/0	0/0
c	Episodios de despersonalización	En la cama, en clase, en el gimnasio	7/6	0/0	0/0
d	Fobia a ir en moto	Aparcamientos, pistas rurales	4/5	0/0	1/1
e					
f					
g					

Justin me dijo, "Olvidé decir que tuve un accidente de moto grave a finales del año pasado". Me contó que iba en moto conduciendo arriesgadamente y a 40 millas por hora en una zona de aparcamiento cuando chocó con un coche que se le cruzó. Salió volando por los aires y aterrizó en el sitio donde están aparcados los carritos de la compra.

"Me llevaron al hospital de traumatología. No me había roto ningún hueso. Todo estaba bien. La moto quedó siniestro total. Llevaba casco". Le pregunté, "Después del accidente ¿cuándo empezaron a empeorar tus síntomas de ansiedad?". A lo que me explicó "Durante la primera semana o las dos primeras semanas en lo único que podía pensar cada día era en el accidente. Un mes después, la ansiedad empeoró. Los episodios de despersonalización empezaron a principios de febrero". Haciéndole preguntas detecté que Justin había experimentado disociación peritraumática después de golpearse contra el coche y volar por los aires. También entró en estado de shock y no podía levantarse del suelo.

Cuando entendí que los episodios de despersonalización eran un síntoma nuevo y que se habían desarrollado solamente semanas después del accidente de moto, me di cuenta de que este nuevo síntoma seguramente estaba relacionado con una reexperimentación de la desrealización experimentada durante e inmediatamente después del accidente. Al analizar los cambios en su sintomatología después del accidente de moto, resultó evidente que Justin reunía los criterios de TP preexistente y de trastorno de estrés postraumático relacionado con el accidente de moto. Al principio Justin estaba aterrado por los episodios de despersonalización. Incluso después de haber buscado en Internet lo que era, seguía sintiéndose desamparado y aterrado por esos episodios nocturnos recientes que habían deteriorado aún más su capacidad de disfrutar de un sueño reparador. También me contó que había desarrollado una ansiedad a ir en moto que nunca había experimentado antes del accidente. Decidí que necesitaba modificar el plan de tratamiento para empezar el reprocesamiento con el trauma reciente del accidente de moto. El primer objetivo del tratamiento era abordar el nuevo síntoma debilitador de despersonalización que estaba interfiriendo en su rendimiento escolar e interrumpiendo su sueño. Después de reprocesar el accidente de moto y eliminar o por lo menos reducir significativamente la despersonalización, pudimos centrarnos en los ataques de pánico preexistentes.

Durante la segunda sesión introduje el EMDR como manera de resolver sus síntomas de ansiedad y obtuve su consentimiento informado para el reprocesamiento con EMDR. La idea de que el EMDR estimulara las mismas partes del cerebro que se activan en el sueño REM llamó la atención de Justin. Le expliqué mi plan de tratamiento propuesto y dijo que le parecía bien.

En la tercera sesión decidí pasar directamente a reprocesar el accidente de moto sin realizar el ejercicio del lugar tranquilo y sin enseñarle las capacidades para reducir los episodios de despersonalización. Sin embargo, durante el reprocesamiento Justin experimentó un episodio importante de despersonalización y me hizo la señal de detenerme. Para abordar la despersonalización, dirigí a Justin por un ejercicio de enfoque sensorial. (Véase la tabla 6.7 "Ejercicio de enfoque sensorial externo"). Empezó a reorientarse y retomamos el reprocesamiento. A fin de reforzar la estimulación sensorial bilateral reanudé el reprocesamiento con estimulación de dos modalidades utilizando movimientos oculares y vibrador táctil, pero la despersonalización se reprodujo con más intensidad todavía. Entonces le propuse elegir entre varios aceites esenciales para ayudarle a reorientarse. Optó por la lavanda. De hecho, ese olor le ayudó a reorientarse y con un pañuelo de papel impregnado en lavanda, que iba oliendo cuando lo necesitaba, reanudamos el reprocesamiento con estimulación de dos modalidades. Mantuvo el pañuelo en la nariz varias veces entre las series de movimientos oculares, pero logró seguir con el reprocesamiento. Cuando llegábamos al final de la sesión, el reprocesamiento de este primer objetivo quedó incompleto. En el transcurso de la sesión Justin indicó una disminución del nivel SUD de 7 a 4-5.

En la cuarta sesión Justin me dijo que había experimentado una ligera disminución de la ansiedad y la desrealización nocturnas. Antes de retomar el reprocesamiento, le ofrecí el aceite esencial para que lo tuviera a mano. Volvió a elegir lavanda, pero mantuvo el pañuelo impregnado en su regazo durante casi toda la sesión. Reanudamos el reprocesamiento del recuerdo del accidente de moto. Esta vez, le apliqué, añadiendo unos auriculares con un zumbido sincronizado a los movimientos oculares y a las paletas de vibración. Justin finalizó estimulación de tres modalidades el reprocesamiento de este recuerdo con una puntuación SUD de 0 y un VoC de 7 en la creencia que había seleccionado: "Ahora tengo el control". En la exploración corporal indicó sensación de calma.

En la quinta sesión Justin comentó que no había sufrido ningún episodio de desrealización desde la última sesión y que sólo había tenido un ataque de pánico durante el día, en clase. Este espectacular descenso de la frecuencia tanto de los episodios de despersonalización como de los ataques de pánico parecía confirmar la hipótesis de trabajo de que el comienzo de la despersonalización y el aumento de la frecuencia de los ataques de pánico respondían a intrusiones de la despersonalización peritraumática no resuelta de la red de recuerdos del accidente de moto. Si Justin hubiera acudido a mi consulta solamente por los síntomas que había desarrollado después del accidente moto, después me habría centrado en los síntomas residuales actuales de la ansiedad a ir en moto. Sin embargo quería ayudarle a mejorar en sus ataques de pánico, ya que seguían siendo una amenaza tanto para su higiene de sueño como para su rendimiento escolar. No tenía ansiedad a conducir en coche y francamente pensé que unas cuantas semanas de ansiedad a ir en moto le mantendrían temporalmente alejado de ir en moto a excesiva velocidad. De hecho, no sólo el accidente se debió a la velocidad excesiva sino que también le habían multado en varias ocasiones por ir demasiado rápido.

Así que centramos nuestra atención en reprocesar su miedo residual actual a los episodios nocturnos de despersonalización que habían empezado después del accidente. Nos centramos en la experiencia reciente de acostarse tarde y de temer un episodio de despersonalización. El reprocesamiento dio lugar a un episodio moderado de despersonalización y a un aumento de la puntuación SUD de 7 a 8. Por su parte, Justin volvió a utilizar el pañuelo impregnado en lavanda y la focalización sensorial para ayudarse a reorientarse. Entonces confirmé que siempre había seguido sintiéndose bien en la cama cuando hacía alguna siesta por la tarde. Terminamos esta sesión incompleta haciendo que se centrara en un recuerdo de estar en la cama por la tarde, durante una siesta, y en ausencia de miedo a sufrir un episodio de despersonalización. Apliqué una serie breve de movimientos oculares para mejorar las asociaciones positivas de estar en la cama. Después dimos la sesión por concluida con un recordatorio de seguir practicando la respiración completa y de mantener el registro.

En la sexta sesión Justin comentó una disminución de la intensidad y la frecuencia de los episodios de despersonalización, menos ansiedad anticipatoria con respecto a esos episodios y menos ansiedad reactiva cuando éstos ocurrían. Había soñado que sufría un accidente de moto pero en el sueño, cuando el coche se acercaba, él saltaba por encima sin hacerse daño. También indicó tener menos ansiedad general. Me dijo que ahora podía mirar hacia abajo desde el segundo piso del centro comercial sin ponerse ansioso, al contrario de lo que le ocurría al principio del tratamiento. Durante la sexta sesión me comentó que había mejorado la higiene de sueño con una media de 6 horas de sueño por noche, el doble que al empezar el tratamiento. También añadió que había sufrido un episodio menor de despersonalización en plena noche, después del cual había logrado dormirse en 5 o 10 minutos. Estaba claro que ya era considerablemente menos aprensivo con respecto a su despersonalización residual. Sin embargo, consideré que ese síntoma residual merecía más reprocesamiento. Así que retomamos el reprocesamiento de los estímulos actuales de estar en la cama, de noche, y con ansiedad de sufrir un episodio de despersonalización. Si bien esta sesión resultó técnicamente incompleta, Justin logró un nivel SUD de 1; un resultado espectacularmente distinto al de la sesión de reprocesamiento anterior de esta diana, en la que el nivel SUD había aumentado de 7 a 8. Consideré este resultado como un importante logro para Justin. Hacia el final de la fase de desensibilización, me comentó que se había dado cuenta de la medida en la que la despersonalización había sido resultado de la privación extrema de horas de sueño. Me dijo, "Ahora me digo que sólo es la falta de sueño". Y para apoyar esa reorganización de sus asociaciones con los momentos de despersonalización leve, le dije "Céntrate en eso. Disfruta de esa sensación de cansancio". Hacia el final de la sesión y como resultado de la importante disminución del SUD, proseguí con la fase de instalación instalando la creencia "Ahora estoy a salvo", hasta alcanzar un VoC de 6. A diferencia de nuestras sesiones anteriores, Justin no experimentó despersonalización durante la sesión. Aunque no llevé a cabo una exploración formal del cuerpo por falta de tiempo, Justin no indicó sensación alguna de despersonalización ni de ansiedad, solamente una agradable sensación de cansancio.

A la semana siguiente Justin estuvo toda la semana ausente por un resfriado y en la séptima sesión dijo que sólo había tenido un episodio de ansiedad diurna el día en el que había cogido el virus. También me habló de su higiene de sueño de las dos últimas semanas y revisamos su historial de ataques de pánico previos, que habían empezado a los 11 o 12 años. Como yo le había sugerido, había optado por elegir una hora fija para acostarse cada noche, a las 22h30 en lugar de hacerlo a la 1 o a las 2 de la madrugada, y se levantaba a las 7h30 en lugar de dormir hasta tarde entre semana. Justin me expresó su preocupación acerca de la posibilidad de que hubiera podido estar teniendo episodios de pánico y de despersonalización a consecuencia de una apnea obstructiva del sueño. Yo le comenté que no había sufrido pánico ni despersonalización en plena noche hasta que tuvo el accidente de moto. De hecho, antes de desarrollar pesadillas y despersonalización nocturna después del accidente, su pánico nocturno siempre había sido al comienzo del sueño y no en plena noche. De todos modos, le dije que podía programar una cita para que le vieran en el centro de medicina del sueño si seguía preocupado por esa posibilidad de las apneas cuando hubiera finalizado el tratamiento conmigo.

Durante nuestra conversación acerca de la higiene de sueño y de los efectos de no dormir, le expliqué que después de un periodo extenso de privación de sueño había creado una deuda de sueño importante. Incluso le advertí que cuando empezara a dormir con regularidad, pasaría por algunas semanas en las que se sentiría con más sueño durante el día, hasta que empezara a ponerse al día con su deuda de sueño. Justin me comentó no haber sufrido episodios de despersonalización durante las dos semanas anteriores –a excepción de los ocurridos durante el reprocesamiento. Sólo tuvo un ataque de pánico diurno, la semana anterior, y del que ahora se daba cuenta que estaba relacionado con el principio de los síntomas de la gripe que habían persistido durante algunos días. Aunque la sesión de reprocesamiento de la semana anterior había sido incompleta y había dado pie a un aumento de la puntuación SUD, Justin me contó que se había dado cuenta de que estaba menos ansioso ante la posibilidad de sufrir episodios de despersonalización durante la noche. Le dije que si seguía sin sufrir despersonalización nocturna, a la siguiente semana retomaríamos el reprocesamiento centrado en su recuerdo más temprano de ataque de pánico.

La octava sesión de Justin se centró en hablar de las sensaciones oníricas residuales y de cansancio que seguía experimentando la mayoría de días. La revisión de sus pautas de sueño desveló que no tenía claro cuántas horas de sueño real experimentaba de las 9 que pasaba en la cama todos los días. Su mejor aproximación era entre 6 y 7 horas. Entonces resultó que estaba bebiendo cantidades importantes de agua para compensar un suplemento nutricional que compraba sin receta y del que estaba tomando dosis extremadamente elevadas. Como consecuencia, tenía que levantarse a orinar entre seis y siete veces cada noche. Le pedí que considerara reducir las dosis de suplemento y el consumo de agua a partir de las 19h30, tres horas antes de su hora establecida para acostarse. Como respuesta a mis preguntas, me confirmó que también pensaba en carreras mientras estaba tumbado en la cama, por la noche, y después de orinar. Le pedí que siguiera practicando la respiración completa antes de prepararse para ir a la cama y cuando ya estuviera acostado. También le pedí que escribiera en su registro por la noche, como parte de su ritual para acostarse, y le insté a escribir tres cosas: (a) una lista de preocupaciones no resueltas que abordaría al día siguiente, (b) una lista que logros del día por los que se sentía bien y (c) lo que esperaba del día siguiente. Pensé que ese registro permitiría a Justin vaciar su mente de esos pensamientos de carreras y haría que se durmiera más rápida y profundamente.

En la novena sesión Justin me contó que había tenido un ataque de pánico en el gimnasio la tarde antes de nuestra sesión, seguido de un episodio de desrealización por la noche en casa. Le pregunté si había ido escribiendo las preocupaciones, los logros y las expectativas para el día siguiente. Me confirmó que lo estaba haciendo todas las noches y que había estado durmiendo mejor. "Ya no doy tantas vueltas". Además añadió que había averiguado que el motivo de su ataque de pánico fue que había estado postergando los trabajos del colegio. De hecho, reconoció que se había estado sintiendo más ansioso por el impacto que ello tendría en sus notas. Ésa fue la primera vez que Justin había relacionado la ansiedad o un ataque de pánico con un problema o una preocupación actual y supuso una ganancia significativa en su nueva capacidad de mentalización. El reconocimiento del motivo del ataque de pánico ayudó a dar a Justin una sensación de control. Con esto, procedí a la fase de evaluación del recuerdo de su primer ataque de pánico a los 12 años, pero el nivel SUD fue de 0 y no sintió ninguna emoción perturbadora. A continuación evalué el ataque de pánico de la tarde anterior. Su cognición negativa (CN) era "Me va a dar algo y me voy a morir" y la emoción era miedo con un nivel SUD de 8. A continuación reprocesamos esa experiencia de pánico reciente en el gimnasio hasta que completamos la sesión con un nivel SUD de 0, un VoC de 7 y una exploración corporal serena, en calma. Durante la fase de instalación, volvió a confirmar y seleccionó su afirmación inicial "Estoy totalmente bien". Me contó que había estado experimentando una sensación cada vez mayor de que iba a ponerse bien.

En la décima sesión Justin se quejaba de sufrir sueño persistente durante el día, además de tos seca, congestión nasal, dolor de cuello intermitente, dificultad para conciliar el sueño, y de despertarse a las 12:30 AM y a las 2:30 AM. Le sugerí que revisara su programa de suplementos dietéticos con su médico de cabecera y que pidiera que le revisara la molestia nasal. A continuación le apliqué la escala del sueño de Epworth y la puntuación obtenida fue de 12 (Johns, 1991), en el rango clínico que requiere derivación a un especialista del sueño. De nuevo le dije que debería considerar pedir que su médico de cabecera lo derivara a un especialista en trastornos del sueño si ese insomnio persistía tras finalizar el tratamiento de los ataques de pánico conmigo. También le recomendé que considerara utilizar un CD de visualizaciones dirigidas que le ayudara con sus problemas ocasionales para conciliar el sueño.

En la onceava sesión Justin narró un episodio de despersonalización después de una pelea con su novia cuando creyó que ella estaba terminando la relación. Analizamos los problemas de su relación que habían dado lugar a ese episodio. Justin manifestaba una pauta de conductas controladoras y de celos hacia su novia, aunque ella no le había dado ningún motivo para ello. Un breve repaso de esta conducta pasada indicó que una conducta así con otras mujeres hubiera sido cuestionable. Entonces pudo reconocer que estaba proyectando la culpabilidad y la inseguridad de sus propias conductas inadecuadas en su novia. Le animé a que se responsabilizara por lo que había ocurrido, que se excusara y que corrigiera su comportamiento. Esta sesión volvió a reforzar la capacidad de Justin de mentalizarse de la relación entre los problemas y conflictos emocionales no resueltos que pudieron originar el pánico o la despersonalización. Le dije que esa capacidad cada vez mayor de controlar, reconocer y abordar proactivamente los problemas actuales era la mejor protección ante recurrencias de ataques de pánico y episodios de despersonalización en el futuro.

En la doceava sesión, Justin comentó un episodio menor de despersonalización cuando se levantó a media noche para orinar. No era lo que le había despertado, sino más bien un estado de profunda somnolencia y desorientación que no le perturbaba significativamente. También me dijo que volvía a estar bien con su novia y que sufría ansiedad residual a conducir su moto en algunas ocasiones. Como los ataques de pánico no se habían repetido, acordamos que volveríamos a centrar la atención en el reprocesamiento de esos estímulos actuales de ansiedad a ir en moto en la próxima sesión.

En la decimotercera sesión Justin reiteró la ausencia continuada de ataques de pánico y de episodios de despersonalización. También describió haber notado una mejor concentración en clase y al hacer las tareas, con menos somnolencia durante el día. De nuevo indicó llevar a cabo una buena higiene de sueño y que la única ansiedad residual que había experimentado había sido al empezar a sentirse "abstraído" en una parte de bajo estímulo del trayecto de 1 hora en moto cuando iba a visitar a su novia. De hecho, seleccionamos ese estímulo actual para reprocesarlo y Justin por su parte seleccionó la CN "No tengo el control". Su VoC inicial era de 2 para la creencia "Estoy en control", su emoción era miedo con un nivel SUD de 7 y ansiedad en el pecho. El reprocesamiento terminó prácticamente con un nivel SUD de 1 y un VoC de 6 y sin ansiedad residual. Fue la última sesión en la que utilizamos reprocesamiento con EMDR.

En la sesión decimocuarta Justin me habló de su reciente visita al médico de cabecera y de su preocupación sobre la ansiedad social que había empezado a sufrir en el último curso de educación primaria. Al parecer estaba relacionada con las mudanzas frecuentes que la familia había hecho durante su infancia y la tensión en la relación con su padrastro. También parecía haber una relación con el inicio de sus experimentaciones con la marihuana. Hablamos de los efectos de la marihuana en el sentido del yo emergente de una persona joven en el contexto de sus cambios frecuentes de domicilio y de grupos de compañeros y la ausencia de cercanía con su padrastro. Entonces estudiamos los pasos que podía seguir para reforzar sus relaciones sociales y disminuir su ansiedad social. Por otra parte, Justin se reafirmó en su decisión de no volver a fumar marihuana.

En la decimoquinta sesión, Justin me contó que la noche anterior sólo se había levantado una vez y que estaba durmiendo unas 7 horas de media cada noche. También comentó la ausencia de resultados significativos en un análisis de sangre que le había hecho su médico de cabecera y dijo seguir dilatando su consumo calórico y de líquidos a lo largo de todo el día, como parte de su rutina de trabajo. No había experimentado ansiedad en el último viaje en moto para ver a su novia.

En las sesiones 16, 17 y 18, Justin siguió hablando de ausencia de ataques de pánico y de episodios de despersonalización. Seguía viviendo episodios ocasionales de ansiedad leve cuando no aplicaba los métodos de afrontamiento adecuados en relación con un problema o una preocupación y hablamos de estrategias cognitivas y de solución de problemas para abordar los aspectos pragmáticos de esas preocupaciones, además de para abordar los pensamientos negativos automáticos asociados con la preocupación habitual. En la sesión 18 programamos una sesión de seguimiento para un mes después, en la que daríamos por finalizado el tratamiento a menos que hubiera problemas adicionales que requirieran atención. Cuando Justin vino para la sesión 19 me comentó que no había sufrido ningún otro ataque de pánico ni episodio de despersonalización. Su higiene de sueño seguía en general buena con una media de 7 horas de sueño cada noche. Como había vaticinado, su somnolencia durante el día disminuyó gradualmente y era ausente la mayoría de días. Justin afirmó estar convencido de que los ataques de pánico y la despersonalización ya no suponían ningún problema para él y que no temía su regreso.

El caso de Justin ilustra aspectos del modelo de planificación del tratamiento con información de los síntomas descrito en el capítulo 4. Más que centrarse en empezar por reprocesar objetivos relacionados con sus primeros síntomas de inicio de los ataques de pánico, empezamos reprocesando objetivos asociados con su síntoma de despersonalización de inicio más reciente y más debilitador a raíz del trauma del accidente de moto. Y sólo después de obtener ganancias significativas del peor síntoma de despersonalización centramos nuestra atención en abordar el historial de sus ataques de pánico. Más tarde volvimos a abordar su ansiedad residual a ir en moto. La decisión de secuenciar las dianas en este orden no cronológico surgió completamente de una conceptualización de caso basada en el modelo de procesamiento adaptativo de la información. Esta secuenciación precisa de las dianas permite obtener ganancias sintomáticas consistentes y un mayor sentido de dominio para el paciente.

V Desarrollo profesional

Intenta *poner en práctica* lo que ya sabes; así, *a su debido tiempo, descubrirás cosas ocultas por las que ahora te preguntas.*

Rembrandt

Los errores de un hombre son sus portales al descubrimiento.

James Joyce

16 Desarrollo profesional en la aplicación clínica

Inicio – integrar EMDR en la práctica clínica

Cuestiones de sistemas: informar a su sistema

Los terapeutas que están recibiendo formación o que se acaban de formar en Desensibilización y Reprocesamiento por medio de Movimiento Ocular (EMDR) se enfrentan a una serie de problemas al introducir el EMDR en su práctica profesional. A los estudiantes universitarios y los clínicos pre-licenciados y licenciados que trabajan en entornos organizados por lo general se les pide que hablen de sus planes de tratamiento y de los métodos elegidos con sus supervisores clínicos. En la mayoría de casos sólo pueden utilizar métodos que hayan sido aprobados por los directores médicos o clínicos. Aunque los terapeutas licenciados independientes no se enfrenten a esos requisitos y restricciones, sí deben hacer frente a cuestiones de consentimiento informado con los pacientes –presentado en los capítulos 5 y 6. De hecho, tienen que informar a sus fuentes de derivación de que están ofreciendo un método de tratamiento nuevo y es posible que tengan que lidiar con limitaciones por parte de terceros que pagan. Los pacientes que están recibiendo psicoterapia desde hace mucho tiempo y que se han acostumbrado a una serie de técnicas y de experiencias clínicas tendrán reacciones varias ante la introducción de un método nuevo, sobre todo cuando su terapeuta tiene dudas en cuanto a las capacidades técnicas y la integración clínica.

Las pautas éticas y las consideraciones prácticas son las que dictan que esas cuestiones se aborden directa, abierta y sinceramente. A menudo un enfoque directo como éste funcionará rápidamente y se entenderá y se avalará, pero no sorprenderá a nadie que en algunos casos haya oposición frente al cambio. Muchos terapeutas han logrado superar barreras sistémicas contra la utilización del EMDR en instituciones organizadas tomando acciones proactivas para educar al sistema.

En la mayoría de casos, las barreras contra el uso del EMDR se basan en la ignorancia, en una falta de información o en la preferencia por un modelo de tratamiento independientemente de las pruebas de su eficacia. Una estrategia muy útil es empezar por determinar los criterios según los cuales las agencias, los empleadores o los gestores de pagos aprueban los métodos de tratamiento para su utilización. Solamente después de identificar esos criterios tiene sentido presentar pruebas acerca del estatus empírico o demás características del EMDR. Si la barrera contra la aceptación se basa en afirmar que no es un método efectivo o no tan efectivo como cualquier otro, pueden presentarse metanálisis recientes que muestran que EMDR es igual de efectiva que los métodos de terapia cognitivo-conductual. Además pueden citarse pautas de tratamiento que demuestran que el EMDR recibe las mejores puntuaciones en términos de eficacia. Véase el Apéndice C para consultar las listas de meta-análisis y de pautas de tratamiento. Si la barrera contra la aceptación es que EMDR es una forma de hipnosis, pueden presentarse pruebas de que el método EMDR no induce a ningún estado hipnótico (Nicosia, 1995) ni tampoco requiere la utilización de sugestión hipnótica.

A fin de ayudar a los terapeutas a educar a sus sistemas, existen recursos disponibles en las tiendas online tanto de EMDRIA (EMDR International Association) como de EMDR HAP (EMDR Humanitarian Assistant Programs). EMDRIA propone folletos, artículos, DVD y presentaciones en PowerPoint. Además, en algunos casos envía cartas dirigidas a los directores médicos de los principales planes PPO y HMO[1]. Por su parte, EMDR HAP propone DVD introductorios y otro tipo de material.

---

1. NdT: planes de asistencia sanitaria en Estados Unidos.

Coordinación de la asistencia con otros profesionales sanitarios

La coordinación de la asistencia con otros profesionales implica educarles acerca de su enfoque y de los métodos que utiliza como terapeuta. Educar a otros profesionales en cuanto al método EMDR a menudo requiere presentar información básica sobre la técnica y también corregir la información incorrecta. Cuando los otros profesionales han oído hablar de EMDR, pueden creer que sólo puede aplicarse al tratamiento del trastorno de estrés postraumático (TEPT). A menudo es posible que no entiendan que puede aplicarse a una amplia gama de diagnósticos en los que hay síntomas de ansiedad o depresión y percepciones inadaptativas, actitudes y conductas resultado de experiencias vitales adversas no resueltas. Así, quizás no piensan en derivar para tratamiento con EMDR en reacciones graves complejas, dolor crónico, depresiones reactivas o cuando los pacientes se enfrentan a enfermedades que suponen una amenaza para sus vidas como el cáncer. Sin embargo, como decíamos en el capítulo 1, se ha demostrado que el método EMDR es un tratamiento efectivo y eficaz para pacientes en esas situaciones. También es posible que crean que EMDR sólo es efectivo para adultos y no para niños ni adolescentes y, si bien todavía no existe tanta investigación controlada para niños y adolescentes como la existente para adultos, la base de literatura está aumentando rápidamente y muestra pruebas de su eficacia, como se describe en la revisión reciente de *EMDR y el arte de la psicoterapia con niños* (Adler-Tapia y Settle, 2008, pág. 6-17). Por otro lado, otros profesionales pueden tener expectativas poco realistas, como la de creer que los supervivientes de traumas prolongados e incluso complejos pueden tratarse en tres o cuatro sesiones. Así pues, educar a otros profesionales de la gama de casos en los que puede considerarse la aplicación del EMDR es una labor que requiere tiempo, pero que vale la pena.

Derivaciones complementarias y EMDR

Cuando su sistema está educado en cuanto a su capacidad para ofrecer tratamiento con EMDR, es posible que obtenga peticiones de tratamiento como complemento al tratamiento de otro terapeuta. Si bien el tratamiento complementario con EMDR es posible y puede resultar beneficioso, se deben considerar varias cuestiones. La primera es que una derivación de ese tipo tiende a funcionar mejor cuando existe una relación bien establecida con el terapeuta que deriva porque ya está familiarizado con el nivel de formación, de experiencia y con la pericia clínica del terapeuta que realiza la derivación. Así será más probable que evite cuestiones en las que su diagnóstico y la conceptualización del caso resulte ser sustancialmente distinta a la del dicho terapeuta. Algunos tipos de casos son más adecuados para el tratamiento complementario breve. Un ejemplo sería una fobia específica con un claro comienzo traumático en un caso que de no ser por eso carecería de traumas complejos y de disociación estructural. En casos en los que hay un historial de trauma complejo, trauma relacional persistente, rasgos significativos de trastorno límite de la personalidad o disociación estructural, resulta extremadamente dificultoso abordarlos con un enfoque complementario. En esos casos tan complejos por lo general resulta más apropiado abordar el tratamiento aceptándolo como derivación normal en lugar de intentar un tratamiento complementario.

Cuando esté considerando la aceptación de una derivación complementaria, establezca de antemano la frecuencia y los medios mediante los cuales intercambiará información. Cuando no tenga una relación bien desarrollada con los terapeutas que soliciten derivar un caso para tratamiento complementario con EMDR, resulta fundamental asegurar que el terapeuta que deriva el caso y el posible paciente dispongan de los conocimientos y las expectativas apropiadas en materia de tratamiento con EMDR antes de aceptar la derivación. Eso incluye las cuestiones de consentimiento informado –presentado en los capítulos 5 y 6– y la necesidad de que usted obtenga un historial adecuado, así como de determinar la idoneidad para el tratamiento antes de considerar la aplicación de reprocesamiento con EMDR. Si acepta derivaciones complementarias, es posible que tenga casos en los que su diagnóstico y su conceptualización de caso difieran de los del terapeuta que le deriva el caso. Esas cuestiones tendrán que abordarse y resolverse directamente con el terapeuta en cuestión antes de proceder con el reprocesamiento con EMDR de modo complementario. En algunos casos, después de algunas experiencias positivas iniciales con el reprocesamiento con EMDR, es posible que los pacientes quieran transferirle su tratamiento y ampliar los problemas que están abordando con usted. Se recomienda establecer de antemano con el terapeuta que le deriva el caso y con el paciente si ésa puede ser una opción.

Duración de las sesiones de reprocesamiento

Las decisiones sobre la programación de la duración de cada sesión de tratamiento dependen del contexto del mismo, de la fase en la terapia, de la estabilidad del paciente, de la experiencia del terapeuta y del plan de tratamiento. Shapiro (2004, pág. 101) recomienda sesiones de 50 minutos para el registro del historial y de 90 minutos para el reprocesamiento con EMDR. Los terapeutas que acaban de formarse en EMDR deberían considerar ofrecer reprocesamiento con sesiones de tratamiento prolongadas de entre 75 y 90 minutos de duración. Esas sesiones prolongadas permiten a los terapeutas con menos experiencia en EMDR disponer de tiempo adicional para el registro y la evaluación del objetivo que se debe reprocesar, para las fases de reprocesamiento y para la fase de cierre. Con esas sesiones pueden dedicarse entre 45 y 70 minutos al reprocesamiento con EMDR en las fases de desensibilización, instalación y exploración corporal. En algunos sistemas organizados de asistencia sanitaria como planes HMO de modelo profesional o servicios comunitarios de salud mental, se puede trabajar con sesiones estándares de 45-50 minutos, con poca o ninguna flexibilidad para tener sesiones más largas. Terapeutas con la experiencia y las capacidades adecuadas en el uso clínico del EMDR han sido capaces de lograr resultados positivos en pacientes con TEPT en ese tipo de situaciones, como demuestran los terapeutas del artículo de Marcus, Marquis, y Sakai (1997), donde todas las sesiones eran de 50 minutos en un centro de tratamiento HMO. Por su parte, los terapeutas de EMDR con menos experiencia a veces solucionan el dilema llevando a cabo la fase de evaluación (fase 3) del objetivo seleccionado en una sesión y empezando el reprocesamiento rápidamente en la sesión posterior. Aunque no sea la solución ideal, permite tener más tiempo para el reprocesamiento con EMDR cuando de lo contrario sería imposible. También es importante que tanto la contención como el cierre sean las adecuadas en la fase de evaluación, sin proceder al reprocesamiento en esa misma sesión. Es posible que durante el tiempo de intervención algunos aspectos del recuerdo diana u objetivo hayan variado y que sea necesario volver a comprobar la Escala de unidades subjetivas de perturbación (SUD) o modificar la cognición negativa (CN) y la cognición positiva (CP) seleccionadas.

Los terapeutas de EMDR más experimentados pueden seguir considerando útiles las sesiones ampliadas cuando aplican reprocesamiento con EMDR a pacientes con historiales complejos de trauma y de negligencia cuyas capacidades para la autorregulación emocional estén menos desarrolladas. Son pacientes que en general necesitarán más de una sesión de reprocesamiento para cada diana de reprocesamiento seleccionado al principio en el plan de tratamiento. De hecho, tenderán a tener sesiones de tratamiento incompletas con más frecuencia y necesitarán más tiempo para la fase de cierre, para la que es posible que requieran más de una intervención de contención y estabilización para ayudar al paciente a regresar a un estado psicofisiológico estable y poner en perspectiva el material activado durante el reprocesamiento.

En algunos casos incluso puede bastar con 90 minutos. Las sesiones en los centros en los que los pacientes están internados y en algunas situaciones ambulatorias pueden alargarse hasta 2 horas o más cuando el criterio clínico indica que así se permitirá completar una unidad de trabajo que es preferible que tenga lugar en una única sesión. Esas sesiones tan extensas pueden resultar muy fatigantes para el paciente y el terapeuta y pueden ser desestabilizadoras si continúan desvelando más recuerdos traumáticos sin resolverlos completamente. Así pues, las sesiones más largas sólo deberán ofrecerse cuando los pacientes muestren signos evidentes de estabilidad adecuada y de ganancias después de cada una de esas sesiones. No todos los pacientes –ni todos los terapeutas– tienen la energía mental necesaria para sesiones más extensas. En muchos casos, limitar el foco de atención a un único aspecto del recuerdo diana u objetivo y proporcionar suficiente contención y cierre para un reprocesamiento incompleto puede resultar mejor tolerado e igual de eficaz que las sesiones de 2 horas.

Estructura de las sesiones de reprocesamiento

Cuando ofrece reprocesamiento con EMDR en una sesión estándar de 45-50 minutos, el reprocesamiento con estimulación bilateral debería empezar a los 10-12 minutos de haber iniciado la sesión. Dado que la evaluación del objetivo probablemente dure 5 minutos como mínimo, la introducción no debería durar más de 5. El cierre y la confirmación de la siguiente cita también durarán 5 minutos como mínimo. Con todo, queda un máximo de 30-35 minutos para el reprocesamiento con EMDR. Para terapeutas con formación en EMDR y experiencia, 30 minutos de reprocesamiento es probablemente el mínimo necesario para reprocesar un único objetivo. Los terapeutas que optan o a los que se pide que trabajen en una sesión tradicional de 45-50 minutos tendrán sesiones incompletas con más frecuencia y necesitarán un número mayor de sesiones para concluir sus planes de tratamiento que los que tienen posibilidad de utilizar sesiones ampliadas. Sin embargo otras consideraciones, como políticas de organización, problemas de agenda, honorarios profesionales y reembolsos de las aseguradoras a veces hacen que las sesiones ampliadas sean inviables.

Fases del desarrollo de habilidades clínicas

En el transcurso de la formación inicial en EMDR, los terapeutas necesitan aplicar la técnica a casos reales (EMDRIA, 2007). Dado su estadio inicial en cuanto a conocimiento de EMDR y desarrollo de capacidades, los terapeutas en este punto de desarrollo profesional con EMDR deberán esperar un porcentaje más elevado de sesiones incompletas que cuando tienen más experiencia. Como resultado, algunos terapeutas llegan a la conclusión de que no deberían empezar a utilizar el método EMDR hasta haber finalizado la formación; una estrategia que por otra parte no es óptima para la mayoría de terapeutas. En casos en los que los pacientes reúnen los criterios de idoneidad –descritos en el capítulo 5– y cuando las sesiones de reprocesamiento siguen las fases del procedimiento estándares con una fidelidad razonable, la mayoría de veces las sesiones de reprocesamiento incompletas seguirán avanzando en resultados clínicos mejores que las intervenciones no específicas como la terapia hablada tradicional. Además los pacientes agradecerán sus ganancias y esas experiencias iniciales son fundamentales para el desarrollo profesional del terapeuta. Experiencias iniciales que, por otra parte, revelan áreas de conocimiento y de confusión, y capacidades en las que se puede confiar o que necesitan más desarrollo. De hecho, aportan el contenido para la consulta con un consultor aprobado por EMDRIA durante una formación básica en EMDR. Como veremos en el siguiente capítulo, incluso después de finalizar la formación básica en EMDR, la supervisión sigue siendo fundamental para el desarrollo profesional con EMDR.

Las fases del procedimiento de EMDR y el protocolo TEPT EMDR estándar son lo suficientemente robustos como para que la mayoría de errores técnicos en términos de fidelidad del tratamiento –en contraposición a las desviaciones sustanciales– no impidan que los pacientes logren ganancias significativas. Más bien la mayoría de errores técnicos en cuanto a fidelidad del tratamiento tienden a hacer que el reprocesamiento sea menos eficaz o directamente consumen tiempo clínico adicional. Al empezar a aplicar reprocesamiento con EMDR pronto en la formación en EMDR y seguir haciéndolo con la mayor frecuencia posible, los terapeutas refuerzan sus capacidades y aclaran las áreas de conocimiento y habilidades que requieran atención. Puede resultar útil tener muy presente que la investigación indica que el grado de confianza en las capacidades en EMDR de uno mismo no está tan correlacionado con las ganancias clínicas como el grado de fidelidad a las fases del procedimiento (Edmond, Rubin y Wambach, 1999).

Selección de casos para el uso inicial del reprocesamiento con EMDR

Cuando empiecen a utilizar el reprocesamiento con EMDR estándar, los terapeutas deberán considerar tres grupos de pacientes para la selección de casos inicial. Esos pacientes probablemente respondan positivamente a las técnicas de EMDR básicas que se suelen enseñar al principio de la formación y es menos probable que requieran el uso de capacidades de EMDR avanzadas, cubiertas en las fases ulteriores de la formación básica en EMDR o en talleres de EMDR avanzado.

1) Los pacientes con síntomas leves y niveles de funcionamiento global (GAF) superiores a 63 (American Psychiatric Association [APA], 2000) cuyos historiales reflejan una infancia sana en general pueden beneficiarse con una mejor autoestima, confianza en si mismos y mayor libertad para lograr sus objetivos mediante el reprocesamiento de recuerdos adversos o contribuyentes utilizando el protocolo EMDR TEPT estándar.

2) Los pacientes con fobias específicas que no sufran de ningún otro trastorno significativo –como trastorno de ansiedad generalizada, fobia social, agorafobia o un trastorno de Eje II– y cuyos historiales muestran una infancia sana en términos generales pueden beneficiarse del protocolo para fobia descrito en el capítulo 13.
3) Los pacientes con TEPT por incidente único y puntuaciones GAF superiores al 45 y cuyo historial muestre una infancia sana en términos generales y un buen historial premórbido son buenos candidatos para el protocolo TEPT EMDR estándar.

Además, para pacientes con formas más complejas o prolongadas de TEPT que no cumplan los criterios de idoneidad descritos en el capítulo 5, los terapeutas pueden empezar centrándose en mejorar la estabilización con los métodos descritos en el capítulo 6, como la instalación y desarrollo de recursos (DIR). (Véanse las tablas B.6 y B.7.) En algunos casos, un par o tres de sesiones de DIR disminuirán los síntomas y mejorarán el funcionamiento hasta el punto de poder empezar el reprocesamiento con EMDR (Korn y Leeds, 2002).

Después de que los terapeutas hayan tenido algunas experiencias iniciales positivas, deberán seguir ampliando la gama de casos en los que proponen reprocesamiento con EMDR. De hecho, no deben olvidar que la gravedad de los síntomas del TEPT por sí misma no predice la ineficacia del reprocesamiento ni la necesidad de habilidades avanzada de reprocesamiento con EMDR. Como veíamos en el capítulo 4, la conceptualización del caso implica muchos otros factores que van más allá de la gravedad de los síntomas del trastorno por estrés postraumático. Los pacientes con síntomas graves de TEPT –y que cumplen los criterios de idoneidad– por lo general pueden beneficiarse de la aplicación del reprocesamiento con EMDR en las primeras dos o tres sesiones de tratamiento.

Comprender el modelo AIP

Entender el modelo de procesamiento adaptativo de la información (modelo AIP) (Shapiro, 2004) –descrito en el capítulo 2– resulta fundamental para aplicar el EMDR en casos reales. Cuando la mayoría de problemas clínicos surgen durante el reprocesamiento con EMDR, la selección de las técnicas estándares se basa en el modelo AIP. Cuando surgen problemas clínicos que no pueden resolverse utilizando técnicas de EMDR estándares, los terapeutas necesitan poder pensar en el modelo AIP para adaptar las técnicas de EMDR en el marco de ese modelo a fin de cubrir las necesidades individuales de los pacientes. Los terapeutas que están aprendiendo a aplicar el método EMDR se benefician del hecho de revisar regularmente el modelo AIP para profundizar su comprensión del modelo porque está relacionado con todos sus casos tempranos. Las conversaciones en las sesiones de consulta deberán examinar los casos clínicos a la luz del modelo AIP para ayudar a los terapeutas a aprender a conceptualizar casos en el marco de dicho modelo.

Conocimiento de las fases del procedimiento

Los terapeutas en formación o recién formados en EMDR deberán trabajar para memorizar lo antes posible la secuencia de las fases del procedimiento EMDR y las frases estándares que se utilizan en cada una de ellas. Hasta que las memoricen, pueden leerlas del guión que se preparen. En la tabla B.9 presentamos una versión del guión estándar. Varios años de observación de sesiones prácticas en directo durante sesiones de formación de EMDR y muestras de trabajo conductual durante la consulta me han llevado a tener la firme convicción de que los terapeutas deberán abstenerse de demostrar sus dotes creativas con las fases del procedimiento y las frases estándares hasta que hayan aprendido a utilizarlas con consistencia y hayan logrado resultados comparables con los mejores resultados de tratamiento presentados en la literatura existente.

Habilidades de observación

Las habilidades de observación son cruciales para la aplicación clínica del método EMDR. La mayoría de programas de formación clínica en psicoterapia hacen hincapié en prestar atención a la verbalización del paciente. Durante las sesiones de reprocesamiento con EMDR tiende a haber muchísima menos verbalización que en la terapia verbal. Además, hay muchos indicadores de proceso no verbales que pueden indicar la necesidad de modificar ligeramente la velocidad o la dirección de los movimientos oculares bilaterales, la activación y el acceso de redes de recuerdos inadaptativos adicionales o de defensas tales como aturdimiento disociativo o cambios en el estado del ego, o la activación y el acceso de redes de recuerdos inadaptativos y reprocesamiento efectivo. Los terapeutas de EMDR experimentados utilizan esos indicadores para discernir lo que está ocurriendo y decidir cómo intervenir eficazmente.

De hecho, los terapeutas de EMDR tienen que desarrollar y perfeccionar sus habilidades de observación. Cambios en la expresión facial, microexpresiones, color de la piel, pautas de respiración, gestos, cambios posturales y tonos de voz deberán anotarse como posibles indicadores de cambios en la activación y el reprocesamiento de las redes de recuerdos. Por otra parte, estudiar cintas de vídeo de sesiones de reprocesamiento del propio trabajo o del trabajo de otros en grupos de consulta o en talleres es una forma muy valiosa de aprender a detectar información que puede pasar desapercibida o que puede no entenderse mientras se desarrolla la sesión. Los terapeutas con formación en EMDR pueden encontrar formación adicional en algunos tipos de cursos centrados en el cuerpo que consideran de utilidad la observación de la expresión no verbal. En el libro de Ekman y Friesen (2003) *Unmasking the Face: A Guide to Recognizing Emotions from Facial Clues* se describe cómo las emociones se muestran en distintas partes del rostro y se ilustra con más de 100 fotografías. Existe formación disponible sobre cómo reconocer las microexpresiones en http://www.mettonline.com/. Las notas de las sesiones, en un estilo similar al de las transcripciones, deberán incluir en la medida de lo posible referencias a observaciones de elementos no verbales para ayudar a los terapeutas a aprender a reconocer y a entender el significado de esos importantes indicadores del proceso.

Notas de las sesiones y mantenimiento de un registro

Los terapeutas reforzarán sus capacidades en materia de EMDR más rápidamente si crean y mantienen un buen registro por escrito para los casos a los que están aplicando EMDR. Con ese fin, en el Anexo B ofrecemos una selección de formularios que incluye:

Tabla B.1– Objetivos y preocupaciones del tratamiento

Tabla B.2 y B.3– Evaluación de la estabilidad y la idoneidad para el reprocesamiento

Tabla B.4– Lista de objetivos del plan maestro de tratamiento

Tabla B.5– Registro del tratamiento

Tabla B.10– Resumen de la sesión

Habilidades para la conceptualización de casos y la planificación del tratamiento

Además de aplicar las técnicas de EMDR con fidelidad en cada sesión de reprocesamiento, los terapeutas necesitan estar seguros de que están secuenciando y seleccionando las dianas correctamente dentro del buen un plan de tratamiento general. Recurrir a un consultor aprobado por EMDRIA resulta esencial para lograr la capacidad de desarrollar y formular planes de tratamiento con EMDR apropiados, seguir las fases del procedimiento estándares y desarrollar fuertes habilidades de reprocesamiento. Los terapeutas con formación en EMDR y menos experiencia pueden recurrir a los consultores para solucionar problemas que hayan surgido en una sesión concreta pero quizás sólo estén preparados para discutir de los detalles de esa sesión. Es fundamental disponer de un buen resumen del caso para que el consultor sea capaz de comentar eficazmente los pormenores de lo que haya ocurrido en una sesión de reprocesamiento determinada. En el capítulo 17 se propone un formulario de cuestionario sobre el caso –Tabla 17.1– para ayudar a los pacientes a resumir su conceptualización de caso para la consulta.

La necesidad de apoyo y consulta entre colegas

En el capítulo 17 tratamos detalladamente el rol de la consulta y de la supervisión en la formación en EMDR. Además de las consultas, los grupos dirigidos por colegas pueden ser una fuente importante de apoyo para los terapeutas que integran el método EMDR en su práctica clínica. Se trata de grupos que pueden ayudar a los terapeutas noveles en EMDR a sentirse más cómodos con el proceso de aprendizaje ya que les ponen en contacto con colegas que se encuentran en etapas diferentes de desarrollo profesional con EMDR. El EMDR Institute mantiene una lista completa de contactos para grupos dirigidos por colegas en Estados Unidos en su sitio web.

Educación continuada en EMDR

Aunque el protocolo estándar de EMDR para TEPT y las fases del procedimiento estándares son tratamientos efectivos, maduros, ampliamente reconocidos y avalados empíricamente para síndromes postraumáticos en adultos, el EMDR como enfoque de psicoterapia sigue evolucionando. De hecho, hay estudios que siguen explorando aplicaciones clínicas adicionales además de los mecanismos de acción y la base psicológica y neurológica del método EMDR para el modelo AIP. A medida que los terapeutas obtienen experiencias positivas con la aplicación de EMDR en casos de TEPT, muchos de ellos observan que la formación básica en EMDR no les prepara adecuadamente para toda la gama de casos clínicos en los que querrían aplicar la técnica y donde sospechan o han leído que podría resultar útil. Por fortuna, en la actualidad existen numerosas oportunidades para continuar con la formación en EMDR.

EMDRIA y las asociaciones de EMDR de Canadá y Europa celebran conferencias anuales con una gama muy variada de programas clínicos y de investigación seleccionados tras una revisión por parte de colegas especialistas. EMDRIA ofrece un proceso para aprobar talleres avanzados de EMDR para EMDRIA Credit en reuniones regionales de EMDRIA y talleres comerciales. Esos programas EMDRIA se enumeran en su sitio Web junto con información acerca de cómo obtener grabaciones de audio y documentación de conferencias EMDRIA que ya se han celebrado. Desde el año 2007 EMDRIA publica el *Journal of EMDR Practice and Research* cuatro veces al año, además de publicar desde 2005 artículos revisados por especialistas en el boletín de noticias de EMDRIA y en su sitio Web. Gracias a los inestimables esfuerzos de la Dra. Barbara J. Hensley, antigua Presidenta de EMDRIA, y de Philip Yannarella, bibliotecario de la biblioteca Steely, existe una completa lista de referencia sobre EMDR conocida como *The Francine Shapiro Library* en la Northern Kentucky University, como servicio para el EMDR International Association. Véase más información sobre todos estos recursos en el Anexo C.

Confianza en los efectos de los tratamientos

Uno de los aspectos más complicados de la integración del método EMDR en nuestro trabajo clínico es superar las dudas y los temores iniciales acerca de pedir a los pacientes que accedan deliberadamente y que activen sus recuerdos traumáticos más perturbadores. Las sesiones de práctica que se requieren en las sesiones de formación básica tienen como objetivo ayudar a los terapeutas a tener experiencias iniciales supervisadas y a ganar confianza suficiente para empezar. Pero de regreso al ámbito clínico, sin supervisor de formación a mano, incluso los terapeutas más experimentados pueden sentirse novatos una y otra vez a medida que avanzan del terreno familiar de sus sistemas conocidos de proporcionar psicoterapia verbal al de empezar a utilizar el EMDR.

Empezar el reprocesamiento con EMDR con un paciente con síntomas pronunciados de TEPT puede ser en cierto modo como saltar solo en paracaídas por primera vez. Uno debe confiar en que las técnicas de EMDR que ha aprendido le guiarán tanto a él como al paciente a un aterrizaje seguro. El impulso de pararse y hablar del material doloroso que está surgiendo puede ser muy tentador. Pasar de una serie de estimulación bilateral a otra sin otra cosa que las frases estándares –aunque mínimas– de ánimo verbal y respuestas clínicas puede hacer que los nuevos terapeutas de EMDR se sientan ansiosos y con una sensación de autocrítica, como si estuvieran abandonando a los pacientes en los momentos de mayor malestar. Sin embargo, esas afirmaciones verbales clínicas estándares, aunque mínimas, han demostrado su eficacia en pacientes de todo el mundo y en todo tipo de situación clínica. Durante esas primeras experiencias clínicas con EMDR, los terapeutas noveles deben confiar en los estudios y en el trabajo de las decenas de miles de terapeutas que les han precedido. Deberán seguir el plan de tratamiento, las técnicas estándares y observar cómo los pacientes se recuperan de maneras que a menudo les sorprenderán.

Para acabar, decir que es imposible aumentar la confianza, el conocimiento y las capacidades en EMDR si se practica aislado. Por suerte, hay muchos recursos disponibles para apoyarle en su desarrollo profesional. A continuación, en el capítulo 17, nos centraremos en lo más importante: el rol de la supervisión y la consulta.

17 Supervisión y consulta sobre el tratamiento con EMDR

Avanzar en habilidades clínicas en EMDR mediante la discusión de casos

Aprender a utilizar el método de desensibilización y reprocesamiento mediante movimientos oculares (EMDR) de forma segura y efectiva requiere que los terapeutas integren una amplia gama de conocimientos y de habilidades. De hecho, se debe aprender a pensar en los términos del modelo de procesamiento adaptativo de la información (AIP). También es necesario disponer de unos conocimientos fundamentales y una comprensión de la psicotraumatología, la disociación estructural, la teoría de apego y el desarrollo infantil; además de ser capaz de realizar el seguimiento de una gran cantidad de información acerca de historiales complejos de los pacientes, y de elaborar una imagen clara del diagnóstico. También hay que entender cuándo se debe considerar la utilización del reprocesamiento con EMDR y ser capaz de seleccionar un protocolo de tratamiento con EMDR adecuado. Para ello se necesita disponer de capacidad para conceptualizar el caso y planificar el tratamiento y poder pensar estratégicamente en cuanto a la selección y la secuenciación de las dianas. Y habrá que memorizar la secuencia de las fases del procedimiento de EMDR estándar y las frases que se utilizan en cada una de ellas. También hay que poder discernir si el reprocesamiento se está desarrollando eficazmente y cuando no sea así, poder seleccionar con tino de entre la gama de posibles intervenciones para restaurar el reprocesamiento eficaz.

Estudiar un manual de tratamiento le ayuda a adquirir el conocimiento esencial. Participar en ejercicios de formación supervisada como parte de la formación básica en EMDR es un primer paso fundamental para desarrollar las habilidades esenciales. Sin embargo, a fin de lograr unos resultados consistentes y positivos del tratamiento, también deberá seguir hablando de sus experiencias clínicas con EMDR con otros terapeutas más experimentados en EMDR a través de la consulta o –en el caso de terapeutas pre-licenciados– la supervisión, que tienen lugar tras finalizar el curso básico didáctico y práctico de EMDR. Así, a medida que sus conocimientos, capacidades y experiencias clínicas aumenten con el tiempo, podrá decidir si amplía sus servicios profesionales para compartir su conocimiento y sus habilidades con otros terapeutas ofreciendo consulta o supervisión. La decisión de avanzar hacia la consulta o la supervisión supone el inicio de otro interesantísimo viaje que requiere, no obstante, desarrollar otra serie de habilidades y la consideración cuidadosa de varias cuestiones. Por ejemplo, posibles cuestiones legales, normativas, de gestión de riesgos, empresariales, éticas y de mantenimiento de registros.

En este capítulo analizaremos el rol de la consulta y la supervisión a la hora de cumplir los requisitos establecidos por EMDR International Association (EMDRIA) para formación básica en EMDR y para lograr un reconocimiento avanzado como Terapeuta de EMDR con certificación EMDRIA y Consultor aprobado por EMDRIA. Los estándares que se aplican a los terapeutas que practican en Europa, Australia, Sudamérica y otros países que tienen sus propias asociaciones profesionales de EMDR difieren ligeramente, pero las cuestiones y los principios que veremos en este capítulo hacen referencia siempre a la superación de esos desafíos y a sacar el máximo partido a las oportunidades de consulta y supervisión. Veremos como las personas que acuden a recibir supervisión pueden seleccionar a un Consultor aprobado cualificado que se ajustará óptimamente a sus necesidades de ampliar la comprensión y las habilidades en materia de EMDR. También analizaremos algunas de las cuestiones de desarrollo profesional, ética y mantenimiento de registros que aquéllos que quieran hacerlo y los que ya están ofreciendo consulta en EMDR deber tomar en consideración.

Si bien algunos terapeutas tienen expectativas en cuanto al proceso de aprendizaje colaborativo en consulta y supervisión, otros experimentan aprensión, dudan de ellos mismos y sienten temor ante la idea de que su trabajo sea evaluado y debatido. Con el fin de ayudar a que esta experiencia sea de apoyo para todos, estudiaremos varias estrategias y formatos diferentes para estructurar la consulta y la supervisión de EMDR. Por último, decir que existen cuestiones éticas y legales significativas que surgen al participar en la consulta y la supervisión. Aclararemos cuáles son y cómo organizar acuerdos y procedimientos de consulta y supervisión para gestionarlas correctamente.

El rol central de la consulta y la supervisión en la formación clínica

El papel central que desempeña la supervisión para lograr estándares mínimos aceptables de conocimiento y de capacidades está formalmente reconocido por los requisitos de los comités de licencias estatales. Por lo general se requieren 3.000 horas de experiencia supervisada para obtener la licencia para practicar psicoterapia. Tras obtener la licencia, la necesidad de supervisiones periódicas y profesionales por parte de terapeutas es algo reconocido en casi todos los códigos éticos profesionales, como los de la American Psychological Association ([APA], 2002) y la American Association for Marriage and Family Therapy (2001). Aunque está claro el amplio reconocimiento de las ventajas de la supervisión, no todo los terapeutas recurren a ella cuando aprenden un nuevo método de psicoterapia. De hecho, evitarlo puede ser particularmente problemático al integrar el EMDR en la práctica clínica. La primera literatura sobre estudios de resultados de tratamiento con EMDR está marcada por varios estudios en los que los profesionales que suministran EMDR a sujetos de estudio sólo tenían formación parcial. Tanto en esos estudios como en otros en los que los terapeutas investigadores habían completado dos fines de semana de formación básica, los resultados muestran efectos menores del tratamiento cuando la fidelidad a los procedimientos y protocolos de EMDR estándares es limitada (Perkins y Rouanzoin, 2002; Shapiro, 2004; Maxfield y Hyer, 2002).

La necesidad de la supervisión sobre experiencias clínicas con EMDR para lograr dominio es algo que se reconoció al principio de existir EMDR International Association (EMDRIA). Cuando en 1999 se establecieron los estándares para lograr la designación de Terapeuta con certificación de EMDRIA en EMDR, EMDRIA especificó un requisito de 20 horas de consulta después de completar la formación básica en EMDR (EMDRIA, 2008b). Por otra parte, se especificaron 20 horas adicionales de "supervisión sobre supervisión" para obtener la designación de Consultor aprobado en EMDR. Las horas de consulta para cumplir ambos estándares debe impartirlas un Consultor en EMDR aprobado por EMDRIA o, en algunos casos, un consultor en formación (CEF). Los estándares para lograr ambos estatus, la Certificación EMDRIA y el de Consultor aprobado, se presentan en este mismo capítulo. Recientemente EMDRIA reconocía además el rol central de la supervisión para los terapeutas que se están formando en EMDR en su primera revisión importante de los requisitos del programa de formación básico (EMDRIA, 2007), efectivo desde junio de 2007 y que requiere 10 horas de consulta como parte de la formación básica en EMDR.

Maxfield y Hyer (2002) examinan la relación entre la magnitud de los efectos y las puntuaciones de la metodología en estudios de resultados del tratamiento con EMDR utilizando la escala de estándar de oro (escala GS) adaptada de Foa y Meadows (1997). Según ellos, "Los resultados indican una relación significativa entre los resultados de la escala GS y la magnitud de los efectos, con estudios más rigurosos según la escala GS indicando magnitudes mayores de los efectos" (Maxfield y Hyer, 2002, pág. 23). Además su estudio subraya un punto que se destaca en este capítulo: cuando los terapeutas recurren a la supervisión, presentar resúmenes orales de lo que ocurre en las sesiones de tratamiento con EMDR puede proporcionar ventajas limitadas solamente. Maxfield y Hyer concluyen, "Este estudio de características metodológicas sugiere que el rigor metodológico influye en los resultados y que ser meticulosos con los detalles puede suponer la obtención de sus resultados más claramente definidos" (2002, pág. 39). La expresión "ser meticuloso con los detalles" indica que los consultores y los supervisores tienen que observar directamente muestras de trabajo conductual de sesiones de tratamiento con EMDR reales mediante la observación en directo, grabaciones de vídeo o de audio y transcripciones casi textuales.

Definición de los términos: diferencias entre consulta y supervisión

Aunque consulta y supervisión comparten elementos esenciales en su enfoque en un marco de trabajo educativo, tienen diferencias fundamentales. Algunos terapeutas utilizan ambos términos de maneras que hacen que parezcan equivalentes o intercambiables. Y no lo son. Es importante que los terapeutas no confundan esos términos cuando hablan de sus relaciones profesionales ni cuando redactan contratos que definen su relación profesional. Las diferencias entre la consulta y la supervisión tienen implicaciones y consecuencias éticas y legales significativas.

Antes de hablar de algunos de los problemas profesionales, legales y éticos de la consulta y la supervisión necesito dejar claro que no soy jurista. La información de este capítulo se basa en revisiones de libros y de artículos de revistas y en la consulta con representantes de asociaciones profesionales. Nada de lo expuesto en este capítulo deberá considerarse como asesoramiento jurídico. Antes de obtener o de ofrecer consulta o supervisión, los terapeutas deberán obtener asesoría legal adecuada y específica para su licencia y jurisdicción acerca de cómo estructurar sus relaciones profesionales.

A los supervisados se les requiere que funcionen bajo supervisión porque todavía no tienen capacidad legal para practicar independientemente o, en algunos casos, como parte de un proceso de rehabilitación impuesto por un comité de licencias. La naturaleza y la duración de la supervisión vienen determinadas no por el supervisado sino por una entidad legal externa, por lo general un comité de licencias. La distinción más importante entre la consulta y la supervisión es que *los supervisores clínicos son legalmente responsables de los servicios que suministran sus supervisados*.

> La supervisión clínica es una relación continuada entre un miembro senior y un aprendiz o miembro junior de la profesión en la que el supervisor monitoriza la calidad del tratamiento que ofrece dicho aprendiz o miembro junior, mejora el funcionamiento profesional y también puede utilizarse para garantizar las cualificaciones del miembro junior para convertirse en un profesional independiente (Watkins, 1997). (Knapp y VandeCreek, 2006, pág. 217).

En cambio, *los individuos sujetos a consulta mantienen toda la autonomía profesional y responsabilidad legal para sus servicios* cuando acceden voluntariamente a consulta para cumplir los estándares éticos o profesionales –en contraposición a los requisitos legales– o para obtener una certificación avanzada. Así pues, la esencia de la consulta es ser un proceso de colaboración entre colegas que examina los estándares profesionales disponibles, resultados de estudios y experiencia clínica para mejorar el conocimiento y la aplicación de las habilidades por parte del que se somete a consulta. En general los que consultan son los únicos responsables de los servicios que suministran. Desde un punto de vista de gestión de riesgos, los consultores deberían ser diligentes a la hora de mantener un rol educativo que haga referencia al conocimiento científico, a los estándares profesionales y comunitarios y a los resultados de los estudios, al tiempo que evitan desempeñar un rol prescriptivo.

"Una persona puede requerir consulta para desarrollar conocimientos en determinada nueva área de práctica o como una estrategia para mejorar su desarrollo profesional. La duración viene determinada por las necesidades del que la solicita y la responsabilidad última para decisiones clínicas sigue siendo de él mismo" (Thomas, 2007, pág. 221). Aunque los consultores pueden ser demandados en procesos judiciales civiles y denuncias del comité de licencias, por lo general no se considerarán responsables de las acciones de los profesionales sometidos a consulta a menos que hayan sido conscientes de las identidades de los pacientes o hayan asumido un rol en sus decisiones profesionales. Sin embargo, existen circunstancias en las que los consultores pueden considerarse responsables de las acciones o las no acciones de los que requieren la consulta por parte de un tribunal o del comité de licencias.

Modelos y principios éticos relevantes

El *Código ético* de la American Association for Marriage and Family Therapy (AAMFT) identifica el rol central de la experiencia supervisada como parte de una obligación de mantener las capacidades en pro del conocimiento. "Los terapeutas de pareja y familia persiguen el conocimiento de nuevos desarrollos y el mantenimiento de capacidades en terapia de pareja y familiar a través de educación, formación o experiencia supervisada" (AAMFT, 2001, Principio 3.1). Sin embargo, con esa terminología, no queda claro si el principio tiene como objetivo incluir la "consulta" voluntaria o solamente la "experiencia supervisada" requerida legalmente.

El código ético del National Board for Certified Counselors (NBCC) se refiere explícitamente a la consulta con un principio más permisivo "Los asesores certificados pueden optar por consultar con cualquier otra persona competente desde el punto de vista profesional sobre un paciente, al que notificarán de este derecho" (NBCC, 2005, pág. 3). La California Association for Marriage and Family Therapy (CAMFT) es más específica en cuanto a la necesidad de consultar para el desarrollo profesional cuando afirma: "Durante el desarrollo de nuevas áreas de práctica, los terapeutas de pareja y de familia toman las acciones necesarias para garantizar la competencia de su trabajo mediante educación, formación, consulta y/o supervisión". (CAMFT, 2008, sección 3.9) La consulta se describe claramente como una responsabilidad central de psicólogos del principio B, Fidelidad y Responsabilidad, de los "Principios éticos de psicólogos y código de conducta" de la American Psychological Association. "Los psicólogos consultan, derivan y cooperan con otros profesionales e instituciones en la medida en que lo necesitan en pro del mejor interés de las personas con las que trabajan" (APA, 2002, pág. 3).

Estándares de la EMDR international association para formación básica en EMDR

En mayo de 2006, EMDRIA publica los nuevos requisitos del programa educativo del curso de formación básica en EMDR para los cursos a partir de junio de 2007. Según estos estándares (EMDRIA, 2007) se requieren un mínimo de 20 horas de clase, 20 horas de "prácticas supervisadas" y 10 horas de consulta como parte del curso básico de EMDR. El plan de estudios, que puede obtenerse en el sitio web del EMDRIA, especifica el contenido, las cualificaciones del personal docente y el formato para consulta en formación básica. Cabe destacar que aunque EMDRIA hace referencia a prácticas supervisadas, esta utilización del término "supervisado" no deberá confundirse con la supervisión requerida legalmente. *Prácticas supervisadas* en formación básica hace referencia a un enfoque de ayudar a los participantes del curso a aprender y a seguir las técnicas estándares en lugar de asumir una responsabilidad legal para los resultados de los ejercicios de formación. Los formadores de cursos básicos aprobados por EMDRIA por lo general solicitan a los participantes que firmen un contrato de participación por el cual reconocen que los ejercicios del curso no tienen la intención de ser psicoterapia. Por lo general los formadores piden a los participantes que seleccionen material personal para los ejercicios prácticos que sea adecuado para el entorno de formación y que eviten abordar asuntos más adecuados para una psicoterapia personal.

Elegibilidad para entrenamiento básico en EMDR

Las asociaciones EMDRIA y EMDR en otros países limitan las condiciones de acceso para la formación en EMDR a aquellas personas con educación universitaria en un campo de la salud mental y licencia para practicar psicoterapia, o a aquellas personas que trabajen bajo la supervisión cualificada de un profesional de la salud mental con licencia. En Estados Unidos y en otros países que operan bajo los estándares EMDRIA, para poder matricularse en un curso de EMDR con un formato aprobado por EMDRIA se debe disponer de una licencia estatal o una credencial nacional de una de las varias categorías de profesional de la salud mental, o estar matriculado en una de las universidades o de los programas de prácticas reconocidos.

La lista de credenciales de acceso está definida con mucha precisión. Para poder optar a la formación, los doctores en medicina tienen que ser de la especialidad de psiquiatría y deben disponer de una licencia válida. El personal de enfermería debe contar con un máster en enfermería de psiquiatría y una licencia estatal en vigor o estar registrados en el comité de enfermería nacional. El resto de terapeutas de salud mental debe disponer de un máster o un doctorado en una de las varias disciplinas (trabajo social, *counseling*, pareja, terapia familiar o psicología) y estar licenciado o certificado por un comité de credenciales nacional o estatal. Dadas las diferencias entre los estándares de los distintos estados norteamericanos, los terapeutas que han terminado programas en terapia artística u orientación para casos de drogas y alcohol deberán presentar información detallada a EMDRIA acerca del programa que han finalizado y una copia de una licencia o certificación válida a través de un comité nacional o estatal para determinar ni pueden optar a inscribirse a un curso de EMDR básico aprobado por EMDRIA.

A fin de potenciar que los estudiantes universitarios se formen en EMDR, EMDRIA tiene criterios de acceso para estudiantes matriculados en programas de nivel doctoral o de máster en uno de los campos de salud mental enumerados antes. Los estudiantes universitarios que cumplen los requisitos tienen que estar matriculados en un programa de seguimiento de licencias. Tienen que estar cursando el segundo curso, las prácticas o la residencia, y deben trabajar bajo supervisión de un profesional de la salud mental con licencia. Los estudiantes universitarios y los pre-licenciados, además de los terapeutas licenciados deberán enviar una carta de su supervisor a su formador del curso de EMDR básico.

Cabe destacar que EMDRIA no requiere que los supervisores de estudiantes universitarios y terapeutas pre-licenciados y postgraduados que optan a la formación hayan sido a su vez formados en EMDR. EMDRIA no aborda directamente las cuestiones profesionales o los estándares propuestos para supervisión específica de EMDR para estudiantes universitarios ni terapeutas pre-licenciados o postgraduados que optan a los cursos durante la formación básica en EMDR ni durante la acumulación de horas para la Certificación EMDRIA. Eso es algo que se deja a los estándares de las instituciones en las que trabajan los estudiantes graduados pre-licenciados y los internos postgraduados. Las horas de consulta requeridas en formación básica en EMDR y para la Certificación EMDRIA por lo general no pueden abordar los requisitos del comité de licencias para supervisión requerida. Primero, se definen como consulta y no como supervisión. Segundo, como se organizan normalmente no aportan una información lo suficientemente detallada. En condiciones óptimas, los supervisores de estudiantes universitarios y de internos postgraduados están formados en EMDR y tienen la Certificación EMDRIA o son Consultores Aprobados. Cuando los supervisores no han recibido formación en EMDR, este libro proporciona una guía de los principios, las técnicas y los formularios que pueden ayudar a los supervisores a obtener información sobre la preparación del paciente, su idoneidad y las sesiones de tratamiento.

Estándares de consulta como parte de la formación básica en EMDR

La consulta como elemento de la formación básica en EMDR tiene como objetivo apoyar a los estudiantes para que sean capaces de "integrar con seguridad y eficacia la utilización del método EMDR en sus prácticas clínicas" (EMDRIA 2007, pág. 9). De hecho, EMDRIA permite la organización individual o en grupo para cumplir con los requisitos de consulta. En grupo, la duración mínima se establece multiplicando el número de participantes por 15 minutos. Los participantes reciben créditos por todo el tiempo que dura cada sesión de grupo en la que están presentes, tanto si presentan material como si participan activamente o no lo hacen. La consulta como elemento de la formación básica en EMDR sólo puede impartirla un Formador aprobado por EMDRIA, un Consultor aprobado o un CIT (consultor en entrenamiento) "bajo la supervisión de un Consultor aprobado" (EMDRIA, 2007).

Cada proveedor de formación básica organiza sus programas educativos de manera distinta e integra la consulta en varios formatos y secuencias. Algunos cursos básicos tienen un formato de taller de fin de semana. Otros se imparten como clases semanales en un entorno universitario. Las sesiones de consulta pueden ofrecerse intercaladas entre segmentos formativos didácticos de forma totalmente predeterminada y preprogramada por la persona que ofrece el curso, o bien pueden programarse individualmente por parte de los estudiantes con consultores seleccionados de una lista de personal formador aprobado por la persona que imparte el curso de un modo más abierto y flexible. EMDRIA describe que la consulta en formación básica implica "formación, prácticas" y una revisión del "uso clínico" del método EMDR. Sin embargo, EMDRIA hace hincapié en que la consulta deberá centrarse en comentarios individualizados y especifica que "La consulta es de casos reales y no de experiencias que ocurren en las prácticas" (EMDRIA, 2007, pág. 10). Eso sugiere que aunque una parte de las 10 horas puede dedicarse a ejercicios de prácticas, los terapeutas deberán aplicar EMDR en un entorno clínico entre las sesiones de consulta. Así, los alumnos deberán revisar con sus consultores el uso clínico que hacen del EMDR con pacientes reales que acuden a tratamiento y no sólo lo que han hecho en sesiones prácticas supervisadas o sin supervisión con otros terapeutas o con "no pacientes" como amigos, vecinos o familiares. Por otra parte, los estándares de EMDRIA requieren que la consulta aporte oportunidades "para *evaluar los puntos fuertes y los puntos débiles* [se añade cursiva] de la compresión general y los conocimientos en materia de EMDR de cada uno de los estudiantes, y la práctica de capacidades de EMDR, así como la oportunidad de personalizar todavía más las experiencias de aprendizaje para abordar las carencias" (EMDRIA, 2007, p. 10).

EMDRIA no ha indicado ningún estándar objetivo de conocimiento mínimo ni capacidades que deban lograr los alumnos a fin de finalizar la formación básica en EMDR, ni ningún mínimo de sesiones clínicas en las que hayan utilizado el reprocesamiento con EMDR. En el caso de alumnos que reciben consulta en grupo, EMDRIA tampoco especifica un número mínimo de horas de presentación de su propio material de casos. Para evaluar los puntos fuertes y los puntos flojos de cada alumno y ofrecer comentarios individualizados, el consultor deberá revisar las experiencias clínicas de las situaciones de trabajo de cada uno de ellos. De ahí surge la pregunta de cómo implementar una revisión adecuada de la aplicación clínica real durante la formación básica.

Estándares para comentarios individualizados durante la consulta

EMDRIA no dispone de criterios objetivos específicos que requieran que los alumnos tengan que demostrar un nivel específico de conocimientos o de capacidades durante la consulta. Sin embargo, sí recibirán comentarios individualizados e instrucciones en las áreas de conceptualización de los casos, idoneidad de los pacientes, selección de objetivos, planificación del tratamiento y aplicación específica de habilidades. Mientras que EMDRIA no requiere que los consultores revisen una muestra conductual de cada alumno, sí reconoce que los profesores de Formación básica pueden optar por solicitarla (EMDRIA, 2007, p. 10, líneas 426–427). *Sin una revisión de por lo menos una muestra de trabajo y presentaciones de casos de cada terapeuta durante esas 10 horas de consulta sería difícil para el consultor ofrecer los comentarios individualizados y las instrucciones requeridas por los estándares actuales del EMDRIA en materia de consulta en formación básica.*

Con el fin de favorecer la existencia de unos estándares con aspiraciones, proponemos estándares mínimos adicionales para consulta como parte de la formación básica en EMDR. Durante las 10 horas de consulta, cada alumno tendrá que presentar material de casos utilizando para ello algún tipo de muestra de trabajo conductual en dos casos distintos por lo menos en los que se hayan implementado las fases del procedimiento EMDR estándares. Esas presentaciones de casos y el debate posterior deberán durar un mínimo de 20 minutos.

El consultor por su parte tendrá que documentar la duración de la presentación de casos de cada alumno y poner de manifiesto los puntos fuertes y las debilidades en cuanto a conocimientos y capacidades.

Metodología para los comentarios individualizados sobre la aplicación clínica del método EMDR

Pueden utilizarse varios métodos para proporcionar comentarios individualizados de la aplicación de EMDR del terapeuta. El nivel de información detallada que los consultores pueden obtener y al que pueden responder es inversamente proporcional a los costes cada vez mayores en términos de tiempo, esfuerzo y logística. En orden de nivel de rigor, incluyen:

- Observar cómo los alumnos responden a viñetas por escrito o en vídeo.
- Observación directa de ejercicios prácticos entre parejas de alumnos.
- Escuchar resúmenes orales de interacciones clínicas reales y sesiones de reprocesamiento con pacientes.
- Revisar transcripciones casi literales de sesiones reales de reprocesamiento o de otras interacciones clínicas con clientes relacionadas con EMDR.
- Revisar grabaciones de audio o vídeo de sesiones reales de reprocesamiento o de otras interacciones clínicas con clientes relacionadas con EMDR.
- Observar sesiones de reprocesamiento reales u otras interacciones clínicas con pacientes relacionadas con EMDR como si se mirara a través un espejo unidireccional.

Utilizar viñetas escritas o en vídeo

Los consultores pueden observar cómo los alumnos responden a viñetas prescritas por escrito o en vídeo. Este método ofrece la ventaja de que el consultor puede observar directamente las habilidades de los alumnos para percibir, conceptualizar y responder a situaciones clínicas seleccionadas. Además tiene otra ventaja: el consultor puede presentar a los alumnos una serie graduada de viñetas de más sencillas a más complejas que aporten problemas comunes con los que se han encontrado terapeutas recién formados. Aunque los estudiantes no pueden ocultar ni distorsionar lo que hacen realmente al responder a esas viñetas preparadas, sus respuestas en esas circunstancias artificiales, al ser observadas por colegas y un consultor, es posible que no reflejen con precisión el nivel de habilidades sensoriales, conceptuales o prácticas cuando están tranquilos con un paciente de verdad en su entorno clínico habitual. Y lo más importante es que este método no cumple el requisito de una revisión de la aplicación clínica de EMDR a partir de *casos reales*. Así pues, si se utiliza, este método sólo puede ser un complemento de la revisión de casos reales. Con el requisito de 10 horas de consulta solamente, si se ha dedicado suficiente tiempo a los ejercicios de viñetas, podría ser difícil suministrar a cada estudiante más de una revisión de aplicación clínica real de EMDR. Si se llega a considerar, será mejor utilizarlo solamente para una sesión de grupo inicial, cuando algunos alumnos todavía tengan que preparar muestras de trabajo para revisarlas.

Ejercicios prácticos entre un par de alumnos

Los consultores pueden observar directamente ejercicios prácticos entre parejas de alumnos. Equivale al formato utilizado en la parte de prácticas supervisadas de la formación básica, pero con más observadores. Mientras que los supervisores prácticos por lo general tienen que supervisar hasta tres tríadas o cinco pares de estudiantes al mismo tiempo, durante la consulta el consultor en principio sólo observará a una pareja de "terapeuta" y "paciente" cada vez. El resto de alumnos del grupo observarán este ejercicio práctico y escucharán los comentarios y las instrucciones del consultor durante y después del mismo. La utilización de ejercicios prácticos cuenta con el aval de EMDRIA como una faceta de la consulta para la formación básica, junto con la enseñanza y los comentarios acerca de la utilización del EMDR en casos clínicos reales (EMDRIA, 2007, pág. 10, líneas 450–451).

Este método ofrece la ventaja de que el consultor tiene acceso a la misma información clínica y sensorial que está disponible para el estudiante. El consultor puede observar directamente cómo el alumno recoge, organiza y utiliza la información ofrecida por el alumno que hace de "paciente". Además el consultor puede elegir entre hacer comentarios en tiempo real o en diferido. Otros alumnos pueden considerar que estos ejercicios les dan la oportunidad de aprender de las habilidades y de los errores de otros.

Sin embargo, este método crea problemas potenciales con el requisito de múltiples relaciones al ser colegas en consulta y establecer una relación terapéutica. Los ejercicios prácticos por lo general no se llevan a cabo como meros juegos de rol. Pueden surgir problemas clínicos significativos que superen el alcance de lo que resulta adecuado para un ejercicio de grupo de consulta. Aunque esas cuestiones podrían abordarse totalmente en una situación clínica real, en el caso de una consulta de formación básica por lo general se dejan de lado, a menudo animando al "paciente" para que los aborde en sesiones de terapia EMDR privadas con un terapeuta cualificado. Los compañeros de un ejercicio práctico pueden decidir establecer una relación terapéutica privada al tiempo que continúan con la consulta en grupo. Y aunque esas relaciones terapéuticas pueden resultar muy útiles, la existencia de múltiples relaciones estando en el mismo grupo de consulta crea un riesgo potencialmente mayor de daño o de explotación. Si un alumno ofrece a otro sesiones de terapia EMDR particulares, puede haber problemas adicionales con respecto a si esas sesiones deben incluirse o no en el debate de casos del grupo de consulta. Hacerlo infringiría el principio de omitir información identificativa en el debate de casos. Y al mismo tiempo plantearía dos problemas éticos para el consultor: primero, el conocimiento de la existencia de múltiples roles entre estudiantes y segundo, el debate de material de casos para un paciente identificado. Es posible que los consultores quieran abordar esos problemas potenciales en acuerdos por escrito y discusiones con los alumnos que participan en una consulta de grupo.

Durante los ejercicios prácticos de las sesiones de consulta, el alumno que hace de "paciente" podría desvelar problemas que podrían resultar perturbadores o que minaran su estatus en la comunidad. Lo más común es que los problemas sean abordados y que el nivel de funcionamiento del "paciente" en esos ejercicios prácticos no resulte tan problemático ni complejo como el material clínico con el que se encontrarán en su práctica clínica. Más importante todavía, los ejercicios prácticos no cumplen con el requisito de revisión de la aplicación clínica para cada alumno con casos reales. Así pues, igual que la utilización de ejercicios de viñetas, si se utilizan ejercicios prácticos, sólo pueden ser un complemento de la revisión de casos reales.

Resúmenes orales de interacciones clínicas y sesiones de reprocesamiento

La revisión de resúmenes orales de interacciones clínicas o de sesiones de reprocesamiento es el método más sencillo para implementar la revisión de casos clínicos reales. Requiere la menor preparación por parte de los estudiantes y el consultor. También ofrece menos detalles y está sujeto a las limitaciones de los recuerdos incompletos y distorsionados. La ausencia de un registro documentado limita la capacidad tanto del consultor como de los otros estudiantes de percibir directamente lo que el consultado percibió e hizo. Tampoco le aporta un resumen objetivo de lo que ocurrió. Ya sea en forma de resúmenes por escrito o de grabaciones de audio o de vídeo, los resúmenes de muestras de trabajo de los estudiantes les ayudan a examinar su trabajo objetivamente y a aprender del mismo. Además, dado que los estudiantes a menudo todavía no saben qué buscar en su trabajo clínico para guiar su conceptualización de casos, la planificación del tratamiento, la selección de objetivos y las intervenciones de reprocesamiento, sus resúmenes orales a menudo no logran aportar la información conductual y sensorial importante que los consultores necesitan para determinar lo que un terapeuta de EMDR con más experiencia podría percibir o hacer en una situación dada. Este método tiene una ventaja y es que se centra en la aplicación clínica con pacientes reales como requiere EMDRIA.

Revisión de resúmenes de casos por escrito y de transcripciones casi literales

La revisión de resúmenes de casos escritos y de transcripciones casi literales de interacciones clínicas y de sesiones de reprocesamiento ofrece varias ventajas en comparación con los métodos que se han descrito antes. Aunque preparar y escribir los resúmenes de los casos puede resultar muy laborioso, los resúmenes escritos aportan información concisa y bien organizada del historial del paciente, diagnósticos, estado mental, objetivos del tratamiento, problemas médicos e intervenciones utilizadas en el trascurso del tratamiento. En algunos casos clínicos, parte de ese material en ocasiones ya se ha solicitado para su preparación. En esos casos, los estudiantes simplemente tendrán que eliminar, modificar o alterar la información identificativa de los textos de registros existentes para presentarlos para su revisión en la consulta. La Tabla 17.1 presenta un formato de preparación de un resumen de caso.

Las transcripciones casi literales de las sesiones en las que se han utilizado técnicas de EMDR aportan un registro objetivo para discutir de material de caso real. Aunque ofrecen varias ventajas importantes en comparación con todos los otros métodos de revisión de material de casos reales, las transcripciones casi literales tienen varios inconvenientes. Muchos terapeutas no mecanografían tan deprisa ni lo suficientemente bien como para preparar transcripciones casi literales durante las sesiones. Algunos se sentirán incómodos ante la idea de hacerlo como una intrusión en la relación terapéutica. Sin embargo, parece, por informes anecdóticos, que los pacientes toleran que los terapeutas tomen notas con un teclado igual que lo hacen en un cuaderno. Antes de presentarlas para debatir un caso, las notas mecanografiadas deberán revisarse para eliminar o alterar la información que pudiera identificar al paciente. Cuando se preparan a partir de grabaciones de audio o de nota manuscritas, las transcripciones casi literales requieren que los terapeutas dediquen más tiempo a su preparación. Aunque esa inversión de tiempo pueda parecer de entrada una carga onerosa, muchos terapeutas se sorprenden de lo mucho que aprenden del proceso de preparar y de revisar esas transcripciones, incluso antes de presentarlas para su debate en consulta. Por supuesto, los terapeutas también pueden pagar para que les hagan las transcripciones. Para ello hace falta que una persona adicional –que probablemente no es un terapeuta– tenga acceso al material confidencial del caso con una autorización adicional firmada por el paciente.

Igual que ocurre con los resúmenes escritos, las transcripciones casi literales ofrecen a los miembros de los grupos de consulta un formato muy eficaz desde un punto de vista de organización del tiempo para hablar de ese material tan rico. Ser capaz de visualizar la secuencia de una sesión completa permite hablar de algunos aspectos de la toma de decisiones clínica que pueden ser mucho más problemáticos y por supuesto mucho más laboriosos que cuando se revisan grabaciones de audio o de vídeo. Sin embargo, comparada con las grabaciones de audio o de vídeo, esta facilidad de revisión también tiene su coste. Las notas textuales no pueden capturar directamente los tiempos de las interacciones, ni los tonos de voz, las expresiones faciales, las posturas corporales y demás elementos de comunicación no verbal que expresan tanto el paciente como el terapeuta. Aunque algunos de esos elementos no hablados de la sesión pueden anotarse, la mayoría de los que se capturarían fácilmente en una grabación de audio o de vídeo se omitirán.

Por último, la utilización de resúmenes de casos por escrito y de transcripciones casi literales de las sesiones es una forma ideal de basar los debates de casos que tienen lugar en remoto por teléfono o video chat. Casi todos los terapeutas tienen acceso a Internet y esos materiales escritos pueden distribuirse de antemano como adjuntos a correos electrónicos, o pueden colgarse en servidores online protegidos mediante una contraseña que sólo sepan los miembros del grupo de consulta. Así, el consultor –y el resto de miembros del grupo– pueden comentar oralmente y anotar comentarios al documento compartido. Si los miembros del grupo tienen acceso a Internet durante las sesiones en grupo, el consultor puede distribuir e incluso anotar el material en tiempo real en un espacio de trabajo online. Esos resúmenes de casos y esas transcripciones casi literales, junto con los comentarios, conforman un registro documental del trabajo de caso del terapeuta y de los comentarios recibidos con ideas e instrucciones para aclarar la conceptualización del caso, la planificación del tratamiento y estrategias específicas para mejorar los resultados clínicos.

Tabla 17.1. Formato de consulta de EMDR

Cuando se consultan casos clínicos relativos a la aplicación de EMDR, aporte los datos relevantes de la siguiente información. Tenga en cuenta que usted es el responsable de obtener el permiso por escrito de su paciente para la divulgación de cualquier información confidencial y para disfrazar cualquier dato que pudiera identificarle.

DATOS CLÍNICOS

1.) Indique su ámbito de práctica y licencia: ______

2.) Indique su orientación teórica antes de la formación en EMDR:

______

3.) Estado de la formación en EMDR. Indique: en formación; formación básica finalizada, formación en EMDR avanzada adicional, Certificado de EMDRIA.

______

4.) Duración de la experiencia EMDR: año de finalización de la formación; años de experiencia.

______

Describa el problema o problemas de este caso que quiere abordar mediante consulta:

______

______

DATOS DEL PACIENTE

Problema(s) que aqueja, incluidos la duración, gravedad y cualquier posible remisión:

______

______

Objetivo(s) de tratamiento del paciente: ______

______

Edad: ______ Sexo: ______ Estado civil: ______ Raza: ______

Situación familiar actual:

______

______

Situación de apoyo social:

______

______

Sinopsis del historial del paciente, con problemas vitales pasados y presentes, sucesos traumáticos, estado de apego infantil, problemas legales e historial de salud.

______

______

______

Recursos, como fortaleza del ego, habilidades de afrontamiento, autocapacidades:

______

______

Episodios de tratamiento y diagnósticos del pasado:

______

Respuestas al tratamiento en el pasado, tanto positivas como negativas

______

Diagnóstico y estado de salud médica actuales (ejes I, II y III)

Eje I: ______

Eje II: ______

Eje III: ______

Nivel de funcionamiento global (GAF) actual: ______

(Continúa)

DISOCIACIÓN

Resultados de la Escala II de experiencias disociativas y de la escala versión Taxon: ______

Resultados de los cuestionarios de disociación somatoforme SDQ 20 o SDQ 5: ______

Síntomas disociativos: ______

Otros datos de pruebas: ______

Defensas: ______

ESTABILIDAD PASADA Y ACTUAL

Anote cualquier problema de control de impulsos con alcohol, drogas, impulsos o conductas violentas, conductas de autolesión, pensamientos, impulsos o planes suicidas, conducta sexual compulsiva, compras compulsivas, etc.: ______

______

PLAN DE TRATAMIENTO:

Describa su plan de tratamiento general y la duración estimada del mismo:

______

______

Respuesta a la estabilización y al reforzamiento del ego

Describa los métodos de estabilización utilizados y las respuestas: ______

______

RESPUESTAS AL EJERCICIO DEL LUGAR TRANQUILO (SEGURO) Y AL DESARROLLO E INSTALACIÓN DE RECURSOS:

Recurso 1: ______

Respuesta a la estimulación bilateral: ______

Recurso 2: ______

Respuesta a la estimulación bilateral: ______

RESPUESTAS AL REPROCESAMIENTO CON EMDR

Indique cuántas dianas se han reprocesado y con qué resultados. Si lo necesita, copie esta sección para dianas u objetivos adicionales.

Diana: ______ de pasado, ______ de presente ______ y de futuro.

Situación objetivo: ______

Imagen: ______

CN: ______

CP: ______

VoC: ______ Emoción o emociones: ______ SUD: ______

Ubicación de las sensaciones físicas:

Fin de la sesión: SUD: ______ VOC: ______ Observación del cuerpo: ______

La sesión fue: completa ______, incompleta ______.

CP: (final): ______

REEVALUACIÓN (SESIÓN DE SEGUIMIENTO):

Describa cualquier cambio observado o indicado en el funcionamiento del paciente después de la sesión o sesiones en las que se utilizó reprocesamiento:

______

______

Adaptado de Forgash y Leeds (1999)

Revisión de grabaciones de audio y vídeo

Para la revisión retrospectiva de interacciones clínicas generales en las fases de registro del historial y de preparación, además de las sesiones de reprocesamiento específicas, las grabaciones en vídeo aportan claramente la documentación más rigurosa y completa. Estas grabaciones aportan la máxima información de las expresiones faciales y otros elementos no verbales de las comunicaciones de los pacientes, como tonos de voz, gestos y posturas corporales. De hecho, capturan exactamente lo que se dice con el tiempo de respuesta. Más importante todavía, capturan información no verbal que quizás el terapeuta no había observado o entendido en el momento en el que se produjo la sesión, algo que puede destacarse y analizarse para mejorar las habilidades sensoriales y conceptuales. Por ejemplo, cuando los pacientes indican que el objetivo seleccionado ya no es perturbador, puede que los terapeutas de EMDR recién formados tengan dificultades a la hora de diferenciar entre situaciones en las que el material ha sido reprocesado y situaciones en las que el paciente ha desconectado del material mediante procesos disociativos. Aunque una transcripción casi literal puede revelar suficiente información para identificar esos momentos, son situaciones que a menudo pueden observarse directamente en grabaciones de vídeo. Las estrategias para clarificar y abordar esos momentos pueden hablarse con mayor facilidad.

La riqueza de las grabaciones de vídeo no puede compararse con ningún otro tipo de revisión retrospectiva. Sin embargo, tienen varias limitaciones que deben tomarse en consideración. Para discusiones de casos en grupo, a menudo revisar las grabaciones en vídeo de toda una sesión de tratamiento requiere demasiado tiempo. De hecho, se recomienda a los terapeutas que seleccionen fragmentos clave de la sesión para su revisión y debate. Así, las transcripciones casi literales permiten llevar a cabo una revisión más eficaz y completa de las porciones verbales de las sesiones, que además se pueden escanear, revisar y devolver para su análisis futuro más rápidamente. En un debate en grupo, cada uno de los participantes pueden destacar y comentar independientemente pasajes seleccionados de su propia copia del documento.

Con una grabación en vídeo, por lo general sólo se revisa parcialmente una única copia durante la sesión grupal. Eso limita a los miembros de un grupo para que revisen solamente las porciones de la sesión seleccionadas para su revisión y les impide interactuar con el registro directamente. Existen tecnologías para colgar grabaciones completas en vídeo en sitios online privados y protegidos con contraseña para que los miembros del grupo de consulta los revisen por completo e independientemente. Sin embargo, a día de hoy son pocos los terapeutas que tienen los conocimientos técnicos necesarios para aprovechar ese tipo de servicios. Incluso con un acceso online independiente y seguro, la revisión completa de grabaciones de vídeo sigue siendo mucho más laboriosa y por lo tanto limita la cantidad de material clínico que los consultores pueden revisar para cada uno de los miembros del grupo de consulta.

Por otra parte, las grabaciones en vídeo tienen varias limitaciones más para su utilización en consulta. Por ejemplo el coste del equipo de grabación, la dificultad para obtener permiso por escrito para grabar en vídeo con fines de consulta, y los problemas de ocultar la identidad del paciente. Si bien los costes de los equipos de grabación en vídeo y de soportes de almacenamiento han disminuido enormemente en los últimos años, no todos los terapeutas tienen esos equipos a su disposición. Muchos pacientes, sobre todo los que acuden a la práctica privada, no quieren o son reacios a ser grabados. A menudo les preocupa la seguridad del material altamente confidencial que se va a grabar. También les puede preocupar que la grabación original no se destruya después de ser revisada o que puedan hacerse copias y se distribuyan a personas no autorizadas. Tranquilizarles acerca de cómo esas grabaciones serán protegidas puede ayudarles a superar esas preocupaciones, pero eso a su vez puede restar tiempo al objetivo principal de las sesiones.

Por último, un dilema fundamental con las grabaciones en vídeo es la protección de la identidad del paciente. Aunque no le importe que otros terapeutas vean su rostro, con ello las personas que ven la grabación identifican a una persona específica. Eso altera la naturaleza de las discusiones de casos y cambia las cuestiones de gestión de riesgos ya que implica al consultor con un paciente identificado. Un paciente cuyo rostro haya sido grabado en vídeo durante el tratamiento podría decidir más tarde denunciar al consultor por lo civil o presentando una queja al comité. El argumento a favor de la denuncia podría ser que dado que el consultor conocía la identidad del paciente, estaba dirigiendo un tratamiento para un paciente identificado y de ahí que fuera responsable de cualquier inadecuación en dicho tratamiento. Si a fin de evitar esta identificación del paciente, la grabación en vídeo excluye el rostro del mismo, se pierde mucha de la riqueza de la grabación en vídeo.

Además, cuando las sesiones se graban en vídeo, los "consultados" necesitan instruir a sus pacientes para que eviten hacer referencia a sus parejas y demás miembros de la familia o perpetradores por su nombre de pila. Los terapeutas también tienen que evitar pronunciar el nombre del paciente como hacen normalmente durante las sesiones. Si se pronunciaran nombres u otra información identificativa durante la grabación de vídeo, ésta tendrá que editarse antes de mostrarla al consultor o demás sujetos supervisados a fin de eliminar esa información. No todos los terapeutas disponen de las capacidades necesarias o del acceso al equipo necesario para llevar a cabo este tipo de edición de vídeo. De hecho habrá que pagar a un editor de vídeo con el equipo y las capacidades necesarias para la edición.

Las grabaciones de audio no capturan ninguna de la información visual que encontramos en las grabaciones de vídeo; sin embargo, pueden capturar exactamente lo que se dijo junto con los tonos de voz y los tiempos de las interacciones verbales. La revisión de las grabaciones de audio puede ser más laboriosa aún que la revisión de las cintas de vídeo ya que por lo general es más difícil localizar momentos específicos rebobinando. Con las grabaciones de vídeo hay señales visuales que ayudan a identificar la secuencia de lo que ocurrió en la sesión. Esas señales visuales facilitan saltar a los momentos clave de la sesión para su revisión. Por otra parte, las grabaciones de audio pueden capturar información más completa sobre lo que se verbaliza que la mayoría de transcripciones casi literales de los terapeutas. Para los terapeutas que no quieran tomar demasiadas notas durante las sesiones, las grabaciones de audio pueden transcribirse después de la sesión para disponer así de una transcripción que se podrá utilizar para la consulta de casos.

Son muchos los problemas asociados a la utilización de las grabaciones de vídeo en la consulta. Sin embargo, y dada la riqueza de la información que pueden proporcionar, siguen siendo una alternativa importante a tomar en consideración para la revisión de muestras de trabajo y para ofrecer comentarios detallados sobre su implementación de los conocimientos y las capacidades en EMDR. Las grabaciones de vídeo son una fuente muy rica de material para la discusión de casos y seguirán utilizándose tanto en situaciones de consulta como de supervisión.

Para utilizarlas, se necesitan autorizaciones por escrito y protección de la confidencialidad del paciente. Se ofrece un formulario de muestra como punto de partida para que los terapeutas preparen sus propios formularios de consentimiento. Consultores y consultados deberán haber revisado todos los formularios de consentimiento para la grabación en vídeo y la publicación de información, además de sus medidas de seguridad, con un representante ético de su asociación profesional y con un abogado especialista en los estándares de su comité de licencias y en la legislación del estado en el que ejerce su actividad profesional.

Observar sesiones clínicas reales a través de un espejo unidireccional

Observar sesiones clínicas reales a través de un espejo unidireccional ofrece la oportunidad de revisar exhaustivamente la aplicación clínica de EMDR por parte de los estudiantes. El consultor y los miembros de cualquier grupo de consulta pueden observar toda la información disponible para el terapeuta al que se está observando y todas las respuestas del terapeuta. Aunque este método para observar el trabajo de los estudiantes es robusto y detallado, plantea varias limitaciones y problemas. Con las grabaciones en vídeo, los estudiantes tienen la libertad de seleccionar qué grabaciones se van a presentar para su revisión retrospectiva. Con la observación en directo, los terapeutas licenciados que siguen una formación en EMDR no tiene manera de saber qué va a ocurrir en el transcurso de esa sesión. Esta mayor incertidumbre es más probable que cree un mayor sentido de ansiedad del rendimiento mientras se es observado en tiempo real que cuando los terapeutas saben que pueden seleccionar u omitir cualquier grabación en concreto después del hecho.

Con la observación en directo resulta muy difícil mantener el anonimato de la identidad del paciente. Los observadores verán su rostro y lo más probable es que también reciban información identificativa. Como decíamos antes, el conocimiento por parte del consultor de la identidad del paciente aumenta el riesgo de que éste último pueda responsabilizarle de cualquier problema que pueda surgir durante el transcurso del tratamiento. Un consultor físicamente presente, incluso en un rol de observador pasivo durante las sesiones de tratamiento, es mucho más probable que sea visto como el responsable de los resultados del tratamiento, independientemente de los acuerdos firmados en los que se establezca lo contrario. Además, los pacientes también pue-

Tabla 17.2. Muestra de consentimiento para la grabación en video y para su publicación con fines de consulta

Yo, ____________________________, doy mi permiso para la grabación en vídeo de las sesiones con mi terapeuta, ____________________________, con el fin de ayudarle a obtener supervisión para apoyar su desarrollo profesional.

Al consentir, entiendo que:

No tengo ninguna obligación de otorgar este consentimiento.

Puedo revocar este consentimiento en cualquier momento haciendo llegar a mi terapeuta una nota firmada y fechada de revocación del mismo.

Rechazar el consentimiento o revocarlo no tendrá ningún efecto en los servicios que se me suministran.

Mi rostro no será grabado y que mi identidad no será desvelada.

Las grabaciones en vídeo de mis sesiones serán revisadas por mi terapeuta y se mostrarán a:

[ ] ______Consultor Aprobado en EMDR ____________________________

[ ] ______Consultor en proceso de formación ____________________________

[ ] ______Otros terapeutas de un grupo de consulta con mi terapeuta.

Entiendo que las grabaciones en vídeo de mis sesiones permanecerán bajo el control de mi terapeuta en todo momento y que no se reproducirán ni se mostrarán con ningún otro fin a no ser que así lo acepte en otro documento de consentimiento posterior.

Entiendo que este consentimiento quedará archivado en mi expediente y que será válido mientras permanezca en tratamiento.

Cuando mi terapeuta haya finalizado la supervisión y la revisión de las sesiones grabadas en vídeo, acordamos que hará lo siguiente con dichas grabaciones:

[ ] ______Las grabaciones se mantendrán en mi expediente.

[ ] ______Todas las grabaciones en vídeo existentes serán destruidas y desechadas.

Entiendo que puedo revocar este consentimiento cuando así lo decida. De hacerlo, todas las grabaciones en vídeo se guardarán para no ser mostradas o se destruirán, a mi discreción, después de hablar con mi terapeuta.

Mis iniciales más abajo indican que:

______ He recibido una copia de este consentimiento. ______ Declino haber recibido una copia de este consentimiento.

He leído este formulario de consentimiento y que consiento libremente.

____________________	____________________	____________________
Nombre del paciente	Firma	Fecha
____________________	____________________	____________________
Nombre del paciente	Firma	Fecha

REVOCACIÓN DEL CONSENTIMIENTO PARA LA GRABACIÓN EN VÍDEO Y PARA SU PUBLICACIÓN PARA CONSULTA

Yo, ____________________________, por la presente revoco mi permiso para la grabación en vídeo de mis sesiones con ____________________________.

[ ] ______Quiero que todas las grabaciones existentes se retiren y no se muestren más, y que se guarden en mi expediente.

[ ] ______Quiero que todas las grabaciones en vídeo existentes sean destruidas y desechadas.

____________________	____________________	____________________
Nombre del paciente	Firma	Fecha
____________________	____________________	____________________
Nombre del paciente	Firma	Fecha

den sentirse incómodos por el hecho de que otros terapeutas observen sus sesiones de tratamiento. Pueden ser menos capaces o más reacios a permitir que material difícil salga a la superficie. Y eso puede aumentar el riesgo de que el reprocesamiento sea ineficaz.

La observación directa a través de un espejo sin ser visto se utiliza más frecuentemente en programas de formación de terapia en la que los terapeutas que son observados todavía no han sido titulados para la práctica independiente. En esas citaciones, el observador es un supervisor legalmente responsable de la calidad del tratamiento que se está proporcionando y al que se permite y del que se espera que conozca la identidad del paciente. En casos de programas de formación universitaria y prácticas de postgrado es probable que surjan situaciones en las que la observación directa pueda implementarse sin complicaciones innecesarias ni problemas de gestión de riesgos adicionales para consultores no supervisores.

Estándares de consulta para convertirse en terapeuta de EMDR certificado por EMDRIA

El Programa de EMDRIA para certificación en EMDR es un reconocimiento importante del logro profesional que reconocen unos números cada vez mayor de hospitales, centros de salud mental locales y nacionales y gestores de pagos a terceros en sus credenciales de terapeutas de EMDR. Los terapeutas que quieran convertirse en Terapeuta con certificación EMDRIA deberán haber completado 20 horas de consulta con un Consultor aprobado por EMDRIA o por un consultor en formación, con el que pueden conseguirse un máximo de 15 horas, y las cinco horas restantes se consiguen con un Consultor aprobado. Esas horas de consulta tienen que haberse obtenido después de terminar la formación básica en EMDR.

Los terapeutas pre-licenciados no pueden obtener la designación de certificación hasta que reciban la licencia de practicar en independiente. Sin embargo, los terapeutas pre-licenciados pueden llevar a cabo una formación básica completa en EMDR y obtener las 20 horas de consulta para la certificación. La solicitud de la certificación requiere una declaración ante notario de que el solicitante tiene "un mínimo de 2 años de experiencia en su campo de licencia, certificación o registro" (EMDRIA,

2008c). La solicitud no indica que esos dos años tengan que ser post-licencia. La mayoría de licencias o credenciales para la práctica independiente requieren un mínimo de 2 años de experiencia antes de la licenciatura. Si cumplen el resto de requisitos, en cuanto los solicitantes de certificación reciben sus licencias para practicar independientemente pueden enviar la solicitud de certificación y ser reconocidos como Certificados en EMDR. Por esa razón, observará que los acuerdos escritos de muestra para consulta para certificación incluyen cuestiones de lenguaje opcionales relacionadas con los supervisores de los terapeutas pre-licenciados. Véase la Tabla 17.3, "Muestra de contrato de consulta para certificación EMDRIA" y la Tabla 17.4, "Muestra de contrato de consulta con un CIT (consultor en formación)" más adelante.

De las 20 horas requeridas, un máximo de 10 pueden ser "horas en grupo" que se consiguen durante consultas en grupo con la presencia de un máximo de 8 consultados. A diferencia de la consulta para cumplir los requisitos básicos de formación de 10 horas, no hay un mínimo para la duración de los grupos en función del número de participantes. Un grupo con hasta ocho participantes podría durar, por ejemplo, de 1 a 3 horas. Además, y a diferencia de los estándares para consulta para formación básica en EMDR, no hay un requisito explícito de que esas horas de consulta se estructuren desde un punto de vista de desarrollo y se extiendan en el tiempo. En teoría, podrían conseguirse de una vez en un programa de consulta intensivo en 3 o 4 días. Además es posible obtener algunas o todas las horas individuales de consulta durante las sesiones de consulta en grupo.

EMDRIA requiere que los solicitantes de una certificación EMDRIA envíen junto con su solicitud una declaración ante notario en la que se atestigüe que tienen 2 años de experiencia clínica y que han llevado a cabo "50 sesiones de EMDR con 25 pacientes como mínimo" (EMDRIA, 2008c). Sin embargo no existe un estándar mínimo del número de casos que cada sujeto supervisado debe presentar durante las 20 horas de consulta requeridas.

Evaluar la idoneidad de los supervisados para la certificación

Desde que se formularon los primeros estándares para la certificación en 1997, EMDRIA ha propuesto un "paquete de consulta" que incluye un "formulario de evaluación para la certificación en EMDR"

(EMDRIA, 2008a, 2008b, 2008f). Sin embargo, este formulario de evaluación está considerado como una "muestra". Aunque la utilización del formulario de evaluación de muestra está claro que no es un requisito, parece sugerir el conocimiento y las capacidades que EMDRIA considera que los Consultores aprobados deberían abordar durante la consulta para la Certificación EMDRIA.

La EMDRIA requiere que los Consultores Aprobados basen sus cartas de recomendación para Certificación en la "utilización de EMDR" de los solicitantes (EMDRIA, 2008a). Aun así, EMDRIA no ha establecido ningún estándar de objetivos específico por el que los Consultores Aprobados tengan que determinar si los solicitantes deberán ser recomendados para Certificación. Con el Plan de estudios de formación básica de 2007, EMDRIA aportó descripciones específicas de lo que los Consultores Aprobados deberían hacer durante la consulta como parte de la formación básica. Sería útil que EMDRIA propusiera pautas a los Consultores Aprobados que fueran más detalladas en cuanto a lo que se debe cubrir durante la consulta para Certificación en los estándares de consulta para certificación EMDRIA más allá de lo que se sugiere indirectamente en el "Formulario de evaluación de muestra" del "Paquete de consulta".

El formulario de evaluación de muestra del "Paquete de consulta" incluye 17 elementos puntuados y 2 resúmenes para los "pros" y los "contras". Hay espacio para que el Consultor Aprobado firme y feche el formulario, lo que sugiere que podría enviarse a EMDRIA o guardarse en el expediente del supervisado como parte de los registros de consulta del Consultor Aprobado. El Formulario de evaluación de muestra representa una buena base para evaluar a los candidatos a Certificación. Los Consultores Aprobados pueden considerar un mínimo de tres asuntos amplios que el Formulario de evaluación de muestra no evalúa explícitamente:

- El conocimiento de los solicitantes de los principios, protocolos y técnicas de EMDR como se describe en el texto básico de Shapiro (2004).
- La capacidad de los solicitantes de aplicar las fases del procedimiento de reprocesamiento estándares –de memoria– y con fidelidad.
- La capacidad de los solicitantes de lograr resultados con el tratamiento que sean coherentes con la literatura específica sobre EMDR.

Al evaluar a los candidatos para certificación, los Consultores Aprobados deberán considerar la incorporación del uso de escalas de puntuación de la fidelidad del estándar, formularios de resumen de las sesiones y formularios de resumen del tratamiento como los que se presentan en este manual. Las escalas de puntuación de fidelidad, como las que figuran en el Anexo A, pueden utilizarse tanto para autoevaluación por parte de los supervisados como por parte del Consultor Aprobado para puntuar muestras de trabajo conductual aportadas por los primeros. Los formularios de resumen de sesión y de registro de tratamiento –que figuran en el Anexo B– ayudan a aportar muestras de la capacidad de los supervisados de lograr resultados del tratamiento coherentes con la literatura científica sobre EMDR.

Los cursos de nivel universitario acreditados que cumplen los estándares de la formación básica en EMDR de EMDRIA por lo general requieren pruebas objetivas para evaluar los conocimientos fundamentales de la teoría y las técnicas de EMDR. En la actualidad EMDRIA no exige esos exámenes en sus programas de formación básica de EMDR. Es posible desarrollar un examen escrito de dominio de objetivos escrito fiable y científicamente válido para evaluar el conocimiento y las habilidades profesionales en un programa de credenciales de postgrado como el programa de certificación EMDRIA (McGhan, Stimmel, Gilman y Segal, 1982; Vu, Baroffio, Huber, Layat, Gerbase y Nendaz, 2006). Un examen profesional de EMDR objetivo, fiable y científicamente válido podría utilizarse como parte del proceso de credenciales para convertirse en Certificado de EMDRIA en EMDR. De hecho, un instrumento de ese tipo puede proporcionar un enfoque más flexible al componente de consulta de los requisitos para la certificación EMDRIA. Tras finalizar la Formación Básica en EMDR algunos solicitantes podrían ser capaces de demostrar un conocimiento y unas habilidades adecuadas en cuanto a la utilización del método EMDR con menos de 20 horas de consulta después de finalizar el curso básico de EMDR. Así, los consultores aprobados podrían liberarse de su rol dual de educadores y evaluadores a la vez para poder centrarse en el componente educativo. Hasta que EMDRIA o cualquier otra asociación de EMDR respetada desarrolle un examen objetivo científicamente validado para evaluar los conocimientos y las habilidades en materia de EMDR, los Consultores Aprobados tendrán que revisar y evaluar *muestras de trabajo* de los terapeutas. Los tipos de *muestras de trabajo* que los Consultores Aprobados pueden considerar se han revisado y debatido antes en la sección sobre la parte de consulta de la formación básica en EMDR. *De los métodos revisados antes, las grabaciones en vídeo y las transcripciones casi literales de las sesiones son las que aportan la información más accesible y relevante sobre lo que los terapeutas han hecho realmente en sus sesiones de reprocesamiento con EMDR.*

Estándares de Consulta para certificación EMDRIA en EMDR

Con el fin de defender unos buenos estándares, aquí *proponemos* estándares mínimos para consulta para la certificación EMDRIA en EMDR que pueden considerar los Consultores Aprobados. De hecho algunos de esos Consultores ya los utilizan todos, o en parte. Para los sujetos supervisados que van a obtener una consulta grupal, en el transcurso de 10 horas de *consulta de grupo*, cada uno de ellos necesitará presentar material de por lo menos tres casos distintos en los que se implementaran fases del procedimiento EMDR estándar. Esas presentaciones y el debate posterior deberán durar un mínimo de 20 minutos. Los Consultores Aprobados tendrán que documentar por escrito la duración de cada una de las presentaciones de caso del consultado junto con la valoración de los pros y los contras en conocimientos y capacidades de cada una de las presentaciones.

En 10 horas de *consulta individual* cada supervisado tendrá que presentar material de casos y muestras de trabajo conductual de por lo menos cinco sesiones de reprocesamiento con EMDR que cubran un mínimo de tres casos distintos en los que se hayan implementado fases del procedimiento de EMDR. Si las 20 horas de consulta se dedican a la consulta individual, cada supervisado tendrá que presentar material de caso y muestras de trabajo conductual de por lo menos las últimas ocho sesiones de reprocesamiento con EMDR que cubran un mínimo de cinco casos diferentes en los que se hayan implementado fases del procedimiento EMDR estándar. Esas muestras de trabajo conductual tendrán que lograr una clasificación mínima de "adecuada" a "buena" en las escalas de evaluación de fidelidad estándares de aplicación. Véase el Anexo A para consultar la serie de escalas de puntuación de la fidelidad estándares que pueden utilizarse con ese fin.

Responder a las debilidades identificadas en los conocimientos y las habilidades de los consultados

El proceso de consulta para la certificación EMDRIA requiere que el Consultor Aprobado desempeñe dos papeles. En uno de ellos, los Consultores Aprobados son educadores que revisan los conceptos, los principios y las técnicas que cubre el curso de formación básica en EMDR y las publicaciones especializadas sobre EMDR en el contexto de casos clínicos específicos. En el segundo papel, los Consultores Aprobados tienen que evaluar a los solicitantes a la certificación EMDRIA antes de emitir la carta de recomendación. Es algo que EMDRIA ha dejado claro afirmando que los Consultores Aprobados tienen que comunicar "... las preocupaciones acerca de la idoneidad del solicitante para la Certificación lo antes posible en el proceso de consulta de modo que el solicitante pueda tomar medidas correctivas apropiadas" (EMDRIA, 2008a).

En la mayoría de casos, esos dos roles pueden fundirse sin problemas en un proceso colegial y de apoyo. Pueden surgir problemas, y de hecho surgen, en algunos casos cuando el Consultor Aprobado identifica debilidades significativas y persistentes en los conocimientos o las capacidades de los supervisados que afectan a su utilización del método EMDR. Fuera de contextos organizados en los que los terapeutas pueden obtener horas de consulta de supervisores cualificados, la mayoría de supervisados que optan a la certificación EMDRIA pagan cuotas profesionales por las horas de consulta requeridas. A menudo tienen la expectativa de que al finalizar las 20 horas mínimas de consulta, su Consultor Aprobado escribirá la carta de recomendación para la certificación EMDRIA. Sin embargo, e independientemente de lo bien que los Consultores Aprobados lleven a cabo su labor, 20 horas de consulta no siempre bastarán para abordar los problemas identificados para cada supervisado.

EMDRIA no proporciona ninguna pauta que deban seguir los Consultores Aprobados y los supervisados cuando al finalizar las 20 horas de consulta el Consultor Aprobado ha identificado carencias por solucionar en la comprensión y la utilización del método EMDR por parte de un supervisado que indican que el solicitante no está listo para su certificación. Además, EMDRIA tampoco especifica cuáles son las responsabilidades de un Consultor Aprobado en el caso de que un solicitante se retire de la supervisión con menos de 20 horas de consulta después de demostrar carencias por resolver en el conocimiento o las habilidades de la utilización del método EMDR que pudieran impedir al Consultor Aprobado recomendar al candidato para su certificación. Son circunstancias que, aunque poco frecuentes, pueden ocurrir.

Cuando las horas de consulta requeridas son incompletas, el Consultor Aprobado sigue teniendo que emitir una carta en la que documente las horas de consulta ahorradas, pero sólo a petición del solicitante. Hay dos cuestiones que no se explican en la Filosofía de consultas de EMDRIA (EMDRIA, 2008a) y que es posible que se tengan que abordar en el contrato para consulta por escrito. La primera surge cuando el solicitante pide documentación de las horas realizadas. En este primer caso, el Consultor Aprobado ¿está obligado, animado o se le permite incluir en esta documentación obligatoria reservas acerca de un solicitante en el momento en el que abandonó la consulta? La segunda surge cuando el solicitante abandona la consulta sin solicitar la carta. En este segundo caso, el Consultor Aprobado ¿está obligado, animado o se le permite ponerse en contacto con EMDRIA y aportar documentación que no se ha solicitado para mostrar las reservas acerca de un solicitante en el momento en el que abandona la consulta?

Cuando el Consultor Aprobado inicial de un solicitante identifica problemas por resolver en cuanto a la idoneidad para la certificación del supervisado, ese primer Consultor Aprobado seguramente rechazará redactar una carta de recomendación. De hecho, puede verse obligado por los estándares profesionales a retener esa recomendación, y el solicitante puede optar por buscar otro Consultor Aprobado. Si la mayoría de horas de consulta se han llevado a cabo con el primer Consultor Aprobado, puede que sea difícil para el Consultor Aprobado final identificar los problemas por solucionar identificados por el primero en las pocas horas de consulta restantes. En algunos casos, el supervisado puede buscar un Consultor Aprobado que tenga estándares subjetivos distintos, quizás más laxos, para recomendar a candidatos para su certificación. Es un problema que los Consultores Aprobados con experiencia ya han confrontado y para abordar la cuestión pueden decidir informar a los supervisados por adelantado de cómo proceden cuando ocurre incluyéndolo en el contrato por escrito entre el Consultor Aprobado y los supervisados.

Cuando el solicitante se retira de la supervisión y no solicita una carta de recomendación, es posible que abandone la obtención de la certificación. También es posible que el solicitante continúe buscando la certificación con otro Consultor Aprobado que tenga unos estándares distintos, quizás menos rigurosos, a los del primero. Una cláusula explícita en un contrato de consulta por escrito puede aclarar las acciones que tomará el Consultor Aprobado cuando el solicitante se retire de la supervisión sin haber completado todas las horas necesarias. Algo que puede ser más importante cuando el Consultor Aprobado ha identificado problemas importantes en cuanto a la idoneidad para la certificación del solicitante. Aunque esas preocupaciones pueden llegar a mitigarse mediante acciones correctivas posteriores por parte del solicitante, quizás no sea así. Con un contrato por escrito de antemano, el primer Consultor Aprobado puede desvelar adecuadamente esas preocupaciones en una carta que se envíe tanto al solicitante como a EMDRIA cuando el solicitante se retira del proceso. Ese tipo de correspondencia refuerza el programa de certificación garantizando que se generan comentarios adecuados para todos los solicitantes y para EMDRIA sobre los mismos.

Dado que el objetivo de la supervisión es ayudar a los supervisados a obtener la idoneidad para la Certificación en un formato educativo de apoyo, los Consultores Aprobados pueden recomendar a los solicitantes que manifiestan carencias de conocimientos o de capacidades varias medidas que van más allá de la supervisión. Puede ser la lectura de libros o de artículos sobre EMDR, repetir el curso de formación básica en EMDR, asistir a programas de formación continuada aprobados por EMDRIA o estudiar documentación y grabaciones de presentaciones de Conferencias de EMDRIA. Otras recomendaciones incluirían ver grabaciones en vídeo de sesiones de EMDR en las que se demuestre una buena fidelidad al tratamiento, u obtener tratamiento con EMDR para reforzar el aprendizaje con la experiencia o abordar problemas de contratransferencia.

Elementos de un contrato de Consulta para obtener la Certificación EMDRIA

EMDRIA no indica explícitamente el requisito de un contrato de consulta por escrito para los solicitantes de certificación EMDRIA; sin embargo, sí que dispone de un contrato muestra (EMDRIA, 2008a).

Una gestión de riesgos prudente y la importancia de aclarar cuestiones por adelantado hacen que el contrato para consulta por escrito sea una buena idea. Varios de los problemas planteados en este capítulo trascienden los abordados en el contrato muestra de EMDRIA (EMDRIA, 2008a). Algunas de las cuestiones clave que deben abordarse en un contrato de consulta para la certificación EMDRIA incluyen:

1) Indicar la naturaleza de la relación–consulta, no supervisión
2) Describir las cuestiones financieras
3) Enumerar las responsabilidades del consultado
4) Enumerar las responsabilidades del Consultor Aprobado

Las responsabilidades del consultado incluyen:

1) Obtener consentimiento por escrito para desvelar información al Consultor Aprobado de cada paciente antes de presentar el material del caso durante la consulta.
2) Mantener un formulario de permiso en el expediente del paciente.
3) Evitar desvelar los nombres de los pacientes o cualquier otra información que pueda identificarlos en presentaciones orales, documentación escrita o grabaciones de las sesiones de los pacientes.
4) Presentar resúmenes de casos, planes de tratamiento, resúmenes de sesiones, muestras de trabajo conductual de sesiones y autoevaluaciones que ayuden tanto al supervisado como al Consultor Aprobado a evaluar el conocimiento del primero en materia de teoría, principios y habilidades en cuanto a la utilización de EMDR.
5) Respetar el contrato financiero con el Consultor Aprobado.
6) Confiar en la discreción del propio supervisado a la hora de seleccionar y utilizar información, principios y métodos clave que el consultor aprobado le muestre.
7) Considerar la necesidad de más lectura, formación, consulta o preparación para alcanzar los estándares mínimos de conocimiento y habilidades basándose en los estándares profesionales y de la comunidad y en las recomendaciones del consultor aprobado.

Las responsabilidades del Consultor Aprobado son las siguientes:

1) Establecer un contrato completo y por escrito con los supervisados antes de empezar la consulta.
2) Si un supervisado trabaja bajo supervisión requerida legalmente, disponer del nombre del supervisor, información de contacto y reconocimiento por escrito de que está siendo supervisado en cuanto a su utilización clínica del método EMDR.
3) Mantener registros exactos y suministrar documentación de las horas de consulta al supervisado y al coordinador de Educación y Formación en EMDRIA.
4) Estar al día de estudios y libros sobre EMDR y de estándares y recursos de EMDRIA.
5) Ser consciente de los límites del consultor en cuanto a conocimientos y capacidades para determinadas poblaciones de pacientes y, cuando sea necesario, derivar a supervisados a otros Consultores Aprobados que estén más familiarizados con la población que estén tratando.
6) Animar a los consultados a elaborar diarios o bitácoras y muestras de trabajo conductual de su aplicación clínica del método EMDR y a llevar a cabo la autoevaluación de esos diarios utilizando escalas de puntuación de la fidelidad.
7) Proporcionar comentarios claros, específicos y objetivos del conocimiento de los supervisados y de la aplicación de la teoría, los principios y las habilidades de EMDR en función de sus propios informes, de sus muestras de trabajo conductual y del uso de las escalas de puntuación de la fidelidad.
8) Revisar, aclarar e instruir cuando corresponda al supervisado los conocimientos y las habilidades cubiertas en el plan de estudios del EMDRIA del curso básico de EMDR y en la literatura profesional relevante que avala el uso clínico del EMDR.
9) Comunicar las preocupaciones con respecto a áreas en las que el supervisado necesita más desarrollo y la idoneidad del mismo para cumplir los estándares de la certificación EMDRIA periódicamente y lo antes posible en el proceso de consulta.
10) Recomendar lecturas adicionales, cursos, formación y/o consulta para ayudar al supervisado a abordar áreas que requieran más desarrollo.

11) Hacer llegar al coordinador de Educación y Formación del EMDRIA una recomendación por escrito, o si es necesario, la expresión de preocupación sobre las áreas que necesitan más desarrollo cuando los supervisados finalizan su requisito de consulta o se retiran de la misma.

A fin de ayudar a los Consultores Aprobados y a los terapeutas que acuden a la supervisión, se suministran dos contratos por escrito de muestra para supervisión para la Certificación EMDRIA. Uno es para supervisión suministrada por un Consultor Aprobado y el otro es para supervisión suministrada por un CIT (consultor en formación). Los Consultores Aprobados y los CIT deberán desarrollar sus propios contratos de supervisión en función de sus propios estándares y su propia comprensión de los requisitos normativos y profesionales del EMDRIA, en constante evolución. Este contrato de muestra puede ser más detallado de lo que pueden preferir algunos consultores aprobados o supervisados. De hecho, es lo más exhaustivo posible para ayudar a los terapeutas a revisar todas las cuestiones que deben tenerse en cuenta cuando se inicia la supervisión para la certificación EMDRIA. Los Consultores Aprobados y los CIT deberán consultar con sus asociaciones profesionales y con un abogado cuando redacten sus contratos para consulta.

Seleccionar un Consultor Aprobado

La decisión de seleccionar un Consultor Aprobado es importante. El Consultor que seleccione no sólo será su instructor y su preparador sino que también será la persona que le evalúe. Para que la elección sea buena, deberá considerar su propio estilo de aprendizaje y el del potencial consultor, la orientación teórica, los estándares profesionales y los objetivos. La EMDRIA da libertad a la discreción de los Consultores Aprobados a la hora de determinar cómo se estructuran las sesiones de supervisión y los estándares que se aplican al recomendar a los candidatos para certificación. Así pues, tiene que saber cómo han decidido organizar su enfoque de supervisión los Consultores Aprobados con los que esté considerando trabajar.

EMDRIA le pide que acumule un total de 20 horas de consulta. Como se ha descrito antes, EMDRIA permite un máximo de 10 horas de consulta en grupo durante las sesiones de grupo con hasta ocho participantes. Muchos solicitantes de certificación optan por hacer 10 horas de consulta individual y 10 de grupo durante las sesiones de grupo. Durante esas 10 horas de consulta en grupo, no siempre se puede presentar el material propio. Al contrario, a menudo se escucha o se participa en debates del material de casos de otros terapeutas. Sin embargo, EMDRIA le permite acumular horas individuales de consulta durante sesiones en grupo cuando presente material de casos. No hay ningún límite concreto en cuanto al número de horas de consulta individuales que puede acumular durante una consulta en grupo. Si se pone de acuerdo con su consultor, podría presentar 10 horas de su material de caso en una serie de sesiones de consulta de grupo. Dado que el coste por hora de las sesiones en grupo por lo general es significativamente inferior al de las sesiones individuales, ésta puede ser una manera muy rentable de acumular las 20 horas necesarias. Sin embargo, lo más probable es que se tarde bastante más en acumular las 10 horas individuales de consulta en sesiones en grupo que en sesiones individuales.

Además de considerar el coste financiero y el tiempo necesario para acumular el total de 20 horas, muchos terapeutas consideran que los comentarios y los ánimos de otros terapeutas del grupo pueden hacer que presentar material de casos individuales sea una experiencia más motivadora y con una base mayor. Durante las sesiones de consulta en grupo, otros terapeutas animan, hablan de casos similares, plantean preguntas adicionales y ofrecen otros recursos. Si prefiere la consulta en grupo de “intercambio”, quizás deba optar por un Consultor Aprobado que permita acumular algunas o todas las horas de consulta individual durante sesiones en grupo. Por otro lado, quizás prefiere tener una atención más individualizada, o evitar la necesidad de desvelar material de casos confidenciales a alguien más que no sea un único Consultor Aprobado. Quizás prefiere programar sesiones de consulta individuales con mayor frecuencia para recibir ayuda con determinados casos problemáticos o para completar los requisitos de certificación más rápidamente. En ese caso, céntrese en encontrar un Consultor Aprobado con el que pueda acumular todas sus horas de consulta en sesiones individuales.

Tabla 17.3. Muestra de contrato de consulta para Certificación EMDRIA

Este contrato se establece entre ______________________ (Consultor Aprobado por EMDRIA —de aquí en adelante "Consultor") y ______________________ ("Supervisado"). El Consultor acepta proporcionar al Supervisado supervisión de casos clínicos en materia de uso del método EMDR según establecen los estándares de EMDRIA para supervisión para la designación de Terapeuta en EMDR con Certificación EMDRIA.

Naturaleza del servicio: El Supervisado busca servicios de supervisión para aumentar sus competencias en el uso de EMDR.Además el Supervisado solicita al Consultor que evalúe su fidelidad en cuanto a la aplicación de los métodos y técnicas de EMDR. Los objetivos de aprendizaje específicos incluyen: competencias sensoriales, conceptuales y funcionales con la aplicación teórica, práctica y técnica de EMDR como método de psicoterapia. También se abordarán competencias de formulación de casos EMDR y de planificación de tratamiento.

Límites del servicio: Se entiende expresamente que no existe relación alguna ni jerárquica ni laboral entre el Consultor y el Supervisado. El Supervisado afirma tener licencia independiente o credenciales para practicar la psicoterapia en su jurisdicción, mantener un seguro de responsabilidad profesional y ser el único responsable de la naturaleza y la calidad de los servicios suministrados a sus clientes. El Consultor acepta aportar al Supervisado información basada en los estudios disponibles, el consenso de los especialistas en la materia y su propia experiencia para que el Supervisado la considere. El Consultado siempre se basará en su propio juicio y discreción a la hora de ofrecer servicios de psicoterapia a sus pacientes. En la línea de los estándares profesionales de la licencia o la certificación del Supervisado, su jurisdicción y registro profesional, éste considerará la necesidad de obtener una supervisión adicional de otro(s) consultor(es) para cualquier problema significativo clínico, ético, legal o profesional que tanto el Consultor Aprobado como el Supervisado crean oportuno.

(Alternar la redacción de **Límites de servicio** cuando el Supervisado trabaje bajo supervisión requerida legalmente como terapeuta prelicenciado: Se entiende expresamente que no existe relación alguna de jerarquía ni laboral entre el Consultor y el Supervisado. El Supervisado reconoce no tener licencia independiente ni credenciales para practicar psicoterapia en su jurisdicción. El Supervisado ofrecerá servicios de psicoterapia bajo la supervisión legalmente requerida de ______________________ [el "Supervisor"]. Con su firma en este documento, el Supervisor reconoce ser el único responsable de la naturaleza y la calidad de los servicios suministrados a los pacientes del Supervisado. El Supervisado acepta revisar la información recibida del Consultor durante debates de casos con el Supervisor. Supervisado y Supervisor afirman estar cubiertos por seguros de responsabilidad profesional. El Consultor acepta aportar al Supervisado información basada en los estudios disponibles, el consenso de los especialistas en la materia y su propia experiencia para que el Supervisado la considere. El Consultado siempre trabajará en estrecha colaboración con el Supervisor y se basará en el juicio de éste a la hora de ofrecer servicios de psicoterapia a sus pacientes. Cuando surjan problemas clínicos, éticos, legales o profesionales significativos que así lo requieran, el Supervisado y/o el Supervisor considerarán la necesidad de obtener supervisión adicional por parte de otro consultor de acuerdo con los estándares profesionales de los requisitos de prácticas del Supervisado y de la licencia o certificación, jurisdicción y registro profesional del Supervisor).

Confidencialidad: El Supervisado notificará a sus clientes y obtendrá su consentimiento informado antes de presentar cualquier material confidencial del caso al Consultor. El Supervisado acepta no desvelar datos identificativos al Consultor y hacer todo lo necesario por alterar u omitir cualquier posible información identificativa del material de los casos que se presente oralmente, por escrito o en grabaciones de audio o de vídeo.

(Continúa)

Prueba de fidelidad en el uso de EMDR: Con el fin de ayudar al Consultor a evaluar los conocimientos y las competencias del Supervisado, éste aportará al primero muestras de trabajo conductual de sesiones clínicas reales. Éstas podrán ser grabaciones de audio o de vídeo, o transcripciones casi literales. Una o más de esas muestras deberán demostrar una fidelidad satisfactoria con los principios, técnicas y protocolos de EMDR convencionales. Es posible que sea necesaria más de una revisión para aportar pruebas de una fidelidad satisfactoria. El Supervisado presentará como mínimo una muestra de trabajo conductual al Consultor en la quinta hora de supervisión. Si el Consultor identifica problemas significativos que le pudieran impedir ser capaz de recomendar la certificación en EMDR del Supervisado, el primero lo notificará al segundo lo antes posible. En ese caso, el Consultor recomendará posibles acciones correctivas al Supervisado.

Registros y correspondencia: El Consultor mantendrá un registro de las horas de supervisión llevadas a cabo por el Supervisado. El Supervisado dispondrá de formularios de revelación de información completados en cada expediente de caso, autorizándole a desvelar información al Consultor. El Supervisado acepta que el Consultor envíe una carta a la EMDRIA en la que se indique el número de horas de supervisión que se le han suministrado cuando finalice las horas requeridas de supervisión o cuando decida abandonar la supervisión. El Supervisado puede finalizar las sesiones en cualquier momento, entendiendo que el Consultor enviará una carta a la EMDRIA documentando el número de horas de supervisión llevadas a cabo. Si el Supervisado finaliza la supervisión con problemas significativos identificados por el Consultor todavía sin resolver, el Consultor lo explicará en una carta a la EMDRIA que irá acompañada de sus propias sugerencias para acciones correctivas. Si el Supervisado finaliza las horas de supervisión requeridas habiendo demostrado unos conocimientos y unas competencias satisfactorias en materia de aplicación de EMDR, el Consultor enviará una carta recomendando al Supervisado para la obtención de la Certificación EMDRIA de Terapeuta de EMDR.

Honorarios: El Supervisado pagará al Consultor unos honorarios de ____ por hora de servicio de supervisión. Si el supervisado necesita que el consultor revise muestras de trabajo, como cintas de vídeo o de audio sin necesidad de que esté presente, el Supervisado acepta pagar una tarifa de ____ por hora en concepto de revisión de ese material. Las horas de supervisión pueden utilizarse para revisar muestras de trabajo solamente cuando Supervisado y Consultor están presentes. Supervisado y Consultor avisarán con un mínimo de ___ horas de antelación de la cancelación de sesiones programadas.

Solución de problemas: Consultor y Supervisado aceptan seguir el código ético de sus organizaciones profesionales respectivas. Si surgen problemas profesionales o éticos relativos a la relación de supervisión, Consultor y Supervisado harán todo lo necesario para solucionarlos informalmente y de buena voluntad.

ConsultorAprobado:______________________________ Supervisado:____________________
Firmado: ______________________________ Firmado: ____________________
Nombre: ______________________________ Nombre: ____________________
Fecha:______________________________ Fecha:____________________

(El nombre y la firma sólo son necesarios si el Supervisado trabaja bajo supervisión)

Supervisor
Firmado: ______________________________
Nombre: ______________________________
Fecha: ______________________________

Hay varias cuestiones que deberá tener en cuenta a la hora de seleccionar su consultor aprobado. ¿Qué importancia tiene la velocidad y el coste de finalizar el proceso para usted? ¿Quiere trabajar cara a cara con un consultor de su zona? ¿Quiere –o necesita– optar por obtener su consulta por teléfono o videoconferencia? ¿Desea desarrollar sus conocimientos y sus habilidades con una población especializada y específica? ¿Prefiere situaciones de aprendizaje en grupos pequeños con entre tres y cuatro supervisados, situaciones de grupos mayores con ocho, o sesiones individuales? ¿Quiere y puede grabar en vídeo las sesiones de reprocesamiento o preparar transcripciones casi literales?

Si vive en una zona rural, es probable que haya pocos o ningún consultor aprobado o CIT en su área geográfica más próxima. De hecho, sería necesario realizar desplazamientos, con el consiguiente gasto de tiempo y combustible, para poder reunirse con un Consultor Aprobado o CIT. Sin embargo, EMDRIA tiene previstas consultas telefónicas para las personas que viven en medio rural y no tienen acceso fácil a un Consultor Aprobado para llevar a cabo reuniones cara a cara (EMDRIA, 2008c). En este caso, no es necesaria ninguna aprobación por adelantado. Aunque EMDRIA puede haber creado la opción de la consulta telefónica para aquellas personas "sin acceso fácil" a un consultor aprobado, esta opción en realidad no está disponible para ningún solicitante. Así pues, los terapeutas pueden seleccionar un Consultor Aprobado de otra región basándose en otros factores más allá de la accesibilidad. Quizás quiera considerar la consulta telefónica en casos de diferencias de tarifas, áreas de experiencia, métodos y estándares para certificación, estilo de enseñanza u otros factores.

La consulta telefónica para la certificación EMDRIA no tiene que ser obligatoriamente con el teléfono tradicional. Cualquier comunicación en tiempo real y de voz solamente o videoconferencia sería equivalente a incluir un "chat de voz" o "video chat" utilizando para ello un servicio online como Skype. Además, con eso la consulta internacional se convierte en una opción totalmente viable. Los avances tecnológicos de los últimos años han dado pie a una mayor facilidad de uso y unos costes espectacularmente inferiores que han hecho que la utilización de las comunicaciones basadas en el protocolo de voz por Internet (VOIP) se hayan extendido. Son tecnologías que hacen que compartir archivos y hacer videoconferencias sean métodos sencillos para avanzar en discusiones de casos de EMDR.

Tabla 17.4. Muestra de contrato de consulta con un Consultor en formación para Certificación EMDRIA

Este contrato se establece entre ______________________ (un Consultor EMDRIA en formación —de aquí en adelante "CIT") y ______________________ ("Supervisado").

El CIT acepta proporcionar al Supervisado supervisión de casos clínicos en materia de uso del método EMDR según establecen los estándares de EMDRIA para supervisión para la designación de Terapeuta en EMDR con Certificación EMDRIA. El CIT es supervisado por ______________ (Consultor aprobado por EMDRIA —de ahora en adelante "Consultor"). El CIT y el Consultor acuerdan que EMDRIA permitirá que un máximo de 15 de las 20 horas de supervisión requeridas procedan de un Consultor en formación. Las cinco horas restantes deberán obtenerse con un consultor aprobado por EMDRIA.

Naturaleza del servicio: El Supervisado busca servicios de supervisión para aumentar sus competencias en el uso de EMDR. Además el Supervisado solicita al CIT que evalúe su fidelidad en cuanto a la aplicación de los métodos y técnicas de EMDR. Los objetivos de aprendizaje específicos incluyen: competencias sensoriales, conceptuales y funcionales con la aplicación teórica, práctica y técnica de EMDR como método de psicoterapia. También se abordarán competencias de formulación de casos EMDR y de planificación de tratamiento.

Límites del servicio: Se entiende expresamente que no existe relación alguna de jerarquía ni laboral entre el CIT y el Supervisado. El Supervisado afirma tener licencia independiente o credenciales para practicar la psicoterapia en su jurisdicción, mantener un seguro de responsabilidad profesional y ser el único responsable de la naturaleza y la calidad de los servicios suministrados a sus clientes. El CIT acepta aportar al Supervisado información basada en los estudios disponibles, el consenso de los especialistas en la materia y su propia experiencia para que el Supervisado la considere. El Consultado siempre se basará en su propio juicio y discreción a la hora de ofrecer servicios de psicoterapia a sus pacientes. En la línea de los estándares profesionales de la licencia o la certificación del Supervisado, su jurisdicción y registro profesional, éste considerará la necesidad de obtener una supervisión adicional de otro(s) consultor(es) para cualquier problema significativo clínico, ético, legal o profesional que así lo requiriera.

(Alternar la redacción de **Límites de servicio** cuando el Supervisado trabaje bajo supervisión requerida legalmente como terapeuta prelicenciado: Se entiende expresamente que no existe relación alguna de jerarquía ni laboral entre el CIT y el Supervisado. El Supervisado reconoce no tener licencia independiente ni credenciales para practicar psicoterapia en su jurisdicción. El Supervisado suministra servicios de psicoterapia bajo la supervisión requerida legalmente de [de ahora en adelante el "Supervisor"]. Al firmar este documento, el Supervisor reconoce ser el único responsable de la naturaleza y la calidad de los servicios suministrados a los pacientes del Supervisado. El Supervisado acepta revisar la información recibida del CIT durante debates de casos con el Supervisor. Supervisado y Supervisor afirman estar cubiertos por seguros de responsabilidad profesional. El CIT acepta aportar al Supervisado información basada en los estudios disponibles, el consenso de los especialistas en la materia y su propia experiencia para que el Supervisado la considere. El Consultado siempre trabajará en estrecha colaboración con el Supervisor y se basará en el juicio de éste a la hora de ofrecer servicios de psicoterapia a sus pacientes. Cuando surjan problemas clínicos, éticos, legales o profesionales significativos que así lo requieran, el Supervisado y/o el Supervisor obtendrán supervisión adicional por parte de otro consultor de acuerdo con los estándares profesionales de los requisitos de prácticas del Supervisado y de la licencia o certificación, jurisdicción y registro profesional del Supervisor).

Confidencialidad: El Supervisado notificará a sus clientes y obtendrá su consentimiento informado, en el que figurarán tanto el CIT como el Consultor, antes de presentar cualquier material confidencial del caso al Consultor. El Supervisado acepta no desvelar datos identificativos al CIT y hacer todo lo necesario por alterar u omitir cualquier posible información identificativa del material de los casos que se presente oralmente, por escrito o en grabaciones de audio o de vídeo.

(Continúa)

Prueba de fidelidad en el uso de EMDR: Con el fin de ayudar al CIT a evaluar los conocimientos y las competencias del Supervisado, éste aportará al primero muestras de trabajo conductual de sesiones clínicas reales. Éstas podrán ser grabaciones de audio o de vídeo, o transcripciones casi literales. Una o más de esas muestras deberán demostrar una fidelidad satisfactoria con los principios, técnicas y protocolos de EMDR convencionales. Es posible que sea necesaria más de una revisión para aportar pruebas de una fidelidad satisfactoria.

El Supervisado presentará como mínimo una muestra de trabajo conductual al CIT en la quinta hora de supervisión. Si el CIT identifica problemas significativos que le pudieran impedir ser capaz de recomendar la certificación en EMDR del Supervisado, el primero lo notificará al segundo lo antes posible. En ese caso, el CIT recomendará posibles acciones correctivas al Supervisado. El Supervisado da su permiso para que el CIT presente resúmenes orales y por escrito de sus sesiones de supervisión al Consultor y para revisar todas las muestras de trabajo con el mismo. El Supervisado también da su permiso expreso para que el CIT suministre una copia de este contrato al Consultor y toda la correspondencia con la EMDRIA relacionada con el Supervisado.

Registros y correspondencia: El CIT mantendrá un registro de las horas de supervisión llevadas a cabo por el Supervisado. El Supervisado dispondrá de formularios de revelación de información completados en cada expediente de caso, autorizándole a desvelar información al CIT y al Consultor. El Supervisado acepta que el CIT envíe una carta a la EMDRIA en la que se indique el número de horas de supervisión que se le han suministrado cuando finalice las horas requeridas de supervisión o cuando decida abandonar la supervisión. El Supervisado puede finalizar las sesiones en cualquier momento, entendiendo que el CIT enviará una carta a la EMDRIA documentando el número de horas de supervisión llevadas a cabo. Si el Supervisado finaliza la supervisión con problemas significativos identificados por el CIT todavía sin resolver, el CIT lo explicará en una carta a la EMDRIA que irá acompañada de sus propias sugerencias para acciones correctivas. Si el Supervisado finaliza las horas de supervisión requeridas habiendo demostrado unos conocimientos y unas competencias satisfactorias en materia de aplicación de EMDR, el CIT enviará una carta recomendando al Supervisado para la obtención de la Certificación EMDRIA de Terapeuta de EMDR.

Honorarios: El Supervisado pagará al CIT unos honorarios de ____ por hora de servicio de supervisión. Si el Supervisado necesita que el CIT revise muestras de trabajo, como cintas de vídeo o de audio sin necesidad de que esté presente, el Supervisado acepta pagar una tarifa de ____ por hora en concepto de revisión de ese material. Las horas de supervisión pueden utilizarse para revisar muestras de trabajo solamente cuando Supervisado y CIT están presentes. Supervisado y CIT avisarán con un mínimo de ___ horas de antelación de la cancelación de sesiones programadas.

Solución de problemas: CIT y Supervisado aceptan seguir el código ético de sus organizaciones profesionales respectivas. Si surgen problemas profesionales o éticos relativos a la relación de supervisión, CIT y Supervisado harán todo lo necesario para solucionarlos informalmente y de buena voluntad.

Consultor Aprobado ____________________	Supervisado ____________________
Firmado: ____________________	Firmado: ____________________
Nombre: ____________________	Nombre: ____________________
Fecha: ____________________	Fecha: ____________________

(El nombre y la firma sólo son necesarios si el Supervisado trabaja bajo supervisión)

Supervisor
Firmado: ____________________
Nombre: ____________________
Fecha: ____________________

Cuando los terapeutas preparan resúmenes de casos y muestras de trabajo conductual en formato escrito a mano, pueden enviarlos de antemano por fax al Consultor Aprobado. Un método que funciona para consultas individuales o para un grupo pequeño. Para grupos de más de tres o cuatro terapeutas, el fax resulta menos práctico. En cambio, cuando los terapeutas preparan su material en el ordenador, lo pueden enviar por correo electrónico como documentos adjuntos, o pueden colocarlos en un servicio de compartir archivos gratuito online como Box.net –con acceso limitado a los usuarios que invite o en una carpeta protegida con contraseña en un servicio de alojamiento de archivos –como el gratuito skydrive.live.com u otros servicios de pago como fileburst.com. La distribución de archivos electrónicos puede ser igual de fácil y segura cuando hay ocho terapeutas que como cuando sólo accede el Consultor Aprobado.

Puede localizar los Consultores Aprobados de su zona geográfica desde la página principal de EMDRIA (opción "find a therapist"), indicando "sí" en el campo de búsqueda del consultor aprobado. Puede buscar por varias variables geográficas. Algunos de los Consultores Aprobados que ofrecen supervisión telefónica anuncian su disponibilidad en el *EMDRIA Newsletter*. Los miembros de EMDRIA tienen acceso a los números actuales y pasados del boletín desde la zona de miembros del sitio web de EMDRIA.

Convertirse en consultor aprobado

Tras obtener la designación de Terapeuta Certificado en EMDR por EMDRIA y a medida que obtiene más experiencia y más confianza en sus conocimientos y en sus habilidades en cuanto a la utilización del método EMDR, puede considerar avanzar profesionalmente y convertirse en Consultor/Supervisor Aprobado. Convertirse en Consultor Aprobado le brinda la oportunidad de ayudar a otros terapeutas en su proceso de desarrollo profesional a través de la supervisión. Como Consultor/Supervisor Aprobado puede supervisar la parte práctica del curso básico de EMDR. Además, convertirse en Consultor Aprobado también es la manera de convertirse en instructor de EMDRIA para la formación básica en EMDR.

El proceso de llegar a ser Consultor Aprobado empieza familiarizándose con los estándares para llegar a ser Consultor Aprobado. Incluye el requisito de haber "llevado a cabo un mínimo de 300 sesiones de EMDR con un mínimo de 75 pacientes" (EMDRIA, 2008d). A continuación, encontrar un Consultor/Supervisor Aprobado que haga de mentor y que le suministre "supervisión de su supervisión". Póngase de acuerdo para negociar con su Consultor Aprobado la supervisión que va a ofrecer a los supervisados. Tras establecer este acuerdo con su Consultor/Supervisor Aprobado, ya se le considera un CIT. Los CIT no tienen que presentar una solicitud ni tienen que inscribirse en EMDRIA para empezar a supervisar. Al parecer, EMDRIA considera al Consultor Aprobado que ofrece supervisión a cada CIT representación suficiente para EMDRIA.

En tanto que CIT, tiene las mismas responsabilidades y muchos de los mismos privilegios que un Consultor Aprobado. Sin embargo, hay tres diferencias principales. En primer lugar, sólo puede ofrecer 15 de las 20 horas de supervisión requeridas para la certificación. En segundo lugar, tiene que estar recibiendo supervisión de un Consultor Aprobado cuando ofrece supervisión para certificación y, cuando trabaja en el curso básico de EMDR, tiene que estar "bajo la supervisión de un Consultor Aprobado" cuando ofrece supervisión o cuando dirige las prácticas (EMDRIA, 2007, pág. 10). Sin embargo, la frecuencia de la supervisión necesaria por parte de un Consultor Aprobado no es algo que especifique EMDRIA. En tercer lugar, es posible que no ofrezca supervisión de la supervisión para convertirse en Consultor Aprobado. Como CIT, no tiene que pagar ninguna cuota ni enviar ninguna solicitud para ser Consultor Aprobado hasta que haya cumplido con todos los requisitos para ser Consultor Aprobado. Sin embargo, sí tiene que mantener su estatus de certificado en EMDR.

Estándares de la supervisión para convertirse en consultor/supervisor aprobado

EMDRIA no emite estándares explícitos en cuanto a la frecuencia, la documentación, la estructura ni el enfoque de la "supervisión de la supervisión", ni de la evaluación de los servicios proporcionados por los CIT. Hay una muestra de "Formulario de evaluación de supervisor en formación" en el "Paquete de supervisión" (EMDRIA, 2008a). Sin embargo, EMDRIA no ha establecido un requisito para el proceso de evaluación formal o informal, ni ha establecido estándares de rendimiento. El contenido de la conceptualización de evaluación de CIT no sólo sugiere posibles pautas para Consultor/Supervisor Aprobado, que ofrece supervisión de la supervisión para CIT y evaluación de sus servicios, sino que también parece que EMDRIA da mucho margen al Consultor/Supervisor Aprobado para que determine sus propios estándares. El formulario de evaluación del consultor en formación se analiza a continuación. Hasta el momento no se han publicado ni se han presentado en conferencias de EMDRIA estudios de las prácticas de Consultor Aprobado. Así pues, se sabe poco de los métodos o los estándares que utilizan los Consultores Aprobados al trabajar con CIT.

Estándares para supervisión de la supervisión para CIT de EMDRIA

Con el fin de defender el mínimo de estándares, a continuación presentamos algunos *estándares propuestos* para Consultores Aprobados que deben considerar al supervisar supervisiones para CIT. Algunos Consultores Aprobados ya los utilizan todos, o en parte.

1) Establecer un contrato por escrito entre el Consultor Aprobado y el CIT. Los elementos propuestos para ese contrato se enumeran en la siguiente sección.
2) Notificar a EMDRIA que el CIT está empezando a ofrecer servicios de supervisión.
3) Hacer que el CIT se comprometa a cumplir los estándares propuestos para supervisión para la certificación EMDRIA descritos en la sección anterior.

Elementos de un contrato de supervisión para un Consultor EMDRIA en formación

Igual que ocurre con la supervisión para certificación, EMDRIA no requiere explícitamente un contrato por escrito para supervisión con los CIT. EMDRIA tiene un contrato de muestra (EMDRIA, 2008a), que puede aplicarse a un modelo para que la *supervisión en grupo* cumpla los requisitos CIT para supervisión, pero que no aborda otras opciones como la supervisión individual entre el CIT y el Consultor/Supervisor Aprobado. Este capítulo aborda cuestiones adicionales que van más allá de las del contrato muestra del EMDRIA. Algunas cuestiones que deben tratarse en un contrato de supervisión para CIT para el estatus de Consultor/Supervisor Aprobado por EMDRIA son las siguientes:

1) Indicar la naturaleza de la relación –consulta, no supervisión
2) Describir las cuestiones financieras
3) Enumerar las responsabilidades del CIT
4) Enumerar las responsabilidades del Consultor Aprobado

Las responsabilidades del CIT son:

1) Establecer un contrato por escrito con cada supervisado antes de empezar la supervisión para certificación.
2) Garantizar que cada supervisado del CIT obtiene el consentimiento por escrito para desvelar información tanto al CIT como al Consultor Aprobado de cada paciente antes de presentar material del caso durante la supervisión.
3) Garantizar que los supervisados mantienen un formulario de permiso en el expediente de cada paciente cuyo caso se está revisando.
4) Instruir a los supervisados de que deben evitar desvelar los nombres de los pacientes u otra información que les identifique en las presentaciones verbales, documentación escrita o grabaciones de las sesiones de los pacientes y evitar ese tipo de información en la supervisión con el CIT.
5) Presentar documentación sobre cómo han revisado los resúmenes de los casos, los planes de tratamiento, resúmenes de la sesiones, muestras de trabajo conductual de sesiones y autoevaluaciones que ayuden tanto al supervisado como CIT a evaluar el conocimiento del primero en materia de teoría, principios y habilidades en materia de la utilización de EMDR.
6) Respetar el contrato financiero con el Consultor Aprobado.
7) Confiar en la discreción del CIT a la hora de seleccionar y utilizar la información clave, los principios y los métodos que el Consultor Aprobado le presenta.
8) Considerar la necesidad de más lectura, formación, consulta o preparación para alcanzar los estándares mínimos de conocimiento y habilidades para la supervisión de EMDRS basándose en los estándares profesionales y de la comunidad y en las recomendaciones del consultor aprobado.

Las responsabilidades del Consultor Aprobado son las siguientes:

1) Establecer un contrato completo y por escrito con el CIT antes de que éste empiece la supervisión y antes de supervisar al CIT.
2) Mantener registros exactos y aportar documentación de las horas de supervisión al CIT y al coordinador de educación y formación del EMDRIA.
3) Estar al día de estudios y libros sobre EMDR y de estándares y recursos de EMDRIA.
4) Ser consciente de los límites del supervisor en cuanto a conocimientos y capacidades para poblaciones de pacientes específicas y, cuando sea necesario, derivar al CIT a otros Consultores Aprobados que estén más familiarizados con la población que está tratando el supervisado.
5) Garantizar que el CIT entiende la diferencia entre consulta y supervisión y animar al CIT a trabajar desde un punto de vista instructivo y de consultoría al aportar supervisión.
6) Animar al CIT a elaborar diarios o registros y muestras de trabajo conductual de sus servicios de supervisión sobre la aplicación clínica del método EMDR y proceder a la autoevaluación de esos diarios.
7) Proporcionar comentarios claros, específicos y objetivos del conocimiento de los CIT y de la aplicación de la teoría, principios y habilidades en materia de EMDR basándose en el auto informe y las muestras de trabajo conductual del CIT.
8) Revisar, aclarar y, cuando corresponda, instruir al CIT con conocimientos y capacidades sobre la supervisión en el uso clínico del EMDR.
9) Expresar la preocupación sobre áreas que requieran más desarrollo y la idoneidad del CIT para cumplir los estándares para el estatus de Consultor Aprobado por EMDRIA periódicamente y lo antes posible en el proceso de supervisión.
10) Recomendar lecturas adicionales, cursos, formación y/o consulta para ayudar al CIT a abordar áreas que requieran más desarrollo.
11) Presentar al coordinador de educación y formación de EMDRIA una recomendación por escrito para la designación de Consultor/Supervisor Aprobado o, si corresponde, la expresión por

escrito de preocupación sobre áreas que necesitan más desarrollo cuando el CIT finaliza el requisito de supervisión o se retira de la misma.

12) Ayudar a ofrecer a los supervisados documentación del CIT de las horas de supervisión obtenidas del CIT y, si resulta necesario y apropiado, cartas de recomendación para certificación si el CIT se retira de la supervisión sin proporcionar documentación de las horas de supervisión a los supervisados.

Formatos posibles para ofrecer "Supervisión de supervisión"

La supervisión de la supervisión puede ofrecerse en sesiones privadas entre el CIT y el Consultor/Supervisor Aprobado en persona, por teléfono o a través de un chat de voz o de una videoconferencia a través del ordenador. También es posible ofrecer supervisión en grupo en sesiones específicas. La solicitud EMDRIA para Consultor Aprobado (EMDRIA, 2008d) indica que la documentación de las 20 horas de supervisión necesarias del Supervisor Aprobado tienen que especificar cuántas de esas horas fueron individuales y cuántas en grupo. En esta solicitud, EMDRIA indica que la supervisión de grupos de supervisión no debería contener más de cuatro CIT.

Para ofrecer una supervisión de la supervisión significativa, los CIT tienen que poder presentar muestras de trabajo conductual de sus supervisados junto con sus propias respuestas supervisoras. El formulario de muestras de trabajo conductual que seleccionan el Consultor Aprobado y los CIT para su revisión definen el formato. Los CIT pueden suministrar resúmenes orales de su supervisión de los resúmenes orales de los supervisados de las interacciones clínicas y las sesiones de reprocesamiento. El formato de resumen verbal es el que requiere menos tiempo de preparación por parte de los CIT y sus supervisados, y hace que el Consultor Aprobado tenga que absorber e integrar mucha de su propia información que carece de anclajes objetivos. Es el formato más débil para supervisión, porque da a los CIT y a los Consultores Aprobados la mínima cantidad de material directamente observable a partir del cual trabajar.

Algunos CIT pueden ofrecer sesiones de supervisión en grupo que incluyan la observación directa de ejercicios prácticos entre un par de estudiantes. Esos ejercicios prácticos pueden grabarse en vídeo para capturar el diálogo de supervisión entre supervisados y CIT. Entonces podrán debatirse extractos de esas grabaciones de vídeo con el Consultor Aprobado. Aunque este formato aporta muestras de trabajo objetivo para su revisión, como decíamos al principio de este capítulo, la utilización de ejercicios prácticos limita la relevancia del material clínico que se está revisando. Los ejercicios prácticos son esencialmente distintos de los casos clínicos reales. Los estándares de EMDRIA requieren claramente la supervisión para certificación con respecto a casos clínicos reales (EMDRIA, 2008a). En el mejor de los casos, este formato deberá tener un rol limitado, si es que tiene alguno, en la supervisión de la supervisión.

Los CIT pueden aportar supervisión basándose en la revisión de materiales de casos presentados por escrito por los supervisados. Pueden incluir resúmenes de historiales y de conceptualización de casos y transcripciones casi literales de interacciones clínicas y de sesiones de reprocesamiento. Entonces los CIT pueden anotar esos materiales escritos con sus observaciones y comentarios. Este método ofrece muestras de trabajo conductual del trabajo clínico subyacente de ambos supervisados y de las respuestas del CIT. Como decíamos antes en este mismo capítulo, el historial de casos por escrito, los resúmenes de formulaciones de casos y las transcripciones casi literales son una serie de material objetivo conciso y fácilmente revisable. Aunque los materiales escritos omiten todos los tiempos de casi todos los elementos no verbales de las sesiones clínicas, su utilización ancla las supervisiones de la supervisión a muestras de trabajo objetivas y significativas de una manera eficaz desde un punto de vista temporal.

En contadas ocasiones los CIT logran ofrecer supervisión después de observar sesiones clínicas reales a través de un espejo unidireccional. Estas sesiones y las sesiones de supervisión pueden grabarse en vídeo y el Consultor Aprobado podrá revisar fragmentos de esas grabaciones. De hecho, esas grabaciones en vídeo ofrecen un gran registro de las muestras de trabajo del proceso clínico y de supervisión real. De nuevo, y debido a las limitaciones de tiempo, en la mayoría de casos sólo se revisarán fragmentos. Este formato proporciona una base muy rica para la supervisión de la supervisión pero, precisamente por la riqueza de las grabaciones de vídeo, limita la cantidad de material que puede revisarse.

Tabla 17.5. Muestra de contrato de supervisión para Consultor Aprobado por EMDRIA

Este contrato se establece entre ______________________ (Consultor Aprobado por EMDRIA, de ahora en adelante "Consultor") y ______________________ (un Consultor EMDRIA en formación, de ahora en adelante "CIT"). El Consultor acepta proporcionar al CIT supervisión de casos clínicos en materia de cómo ofrecer supervisión sobre el uso del método EMDR para solicitantes ("Supervisados") para la designación de Consultor de EMDR Aprobado por EMDRIA.

Naturaleza del servicio: El CIT busca servicios de supervisión para aumentar sus competencias de suministro de supervisión sobre el uso del método EMDR por parte de terapeutas cualificados. Los objetivos de aprendizaje específicos incluyen: competencias sensoriales, conceptuales y funcionales con la aplicación teórica, práctica y técnica de EMDR como método de psicoterapia. También se abordarán competencias de planificación de tratamiento y de formulación de casos de EMDR, además de estrategias de supervisión y estándares de supervisión.

Límites del servicio: Se entiende expresamente que no existe relación alguna de jerarquía ni laboral entre el Consultor y el CIT. El CIT afirma tener licencia independiente o credenciales para practicar la psicoterapia en su jurisdicción, mantener un seguro de mala praxis y que el CIT es el único responsable de la naturaleza y la calidad de los servicios de supervisión suministrados a los terapeutas que reciben supervisión por su parte. El Consultor acepta aportar al CIT información basada en los estudios disponibles, el consenso de los especialistas en la materia, estándares de la EMDRIA y la experiencia del Consultor para que el CIT la considere. El CIT confiará en su propio criterio y discreción para ofrecer servicios de supervisión a terapeutas que obtienen supervisión de un CIT.

Confidencialidad: El CIT asegurará que los terapeutas que obtienen supervisión del CIT obtendrán el consentimiento informado de sus pacientes, en el que figurarán tanto el CIT como el Consultor, antes de presentar cualquier material confidencial del caso al Consultor y al CIT. El CIT acepta no desvelar datos identificativos al Consultor y hacer todo lo necesario por alterar u omitir cualquier posible información identificativa del material de los casos que se presente oralmente, por escrito o en grabaciones de audio o de vídeo.

Prueba de la capacidad de evaluar y de aumentar la fidelidad en el uso de EMDR: Se acuerda que antes de que el Consultor envíe una carta avalando el estado de Consultor Aprobado por EMDRIA para el CIT, éste aportará al Consultor documentación que demuestre que es capaz de reconocer cuando los terapeutas con formación en EMDR cumplen o no estándares razonables de fidelidad satisfactoria en relación con los principios, técnicas y protocolos de EMDR convencionales, y que puede suministrar servicios de supervisión efectivos que ayuden a los terapeutas a cumplir esos estándares. La documentación incluirá: (a) una o más muestras de trabajo conductual (como transcripciones o grabaciones) de sesiones de tratamiento EMDR que el CIT haya anotado con comentarios para los terapeutas supervisados; y (b) formularios de resumen de casos para la evaluación de la planificación del tratamiento EMDR o la revisión del tratamiento que haya anotado con comentarios para los terapeutas supervisados por él mismo. Si el Consultor identifica problemas significativos que le pudieran impedir ser

(Continúa)

capaz de recomendar al CIT para la designación de Consultor Aprobado en EMDR, el primero lo notificará al segundo lo antes posible. En ese caso, el Consultor recomendará posibles acciones correctivas al CIT.

Registros y correspondencia: El Consultor mantendrá un registro de las horas de supervisión llevadas a cabo por el CIT. El CIT notificará a EMDRIA que ha empezado a ofrecer supervisión a terapeutas con formación en EMDR para la Certificación EMDRIA. El CIT acepta que el Consultor envíe una carta a EMDRIA en la que se indique el número de horas de supervisión que se le han suministrado cuando finalice las horas requeridas de supervisión o cuando decida abandonar la supervisión. El CIT puede finalizar las sesiones en cualquier momento con las dos condiciones siguientes: (a) El Consultor enviará una carta a EMDRIA documentando el número de horas de supervisión llevadas a cabo. (b) Para que el Consultor pueda documentar las horas de supervisión para los Supervisados de CIT, éste presentará al Consultor una lista con las horas de supervisión individual y en grupo que había suministrado a cada terapeuta con formación EMDR que recibió supervisión del CIT durante el periodo cubierto por el presente contrato. Si el CIT finaliza la supervisión con problemas significativos identificados por el Consultor todavía sin resolver, el Consultor lo explicará en una carta a EMDRIA que irá acompañada de sus propias sugerencias para acciones correctivas. Si el CIT finaliza las horas de supervisión requeridas habiendo demostrado unos conocimientos y unas competencias satisfactorias en materia de supervisión de aplicación de EMDR, el Consultor enviará una carta recomendando al CIT para la designación de Consultor en EMDR Aprobado por EMDRIA.

Honorarios: El CIT pagará al Consultor unos honorarios de ____ por hora de servicio de supervisión. Si el CIT solicita al Consultor que revise muestras de trabajo, como cintas de vídeo o de audio sin estar presente, el CIT acepta pagar ___ por hora para la revisión de muestras de trabajo. Las horas de supervisión pueden utilizarse para revisar muestras de trabajo solamente cuando CIT y Consultor están presentes. CIT y Consultor avisarán con un mínimo de ___ horas de antelación de la cancelación de sesiones programadas.

Solución de problemas: Consultor y CIT aceptan seguir el código ético de sus organizaciones profesionales respectivas. Si surgen problemas profesionales o éticos relativos a la relación de supervisión, Consultor y CIT harán todo lo necesario para solucionarlos informalmente y de buena voluntad.

Consultor Aprobado	Consultor en Formación
Firmado:______________________	Firmado:______________________
Nombre:______________________	Nombre:______________________
Fecha:______________________	Fecha:______________________

Evaluar a un Consultor en proceso de formación

Está claro que EMDRIA espera que los Consultores Aprobados evalúen a los CIT antes de recomendar la aceptación de los solicitantes como Consultores Aprobados. De hecho, su contrato de muestra para

CIT indica que, "El Consultor/Supervisor Aprobado mantiene el derecho a evaluar el rendimiento del solicitante y el trabajo considerado necesario para un resultado positivo" (EMDRIA, 2008a, pág. 5). La implicación de esta afirmación es que las 20 horas requeridas es un requisito mínimo, y que los CIT deben lograr los estándares de idoneidad de EMDRIA para hacer de Consultores/Supervisores Aprobados. En ausencia de una afirmación explícita de estándares, parece que EMDRIA deja a la discreción de los Consultores Aprobados determinar cuáles son esos estándares y evaluar la idoneidad de los CIT.

EMDRIA ofrece cierta pauta acerca de cómo evaluar la idoneidad de los CIT con un "Formulario de evaluación del consultor en formación" de muestra (EMDRIA, 2008a). La EMDRIA no exige la utilización de este formulario ni de ningún otro método de evaluación específico. Este formulario de evaluación de muestra tiene siete elementos puntuados, una lista de verificación por tipo de supervisión ofrecida por el CIT y dos resúmenes descriptivos, uno para los pros y el otro para los contra y los problemas. El primer elemento puntuado pregunta acerca de la frecuencia de uso de la certificación de muestra en el formulario de evaluación de EMDR que se encuentra en el mismo paquete de supervisión. La inclusión de este elemento sugiere que EMDRIA considera aconsejable utilizar la certificación en el formulario de evaluación EMDR o un formulario similar para evaluar a los supervisados.

Aunque el formulario de evaluación del consultor en formación resultó ser un punto de partida muy útil para desarrollar un formulario de evaluación cuando apareció en 1999, nunca se ha actualizado. De ahí que le falten elementos para varias áreas clave que los Consultores Aprobados probablemente deberían considerar antes de recomendar a los CIT para su aprobación como Consultor Aprobado. Son los siguientes:

- Capacidad de enseñar los principios de conceptualización de casos y el fundamento para las fases del procedimiento del modelo de Procesamiento Adaptativo de la Información.
- Capacidad de reconocer y corregir correctamente errores técnicos u omisiones en las fases del procedimiento EMDR estándares.

- Capacidad de reconocer cuando el reprocesamiento es eficaz o ineficaz y sugerir intervenciones adecuadas –especialmente el uso de entretejidos– para restaurar el reprocesamiento efectivo.
- Si el CIT anima adecuadamente a los supervisados a limitar el tiempo de preparación en casos que cumplen el criterio de idoneidad para reprocesamiento con las fases del procedimiento EMDR estándares y a ampliar el tiempo de preparación sólo en lo necesario para lograr la idoneidad para el reprocesamiento.
- Si el CIT hace un uso efectivo de las escalas de puntuación de la fidelidad adecuadas.
- Si el CIT remite a los supervisados a libros profesionales, artículos de revistas y demás recursos educativos apropiados para complementar el desarrollo profesional para poblaciones especiales y problemas clínicos.
- Si el CIT maneja adecuadamente los problemas éticos, profesionales y de gestión de riesgos que surgen en el proceso de supervisión.

Al evaluar a los CIT, los Consultores/Supervisores Aprobados tienen toda la responsabilidad del cumplimiento de la misión de la EMDRIA, que se "dedica a los mayores niveles de excelencia y de integridad en EMDR" (EMDRIA, 2008g). El Consultor Aprobado instruye, guía, evalúa y recomienda, preparando a los supervisados y a los CIT para un reconocimiento avanzado como Terapeuta EMDRIA Certificado en EMDR y Consultor/Supervisor Aprobado. Esto convierte a los Consultores Aprobados en los guardianes del futuro del método EMDRIA. Si su pauta es demasiado vaga o demasiado idiosincrática, si sus estándares son demasiado permisivos, corren el riesgo de proponer a solicitantes que proporcionarán tratamiento con EMDR ineficaz o consulta y supervisión EMDR muy floja. Por el contrario, si su pauta es demasiado dogmática, si sus estándares son demasiado rígidos, corren el riesgo de desanimar a los solicitantes y la creatividad clínica necesaria para apoyar la evolución gradual de una aplicación clínica científicamente sólida del EMDR y la consulta. Se debe trabajar más para desarrollar recursos adicionales que apoyen a los Consultores Aprobados al tiempo que aporten estándares más claros para dirigir el proceso de supervisión.

Resumen

La supervisión del uso del método EMDR aporta un elemento crucial en la formación y el desarrollo de terapeutas, supervisores, consultores e investigadores. La experiencia supervisora genera muchas recompensas. Aporta a los terapeutas una oportunidad única de hablar del difícil trabajo que tienen que hacer tras las puertas cerradas de sus consultas. Permite a los terapeutas reflexionar sobre sus "éxitos" y sus "fracasos". La supervisión aporta un foro para la estimulación intelectual, el apoyo emocional y el reconocimiento de los logros profesionales. Además, implica requisitos adicionales para el desarrollo de conocimientos y de habilidades, para la reflexión sobre los estándares profesionales y éticos y el reconocimiento y la gestión de los riesgos. Los Consultores Aprobados por EMDRIA ayudan a impartir formación básica en EMDR, a desarrollar y evaluar estudios de resultados del tratamiento y desempeñan un papel esencial en el avance profesional de los terapeutas con formación EMDR.

VI Listas de comprobación de fidelidad, formularios y recursos

Anexo A: Listas de comprobación de fidelidad

Son pocos los terapeutas a los que les gusta que se evalúe su trabajo. Sin embargo, esas evaluaciones a menudo resultan esenciales para hacer avanzar el conocimiento científico o las capacidades clínicas individuales. El grado en el que se aplica el método de manual se conoce como nivel de fidelidad. Tener un sistema para la puntuación de la fidelidad es un componente de lo que se ha descrito como "estándar de oro" (Foa y Meadows, 1997) para estudios de resultados de tratamiento de trastorno de estrés postraumático. Los terapeutas que son Consultores Aprobados necesitan tener una serie objetiva de criterios para evaluar el trabajo clínico de los que optan a recibir la certificación de EMDRIA (EMDR International Association) en EMDR. También se puede recurrir a supervisores de formación para que evalúen el trabajo de los terapeutas prelicenciados en la aplicación del método EMDR.

Hasta hace poco (Adler-Tapia y Settle, 2008) no había escalas de puntuación de la fidelidad publicadas para evaluar la aplicación del método EMDR. Después de revisar las escalas de puntuación de fidelidad publicadas existentes (Adler-Tapia y Settle, 2008), los cuestionarios de idoneidad para EMDR (Sine y Vogelman-Sine, 2004), la "EMDR Implementation Fidelity Rating Scale" disponible en el EMDRIA Research Committee (Korn, Zangwill, Lipke y Smyth, 2001) y el EMDRIA Consultation

Packet (Standards and Training Committee, 2001), se desarrolló una serie de seis escalas de puntuación de fidelidad para este manual.

Esta serie de escalas de puntuación pueden utilizarlas los terapeutas para puntuarse a sí mismos. De hecho, pueden utilizarlas tanto supervisados como supervisores en supervisión clínica para aclarar la utilización del método EMDR. También pueden utilizarse junto con la consulta como parte de la formación básica en EMDR y hacia la designación avanzada de la certificación EMDRIA. Los investigadores deberían saber que además de las escalas de este capítulo, las "EMDR Implementation Fidelity Rating Scales" (Korn, Zangwill, Lipke y Smyth, 2001) están disponibles en el EMDRIA Research Committee, como se explica en el sitio web de EMDRIA (EMDRIA, 2008e). A continuación presentamos un resumen de las seis escalas de puntuación de la fidelidad desarrolladas para este manual.

1) Hay una escala de fidelidad que cubre el registro del historial, la conceptualización del caso y la planificación del tratamiento.
2) La fase de preparación tiene tres escalas de fidelidad. La primera cubre cuestiones de preparación general como el consentimiento informado. Otra escala de fidelidad cubre la utilización del ejercicio del lugar tranquilo. Una tercera escala aborda la utilización del desarrollo y la instalación de recursos (DIR) – incluido el uso apropiado y la evitación de un uso excesivo o inadecuado. Esta escala puede omitirse ya que no resulta de aplicación en varias situaciones de tratamiento. Cuando sí lo es, puede utilizarse repetidamente si hace falta para cubrir la instalación de recursos durante más de una sesión de tratamiento.
3) Una única escala de valoración de la sesión de reprocesamiento puede utilizarse tantas veces como sea necesario para todos los objetivos que haya que valorar. Incluye una sección de reevaluación al principio que se omite y que no puntúa para la primera sesión de reprocesamiento para el paciente.
4) La sexta escala de puntuación aporta una evaluación del tratamiento general: ajustes al plan de tratamiento basados en sesiones de reprocesamiento previas y comentarios del registro o el diario; si se identificaron objetivos relacionados con el pasado, el presente y el futuro y si se reprocesaron adecuadamente; si se lograron los objetivos del tratamiento.

Cada una de las seis escalas de este sistema utiliza un método de puntuación numérica de 3 puntos:

a. "0" significa ausencia o no adherencia.

b. "1" significa que se ha identificado la adherencia pero que es débil o defectuosa.

c. "2" significa que la adherencia es buena.

Deben calcularse puntuaciones medias para cada escala como conjunto y para cada una de las seis secciones de la escala de reprocesamiento. Cabe destacar que debido a que algunos elementos sólo se puntúan cuando corresponde, el número total de elementos de los que se calcula la media debe contarse de las secciones que efectivamente los contienen. También hay algunos elementos críticos que, cuando corresponde, se cuentan como dos. Esos elementos doblados contienen dos series de números de puntuación para facilitar el recuento del número de elementos de los que se calcula la media.

Por último, existe un gráfico-resumen en el que pueden enumerarse las puntuaciones medias de cada escala de puntuación de la fidelidad y puede calcularse una puntuación de adherencia global. En esa tabla-resumen hay espacio para un máximo de tres aplicaciones de DIR y ocho sesiones de reprocesamiento con EMDR. La interpretación de las puntuaciones medias es la siguiente: una puntuación media de menos de 1 significa que la adherencia no es adecuada; una puntuación media de más de 1 significa que la adherencia es escasa; una puntuación media de más de 1,25 significa que la adherencia es adecuada; una puntuación media de más de 1,5 significa que la adherencia es buena y una puntuación media de 1,75 significa que la adherencia es superior.

ESCALA DE EVALUACIÓN DE FIDELIDAD EMDR PARA REGISTRO DEL HISTORIAL, CONCEPTUALIZACIÓN DEL CASO Y PLANIFICACIÓN DEL TRATAMIENTO			
Código del sujeto:		Fecha de la sesión:	
Evaluador:		Fecha de revisión:	
Comentarios:		Puntuación media:	

Escala de evaluación: sin adherencia 0, débil 1, buena 2

1	¿Obtuvo el terapeuta una lista de las dolencias que aqueja el paciente (síntomas)?	0	1	2
2	¿Identificó el terapeuta los objetivos de tratamiento del sujeto en cuanto a conducta deseada, cambios somáticos, afectivos y cognitivos, además de cualquier preocupación o miedo relacionado con el tratamiento?	0	1	2
3	¿Identificó el terapeuta estímulos externos e internos actuales y pautas de respuesta asociadas con los síntomas?	0	1	2
4	¿Obtuvo el terapeuta un historial vital de sucesos adversos y traumáticos?	0	1	2
5	¿Identificó el terapeuta pautas de apego infantiles y actuales?	0	1	2
6	¿Descartó el terapeuta riesgos médicos o de otra índole para el reprocesamiento con EMDR?	0	1	2
7	¿Identificó el terapeuta la naturaleza y el grado de disociación estructural (primaria, secundaria o terciaria) utilizando para ello herramientas y evaluación clínica?	0	1	2
8	¿Identificó el terapeuta diagnósticos específicos de Eje I y descartó o identificó diagnósticos de Eje II?	0	1	2
9	¿Evaluó el terapeuta un historial de abuso de sustancias en el pasado o en la actualidad?	0	1	2
10	¿Evaluó el terapeuta un historial y peligro actual para el sujeto mismo y los demás?	0	1	2
11	¿Evaluó el terapeuta un historial o conductas de reducción de tensión o de autolesiones que interfieran con la terapia?	0	1	2
12	¿Evaluó el terapeuta las habilidades necesarias y proporcionó una fase de preparación de duración adecuada (i.e., lo suficientemente larga aunque sin retrasar innecesariamente ni evitar el reprocesamiento)?	0	1	2
13	¿Desarrolló el terapeuta un plan de tratamiento colaborativo y una secuencia de los objetivos?	0	1	2
14	¿Desarrolló el terapeuta una conceptualización general del caso?	0	1	2
	Puntuación media de la fase de registro del historial: 14 elementos en total.			

ESCALA DE EVALUACIÓN DE FIDELIDAD EMDR PARA LA SESIÓN DE FASE DE PREPARACIÓN			
Código del sujeto:		Fecha de la sesión:	
Evaluador:		Fecha de revisión:	
Comentarios:		Puntuación media:	

Escala de evaluación: sin adherencia 0, débil 1, buena 2

1	¿Aportó el terapeuta psicoeducación sobre traumas y recuperación?	0	1	2
2	¿Aportó el terapeuta psicoeducación sobre el rol del sujeto en las sesiones?	0	1	2
3	¿Aportó el terapeuta consentimiento informado para el tratamiento con EMDR?	0	1	2
4	¿Evaluó el terapeuta la tolerancia del sujeto para los movimientos oculares bilaterales?	0	1	2
5	¿Ensayó el terapeuta con el sujeto una señal de stop?	0	1	2
6	¿Aportó el terapeuta una metáfora para mejorar la observación consciente?	0	1	2
7	¿Evaluó, enseñó y reevaluó el terapeuta las habilidades de reducción de la ansiedad en la medida de las necesidades?	0	1	2
8	¿Evaluó, enseñó y reevaluó el terapeuta las habilidades de reducción de disociación en la medida de las necesidades?	0	1	2
9	¿Utilizó el terapeuta el ejercicio del lugar tranquilo (seguro) o DIR antes del reprocesamiento?	0	1	2
	Puntuación media de la fase de preparación: 9 elementos en total.			

ESCALA DE EVALUACIÓN DE LA FIDELIDAD EMDR PARA EL EJERCICIO DEL LUGAR TRANQUILO-LUGAR SEGURO			
Código del sujeto:		Fecha de la sesión:	
Evaluador 1:		Fecha de revisión:	
Comentarios:		Puntuación media:	

Escala de evaluación: sin adherencia 0, débil 1, buena 2

1	¿Explicó el terapeuta el ejercicio y el objetivo del mismo?	0	1	2
2	¿Ayudó el terapeuta a identificar un recuerdo o una imagen adecuados?	0	1	2
3	¿Obtuvo el terapeuta detalles sensoriales adicionales?	0	1	2
4	¿Añadió el terapeuta series breves (de 4 a 12 ciclos) de estimulación bilateral?	0	1	2
5	¿Pidió el terapeuta al sujeto sensaciones y observaciones después de cada serie de estimulación?	0	1	2
6	¿Pidió el terapeuta al sujeto que identificara una palabra o una frase señal y que la ensayara con las imágenes y las series adicionales de estimulación?	0	1	2
7	¿Pidió el terapeuta al sujeto que ensayara las imágenes y la(s) palabra(s) señal sin ser dirigido?	0	1	2
8	¿Pidió el terapeuta al sujeto que recordara un incidente o una situación perturbadores y que después volviera a ensayar el ejercicio siendo dirigido?	0	1	2
9	¿Pidió el terapeuta al sujeto que recordara otro incidente o una situación perturbadores y que después volviera a ensayar el ejercicio sin ser dirigido?	0	1	2
10	¿Pidió el terapeuta al sujeto que identificara un recuerdo o una imagen alternativos si el primero daba pie a asociaciones negativas? (*Omitir si no resulta de aplicación*)	0	1	2
	Puntuación media del ejercicio del lugar tranquilo (seguro): Un elemento puede omitirse. Total posible de 10 elementos.			

ESCALA DE EVALUACIÓN DE LA FIDELIDAD EMDR PARA DESARROLLO E INSTALACIÓN DE RECURSOS			
Código del sujeto:		Fecha de la sesión:	
Evaluador:		Fecha de revisión:	
Comentarios:		Puntuación media:	

Escala de evaluación: sin adherencia 0, débil 1, buena 2

1	Si se utilizó DIR para estabilizar, ¿identificó el terapeuta la presencia de uno de los siguientes cuatro criterios antes de utilizarlo? (*Omitir si no se utilizó DIR para estabilizar. Cuenta como dos elementos si corresponde*) a. El sujeto muestra discapacidad de autorregulación, conductas inadaptativas de reducción de la tensión, conductas que interfieren con la terapia, de abuso de sustancias o de autolesión, o bien ha expresado temor por empezar el reprocesamiento con EMDR, y los métodos estándares de autocontrol (relajación progresiva, ejercicios de relajación o ejercicio del lugar tranquilo) han resultado insuficientes. b. El terapeuta ha identificado un riesgo importante de que el sujeto finalice prematuramente el tratamiento si se inicia reprocesamiento con EMDR debido a cambios borderline de idealizar a devaluar al terapeuta, debilidad del ego, o una culpa intolerable por conductas de reducción de tensiones o de externalización, o por reexperimentar recuerdos que se han reprocesado a medias u otros recuerdos intrusivos y dolorosos. c. El sujeto vive episodios de verse abrumado por afectos, está confundido y es incapaz de expresar pensamientos, preocupaciones o afectos sobre sucesos de forma coherente. d. El reprocesamiento con EMDR ha dado pie a unas sesiones de tratamiento crónicamente incompletas o a un impacto adverso en el funcionamiento cotidiano del sujeto.	0 0	1 1	2 2
2	¿Explicó el terapeuta el ejercicio y el objetivo del mismo?	0	1	2
3	¿Identificó el terapeuta una situación objetivo problemática actual y apropiada a partir de un análisis de la cadena de conductas o un objetivo de reprocesamiento crónicamente incompleto?	0	1	2
4	¿Ayudó el terapeuta a identificar una o más cualidades o habilidades necesarias para la situación objetivo?	0	1	2
5	¿Ayudó el terapeuta a identificar uno o más recuerdos o imágenes adecuados para las cualidades o las habilidades necesarias para la situación objetivo?	0	1	2

6	¿Instó el terapeuta al sujeto (si resultó necesario y adecuado) a considerar recuerdos de dominio, modelos de rol, terceros de apoyo y símbolos como fuentes potenciales de respuestas adaptativas? (*Omitir si no resulta de aplicación*)	0	1	2
7	¿Obtuvo el terapeuta detalles sensoriales adicionales?	0	1	2
8	¿Repitió el terapeuta esos detalles sensoriales para mejorar la recopilación y la intensidad de la imagen o el recuerdo?	0	1	2
9	¿Añadió el terapeuta series breves (de 4 a 12 ciclos) de estimulación bilateral?	0	1	2
10	¿Preguntó el terapeuta al sujeto las sensaciones y las observaciones después de cada serie de estimulación?	0	1	2
11	Si fue necesario, ¿repitió el terapeuta los detalles sensoriales para restaurar el acceso al recuerdo o a la imagen antes de aplicar más series de estimulación?	0	1	2
12	¿Pidió el terapeuta al sujeto que identificara palabras clave o imágenes relacionadas y que ensayara con series adicionales de estimulación?	0	1	2
13	¿Pidió el terapeuta al sujeto que identificara un recuerdo o una imagen alternativos si el primero daba pie a asociaciones negativas? (*Omitir si no resulta de aplicación*)	0	1	2
14	¿Comprobó el terapeuta si el sujeto era capaz de ensayar mentalmente la utilización de uno o más recursos con la confianza adecuada cuando la situación objetiva volviera a darse en el futuro?	0	1	2
15	¿Comprobó el terapeuta en una sesión de seguimiento que el sujeto era más capaz de abordar la situación	0	1	2
	Puntuación media del desarrollo e instalación de recursos: Pueden omitirse un máximo de cuatro elementos. Quince elementos, uno puede doblarse.			

ESCALA DE PUNTUACIÓN DE FIDELIDAD EMDR PARA SESIÓN DE REPROCESAMIENTO			
Código del sujeto:		Fecha de la sesión:	
Evaluador:		Fecha de revisión:	
Comentarios:		Puntuación media:	

Escala de evaluación: sin adherencia 0, débil 1, buena 2

Puntuación media de la fase de reevaluación (elementos 1-5):				
Puntuación media de la fase de evaluación (elementos 6-13):				
Puntuación media de la fase de desensibilización (elementos 14-27):				
Puntuación media de la fase de instalación (elementos 28-33):				
Puntuación media de la fase de exploración corporal (elementos 34-37):				
Puntuación media de la fase de cierre (elementos 38-43):				
Fase de reevaluación				
1	¿Evaluó el terapeuta la experiencia del sujeto desde la última sesión prestando atención a los comentarios del registro, las dolencias que presenta, las respuestas a los estímulos actuales y a los recuerdos o problemas adicionales que podrían suponer modificaciones al plan de tratamiento?	0	1	2
2	¿Comprobó el terapeuta los niveles SUD y VoC del objetivo en relación con la sesión anterior? (*Omitir si es la primera sesión de reprocesamiento*)	0	1	2
3	¿Comprobó el terapeuta aspectos adicionales del objetivo desde la sesión anterior que pudieran necesitar más reprocesamiento? (*Omitir si es la primera sesión de reprocesamiento*)	0	1	2
4	Si el objetivo de la sesión anterior quedó incompleto o si en esta sesión el sujeto indica un SUD de 1 o más o un VoC de 5 o menos, ¿el terapeuta ha reanudado el reprocesamiento del objetivo de la sesión anterior? (*Omitir si es la primera sesión de reprocesamiento o si se ha identificado y seleccionado un recuerdo más apropiado, perturbador, temprano o relacionado como siguiente objetivo*)	0	1	2
Puntuación media de la fase de reevaluación (elementos 1-4): Total posible de 4 elementos. Pueden omitirse 3				
Fase de evaluación				
5	¿Seleccionó el terapeuta un objetivo adecuado del plan de tratamiento?	0	1	2
6	¿Obtuvo el terapeuta una imagen (u otro recuerdo perceptivo) que representara todo el incidente o la peor parte del mismo?	0	1	2
7	¿Obtuvo el terapeuta una cognición negativa (CN) adecuada?	0	1	2
8	¿Obtuvo el terapeuta una cognición positiva (CP) adecuada?	0	1	2

9	¿Obtuvo el terapeuta un VoC válido haciendo referencia a la confianza sentida de la CP en el presente mientras el sujeto se centraba en la imagen (u otro recuerdo perceptivo)?	0	1	2
10	¿Obtuvo el terapeuta la emoción presente vinculando la imagen y la CN?	0	1	2
11	¿Obtuvo el terapeuta un nivel SUD válido (i.e., el nivel actual de perturbación para toda la experiencia)?	0	1	2
12	¿Obtuvo el terapeuta una parte del cuerpo para la perturbación sentida en ese momento?	0	1	2
13	¿Siguió el terapeuta la secuencia para evaluación estándar enumerada antes?	0	1	2
	Puntuación media de la fase de evaluación (elementos 5-13): Nueve elementos en total.			
	Fase de desensibilización			
14	Antes de empezar la estimulación bilateral, ¿instruyó el terapeuta al sujeto para que se centrara en la imagen, la CN (en primera persona) y la parte del cuerpo?	0	1	2
15	Al empezar la desensibilización, ¿aplicó el terapeuta estimulación bilateral con un mínimo de 24 a 30 repeticiones por serie y lo más rápido que pudiera tolerarse cómodamente?	0	1	2
16	Durante la estimulación bilateral, ¿ofrecía el terapeuta algún tipo de apoyo verbal no específico periódico (quizás contingente a cambios no verbales del sujeto) mientras evitaba el diálogo?	0	1	2
17	Al final de cada serie separada de estimulación bilateral, ¿utilizaba el terapeuta frases adecuadas para que el sujeto "descanse, respire profundamente, déjelo ir" y a continuación realizaba una pregunta *general* ("¿Qué nota ahora?") para después reanudar la estimulación bilateral?	0	1	2
18	Después de cada comentario verbal, ¿reanudaba el terapeuta la estimulación bilateral sin demasiada dilación para hablar y sin repetir los comentarios verbales del sujeto?	0	1	2
19	En los comentarios verbales y las observaciones no verbales que indican que el reprocesamiento era eficaz, después de alcanzar un fin de canal positivo o negativo, ¿prestaba atención el terapeuta al objetivo seleccionado y comprobaba si había material adicional que necesitara reprocesamiento (i.e., "¿Cuál es la peor parte ahora?)	0	1	2
20	Si los comentarios verbales o las observaciones no verbales indicaban que el reprocesamiento había sido ineficaz, ¿varió el terapeuta las características de la estimulación bilateral (velocidad, dirección, cambio de modalidad, etc.)? (*Omitir si no resulta de aplicación.* Cuenta como dos elementos, si procede)	0	1	2

21	Si los comentarios verbales y las observaciones no verbales indicaban que el reprocesamiento había sido ineficaz, ¿llevó a cabo el terapeuta alguna de las siguientes acciones? (*Omitir si no resulta de aplicación*) Cuenta como dos elementos, si procede) 1) Buscar un recuerdo perturbador anterior con un afecto, unas sensaciones corporales, respuestas de conducta, impulsos o creencia similares. 2) Buscar una creencia negativa, miedo o preocupación, y un recuerdo relacionado. 3) Analizar el recuerdo diana u objetivo en busca de imágenes, sonidos, olores, pensamientos, creencias, emociones o sensaciones físicas más perturbadores. 4) Invitar al sujeto a imaginar que expresa palabras no pronunciadas o que tiene impulsos no expresados. 5) Ofrecer un entretejido.	0	1	2
22	Si el sujeto ha experimentado una emoción intensa prolongada, o si el reprocesamiento resultó ineficaz, ¿mostró el terapeuta un juicio adecuado a la hora de seleccionar y ofrecer un entretejido de entre las categorías de responsabilidad, seguridad y decisiones al tiempo que evitó la palabrería excesiva? (*Omitir si no resulta de aplicación*) Cuenta como dos elementos, si procede)	0	1	2
23	Si el sujeto ha experimentado una emoción intensa prolongada, ¿continuó el terapeuta con las series de estimulación lateral y más repeticiones en cada serie, permaneció tranquilo, desapegado, compasivo y ofreció señales verbales a ritmo de la estimulación bilateral para animar al sujeto a seguir "observando solamente" o "continuar". (*Omitir si no resulta de aplicación*) Cuenta como dos elementos, si procede)	0	1	2
24	Si ha surgido un recuerdo más reciente, ¿el terapeuta reconoció su significado, ofreció regresar al recuerdo más reciente más tarde, y redirigió al sujeto de nuevo al recuerdo diana u objetivo seleccionado en una o dos series de estimulación bilateral? (*Omitir si no resulta de aplicación*)	0	1	2
25	Si ha surgido un recuerdo más temprano (antecedente), ¿continuó el terapeuta con la estimulación bilateral del recuerdo anterior hasta que quedó resuelto antes de redirigir al sujeto de nuevo al recuerdo diana u objetivo seleccionado? (*Omitir si no resulta de aplicación*)	0	1	2
26	Si resultó clara la imposibilidad de finalizar el reprocesamiento en esta sesión, ¿mostró el terapeuta un juicio adecuado de evitar devolver la atención del sujeto a la perturbación residual en el objetivo, omitir las fases de instalación y de exploración corporal y pasar directamente al cierre? (*Omitir si no resulta de aplicación*)	0	1	2
27	Si al parecer la fase de desensibilización había concluido, ¿mostró el terapeuta un juicio adecuado de devolver la atención del sujeto a la diana para confirmar que el nivel SUD era 0 (o un 1 "ecológico") antes de pasar a la fase de instalación? (*Omitir si no resulta de aplicación*)	0	1	2
	Puntuación media de la fase de desensibilización (elementos 14-27): Pueden omitirse un máximo de ocho elementos. Catorce elementos, más cuatro que pueden doblarse.			
	Fase de instalación			
28	¿Ha confirmado el terapeuta la CP final preguntando si la original sigue encajando o si hay una nueva más adecuada?	0	1	2

29	Antes de aplicar estimulación bilateral, ¿obtuvo el terapeuta un VoC válido (i.e., haciendo que el sujeto valore la confianza en la CP al tiempo que piensa en el incidente diana)?	0	1	2
30	¿Aplicó el terapeuta más sesiones de estimulación bilateral después de pedir cada vez al sujeto que se centrara en el incidente diana y la CP final?	0	1	2
31	¿Obtuvo el terapeuta un VoC válido después de cada serie de estimulación bilateral?	0	1	2
32	Después de las series de estimulación bilateral, si el VoC no aumentó hasta 7, ¿investigó el terapeuta qué ha impedido que subiera a 7 y a continuación tomó la decisión adecuada de centrarse en el pensamiento o pasar a la fase de exploración corporal o de cierre? (*Omitir si no resulta de aplicación*)	0	1	2
33	¿Continuó el terapeuta con las series de estimulación bilateral hasta que el VoC fue 7 y dejó de ser más fuerte cada vez (o un 6 si "ecológico")? (*Omitir si no resulta de aplicación*) (Observe que a menos de que (a) no hubiera suficiente tiempo para finalizar la fase de instalación o (b) surgiera un problema nuevo que impidiera finalizar la fase de instalación, deberían valorarse los elementos 32 o 33)	0	1	2
Puntuación media de la fase de instalación (elementos 28-33): Pueden omitirse un máximo de dos elementos. Total posible de seis elementos.				
Fase de exploración corporal				
34	¿Obtuvo el terapeuta una exploración corporal válida (pedir al sujeto que [a] indique cualquier sensación desagradable durante la observación de [b] la CP final y [c] el incidente diana con los ojos cerrados)?	0	1	2
35	*Si el sujeto ha indicado alguna sensación desagradable,* ¿continuó el terapeuta con series adicionales de estimulación bilateral hasta que esas sensaciones resultaran neutras o positivas? Si el sujeto ha indicado sensaciones desagradables y no se ha aplicado estimulación bilateral, ¿ha habido un fundamento clínico apropiado (i.e., vinculación a un recuerdo diferente)? (*Omitir si no resulta de aplicación*)	0	1	2
36	*Si ha surgido un recuerdo nuevo,* ¿tomó el terapeuta la decisión adecuada de seguir centrándose en el nuevo recuerdo en la sesión o más tarde como parte del plan de tratamiento? (*Omitir si no resulta de aplicación*)	0	1	2
37	*Si el sujeto ha indicado sensaciones agradables,* ¿se centró el terapeuta en ellas y prosiguió con series adicionales de estimulación bilateral hasta que esas sensaciones fueran más positivas? (*Omitir si no resulta de aplicación*)	0	1	2
Puntuación media de la fase de exploración corporal (elementos 34-37): Pueden omitirse un máximo de tres elementos. Total posible de 4 elementos.				
Fase de cierre				
38	¿Tomó el terapeuta la decisión correcta de proceder al cierre?	0	1	2
39	¿Propuso el terapeuta empatía, psicoeducación y afirmaciones adecuadas para normalizar y ayudar a ponerse en perspectiva de la experiencia del sujeto?	0	1	2

40	¿Se aseguró el terapeuta de que el sujeto estaba bien reorientado hacia el presente (a) *evaluando* su malestar residual y la necesidad de cambiar de estado y (b) *si fuera necesario,* ofrecer técnicas estructuradas adecuadas y suficientes (como visualizaciones dirigidas, ejercicios de respiración) para disminuir la ansiedad, el malestar, la disociación y la contención?	0	1	2
41	¿Informó el terapeuta al sujeto de la posibilidad de que entre sesiones viviera pensamientos, sentimientos, imágenes, sensaciones, impulsos u otros recuerdos o sueños nuevos, positivos o perturbadores, relacionados con el reprocesamiento de esta sesión?	0	1	2
42	¿Solicitó el terapeuta al sujeto que mantuviera un registro de cualquier material continuado o nuevo, o cualquier otro cambio para compartirlo en la siguiente sesión?	0	1	2
43	¿Recordó el terapeuta al sujeto que utilizara una técnica de autocontrol a diario o cuando fuera necesario?	0	1	2
	Puntuación media de la fase de cierre (elementos 38-43): 6 elementos en total.			

ESCALA DE PUNTUACIÓN DE FIDELIDAD EMDR PARA EL TRATAMIENTO EN GENERAL			
Código del sujeto:		Fecha de la sesión:	
Evaluador:		Fecha de revisión:	
Comentarios:		Puntuación media:	

Escala de evaluación: sin adherencia 0, débil 1, buena 2

1	¿Evaluó el terapeuta en qué medida el sujeto lograba objetivos de tratamiento en relación con los cambios de conducta, somáticos, afectivos y cognitivos deseados?	0	1	2
2	¿Evaluó el terapeuta en qué medida los sucesos adversos y traumáticos del historial del sujeto se habían resuelto y ofreció más reprocesamiento con EMDR como está indicado?	0	1	2
3	¿Evaluó el terapeuta en qué medida las pautas inadaptativas de respuesta a estímulos actuales externos e internos se resolvieron y ofreció más EMDR como está indicado?	0	1	2
4	¿Evaluó el terapeuta en qué medida el sujeto podría beneficiarse de estudiar nuevas opciones de conducta (como superar conductas evitadoras previas) o de integrar nuevas habilidades o una nueva imagen de sí mismo para el futuro y ofreció más reprocesamiento con EMDR en una plantilla de futuro o desarrollo e instalación de recursos para consolidar una nueva imagen de sí mismo como indicado?	0	1	2
	Puntuación media del tratamiento general: 4 elementos en total.			

TABLA RESUMEN DE FIDELIDAD AL TRATAMIENTO EMDR		
ESCALAS DE PUNTUACIÓN DE FIDELIDAD PUNTUACIONES MEDIAS	PUNTUACIONES MEDIAS EVALUADOR 1	PUNTUACIONES MEDIAS EVALUADOR 2
Fase de registro del historial		
Fase de preparación		
Ejercicio del lugar tranquilo (seguro)		
Desarrollo e instalación de recursos 1 (opcional)		
Desarrollo e instalación de recursos 2 (opcional)		
Desarrollo e instalación de recursos 3 (opcional)		
Sesión de reprocesamiento 1		
Sesión de reprocesamiento 2		
Sesión de reprocesamiento 3		
Sesión de reprocesamiento 4		
Sesión de reprocesamiento 5		
Sesión de reprocesamiento 6		
Sesión de reprocesamiento 7		
Sesión de reprocesamiento 8		
Tratamiento general		
Media de todas las tablas		
Comentarios del evaluador 1		
Comentarios del evaluador 2		

Puntuación media	Interpretación de adherencia
0–0.99	Inadecuada
1.0–1.25	Débil
1.26–1.50	Adecuada
1.51–1.75	Buena
1.76–2.00	Superior

Anexo B: Guiones de procedimiento y formularios para planificar y documentar el tratamiento con EMDR

B.1. Objetivos y preocupaciones del tratamiento

Nombre: ______________________________ Fecha: __________

CONDUCTA: QUIERE MÁS	QUIERE MENOS	DIFICULTADES

AFECTIVO: QUIERE MÁS	QUIERE MENOS	DIFICULTADES

COGNITIVO: QUIERE MÁS	QUIERE MENOS	DIFICULTADES

SOMÁTICO: QUIERE MÁS	QUIERE MENOS	DIFICULTADES

B.2. Evaluación de la estabilidad y la idoneidad para el reprocesamiento

Nombre: ______________________________ Fecha: ____________

Para *historial* indicar la gravedad del peor episodio.
Para *situación actual* indicar la gravedad en el momento de la evaluación.
Impacto del factor en la estabilidad: 0 ausente; 1 mínimo; 2 moderado; 3 grave.

Problema	El historial incluye	Gravedad	Situación actual	Gravedad
Ganancia/pérdida secundaria		0 1 2 3		0 1 2 3
Ausencia de confianza o verdad		0 1 2 3		0 1 2 3
Crisis externas		0 1 2 3		0 1 2 3
Inestabilidad económica		0 1 2 3		0 1 2 3
Riesgo para la salud		0 1 2 3		0 1 2 3
Depresión bipolar		0 1 2 3		0 1 2 3
Ideas suicidas		0 1 2 3		0 1 2 3
Intentos de suicidio		0 1 2 3		0 1 2 3
Autolesión		0 1 2 3		0 1 2 3
Lesiones a los demás		0 1 2 3		0 1 2 3
Conductas de alto riesgo		0 1 2 3		0 1 2 3
Negación del diagnóstico		0 1 2 3		0 1 2 3
Sujeto propenso a accidentes		0 1 2 3		0 1 2 3
Abuso de sustancias		0 1 2 3		0 1 2 3
Sexo compulsivo		0 1 2 3		0 1 2 3
Actos compulsivos ($)		0 1 2 3		0 1 2 3
Alexitimia		0 1 2 3		0 1 2 3
Pacientes inundados por los afectos		0 1 2 3		0 1 2 3
Despersonalización		0 1 2 3		0 1 2 3
Amnesia o fuga		0 1 2 3		0 1 2 3
TID o TDNE		0 1 2 3		0 1 2 3

B.3. Notas sobre la evaluación de la idoneidad y la estabilidad para el reprocesamiento

Ganancia/ pérdida secundaria	Cuando la ganancia secundaria presente es moderada o grave, lo más probable es que el reprocesamiento sea incompleto y que requiera solución de problemas. El reprocesamiento puede intentarse a menos que un reprocesamiento incompleto pudiera dar lugar a la finalización prematura del tratamiento.
Ausencia de confianza o de verdad	Cuando el paciente carece de confianza suficiente para ser veraz *y* hay otras conductas peligrosas o que pueden interferir con la terapia, es posible que el reprocesamiento tenga que posponerse. Incluso sin pruebas evidentes de peligrosidad, los intentos de reprocesar objetivos con confianza o revelación (decir la verdad) inadecuadas pueden llevar a reacciones peligrosas o a complicaciones que pueden impedir considerar el reprocesamiento en un futuro.
Crisis externas	Cuando las crisis externas de trabajo, personales o familiares requieren toda la atención del paciente, puede ser necesario posponer el reprocesamiento. Otros pacientes pueden beneficiarse del reprocesamiento rápido de los recuerdos tempranos asociados.
Inestabilidad económica	La incapacidad de finalizar el tratamiento o los miedos realistas de pérdida inminente de la seguridad económica básica tendrán que tratarse antes de reprocesar.
Riesgo para la salud	Cualquier riesgo para la salud que suponga una amenaza para la vida y que pudiera verse exacerbado por el reprocesamiento emocional, así como cualquier historial de problemas de vista, deberá ser evaluado y aclarado por un médico antes de iniciar el reprocesamiento. (Ejemplos: riesgo de embolia o de infarto). También el riesgo potencial de embarazo requiere el consentimiento informado y la aceptación de un médico.
Depresión bipolar	La depresión bipolar implica un riesgo mayor de intento de suicidio.
Ideas suicidas	Las ideas suicidas requieren una evaluación exhaustiva y un control continuado en cuanto a intentos, planes y letalidad.
Intentos de suicidio	Los intentos de suicidio anteriores deberán comprenderse a fondo a fin de evaluar el riesgo actual. Los factores de riesgo requieren un control continuado durante el tratamiento. Cuando el riesgo permanece presente, los terapeutas deberán ser cautos al considerar el reprocesamiento. También se deben aclarar los términos del tratamiento y las acciones a emprender por mandato para proteger al paciente.
Autolesión	Las conductas autolesivas tendrán que evaluarse muy bien en cuanto a la peligrosidad que suponen para la vida del paciente y el riesgo de automutilación. Las autolesiones peligrosas deberían quedar completamente estabilizadas antes de iniciar el reprocesamiento y controlarse con atención mientras éste dura. Se deben dejar claros los términos del tratamiento y las acciones a emprender por mandato para proteger al paciente.
Lesiones a los demás	Los actos pasados y actuales, así como los impulsos, deben evaluarse atentamente además de controlarse en cuanto a riesgo y letalidad. Los terapeutas deberán ser cautos a la hora de considerar el reprocesamiento cuando existen factores de riesgo. Es posible que sea necesario aclarar con el paciente los términos del contrato de tratamiento y las acciones obligatorias a emprender por mandato.
Conductas de alto riesgo	La vulnerabilidad ante conductas de alto riesgo tendrá que evaluarse atentamente y tratarse a fin de proteger al paciente de autolesiones peligrosas, re victimización y daño a los demás.
Negación del diagnóstico	Los intentos por iniciar un reprocesamiento cuando el paciente niega un diagnóstico mayor –como abuso de sustancias, trastorno de identidad disociativo, trastorno bipolar o cualquier trastorno psicótico– pueden poner al paciente en situación de riesgo.
Sujeto propenso a accidentes	La propensión a sufrir accidentes puede indicar la existencia de actos inconscientes de autolesión o de asalto y es algo que debe analizarse en profundidad por el riesgo en cuestión.
Abuso de sustancias	En ciertos tipos de abuso de sustancias que puedan suponer una amenaza para la vida o la salud del paciente, el reprocesamiento deberá posponerse hasta que se alcance una recuperación estable. Dada la poca investigación sobre EMDR publicada para esta población, las cuestiones clínicas requieren una consideración atenta y consentimiento informado.
Sexo compulsivo	La peligrosidad para sí mismo y para los demás deberá considerarse con atención.
Actos compulsivos ($)	Las compras o el juego compulsivos podrían permanecer inestables o incluso empeorar con el reprocesamiento emocional. La ausencia de estudios controlados tiene que formar parte del consentimiento informado. Deberán considerarse intervenciones estabilizadoras.
Alexitimia	La Alexitimia leve (como problemas a la hora de verbalizar las emociones) no debería interferir con el reprocesamiento. La Alexitimia de moderada a grave –ausencia de acceso al afecto– es más probable que interfiera con el reprocesamiento y puede requerir modificaciones de la técnica. La Alexitimia en sí misma raramente es una razón para abstenerse de hacer EMDR, pero puede llegar a serlo en presencia de otros factores.
Pacientes inundados por los afectos	El llanto, ira, terror o culpa intensos y prolongados durante la terapia verbal pueden predecir la incapacidad para reprocesar. Es posible que el enfoque tenga que ser la tolerancia afectiva y la creación de competencias de gestión. El reprocesamiento estándar no debería retenerse a menos que un fallo del mismo llevara al rechazo de considerarlo en el futuro.
Despersonalización y Desrealización	Las experiencias de Despersonalización y Desrealización pueden ser intensamente dolorosas, aterradoras y vergonzosas para algunos pacientes. Los que experimentan Despersonalización o Desrealización con frecuencia en la terapia verbal tienen más posibilidades de hacerlo, y con más intensidad, durante el reprocesamiento. Antes de llevar a cabo el reprocesamiento es posible que sea necesario practicar estrategias de autocontrol y de control afectivo.
Amnesia o fuga	Las pruebas de episodios de fuga, pasados o presentes, y de amnesia —pérdida de la noción del tiempo— indican la necesidad de una evaluación más completa de la disociación antes del reprocesamiento a fin de evitar el riesgo de dañar al paciente.
TID o TDNE	Un posible diagnóstico del Trastorno de identidad disociativa o del Trastorno disociativo no especificado revela la necesidad de una evaluación más precisa de la disociación antes del reprocesamiento a fin de evitar dañar al paciente. La falta de estabilización en el TID o TDNE, como cambios rápidos descontrolados, flashbacks descontrolados o poca cooperación y comunicación entre partes de la personalidad indica la necesidad de posponer el reprocesamiento. En esos casos deben seguirse las pautas de tratamiento de la ISST-D y de EMDR.

B.4. Lista de objetivos del plan maestro de tratamiento

CUADRO DE PLAN MAESTRO DE TRATAMIENTO

Listado de recuerdos y recursos desde los más tempranos (arriba) a los más reciente (abajo)

Nombre: ____________ Página: ____ de ____

ID	EDAD	RECUERDO TRAUMÁTICO O FACTOR DE ESTRÉS PERSISTENTE FECHA(S) DE LOS SUD EN TRATAMIENTO Y POST-TRATAMIENTO	ID	EDAD	FECHA(S) RECUERDO RECURSO DE TRATAMIENTO Y POST DIR
1			A		
2			B		
3			C		
4			D		
5			E		
6			F		
7			G		
8			H		
9			I		
10			J		

Enumerar los síntomas y los estímulos actuales asociados con Frecuencia (F) y Gravedad (G) 0 –7

ID	SÍNTOMAS	ESTÍMULOS ACTUALES	F Y G INICIALES	F Y G DESEADAS	F Y G FINALES
a					
b					
c					
d					
e					
f					
g					

B5. Registro del tratamiento

Enumerar los síntomas por nombre o por letra del plan maestro de tratamiento. Indicar empeoramiento: -3, -2 o -1. Sin cambios: 0 o mejora: +1, +2, hasta +3.

Codificar las actividades de cada sesión con estas abreviaciones

Rh = Registro del historial	RE = Reevaluación	SC = Calma estructurada	DIR = Lugar tranquilo o recurso
Mem = Recuerdo diana	EA = Estímulos actuales	Fut = Plantilla de futuro	TV = Terapia verbal
EIV = Exposición en vivo	TCC = Cognitiva	Art = Terapia artística	Hip = Hipnosis
VI = Visualización			

Para sesiones de DIR y EMDR, puede enumerar el recuerdo objetivo seleccionado, o los estímulos o los recursos por nº de ID del plan maestro de tratamiento.

Nombre:________________________ **Página: _1_ de _1_**

SESIÓN	FECHA	GAF	SÍNTOMAS	OBJETIVO DE LA ACTIVIDAD	VOC PRE SUD	VOC POST SUD	COGNICIÓN NEGATIVA SELECCIONADA COGNICIÓN POSITIVA FINAL	TAREA RESULTANTE
1								
2								
3								
4								
5								
6								
7								
8								
9								
10								
11								
12								

B6. Fases de procedimiento básicas y guión para desarrollo e instalación de recursos

1) *Describa un incidente o una situación estresante:*

¿Cuán perturbador le parece ahora, en una escala de 0 a 10 donde 0 es ausencia de perturbación y 10 es la perturbación más elevada que pueda imaginar?

SUD: 0 1 2 3 4 5 6 7 8 9 10

2) *¿Qué recurso positivo, habilidad o fortaleza le ayudará a abordar mejor esa situación estresante?* (Si es posible identifique un máximo de tres. También puede identificar sólo uno para empezar y pasar a la fase 4. Luego regrese a la fase 2 para identificar un segundo recurso y más tarde regrese de nuevo para identificar un tercero. Nota: Cuando sea posible, seleccione recursos que le ayuden tanto con la situación de estrés actual como con el posterior reprocesamiento de experiencias etiológicas)

a. ______
b. ______
c. ______

Describa un momento o una situación de su vida en la que experimentara ese recurso, esa habilidad o esa fortaleza.

a. ______
b. ______
c. ______

3) *¿Qué imagen es la que mejor representa esa situación?*

a. ______
b. ______
c. ______

¿En qué parte del cuerpo lo siente?

a. ______
b. ______
c. ______

4) *Ahora céntrese en la imagen y observe en qué parte del cuerpo lo siente.* A continuación siga mis dedos (luces, golpecitos o tonos).

(Añada una serie de 6–12 movimientos)

¿Qué siente en el cuerpo ahora?

a. ______
b. ______
c. ______

(Si la experiencia sigue siendo positiva o se hace más fuerte, aplique una segunda serie de 6–12 movimientos)

Céntrese en eso y prosiga.

¿Qué siente en el cuerpo ahora?

a. ______
b. ______
c. ______

(Continúa)

Dígame una palabra o una frase que ayude a identificar ese recurso.

a. ____________________

b. ____________________

c. ____________________

(Añada una tercera serie de 6–12 movimientos)

Céntrese en la parte del cuerpo en la que lo siente, repita la palabra o la frase y prosiga.

5) Repita las fases 2–4 con dos recursos más. A continuación, continúe con la fase 6.

6) *Céntrese en todos los recursos que hemos encontrado durante nuestra sesión. Observe en que parte del cuerpo los siente. Repita la palabra o la frase para cada uno de ellos.*

(Añada una serie de 6–12 movimientos)

Prosiga.

¿Qué siente en el cuerpo ahora? ____________________

Ahora, observe esas sensaciones positivas cuando piensa en la situación estresante que ha descrito al principio.

(Añada una serie de 6–12 movimientos)

Prosiga.

¿Qué siente en el cuerpo ahora?

Céntrese en la situación estresante que identificó al principio. ¿Cuán perturbador le parece ahora, de 0 a 10, con 0 como indicador de ausencia de perturbación o neutro y 10 como la mayor perturbación que pueda imaginar?

SUD: 0 1 2 3 4 5 6 7 8 9 10

---

7) En la próxima sesión compruebe la capacidad del paciente para afrontar la situación estresante identificada. Repita las fases 2-6, según resulte necesario, con esta u otras situaciones diana.

B7. Fases de procedimiento detalladas y guión para desarrollo e instalación de recursos

Seleccione de las frases en negrita de cada fase las adecuadas para cada paciente

Situación diana

1A) El terapeuta seleccionará una situación diana de una situación actual que desencadene impulsos inadaptativos, una emoción abrumadora (como culpa, miedo o ira), o despersonalización. Esta situación diana por lo general se selecciona utilizando un análisis de la cadena de conducta. También puede ser un recuerdo reprocesado que sea crónicamente incompleto.

Situación diana:

Peor parte

1B) *Ahora cuando piensa en* ________________(la situación diana), *¿cuál es la peor parte?*

Peor parte:

SUD o LOU inicial

(Fase opcional)

1C) *SUD: Con esa situación en mente, ¿con cuánta perturbación la siente ahora en una escala de 0 a 10, donde 0 es la ausencia de perturbación o neutro y 10 es la máxima perturbación que pueda imaginar.*

O

1D) *LOU: Con esa situación en mente,* **¿con cuánta fuerza siente ese impulso en una escala de 0 a 10, donde 0 representa neutro o ningún impulso y 10 representa el máximo impulso que pueda imaginar?**

Nivel SUD o LOU: 0 1 2 3 4 5 6 7 8 9 10

Para identificar un recurso, seleccione frases de 2A, *o* 2B y 2C y 2D.

Identificar un recurso (abstracto)	Identificar un recurso (concreto)
2A) *Cuando piensa en esa situación, ¿qué cualidades o fortalezas necesita?* Cualidades o fuerzas deseadas:	2B) *¿Qué le gustaría ser capaz de hacer en esta situación?* Conducta deseada: 2C) *¿Qué le gustaría creer de sí mismo en esa situación?* Creencia deseada: 2D) *¿Qué le gustaría sentir en esa situación?* Emoción deseada:

Seleccione un recurso de 2E, F, G *o* H cada vez y continúe hasta 4F. A continuación regrese al principio de la fase 2 para tantos recursos como sea necesario y hasta que el paciente alcance estabilidad. Cuando pueda, seleccione recursos que ayuden tanto con la situación estresante actual como con el reprocesamiento posterior de experiencias etiológicas.

Explorar recuerdos e imágenes de experiencias recurso

Experiencias de dominio

2E) *Piense en un momento en el que fue capaz de*__________. (Diga la conducta o la cualidad deseada del paciente).

*Piense en un momento en el que fue capaz de creer*__________. (Diga la creencia deseada del paciente).

*Piense en un momento en el que sintió*__________________. (Diga la emoción deseada del paciente).

Experiencias de dominio:

Recursos relacionales - Modelos

2F) *Piense en personas de su vida que poseen o encarnan esa cualidad.*

Piense en personas del mundo que puedan servirle de modelo.

Piense en personas que hayan cambiado su vida al mostrarle otras opciones.

Modelo:

(Continúa)

Recursos relacionales – Figuras de apoyo

2G) *Piense en quién querría que le ayudase, que dijera, que hiciera lo que es mejor para usted, pensara en lo que es mejor para usted, y ayudarle a sentir*__________________. (Diga la emoción deseada del paciente).

Piense en amigos, parientes, profesores, cuidadores, animales o mascotas que le animaron o que le apoyaron.

Piense en un guía espiritual, alguien que le de esperanza o fuerza.

Figura de apoyo:

Metáforas y recursos simbólicos

2H) *Cierre los ojos si quiere (o déjelos abiertos si lo prefiere) y permita que se le acerque una imagen (o un símbolo) que le ayude a ser capaz de*__________________ (diga la conducta o la cualidad deseada del paciente) *o que le ayude a creer* ____________(diga la creencia deseada del paciente) *o a sentir*______________(Diga la emoción deseada del paciente).

Símbolo:

Desarrollo de recursos – Acceder a más información sensorial y afectiva

(Trabajo con un recuerdo de recurso o una imagen cada vez)

3A) *Cuando se centra en*____________(i.e., esa experiencia, persona, símbolo, etc.), *¿qué ve? ¿Qué oye? ¿Qué huele? ¿Qué sensaciones nota en el cuerpo? ¿Qué emociones siente cuando se centra en esa imagen o en ese recuerdo?*

¿En qué parte del cuerpo siente esas sensaciones?

(Escriba textualmente las palabras y las frases del paciente)

Imágenes:

Sonidos:

Emociones y sensaciones:

Lugar de las sensaciones:

Comprobar la ecología y la validez del recurso (VoR)

3B) *Ahora, cuando se centra en*___________ (repita las palabras de la imagen recurso) *y siente el*____________ (repita las palabras de los sonidos, olores, sensaciones, sentimientos recurso), *¿cómo se siente?*

Evaluar el VoR

3C) *Cuando se centra en la imagen que representa la peor parte de*___________ [la situación diana] *¿en qué medida le parece real o útil* _________ (repita las descripciones de la imagen recurso y las sensaciones) *en una escala de uno, completamente falso o inútil, a siete, completamente cierto o útil?* (La VoR inicial de 1 es una precaución).

VoR: 0 1 2 3 4 5 6 7 8 9 10

Reflexionar sobre el recurso

3D) *Cierre los ojos si lo desea (o déjelos abiertos si lo prefiere) y permítase ser consciente de* ______ (repita las palabras de la imagen recurso) *y observe*_______(repita la descripción de los sentimientos, sensaciones, olores, sonidos).

(Repita y varíe el orden de las palabras del paciente para la imagen, los sonidos, las emociones y las sensaciones)

Compruebe que el recurso tiene asociaciones o afectos positivos

3E) *¿Qué observa o siente ahora?*

Cuando el paciente manifiesta sensaciones y asociaciones positivas, continúe con la fase 4A, Instalación.

Si el paciente indica asociaciones o afectos negativos, *no* continúe con este recurso.

En lugar de ello, vuelva a empezar con otro recurso.

Instalación de recursos

4A) *Ahora, mientras continúa centrándose en*__________ (diga las palabras del paciente para la imagen, emociones y sensaciones recurso), *siga mis dedos* (o tonos, luces o golpecitos).

Realice la primera serie de 6–12 movimientos. A continuación: *¿Qué está sintiendo u observando ahora?*

Detenga la estimulación bilateral si el paciente manifiesta asociaciones o afectos negativos. Neutralice y déjelo aparte y vuelva a empezar con otro recurso. Con respuestas positivas, continúe.

Realice una segunda serie de 6–12 movimientos. A continuación: *¿Qué está sintiendo u observando ahora?* ________

Haga una tercera serie de 6–12 movimientos. A continuación: *¿Qué está sintiendo u observando ahora?* __________

(Continúa)

Vincular señales verbales o sensoriales (a veces ocurre espontáneamente).

Seleccione una o más frases de 4 B, C, D o E y, a continuación, añada dos series más de estimulación

(Para experiencias de dominio)

4B) *Mientras se centra en esa experiencia* (repita, si hace falta, las palabras del paciente de la imagen, las emociones y las sensaciones), *piense en las palabras más positivas que pueda decir ahora sobre usted mismo.*

(Para modelos)

4C) *Imagine que ve y oye a* ____________ (diga la persona modelo) *siendo como le gustaría ser. Si le gustaría, imagine por ejemplo meterse en el cuerpo de* ___________ (diga la persona modelo) *para poder ver con sus ojos y sentir cómo es capaz de actuar, sentir y pensar así.*

(Para figuras de apoyo)

4D) *Imagine* que _______ (figura de apoyo) *está a su lado y le ofrece lo que necesita. Imagine que sabe exactamente qué decirle, exactamente lo que necesita oír. Imagine un toque tranquilizador exactamente como lo necesita.*

(Para recursos metafóricos o simbólicos)

4E) *Imagine que ve* ____________ (diga el símbolo). *Imagine que mantiene* _____________ (diga el símbolo) *en sus manos. Imagine que está rodeado de* __________ (diga la imagen o el sentimiento). *Inspire* __________ (diga el sentimiento). *Observe en que parte del cuerpo experimenta los sentimientos positivos.*

4F) Continúe con dos series más de estimulación mientras el procesamiento parezca útil.

Haga una cuarta serie de 6–12 movimientos. A continuación: *¿Qué está sintiendo u observando ahora?*

Haga una quinta serie de 6–12 movimientos. A continuación: *¿Qué está sintiendo u observando ahora?*

Instalar recursos adicionales para las mismas cualidades o capacidades necesarias o para más

5) Repita las fases 2A a 4F con tantos recursos adicionales para las mismas cualidades o para otras necesarias mientras el paciente pueda completar correctamente la plantilla de futuro de más abajo.

Plantilla de futuro

Seleccionar una o más frases de 9 A, B, C o D y, a continuación, añada dos series más de estimulación.

6A) *Piense en* __________ (ser capaz de actuar, pensar o sentir como en la experiencia recurso o teniendo esta cualidad) *en el futuro cuando se encuentre con* ____________ (la situación objetivo).

(Para experiencias de dominio)

6B) *Imagine ser capaz de actuar con* __________ (diga sus acciones de dominio) *como recuerda hacerlo en* _________ (diga el recuerdo de dominio del paciente). *Imagine que piensa* _______. (Diga la creencia de dominio del paciente). *Imagine que siente* _________ (diga la emoción maestra del paciente) *en el futuro cuando se encuentre con* _________ (la situación objetivo).

Seleccione de las frases en negrita de cada fase las adecuadas para cada cliente

(Para modelos)

6C) *Imagine que ve y oye a* (diga el modelo del paciente) *siendo como le gustaría ser a usted. O, si lo desea, imagine que se mete en el cuerpo de* _________ *para poder ver con sus ojos y sentir cómo es capaz de actuar, sentir y pensar así en el futuro cuando se encuentre con* ________ (la situación objetivo).

(Para figuras de apoyo)

6D) *Imagine que se siente conectado con* _______(diga la figura de apoyo de paciente) *cuando afronta esa situación. Observe cómo sería para usted. Oiga a* _______ (diga a la persona de apoyo) *decir exactamente lo que necesita escuchar en el futuro cuando deba afrontar* ________ (la situación objetivo).

(Continúa)

(Para recursos simbólicos)

6E) Vea y sienta su símbolo precisamente como lo necesita. Sea consciente de este símbolo exactamente como necesita experimentarlo en el futuro cuando se enfrente a _______ (la situación objetivo).

Continúe con dos series más de estimulación mientras el procesamiento parezca útil.

Lleve a cabo la primera serie de 6–12 movimientos sobre la plantilla de futuro. A continuación, pregunte: *¿Qué está sintiendo u observando ahora?*

Lleve a cabo una segunda serie de 6–12 movimientos sobre la plantilla de futuro. A continuación, pregunte: *¿Qué está sintiendo u observando ahora?*

Comprobar la validez del recurso (VoR):

6F) *Y ahora mientras imagina que está en* _________ [la situación objetivo], *en el futuro, valore lo real o útil que* _______ (diga el recurso o recursos y la autoafirmación o diga las palabras del paciente para la imagen, la sensación o los sentimientos) *le parece de uno, completamente falso o inútil, a siete, completamente cierto o útil.*

VoR: 0 1 2 3 4 5 6 7 8 9 10

Repetir lo mismo para cada cualidad o recurso

6G) Repita este proceso con recursos adicionales hasta que la VoR aumente hasta 6 y la puntuación SUD o LOU de la situación objetivo presente descienda a cinco o menos.

Reevaluar el problema objetivo

SUD o LOU

6H) *Y ahora, mientras piensa en* __________ (diga todos los recursos instalados) *y se imagina en* __________ [la situación objetivo] *en el futuro, puntúe lo perturbador que le parece ahora en una escala de 0 a 10, donde 0 representa un malestar neutro o ausencia del mismo y 10 representa la mayor perturbación que pueda imaginar.*

O

6I) *Y ahora, mientras piensa en* __________ (diga todos los recursos instalados) *y se imagina en* _________ [la situación objetivo] *en el futuro, puntúe la fuerza de ese impulso ahora en una escala de 0 a 10, donde 0 es la ausencia de impulso o posición neutra y 10 es el impulso más fuerte que pueda imaginar.*

Nivel SUD o LOU: 0 1 2 3 4 5 6 7 8 9 10

Comprobar la estabilidad en la situación objetivo con comentarios del registro o el diario del paciente

7) Revise el registro del paciente para comprobar si ahora es capaz de afrontar adecuadamente la situación objetivo sin impulsos inadaptativos, emociones abrumadoras, despersonalización, o si es capaz de reprocesar correctamente un recuerdo reprocesado previa, crónica e incompletamente.

B7. Bitácora o diario

Las entradas breves aportan información importante sobre sus experiencias y sus respuestas al tratamiento. Su diario o bitácora nos ayuda a monitorizar y a ajustar su plan de tratamiento. Escriba una o dos palabras o una frase corta en cada celda para resumir su experiencia.

Nombre: ______________________ Semana del: __________

FECHA	DETONANTE O INCIDENTE	IMAGEN, SONIDO U OLOR	CREENCIA O AUTOAFIRMACIÓN	EMOCIÓN	LOCALIZACIÓN DE LA SENSACIÓN	SUD 0-10	NOTAS

B9. Guión de fases del procedimiento de reprocesamiento con EMDR

Objetivo seleccionado de la lista de objetivos del plan maestro de tratamiento:

Fase 3: Evaluación del objetivo

Imagen:

"¿Qué imagen representa la peor parte del incidente?".

Si el paciente no tiene ninguna imagen, evoque otro aspecto de recuerdo *sensorial*: *"Cuando piensa en el incidente, ¿qué parte del mismo siente?".*

Cognición negativa (CN):

"¿Qué palabras describen mejor una creencia negativa sobre usted mismo para esa imagen? (si no hay imagen, diga "ese incidente"

Cognición positiva (CP):

"Cuando piensa en esa imagen ahora, ¿qué le gustaría creer sobre usted mismo?".

Validez de la cognición (VoC):

"Cuando piensa en esa imagen ahora" (si no hay ninguna imagen, diga *"en ese incidente"*), *"¿cuán verdaderas siente esas palabras___________"* (repita la cognición positiva como afirmación en primera persona) *"en una escala de 1 a 7, donde el 1 significa completamente falso y el 7 significa completamente verdadero?".*

0 1 2 3 4 5 6 7

completamente falso completamente verdadero

Emociones:

"Cuando se centra en esa imagen," (si no hay ninguna imagen, diga *"en ese incidente"*) *"y piensa en esas palabras"* (repita la cognición negativa como una afirmación en primera persona), "¿qué emociones siente ahora?".

Escala SUD:

"En una escala del 0 al 10, donde 0 es la ausencia de perturbación o neutro y 10 es el máximo malestar que pueda imaginar, ¿con cuánto malestar siente el incidente ahora?".

0 1 2 3 4 5 6 7

(sin malestar o neutral) (máximo malestar)

Localización de la sensación física:

"¿En qué parte del cuerpo lo siente?".

Orientación para el reprocesamiento:

"Ahora empezaremos a reprocesar. A medida que aplicamos series de movimientos oculares (golpecitos o tonos), a veces habrá cambios y a veces no. Es posible que observe otras imágenes, pensamientos, emociones o sensaciones físicas. También pueden surgir nuevos recuerdos. Otras veces, quizás sólo sea consciente de los movimientos oculares (golpecitos o tonos). Recuerde lo que hablamos con la metáfora del viaje en tren. No hay respuestas correctas ni incorrectas. Simplemente observe lo que ocurre. Y si necesita parar en algún momento, hágame la señal que hemos ensayado".

Fase 4: desensibilización

"Me gustaría que se centrase en esa imagen (si no hay imagen–*'en ese incidente'*) *y en esas palabras negativas* ____ _______________ (repita la cognición negativa –en una afirmación en primera persona). *Observe en qué parte del cuerpo lo siente y siga mis dedos* (u *'observe las luces', 'los golpecitos' o 'los sonidos'*)."

Después de una serie de 24-30 movimientos completos:

"Descanse. Inspire profundamente. Déjelo ir. ¿Qué nota ahora?".

Después de los comentarios del paciente, siga reprocesando:

"Céntrese en eso y observe qué ocurre a continuación".

(Continúa)

Continúe con las series de movimientos oculares en un canal de asociaciones utilizando las instrucciones anteriores mientras los comentarios del paciente indiquen que se está produciendo reprocesamiento. Si el paciente hace los mismos comentarios durante dos series de BLS, cambie la dirección, la altura, la velocidad y/o la amplitud de los movimientos oculares. Si está utilizando estimulación auditiva, cambie la velocidad o el tipo de sonido. Si utiliza estimulación kinestética, cambie la velocidad, la intensidad o el punto de la estimulación.

Regresar a la diana:

Continúe con más series de estimulación bilateral hasta que el paciente no indique más material molesto y sólo hable de material neutro o positivo. Regrese también al objetivo si las asociaciones se vuelven tan remotas del objetivo original que el juicio clínico sugiere que ya no se está produciendo el reprocesamiento del objetivo seleccionado. Entonces, para regresar al objetivo, diga:
"Vuelva a centrar su atención en la experiencia, ¿qué nota?".

Si el paciente indica más material perturbador:
"Céntrese en eso y observe qué ocurre a continuación".
Cuando regresa a la diana, si el paciente comenta asociaciones ambiguas, o aparentemente neutras o positivas con el objetivo, compruebe la puntuación SUD.

Comprobar la escala SUD:

"Céntrese en la experiencia original. En una escala del 0 al 10, donde 0 es la ausencia de perturbación o posición neutra y 10 es el máximo malestar que pueda imaginar, ¿con cuánto malestar siente el incidente ahora?".

Después de comprobar la escala SUD:

Si la puntuación SUD es 1 o superior, diga:
"¿Cuál es la peor parte ahora?" ______________.
Y a continuación: *"Céntrese en eso y observe qué ocurre a continuación".*
O
¿En qué parte del cuerpo lo siente? ______________
"Céntrese en eso y observe qué ocurre a continuación".
Si la puntuación SUD es 0, diga:
"Céntrese en la experiencia o cómo la percibe ahora, y qué nota ahora".
Cuando el paciente indica una puntuación SUD de 0 por segunda vez, continúe con la fase de instalación.

Fase 5: Instalación

Buscar una CP mejor:

"Las palabras ______________ '(repita la cognición positiva en primera persona)' ¿siguen encajando, o hay otra afirmación positiva que podría ser más adecuada?".

Comprobar el VoC de la CP seleccionada:

"Piense en la experiencia original y en esas palabras__________" (repita la CP que se ha seleccionado en primera persona). "En una escala del 1 al 7, donde el 1 significa que las siente completamente falsas y el 7 que las siente completamente ciertas, ¿cuán verdaderas las siente ahora mismo?".

0 1 2 3 4 5 6 7

completamente falso — completamente verdadero

Antes de cada serie de estimulación bilateral de la fase de instalación, vincule la experiencia original y la cognición positiva:

"Céntrese en la experiencia original y en esas palabras__________" (repita la CP que se ha seleccionado en primera persona) "y siga".
Aplique otra serie de estimulación bilateral.

Después de cada serie de estimulación bilateral en la fase de instalación, vuelva a comprobar el VoC.

Compruebe el VoC de la CP seleccionada:

"Piense en la experiencia original y en esas palabras__________" (repita la CP que se ha seleccionado en primera persona). "En una escala del 1 al 7, donde el 1 significa que las siente completamente falsas y el 7, completamente ciertas, ¿cuán verdaderas las siente ahora mismo?".

0 1 2 3 4 5 6 7

completamente falso — completamente verdadero

(Continúa)

Cuando el VoC va en aumento:

Continúe con la fase de instalación mientras el paciente siga indicando una mayor confianza en la CP seleccionada o en otro material más positivo.

Cuando el VoC no llega a 7:

Tras varias series de estimulación bilateral, si el material indicado no es cada vez más positivo y no alcanza a un VoC de 7, cambie la dirección o el tipo de estimulación bilateral. Si el paciente continúa indicando un VoC de 6 o menos –incluso después de cambiar la dirección o el tipo de estimulación bilateral– busque una creencia bloqueante.

"¿Qué pensamiento o qué preocupación impide que sienta esas palabras como completamente verdaderas?".

Esta creencia bloqueante a veces puede enfocarse directamente y solucionarse con algunas series más de estimulación bilateral. A continuación, regrese a las instrucciones anteriores de la fase de instalación estándar para finalizar la fase de instalación.

En otros casos, tomando como punto de partida la creencia bloqueante expresada por el paciente, es posible que tenga que utilizar un *puente afectivo* o un *puente somático* para identificar un recuerdo asociado y centrarse en ello para reprocesar en la misma sesión o en la siguiente. Esto por lo general significa que el objetivo seleccionado en un principio permanecerá incompleto para esta sesión hasta que el origen de la creencia bloqueante pueda reprocesarse.

Finalizar la fase de instalación

Cuando el paciente indica un VoC de 7 y el material ha dejado de ser cada vez más positivo, pase a la fase de exploración corporal.

Fase 6: Exploración corporal

"Cierre los ojos. Mantenga en mente la experiencia original –como la percibe ahora– y aquellas palabras '(repita la CP seleccionada)'. "A continuación centre su atención en todas las zonas de su cuerpo, empezando por la cabeza y bajando hasta los pies. *Indíqueme cualquier lugar en el que sienta tensión, rigidez o sensaciones poco habituales".*

Para las sensaciones negativas que indique el paciente, ofrezca series de estimulación bilateral adicionales hasta que el paciente indique solamente sensaciones positivas o neutras. A continuación vuelva a la diana y utilice las instrucciones anteriores para volver a repetir la exploración corporal en busca de cualquier sensación nueva o residual.

Cuando el paciente comunica sensaciones positivas, continúe con la estimulación bilateral para mejorarlas hasta que dejen de ser más positivas cada vez. En la fase de exploración corporal, utilice las mismas instrucciones estándares entre series de estimulación bilateral que en la fase de desensibilización.

"Descanse. Inspire profundamente. Déjelo ir. ¿Qué nota ahora?".

"Céntrese en eso y observe qué ocurre a continuación".

Fase 7: Cierre

Procedimientos para el cierre de una sesión incompleta:

Una sesión incompleta es aquella en la que: la puntuación SUD está por encima de 1; la puntuación VoC es inferior a 6; o se indica la existencia de sensaciones negativas residuales en la exploración corporal que no se habían indicado antes de que empezara la sesión y que parecen vinculadas al material objetivo.

Explique la necesidad de parar. Anime al paciente por su trabajo en la sesión. Cuando la fase de desensibilización es incompleta, salte la instalación de la cognición positiva y la exploración corporal. Explore el estado somático, emocional y cognitivo del paciente. Evalúe la necesidad del paciente de técnicas de estabilización o de contención estructurada.

"Casi no tenemos más tiempo y tendremos que parar pronto. Hoy ha hecho un excelente trabajo. Agradezco mucho el esfuerzo realizado. ¿Cómo se siente?".

Si resulta necesario, proponga uno o más ejercicios de contención, relación u orientación sensorial.

Cuando el paciente se encuentra en un estado estable, revise la afirmación-resumen de más abajo.

Procedimientos para el cierre de una sesión completa:

Agradezca al paciente su trabajo en la sesión. Si queda tiempo, anímele a hablar de sus observaciones sobre lo que ha ocurrido en la sesión. Si resulta apropiado puede mencionar brevemente cualquier cambio o ganancia observada significativa que el paciente no mencione.

Hoy ha hecho un excelente trabajo. ¿Cómo se siente?".

(Continúa)

Haga un resumen para el paciente y solicite un registro:

"El procesamiento que hemos hecho hoy puede continuar después de la sesión. Quizás observe insights, pensamientos, recuerdos o sueños. También puede observar cambios en su propio funcionamiento. Para ayudarnos a evaluar sus respuestas a la sesión de hoy, observe lo que experimenta y anótelo en su diario. No olvide practicar los ejercicios que hemos hecho para ayudarle a gestionar las perturbaciones esta semana. La próxima vez revisaremos sus anotaciones y seguiremos trabajando. Si tiene algo urgente que indicar o si necesita más ayuda antes de nuestra próxima sesión, llámeme".

Nota. De EMDR Institute Training Manual, de F. Shapiro, (enero de 2008 y enero de 2005), Watsonville, CA: EMDR Institute. Copyright 2008, 2005 del EMDR Institute. Adaptado con permiso.

Nota. EMDR: Desensibilización y reprocesamiento por medio de movimiento ocular de F. Shapiro, 2004, México: Editorial Pax México, Librería Carlos Cesarman, S.A. Adaptado con permiso.

B10. Resumen de la sesión

<table>
<tr><td colspan="3">Nombre del paciente:

Terapeuta:</td><td colspan="2">Fecha de la sesión:

Nº de sesión:</td></tr>
<tr><td colspan="5">Puntuaciones antes de la sesión de hoy</td></tr>
<tr><td colspan="3">Test:

Puntuación:</td><td colspan="2">Test:

Puntuación:</td></tr>
<tr><td colspan="5">Anotaciones generales y registro</td></tr>
<tr><td colspan="5">Diana seleccionada para la sesión</td></tr>
<tr><td colspan="5">Evaluación de la diana u objetivo</td></tr>
<tr><td colspan="5">Imagen:</td></tr>
<tr><td colspan="5">CN:</td></tr>
<tr><td colspan="5">CP:</td></tr>
<tr><td>VoC:</td><td>Emoción:</td><td>SUD:</td><td colspan="2">Localización:</td></tr>
</table>

<table>
<tr><th colspan="4">RESUMEN POST-SESIÓN</th></tr>
<tr><td colspan="2">Nombre del paciente:

Terapeuta:</td><td colspan="2">Fecha de la sesión:

Nº de sesión:</td></tr>
<tr><td>Objetivo completado
☒</td><td>Objetivo incompleto
☒</td><td>Última SUD:</td><td>Escala de la parte posterior de la cabeza:</td></tr>
<tr><td>VoC:</td><td colspan="3">CP final (si es diferente):</td></tr>
<tr><td colspan="4">Sensaciones finales y localización al final de la fase de exploración corporal:

Neutra ☒ Positiva ☒ Desagradable ☒</td></tr>
<tr><td colspan="4">Métodos de estabilización utilizados durante el cierre:

Innecesario ☒</td></tr>
<tr><td colspan="4">Problemas identificados en la sesión que pueden requerir más atención:</td></tr>
<tr><td colspan="4">Estatus del paciente, orientación y actitud acerca de la sesión al concluirla:</td></tr>
</table>

Anexo C: Recursos

Meta-análisis de EMDR

Bradley, R., Greene, J., Russ, E., Dutra, L. y Westen, D. (2005). A multidimensional meta-analysis of psychotherapy for PTSD. *American Journal of Psychiatry, 162*, 214-227.

Davidson, P.R., y Parker, K.C.H. (2001). Eye movement desensitization and reprocessing (EMDR): A meta-analysis. *Journal of Consulting and Clinical Psychology, 69*, 305–316.

Maxfield, L. y Hyer, L.A. (2002). The relationship between efficacy and methodology in studies investigating EMDR treatment of PTSD. *Journal of Clinical Psychology, 58*, 23–41.

van Etten, M. y Taylor, S. (1998). Comparative efficacy of treatments for posttraumatic stress disorder: A meta-analysis. *Clinical Psychology and Psychotherapy, 5*, 126–144.

Listado de guías de tratamiento para EMDR

Guías de EE.UU.

American Psychiatric Association. (2004). *Practice Guideline for the Treatment of Patients With Acute Stress Disorder and Posttraumatic Stress Disorder*. http://www.guideline.gov/summary/summary.aspx?ss=15&doc_id=5954&nbr=3920

Department of Veterans Affair & Department of Defense. (2204). *VA/ DoD Treatment*

Guidelines: Post Traumatic Stress Disorder. http://www.oqp.med.va.gov/cpg/PTSD/PTSD_Base.htm

Therapy Advisor. (2004). *Effective Treatments for Posttraumatic Stress Disorder.* http://www.therapyadvisor.com/taDisorder.aspx?disID=11#4

Guías internacionales

Australian Centre for Posttraumatic Mental Health. (2007). *Australian Guidelines for the Treatment of Adults With Acute Stress Disorder and Posttraumatic Stress Disorder*. Melbourne, Victoria: ACPMH. http://www.acpmh.unimelb.edu.au

The Cochrane Database of Systematic Reviews. (2007). *Psychological Treatment of Posttraumatic Stress Disorder (PTSD)*. Número 4.

Clinical Resource Efficiency Support Team (2003). *The Management of Post Traumatic Stress Disorder in Adults*. Belfast: Northern Ireland Department of Health, Social Services, and Public Safety.

Dutch National Steering Committee for Mental Health Care. (2003). *Multidisciplinary Guideline Anxiety Disorders*. Utrecht, Holanda: Quality Institute Health Care CBO/Trimbos Institute.

Foa, E. B., Keane, T. M., Friedman, M. J., Cohen, J. A. y International Society for Traumatic Stress Studies. (2009). *Effective Treatments for PTSD: Practice Guidelines From the International Society for Traumatic Stress Studies* (2nd ed.). Nueva York: Guilford Press.

Institut National de la Santé et de la Recherche Médicale. (2004). *Psychotherapy: An Evaluation of Three Approaches.* París, Francia: Instituto Nacional Francés de Salud e Investigación Médica.

National Institute for Health and Clinical Excellence. (2007). *Post-traumatic Stress Disorder.* http://www.nice.org.uk/CG026NICEguideline

Sjöblom, P.O., Andréewitch, S. Bejerot, S., Mörtberg, E., Brinck, U., Ruck, C. y Körlin, D. (2003) *Regional Treatment Recommendation for Anxiety Disorders.* Estocolmo, Suecia: Comité de programas médicos/Ayuntamiento de Estocolmo.

United Kingdom Department of Health. (2001). *Treatment Choice in Psychological Therapies and Counseling: Evidence Based Clinical Practice Guideline*. Londres, Reino Unido.

Bases de datos de estudios y publicaciones de EMDR

La *Francine Shapiro Library (FSL)* es un depósito de artículos especializados y demás documentación importante relacionada con el modelo AIP (procesamiento adaptativo de la información) y el EMDR. La biblioteca se encuentra en la Northern Kentucky University y es un servicio para la EMDR International Association (EMDRIA) que se encuentra disponible en: http://library.nku.edu/emdr/emdr_data.php

Las *Trauma Information Pages* incluyen un completo listado de todos los artículos publicados relacionados con el método EMDR de 1989 a 2005 y que está disponible en: http:// www.trauma-pages.com/s/emdr-refs.php.

El *EMDRIA Newsletter* publica una columna en la que se enumeran los estudios actuales en materia de EMDR compilados por Andrew M. Leeds, Ph.D. Cada columna trimestral incluye citas, resúmenes de artículos e información de preimpresión y reimpresión (cuando está disponible) de todos los artículos de prensa relacionados con EMDR. Las columnas de después de 2005 y hasta el presente están disponibles en el sitio web de la EMDRIA, en http://emdria.org/displaycommon.cfm?an=1&sub articlenbr=18

Herramientas de evaluación estándares

El *Trauma Assessment Packet* está disponible en el
Trauma Center at Justice Resource Institute
1269 Beacon Street, 1st Floor
Brookline, MA 02446, EE.UU.
Teléfono: (617) 232-1303 204.
La información sobre precios y pedidos está disponible en el sitio web: http://www.traumacenter.org/products/instruments.php

Un resumen del *Protocolo de la entrevista de apego adulto (AAI)* de Mary Main con las 20 preguntas utilizadas está disponible gracias a Everett Waters, Ph.D. de la Facultad de Psicología de la Stony Brook University en http://www.psychology.sunysb.edu/attachment/measures/content/aai_interview.pdf

También existen numerosos recursos adicionales sobre estudios en materia de apego en http://www. psychology.sunysb.edu/attachment/

La *Proyectiva de apego adulto (AAP)* está disponible en http://www.attachmentprojective.com/

La Escala para TEPT administrada por el terapeuta *(CAPS)* está disponible bajo demanda en el National Center for PTSD y en los Western Psychological Services (WPS) en http://www.mentalhealth.va.gov/MENTALHEALTH/ptsd/Assessment_instrument_request_form.asp www.wpspublish.com/

La *Entrevista estructurada para trastornos disociativos* (DDIS) está disponible en http://www.rossinst.com/dddquest.htm

La *Escala II de experiencias disociativas* (DES–II; Carlson y Putnam, 1993) está disponible en varios lugares:

El University of Oregon Scholars' Bank dispone de todos los números antiguos de la publicación *Dissociation* como servicio público gratuito. La DES–II se incluye como un anexo en Carlson y Putnam (1993). Disponible en https://scholarsbank.Uoregon.Edu/ xmlui/bitstream/handle/1794/1539/diss_6_1_3_Ocr.Pdf?Sequence=1

La Sidran Foundation vende la DES–II y otras herramientas de evaluación por un módico precio y está disponible en http://www.sidran.org/store/index.cfm?fuseaction=category.display&category_id=3

La *Escala de experiencias disociativas versión Taxon*, descrita por Waller y Ross (1997), puede obtenerse gratis en la International Society for the Study of Trauma and Dissociation (ISST–D), y está disponible en http://isst-d.org/education/des-taxon-portal.htm

La *Escala de impacto de sucesos revisada (IES-R)* es una escala de autoaplicación que consta de 22 elementos para evaluar los síntomas de intrusión, evitación e hiperactivación del TEPT. Está disponible en http://www.swin.edu.au/victims/resources/assessment/ptsd/ies-r.html

El *Inventario multidimensional de disociación (MID)*, Paul F. Dell, Trauma Recovery Center, 1709 Colley Avenue, Ste. 312, Norfolk, VA 23517. Las personas que solicitan una copia del MID reciben (a) el MID, (b) su programa de puntuación basado en Excel, (c) instrucciones para utilizar ese programa de puntuación y (d) el mini-manual del MID. El MID es de dominio público, está disponible sin coste alguno bajo demanda para todos los profesionales de la salud mental que lo soliciten por escrito a la siguiente dirección: PFDell@aol.com. Además, los miembros de la International Society for the Study of Trauma and Dissociation pueden pedirlo o descargarlo directamente desde la zona de miembros: http://www.isst-d.org/

Los *Formularios de los cuestionarios de evaluación para psicoterapia (PAC)* (McCullough, 2001), un *Cuestionario–resumen PAC* (McCullough, 1998) y las instrucciones (McCullough, 2003b) están disponibles en http://www.affectphobia.org/pacforms.html

El *Inventario multimodal del historial,* de Arnold A. Lazarus y Clifford N. Lazarus (1991), Research Press, 2612 North Mattis Avenue, Champaign, IL, 61821. Teléfono: (800) 519-2707. Sitio web: http://www.researchpress.com/product/item/4250/

Una serie de *Cuestionarios de esquemas* desarrollada por Jeffrey Young, Ph.D. pueden descargarse o adquirirse junto con citas de referencia desde http://www.schematherapy.com/

El *Cuestionario de disociación somatoforme* está disponible en: http://www.enijenhuis.nl/sdq.html

La *Entrevista clínica estructurada para trastornos disociativos DSM-IV revisados (SCID-D-R)* está disponible en American Psychiatric Publishing Inc. (703) 907-7322, teléfono gratuito para pedidos (desde Estados Unidos) 800 368-5777, y en su página web: http://www.appi.org/set.cfm?id=8862

El *Cuestionario de síntomas 90-R (SCL90R)* y el *Inventario breve de síntomas (BSI)* están disponibles en Pearson Assessments, número de teléfono (800) 627-7271. Sitios web: http://www.pearsonassessments.com/tests/scl90r.htm http://www.pearsonassessments.com/tests/bsi18.htm

ISST–D. Pautas de tratamiento de la International Society for the Study of Trauma and Dissociation. Sitio web: http://www.isst-d.org/education/treatmentguidelines-index.htm

Asociaciones profesionales

EMDR International Association
5806 Mesa Drive, Suite 360, Austin, Texas 78731
Teléfono: 512-451-5200, teléfono gratuito desde Estados Unidos: 866-451-5200
Fax: 512-451-5256
Email: info@emdria.org
Web: http://www.emdria.org/

EMDR Europe Association
PO BOX 784, Hertfordshire AL2 3WY, UK
Web: http://www.emdr-europe.org/

International Society for the Study of Trauma and Dissociation
8201 Greensboro Drive, Suite 300, McLean, VA 22102
Teléfono: 703/610-903 Fax: 703/610-9005
E-mail: info@isst-d.org
Web: http://isst-d.org

International Society for Traumatic Stress Studies (ISTSS)
60 Revere Drive, Suite 500, Northbrook, IL 60062
Teléfono: 847-480-9028 Fax: 847-480-9282
Web: http://www.istss.org/

American Psychological Association (APA)
750 First Street, NE, Washington, DC 20002-4242
Teléfono: (800) 374-2721 o (202) 336-5500
Web: http://apa.org/

Proveedores de equipos

Software Genogram-Maker Millennium que acompaña *Genograms: Assessment and Intervention* de McGoldrick, Gerson y Petry, 2008 (3ª ed.). Nueva York: W.W. Norton & Company está disponible en: http://www.genogram.org/

Institute of HeartMath®
Dispositivos y software que recogen datos de pulso mediante un sensor en el dedo o en la oreja y que muestran información de la coherencia del ritmo cardíaco en una pantalla de ordenador o en un dispositivo móvil de bolsillo.
14700 West Park Ave. Boulder Creek, CA 95006
Teléfono: (831) 338-8500
Fax: (831) 338-8504
Email: ihminquiry@heartmath.org
Web: http://www.heartmath.org/

Neurotek Corporation
Los productos EyeScan, LapScan, Tac/AudioScan y CATScan suministran estimulación visual bilateral, auditiva y kinestética para terapeutas cualificados con formación en EMDR.
12100 W. 52nd Ave. Unit 116, Wheat Ridge, CO 80033
Teléfono: (303) 420-8680

Fax: (303) 422-9440
Email: emdrtools@neurotekcorp.com
Web: http://neurotekcorp.com

Servicios para grupos de consulta

Skype.com

Videoconferencia y llamadas gratuitas con usuarios de Skype y a otros teléfonos a bajo coste. Funciona con todos los sistemas operativos.

Servicios de conferencias telefónicas gratuitas

FreeConferenceCall.com
FreeConference.com

Compartir archivos de texto, de audio y de vídeo online

Box.net (servicios gratuitos para compartir archivos)
Skydrive.live.com (servicios gratuitos para compartir archivos)
Fileburst.com (servicio de pago para compartir archivos)
Motionbox.com (compartir vídeos con control de accesos)

Recursos sobre traumas y tratamientos

Estudio de experiencias infantiles adversas

Material impreso y de audio gratuito sobre los efectos de experiencias infantiles adversas en la salud y el bienestar en la edad adulta fruto de la colaboración continuada entre el Kaiser Permanente's Department of Preventive Medicine de San Diego, California, y el U.S. Centers for Disease Control and Prevention. Está disponible en http:// www.acestudy.org/publications.php

The Child Trauma Academy

Proporciona una serie de recursos relacionados con el trauma infantil y reconocidos por la Office of Disease Prevention and Health Promotion del Departamento norteamericano de Salud y Servicios Sociales como fuente de información de confianza. Está disponible en http:// childtraumaacademy.org/default.aspx

Cursos online gratuitos sobre apego y los efectos del trauma infantil en el cerebro, la persona y la sociedad. Está disponible en http://www.childtrauma academy.com/

The National Child Traumatic Stress Network

Learning Center for Child and Adolescent Trauma

Cursos online gratuitos con unidades de educación continuada (CEU) sobre la evaluación y el tratamiento de traumas complejos, el impacto en el desarrollo del trauma infantil y el tratamiento de niños y familias tras desastres naturales. Cuenta con el patrocinio del Center for Mental Health Services (CMHS), Substance Abuse and Mental Health Services Administration (SAMSHA), US Department of Health and Human Services y está coordinado por la University of California, Los Angeles y la Duke University. Está disponible en http://learn.nctsn.org/

The Sidran Traumatic Stress Institute, Inc.

The Sidran Traumatic Stress Institute, Inc. (antes The Sidran Foundation) ayuda a las personas a entender, recuperarse y tratar el estrés traumático (TEPT incluido), trastornos disociativos y problemas concurrentes como adicciones, autolesiones y tendencias suicidas. Publican y distribuyen libros, vídeos, herramientas de evaluación, boletines y programas CE y CME a distancia. También proponen excelentes recursos gratis online para profesionales y supervivientes. A través de su servicio de atención personalizada, ofrecen información y derivación a recursos para tratamiento.

200 East Joppa Road, Suite 207, Baltimore, MD 21286-3107
Sitio web: http://www.sidran.org

The Trauma Information Pages

Un sitio web que ha sido galardonado y que ofrece muchos recursos tanto académicos como de apoyo para terapeutas, pacientes y sus familias, como bibliografía sobre estudios de EMDR, artículos completos y enlaces a otros sitios web de gran calidad. Está disponible en http://www.trauma-pages.com/

Anexo D: Glosario

abreacción – Hace referencia a revivir una experiencia para despojarla de su intensidad emocional.

alexetimia – Dificultad para identificar y describir los sentimientos a otras personas.

disociación peritraumática – La disociación peritraumática implica despersonalización y/o desrealización cuando se produce la experiencia traumática.

EBL (BLS) – Véase estimulación bilateral.

enfoque orientado por fases – Modelo general para el tratamiento de síndromes postraumáticos propuesto por primera vez por Janet (1889, 1977) y que consta de las siguientes fases: (a) estabilización y reducción de los síntomas, (b) desvelar y modificar los recuerdos traumáticos y (c) integración de la personalidad.

entretejidos – Acceso deliberado a una red de recuerdos adaptativos, por lo general una perspectiva adulta, durante el reprocesamiento para facilitar la integración de las redes de recuerdos y un resultado positivo del tratamiento.

entretejidos cognitivos – Véase entretejidos.

estimulación bilateral – Utilización de estimulación sensorial, neutra y alterna, por lo general de izquierda a derecha, mediante movimientos oculares, estimulación kinestética o auditiva durante el tratamiento con EMDR.

estructuras del miedo – Un modelo para definir la ansiedad descrito por primera vez por Lang (1977, 1979), que implica respuestas conductuales en tres sistemas: actividad fisiológica, conducta manifiesta y comentarios subjetivos.

experiencias contribuyentes – Experiencias que quizás no hayan dado lugar al comienzo inmediato de sintomatología clínica pero que han contribuido al desarrollo de factores de vulnerabilidad o a la naturaleza de respuestas inadaptativas para *experiencias etiológicas posteriores*.

experiencias etiológicas – Experiencias vitales traumáticas y adversas que generan redes de recuerdos inadaptativos y que dan pie a signos y síndromes clínicos evidentes e inmediatos.

exposición prolongada – La EP se basa en terapia de inundación o de implosión (Stampfl y Levis, 1967) y en el principio de extinción de que los nervios sólo pueden estimularse durante periodos de tiempo limitados.

lo que indica trauma – Experiencia traumatizadora discreta que va seguida por el inicio de síntomas manifiestos de trastorno de estrés agudo o de trastorno de estrés postraumático. Los síntomas relacionados con esta experiencia son un foco primario de preocupación de las molestias presentadas al iniciar el tratamiento. Véase también experiencias etiológicas.

modelo de consenso – Modelos de tratamiento postraumático basados en el *modelo orientado de fases* de Janet.

modelo de procesamiento adaptativo de la información – Modelo teórico desarrollado por Francine Shapiro (2004) para explicar los efectos observados del EMDR y para predecir los efectos del tratamiento.

plantilla de futuro – La tercera vertiente del protocolo EMDR–TEPT estándar que se centra en una escena futura por lo general después de haber resuelto recuerdos y señales de amenaza actuales.

protocolo invertido – Enfoque general a la planificación del tratamiento para TEPT complejo descrito por Hoffman (2004, 2005) que hace hincapié en el refuerzo inicial del ego y en aplicaciones de estabilización de EMDR empezando con objetivos de futuro, más tarde de presente, y que sólo aborda experiencias etiológicas del pasado después de lograr ganancias de tratamiento significativas.

puente afectivo – Técnica hipnoanalítica descrita por primera vez por Watkins (1971, 1990) para identificar una experiencia etiológica o contribuyente anterior asociándola a partir de una experiencia emocional actual.

redes de recuerdos – Un aspecto del modelo AIP de Shapiro (2004) que describe cómo la información se almacena en cinco aspectos en el recuerdo: imagen, pensamientos y sonido, sensación física, emoción y creencia. Leeds (2001) propone un sexto elemento de las redes de recuerdos: "actos, impulsos y estados".

recuerdo estado específico – Modelo propuesto por Bower (1981) que postula que los recuerdos específicos (a) están codificados junto con el estado emocional o fisiológico específico en el momento en el que se crean y (b) se recuperan con más facilidad cuando son del mismo estado emocional o fisiológico.

reprocesamiento ineficaz – Cuando el reprocesamiento no logra avanzar espontáneamente hacia una resolución adaptativa y el terapeuta tiene que llevar a cabo una intervención adicional más allá de las fases del procedimiento de EMDR básicas.

respuestas bloqueadas – Véase reprocesamiento ineficaz.

respuestas contingentes – Respuestas de un cuidador o de otra persona que están en sintonía temporal con las expresiones afectivas de una persona.

procesamiento emocional – Concepto descrito por primera vez por Rachman (1979) según el cual el aumento de la intensidad de las imágenes resultante de la relajación lleva a reducciones del miedo produciendo primero respuestas fisiológicas más fuertes a las imágenes fóbicas.

puente somático – Técnica hipnoanalítica descrita por primera vez por Watkins (1971, 1990) para identificar una experiencia etiológica o contribuyente previa por asociación con una experiencia somatosensorial actual.

señales de amenaza – Señales sensoriales externas actuales y percepciones somatosensoriales internas que desencadenan respuestas disfuncionales vinculadas a redes de recuerdos inadaptativas para experiencias vitales adversas tempranas.

sesión finalizada – Sesión de reprocesamiento con EMDR que finaliza con un nivel SUD de 0, un nivel VoC de 7, y una exploración corporal con sensaciones positivas o neutras solamente.

sesión incompleta – La puntuación SUD es superior a 1 y la puntuación VoC es menor que 6; o la exploración corporal pone de manifiesto la existencia de sensaciones negativas residuales que no se habían comentado antes de que empezara la sesión y que parecen vinculadas al material de la diana.

Bibliografía

Abrreacción. (junio de 2011). En *Wikipedia, la enciclopedia libre*. http://es.wikipedia.org/wiki/Abreacci%C3%B3n

Adler-Tapia, R. y Settle, C. (2008). *EMDR and the art of psychotherapy with children*. Springer Publishing: Nueva York.

Adshead, G. (2000). Psychological therapies for post-traumatic stress disorder. *The British Journal of Psychiatry, 177*, 144–148.

Ahmad, A., Larsson, B. y Sundelin-Wahlsten, V. (2007). EMDR treatment for children with PTSD: Results of a randomized controlled trial. *Nordic Journal of Psychiatry, 61*(5), 349–354.

Ainsworth, M. D., Blehar, M. C., Waters, E. y Wall, S. (1978). *Patterns of attachment: Assessed in the strange situation and at home*. Hillsdale, NJ: Lawrence Erlbaum.

Allami, N., Paulignan, Y., Brovelli, A. y Boussaoud, D. (2008). Visuo-motor learning with combination of different rates of motor imagery and physical practice. *Experimental Brain Research, 184*(1), 105–113.

Allen, J. G. (2003). Mentalizing. *Bulletin of the Menninger Clinic, 67*, 91–112.

Alpert, J. E., Brown, L. S., Ceci, S. J., Courtois, C. A., Loftus. E. F. y Ornstein, P. A. (1996). *Working group on investigation of memories of childhood abuse final report*. Obtenido el 27 de octubre de 2007 en http://www.apa.org/pi/memories_report/homepage.html

Altmaier, E. M. (2002). EMDR: Past, present and future. *Clinician's Research Digest, 20*(6), 5.

American Association for Marriage and Family Therapy (2001). AAMFT Code of Ethics. Obtenido el 28 de abril de 2008, de http://www.aamft.org/resources/LRM_Plan/Ethics/ethics code2001.asp

American Psychiatric Association (APA) (1996). *Manual diagnóstico y estadístico de los trastornos mentales* (3ª edición). Barcelona: Masson.

American Psychiatric Association (APA). (2002). *Manual diagnóstico y estadístico de los trastornos mentales* (4ª edición). Barcelona: Masson.
American Psychiatric Association. (1998). Practice guideline for the treatment of patients with panic disorder. *American Journal of Psychiatry, 155*(5 Suppl), 1–34.
American Psychiatric Association (APA). (2009). *Manual diagnóstico y estadístico de los trastornos mentales* (4ª edición). Barcelona: Masson.
American Psychiatric Association (2004). *Practice guideline for the treatment of patients with acute stress disorder and posttraumatic stress disorder*. Arlington, VA: American Psychiatric Association Practice Guidelines.
American Psychological Association. (1992). Ethical principles of psychologists and code of conduct. *American Psychologist, 57*, 1597–1611.
American Psychological Association. (2002). Ethical principles of psychologists and code of conduct. *American Psychologist, 57*(12), 1060–1073.
Amundsen, J. E. y Kårstad, K. (2006). Om bare Jeppe visste - EMDR og rusbehandling. [Integración del EMDR y tratamiento del consumo de sustancias]. *Tidsskrift for Norsk Psykologforening, 43*(5), 469.
Anderson, G., Yasenik, L. y Ross, C. A. (1993). Dissociative experiences and disorders among women who identify themselves as sexual abuse survivors. *Child Abuse and Neglect, 17*(5), 677–686.
Andrade, J., Kavanagh, D. y Baddeley, A. (1997). Eye-movements and visual imagery: A working memory approach to the treatment of post-traumatic stress disorder. *British Journal of Clinical Psychology, 36*, 209–223.
Armstrong, N. y Vaughan, K. (1994, junio). An orienting response model for EMDR. Artículo presentado en la reunión del *New South Wales Behaviour Therapy Interest Group*. Sydney, Australia.
Armstrong, M. S. y Vaughan, K. (1996). An orienting response model of eye movement desensitization. *Journal of Behavior Therapy and Experimental Psychiatry, 27*, 21–32.
Arntz, A. (2002). Cognitive therapy versus interoceptive exposure as treatment of panic disorder without agoraphobia. *Behaviour Research and Therapy, 40*, 325–341.
Centro Australiano de Salud Mental Postraumática. (2007). *Australian guidelines for the treatment of adults with acute stress disorder and posttraumatic stress disorder*. Melbourne, Victoria: Author.
Baddeley, A. D. y Hitch, G. J. (1974). Working memory. En G. A. Bower (Ed.), *The psychology of learning and motivation* (págs. 47–89). Nueva York: Academic Press.
Bakker, A., van Dyck, R., Spinhoven, P. y van Balkom, A. J. (1999). Paroxetine, clomipramine and cognitive therapy in the treatment of panic disorder. *Journal of Clinical Psychiatry*, 60, 831–838.
Baldwin, D. V. (revisado el 9 de abril de 2002) EMDR Bibliography: 1989 through 2001, Published journal articles, by year. Obtenido el 7 de julio de 2002 del sitio web de información sobre traumas: http://www. trauma-pages.com/emdr-2001.htm

Barach, P. M. (1991). Multiple Personality Disorder as an Attachment Disorder. *Dissociation, 4*, 117–123.

Barber, B. (1961). Resistance by scientists to scientific discovery. *Science, 134*, 596–602.

Barlow, D. H. (1994). Effectiveness of behavior treatment for panic disorder with and without agoraphobia. En B. Wolfe y J. Maser (Ed.), *Treatment of panic disorder: A consensus development conference*. Washington: American Psychiatric Press.

Barlow, D. H. (2002). *Anxiety and its disorders: the nature and treatment of anxiety and panic* (2nd ed.). Nueva York: Guilford Press.

Barlow, D. H., Gorman, J. M., Shear, M. K. y Woods, S. W. (2000). Cognitive-behavioral therapy, imipramine, or their combination for panic disorder: a randomized controlled trial. *The Journal of the American Medical Association*, 283:2529–2536

Barrowcliff, A. L., Gray, N. S., MacCulloch, S., Freeman, T. C. y MacCulloch, M. J. (2003). Horizontal rhythmical eye movements consistently diminish the arousal provoked by auditory stimuli. *British Journal of Clinical Psychology, 42*(Pt 3), 289–302.

Barrowcliff, A. L., Gray, N. S., Freeman, T. C. A. y MacCulloch, M. J. (2004). Eye-movements reduce the vividness, emotional valence and electrodermal arousal associated with negative autobiographical memories. *Journal of Forensic Psychiatry and Psychology, 15*, 325–345.

Barrowcliff, A. L., MacCulloch, M. J. y Gray, N. S. (2001). *The de-arousal model of Eye Movement Desensitization and Reprocessing (EMDR), Part III: Psychophysiological and psychological concomitants of change in the treatment of Post-Traumatic Stress Disorder (PTSD) and their relation to the EMDR protocol.* Informe presentado en la 2ª Conferencia Anual de EMDR en Europa "EMDR innovations in theory and practice", Londres, Reino Unido.

Barrowcliff, A. L., Macculloch, M. J., Gray, N. S., MacCulloch, S. y Freeman, T. C. A. (2001). *The de-arousal model of Eye Movement Desensitization and Reprocessing (EMDR), Part II: An investigation of the mechanisms underlying treatment effects in EMDR.* Artículo presentado en la 2ª Conferencia Europea Anual de EMDR "EMDR innovations in theory and practice", celebrada en Londres.

Barrowcliff, A. L., Gray, N. S. y MacCulloch, M. J. (2002). *Eye movements reduce the vividness, emotional valence and electrodermal arousal associated with autobiographical memories*. Manuscrito inédito.

Bartholomew, K. (1990). Avoidance of intimacy: An attachment perspective. *Journal of Social and Personal Relationships, 7*, 147–178.

Bartholomew, K. (1997). Adult attachment processes: individual and couple perspectives. *British Journal of Medical Psychology, 70* (Pt 3), 249–263; debate 281–290.

Bartholomew, K. y Horowitz, L. M. (1991). Attachment styles amoung young adults: A test of a four category model. *Journal of Personality and Social Psychology, 61*, 226–244.

Beck, A. T. y Emery, G. (1985). *Anxiety disorders and phobias*. Nueva York: Basic Books.

Beck, A. T., Emery, G. y Greenberg, R. L. (2005). *Anxiety disorders and phobias: a cognitive perspective* (edición 15° aniversario). Cambridge, MA: Basic Books.

Becker, E. S., Rinck, M., Turke, V., Kause, P., Goodwin, R., Neumer, S., et al. (2007). Epidemiology of specific phobia subtypes: findings from the Dresden Mental Health Study. *European Psychiatry, 22*(2), 69–74.

Becker, L., Todd-Overmann, T., Stoothoff, W. y Lawson, P. (1998). *Ironic memory, PTSD and EMDR: Do eye movements hinder the avoidance process leading to greater accessibility of traumatic memories?* Artículo presentado en la Conferencia Anual de EMDRIA en Baltimore, MD.

Teicher, M. H. (2006). *Manual Merck de información médica: edad y salud*. Editorial Océano, S.L.

Benson, H. (1977). *Relajación (The relaxation response)*. Editorial Pomaire.

Bergmann, U. (1998). Speculations on the neurobiology of EMDR. *Traumatology, 4*(1), 4–16. Obtenido el 31 de enero de 2009, de http://www.fsu.edu/~trauma/contv4i1.html

Bergmann, U. (2001). Further thoughts on the neurobiology of EMDR: The role of the cerebellum in accelerated information processing. *Traumatology, 6*(3), 175–200. Obtenido el 31 de enero de 2009 de www.fsu.edu/~trauma.

Bergmann, U. (2008). Hidden selves: Treating dissociation in the spectrum of personality disorders. En C. Forgash y M. Copeley (Eds.), *Healing the heart of trauma and dissociation with emdr and ego state therapy* (págs. 227–266). Nueva York, NY: Springer Pub. Co.

Bernstein, E. M. y Putnam, F. W. (1986). Development, reliability and validity of a dissociation scale. *Journal of Nervous and Mental Disease, 174*, 727–735.

Besson, J., Eap, C., Rougemont-Buecking, A., Simon, O., Nikolov, C. y Bonsack, C. (2006). [Addictions]. *Revue Médicale Suisse, 2*(47), 9–13.

Bienvenu, O. J., Onyike, C. U., Stein, M. B., Chen, L. S., Samuels, J., Nestadt, G. y Eaton, W. W. (2006). Agoraphobia in adults: incidence and longitudinal relationship with panic. *The British Journal of Psychiatry, 188*, 432–438.

Bisson, J. y Andrew, M. (2007). Psychological treatment of post-traumatic stress disorder (PTSD). *Cochrane Database of Systematic Reviews* 2007, Número 4.

Black, D. W. (2007). Compulsive buying disorder: a review of the evidence. *CNS Spectrum, 12*(2), 124–132.

Blake, D. D., Weathers, F. W., Nagy, L. M., Kaloupek, D. G., Gusman, F. D., Charney, D. S., et al. (1995). The development of a clinician-administered PTSD scale. *Journal of Traumatic Stress, 8*(1), 75-90.

Bodycoat, N., Grauaug, L., Olson, A. y Page, A. C. (2000). Constant Versus Rhythmic Muscle Tension in Applied Tension. *Behaviour Change, 17*(2), 97–102.

Bower, G. (1981). Mood and Memory. *American Psychologist, 36*, 129-148.

Bowlby, J. (1973). *Separation: Anxiety and anger*. Nueva York: Basic Books.

Bowman, E. S. (2006). Why conversion seizures should be classified as a dissociative disorder. *Psychiatric Clinics of North America, 29*(1), 185–211.

Bowman, E. S. y Coons, P. M. (2000). The differential diagnosis of epilepsy, pseudoseizures, dissociative identity disorder, and dissociative disorder not otherwise specified. *Bulletin of the Menninger Clinic, 64*(2), 164–180.

Bradley, R. T., McCraty, R., Atkinson, M., Arguelles, L., Rees, R. A. y Tomasino D. (2007). Reducing test anxiety and improving test performance in American's schools: Summary of results from the TestEdge National Demonstration Study. Obtenido el 22 de agosto de 2008, del sitio web del Institute of HeartMath Publication: http://www.heartmath.org

Bremner, J. D., Elzinga, B., Schmahl, C. y Vermetten, E. (2008). Structural and functional plasticity of the human brain in posttraumatic stress disorder. *Prog Brain Res, 167*, 171–186.

Bremmer, J. D., Randal, P., Scott, T. M., Bronen, T. A., Seibyl, J. P., Southwick, S., et al. (1995). MRI-based measurement of hyppocampal volume in patients with PTSD. *American Journal of Psychiatry, 152*, 973–981.

Breuer, J. y Freud, S. (1955). Studies on hysteria. En J. Strachey (Ed. & Trans.), *The standard edition of the complete psychological works of Sigmund Freud* (Vol. 2, pp. 1–335). Londres: Hogarth Press. (Trabajo original publicado en 1895)

Briere, J. (1995) *Trauma Symptom Inventory (TSI)*, Psychological Assessment Resources, PO Box 998, Odessa, FL, 33556. (800) 331-TEST. Obtenido el 31 de enero de 2008 de http://www. parinc.com/products_search.cfm

Briere, J. (1996). *Therapy for adults molested as children: Beyond survival* (2ª ed.). Nueva York: Springer Publishing Company, Inc.

Briere, J. (2000) Inventory of Altered Self-Capacities (IASC), Psychological Assessment Resources, PO Box 998, Odessa, FL, 33556. (800) 331-TEST. Obtenido el 31 de enero de 2008 de http://www.parinc.com/products_search.cfm

Brown, D. y Fromm, E. (1986). *Hypnotherapy and hypnoanalysis*. Hillsdale, NJ: Lawrence Erlbaum Associates.

Brown, M. Z., Comtois, K. A. y Linehan, M. M. (2002). Reasons for suicide attempts and non-suicidal self-injury in women with borderline personality disorder. *Journal of Abnormal Psychology, 111*(1), 198–202.

Brown, K. W., McGoldrick, T. y Buchanan, R. (1997). Body dysmorphic disorder: Seven cases treated with eye movement desensitization and reprocessing. *Behavioral and Cognitive Psychotherapy, 25*, 203–207.

Brown, S. y Shapiro, F. (2006). EMDR in the Treatment of Borderline Personality Disorder. *Clinical Case Studies, 5*(5), 403–420.

Brown, S. y Gilman, S. (2007). Integrated trauma treatment program for co-occurring PTSD and substance abuse in a drug court program. Obtenido el 25 de octubre de 2008 de www.nadcp.org/ postcon/agendadocs/clinic%20 6%20HO1.pdf

Brown, S., Gilman, S. G. y Kelso, T. (2008). *Integrated trauma treatment program: A novel EMDR approach for PTSD and substance abuse.* Artículo presentado en la Conferencia EMDRIA, Phoenix, Arizona, Estados Unidos.

Brown, T. A., DiNardo, P. y Barlow, D. H. (2004). *Anxiety disorder interview schedule ADIS-IV and ADIS-IV-L combination specimen set*. Nueva York: Oxford University Press, SUD.

Brunstein Klomek, A. y Stanley, B. (2007). Psychosocial treatment of depression and suicidality in adolescents. *CNS Spectrum, 12*(2), 135–144.

Bryan, C. J. y Rudd, M. D. (2006). Advances in the assessment of suicide risk. *Journal of Clinical Psychology, 62*(2), 185–200.

California Association for Marriage and Family Therapy (2008). *Ethical standards*. Obtenido el 20 de diciembre de 2008, de http://www.camft.org/scriptcontent/index.cfm?displaypage=../ CamftBenefits/EthicalStandards1.html

Campbell-Sills L. y Stein, M. B. (2006). Guideline watch: Practice guideline for the treatment of patients with panic disorder. Obtenido el 12 de diciembre de 2008, del sitio web de la American Psychiatric Association: http://www.psych.org/psych_pract/treatg/pg/prac_guide.cfm

Cardeña, E., Maldonado, J., van der Hart, O. y Spiegel, D. (2000). Hypnosis. En E. B. Foa, T. M. Keane, y M. J. Friedman (Eds.), *Effective treatments for PTSD: Practice guidelines from the International Society for Traumatic Stress Studies*. Nueva York: The Guilford Press.

Carlson, E. A. y Sroufe, L. A. (1995). Contribution of attachment theory to developmental psychopathology. En D. Cicchetti y D. J. Cohen (Eds.), *Developmental psychopathology* (Vol. 1, págs. 581–587). Nueva York: Wiley.

Carlson, E. B. (1997). *Trauma assessments: a clinician's guide*. Nueva York: The Guilford Press.

Carlson, E. B. y Putnam, F. W. (1993). An update on the Dissociative Experiences Scale. *Dissociation, 6*, 16–27.

Carnes, P. J. (2000). Sexual addiction and compulsion: recognition, treatment, and recovery. *CNS Spectrum, 5*(10), 63–72.

Cassidy, J. y Shaver, P. R. (Eds.). (1999). *Handbook of attachment: Theory, research, and clinical applications*. Nueva York: Guilford Press.

Chambless, D. L. y Gillis, M. M. (1993). Cognitive therapy of anxiety disorders. *Journal of Consulting and Clinical Psychology, 61*, 248–260.

Chambless, D. L. y Gillis, M. M. (1994) A review of psychosocial treatments for panic disorder. En B. F. Wolfe y J. D. Maser (Eds.), *Treatment of panic disorder: A consensus development conference* (págs. 149–173). Washington, DC: American Psychiatric Press.

Chemali, Z. y Meadows, M. E. (2004). The use of eye movement desensitization and reprocessing in the treatment of psychogenic seizures. *Epilepsy & Behavior, 5*(5), 784–787.

Chemtob, C. M., Nakashima, J. y Carlson, J. G. (2002). Brief treatment for elementary school children with disaster-related Posttraumatic Stress Disorder: A field study. *Journal of Clinical Psychology, 58*(1), 99-112.

Christman, S. D., Garvey, K. J., Propper, R. E. y Phaneuf, K. A. (2003). Bilateral eye movements enhance the retrieval of episodic memories. *Neuropsychology, 17*(2), 221–229.

Chu, J. A. (1998). *Rebuilding shattered lives: Treating complex post-traumatic and dissociative disorders*. Nueva York: John Wiley & Sons.

Clark, D. M. (1994). Cognitive therapy for panic disorder. En Wolfe, B. y Maser J. (Eds.), *Treatment of panic disorder: A consensus development conference*. Washington, DC: American Psychiatric Press.

Clarkin, J. F., Levy, K. N., Lenzenweger, M. F. y Kernberg, O. F. (2007). Evaluating three treatments for borderline personality disorder: a multiwave study. *Am J Psychiatry, 164*(6), 922–928.

Cloitre, M., Koenen, K. C., Cohen, L. R. y Han, H. (2002). Skills training in affective and interpersonal regulation followed by exposure: A phase-based treatment for PTSD related to childhood abuse. *Journal of Consulting and Clinical Psychology, 70*(5), 1067.

Coffey, S. F., Gudmundsdottir, B., Beck, J. G., Palyo, S. A. y Miller, L. (2006). Screening for PTSD in motor vehicle accident survivors using the PSS-SR and IES. *Journal of Traumatic Stress, 19*(1), 119–128.

Cohen, J. S. (2004). The underlying cause of suicides and homicides with SSRI antidepressants: Is it the drugs, the doctors, or the drug companies? Obtenido el 1 de julio de 2008, de http://www. medicationsense.com/articles/april_june_04/underlying_cause.html

Comtois, K. A. y Linehan, M. M. (2006). Psychosocial treatments of suicidal behaviors: a practice-friendly review. *Journal of ClinicalPsychology, 62*(2), 161–170.

Connor, D. F., Melloni, R. H., Jr. y Harrison, R. J. (1998). Overt categorical aggression in referred children and adolescents. *Journal of the American Academy of Child Adolescent Psychiatry, 37*(1), 66–73.

Connors, R. (1996). Self-Injury in Trauma Survivors: 1. Functions and Meanings. *American Journal of Orthopsychiatry, 66*(2), 197–206.

Conrad, A. y Roth, W. T. (2007). Muscle relaxation therapy for anxiety disorders: it works but how? *Journal of Anxiety Disorders, 21*(3), 243–264.

Cooper, N. A. y Clum, G. A. (1989). Imaginal flooding as a supplementary treatment for PTSD in combat veterans: A controlled study. *Behavior Therapy, 20*, 381–391.

Corrigan, F. M. (2004). Psychotherapy as assisted homeostasis: activation of emotional processing mediated by the anterior cingulate cortex. *Medical Hypotheses, 63*(6), 968–973.

Courtois, C. (1988). *Healing the incest wound: Adult survivors in therapy*. Nueva York: Norton.

Courtois, C. A. (1999). *Recollections of sexual abuse: Treatment principles and guidelines*. Nueva York: W. W. Norton.

Craske, M. G., Rowe, M., Lewin, M. y Noriega-Dimitri, R. (1997). Interoceptive exposure versus breathing retraining within cognitive-behavioural therapy for panic disorder with agoraphobia. *Br J Clin Psychol, 36 (Pt 1)*, 85–99.

Craske, M. G., Roy-Byrne, P., Stein, M. B., Donald-Sherbourne, C., Bystritsky, A., Katon, W. y Greer, S. (2002). Treating panic disorder in primary care: A collaborative care intervention. *General Hospital Psychiatry, 24*, 148–155.

Crouch, J. L. y Behl, L. E. (2001). Relationships among parental beliefs in corporal punishment, reported stress, and physical child abuse potential. *Child Abuse and Neglect, 25*(3), 413–419.

Crowell, J. A., Fraley, R. C. y Shaver, P. R. (1999). Measurement of Individual Differences in Adolescent and Adult Attachment. En J. Cassidy y P. R. Shaver (Eds.), *Handbook of attachment: Theory, research, and clinical applications* (pp. 434–465). Nueva York: Guilford Press.

Curcio, G., Ferrara, M. y De Gennaro, L. (2006). Sleep loss, learning capacity and academic performance. *Sleep Medicine Reviews, 10*(5), 323–337.

Dalenberg, C. J. (2000). *Countertransference and the treatment of trauma* (1ª edición). Washington, DC: American Psychological Association.

Dannon, P. N., Lowengrub, K., Gonopolski, Y., Musin, E. y Kotler, M. (2006). Pathological gambling: a review of phenomenological models and treatment modalities for an underrecognized psychiatric disorder. *Primary Care Companion to the Journal of Clinical Psychiatry, 8*(6), 334–339.

Davanloo, H. (1989a). The technique of unlocking the unconscious in patients suffering from functional disorders. Part I. Restructuring ego's defenses. *International Journal Short-Term Psychotherapy, 4*(2), 93–116.

Davanloo, H. (1989b).The technique of unlocking the unconscious in patients suffering from functional disorders. Part II. Direct view of the dynamic unconscious. *International Journal Short-Term Psychotherapy, 4*(2), 117–148.

Davey, G. (1997). *Phobias: a handbook of theory, research, and treatment*. Chichester; Nueva York: Wiley.

de Beurs, E., van Balkom, A. J., Van Dyck, R. y Lange, A. (1999). Long-Term outcome of pharmacological and psychological treatment for panic disorder with agoraphobia: A 2-year naturalistic follow-up. *Acta Psychiatrica Scandinavica, 99*(1), 59–67.

De Jongh, A. y Ten Broeke, E. (1994). Opmerkelijke veranderingen na één zitting met eye movement desensitization and reprocessing: Een geval van angst voor misselijkheid en braken. [Cambios destacables después de una sesión de EMDR: Miedo a la náusea y al vómito]. *Tijdschrift voor Directieve Therapie en Hypnose, 14,* 89–101.

De Jongh, A. y Ten Broeke, E. (1996). Eye movement desensitization and reprocessing (EMDR): een procedure voor de behandeling van aan trauma gerelateerde angst. [EMDR: una técnica para el tratamiento de la ansiedad relacionada con el trauma]. *Tijdschrift voor Psychotherapie, 22,* 93–114.

De Jongh, A. y Ten Broeke, E. (2007). Treatment of Specific Phobias With EMDR: Conceptualization and Strategies for the Selection of Appropriate Memories. *Journal of EMDR Practice and Research, 1*(1), 46–56.

De Jongh, A., Ten Broeke, E. y Renssen, M. R. (1999). Treatment of specific phobias with Eye Movement Desensitization and Reprocessing (EMDR): Protocol, empirical status, and conceptual issues. *Journal of Anxiety Disorders, 13*(1–2), 69–85.

De Jongh, A., Ten Broeke, E. y Van der Meer, K. (1995). Eine neue entwicklung in der behandlung von angst und traumata: Eye movement desensitization and reprocessing (EMDR). *Zeitschrift für Klinische Psychologie, Psychopathologie und Psychotherapie, 43,* 226–233.

Dell, P. F. (2006a). The multidimensional inventory of dissociation (MID): A comprehensive measure of pathological dissociation. *Journal of Trauma and Dissociation,* 7(2), 77–106.

Dell, P. F. (2006b). A new model of dissociative identity disorder. *Psychiatric Clinics of North America, 29*(1), 1-26.

Dell, P.F. y Lawson, D. (2009). Empirically delineating the domain of pathological dissociation. En P. F. Dell y J. A. O'Neil (Eds.), *Dissociation and the dissociative disorders: DSM–V and beyond* (págs. 667–692). Nueva York: Routledge.

Demos, E. V. (1988). Affect and development of the self: A new frontier. En A. Goldberg (Ed.), *Frontiers in self psychology* (págs. 27–53). Hillsdale, NJ: The Analytic Press. Department of Veterans Affairs & Department of Defense. (2004). *VA/DoD Clinical practice guideline for the management of post-traumatic stress.* Veterans Health Administration, Department of Veterans Affairs and Health Affairs, Department of Defense: Office of Quality and Performance Publication.

Derogatis, L. R. (1991). *Symptom checklist revised.* Minneapolis: NCS Professional Assessment Services.

Dolan, Y. M. (1991). *Resolving sexual abuse: solution-focused therapy and Ericksonian hypnosis for adult survivors* (1st ed.). Nueva York: Norton.

Dozier, M., Stovall, K. D. y Albus, K. E. (1999). Attachment and psychopathology in adulthood. En J. Cassidy y P. R. Shaver (Eds.), *Handbook of attachment: Theory, research and clinical applications* (págs. 497–519). Nueva York: Guilford.

Dunn, A. L., Trivedi, M. H., Kampert, J. B., Clark, C. G. y Chambliss, H. O. (2002). The DOSE study: a clinical trial to examine efficacy and dose response of exercise as treatment for depression. *Control Clin Trials, 23*(5), 584–603.

Dutch National Steering Committee Guidelines Mental Health Care (2003). *Multidisciplinary guideline anxiety disorders.* Utrecht: Quality Institute Heath Care CBO/Trimbos Institute.

Dyck, M. J. (1993). A proposal for a conditioning model of eye movement desensitization treatment of posttraumatic stress disorder. *Journal of Behavior Therapy and Experimental Psychiatry, 24,* 201–210.

Dziegielewski, S. y Wolfe, P. (2000). Eye movement desensitization and reprocessing (EMDR) as a time-limited treatment intervention for body image disturbance and self-esteem: A single subject case study design. *Journal of Psychotherapy in Independent Practice, 1,* 1–16.

Edmond, T. y Rubin, A. (2004). Assessing the long-term effects of EMDR: results from an 18-month follow-up study with adult female survivors of CSA. *Journal of Child Sexual Abuse, 13*(1), 69–86.

Edmond, T., Rubin, A. y Wambach, K. (1999, June). The effectiveness of EMDR with adult female survivors of childhood sexual abuse. *Social Work Research, 23*(2), 103–116.

Egan, K. J., Carr, J. E., Hunt, P. P. y Adamson, R. (1988). Endogenous opiate system and systematic desensitization. *Journal of Clinical and Consulting Psychology, 56*(2), 287–291.

Ehrsson, H. H. (2007). The experimental induction of out-of-body experiences. *Science, 317*(5841), 1048.

Eifert, G. H. y Heffner, M. (2003). The effects of acceptance versus control contexts on avoidance of panic-related symptoms. *Journal of Behavior Therapy and Experimental Psychiatry, 34*(3–4), 293–312.

Eisen, M. R. y Fromm, E. (1983). The clinical use of self-hypnosis in hypnotherapy: tapping the functions of imagery and adaptive regression. *International Journal of Clinical and Experimental Hypnosis, 31*(4), 243–255. EMDR International Association. (Junio de 2000) The EMDRIA Newsletter, *5*(2), 8.

Ekman, P. y Friesen, W. V. (2003). *Unmasking the face: A guide to recognizing emotions from facial clues*. Cambridge MA: Malor Books.

Ellis, A. (1994). *Reason and emotion in psychotherapy* (edición revisada y actualizada). Secaucus, NJ: Carol Pub. Group.

Elofsson, U. O., von Scheele, B., Theorell, T. y Sondergaard, H. P. (2008). Physiological correlates of eye movement desensitization and reprocessing. *Journal of Anxiety Disorders, 22*(4), 622–634.

EMDRIA (2007). *Basic training curriculum.* Obtenido el 11 de marzo de 2007 de http://www.emdria.org/displaycommon.cfm?an=1&subarticlenbr=281

EMDRIA (2008a). EMDR International Association consultation packet. Obtenido el 3 de mayo de 2008 de http://www.emdria.org/displaycommon.cfm?an=1&subarticlenbr=45

EMDRIA (2008b). History. Obtenido el 5 de mayo de 2008 de http://www.emdria.org/displaycommon. cfm?an=1&subarticlenbr=72

EMDRIA (2008c). Certification criteria; application for EMDRIA certification in EMDR; frequently asked questions. Obtenido el 23 mayo de 2008 de http://www.emdria.org/displaycommon. cfm?an=1&subarticlenbr=41

EMDRIA (2008d). Application for EMDRIA approved consultant. Obtenido el 30 de mayo de 2008 de http://www.emdria.org/associations/5581/files/2007%20AC%20Application.pdf

EMDRIA. (2008e). Resources for researchers. Obtenido el 31 de mayo de 2008 del sitio web de la EMDRIA: http://www.emdria.org/displaycommon.cfm?an=1&subarticlenbr=34

EMDRIA (2008f). EMDR International Association consultation packet. Revisado en julio de 2008. Obtenido el 12 de diciembre de 2008 de http://www.emdria.org/displaycommon.cfm?an= 1&subarticlenbr=45

EMDRIA (2008g). Mission. Obtenido el 12 de diciembre de 2008 de http://www.emdria.org/displaycommon.cfm?an=1&subarticlenbr=8

Fairbank, J. A. y Keane, T. M. (1982). Flooding for combat-related stress disorders: Assessment of anxiety reduction across traumatic memories. *Behavior Therapy, 13*, 499–510.

Fava, G. A. y Mangelli, L. (1999). Subclinical symptoms of panic disorder: New insights into pathophysiology and treatment. *Psychotherapy and Psychosomatics, 68,* 281–289.

Feldman, G. (2007). Cognitive and behavioral therapies for depression: Overview, new directions, and practical recommendations for dissemination. *Psychiatric Clinics of North America, 30*(1), 39–50.

Felitti, V. J., Anda, R. F., Nordenberg, D., Williamson, D. F., Spitz, A. M., Edwards, V., et al. (1998). Relationship of childhood abuse and household dysfunction to many of the leading causes of death in adults: The Adverse Childhood Experiences (ACE) study. *American Journal of Preventative Medicine, 14*(4), 245–258.

Fernandez, I. (2008). EMDR after a critical incident: Treatment of a tsunami survivor with acute posttraumatic stress disorder. *Journal of EMDR Practice and Research, 2*(2), 156–159.

Fernandez, I. y Faretta, E. (2007). EMDR in the treatment of panic disorder with agoraphobia. *Clinical Case Studies, 6*(1), 44–63.

Ferreira, C., Deslandes, A., Moraes, H., Cagy, M., Basile, L. F., Piedade, R., et al. (2006). The relation between EEG prefrontal asymmetry and subjective feelings of mood following 24 hours of sleep deprivation. *Arquivos de Neuro-Psiquiatria, 64*(2B), 382–387.

Ferrie, R. K. y Lanius, U. F. (2001) *Opioid antagonists and EMDR*. Artículo presentado en EMDR International Association, Austin, TX.

Feske, U. y Goldstein, A. J. (1997). Eye movement desensitization and reprocessing treatment for panic disorder: a controlled outcome and partial dismantling study. *J Consult Clin Psychol, 65*(6), 1026–1035.

Fine, C. G., Paulsen, S., Rouanzoin, C., Luber, M., Puk, G. y Young, W. (1995). EMDR dissociative disorders task force recommended guidelines: A general guide to EMDR's use in the dissociative disorders. En F. Shapiro (Ed.), *Eye movement desensitization and reprocessing, basic principles, protocols and procedures* (págs. 365–369). Nueva York: The Guilford Press.

Fine, C. G., Paulsen, S., Rouanzoin, C., Luber, M., Puk, G. y Young, W. (2004). Pautas recomendadas del Equipo de Trabajo EMDR sobre Desórdenes Disociativos: una guía general para el uso del método EMDR para tratar desórdenes disociativos. En F. Shapiro (Ed.), *Desensibilización y reprocesamiento por medio de movimiento ocular* (2ª edición, págs. 411–426). México: Editorial Pax México, Librería Carlos Cesarman, S.A.

Fleet, R. P., Dupuis, G., Marchand, A., Burelle, D., Arsenault, A. y Beitman, B. D. (1996). Panic disorder in emergency department chest pain patients: prevalence, comorbidity, suicidal ideation, and physician recognition. *American Journal of Medicine, 101*, 371–380

Foa, E. B., Hembree, E. A. y Rothbaum, B. O. (2007). *Prolonged exposure therapy for PTSD: emotional processing of traumatic experiences: therapist guide.* Nueva York: Oxford University Press.

Foa, E. B., Keane, T. M., Friedman, M. J., Cohen, J. A. e International Society for Traumatic Stress Studies. (2009). *Effective treatments for PTSD: practice guidelines from the International Society for Traumatic Stress Studies* (2nd ed.). Nueva York: Guilford Press.

Foa, E. B., Keane, T. M. y Friedman, M. J. (2003). *Tratamiento del estrés postraumático.* Barcelona: Ariel.

Foa, E. B. y Kozak, M. J. (1985). Treatment of anxiety disorders: Implications for psychopathology. En A. H. Tuma y J. D. Maser (Eds.), *Anxiety and the anxiety disorders* (págs. 451–452). Hillsdale, NJ: Erlbaum.

Foa, E. B. y Kozak, M. J. (1986). Emotional processing of fear: exposure to corrective information. *Psychological Bulletin, 99*(1), 20-35.

Foa, E. B. y Meadows, E. A. (1997). Psychosocial treatments for posttraumatic stress disorder: a critical review. *Annual Review of Psychology, 48*, 449–480.

Foa, E. y Riggs, D. (1995). Posttraumatic Stress Disorder Following Assault: Theoretical Considerations and Empirical Findings. *Current Directions in Psychological Science, 4,* 61–65.

Foa, E. B. y Rothbaum, B. O. (1998). *Treating the trauma of rape: cognitive-behavioral therapy for PTSD.* Nueva York: Guilford.

Foldvary-Schaefer, N. (2006). *Getting a good night's sleep*. Cleveland, OH: Cleveland Clinic Press.

Follette, V. M. y Ruzek, J. I. (2006). *Cognitive-behavioral therapies for trauma* (2nd ed.). Nueva York: Guilford Press.

Fonagy, P., Gergely, G., Jurist, E. L. y Target, M. (2002). *Affect regulation, mentalization, and the development of the self*. Nueva York: Other Press.

Forgash, C. y Copeley, M. (2008). *Healing the heart of trauma and dissociation with EMDR and ego state therapy*. Nueva York, NY: Springer Pub. Co.

Forgash, C. y Leeds, A. M. (1999). *Case inquiry format*. Manuscrito inédito.

Foster, S. y Lendl, J. (1995). Eye movement desensitization and reprocessing: Initial application for enhancing performance in athletes. *Journal of Applied Sport Psychology,* 7 (Supplement), 63.

Foster, S. y Lendl, J. (1996). Eye movement desensitization and reprocessing: Four case studies of a new tool for executive coaching and restoring employee performance after setbacks. *Consulting Psychology Journal, 48,* 155–161.

Frederick, C. y McNeal, S. (1999). *Inner strengths: Contemporary psychotherapy and hypnosis for ego-strengthening*. Mahwah, New Jersey: Lawrence Erlbaum Associates.

Freud, S. (1955). Beyond the pleasure principle. En S. Freud y J. Strachey (Eds.), *The standard edition of the complete psychological works of Sigmund Freud*. Londres: Hogarth Press.

Freyd, J. J. y DePrince, A. P. (Eds.). (2001). *Trauma and cognitive science: A meeting of minds, science and human experience*. Nueva York: The Haworth Maltreatment & Trauma Press.

Fried, R., Fox, M. C. y Carlton, R. M. (1990). Effect of diaphragmatic respiration with end-tidal CO2 biofeedback on respiration, EEG, and seizure frequency in idiopathic epilepsy. *Annals of the New York Academy of Sciences, 602*, 67–96.

Fromm, E. y Kahn, S. (1990). *Self-hypnosis: the Chicago paradigm*. Nueva York: Guilford Press.

Furukawa, T. A., Watanabe, N. y Churchill, R. (2006). Psychotherapy plus antidepressant for panic disorder with or without agoraphobia: systematic review. *Br J Psychiatry, 188*, 305–312.

Gauvreau, P. y Bouchard, S. P. (2008). Preliminary evidence for the efficacy of EMDR in treating generalized anxiety disorder. *Journal of EMDR Practice and Research, 2*(1), 26–40.

Geer, J. H. (1965). The development of a scale to measure fear. *Behaviour Research and Therapy, 3*, 45–53.

Gelinas, D. J. (2003). Integrating EMDR into phase-oriented treatment for trauma. *Journal of Trauma and Dissociation, 4*(3), 91–135.

George, C. y West, M. (2001). The development and preliminary validation of a new measure of adult attachment: The adult attachment projective. *Attachment and Human Development, 3*(1), 30–61.

George, C., Kaplan, N. y Main, M. (1996). *Adult attachment interview* (3[a] edición). Manuscrito inédito, Facultad de Psicología, Universidad de California, Berkeley.

Gerlach, A. L., Spellmeyer, G., Vogele, C., Huster, R., Stevens, S., Hetzel, G., et al. (2006). Blood-injury phobia with and without a history of fainting: disgust sensitivity does not explain the fainting response. *Psychosomatic Medicine, 68*(2), 331–339.

Giesen-Bloo, J., van Dyck, R., Spinhoven, P., van Tilburg, W., Dirksen, C., van Asselt, T., et al. (2006). Outpatient psychotherapy for borderline personality disorder: randomized trial of schema-focused therapy vs transference-focused psychotherapy. *Archives of General Psychiatry, 63*(6), 649–658.

Gil, E. (1988). *Treatment of adult survivors of childhood abuse*. Walnut Creek, CA: Launch Press.

Gold, S. N. (2000). *Not trauma alone: Therapy for child abuse survivors in family and social context*. Philadelphia, PA: Brunner/Routledge.

Goldstein, A. (1995). Treatment of panic disorder with agoraphobia: Going beyond the barrier. *In Session: Psychotherapy in Practice, 1*(3), 83–98.

Goldstein, A. y Chambless, D. L. (1978). A reanalysis of agoraphobia. *Behavior Therapy, 9*, 47–59.

Goldstein, A. J., de Beurs, E., Chambless, D. L. y Wilson, K. A. (2000). EMDR for panic disorder with agoraphobia: comparison with waiting list and credible attention-placebo control conditions. *Journal of Consulting and Clinical Psychology, 68*(6), 947–956.

Goldstein, A. y Feske, U. (1994). Eye movement desensitization and reprocessing for panic disorder: a case series. *Journal of Anxiety Disorders, 8*(4), 351–362.

Goldstein, J. (1998). *La meditación Vipásana*. La práctica de la libertad. Alicante: Dharma.

Grand, D. (2003). Emerging from the coffin: Treatment of a masochistic personality disorder. En P. Manfield (Ed.), *EMDR casebook* (págs. 69–94). Nueva York: Norton.

Greenwald, R. (2007). *EMDR: within a phase model of trauma-informed treatment*. Nueva York: Haworth Press.

Gunter, R. W. y Bodner, G. E. (2008). How eye movements affect unpleasant memories: Support for a working-memory account. *Behavior Research and Therapy, 46*, 913–931.

Guralnik, D. B. (1970). *Webster's New World dictionary of the American language* (2nd college ed.). Nueva York: World Pub. Co.

Hammond, D. C. (1990). *Handbook of hypnotic suggestions and metaphors*. Nueva York: Norton.

Hansen, P. A. (1991). *Survivors and partners: Healing the relationships of sexual abuse survivors*. Longmont, CO: Heron Hill Publishing Co.

Harris, A. H., Cronkite, R. y Moos, R. (2006). Physical activity, exercise coping, and depression in a 10-year cohort study of depressed patients. *Journal of Affective Disorders, 93*(1–3), 79–85.

Hase, M., Schallmayer, S. y Sack, M. (2008). EMDR Reprocessing of the Addiction Memory: Pretreatment, Posttreatment, and 1-Month Follow-Up. *Journal of EMDR Practice and Research, 2*(3), 170-179.

Haskell, W. L., Lee, I. M., Pate, R. R., Powell, K. E., Blair, S. N., Franklin, B. A., et al. (2007). Physical activity and public health: updated recommendation for adults from the American College of Sports Medicine and the American Heart Association. *Medicine & Science in Sports & Exercise, 39*(8), 1423–1434.

Hassett, A. L., Radvanski, D. C., Vaschillo, E. G., Vaschillo, B., Sigal, L. H., Karavidas, M. K., et al. (2007). A pilot study of the efficacy of heart rate variability (HRV) biofeedback in patients with fibromyalgia. *Applied Psychophysiology and Biofeedback, 32*(1), 1–10.

Hazan, C. y Shaver, P. (1987). Romantic love conceptualized as an attachment process. *Journal of Personality and Social Psychology, 52*(3), 511–524.

Heber, R., Kellner, M. y Yehuda, R. (2002). Salivary cortisol levels and the cortisol response to dexamethasone before and after EMDR: A case report. *Journal of Clinical Psychology, 58*(12), 1521-1530.

Heide, F. J. y Borkovec, T. D. (1983). Relaxation-induced anxiety: Paradoxical anxiety enhancement due to relaxation training. *Journal of Consulting and Clinical Psychology, 51*(2), 171–182.

Heide, F. J. y Borkovec, T. D. (1984). Relaxation-induced anxiety: Mechanisms and theoretical implications. *Behaviour Research and Therapy, 22*(1), 1–12.

Hekmat, H., Groth, S. y Rogers, D. (1994). Pain ameliorating effect of eye movement desensitization. *Journal of Behavior Therapy and Experimental Psychiatry, 25*(2), 121–129.

Hembree, E. A., Foa, E. B., Dorfan, N. M., Street, G. P., Kowalski, J. y Tu, X. (2003). Do patients drop out prematurely from exposure therapy for PTSD? *Journal of Traumatic Stress, 16*(6), 555–562.

Hemingway, R. B., 3rd y Reigle, T. G. (1987). The involvement of endogenous opiate systems in learned helplessness and stress-induced analgesia. *Psychopharmacology (Berl), 93*(3), 353–357.

Henry, S. L. (1996). Pathological gambling: Etiologic considerations and treatment efficacy of eye movement desensitization/reprocessing. *Journal of Gambling Studies, 12* (4, invierno), 395–405.

Herman, J. L. y van der Kolk, B. A. (1987). Traumatic origins of borderline personality disorder. En B. A. van der Kolk (Ed.), *Psychological trauma*. Washington, DC: American Psychiatric Press.

Herman, J. L. (1992a). Complex PTSD: A syndrome in survivors of prolonged and repeated trauma. *Journal of Traumatic Stress, 5*, 377–391.

Herman, J. L. (2004). *Trauma y recuperación: cómo superar las consecuencias de la violencia*. Pozuelo de Alarcón: Espasa Calpe.

Hoffman, A. (2004). *EMDR in the Treatment of Complex PTSD*. Artículo presentado en la EMDR International Association Conference en Montreal, Quebec.

Hoffman, A. (2005). *EMDR in der Behandlung psychotraumatischer Belastungssyndrome [terapia EMDR con síndromes de estrés postraumático]*. Stuttgart, Alemania: Thieme.

Hogberg, G., Pagani, M., Sundin, O., Soares, J., Aberg-Wistedt, A., Tarnell, B., et al. (2007). On treatment with eye movement desensitization and reprocessing of chronic post-traumatic stress disorder in public transportation workers - A randomized controlled trial. *Nordic Journal of Psychiatry, 61*(1), 54-61.

Högberg, G., Pagani, M., Sundin, O., Soares, J., Aberg-Wistedt, A., Tarnell, B., et al. (2008). Treatment of post-traumatic stress disorder with eye movement desensitization and reprocessing: Outcome is stable in 35-month follow-up. *Psychiatry Research, 159*, 101–108.

Horowitz, M. J., (1979). Psychological response to serious life events. En V. Hamilton y D. M. Warburton (Eds.), *Human stress and cognition*. Nueva York: Wiley.

Horowitz, M. J., (1986). *Stress response syndromes* (2ª ed.). Northvale, Nueva Jersey: Jason Aronson Inc.

Horowitz, M., Wilner, M. y Alvarez, W. (1979). Impact of event scale: A measure of subjective stress. *Psychosomatic Medicine*, 41, 209–218.

Horvarth, A., Gaston, L. y Luborsky, L. (1993). The therapeutic alliance and its measures. En N. E. Miller, L. Luborsky, J. P. Barber y J. P. Docherty (Eds.), *Psychodynamic treatment research* (págs. 247–273). Nueva York: Basic Books.

Hunt, C. (2000). The unmet need for treatment in panic disorder and social phobia. En G. Andrews y S. Henderson (Eds.), *Unmet need in psychiatry: Problems, resources, responses* (págs. 277– 289). Nueva York: Cambridge University Press.

Hyman, J. W. (1999). *Women living with self-injury*. Philadelphia, PA: Temple University Press.

Ichii, M. (2003). *Effect of RDI for ameliorating depression in college students*. Póster de la sesión presentada en la EMDR International Association, Denver, CO.

Institute of Medicine (IOM). (2007). *Treatment of posttraumatic stress disorder: An assessment of the evidence*. Washington, DC: The National Academies Press.

International Society for the Study of Dissociation. (2005). Guidelines for treating dissociative identity disorder in adults. *Journal of Trauma and Dissociation, 6*(4), 69–149. Obtenido el 9 de septiembre de 2006 de http://www.isst-d.org/education/treatmentguidelines-index.htm

Ironson, G. I., Freund, B., Strauss, J. L. y Williams, J. (2002). A comparison of two treatments for traumatic stress: A pilot study of EMDR and prolonged exposure. *Journal of Clinical Psychology, 58*(1), 113-128.

Iyengar, B. K. S. (1981). *Light on pranayama: The yogic art of breathing*. Nueva York: Crossroad.

Jaberghaderi, N., Greenwald, R., Rubin, A., S., D. y Zand, S. O. (2004). A comparison of CBT and EMDR for sexually abused Iranian girls. *Clinical Psychology and Psychotherapy, 11*(5), 358–368.

Jacobs, D. G. y Brewer, M. L. (2006). Application of The APA Practice Guidelines on suicide to clinical practice. *CNS Spectrums, 11*(6), 447–454.

Jacobson, E., (1938). *Progressive relaxation*. Chicago: University of Chicago Press.

Jacobson, N. S., Dobson, K. S., Truax, P. A., Addis, M. E., Koerner, K., Gollan, J. K., et al. (1996). A component analysis of cognitive-behavioral treatment for depression. *Journal of Consulting and Clinical Psychology, 64*(2), 295–304.

Jacobson, N. S. y Gortner, E. T. (2000). Can depression be de-medicalized in the 21st century: scientific revolutions, counter-revolutions and the magnetic field of normal science. *Behaviour Research and Therapy, 38*(2), 103–117.

Janet, P. (1889). *L'Automatisme psychologique*. París: Felix Alcan. Janet, P. (1977). *The mental state of hystericals*. En D. N. Robinson (Ed.), C. R. Corson (Trans.), Washington, DC: University Publications of America.

Janoff-Bulman, R. (1992). *Shattered assumptions: Toward a new psychology of trauma*. Nueva York: Free Press.

Jobes, D. A., Wong, S. A., Conrad, A. K., Drozd, J. F. y Neal-Walden, T. (2005). The collaborative assessment and management of suicidality versus treatment as usual: a retrospective study with suicidal outpatients. *Suicide and Life Threatening Behavior, 35*(5), 483–497.

Johns, M. W. (1991). "A new method for measuring daytime sleepiness: the Epworth sleepiness scale". *Sleep* 14(6), 540–545.

Johnstone, K. A. y Page, A. C. (2004). Attention to phobic stimuli during exposure: the effect of distraction on anxiety reduction, self-efficacy and perceived control. *Behaviour Research and Therapy*, 42(3), 249–275.

Joseph, R. (1998). Traumatic amnesia, repression, and hippocampus injury due to emotional stress, corticosteroids and enkephalins. *Child Psychiatry and Human Development, 29*(2), 169–185.

Karavidas, M. K., Lehrer, P. M., Vaschillo, E., Vaschillo, B., Marin, H., Buyske, S., et al. (2007). Preliminary results of an open label study of heart rate variability biofeedback for the treatment of major depression. *Applied Psychophysiology and Biofeedback, 32*(1), 19–30.

Kavanagh, D. J., Freese, S., Andrade, J. y May, J. (2001). Effects of visuospatial tasks on desensitization to emotive memories. *British Journal of Clinical Psychology, 40*(Pt 3), 267–280.

Keane, T. M., Fairbank, J. A., Caddell, J. M. y Zimering, R. T. (1989). Implosive (flooding) therapy reduced symptoms of PTSD in Vietnam combat veterans. *Behavior Therapy, 20,* 245–260.

Kelley, S. D. M. y Selim, B. (2007). Eye movement desensitization and reprocessing in the psychological treatment of trauma-based psychogenic nonepileptic seizures. *Clinical Psychology and Psychotherapy, 14*(2), 135.

Kessler, R. C., Chiu, W. T., Demler, O. y Walters, E. E. (2005). Prevalence, severity, and comorbidity of twelve-month DSM–IV disorders in the National Comorbidity Survey Replication (NCSR). *Archives of General Psychiatry, 62*(6), 617–627.

Kessler, R. C., Sonnega, A., Bromet, E., Hughes, M. y Nelson, C. B. (1995). Posttraumatic stress disorder in the National Comorbidity Survey. *Archives of General Psychiatry, 52*(12), 1048–1060.

Kessler, R. C., Sonnega, A., Bromet, E. J., Hughes, M., Nelson, C. B. y Breslau, N. (1999). Epidemiological risk factors for trauma and PTSD. En R. Yehuda (Ed.), *Risk factors for posttraumatic stress disorder* (págs. 23–59). Washington: American Psychiatric Press.

Killgore, W. D., Kahn-Greene, E. T., Lipizzi, E. L., Newman, R. A., Kamimori, G. H. y Balkin, T. J. (2007). Sleep deprivation reduces perceived emotional intelligence and constructive thinking skills. *Sleep Med, 8*(3), 215–221.

Killgore, W. D., Killgore, D. B., Day, L. M., Li, C., Kamimori, G. H. y Balkin, T. J. (2007). The effects of 53 hours of sleep deprivation on moral judgment. *Sleep, 30*(3), 345–352.

Kim, D., Bae, H. y Park, Y. C. (2008). Validity of the Subjective Units of Disturbance Scale in EMDR. *Journal of EMDR Practice and Research, 2*(1), 57–62.

Kim, D. y Kim, K.-I. (2004). A case series of Eye Movement Desensitization and Reprocessing (EMDR) in 30 psychiatric patients: Korean experience. *Journal of the Korean Neuropsychiatric Association, 43*(1), 113–118.

Kirsch, I. y Lynn, S. J. (1995). The altered state of hypnosis: Changes in the theoretical landscape. *American Psychologist, 50*(10), 846–858.

Kleinknecht, R. A. (1993). Rapid treatment of blood and injection phobias with eye movement desensitization. *Journal of Behaviour Therapy and Experimental Psychiatry*, 24, 211–217.

Klosko, J., Barlow, D., Tassinari R. y Cerny J. (1990). A comparison of alprazolam and behavior therapy in treatment of panic disorder. *Journal of Consulting and Clinical Psychology*, *58*(1), 77–84.

Kluft, R. P. (1993). Basic principles in conducting the psychotherapy of multiple personality disorder. En R. P. Kluft y C. G. Fine (Eds.), *Clinical perspectives on multiple personality disorder* (págs. 19–50). Washington, DC: American Psychiatric Press.

Kluft, R. P. (1999). An overview of the psychotherapy of dissociative identity disorder. *American Journal of Psychotherapy, 53*(3), 289–319.

Knapp, S. y VandeCreek, L. (2006). *Practical ethics for psychologists: a positive approach* (1st ed.). Washington, DC: American Psychological Association.

Kneff, J. C. y Krebs, K. (2004). Eye movement desensitization and reprocessing (EMDR): Another helpful mind-body technique to treat GI problems. *Gastroenterology Nursing, 27*(6), 286–287.

Knipe, J. (2003). "it was a golden time". Treating narcissistic vulnerability. En P. Manfield (Ed.), *EMDR casebook* (págs. 296–319). Nueva York: Norton.

Knipe, J. y Forgash, C. (2001). *Safety focused EMDR/Ego state treatment of severe ego state disorders*. Artículo presentado en la Conferencia de la Asociación Internacional de EMDR, Austin, Tejas, EE.UU.

Knipe, J. (2002). A tool for working with dissociative clients. *The EMDRIA Newsletter, 7*(2), 14–16.

Koerner, K., Miller, A. L. y Wagner, A. W. (1998). Dialectical behavior therapy: Part I. Principle based intervention with multi-problem patients. *Journal of Practical Psychiatry and Behavioral Health, 4,* 28–36.

Konuk, E., Knipe, J., Eke, I., Yuksek, H., Yurtsever, A. y Ostep, S. (2006). The effects of eye movement desensitization and reprocessing (EMDR) therapy on posttraumatic stress disorder in survivors of the 1999 Marmara, Turkey, Earthquake. *International Journal of Stress Management, 13*(3), 291.

Korn, D. L. y Leeds, A. M. (1998). Clinical Applications of EMDR in the Treatment of Adult Survivors of Childhood Abuse and Neglect, *EMDR International Association*. Baltimore, MD.

Korn, D. L. y Leeds, A. M. (2002). Preliminary evidence of efficacy for EMDR resource development and installation in the stabilization phase of treatment of complex posttraumatic stress disorder. *Journal of Clinical Psychology, 58*(12), 1465-1487.

Korn, D. L., Weir, J. y Rozelle, D. (2004). *Looking beyond the data: Clinical lessons learned from an EMDR treatment outcome study, Session 321*. Artículo presentado en la EMDR International Association Conference, Montreal, Quebec.

Korn, D. L., Zangwill, W., Lipke, H. y Smyth, M. J. (2001). *EMDR Fidelity Scale*. Monográfico inédito, The Trauma Center, Brookline, MA.

Krause, R. y Kirsch, A. (2006). [Sobre la relación entre traumatización, amnesia y estrés sintomático: un estudio piloto empírico]. *Zeitschrift für Psychosomatische Medizin und Psychotherapie, 52*(4), 392–405.

Krystal, S., Prendergast, J., Krystal, P. y Fenner, P., Shapiro, I. y Shapiro, K. (2002). Transpersonal psychology, eastern nondual philosophy, and EMDR. En F. Shapiro (Ed.), *EMDR as an integrative psychotherapy approach: Experts of diverse orientations explore the paradigm prism* (pp. 319–339). Washington: American Psychological Association.

Kuhn, T. S. (1971). *La estructura de las revoluciones científicas*. Fondo de Cultura Económica.

Kuiken, D., Bears, M., Miall, D. y Smith, L. (2001–2002). Eye movement desensitization reprocessing facilitates attentional orienting. *Imagination, Cognition and Personality, 21*(1), 3–20.

Kutz, I., Resnik, V. y Dekel, R. (2008). The Effect of Single-Session Modified EMDR on Acute Stress Syndromes. *Journal of EMDR Practice and Research, 2*(3), 190–200.

Ladd, G. (2007). Treatment of psychological injury after a scuba-diving fatality. *Diving and Hyperbaric Medicine, 37*(1), 36–39.

Lamprecht, F., Köhnke, C., Lempa, W., Sack, M., Matzke, M. y Munte, T. F. (2004). Event- related potentials and EMDR treatment of post-traumatic stress disorder. *Neuroscience Research, 49*(2), 267–272.

Lang, P. J. (1968). Fear reduction and fear behavior: Problems in treating a construct. En J. M. Shlien (Ed.), *Research in psychotherapy* (Vol. 3, págs. 90–102). Washington, DC: American Psycological Association.

Lang, P. J. (1977). Imagery in therapy: An information processing analysis of fear. *Behavior Therapy, 8*, 862–886.

Lang, P. J. (1979). A bioinformational theory of emotional imagery. *Psychophysiology, 16*, 495–512.

Lanius, U. F. (11 de septiembre de 2004). *PTSD, information processing and thalamo-cortical dialogue*. Artículo presentado en la EMDR International Association Conference en Montreal, Quebec.

Lanius, U. F. (2005). EMDR Processing with Dissociative Clients: Adjunctive Use of Opioid Antagonists. En R. Shapiro (Ed.), *EMDR solutions: pathways to healing* (págs. 121–146). Nueva York: W.W. Norton.

Lankton, S. R. E. (1987). *Central themes and principles of Ericksonian therapy (Ericksonian Monographs, No 2)*. Nueva York: Brunner-Routledge.

Lansing, K., Amen, D. G., Hanks, C. y Rudy, L. (2005). High-resolution brain SPECT imaging and eye movement desensitization and reprocessing in police officers with PTSD. *The Journal of Neuropsychiatry and Clinical Neurosciences, 17*(4), 526–532.

Lansing, K. M., Amen, G. G. y Klindt y W. C. (noviembre de 2000). *Tracking the neurological impact of CBT and EMDR in the treatment of PTSD.* Artículo presentado en la reunión anual de la Association for the Advancement of Behavior Therapy, Nueva Orleans.

Lazrove, S. y Fine, C. G. (1996). The Use of EMDR in Patients with Dissociative Identity Disorder. *Dissociation, 9*(4), 289–299.

Lazarus, A. y Lazarus, C. (1991). *Multimodal life history inventory*. Champaign, IL: Research Press.

Lazarus, A. A. (2000). *Terapia multimodal: psicoterapia sistemática, inclusiva y efectiva.* Ippem Editorial.

LeDoux, J. E. (1996). *The emotional brain: the mysterious underpinnings of emotional life*. Nueva York: Simon & Schuster.

LeDoux, J., Romanski, L. y Xagoraris, A. (1989). Indelibility of subcortical emotional memories. *Journal of Cognitive Neuroscience, 1*(3), 238–243.

Lee, C. W. y Drummond, P. D. (2008). Effects of eye movement versus therapist instructions on the processing of distressing memories. *Journal of Anxiety Disorders, 22*(5), 801-808.

Lee, C. W. y Schubert, S. (2009). Omissions and errors in the institute of medicine's report on scientific evidence of treatment for posttraumatic stress disorder. *Journal of EMDR Practice and Research, 3,* 32–38.

Lee, C., Gavriel, H., Drummond, P., Richards, J. y Greenwald, R. (2002). Treatment of PTSD: stress inoculation training with prolonged exposure compared to EMDR. *Journal of Clinical Psychology, 58*(9), 1071–1089.

Lee, C., Gavriel, H. y Richards, J. (1996, nov.). Eye movement desensitisation: Past research, complexities, and future direction. *Australian Psychologist, 31*(3), 168–173.

Lee, C., Taylor, G. y Drummond, P.D. (2006). The active ingredient in EMDR: Is it traditional exposure or dual focus of attention? *Clinical Psychology and Psychotherapy, 13,* 97–107.

Leeds, A. M. (julio de 1997). *In the eye of the beholder: reflections on shame, dissociation, and transference in complex posttraumatic stress and attachment related disorders. Principles of case formulation for EMDR treatment planning and the use of Resource Installation.* Artículo presentado en la EMDR International Association, San Francisco, CA.

Leeds, A. M. (1998a). Lifting the burden of shame: Using EMDR resource installation to resolve a therapeutic impasse. En P. Manfield (Ed.), *Extending EMDR: A case book of innovative applications* (págs. 256–282). Nueva York: W. W. Norton.

Leeds, A. M. (1998b). *EMDR safe place survey.* Manuscrito inédito.

Leeds, A. M. (2001). *Strengthening the self: Principles and procedures for creating successful treatment outcomes for adult survivors of neglect and abuse.* (Grabación en cassette y manual). Disponible en Andrew M. Leeds, Ph.D., 1049 Fourth Street, Suite G, Santa Rosa, CA 95404.

Leeds, A. M. (9 de septiembre de 2006). *Learning to feel good about positive emotions with the positive affect tolerance and integration protocol.* Artículo presentado en la Conferencia de EMDRIA en Philadelphia, PA.

Leeds, A. M. y Shapiro, F. (2000). EMDR and resource installation: Principles and procedures for enhancing current functioning and resolving traumatic experiences. En J. Carlson y L. Sperry (Eds.), *Brief therapy strategies with individuals and couples* (págs. 469–534). Phoenix, AZ: Zeig, Tucker, Theisen, Inc.

Lehrer, P. M., Carr, R., Sargunaraj, D. y Woolfolk, R. L. (1994). Stress management techniques: are they all equivalent, or do they have specific effects? *Biofeedback y Self Regulation, 19*(4), 353–401.

Lehrer, P. M., Woolfolk, R. L. y Sime, W. E. (2007). *Principles and practice of stress management* (3rd ed.). Nueva York: Guilford Press.

Lendl, J. y Foster, S. (2003). *EMDR 'Performance Enhancement' for the workplace: A practitioners' manual* (2nd USA Edition ed.). San Jose, California: Performance Enhancement Unlimited.

Lenggenhager, B., Smith, S. T. y Blanke, O. (2006). Functional and neural mechanisms of embodiment: importance of the vestibular system and the temporal parietal junction. *Rev Neurosci, 17*(6), 643–657.

Lenggenhager, B., Tadi, T., Metzinger, T. y Blanke, O. (2007). Video ergo sum: manipulating bodily self-consciousness. *Science, 317*(5841), 1096–1099.

Levin, P., Lazrove, S. y van der Kolk, B. (1999). What psychological testing and neuroimaging tell us about the treatment of posttraumatic stress disorder (PTSD) by eye movement desensitization and reprocessing (EMDR). *Journal of Anxiety Disorders, 13*(1–2), 159-172.

Linehan, M. M. (2003). *Cognitive-Behavioral treatment of borderline personality disorder*. Nueva York: Guilford Press.

Lipke, H. (1992). *Manual for the teaching of Shapiro's EMDR in the treatment of combat-related PTSD*. Pacific Grove, CA: EMDR Institute.

Lipke, H. (1995). EMDR Clinician survey. En F. Shapiro (Ed.), *Eye movement desensitization and reprocessing, basic principles, protocols and procedures* (1ª ed., págs. 376–386). Nueva York: The Guilford Press.

Lipke, H. (1996). A four-activity model of psychotherapy and its relationship to Eye Movement Desensitization and Reprocessing (EMDR) and other methods of psychotherapy. *Traumatology, 2*(2). Obtenido el 5 de junio de 1998 de http://www.fsu.edu/ trauma/art1991v1992i1992.html

Lipke, H. (1999). *EMDR and psychotherapy integration: theoretical and clinical suggestions with focus on traumatic stress*. Boca Raton: CRC Press.

Liotti, G. (1992). Disorganized/disoriented attachment in the etiology of the dissociative disorders. *Dissociation, 5*(4), 196–204.

Liotti, G., Pasquini, P. y The Italian Group for the Study of Dissociation. (2000). Predictive factors for borderline personality disorder: patients' early traumatic experiences and losses suffered by the attachment figure. *Acta Psychiatrica Scandinavica, 102*(4), 282–289.

Loewenstein, R. J. (1991). An office mental status examination for complex chronic dissociative symptoms and multiple personality disorder. *Psychiatric Clinics of North America, 14*(3), 567–604.

Lohr, J. M., Tolin, D. F. y Kleinknecht, R. A. (1995). Eye movement desensitization of medical phobias: Two case studies. *Journal of Behavior Therapy and Experimental Psychiatry, 26*, 141–151.

MacCulloch, M. J. y Barrowcliff, A. L. (mayo de 2001). *The de-arousal model of eye movement desensitization and reprocessing (EMDR), Part I: A theoretical perspective on EMDR*. Artículo presentado en la 2ª Conferencia Europea Anual de EMDR "EMDR innovations in theory and practice", celebrada en Londres.

MacCulloch, M. J. y Feldman, P. (1996). Eye movement desensitization treatment utilizes the positive visceral element of the investigatory reflex to inhibit the memories of post-traumatic stress disorder: A theoretical analysis. *British Journal of Psychiatry, 169*, 571–579.

Magee, W. J., Eaton, W. W., Wittchen, H. U., McGonagle, K. A. y Kessler, R. C. (1996). Agoraphobia, simple phobia, and social phobia in the National Comorbidity Survey. *Archives of General Psychiatry, 53*(2), 159–168.

Main, M. (1996). Introduction to the special section on attachment and psychopathology: 2. Overview of the field of attachment. *Journal of Consulting and Clinical Psychology, 64*(2), 237-243.

Main, M. y Solomon, J. (1986) Discovery of a new, insecure-disorganized/disoriented attachment pattern. En T. B. Brazelton y M. Yogman (Eds.), *Affective development in infancy* (págs. 95–124). Norwood, Nueva Jersey: Ablex.

Manfield, P. (2003). *EMDR casebook: Expanded* (2nd ed.). Nueva York: Norton.

Marcus, S., Marquis, P. y Sakai, C. (1997). Controlled study of treatment of PTSD using EMDR in an HMO setting. *Psychotherapy, 34,* 307–315.

Marks, I. y Mathews, A. (1979). Brief standard self-rating for phobic patients. *Behaviour Research and Therapy, 17,* 59–68.

Marks, I., Kenwright, M., McDonough, M., Whittaker, M., O'Brien, T. y Mataix-Cols, D. (2004). Saving clinicians' time by delegating routine aspects of therapy to a computer: a randomised controlled trail in panic/phobia disorder. *Psychological Medicine, 34,* 9–17.

Martinsen, E. W., Hoffart, A. y Solberg, O. (1989). Comparing aerobic with nonaerobic forms of exercise in the treatment of clinical depression: a randomized trial. *Comprehensive Psychiatry, 30*(4), 324–331.

Marquis, J. N. (1991). A report on seventy-eight cases treated by eye movement desensitization. *Journal of Behavior Therapy and Experimental Psychiatry, 22,* 187–192.

Mathews, A. M. (1971). Psychophysiological approaches to the investigation of desensitization and related procedures. *Psychological Bulletin, 76*(2), 73–91.

Maxfield, L. (2003). Clinical implications and recommendations arising from EMDR research findings. *Journal of Trauma Practice, 2,* 61–81.

Maxfield, L. J. (2004). A working memory analysis of the dual attention component of eye movement desensitization and reprocessing (Tesis Doctoral, Lakehead University). *Dissertation Abstracts International, 64*(10-B).

Maxfield, L. y Hyer, L. (2002). The relationship between efficacy and methodology in studies investigating EMDR treatment of PTSD. *Journal of Clinical Psychology, 58*(1), 23-41.

McCann, I. L. y Pearlman, L. A. (1990). Psychological trauma and the adult survivor: theory, therapy and transformation. Nueva York, Nueva York: Brunner/Mazel, Inc.

McCraty, R., Atkinson, M., Tomasino, D. y Bradley, R. T. (2001) The science of the heart: exploring the role of the heart in human performance. Institute of HeartMath Publication. Boulder Creek, CO. Obtenido el 22 de agosto de 2008 de http://www.heartmath.org

McCraty, R., Atkinson, M., Tomasino, D. y Stuppy, W. P. (2001). Analysis of twenty-four hour heart rate variability in patients with panic disorder. *Biological Psychology, 56*(2), 131–150.

McCullough, L. (1996). *Changing character: Short-term anxiety-regulating psychotherapy for restructuring defenses, affects, and attachment*: Basic Books.

McCullough, L. (1998). *PAC summary form*. Obtenido el 20 de noviembre de 2008 de http://www.affectphobia.org/pacforms.html

McCullough, L. (2001). *Psychotherapy assessment checklist*. Obtenido el 20 de noviembre de 2008 de http://www.affectphobia.org/pacforms.html

McCullough, L. (2003, 13 de febrero de 2003). *Directions for the Psychotherapy Assessment Checklist (PAC Forms)*. Obtenido el 20 de noviembre de 2008 de http://www.affectphobia.org/pacforms.html

McCullough, L., Kuhn, N., Andrews, S., Kaplan, A., Wolf, J. y Hurley, C. (2003). *Treating affect phobia: A manual for short-term dynamic psychotherapy*. Nueva York: Guilford Press.

McEwan, T., Mullen, P. E. y Purcell, R. (2007). Identifying risk factors in stalking: a review of current research. *International Journal of Law and Psychiatry, 30*(1), 1–9.

McEwen, B. S. (2006). Protective and damaging effects of stress mediators: central role of the brain. *Dialogues in Clinical Neuroscience, 8*(4), 367–381.

McGhan, W. F., Stimmel, G. L., Gilman, T. M. y Segal, J. L. (1982). Pharmacists as drug prescribers: validation of certification exams and evaluation instruments. *Evaluation & the Health Professions, 5*(2), 115–129.

McGoldrick, M., Gerson, R. y Petry, S. S. (2008). *Genograms: assessment and intervention* (3ª ed.). Nueva York: W.W. Norton & Company.

McLeod, J. (1997). *Narrative and psychotherapy*. Londres: Sage Publications.

McNally, V. J. y Solomon, R. M. (1999). The FBI's critical incident stress management program. *FBI Law Enforcement Bulletin, 68*, 20–26.

Meichenbaum, D. (1985). *Stress inoculation training*. Nueva York: Pergamon Press.

Merckelbach, H., Hogervorst, E., Kampman, M. y de Jongh, A. (1994). Effects of "eye movement desensitization" on emotional processing in normal subjects. *Behavioural and Cognitive Psychotherapy, 22*, 331–335.

Merluzzi, T. V., Taylor, C. B., Boltwood, M. y Götestam, K. G. (1991) Opioid antagonist impedes exposure. *Journal of Clinical and Consulting Psychology, 59*(3), 421–430.

Merrill, R. M., Aldana, S. G., Greenlaw, R. L., Diehl, H. A. y Salberg, A. (2007). The effects of an intensive lifestyle modification program on sleep and stress disorders. *Journal of. Nutrition, Health & Aging, 11*(3), 242–248.

Mick, T. M. y Hollander, E. (2006). Impulsive-compulsive sexual behavior. *CNS Spectrum, 11*(12), 944–955.

Miller, P. (2007). *A case series detailing phenomenology, EMDR protocol and clinical outcome of EMDR in severe depression, with psychosis, delusional dysmorphobia and Schizophrenia*. Artículo presentado en la 8ª Conferencia europea de EMDR celebrada en París.

Mol, S. S., Arntz, A., Metsemakers, J. F., Dinant, G. J., Vilters-van Montfort, P. A. y Knottnerus, J. A. (2005). Symptoms of post-traumatic stress disorder after non-traumatic events: evidence from an open population study. *British Journal of Psychiatry, 186*, 494–499.

Mulkens, A. A. N., De Jong, P. y Merckelbach, H. (1997). Disgust sensitivity and spider phobia. *Journal of Abnormal Psychology*, 105, 464–468.

Muris, P. y De Jongh, A. (1996). Eye movement desensitization and reprocessing. Een nieuwe behandelingstechniek voor trauma-gerelateerde angstklachten: Over de behandeling van kinderen. [Desensibilización y reprocesamiento mediante movimiento ocular. Un nuevo método para problemas de ansiedad relacionadas con traumas: sobre el tratamiento de niños]. *Kind en Adolescent, 17,* 159–217.

Muris, P. y Merckelbach, H. (1995). Treating spider phobia with eye movement desensitization and reprocessing: Two case reports. *Journal of Anxiety Disorders, 9,* 439–449.

Muris, P., Merceklbach, H., Holdrinet, I. y Sijsenaar, M. (1998) Treating phobic children: effects of EMDR versus exposure. *Journal of Clinical and Consulting Psychology, 66*(1), 193–198.

Muris, P., Merckelbach, H., Van Haaften, H. y Mayer, B. (1997). Eye movement desensitisation and reprocessing versus exposure in vivo. A single-session crossover study of spider-phobic children. *British Journal of Psychiatry, 171,* 82–86.

Muzina, D. J., Colangelo, E., Manning, J. S. y Calabrese, J. R. (2007). Differentiating bipolar disorder from depression in primary care. *Cleveland Clinic Journal of Medicine, 74*(2), 89, 92, 95–89 pássim.

Nadler, W. (1996). EMDR: Rapid treatment of panic disorder. *International Journal of Psychiatry, 2,* 1–8. Obtenido el 8 de noviembre de 2008 de http://www.priory.com/emdr.htm

Najavits, L. (2002). *Seeking safety: A treatment manual for PTSD and substance abuse*. Nueva York: Guilford Press.

Najavits, L. M., Gallop, R. J. y Weiss, R. D. (2006). Seeking safety therapy for adolescent girls with PTSD and substance use disorder: a randomized controlled trial. *Journal of Behavioral Health Services & Research, 33*(4), 453–463.

Najavits, L. M., Schmitz, M., Gotthardt, S. y Weiss, R. D. (2005). Seeking Safety plus Exposure Therapy: an outcome study on dual diagnosis men. *Journal of Psychoactive Drugs, 37*(4), 425–435.

Najavits, L. M., Weiss, R. D., Shaw, S. R. y Muenz, L. R. (1998). "Seeking safety": outcome of a new cognitive-behavioral psychotherapy for women with posttraumatic stress disorder and substance dependence. *Journal of Traumatic Stress, 11*(3), 437–456.

Nathanson, D. L. (julio de 1998). *Locating EMDR: Affect, scene and script*. Artículo presentado en la EMDR International Association Conference en Baltimore, MD.

Nathanson, D. L. (1992). *Shame and pride: Affect sex and the birth of the self.* Nueva York: W.W. Norton.

National Board for Certified Counselors (2005). *Code of ethics*. Obtenido el 28 de abril de 2008 de http://www.nbcc.org/extras/pdfs/ethics/nbcc-codeofethics.pdf

National Institute for Clinical Excellence. (2005). *Posttraumatic stress disorder: The management of PTSD in adults and children in primary and secondary care.* Londres, Reino Unido: National Institute for Clinical Excellence.

National Institute of Mental Health (2008). *The numbers count: mental disorders in America*. Obtenido el 14 de junio de 2008 del sitio web del National Institute of Mental Health http://www. nimh.nih.gov/health/publications/the-numbers-count-mental-disorders-in-america.shtml

Nemiah, J. C. (1984). The psychodynamic view of anxiety. En R.O. Pasnace (Ed.), *Diagnosis and treatment of anxiety disorders* (págs. 117–137). Washington, DC: American Psychiatric Press.

Newman, M. G., Erickson, T., Przeworski, A. y Dzus, E. (2003). Self-Help and minimal-contact therapies for anxiety disorders: Is human contact necessary for therapeutic efficacy? *Journal of Clinical Psychology, 59*(3), 251–74.

Nicosia, G. (marzo de 1994). *A mechanism for dissociation suggested by the quantitative analysis of electroencephalograpy.* Artículo presentado en la International EMDR Annual Conference, Sunnyvale, CA.

Nicosia, G. (1995). Eye movement desensitization and reprocessing is not hypnosis. *Dissociation, 9*(1), 69.

Nijenhuis, E. R., Spinhoven, P., Van Dyck, R., Van Der Hart, O. y Vanderlinden, J. (1996). The development and psychometric characteristics of the somatoform dissociation questionnaire (SDQ-20). *The Journal of Nervous and Mental Disease, 184*(11), 688–694.

Nijenhuis, E. R., Spinhoven, P., van Dyck, R., van der Hart, O. y Vanderlinden, J. (1997). The development of the somatoform dissociation questionnaire (SDQ-5) as a screening instrument for dissociative disorders. *Acta Psychiatrica Scandinavia, 96*(5), 311–318.

Ogden, P. y Minton, K. (2000). Sensorimotor psychotherapy: One method for processing traumatic memory. *Traumatology, VI*(3). Obtenido el 24 de octubre de 2008 de http://www.fsu.edu/ trauma/v6i3/v6i3a3.html.

Oh, D.-H. y Choi, J. (2004). Changes in the regional cerebral perfusion after eye movement desensitization and reprocessing: A SPECT study of two cases. *Korean Journal of Biological Psychiatry, 11*(2), 173–180.

Oliver, N. S. y Page, A. C. (2008). Effects of internal and external distraction and focus during exposure to blood-injury-injection stimuli. *Journal of Anxiety Disorders, 22*(2), 283–291.

Oquendo, M. A., Currier, D. y Mann, J. J. (2006). Prospective studies of suicidal behavior in major depressive and bipolar disorders: what is the evidence for predictive risk factors? *Acta Psychiatrica Scandinavia, 114*(3), 151–158.

Oquendo, M. A., Galfalvy, H., Russo, S., Ellis, S. P., Grunebaum, M. F., Burke, A., et al. (2004). Prospective study of clinical predictors of suicidal acts after a major depressive episode in patients with major depressive disorder or bipolar disorder. *American Journal of Psychiatry, 161*(8), 1433–1441.

Oras, R., Ezpeleta, S. C. y Ahmad, A. (2004). Treatment of traumatized refugee children with eye movement desensitization and reprocessing in a psychodynamic context. *Nordic Journal of Psychiatry, 58*(3), 199–203.

Osuch, E. A., Benson, B., Geraci, M., Podell, D., Herscovitch, P., McCann, U. D., et al. (2001). Regional cerebral blood flow correlated with flashback intensity in patients with posttraumatic stress disorder. *Biological Psychiatry, 50*(4), 246–253.

Öst, L. G. y Sterner, U. (1987). Applied tension: A specific behavioural method for treatment of blood phobia. *Behaviour Research and Therapy, 25*, 25–30.

Öst, L. G., Thulin, U. y Ramnerö, J. (2004). Cognitive behaviour therapy vs. exposure in vivo in the treatment of panic disorder with agoraphobia. *Behaviour Research and Therapy, 42*, 1105–1127.

Pagani, M., Hogberg, G., Salmaso, D., Nardo, D., Sundin, O., Jonsson, C., et al. (2007). Effects of EMDR psychotherapy on 99mTc-HMPAO distribution in occupation-related post-traumatic stress disorder. *Nuclear Medicine Communications, 28*(10), 757–765.

Panksepp, J. (1998). *Affective neuroscience: The foundations of human and animal emotions*. Nueva York: Oxford University Press.

Parker, G. (1981). Reported parental characteristic of agoraphobics and social phobics. *British Journal of Psychiatry*, 135, 555–560.

Parrish, I. S. (1999). *Military veterans PTSD reference manual*. Bryn Mawr: Infinity Publishing.

Paulsen, S. (1995). Eye movement desensitization and reprocessing: Its cautious use in the dissociative disorders. *Dissociation, 8*(1), 32–44.

Pavlov, I. P. (1927). *Conditioned reflexes: An investigation of the physiological activity of the cerebral cortex*. Nueva York: Dover Publications, Ind.

Pearce, S. S. (1996). *Flash of insight: metaphor and narrative in therapy*. Boston: Allyn and Bacon.

Perkins, B. R. y Rouanzoin, C. C. (2002). A critical evaluation of current views regarding eye movement desensitization and reprocessing (EMDR): Clarifying points of confusion. *Journal of Clinical Psychology, 58*(1), 77–97.

Pearlman, L. A. y Courtois, C. A. (2005). Clinical applications of the attachment framework: Relational treatment of complex trauma. *Journal of Traumatic Stress, 18*(5), 449–459.

Pelcovitz, D., van der Kolk, B. A., Roth, S., Mandel, F., Kaplan, S. y Resick, P. (1997). Development of a Criteria Set and a Structured Interview for Disorders of Extreme Stress (SIDES). *Journal of Traumatic Stress, 10*, 3–16.

Penfold, K. y Page, A. C. (1999). The effect of distraction on within-session anxiety reduction during brief in vivo exposure for mild blood-injection fears. *Behavior Therapy, 33*, 607–621.

Philibert, R. A., Crowe, R., Ryu, G. Y., Yoon, J. G., Secrest, D., Sandhu, H., et al. (2007). Transcriptional profiling of lymphoblast lines from subjects with panic disorder. *American Journal of Medical Genetics Part B: Neuropsychiatric Genetics, 144B*(5), 674–682.

Piquero, A. R., Brame, R., Fagan, J. y Moffitt, T. E. (2006). Assessing the offending activity of criminal domestic violence suspects: offense specialization, escalation, and de-escalation evidence from the Spouse Assault Replication Program. *Public Health Rep, 121*(4), 409–418.

Pitman, R., Altman, B., Greenwald, E., Longre, R. E., Macklin, M. L., Poire, R. E., et al. (1991). Psychiatric complications during flooding therapy for posttraumatic stress disorder. *Journal of Clinical Psychiatry, 52*, 17–20.

Pope, K. S. y Brown, L. S. (1996). *Recovered memories of abuse: assessment, therapy, forensics* (1ª edición). Washington, DC: American Psychological Association.

Popky, A. J. (2005). DeTUR, an urge reduction protocol for addictions and dysfunctional behaviors. En R. Shapiro (Ed.), *EMDR solutions: pathways to healing* (págs. 167–188). Nueva York: W.W. Norton.

Power, K., McGoldrick, T. y Brown, K. (2002). A controlled comparison of EMDR versus Exposure plus cognitive restructuring versus wait list in the treatment of post traumatic stress disorder. *Clinical Psychology and Psychotherapy, 9*, 299–318.

Propper, R. E., Pierce, J., Geisler, M. W., Christman, S. D. y Bellorado, N. (2007). Effect of bilateral eye movements on frontal interhemispheric gamma EEG coherence: implications for EMDR therapy. *Journal of Nervous and Mental Disease, 195*(9), 785–788.

Putnam, F. (1989). Pierre Janet and modern views of dissociation. *Journal of Traumatic Stress, 2*(4), 413–429.

Putnam, F. W., Zahn, T. P. y Post, R. M. (1990). Differential autonomic nervous system activity in multiple personality disorder. *Psychiatric Research, 31*(3), 251–260.

Raboni, M. R., Tufik, S. y Suchecki, D. (2006). Treatment of PTSD by eye movement desensitization reprocessing (EMDR) improves sleep quality, quality of life, and perception of stress. *Annals of the New York Academy of Sciences, 1071*, 508–513.

Rachman, S. (1980). Emotional processing. *Behaviour Research and Therapy, 14*, 125-132.

Rauch, S. L., van der Kolk, B. A., Fisler, R. E., Alpert, N. M., Orr, S. P., Savage, C. R., et al. (1996). A Symptom Provocation Study of Posttraumatic Stress Disorder Using Positron Emission Tomography and Script-Driven Imagery. *Archives of General Psychiatry, 53*(Mayo), 380–387.

Reiser, M. F. (1990). *Memory in mind and brain: What dream imagery reveals*. Nueva York: Basic Books.

Resick, P. A. y Schnicke, M. K. (1993). *Cognitive processing therapy for rape victims: A treatment manual*. Newbury Park, CA: Sage.

Ricci, R. J. y Clayton, C. A. (2008). Trauma resolution treatment as an adjunct to standard treatment for child molesters: A qualitative study. *Journal of EMDR Practice and Research, 2*(1), 41–50.

Ricci, R. J., Clayton, C. A. y Shapiro, F. (2006). Some effects of EMDR on previously abused child molesters: Theoretical reviews and preliminary findings. *The Journal of Forensic Psychiatry & Psychology, 17*(4), 538–562.

Rogers, S. y Lanius, U. F. (noviembre de 2001). *Phobia, PTSD, endogenous opioids and EMDR treatment response.* Artículo presentado en la reunión anual de la Association for the Advancement of Behavior Therapy, Philadelphia, PA.

Rogers, S. y Silver, S. M. (2002). Is EMDR an exposure therapy? A review of trauma protocols. *Journal of Clinical Psychology, 58*(1), 43–59.

Ross, C. A. y Joshi, S. (1992). Schneiderian symptoms and childhood trauma in the general population. *Comprehensive Psychiatry, 33*(4), 269–273.

Rossi, E. L. (1980a). *The collected papers of Milton H. Erickson on hypnosis:* Vol. 1. *The nature of hypnosis and suggestion*. Nueva York: Halsted Press.

Rossi, E. L. (1980b). The collected papers of Milton H. Erickson on hypnosis, Volumen II - Hypnotic alteration of sensory, perceptual and psychophysiological processes. Nueva York: Halsted Press.

Rossi, E. L. (junio de 1999). *Does EMDR facilitate new growth in the brain? Immediate-early genes in optimizing human potentials.* Artículo presentado en la EMDR International Association Conference, Las Vegas, NV.

Rossi, E. L. (2000). In search of a deep psychobiology of hypnosis: visionary hypotheses for a new millennium. *American Journal of Clinical Hypnosis, 42*(3–4), 178–207.

Rossman, M. L. (2000). *Guided imagery for self-healing: an essential resource for anyone seeking wellness* (2nd ed.). Novato, CA: New World Library.

Roth, S. y Friedman, M. (1997). *Childhood trauma remembered: A report on the current scientific knowledge base and its applications*. Obtenido el 27 de octubre de 2007 de http://istss.org/ publications/ChildhoodTraumaRemembered.pdf

Rothbaum, B. O., Astin, M. C. y Marsteller, F. (2005). Prolonged Exposure versus Eye Movement Desensitization and Reprocessing (EMDR) for PTSD rape victims. *Journal of Traumatic Stress, 18*(6), 607–616.

Rothbaum, B. O., Foa, E. B. y Hembree, E. A. (2007). *Reclaiming your life from a traumatic experience: workbook*. Oxford; Nueva York: Oxford University Press.

Rudd, M. D., Berman, A. L., Joiner, T. E., Jr., Nock, M. K., Silverman, M. M., Mandrusiak, M., Van Orden K, Witte, T., (2006). Warning signs for suicide: theory, research, and clinical applications. *Suicide & Life Threatening Behavior, 36*(3), 255–262.

Russell, M. C. (1992). *Towards a neuropsychological approach to PTSD: An integrative conceptualization of etiology and mechanisms of therapeutic change*. Tesis doctoral inédita, Pacific Graduate School of Psychology, Palo Alto, California, EE.UU.

Russell, M. C. (2006). Treating combat-related stress disorders: A multiple case study utilizing eye movement desensitization and reprocessing (EMDR) with battlefield casualties from the Iraqi War. *Military Psychology, 18*(1), 1–18.

Russell, M. C. (2008a). *Meeting military mental health needs in the 21st century and beyond: A critical analysis of the effects of dualism, disparity and scientific bias.* Artículo presentado en la Conferencia de EMDRIA en Phoenix, Arizona, EE.UU.

Russell, M. C. (2008b). Treating traumatic amputation-related phantom limb pain: a case study utilizing eye movement desensitization and reprocessing (EMDR) within the armed services. *Clinical Case Studies, 7*(1), 136–153.

Russell, M. C. (2008c). Scientific resistance to research, training and utilization of eye movement desensitization and reprocessing (EMDR) therapy in treating post-war disorders. *Social Science & Medicine, 67*(11), 1737–1746.

Sack, M., Lempa, W. y Lamprecht, F. (2001). [Calidad del estudio y magnitud de los efectos: metaanálisis del tratamiento con EMDR para trastorno por estrés postraumático] [Artículo en alemán] *Psychotherapy, Psychosomatic Medicine & Psychology, 51*(9–10), 350–355.

Sack, M., Lempa, W., Steinmetz, A., Lamprecht, F. y Hofmann, A. (2008). Alterations in autonomic tone during trauma exposure using eye movement desensitization and reprocessing (EMDR) results of a preliminary investigation. *Journal of Anxiety Disorders. 2*(7), 1264–1271.

Salter, A. C. (1995). *Transforming trauma: A guide to understanding and treating adult survivors of child sexual abuse*. Thousand Oaks, CA: Sage Publications.

Sanders, S. (1991). *Clinical self-hypnosis: The power of words and images*. Nueva York: Guilford.

Santos, R. V., Tufik, S. y De Mello, M. T. (2007). Exercise, sleep and cytokines: is there a relation? *Sleep Medicine Reviews, 11*(3), 231–239.

Sartory, G., Rachman, S. y Grey, S. J. (1982). Return of fear: the role of rehearsal. *Behavior Research and Therapy, 20*(2), 123–133.

Schacter, D. L. (1987). Implicit Memory: History and Current Status. *Journal of Experimental Psychology, 13*(3), 501–518.

Schmidt, N. B., Woolaway-Bickel, K., Trakowski, J., Santiago, H., Storey, J., Koselka, M., et al. (2000). Dismantling cognitive-behavioral treatment for panic disorder: questioning the utility of breathing retraining. *Journal of Consulting and Clinical Psychology, 68*(3), 417–424.

Schneck, C. D. (2006). Treatment of rapid-cycling bipolar disorder. *Journal of Clinical Psychiatry, 67*(Suppl 11,) 22–27.

Schneider, G., Nabavi, D. y Heuft, G. (2005). Eye movement desensitization and reprocessing in the treatment of posttraumatic stress disorder in a patient with comorbid epilepsy. *Epilepsy & Behavior, 7*(4), 715–718.

Schneider, J., Hofmann, A., Rost, C. y Shapiro, F. (2008). EMDR in the treatment of chronic phantom limb pain. *Pain Medicine, 9*(1), 76–82.

Schore, A. N. (1994). *Affect regulation and the origin of the self: the neurobiology of emotional development*. Hillsdale, New Jersey: Lawrence Erlbaum Associates, Publishers.

Schore, A. N. (1996). The experience-dependent maturation of a regulatory system in the orbital prefrontal cortex and the origin of developmental psychopathology. *Development and Psychopathology, 8*, 59–87.

Schore, A. N. (1997). Early organization of the nonlinear right brain and the development of a predisposition to psychiatric disorders. *Development and Psychopathology, 9*, 595–631.

Schore, A. N. (2000). Attachment and the regulation of the right brain. *Attachment & Human Development, 2*, 23–47.

Schore, A. N. (2001a). Effects of a secure attachment relationship on right brain development, affect regulation, and infant mental health. *Infant Mental Health Journal, 22*(1), 7–66.

Schore, A. N. (2001b). The effects of early relational trauma on right brain development, affect regulation, and infant mental health. *Infant Mental Health Journal, 22*(1), 201–269.

Schore, A. N. (2003a). *Affect dysregulation & disorders of the self* (1ª ed.). Nueva York: W.W. Norton.

Schore, A. N. (2003b). *Affect regulation & the repair of the self* (1ª ed.). Nueva York: W.W. Norton.

Schottenbauer, M. A., Glass, C. R., Arnkoff, D. B., Tendick, V. y Gray, S. H. (2008). Nonresponse and dropout rates in outcome studies on PTSD: review and methodological considerations. *Psychiatry, 71*(2), 134–168.

Schultz, J. H. y Luthe, W. (1959). *Autogenic training; a psychophysiologic approach in psychotherapy*. Nueva York: Grune & Stratton.

Schurmans, K. (2007). EMDR treatment of choking phobia. *Journal of EMDR Practice and Research, 1*(2), 118–121.

Scurfield, R. M. (1985). Post-traumatic stress assessment and treatment: Overview and formulations. En C. R. Figley (Ed.), *Trauma and its wake* (Vol. 1, págs. 219–256). Nueva York: Brunner/Mazel.

Segal, Z. V., Williams, J. M. G. y Teasdale, J. D. (2006). Terapia cognitiva de la depresión basada en la consciencia plena. Bilbao: Desclée de Brouwer.

Seligman, M. E. (1995). The effectiveness of psychotherapy. The Consumer Reports study. *American Psychologist, 50*(12), 965–974.

Servan-Schreiber, D. (2004). *The instinct to heal: curing stress, anxiety, and depression without drugs and without talk therapy*. Emmaus, Pa.: Rodale; distribuido por St. Martin's Press.

Servan-Schreiber, D., Schooler, J., Dew, M. A., Carter, C. y Bartone, P. (2006). Eye movement desensitization and reprocessing for posttraumatic stress disorder: a pilot blinded, randomized study of stimulation type. *Psychotherapy and Psychosomatics, 75*(5), 290–297.

Shalev, A. Y. (1996). Stress versus traumatic stress: From acute homeostatic reaction to chronic psychopathology. En B. A. van der Kolk y A. C. McFarlane y L. Weisaeth (Eds.), *Traumatic Stress: the effects of overwhelming experience on mind, body, and society*. Nueva York: The Guilford Press.

Shapiro, F. (1.989a). Efficacy of the eye movement desensitization procedure in the treatment of traumatic memories. *Journal of Traumatic Stress Studies, 2,* 199–223.

Shapiro, F. (1989b). Eye movement desensitisation: A new treatment for post-traumatic stress disorder. *Journal of Behavior Therapy and Experimental Psychiatry, 20,* 211–217.

Shapiro, F. (1991a). Eye movement desensitization and reprocessing procedure: from EMD to EMD/ R-a new treatment model for anxiety and related traumata. *The Behavior Therapist, 14,* 133–135.

Shapiro, F. (1991b). Eye movement desensitization and reprocessing: A cautionary note. *The Behavior Therapist, 14,* 188.

Shapiro, F. (2004). *EMDR: Desensibilización y reprocesamiento por medio de movimiento ocular*. México: Editorial Pax México, Librería Carlos Cesarman, S.A.

Shapiro, F. (1996). Errors of context and review of eye movement desensitization and reprocessing research. *Journal of Behavior Therapy & Experimental Psychiatry, 27*(3), 313–317.

Shapiro, F. (1998a). Eye Movement Desensitization and Reprocessing (EMDR): Historical Context, Recent Research, and Future Directions. En S.Knapp, T. L. Jackson, L. Vandecreek (Eds.), *Innovations in clinical practice: A source book* (Vol. 16, págs. 143–161). Sarasota, FL: Professional Resource Press.

Shapiro, F. (1999). Eye movement desensitization and reprocessing (EMDR) and the anxiety disorders: clinical and research implications of an integrated psychotherapy treatment. *Journal of Anxiety Disorders, 13*(1–2), 35–67.

Shapiro, F. (2004). *EMDR: Desensibilización y reprocesamiento por medio de movimiento ocular*. México: Editorial Pax México, Librería Carlos Cesarman, S.A.

Shapiro, F. (2002a). EMDR 12 years after its introduction: Past and future research. *Journal of Clinical Psychology, 58*(1), 1–22.

Shapiro, F. (Ed.). (2002b). *EMDR and the paradigm prism*. Washington DC: American Psychological Association Press.

Shapiro, F. (2004). *Adaptive information processing: EMDR clinical application and case conceptualization*. Artículo presentado en la Conferencia de EMDRIA de 2004 en Montreal, QC, Canadá.

Shapiro, F. (Ed.). (2008). *EMDR Institute basic training course, weekend 1* (Ed. de enero de 2008). Watsonville, CA: EMDR Institute.

Shapiro, F. y Forrest, M. S. (2008). *EMDR: una terapia revolucionaria para superar la ansiedad, el estrés y los traumas*. Barcelona: Kairós.

Shapiro, F., Kaslow, F. W. y Maxfield, L. (2007). *Handbook of EMDR and family therapy processes*. Hoboken, NJ: John Wiley & Sons Inc.

Shear, M., Cooper, A., Klerman, G., Busch, M. y Shapiro, T. (1993). A psychodynamic model of panic disorder. *The American Journal of Psychiatry, 150*(6), 859–866.

Shearin, E. N. y Linehan, M. M. (1994) Dialectical behavioral therapy for borderline personality disorder: theoretical and empirical foundations. *Acta Psychiatrica Scandinavica 89*(suppl. 379): 61–68.

Shedler, J., Mayman, M. y Manis, M. (1993). The illusion of mental health. *American Psychologist, 48*(11), 1117–1131.

Siegel, D. J. (2007). *La mente en desarrollo:* cómo interactúan las relaciones y el cerebro para modelar nuestro ser. Bilbao: Desclée de Brouwer.

Sifneos, P. E. (1975). Problems of psychotherapy of patients with alexithymic characteristics and physical disease. *Psychotherapy and Psychosomatics, 26*(2), 65–70.

Sifneos, P. E. (1988). Alexithymia and its relationship to hemispheric specialization, affect, and creativity. *Psychiatric Clinics of North America, 11*(3), 287–292.

Silver, S. M. y Rogers, S. (2002). *Light in the heart of darkness: EMDR and the treatment of war and terrorism survivors* (1st ed.). Nueva York: W.W. Norton.

Sine, L. F. y Vogelman-Sine, S. (2004) *EMDR Questionnaires Facilitating EMDR Treatment*. New Hope, PA: EMDR-HAP.

Slade, A. (1999). Attachment theory and research: Implication for the theory and practice of individual psychotherapy with adults. En J. Cassidy y P. R. Shaver (Eds.), *Handbook of attachment: Theory, research, and clinical applications* (págs. 575–594). Nueva York: Guilford Press.

Smoller, J. W., Pollack, M. H., Wassertheil-Smoller, S., Jackson, R. D., Oberman, A., Wong, N. D., et al. (2007). Panic attacks and risk of incident cardiovascular events among postmenopausal women in the Women's Health Initiative Observational Study. *Archives of General Psychiatry, 64*(10), 1153–1160.

Sokolov, E. N. (1990). The orienting response, and future directions of its development. *Pavolovian Journal of Biological Sciences, 25*(3), 142–150.

Solomon, J. y George, C. (Eds.). (1999). *Attachment disorganization*. Nueva York: Guilford Press.

Solomon, S. D., Gerrity, E. T. y Muff, A. M. (1992). Efficacy of Treatments for Posttraumatic Stress Disorder: An Empirical Review. *Journal of the American Medical Association, 268*(5), 633–638.

Spector, J. y Kremer, S. (2009). Can I use EMDR with clients who report suicidal ideation? *Journal of EMDR Practice and Research, 3*(2), 107–108.

Spector, J. y Read, J. (1999). The Current Status of Eye Movement Desensitization and Reprocessing (EMDR). *Clinical Psychology and Psychotherapy, 6*, 165–174.

Spinhoven, P., Giesen-Bloo, J., van Dyck, R., Kooiman, K. y Arntz, A. (2007). The therapeutic alliance in schema-focused therapy and transference-focused psychotherapy for borderline personality disorder. *Journal of Consulting and Clinical Psychology, 75*(1), 104–115.

Sprang, G. (2001). The use of eye movement desensitization and reprocessing (EMDR) in the treatment of traumatic stress and complicated mourning: Psychological and behavioral outcomes. *Research on Social Work Practice, 11*(3), 300–320.

Sroufe, L. A. y Waters, E. (1977). Heart rate as a convergent measure in clinical and developmental research. *Merrill-Palmer Quarterly, 23*(1), 3–27.

Stampfl, T. G. y Levis, D. J. (1967). Essentials of implosive therapy: a learning-theory-based psychodynamic behavioral therapy. *Journal of Abnormal Psychology, 72*(6), 496–503.

Standards and Training Committee, EMDR International Association. (2001). *Consultation packet* (pág. 10). Austin, TX: Author.

Stapleton, J. A., Taylor, S. y Asmundson, G. J. (2006). Effects of three PTSD treatments on anger and guilt: Exposure therapy, eye movement desensitization and reprocessing, and relaxation training. *Journal of Traumatic Stress, 19*(1), 19–28.

Stein, H., Jacobs, N. J., Ferguson, K. S., Allen, J. G. y Fonagy, P. (1998). What do adult attachment scales measure? *Bulletin of the Menninger Clinic, 62*(1 [Invierno de 1998]), 33–82.

Steinberg, M. (1994). *Structured clinical interview for DSM–IV dissociative disorders-revised (SCIDD-R)*. Washington, DC: American Psychiatric Press.

Steinberg, M. (2000). Advances in the clinical assessment of dissociation: the SCID-D-R. *Bulletin of the Menninger Clinic, 64*(2), 146–163.

Stickgold, R. (2002). EMDR: A putative neurobiological mechanism of action. *Journal of Clinical Psychology, 58*(1), 61-75.

Stickgold, R. (2008). Sleep-Dependent Memory Processing and EMDR Action. *Journal of EMDR Practice and Research, 2*(4), 289–299.

Stinson, F. S., Dawson, D. A., Patricia Chou, S., Smith, S., Goldstein, R. B., June Ruan, W., et al. (2007). The epidemiology of DSM–IV specific phobia in the USA: Results from the National Epidemiologic Survey on Alcohol and Related Conditions. *Psychological Medicine, 37*(7), 1047–1059.

Stowasser, J. (2007). EMDR and family therapy in the treatment of domestic violence. En F. Shapiro, F. W. Kaslow y L. Maxfield (Eds.), *Handbook of EMDR and family therapy processes* (págs. 243–264). Hoboken, N.J.: Wiley.

Sturpe, D. A. y Weissman, A. M. (2002). Clinical inquiries. What are effective treatments for panic disorder? *The Journal of Family Practice, 51*(9), 743.

Summers, R. F. y Barber, J. P. (2003). Therapeutic alliance as a measurable psychotherapy skill. *Academic Psychiatry, 27*(3), 160–165.

Suzuki, S. y Dixon, T. (1970). *Zen mind, beginner's mind* ([1ª ed.). Nueva York: Walker/Weatherhill.

Taylor, G. J., Ryan, D. y Bagby, R. M. (1985). Toward the development of a new self-report alexithymia scale. *Psychotherapy Psychosomatic, 44*(4), 191–199.

Teasdale, J. D. (1999). Emotional processing, three modes of mind and the prevention of relapse in depression. *Behaviour Research and Therapy, 37 Suppl 1*, S53–77.

Teasdale, J. K. y Barnard, P. J. (1993). Affect, cognition and change: Re-modeling depressive thought. Hillsdale, JN: Lawrence Erlbaum Associates.

Teicher, M. H. (2000). Wounds that time won't heal: The neurobiology of child abuse. *Cerebrum, 2*(4), 50–67.

Teicher, M. H. (2002). Scars that won't heal: The neurobiology of child abuse. *Scientific American, 286*(3), 68–75.

Teicher, M. H., Glod, C. A., Surrey, J. y Swett, C., Jr. (1993). Early childhood abuse and limbic system ratings in adult psychiatric outpatients. *Journal of Neuropsychiatry and Clinical Neurosciences, 5*(3), 301–306.

Teicher, M. H., Ito, Y., Glod, C. A., Andersen, S. L., Dumont, N. y Ackerman, E. (1997). Preliminary evidence for abnormal cortical development in physically and sexually abused children using EEG coherence and MRI. En R. Yehuda y A. C. McFarlane (Eds.), *Psychobiology of posttraumatic stress disorder* (Vol. 821, págs. 161–175). Nueva York: The New York Academy of Sciences.

Telch, M. J., Lucas, J. A., Schmidt, N. B., Hanna, H. H., LaNae Jaimez, T. y Lucas, R. A. (1993). Group cognitive-behavioral treatment of panic disorder. *Behaviour Research and Therapy, 31*(3), 279–287.

Ten Broeke, E. y De Jongh, A. (1993). Eye movement desensitization and reprocessing (EMDR): Praktische toepassing en theoretische overwegingen [Desensibilización y reprocesamiento por medio de movimiento ocular (EMDR): aplicaciones prácticas y consideraciones técnicas]. *Gedragstherapie*, 26, 233–254.

Thomas, J. T. (2007). Informed consent through contracting for supervision: Minimizing risks, enhancing benefits. *Professional Psychology: Research and Practice, 38*, 221–231.

Tinker, R. H. y Wilson, S. A. (2005). The phantom limb pain protocol. En R. Shapiro (Ed.), *EMDR solutions: pathways to healing* (págs. 147–159). Nueva York: W. W. Norton.

Todder, D. y Kaplan, Z. (2007). Rapid eye movements for acute stress disorder using video conference communication. *Telemedicine Journal and e-Health, 13*(4), 461–463.

Tomkins, S. S. (1962a). *Affect imagery consciousness. The positive affects* (Vol. 1). Nueva York: Springer Publishing.

Tomkins, S. S. (1962b). *Affect imagery consciousness. The negative affects* (Vol. 2). Nueva York: Springer Publishing Company.

Tomkins, S. S. (1991). *Affect imagery consciousness. The negative affects: anger and fear* (Vol. 3). Nueva York: Springer Publishing Company.

Torgersen, S. (1983). Genetic factors in anxiety disorders. *Archives of General Psychiatry, 40*(10), 1085–1089.

Trull, T. J. (2001). Relationships of borderline features to parental mental illness, childhood abuse, Axis I disorder, and current functioning. *Journal of Personality Disorders, 15*(1), 19–32.

Tufnell, G. (2005). Eye movement desensitization and reprocessing in the treatment of pre-adolescent children with post-traumatic symptoms. *Clinical Child Psychology and Psychiatry, 10*(4), 587.

Tully, E. C., Iacono, W. G. y McGue, M. (2008). An adoption study of parental depression as an environmental liability for adolescent depression and childhood disruptive disorders. *American Journal of Psychiatry, 165*(9), 1148–1154.

van Balkom, A., de Beurs, E., Koele, P., Lange, A. y van Dyck, R. (1996). Long-term Benzodiazepine use is associated with smaller treatment gain in panic disorder with agoraphobia. *Journal of Nervous & Mental Disease*, 184(2),133–135.

van den Hout, M., Muris, P., Salemink, E. y Kindt, M. (2001). Autobiographical memories become less vivid and emotional after eye movements. *British Journal of Clinical Psychology, 40*(Pt 2), 121-130.

van der Hart, O. y Friedman, B. (1989). A reader's guide to Pierre Janet on dissociation: A neglected intellectual heritage. *Dissociation, 2*(1), 3–15.

van der Hart, O., Nijenhuis, E. R. S. y Steele, K. (2008). *El yo atormentado: la disociación estructural y el tratamiento de la traumatización crónica*. Bilbao: Editorial Desclée de Brouwer.

van der Hart, O. y Horst, R. (1989). The dissociation theory of Pierre Janet. *Journal of Traumatic Stress, 2*(4), 397–411.

van der Kolk, B. A. (1996). The body keeps the score: Approaches to the psychobiology of posttraumatic stress disorder. En B. A. van der Kolk, A. C. McFarlane y L. Weisaeth (Eds.), *Traumatic stress: The effects of overwhelming experience on mind, body, and society* (págs. 214–241). Nueva York: The Guilford Press.

van der Kolk, B. A., Burbridge, J. A. y Suzuki, J. (1997). The Psychobiology of traumatic memory: Clinical implications of neuroimaging studies. En R. Yehuda y A. C. McFarlane (Eds.), *Annals of the New York Academy of Sciences: Psychobiology of Posttraumatic Stress Disorder* (Vol. 821, págs. 99–113). Nueva York: The New York Academy of Sciences.

van der Kolk, B. y Fisler, R. (1995). Dissociation and the fragmentary nature of traumatic memories: Overview and exploratory study. *Journal of Traumatic Stress, 8*(4), 505–525.

van der Kolk, B. A., McFarlane, A. C. y Weisaeth, L. (Eds.). (1996). *Traumatic Stress: The effects of overwhelming experience on mind, body, and society.* Nueva York: The Guilford Press.

van der Kolk, B. A. y Pelcoitz, D. (1999). Clinical applications of the structured interview for disorders of extreme stress (SIDES). *National Center for PTSD Clinical Quarterly, 8*(2), 21–26.

van der Kolk, B. A., Pelcovitz, D., Roth, S., Mandel, F. S., McFarlane, A. y Herman, J. L. (1996). Dissociation, somatization, and affect dysregulation: the complexity of adaptation of trauma. *American Journal of Psychiatry, 153*(7 Supplement), 83–93.

van der Kolk, B. A., Spinazzola, J., Blaustein, M. E., Hopper, J. W., Hopper, E. K., Korn, D. L., et al. (2007). A randomized clinical trial of eye movement desensitization and reprocessing (EMDR), fluoxetine, and pill placebo in the treatment of posttraumatic stress disorder: treatment effects and long-term maintenance. *Journal of Clinical Psychiatry, 68*(1), 37–46.

van der Kolk, B. A. y van der Hart, O. (1989). Pierre Janet and the Breakdown of Adaptation in Psychological Trauma. *American Journal of Psychiatry, 146*(12), 1530–1540.

Van der Zijpp, A. T., Ter Horst, G., De Jongh, A. y Makkes, P. C. (1996). Angst voor de tandheelkundige behandeling. Evaluatie van behandeling van patiënten met angst [Evaluación del tratamiento de pacientes con ansiedad odontológica]. *Nederlands Tijdschrift voor Tandheelkunde, 103,* 213–215.

van Etten, M. L. y Taylor, S. (1998). Comparative efficacy of treatments for post-traumatic stress disorder: A Meta-analysis. *Clinical Psychology and Psychotherapy, 5,* 126-144.

Vogelmann-Sine, S., Sine, L., Smyth, N. J. y Popky, A. J. (1998). *EMDR chemical dependency treatment manual.* New Hope, PA: EMDR-HAP.

Vu, N., Baroffio, A., Huber, P., Layat, C., Gerbase, M. y Nendaz, M. (2006). Assessing clinical competence: a pilot project to evaluate the feasibility of a standardized patient- based practical examination as a component of the Swiss certification process. *Swiss Medical Weekly, 136*(25–26), 392–399.

Walker, E. A., Newman, E., Dobie, D. J., Ciechanowski, P. y Katon, W. J. (2002). Validation of the PTSD Checklist in an HMO sample of women. *General Hospital Psychiatry, 24*(6), 375–380.

Waller, N. G. y Ross, C. A. (1997). The prevalence and biometric structure of pathological dissociation in the general population: Taxometric and behavior genetic findings. *Journal of Abnormal Psychology, 106*(4), 499–510.

Walsh, B. W. (2006). *Treating self-injury: a practical guide*. Nueva York, NY: Guilford Press.

Watanabe, N., Churchill, R. y Furukawa, T. A. (2007). Combination of psychotherapy and benzodiazepines versus either therapy alone for panic disorder: a systematic review. *Biomedcentral Psychiatry, 7*, 18.

Watanabe, N., Hunot, V., Omori, I. M., Churchill, R. y Furukawa, T. A. (2007). Psychotherapy for depression among children and adolescents: a systematic review. *Acta Psychiatrica Scandinavia, 116*(2), 84–95.

Watkins, C. E. (1997). Defining psychological supervision and understanding supervisor functioning. En C. E. Watkins (Ed.), *Handbook of psychotherapy supervision* (págs. 3–10). Nueva York: Wiley.

Watkins, J. G. (1971). The affect bridge: A hypnoanalytic technique. *Journal of Clinical and Experimental Hypnosis, 19*(1), 21–27.

Watkins, J. G. (1990). Watkins' affect or somatic bridge. En D. C. Hammond (Ed.), Handbook of hypnotic suggestions and metaphor (págs. 523–524). Nueva York: Norton.

Watkins, J. G. (1992). Hypnoanalytic techniques: The practice of clinical hypnosis (Vol. 2). Nueva York: Irvington.

Webert, D. R. (2003). Are the courts in a trance? Approaches to the admissibility of hypnotically enhanced witness testimony in light of empirical evidence. *American Criminal Law Review, 40*(3), 1301–1327.

Wegner, D. (1994). Ironic processes of mental control. *Psychological Review, 101*, 34–52.

Weiss, D. y Marmar, C. (1997). The Impact of event scale - Revised. En J. Wilson y T. Keane (Eds), *Assessing psychological trauma and PTSD*. Nueva York: Guilford.

Westra, H. A., Stewart, S. H. y Conrad, B. E. (2002). Naturalistic manner of benzodiazepine use and cognitive behavioral therapy outcome in panic disorder with agoraphobia. *Journal Anxiety Disorders, 16*, 233–246.

Whalen, J. E. y Nash, M. R. (1996). Hypnosis and dissociation: Theoretical, empirical and clinical perspectives. En L. K. Michelson y W. J. Ray (Eds.), *Handbook of dissociation: Theoretical empirical and clinical perspectives*. Nueva York: Plenum Press.

Wildwind, L. (4 de marzo de 1994). *Chronic Depression*. Artículo presentado en la Conferencia sobre EMDR "Research and Clinical Applications", Sunnyvale, California.

Wilson, S. A., Tinker, R., Becker, L. A., Hofmann, A. y Cole, J. W. (septiembre de 2000). *EMDR treatment of phantom limb pain with brain imaging (MEG)*. Artículo presentado en la reunión anual de la EMDR International Association, Toronto, Canadá.

Wilson, D., Silver, S. M., Covi, W. y Foster, S. (1996). Eye movement desensitization and reprocessing: Effectiveness and autonomic correlates. *Journal of Behavior Therapy and Experimental Psychiatry, 27*, 219–229.

Wilson, S., Becker, L. A. y Tinker, R. H. (1995). Eye movement desensitization and reprocessing (EMDR) treatment for psychologically traumatized individuals. *Journal of Consulting and Clinical Psychology, 63*(6), 928–937.

Wilson, S. A., Becker, L. A. y Tinker, R. H. (1997). Fifteen-month follow-up of eye movement desensitization and reprocessing (EMDR) treatment for posttraumatic stress disorder and psychological trauma. *Journal of Consulting and Clinical Psychology, 65*(6), 1047–1056.

Wilson, S., Tinker, R., Becker, L. y Logan, C. (2001). Stress management with law enforcement personnel: A controlled outcome study of emdr versus a traditional stress management program. *International Journal of Stress Management, 8*(3), 179–200.

Winson, J. (1990). The meaning of dreams. *Scientific American, 263*(5), 86–88, 90–82, 94–86.

Winson, J. (1993). The biology and function of rapid eye movement sleep. *Current Opinion in Neurobiology, 3*(2), 243–248.

Wittmann, L., Schredl, M. y Kramer, M. (2007). Dreaming in posttraumatic stress disorder: A critical review of phenomenology, psychophysiology and treatment. *Psychotherapy and Psychosomatics, 76*(1), 25–39.

Wolpe, J. (1954). Reciprocal inhibition as the main basis of psychotherapeutic effects. *American Medical Association Archives of Neurology and Psychiatry, 72,* 205–226.

Wolpe, J. (1978). *Psicoterapia por inhibición recíproca*. Bilbao: Desclée de Brouwer.

Wolpe, J. y Lang, P. J. (1964). Fear survey schedule for use in behavior therapy. *Behaviour Research and Therapy, 2,* 27–30.

Wolpe, J. y Lang, P. J. (1969). The fear survey schedule. San Diego, CA: Educational and Industrial Testing Service.

Woodman, C. L., Noyes Jr, R., Black, D. W., Schlosser, S. y Yagla, S. J. (1999). A 5-year follow-up study of generalized anxiety disorder and panic disorder. *Journal of Nervous and Mental Disease, 187*(1), 3.

World Health Organization (2004). *The ICD-10 classification of mental and behavioural disorders: Clinical descriptions and diagnostic guidelines* (2ª ed.) Ginebra: Organización Mundial de la Salud, 2004.

Yerkes, R. M. y Dodson, J. D. (1908). The relation of strength of stimulus to rapidity of habit-formation. *Journal of Comparative Neurology and Psychology, 18,* 459–482.

Yoo, S. S., Hu, P. T., Gujar, N., Jolesz, F. A. y Walker, M. P. (2007). A deficit in the ability to form new human memories without sleep. *Nature Neuroscience, 10*(3), 385–392.

Young, J. E., (1999). *Cognitive therapy for personality disorders: a schema-focused approach* (3ª ed.). Sarasota, FL: Professional Resource Press.

Young, J. E., Zangwill, W. M. y Behary, W. E. (2002). Combining EMDR and schema-focused therapy: The whole may be greater than the sum of the parts. En F. Shapiro (Ed.), *EMDR and the paradigm prism* (págs. 181–208). Washington DC: American Psychological Association Press.

Young, W. (1994). EMDR treatment of phobic symptoms in multiple personality. *Dissociation*, *7*, 129–133.

Zaghrout-Hodali, M., Alissa, F. y Dodgson, P. W. (2008). Building Resilience and Dismantling Fear: EMDR Group Protocol With Children in an Area of Ongoing Trauma. *Journal of EMDR Practice and Research*, *2*(2), 106-113.

Zlotnick, C., Najavits, L. M., Rohsenow, D. J. y Johnson, D. M. (2003). A cognitive-behavioral treatment for incarcerated women with substance abuse disorder and posttraumatic stress disorder: findings from a pilot study. *Journal of Substance Abuse Treatment*, *25*(2), 99–105.

Índice analítico

Manual básico de EMDR
Desensibilización y reprocesamiento mediante el movimiento de los ojos

Barbara J. Hensley

ISBN: 978-84-330-2449-7

"Hensley ha escrito un libro sencillo y básico, que constituye el complemento perfecto a los textos de Shapiro".

Dra. Jennifer Lendl

"Los ejemplos, casos, tablas y diagramas... ayudan al terapeuta EMDR a comprender y desarrollar la pericia adicional relativa a este maravilloso método".

Dra. Irene B. Giessl

Este libro de texto ha sido diseñado para ser usado como material adicional al texto original de Francine Shapiro. Incluye una revisión completa del modelo de Procesamiento Adaptativo de la Información (PAI) y de los principios, protocolos y procedimientos de la EMDR tanto para los terapeutas recién formados como para los profesionales experimentados que deseen revisar dichos principios. Sus claves son:

- Una revisión global de la EMDR incluyendo el Procesamiento Adaptativo de la Información y el enfoque de tres vértices con un lenguaje accesible y comprensible.
- Una síntesis de los elementos básicos de las ocho fases de la EMDR con ejemplos de cada fase, de modo que el contenido fundamental pueda ser fácilmente comprendido.
- Estrategias y técnicas para tratar a clientes difíciles, con altos niveles de emociones perturbadoras y con un procesamiento bloqueado.
- Historiales, diálogos y transcripciones de sesiones satisfactorias de EMDR con explicaciones relativas a la justificación del tratamiento.

Mírame, siénteme

Estrategias para la reparación del apego en niños mediante EMDR

3ª edición

Cristina Cortés Viniegra

ISBN: 978-84-330-2912-6

Los casos clínicos que salpican la obra muestran, a modo de ejemplo, cómo la relación paterno filial se convierte en un aliado terapéutico de primer orden y cómo las habilidades del psicoterapeuta pueden ayudar a fortalecer y reparar esta relación, propiciando el cambio y la recuperación del menor. Las intervenciones terapéuticas se realizan desde la perspectiva de la terapia EMDR. Mírame, siénteme evidencia cómo EMDR potencia la intervención y ayuda a fortalecer el vínculo, así como a reparar y regular el apego.

¿Cómo puedo salir de aquí?

Cristina Cortés
Diana Etxeberria
Zuzene Seminario

ISBN: 978-84-330-2976-8

¿Cómo puedo salir de aquí? quiere llegar a los niños, pero también a las familias, psicoterapeutas y educadores que en ocasiones no encuentran cómo transmitir a un niño o niña que se puede salir del sufrimiento, que hay formas que te ayudan a ello sin tener que contar lo ocurrido, cuando esto resulta difícil o doloroso.

Explica cómo funciona la terapia EMDR de una forma visual y accesible y plantea la importancia de la conexión y del reconocimiento de las emociones, así como el papel imprescindible de los padres en este proceso.

BIBLIOTECA DE PSICOLOGÍA
Dirigida por Vicente Simón Pérez y Manuel Gómez Beneyto

ÚLTIMOS TÍTULOS PUBLICADOS

118. HABILIDADES DE ENTREVISTA PARA PSICOTERAPEUTAS
Vol 1. Con ejercicios del profesor
Vol 2. Cuaderno de ejercicios para el alumno, por A. Fernández Liria y B. Rodríguez Vega
119. GUIONES Y ESTRATEGIAS EN HIPNOTERAPIA, por Roger P. Allen
120. PSICOTERAPIA COGNITIVA DEL PACIENTE GRAVE. Metacognición y relación terapéutica, por Antonio Semerari (Ed.)
121. DOLOR CRÓNICO. Procedimientos de evaluación e intervención psicológica, por Jordi Miró
122. DESBORDADOS. Cómo afrontar las exigencias de la vida contemporánea, por Robert Kegan
123. PREVENCIÓN DE LOS CONFLICTOS DE PAREJA, por José Díaz Morfa
124. EL PSICÓLOGO EN EL ÁMBITO HOSPITALARIO, por E. Remor, P. Arranz y S. Ulla
125. MECANISMOS PSICO-BIOLÓGICOS DE LA CREATIVIDAD ARTÍSTICA, por José Guimón
126. PSICOLOGÍA MÉDICO-FORENSE. La investigación del delito, por Javier Burón (Ed.)
127. TERAPIA BREVE INTEGRADORA. Enfoques cognitivo, psicodinámico, humanista y neuroconductual, por John Preston (Ed.)
128. COGNICIÓN Y EMOCIÓN, por E. Eich, J.F. Kihlstrom, G.H. Bower, J.P. Forgas y P.M. Niedenthal
129. TERAPIA SISTÉMICA DE PAREJA Y DEPRESIÓN, por Elsa Jones y Eia Asen
130. PSICOTERAPIA COGNITIVA PARA LOS TRASTORNOS PSICÓTICOS Y DE PERSONALIDAD, Manual teórico-práctico, por Carlo Perris y Patrick D. Mc.Gorry (Eds.)
131. PSICOLOGÍA Y PSIQUIATRÍA TRANSCULTURAL. Bases prácticas para la acción, por Pau Pérez
132. TRATAMIENTOS COMBINADOS DE LOS TRASTORNOS MENTALES. Una guía de intervenciones psicológicas y farmacológicas, por Morgan T. Sammons y Norman B. Schmid
133. INTRODUCCIÓN A LA PSICOTERAPIA. El saber clínico compartido, por Randolph B. Pipes y Donna S. Davenport
134. TRASTORNOS DELIRANTES EN LA VEJEZ, por Miguel Krassoievitch
135. EFICACIA DE LAS TERAPIAS EN SALUD MENTAL, por José Guimón
136. LOS PROCESOS DE LA RELACIÓN DE AYUDA, por Jesús Madrid Soriano
137. LA ALIANZA TERAPÉUTICA. Una guía para el tratamiento relacional, por Jeremy D. Safran y J. Christopher Muran
138. INTERVENCIONES PSICOLÓGICAS EN LA PSICOSIS TEMPRANA. Un manual de tratamiento, por John F.M. Gleeson y Patrick D. McGorry (Coords.)
139. TRAUMA, CULPA Y DUELO. Hacia una psicoterapia integradora. Programa de autoformación en psicoterpia de respuestas traumáticas, por Pau Pérez Sales
140. PSICOTERAPIA COGNITIVA ANALÍTICA (PCA). Teoría y práctica, por A. Ryle e I. B. Kerr
141. TERAPIA COGNITIVA DE LA DEPRESIÓN BASADA EN LA CONSCIENCIA PLENA. Un nuevo abordaje para la prevención de las recaídas, por Zindel V. Segal, J. Mark G. Williams y John D. Teasdale
142. MANUAL TEÓRICO-PRÁCTICO DE PSICOTERAPIAS COGNITIVAS, por I. Caro Gabalda
143. TRATAMIENTO PSICOLÓGICO DEL TRASTORNO DE PÁNICO Y LA AGORAFOBIA. Manual para terapeutas, por Pedro Moreno y Julio C. Martín
144. MANUAL PRÁCTICO DEL FOCUSING DE GENDLIN, por Carlos Alemany (Ed.)
145. EL VALOR DEL SUFRIMIENTO. Apuntes sobre el padecer y sus sentidos, la creatividad y la psicoterapia, por Javier Castillo Colomer
146. CONCIENCIA, LIBERTAD Y ALIENACIÓN, por F. de Potestad y A.I. Zuazu Castellano
147. HIPNOSIS Y ESTRÉS. Guía para profesionales, por Peter J. Hawkins

148. MECANISMOS ASOCIATIVOS DEL PENSAMIENTO. La "obra magna" inacabada de Clark L. Hull, por José Mª Gondra
149. LA MENTE EN DESARROLLO. Cómo interactúan las relaciones y el cerebro para modelar nuestro ser, por Daniel J. Siegel
150. HIPNOSIS SEGURA. Guía para el control de riesgos, por Roger Hambleton
151. LOS TRASTORNOS DE LA PERSONALIDAD. Modelos y tratamiento, por Giancarlo Dimaggio y Antonio Semerari
152. EL YO ATORMENTADO. La disociación estructural y el tratamiento de la traumatización crónica, por Onno van der Hart, Ellert R.S. Nijenhuis y Kathy Steele
153. PSICOLOGÍA POSITIVA APLICADA, por Carmelo Vázquez y Gonzalo Hervás
154. INTEGRACIÓN Y SALUD MENTAL. El proyecto Aiglé 1977-2008, por Héctor Fernández-Álvarez
155. MANUAL PRÁCTICO DEL TRASTORNO BIPOLAR. Claves para autocontrolar las oscilaciones del estado de ánimo, por Mónica Ramírez Basco
156. PSICOLOGÍA Y EMERGENCIA. Habilidades psicológicas en las profesiones de socorro y emergencia, por Enrique Parada Torres (coord.)
157. VOLVER A LA NORMALIDAD DESPUÉS DE UN TRASTORNO PSICÓTICO. Un modelo cognitivo-relacional para la recuperación y la prevención de recaídas, por A. Gumley y M. Schwannauer
158. AYUDA PARA EL PROFESIONAL DE LA AYUDA. Psicofisiología de la fatiga por compasión y del trauma vicario, por Babette Rothschild
159. TEORÍA DEL APEGO Y PSICOTERAPIA. En busca de la base segura, por Jeremy Holmes
160. EL TRAUMA Y EL CUERPO. Un modelo sensoriomotriz de psicoterapia, por Pat Ogden, Kekuni Minton y Clare Pain
161. INSOMNIO. Una guía cognitivo-conductual de tratamiento, por Michael L. Perlis, Carla Jungquist, Michael T. Smith y Donn Posner
162. PSICOTERAPIA PARA ENFERMOS EN RIESGO VITAL, por Kenneth J. Doka
163. MANUAL DE PSICODRAMA DIÁDICO. Bipersonal, individual, de la relación, por Pablo Población
164. MANUAL BÁSICO DE EMDR. Desensibilización y reprocesamiento mediante el movimiento de los ojos, por Barbara J. Hensley
165. TRASTORNO BIPOLAR: EL ENEMIGO INVISIBLE. Manual de tratamiento psicológico, por Ana González Isasi
166. HACIA UNA PRÁCTICA EFICAZ DE LAS PSICOTERAPIAS COGNITIVAS. Modelos y técnicas principales, por Isabel Caro Gabalda
167. PSICOLOGÍA DE LA INTERVENCIÓN COMUNITARIA, por Itziar Fernández (Ed.)
168. LA SOLUCIÓN MINDFULNESS. Prácticas cotidianas para problemas cotidianos, por R.D. Siegel
169. MANUAL CLÍNICO DE MINDFULNESS, por Fabrizio Didonna (Ed.)
170. MANUAL DE TÉCNICAS DE INTERVENCIÓN COGNITIVO CONDUCTUALES, por Mª Ángeles Ruiz Fernández, Marta Isabel Díaz García, Arabella Villalobos Crespo
172. EL APEGO EN PSICOTERAPIA, por David J. Wallin
173. MINDFULNESS EN LA PRÁCTICA CLÍNICA, por Mª T. Miró - V. Simón Pérez (Eds.)
174. LA COMPARTICIÓN SOCIAL DE LAS EMOCIONES, por Bernard Rimé
175. PSICOLOGÍA. Individuo y medio social, por Mª Luisa Sanz de Acedo
176. TERAPIA NARRATIVA BASADA EN ATENCIÓN PLENA PARA LA DEPRESIÓN, por Beatriz Rodríguez Vega – Alberto Fernández Liria
177. MANUAL DE PSICOÉTICA. ÉTICA PARA PSICÓLOGOS Y PSIQUIATRAS, por O. França
178. GUÍA DE PROTOCOLOS ESTÁNDAR DE EMDR. Para terapeutas, supervisores y consultores, por Andrew M. Leeds, PhD
179. INTERVENCIÓN EN CRISIS EN LAS CONDUCTAS SUICIDAS, por A. Rocamora Bonilla
180. EL SÍNDROME DE LA MUJER MALTRATADA, por Lenore E. A. Walker y asociados a la investigación

182. ACTIVACIÓN CONDUCTUAL PARA LA DEPRESIÓN. Una guía clínica, por Christopher R. Martell, Sona Dimidjian y Ruth Herman-Dunn
183. PREVENCIÓN DE RECAÍDAS EN CONDUCTAS ADICTIVAS BASADA EN MINDFULNESS. Guía clínica, por Sarah Bowen, Neha Chawla y G. Alan Marlatt
185. TERAPIA COGNITIVA BASADA EN MINDFULNESS PARA EL CÁNCER, por Trish Bartley
186. EL NIÑO ATENTO. Mindfulness para ayudar a tu hijo a ser más feliz, amable y compasivo, por Susan Kaiser Greenland
187. TERAPIA COGNITIVO-CONDUCTUAL CON MINDFULNESS INTEGRADO. Principios y práctica, por Bruno A. Cayoun
188. VIVIR LA ANSIEDAD CON CONCIENCIA. Libérese de la preocupación y recupere su vida, por Susan M. Orsillo, PhD, Lizabeth Roemer, PhD.
189. TERAPIA DE ACEPTACIÓN Y COMPROMISO. Proceso y práctica del cambio consciente (mindfulness), por Steven C. Hayes; Kirk Strosahl y Kelly G. Wilson
190. VIVIR CON DISOCIACIÓN TRAUMÁTICA. Entrenamiento de habilidades para pacientes y terapeutas, por Suzette Boon, Kathy Steele y Onno Van Der Hart
192. DROGODEPENDIENTES CON TRASTORNO DE LA PERSONALIDAD. Guía de intérvenciones psicológicas, por José Miguel Martínez González y Antonio Verdejo García
193. ARTE Y CIENCIA DEL MINDFULNESS. Integrar el mindfulness en la psicología y en las profesiones de ayuda. Prólogo de Jon Kabat-Zinn, por Shauna L. Shapiro y Linda E. Carlson
195. MANUAL DE TERAPIA SISTÉMICA. Principios y herramientas de intervención, por Alicia Moreno (Ed.)
197. TERAPIA DE GRUPO CENTRADA EN ESQUEMAS. Manual de tratamiento simple y detallado con cuaderno de trabajo para el paciente, por Joan M. Farrell y Ida A. Shaw
198. TERAPIA CENTRADA EN LA COMPASIÓN. Características distintivas, por Paul Gilbert
199. MINDFULNESS Y PSICOTERAPIA. Edición ampliamente revisada del texto clásico profesional, por Christopher K. Germer, Ronald D. Siegel y Paul R. Fulton
200. MANUAL DE TRATAMIENTO DEL TRASTORNO DE ESTRÉS POSTRAUMÁTICO. Técnicas sencillas y eficaces para superar los síntomas del trastorno de estrés postraumático, por Mary Beth Williams, PhD, LCSW y CTS, Soili Poijula, PhD
201. CUIDADOS DE ENFERMERÍA SOBRE LA BASE DE LOS PUNTOS FUERTES. Un modelo de atención para favorecer la salud y la curación de la persona y la familia, por LAURIE N. Gottlieb
203. EL SER RELACIONAL. Más allá del Yo y de la Comunidad, por Kenneth J. Gergen
204. LA PAREJA ALTAMENTE CONFLICTIVA. Guía de terapia dialéctico-conductual para encontrar paz, intimidad y reconocimiento, por Alan E. Fruzzetti
206. SENTARSE JUNTOS. Habilidades esenciales para una psicoterapia basada en el mindfulness, por Susan M. Pollak, Thomas Pedulla y Ronald D. Siegel
207. PSICOTERAPIA SENSORIOMOTRIZ. Intervenciones para el trauma y el apego, por Pat Ogden y Janina Fisher
208. ¿TRATAR LA MENTE O TRATAR EL CEREBRO? Hacia una integración entre psicoterapia y psicofármacos, por Julio Sanjuán
210. EL MUNDO DE LA ESCENA Psicodrama en el espacio y el tiempo, por Pablo Población Kanappe y Elisa López Barberá; con la colaboración de Mónica González Días de la Campa
211. TRATAMIENTO BASADO EN LA MENTALIZACIÓN PARA TRASTORNOS DE LA PERSONALIDAD. Una guía práctica, por Anthony Bateman y Peter Fonagy
212. FOCUSING EN LA PRÁCTICA CLÍNICA. La esencia del cambio, por Ann Weiser Cornell
213. PSICOTERAPIA CENTRADA EN LA TRANSFERENCIA. Su aplicación al trastorno límite de la personalidad, por Frank E. Yeomans, John F. Clarkin y, Otto F. Kernberg
214. TORTURA PSICOLÓGICA. Definición, evaluación y medidas, por Pau Pérez-Sales

215. MANUAL PRÁCTICO DE PSICOTERAPIA INTEGRADORA HUMANISTA. Tratamiento de 69 problemas en los procesos de valoración, decisión y práxicos - VOL2, por Ana Gimeno-Bayón y Ramón Rosal
216. LA FORMULACIÓN EN LA PSICOLOGÍA Y LA PSICOTERAPIA. Dando sentido a los problemas de la gente, por Lucy Johnstone, Rudi Dallos
217. MANUAL PRÁCTICO DE TERAPIA DIALÉCTICO CONDUCTUAL. Ejercicios prácticos de TDC para aprendizaje de Mindfulness, Eficacia Interpersonal, Regulación Emocional y Tolerancia a la Angustia, por Matthew Mckay, Jeffrey C. Wood y Jeffrey Brantley
218. MINDFULNESS: UN CAMINO DE DESARROLLO PERSONAL. Programa de desarrollo personal Mindfulness Based Mental Balance (MBMB), por Santiago Segovia
219. MINDFULNESS PARA EL DUELO PROLONGADO. Una guía para recuperarse de la pérdida de un ser querido cuando la depresión, la ansiedad y la ira no desaparecen, por Sameet M. Kumar
220. TÉCNICAS DE TRATAMIENTO BASADAS EN MINDFULNESS. Guía clínica de la base de evidencias y aplicaciones, por Ruth Baer (Ed.)
222. MANUAL DE TÉCNICAS Y TERAPIAS COGNITIVO CONDUCTUALES, por Marta Isabel Díaz García, Mª Ángeles Ruiz Fernández, Arabella Villalobos Crespo
223. VIDA COMPASIVA BASADA EN MINDFULNESS. Un nuevo programa de entrenamiento para profundizar en mindfulness con heartfulness, por Erik van den Brik; Frits Koster
224. NEUROFEEDBACK EN EL TRATAMIENTO DEL TRAUMA DEL DESARROLLO. Calmar el cerebro impulsado por el miedo, por Sebern F. Fisher
225. AUTORREGULACIÓN CON MINDFULNESS Y YOGA. Manual básico para profesionales de la salud mental, por Catherine P. Cook-Cottone
226. EXPERIMENTAR LA TCC DESDE DENTRO. Manual de AutoPráctica/AutoReflexión para terapeutas, por James Bennett
227. LA PRÁCTICA DE LA TERAPIA SISTÉMICA, por Alicia Moreno
228. SIETE CASOS CLÍNICOS TRATADOS CON PSICOTERAPIA INTEGRADORA HUMANISTA, por Ana Gimeno-Bayón (Editora)

Serie PSICOTERAPIAS COGNITIVAS
Dirigida por Isabel Caro Gabalda

171. TERAPIA COGNITIVA PARA TRASTORNOS DE ANSIEDAD. Ciencia y práctica, por David A. Clark y Aaron T. Beck
181. PSICOTERAPIA CONSTRUCTIVISTA Rasgos distintivos, por Robert A. Neimeyer
184. TERAPIA DE ESQUEMAS Guía práctica, por Jeffrey E. Young, Janet S. Klosko, Marjorie E. Weishaar
191. TRASTORNOS DE ANSIEDAD Y FOBIAS. Una perspectiva cognitiva, por Aaron T. Beck y Gary Emery, con la colaboración de Ruth Greenberg
194. EL USO DEL LENGUAJE EN PSICOTERAPIA COGNITIVA Conceptos y técnicas principales de la terapia lingüística de evaluación, por Isabel Caro Gabalda
196. TERAPIA DE SOLUCIÓN DE PROBLEMAS. Manual de tratamiento, por Arthur M. Nezu, Christine Maguth Nezu y Thomas J. D'Zurilla
202. MANUAL DE INTERVENCIÓN CENTRADA EN DILEMAS PARA LA DEPRESIÓN, por Guillem Feixas Viaplana y Victoria Compañ Felipe
205. TRABAJANDO CON CLIENTES DIFÍCILES. Aplicaciones de la terapia de valoración cognitiva, por Richard Wessler, Sheenah Hankin y Jonathan Stern
209. MANUAL PRÁCTICO PARA LA ANSIEDAD Y LAS PREOCUPACIONES. La solución cognitiva conductual, por David A. Clark y Aaron T. Beck
221. CONCEPTUALIZACIÓN COLABORATIVA DEL CASO. Trabajar de forma eficaz con los clientes en la terapia cognitivo-conductual, por Willem Kuyken, Christine A. Padesky y Robert Dudley